Martha H.

Jan de Hartog
Das wilde
Paradies

Jan de Hartog
Das wilde Paradies

Roman

Titel der Originalausgabe: The Peaceable Kingdom
Aus dem Amerikanischen übertragen von Friedl Hofbauer

Lizenzausgabe mit Genehmigung des Verlages Fritz Molden, Wien,
für die Buchgemeinschaft Donauland Kremayr & Scheriau, Wien,
für Bertelsmann Reinhard Mohn OHG, Gütersloh,
und die Europäische Bildungsgemeinschaft Verlags-GmbH, Stuttgart
Diese Lizenz gilt auch für die Deutsche Buch-Gemeinschaft
C. A. Koch's Verlag Nachf., Berlin · Darmstadt · Wien
© 1971 by Jan de Hartog
Alle Rechte der deutschen Ausgabe 1974:
Verlag Fritz Molden, Wien–München–Zürich
Schutzumschlag: Karl Hartig
Gesamtherstellung: Wiener Verlag
Buch-Nr. 01374 4

PENNSYLVANIA 1754–1755

ERSTES BUCH

1

Der Delaware River gleißt im Sonnenschein in der Unendlichkeit der Urwälder. Es war ein klarer Morgen, doch wurde, wie
gewöhnlich zu dieser Tageszeit, das Gleißen des Sonnenscheins
durch Nebel verschleiert, der aus einer Windung des Flusses
fünfzehn Meilen unterhalb der Stadt Philadelphia aufstieg.
Dieser Nebel rührte von einer Reihe warmer Quellen im
Flußbett her, die ein Inselchen, genannt „Eden", umrundeten.
Der Name Eden war durchaus angemessen, denn diese warmen
Quellen verschafften der Insel ein milderes Klima, als es die
ganze umliegende Gegend aufwies. Selbst im Winter strotzte sie
von einer subtropisch üppigen Vegetation. Die Indianer hatten
das kleine Stück nebelverhüllten Dschungels mitten im Fluß
heiliggehalten, besonders aber einen hohen, zackigen Felsen
zwischen der Insel und der Küste Pennsylvanias. Dieser Felsen
war in dem ersten Kontrakt, den William Penn mit dem
Unami-Stamm der Delawaren schloß, ausdrücklich als Heiligtum gekennzeichnet, und es war den Unami zugesichert
worden, daß er für ewige Zeiten unberührt bleiben sollte. Das
war vor zweiundsiebzig Jahren gewesen. Die Delawaren waren
seither dem stets wachsenden Druck der weißen Zivilisation
nordwärts ausgewichen. Jetzt war dem Felsen von seinem
Charakter als geheiligte Stätte nichts geblieben als der Name auf
den Flußkarten der Schiffe: „Altar Rock."

Den Kapitänen der Kauffahrteischiffe, die flußabwärts und
flußaufwärts zogen, war Altar Rock alles andere als ein
Heiligtum. Zusammen mit dem ewigen Morgen- und Abendne-

9

bel, der die Flußenge fast während des ganzen Jahres der Sicht entzog, bot er zwischen Cap May und der Stadt das schwierigste Problem. Die Schnellen waren die Szenen vieler Schiffbrüche und Zusammenstöße gewesen, worunter wieder der schlimmste die Versenkung der Inselfähre durch die Brigantine „Margaret Fell" im Jahre 1703 gewesen war. Bei dieser Katastrophe kamen der junge Moses und die junge Melanie Baker ums Leben. Ihren kleinen Sohn Boniface, den Zweijährigen, hinterließen sie der Fürsorge seiner Großmutter väterlicherseits, Ann Traylor-Baker. Während der folgenden zehn Jahre blieben die alte Frau und der heranwachsende Knabe die einzigen weißen Einwohner der Insel, welche ihr Eigentum war. Sie lebten, von siebzehn Sklaven bedient, in einem geräumigen Landhaus, das eben fertig erbaut worden war, als jene Tragödie sich ereignete. Später wurde vom Festland ein Hauslehrer auf die Insel geholt und wieder eine Zeitspanne danach die Braut für den jungen Boniface, Beulah Best, die Enkelin des Schiffbaumeisters William Best. In rascher Folge bekam das junge Paar drei Kinder, und sie waren es, die mit ihren lauten Stimmen und wilden Spielen, die sie in den Schilfufern veranstalteten, den letzten Hauch des Indianerheiligtums vertrieben: jenen Hauch frommer Andacht, der auf der kleinen Insel gelegen hatte, solange Boniface zurückdenken konnte, und der seine Kindheit so verschwiegen, geheim und einsam gemacht hatte.

An einem Morgen des Frühlings 1754 war es Boniface, als wäre er wieder von diesem eigenartigen geheimnisvollen Zauber umgeben. Im Boot hingeräkelt, trieb er auf der New-Jersey-Seite der Insel flußabwärts. Er sah zu, wie sich der Nebel erst blau und dann golden verfärbte, als die Sonne über die Baumwipfel des Forstes stieg. Seit man ihm, dem damals Sechsjährigen, erlaubt hatte, es zu tun, hatte er es immer geliebt, von dem Strombrecher an der Nordspitze der Insel frühmorgens abzustoßen und sich die ganze Länge der Insel hinuntertreiben zu lassen, allein im Nebelgewölk wie ein ziehender Vogel, dem Gurgeln und Plätschern des Wassers im Schilf, dem Klirren eines Eimers zu lauschen, dem Widerhall von Gelächter und Stimmen und dem Gebell der Hunde, wenn er unbemerkt an den Hütten der Sklaven vorbeitrieb, bis – immer mit überraschender Plötzlichkeit – das mächtige Aufrauschen der kochenden Wasser rings um Altar Rock hörbar wurde, wenn sein Boot an der einsamen Schutzhütte an der Südspitze der Insel vorbeiglitt. Wenn der Fluß nicht vom Regen oder im Frühling von den Schmelzwassern des Hügellandes angeschwollen war, trug die Strömung ihn in zwanzig Minuten die ganze Insel entlang.

An diesem Morgen hatte er, kaum daß er nach der kurzen Ruderstrecke in den Nebel hinaus sich ausgestreckt hatte, das Gefühl, wieder in die Welt seiner Knabenzeit zurückgetragen zu werden. Verzauberung senkte sich über ihn herab, genau in dem Augenblick, in dem der Schatten der Insel im Nebel verblaßte. Plötzlich war er nicht mehr ein gesetzter, allmählich kahl werdender Mann von fünfzig Jahren, dem nach einer schlaflos durchhusteten Nacht und nach ruhelos verbrachten Stunden in der heißen Luft danach zumute gewesen war, in der Barke auszufahren. Er war wieder der schweigsame, verschlossene junge Bursche, der aus dem Haus geschlichen war, bevor Großmutter erwachte, um den Rasenhang hinunter in die blaue Morgendämmerung zu laufen, in das dunkle Boot zu springen, das auf ihn wartete, sich dann, wohl auf der Hut, jemanden in dem schlafenden Haus mit Ruderschlag zu wecken, in die geheime Welt des Nebels zu verziehen, der die Insel umgab wie eine Wolke, die an einem Berggipfel haftete. Und da schwebte er schon – ein Adler, ein Kondor – meilenhoch dahin über an den Erdboden gebundene, in der Tiefe krauchende Geschöpfe, wie Großmutter und Peregrin Moremen, den Hauslehrer, und die fette Mammy, die Haussklavin, und der ganze Himmel und all die Wolken waren sein, gehörten ihm wie die Zukunft, wie das Leben . . .

Bewußt versuchte Boniface den jungen Burschen wieder zum Leben zu wecken, schlank, drahtig, flink wie ein Eichhörnchen. Wenn er aber seine fetten Schenkel betrachtete, diskret in teures Wolltuch gehüllt, seine zwiebelförmigen Waden in den weißen Strümpfen, dann war es schwer, sich in den barfüßigen Knaben zurückzuversetzen, der, die Hände im Genick verschränkt, den Quäkerhut bis an die Nase vorgeschoben, in dem Fahrzeug lag, das damals ein prächtiges Boot gewesen war, jetzt aber nicht viel mehr als eine kleine schwimmende Wanne darstellte. Kaum aber hatte er sich auf den Rücken gelegt, die Schuhe mit den Silberschnallen weggeschleudert und die Zehen spielen lassen, wie es der barfüßige Junge einst getan, senkte sich der Zauber über ihn herab. Plötzlich hatte er den Geschmack der Jugend auf der Zunge, die Unermeßlichkeit der Zukunft, den Rausch unartikulierter Hoffnungen – Verheißungen von Abenteuern, Verklärung und Liebe –, eine Überfülle von halberträumten Sehnsüchten nach allem, was das Leben bieten konnte: mit Ausnahme – seltsamerweise, wie er jetzt nachträglich erkannte – von materiellem Reichtum. Zu keiner Zeit hatte er in seinen jugendlichen Träumen sich als das gesehen, was er jetzt war: ein reicher, rundbäuchiger Pflanzer, der – wenn auch in quäkerhaft gemilderter Schaustellung des Reichtums – in ebendemselben Haus wohnte, in das er achtundvierzig Jahre vorher gebracht worden war, ein quäkendes kleines Waisenkind, von Großmutter gütig in die Arme genommen und behutsam an die Brust gedrückt.

Plötzlich überkam ihn ein jähes Heimweh nach Großmutters Welt. Einen Moment lang war er von einer unmännlichen Sehnsucht erfüllt, durch die Zauberwand zu laufen und noch einmal so wie damals in das Haus zu treten, das im goldenen Dunst des Sonnenaufgangs schlief, an die Tür ihrer Kammer zu klopfen und, nachdem sie „Herein!" gerufen, über den rauhen Teppich zu dem Himmelbett zu treten, in dem sie, gegen die Kissen gelehnt, saß und von einem Tablett frühstückte, während sie mit Mammy den Arbeitsgang des Tages durchsprach. „Soso!" würde sie dann mit strenger Miene sagen, „seit wann ist es Sitte, barfuß in Großmutters Zimmer zu kommen? Und schau dir einmal diese schmutzigen Zehen an! Erzähl mir nicht, daß du dich wieder mit dem alten Boot im Fluß herumgetrieben hast!" Doch trotz der strengen Stimme und dem prüfenden Blick ihrer grünen Augen würde ihm klar sein, daß sie nicht wirklich böse auf ihn war; nie war sie es, was immer er anstellen mochte, immer gab es diese verhaltene Zärtlichkeit in den Tiefen ihrer unbeugsam harten Augen. Da war eine heimliche belustigte Bereitschaft, zu verzeihen, das wußte er jetzt, und darum war dieses Gefühl der Sicherheit das beherrschende Element seiner Kindheit gewesen. Ob es Liebe gewesen war? Oder bloß ein Sinn für gerechten Ausgleich, ein geheimes

Belustigtsein jemandes, der in der Unschuld seiner kindischen Sünden schon Gefängnis, Folter und Exil gekannt hatte?

Nun, was es auch gewesen war, sie wäre jetzt stolz auf ihn. Der Reinertrag des Guts war nun doppelt so hoch wie in ihren besten Tagen, die Zahl der Sklaven war auf zweihundert angestiegen, seine Töchter wuchsen in einer Atmosphäre von Freundlichkeit und behaglichem Wohlstand auf, sein Sohn wurde darauf vorbereitet, die Pflanzung zu übernehmen, wenn er alt genug wäre. Vielleicht war das dann der richtige Zeitpunkt für den Vater dieses Sohns, sich wieder den Träumen seiner Knabenzeit zuzuwenden: Träumen von einem Leben abenteuernder Heiligkeit, wie es Gulielma Woodhouse geführt hatte, die die Indianer in der Wildnis jenseits der Berge betreute, ein Irrenhaus einrichtete und vieles andere mehr ...

Der Friede, in dem er sich dahintreiben ließ, wurde von schrillen, überraschend nahen Stimmen durchschnitten. Sie mußten vom Gutshaus kommen, denn er erkannte die Stimmen seiner Töchter. In diesem Nebel klang alles verblüffend nah. Obwohl er nicht einzelne Worte verstehen konnte, war es doch unverkennbar, daß sie wieder Zank miteinander hatten. Ihre Stimmen, mißtönend und schrill, verscheuchten die stillen Träumereien seiner Jugend, in denen er, die Hände hinter dem Kopf verschränkt, den Hut in der Stirn, dahingetrieben war. Worum, um Himmels willen, mochte es sich diesmal wieder handeln? Welche Kinderei konnte ein achtzehn Jahre altes Mädchen bewegen, bei der geringsten Provokation beißend und kratzend auf ihre kleine Schwester loszugehen, als wäre sie selbst nicht älter als zehn Jahre? Nun, es blieb ihm wohl nichts anderes übrig, als nach dem Rechten zu sehen.

Er ruderte durch den Nebel zu dem Landesteg am Fuß der Rasenfläche. Er tat es mit der unbeirrbaren Sicherheit vierzigjähriger Übung. Er band das Boot an, schlüpfte wieder in seine Schuhe und schritt dem mit weißen Säulen geschmückten Haus zu, das breit und ausladend im Nebel brütete, umwallt von sich windendem Dunstgewoge, das in der Hitze der Morgensonne zerging. Er stieg die Treppe zur Veranda hinauf, öffnete die Glastür zur Halle und trat in die warme Dunkelheit des nach Schlaf riechenden Hauses. Der Lärm des Gezankes kam aus Beckys Zimmer im oberen Geschoß. Lautlos eilte er die

13

teppichbelegten Stufen hinauf, riß die Tür auf und brachte die Stimmen mit dem Zuruf zum Schweigen: „Was ist denn hier wieder los?"

Die Mädchen, noch in ihren langen, weißen Nachthemden, das Haar in Papierwickel gedreht, standen einander neben dem Walnußschreibtisch gegenüber, den Becky von ihrer Großmutter geerbt hatte. Eine Seitenwand des Möbels schien herausgebrochen, Abby hielt einen Stapel Notizbücher in Händen.

Kaum wurde Becky seiner ansichtig, als sie rief: „Schau, was sie gemacht hat! Was sie mit meinem Schreibtisch getan hat!"

„Ist gar nicht dein Schreibtisch!" schrillte Abby zurück. „Du selbst hast ihn mir gegeben, jetzt gehört er mir."

„Das bedeutet noch lange nicht, daß du ihn auseinanderbrechen kannst! Da! Schau, Papa, was sie angestellt hat! Die ganze Seite ist heraus! Sie hat den Schreibtisch ruiniert!"

„Gar nicht ruiniert! Diese Seite des Schreibtisches war dazu bestimmt, herausgelöst zu werden, wie wären sonst diese Hefte hineingekommen?"

„Abigail", fragte er gelassen, zunächst in dem Bestreben, ihr Geschrei zu dämpfen, „warum hast du den Schreibtisch aufgebrochen?"

„Warum nimmt sie alles auseinander?!" schrie Becky. „Sie ist kein Kind, sie ist ein Affe! Alles, was du ihr gibst, alles muß sie sofort auseinandernehmen, um zu sehen, was drin ist."

„Diesmal war ja etwas darin!" Abby hielt triumphierend das Bündel alter Übungshefte, vergilbt und mit Eselsohren versehen, in die Höhe.

„Wem gehört das?" fragte er.

„Mir!" rief Abby.

„Es sind nicht ihre!" Becky suchte sie ihr zu entreißen, und das Katzengezänk begann von neuem.

„Kinder! Bitte!" Er legte seine Hände auf ihre Schultern, um sie auseinanderzuziehen. Es war lange her, seit er sie das letztemal berührt hatte; die zarten Knochen ihrer Schultern schienen sich, seit sie klein gewesen waren, nicht sehr verändert zu haben. Es wieder in den Händen zu spüren, hatte für ihn etwas außerordentlich Rührendes. Wie verletzbar diese Mädchen doch waren, trotz ihrem aufbrausenden Temperament, wie zart, wie weiblich! „Was für Bücher sind es denn?"

14

„Es sind Tagebücher!" schrie Abby.

„Wenn es Beckys Tagebücher sind, dann mußt du sie ihr zurückgeben. Sie mag dir den Schreibtisch abgetreten haben, aber was ein Mensch schreibt, bleibt sein Eigentum."

„Aber es sind nicht ihre! Sie haben nichts mit ihr zu tun! Sie sind mindestens dreißig Jahre alt!"

„Wem gehören sie also?"

„Weiß ich nicht, mir blieb ja keine Zeit, sie näher anzusehen, da kam sie schon hereingestürmt."

„Hereingestürmt!" rief Becky empört. „Das ist mein Zimmer und das ist mein Schreibtisch."

„Gar nicht dein Schreibtisch! Du hast ihn mir gegeben, weil du ja doch heiratest."

„Halt doch den Mund!" schrie Becky außer sich. „Sei still!" Damit schürzte sie ihr Nachthemd und lief aus dem Zimmer.

„Nun, das muß ich dir sagen"– zum erstenmal an diesem Morgen stieg Ärger in ihm auf –, „das ist nicht Quäkerart, wie du dich beträgst, Abigail!"

„Ich kann ja nichts dafür, daß Joe Woodhouse mit ihr gebrochen hat! Wenn sie mir den Schreibtisch gegeben hat, dann ist er mein. Und ich kann ihr nicht alles zurückgeben, was sie mir schenkt, sooft ein Bräutigam ihr ausrückt!"

„Was für ein Unsinn! Der Junge ist doch gerade unten!"

Sie zuckte mit den Schultern. „Frag sie selbst!"

Er seufzte. Die Mädchen mochten verletzlich sein und des Schutzes bedürftig, aber es gab Momente, da wußte er einfach nicht, wie er mit ihnen fertig werden sollte. Er streckte seine Hand aus und sagte: „Ich glaube, du solltest mir diese Hefte lieber geben, Abigail."

Trotzig hielt sie seinem Blick stand. „Wenn das nur dazu führt, daß sie sie bekommt . . ."

Bevor er darauf antworten konnte, schrie Becky aus dem Nebenraum in tränenerstickter Wut: „Ah, behalt sie doch! Behalt sie nur, du dumme Gans! Ich will sie gar nicht haben! Sie sind doch nur langweilig!"

„Langweilig? Du findest es also langweilig, wenn man erfährt, daß Großvater Best gar nicht der Sohn des Richters war, der George Fox vor dem Gefängnis bewahrte?"

Schon war Becky auf der Türschwelle. „War er das nicht?"

15

„Nein!" rief Abby stolz. „Er war ein Findelkind!"

„Unsinn", sagte Boniface. „Wie kommst du auf so einen Gedanken?"

„Lies es doch! Es steht alles hier drinnen. Und eine Unmenge anderes noch."

Becky hatte sich wieder gefaßt. „Ich glaube das nicht." Sie wandte sich zum Gehen.

„Dann sag' ich dir noch etwas: Er war ein Zwerg!" Diese Behauptung war so ungeheuerlich, daß das Kind selbst davon erschüttert schien. „Wirklich, Papa, es stimmt. Und es steht noch eine Menge anderes da drin, über Großvater Best und über die Urgroßmutter und über andere Leute."

„Dann nehme ich diese Hefte wohl lieber in Verwahrung", sagte er streng. „Danke." Abby händigte sie ihm jetzt ohne Widerrede aus, obwohl er an der Art, wie sie die Hefte nicht aus den Augen ließ, erkennen konnte, daß sie sie wieder an sich bringen würde, sobald sich die erste Gelegenheit bot.

„Und jetzt wollen wir uns doch wohl für das Frühstück und die Andacht ankleiden", sagte er, zum Gehen gewandt. „Ich hoffe nur, daß ihr Mädchen in schicklicher Gemütsverfassung in die Gegenwart des Herrn tretet." Damit zog er die Tür hinter sich zu.

Er fand seine Frau, Beulah, in der Küche damit beschäftigt, auf dem großen Gußeisenofen das Frühstück zu bereiten. Trotz der frühen Tagesstunde war sie bereits zerzaust und schweiß-überströmt, Haarbüschel fielen ihr in die Stirn, ihre Wangen glühten. Er hatte es längst aufgegeben, ihr klarzumachen, daß es keinen erdenklichen Grund gab, die Küchenarbeit selbst zu verrichten. Medea, die alte Negerköchin, saß untätig daneben und sah ihr bei der Arbeit zu. „Hast du denn die Mädchen nicht schreien gehört?" fragte er, und zu spät wurde ihm klar, daß seine Frage unfreundlich gewesen war. Es kränkte sie sehr, daß sie nicht gut hörte, und sie wurde nicht gern daran erinnert.

„Nein, hab' ich nicht." Sie zerbrach weitere Eier über der Pfanne voll stinkender heißer Butter.

„Hat es zwischen Becky und Joseph Streit gegeben?" erkundigte er sich.

Sie blickte auf. „Warum fragst du? Hat sie dich ins Vertrauen gezogen?"

16

Er war in Versuchung, ja zu sagen. Doch überlegte er es sich, berichtete ihr, was geschehen war, und zeigte ihr die Tagebücher. Sie blickte nur flüchtig hin. „Diese Mädchen", sagte sie seufzend, „warum müssen sie sich ihr Leben so schwer machen? Als ich in diesem Alter war . . ."

„Die Eier brennen an", warnte er sie.

Auf die Neuigkeit hin, daß die Tagebücher ihres alten Quälgeists gefunden worden seien, war Beulah Bakers erster Gedanke: Nein, nicht noch einmal das Ganze! Ein närrischer Gedanke für eine so vernünftige, praktische Person. Die alte Frau war seit zwanzig Jahren tot und begraben. Und doch weckte diese Neuigkeit in Beulah den Wunsch, sich mit geschlossenen Augen in den nächsten Stuhl fallen zu lassen, den Kopf zurückzulegen, die Beine von sich zu strecken und zu denken: „Schön, ich gebe auf. Nimm's dir, nimm dir das Ganze – viel Glück, Ann Traylor, und auf Nimmerwiedersehen!"

Es dauerte nicht länger als ein paar Sekunden. Dann fing sie sich wieder, war sich selbst böse, daß sie solchen Stimmungen nachgegeben hatte. Wahrscheinlich war sie eben doch müder, als ihr selbst bewußt wurde, und ein Wunder war es ja nicht. Allem Anschein nach war die Arbeit im Hause und auf der Pflanzung in letzter Zeit mehr geworden statt weniger, wie sie gehofft hatte, als ihre Töchter noch klein waren. Überwachen der Sklaven, Kochen, Wäschewaschen, Spinnen, Zwirnen, Garn zu Tuch für Kleider für die ganze Familie verweben, Socken und Strümpfe stricken, auch Halstücher, Bettsocken, Fäustlinge, Ohrenschützer, bis man vor Müdigkeit bei der Andacht einschlief oder, schlimmer noch, während der Gatte abends aus William Penns „Nicht Kreuz, nicht Krone" oder aus Besses „Leiden der Freunde in der Zeit der Großen Verfolgung" vorlas. Alle wußten es, daß sie umkippen konnte, als hätte ein Schneeball sie auf die Schläfe getroffen, um gerade rechtzeitig wieder aufzuwachen, bevor ihr abgerackerter armer Leib allzu hart auf den Steinboden aufschlug. Manchmal fragte sie sich selbst, was wohl aus dem lustigen, zu jedem Spaß aufgelegten, zutraulichen jungen Mädchen geworden war, das alle Leute gern gehabt hatten und von dem ihre Freundinnen voll Neid gesagt hatten: „Die Beulah? Die wird sich den Besten von allen heraussuchen." Der junge, mollige Boniface Baker mit seinen Apfelbacken, seinem selbstzufriedenen Lächeln, seinen Jacken, deren Ärmel immer zu kurz, und seinen Hüten, die immer zu klein waren, war nicht der Beste, doch auch so hatten die Freundinnen sie um ihn beneidet. Das war kurz nach der Depression von 1720 gewesen, nur wenige neue Schiffe wurden gebaut, und unter diesen Umständen konnte die Brautwerbung des künftigen Eigentümers von Eden Island mit seiner einträglichen Pflanzung und seinem imposanten Landhaus, das den Fluß weithin überschaute, für einen Glückstreffer gelten. Womit sie aber gar nicht hatte fertigwerden können, war die Gegenwart dieser unzähmbar herrschsüchtigen alten Frau auf dem Hof, die Beulah vom ersten Augenblick an für ein dummes Spielzeug, ein Schoßhündchen ihres Enkels gehalten hatte. Unter dem eisigen, verachtungsvollen Blick dieser grünen Augen hatte sie gespürt, wie sie genau das wurde, wofür man sie hier hielt: Eine albern schnatternde Gans mit zwei linken Händen, eine, die keinen Topf auf das Feuer setzen konnte, ohne ihn fallen zu lassen, kein Hemd plätten, ohne es zu versengen, eine, die Bettlaken stärkte, Lampen mit Essig auffüllte und die Katze in den Ofen sperrte. Die Geschichte mit der Katze war es gewesen, die ihr das Rückgrat brach. Sie hatte den Backofen offengelassen, damit die Küche warm blieb, das Feuer war niedergebrannt, und da hatte die Katze es sich in dem warmen dunklen Loch gemütlich gemacht. Bevor sie schlafenging, war Beulah noch einmal in die Küche gelaufen, hatte die Tür des Ofens geschlossen und hatte noch einmal nachgelegt, damit die Küche nicht gar so auskühle und die Steinguttöpfe über Nacht am Boden anfroren. Natürlich war es dann die Großmutter gewesen, die das jämmerliche Mauzen der Katze hinter der Ofentür gehört hatte und, als sie herbeikam und die Tür öffnete, beinahe von der Kanonenkugel umgerissen wurde, die aus dem Ofen hervorschoß. Die Katze war noch neun volle Jahre im Haus umhergehinkt, jede Begegnung mit ihr war ein stummer Vorwurf, und was die Großmutter betraf, so blieb sie auch nachher wortlos eisig, aber das Wort Katze stand fast sichtbar auf ihrer Stirn geschrieben, sogar noch als sie auf dem Totenbett lag.

Und da, wahrhaftiger Gott! war sie nach zwanzig Jahren wieder aufgetaucht, aus einem Geheimfach ihres Schreibtisches wie ein Poltergeist hervorgesprungen. Beulah sah alles vor sich: Endlos sich hinziehende Abende, an denen ihr Mann mit der salbungsvollen Stimme, die er nur für fromme Anlässe bewahrte, der ganzen Familie vorlas, laut genug, daß auch sie es hören konnte, aus dem heiligen Nachlaßwerk der unerträglichen Alten, die, darauf konnte man sich bei ihr verlassen, jede Menschenseele, die ihr in den Weg kam, mit heuchelfrommem Lob in Sack und Asche verdammte, mit Ausnahme natürlich des armen, totgeschundenen Bonny Baker des Ersten, heilig, heilig, heilig, der in den dunklen Verliesen von Lancaster Castle heimtückisch zu Tode gequält worden war, dessen letzter Seufzer aber, in die Arme seiner schluchzenden jungen Braut, ein Gebet gewesen war für jene, die ihn so grausam verfolgt hatten. Beulah wußte, daß das Herz der Alten durch Bitternis vergiftet worden war, aber sie konnte die Geschichte von diesem überfrommen Paar, das im Stroh von Englands dunkelstem Kerker zu Märtyrern geworden, nicht mehr ertragen. Mit solcher unvergleichlichen Reinheit hatten die beiden, nur Gottes Angesicht vor Augen, einander an den Händen gehalten, daß es für das Wunder des Kindes, das die junge Witwe nach dem frommen Tod ihres Mannes geboren, nur eine Erklärung gab: es war eine Wiederholung der unbefleckten Empfängnis.

Die Vorstellung, dem frömmlerischen Gewäsch ihres wiedererstandenen Quälgeists nun monatelang zuhören zu müssen, erfüllte Beulah mit einer Wut, die sie an den Eiern ausließ, während ihr Mann und die fette alte Mammy, die Küchensklavin, ihr wie gebannt zusahen.

Das Frühstück verlief steif und unbehaglich. Es konnte kein Zweifel mehr bestehen, daß Becky und Joe Woodhouse sich verkracht hatten. Becky ging geschickt jeder Möglichkeit aus dem Wege, Joes Gegenwart zu bemerken; seine unbeholfenen Anstrengungen, ein gesittetes Gespräch in Gang zu bringen, setzten alle in Verlegenheit. Abby beobachtete die beiden mit unchristlicher Schadenfreude. Es war ein Aufatmen, als man sich endlich in die Stille der Morgenandacht flüchten konnte.

Boniface stellte fest, daß er sich auf nichts konzentrieren konnte. Seine Gedanken kreisten immer noch um die Tagebücher. Nach der Andacht zog er sich, die Hefte unter dem Arm, in sein Arbeitszimmer zurück, froh, eine ungestörte halbe Stunde zu genießen, bevor das Tagesgeschäft begann. Doch Beulah fing ihn auf der Stiege ab und redete mit der unkontrollierten Stimme der Schwerhörigen auf ihn ein, er möge doch ein Wörtchen mit Joe Woodhouse reden und herausbringen, was der vorhatte. Boniface fand den jungen Mann seinerseits an der Tür zum Arbeitszimmer wartend, sichtlich etwas verlegen. Er hatte eine Papierrolle unter dem Arm. „Onkel Bonny, kann ich dich eine Minute lang sprechen?"

„Aber selbstverständlich." Er öffnete die Tür. „Setz dich, Joe, mach's dir bequem." Das war nur eine Redensart: Es sich bequem zu machen, war offensichtlich im Augenblick das letzte, was der nervöse junge Mann zustande brachte. „Wie geht's deinem Vater?"

„Sehr gut, danke, Onkel." Dann, als wachte er plötzlich auf: „Ach, Moment, ich habe ja da einen Brief für dich." Er zog das Schreiben aus der Innentasche seines Rocks, der in Farbe und Schnitt geziemend einfach, aber aus sehr teurem Tuch geschneidert war. „Das erklärt dir den Zweck meiner ... meiner Mission." Er reichte ihm den Brief, der unversiegelt war, offenbar um das Vertrauensverhältnis zwischen Vater und Sohn zu kennzeichnen.

„Lieber Freund Boniface, ich frage mich, ob Du zufällig unter Deinen Sklavinnen ein vollreifes Weibsstück, wenn möglich ein verwitwetes, doch ohne noch abhängige Kinder, zur Verfügung hättest, das als Hausbedienstete verwendbar wäre. Wenn Du so etwas hast, könnte mein junger Joseph sie sich ansehen, oder, falls mehrere zu Gebot stehen, die verschiedenen Möglichkeiten erwägen und mir darüber berichten.

Was den zweiten Gegenstand seines Besuches betrifft, überlasse ich es lieber ihm, ihn Dir darzulegen. Er hat die dazugehörigen Dokumente und Landkarten bei sich und ist hinreichend über die Sache informiert, um Dir alle Auskünfte geben zu können.

Mit besten Empfehlungen für alle und in der Hoffnung auf ein baldiges Wiedersehen, Dein Isaak Woodhouse."

Das schien klar und unkompliziert; Boniface wunderte sich, warum er darin einen Hinterhalt witterte. „Sehr gut", sagte er und faltete das Blatt zusammen. „Ich glaub' nicht, daß wir irgendwelche Frauen ohne Anhang zur Verfügung haben, aber ich mag darin irren. Du wirst Caleb Martin fragen müssen."

Es folgte ein unbehagliches Schweigen.

„Nun, Joe, was hast du mir noch zu sagen?"

Der Junge blickte von seinen Fingernägeln auf. „Onkel, es handelt sich um Altar Rock."

„Und was soll es damit?"

„Wie du wohl weißt, wird Altar Rock mehr und mehr zu einer Behinderung für das Wachstum unseres Handels und für das Gedeihen der ganzen Stadt. Wegen Altar Rock ist die Größe der Schiffe, die bis Philadelphia hinauffahren können, begrenzt, größere als jetzt können sich da nicht durchzwängen. Nun geht aber der Handel immer mehr zu größeren Frachtern über . . ."

„Jaja", sagte Boniface ungeduldig. „Das weiß ich alles. Will man vielleicht wieder den Kanalplan aufs Tapet bringen? Ich dachte, der wäre längst . . ."

„Nein, Onkel!" rief der Junge, und seine Stimme verriet jetzt die Aufregung, die er bisher unterdrückt hatte. „Wir haben eine ganz neue Idee gefaßt! Wir . . . Abe . . . eigentlich Ben Franklin war es, der die Sache vorgeschlagen hat. Wir glauben den Weg gefunden zu haben, wie man Altar Rock einfach wegblasen könnte."

„Wegblasen?"

„Schau!" Joe sprang mit solcher Gewandtheit auf seine Füße, daß er beinahe den Stuhl umgerissen hätte. „Darf ich dir die Pläne zeigen . . ."

Er entrollte die Blätter, die er unter dem Arm getragen hatte, und breitete sie auf dem Tisch aus. Das erste zeigte eine detaillierte Karte der Biegung des Flusses. „Da hast du die Flußenge und Altar Rock", erklärte er überflüssigerweise.

„Und was soll es?"

„Ich zeig's dir gleich, Onkel." Er zog unter den Blättern eines hervor, einen Plan des Felsens selbst, von verschiedenen Punkten aus exakt vermessen.

„Wer hat denn das gezeichnet?" fragte Boniface mit aufsteigendem Unmut. Um das so zu vermessen, hatte es einer gründlichen Inspektion des Terrains bedurft. „Wann ist denn das alles gemacht worden?"

„Könnte ich nicht sagen, Onkel ... Aber schau nur!" Er holte noch ein drittes Blatt unter dem Stapel hervor und breitete es aus. Diesmal waren auf dem Sockel des Felsens rundum Reihen von glockenförmigen Gebilden eingezeichnet, die mit dem Wasserspiegel des Flusses durch kaminartige Schachte verbunden waren. Das ganze Ding sah phantastisch aus, erinnerte an ein Seeungeheuer, gezeichnet von einem phantasiebegabten Reisenden.

„Was soll denn das?" fragte Boniface und deutete auf die eigenartigen Gebilde.

„Die sind für Sprengpulver bestimmt. Ich weiß nicht ganz genau, wie so etwas funktioniert, aber mir scheint, daß man durch diese Schächte Lunten so weit vortreiben kann, bis sie die eingegrabene Ladung erreichen. Wenn dann die Explosionen gleichzeitig stattfinden, fliegt der Felsen in die Luft."

„Ich verstehe." Boniface lehnte sich in den Stuhl zurück. „Eine interessante Theorie."

„Ja, nicht wahr?" Joe merkte gar nicht, daß der Onkel verstimmt war, sondern fuhr stolz fort: „Vater hat mich beauftragt, dich zu fragen, was du wohl für Altar Rock verlangen würdest." Und als Boniface nicht antwortete, fügte er hinzu, nun schon weniger zuversichtlich: „Obwohl der Felsen selbst ja wertlos ist und seine Beseitigung für alle Schiffe ein Vorteil wäre, ist Vater durchaus bereit, eine beachtliche Geldsumme aufzuwenden, wenn du deine Einwilligung zu seiner Sprengung gibst." Und da sein Onkel noch immer nicht sprach, fügte er mit angespannter Stimme hinzu: „Natürlich möchtest du dir das in Ruhe überlegen, Onkel. Ich lasse die Pläne hier." Sein Blick wandte sich bereits der Tür zu.

„Ich halte das nicht für nötig, Joe", sagte Boniface. „Ich kann mich unmöglich darauf einlassen, diesen Vorschlag auch nur zu erwägen."

„Oh?"

„Zunächst einmal: Ich weiß gar nicht, ob ich eine solche Erlaubnis geben kann, denn der Originalvertrag, den Will Penn mit den Delawaren abschloß, legt fest, daß der Felsen als heilige

Stätte der Indianer für alle Zeiten geschützt bleiben soll. Ich schlage also vor, daß dein Vater sich mit seinem Antrag direkt an die Delawaren wendet."

„Aber Onkel! Die Delawaren sind seit Generationen von hier fort."

„Das weiß ich. Aber bevor ich den Vorschlag in Erwägung ziehe, muß ich sicher sein, daß die Delawaren keinen Einwand haben."

„Und wenn die Delawaren es dir überlassen?"

„Kommt Zeit, kommt Rat."

Es folgte ein Schweigen. Dann sagte der Junge, und eine Spur der Woodhouse-Härte schwang jetzt in seiner Stimme mit: „Ich glaube, Vater hätte es gern, wenn es in dieser Sache zu einer Entscheidung käme, bevor er – nun, bevor er andere Entschlüsse faßt."

In der Kunst der Diplomatie konnte der Junge dem alten Isaak nicht das Wasser reichen. „Ist das der Grund, warum du die Verlobung mit Rebekah lösen willst?" fragte Boniface.

„Aber nein, Onkel, durchaus nicht! Bestimmt nicht!" Er rollte seine Pläne zusammen und nahm sie unter den Arm. „Wenn's dir recht ist, Onkel, möchte ich jetzt einen Blick auf diese Sklavinnen . . ."

„Schön. Sag dem Stallburschen, daß er dir die Chaise vorfahren soll."

„Danke, Onkel." Er drückte sich einen Moment an der Türe herum, als ob er noch etwas sagen wollte, überlegte es sich aber dann und ging.

Erst als er draußen war, schwoll der Ärger in Boniface an. Dieser kleine Dreck! Dieses Würstchen! Wie durfte der wagen, seine Verlobte als Gewicht in die Waagschale eines Geschäfts zu werfen! Die arme Becky! Plötzlich schien Boniface die ganze Angelegenheit gemein und scheußlich. Wie niederträchtig und heuchlerisch, ein Menschenwesen auf solche Art zu mißbrauchen, in gänzlicher Nichtachtung seiner Einmaligkeit, Unschuld und gar erst der jungen verletzlichen Liebe des Mädchens zu diesem einfältigen Flegel! Seine Wut nahm so unschickliche Formen an, daß er eines der mit Eselsohren geschmückten Hefte vornahm, um solch unquäkerhaften Gedanken zu entkommen.

23

Die erste Eintragung datierte vom Oktober 1652. Verfasser war offenbar die Großmutter; er erkannte nicht nur ihre Handschrift, sondern auch ihr methodisches Wesen, das sich darin äußerte, wie sie diese kurzen Notizen aus ihrem Leben in einem Inhaltsverzeichnis registriert hatte. Der Index enthielt die Namen aller führenden Quäkerfamilien Pennsylvanias und Rhode Islands. Sie hatte, erst als Mitglied des Fellschen Haushalts und später als eine der ersten Siedlerinnen in Pennsylvania, die Geschichte der Quäker unmittelbar als Zeugin erlebt. Auch mußten diese Aufzeichnungen persönliche Angaben über etliche bedeutende Freunde enthalten, sonst hätte sich die Verfasserin des Tagebuchs nicht solche Mühe gegeben, es vor neugierigen Augen zu verstecken.

„Ich hoffe, sie schläft endlich, die arme Frau. Wie kann ein Mensch nur einem anderen Menschen solche Qualen auferlegen, ohne es zu bemerken? Und all das, während er über Liebe und Innigkeit und das Göttliche in jedem Menschen drauflosredet . . ."

Er unterbrach die Lektüre. Ein vages Gefühl sagte ihm, es wäre nicht der Wunsch der Großmutter gewesen, daß er das las. Es war befremdlich, daß sie keine Verfügung hinterlassen hatte, was mit diesen Heften geschehen solle; das sah ihr so gar nicht ähnlich.

Sein Blick fiel, als er den Index ansah, auf den Namen Baker Boniface. Der erste Hinweis fiel auf Seite 1.

„Wenn man bedenkt, wie er Bonny und Margaret Fell behandelt hat, dann kann ich nur sagen – gut, üben wir christliche Nächstenliebe. Die einzige, die bis zuletzt zu ihm stand, war Mistreß Best, Gott segne sie . . ."

Er erinnerte sich, was Abby über Großvater Best gesagt hatte. Wenn diese legendäre Figur wirklich ein Findling und ein Zwerg gewesen war, dann konnte solch eine Feststellung seine Nachkommen nur in Verlegenheit setzen. Der einzige Mensch, der in dieses Manuskript Einblick gewinnen sollte, dürfte höchstens ein Historiker sein, bei dem man sich darauf verlassen konnte, daß er bei Beurteilung der Tatbestände und der Personen Objektivität walten ließ. Nach zweiundsiebzig Jahren, in denen zwischen den Familien kreuz und quer geheiratet worden war, gab es in Philadelphia keinen objektiven

Leser mehr. Der einzige, der diesem Ideal nahekam, war Beulahs Bruder Jeremiah, der schon lange den Plan hatte, eine historische Bücherei der Freunde zu gründen. Ihm, als Schriftführer der Monatsversammlungen in Philadelphia, konnte zugetraut werden, daß er irgendwelche explosiven Enthüllungen der Schreiberin mit diplomatischer Diskretion behandeln würde. Er drehte den Stuhl so, daß er zum Fenster sah, und genoß den weiten, ruhevollen Ausblick auf den Fluß und die Wälder Pennsylvanias, die jetzt, nachdem die Sonne aufgegangen war, vom Nebel gereinigt dalagen. Eine Brigantine plagte sich, die Segel vom Sonnenlicht vergoldet, scharf geschattet, durch die Flußenge, von drei mit Sklaven bemannten Barkassen geschleppt. Wie stets um diese Stunde gleißte Altar Rock gischtumschäumt wie schwarzer Marmor.

Der Anblick des Felsens lenkte Bonifaces Gedanken zu Becky und dem armseligen Burschen zurück. Gewiß fuhr Becky am besten, wenn sie den loswurde; doch war sie offensichtlich, wenn es um Joe ging, völlig mondsüchtig. Und wenn er jetzt die Erlaubnis gäbe, den Felsen zu sprengen? Warum sollte er ihn nicht zu einem vernünftigen Preis verkaufen und Becky ihren Traum gönnen? Der alte Isaak hätte ihm doch diese Pläne nicht geschickt, wenn er sich nicht vorher vergewissert hätte, daß er, Boniface, allein es war, der diese Erlaubnis zu gewähren hatte.

Er blickte auf den mächtigen Felsen, der hier im Herzen einer grünen und blauen Szenerie düster und fremd in einem Schaumbett lag. Als Knabe hatte Boniface unzählige Märchen über die Geister gehört, die in diesem Felsen umgingen. Der alte Hausklave Hadrian, der längst unter den Kastanienbäumen auf der anderen Seite der Insel begraben lag, hatte sie ihm erzählt. Geschichten über Nymphen, geflügelte Schlangen und eine riesige Kröte mit tellergroßen Augen, die in einer Höhle unter dem Felsen hauste. Diese Geschichten hatten ihn mit Scheu vor dem schwarzen, gischtumspülten Ungeheuer erfüllt, das in der Stille der Nacht gurgelte und zischte – ein Geräusch, das seine ganze Kindheit zu durchdringen schien. War ihm darum der Gedanke, den Felsen der Vernichtung preiszugeben, so widerwärtig? Oder wollte er wirklich den Indianern Wort halten? In einem Punkt hatte Joe recht: der Unami-Stamm der

Delawaren, mit dem William Penn einst seinen Vertrag geschlossen, war längst aus diesen Gegenden gezogen. Sie lebten jetzt am Oberlauf des Flusses, Hunderte von Meilen entfernt.

Die Brigantine hatte ihren Weg an dem Felsen vorbei erkämpft und war in Begriff, auf das Jersey-Ufer zuzufahren. Die Barkassen hatten sich von der Brigantine gelöst und hielten jetzt auf das Heck des Schiffes zu, um sich nach Philadelphia zurückschleppen zu lassen. Seine Gedanken wandten sich wieder Becky zu. Was für ein Jammer war es doch, daß sie sich gerade in diesen rückgratlosen Burschen verliebt hatte, der ganz von seinem Vater und seinem Bruder Abe beherrscht wurde. Um Beckys willen sollte man diesem Jungen irgendeine Verantwortlichkeit zuspielen, die nichts mit seinem Vater und seinem Bruder zu tun hatte.

Wenn er ihn beauftragte, die Hefte Jeremiah zu überbringen? Boniface selbst hatte die Lust verloren, weiterzulesen. Er fragte sich, warum.

Von einem vagen Schuldgefühl gedrückt, verpackte er die Hefte sorgfältig. Dann setzte er sich wieder ans Fenster und blickte auf den Fluß hinaus.

Joe Woodhouse betrachtete mit Mißbehagen die klapprige Chaise und das x-beinige alte Roß mit dem Schleppbauch, das der Stallsklave ihm zuführte, damit er Caleb Martin aufsuchen und mit ihm über dieses Negermädchen sprechen könnte. Er hatte die Absicht, quer durch die Felder zu fahren, um einen Blick auf die Indigoernte zu werfen. Aber als er gerade in den Wagen klettern wollte, hörte er eine Stimme rufen: „Warte!" Das war Becky, die über den Rasen angelaufen kam.

Seine erste Regung war Ärger. Nach ihrem unangenehmen Gespräch von gestern abend war ihm eine Begegnung unter vier Augen nicht erwünscht; doch als sie angelaufen kam und atemlos fragte, ob er sie zum Sklavenhospital bringen könnte, wo sie etwas zu erledigen hätte, sagte er höflich: „Aber gewiß doch, Becky, es wird mir ein Vergnügen sein." Und mit einem einladenden „Du erlaubst" streckte er die Hand aus, um ihr in die Chaise zu helfen.

Wäre sie Abby gewesen, so hätte sie hochmütig abgelehnt und sich selbst in das wackelige, keineswegs hohe Gefährt geschwungen. Becky dagegen veranstaltete eine einprägsame Schaustellung weiblicher Hilflosigkeit, als er sie an der Hand in den Wagen zog. Sie setzte sich, klappte ihren kleinen Sonnenschirm auf, um ihr Haar zu schützen, und zupfte einige Locken zurecht, die sich beim Laufen gelöst hatten. Mit geröteten Wangen und schweratmender Brust sah sie berückend schön aus. Er hätte, während er an ihre Seite rückte, sich sofort wieder in sie verlieben können, trotz ihrem unberechenbaren Temperament.

Als die kleine Chaise aus dem Hof hinausschaukelte und in die Wagenspur des Feldwegs einbog, ergriff ihn plötzlich Erbitterung über Onkel Boniface. Es war doch absurd, daß die Zukunft Philadelphias, des größten Hafens auf dem nordamerikanischen Kontinent, wegen der dickköpfigen Halsstarrigkeit eines Mannes, die abergläubischen Kulte eines längst verzogenen Stammes zu ehren, aufs Spiel gesetzt wurde. Nun, er für seinen Teil hatte getan, was er konnte, jetzt wollte er sich seiner nächsten Aufgabe zuwenden, einer richtigen Taxierung des Standes der Indigoernte; doch durfte das Mädchen nicht merken, was er vorhatte.

„Es ist mir nur lieb, daß ich eine Gelegenheit habe, mich bei dir zu entschuldigen, Becky. Es wäre mir recht, wenn ich dir eine Erklärung geben dürfte."

„Oh, das ist nicht notwendig, du hast es ja bereits recht gründlich erklärt."

Es klang, als ob sie auf einen neuen Streit aus wäre. Sein Entschluß, dem Vater zu Hause zu imponieren, wurde schwankend. „Trotzdem wäre es mir lieb, wenn du mir die Gelegenheit bieten wolltest, zu sprechen. Könnten wir nicht einen kleinen Umweg machen?"

„Einen Umweg?" Sie blickte ihn unter dem rosagetönten Schatten ihres Sonnenschirms her an, als hätte sie dieses Wort noch nie gehört. „Welch außergewöhnlicher Vorschlag für einen, der mir erst gestern abend erklärt hat, daß wir wieder bloß gute Freunde sein wollten."

Es tat ihm jetzt leid. „Verzeih, es war ein dummer Vorschlag."

27

„Dumm? Ich muß schon sagen, die Wahl deiner Worte ist überraschend."

Ihn packte das Verlangen, sie gegen das Schienbein zu treten, wie er das früher getan hatte, wenn er jeden Sommer einen Monat lang hierhergeschickt wurde. Doch zu diesem Zeitpunkt hatte es noch keine Indigokulturen gegeben; die Kinder hatten in den langen schnurgeraden Gängen zwischen den Erbsen- und den Bohnenstauden Fangen gespielt, und diese Spiele hatten, nicht ungefährlich, auf schweren, über den Wassern hängenden Ästen geendet, auf denen die beiden zuletzt mit klopfenden Herzen dicht aneinandergedrängt saßen; Beckys Augen waren groß und blau und voll unerratbarer Gedanken gewesen.

Ärgerlich sah er zur Seite, um das erste dieser ungepflegten Indigofelder zu besichtigen. Es sah gesund, aber vernachlässigt aus. Die Wurzeln waren von Unkraut fast erwürgt, doch waren die Stauden mehr als mannshoch. In dem gesegneten Klima dieser Insel blühte und trieb eben alles, trotz der Trägheit und Unfähigkeit, mit der Onkel Boniface und der versoffene Caleb Martin die Pflanzung führten. Abe hatte recht: weiße Indianer, das waren sie.

Sein Vater hatte ihn beauftragt, insbesondere zu beobachten, welche Sorte Onkel Boniface zog, Indigofera tinctoria oder Indigofera anil. Die erstere war weniger wetterhart, produzierte aber mehr Blätter, die zweite gedieh schwächer, war aber bequemer zu kultivieren. Pflanzten die Leute auf Eden die tinctoria, dann konnte die Insel zu einer Goldgrube werden, denn man durfte mit vier Schnitten im Jahr rechnen. Der Unterschied war nur an den Schoten zu erkennen; doch war es um diese Jahreszeit zu früh für Schoten, so konnte er für die Analyse nur Blüten- und Blätterproben an sich nehmen.

Das Feld, durch das sie gerade in der knarrenden Chaise fuhren, stand in voller Blüte. Die silbrigen Zweige der krautigen Sträucher schimmerten im Sonnenlicht. Jeder war schwer mit Rispen malvenfarbener Blüten behangen, die dem Feld dieselbe Tönung gaben, die Beckys Gesicht im lichtdurchlässigen Schatten ihres Sonnenschirms zeigte. Er fragte sich, wie er zu seinen Proben kommen sollte. Er konnte doch nicht den Wagen anhalten und ohne Erklärung Zweige pflücken. Becky interes-

28

sierte sich weder für geschäftliche Angelegenheiten noch für sonst etwas, was sie nicht direkt betraf; doch auch so würde sie wohl Fragen stellen. Aber da half ihm sein Glück über die Schwierigkeit hinweg. Die hüpfende Chaise war auf eine Strecke des Feldwegs gelangt, wo die Wagenspuren wie Gleise verliefen, so daß er das Pferd in die richtige Spur führen mußte. Einmal holperte der Wagen so heftig, daß Becky sich an ihn klammerte, um nicht herausgeschleudert zu werden. Die Zweige der Stauden reichten bis an den zur Seite geneigten Wagen heran, und er vermochte einen kleineren mit zwei Blütenrispen abzureißen. Er wandte sich ihr zu, hielt ihr die Blüten hin und sagte: „Hoffentlich hab' ich dir nicht wehgetan. Bitte um Verzeihung."

Einen Moment saß sie verblüfft da, den Arm um seine Hüfte gelegt, den Sonnenschirm schief haltend. Ihre Augen suchten die seinen, ob er sich erinnerte: So mußten sie beide ausgesehen haben, als sie letztes Jahr an Großmutters Grab saßen und einander plötzlich, ganz ohne Vorwarnung, zum ersten Mal küßten. Bevor ihre Lippen einander berührten, hatte das Mädchen genauso zu ihm aufgeblickt wie jetzt. Aber schon steifte sie den Rücken, zog ihren Arm zurück und nahm die ruppige kleine Blütengabe an, als wäre sie ein Bukett Rosen. „Ach, lieber Joe", sagte sie, als ob sie nicht, so weit das Auge reichte, von Äckern voll solchen Indigos umgeben gewesen wären.

Ob es nun die Art war, wie sie ihn ansah, oder der zärtliche Klang ihrer Worte, plötzlich fühlte er sich beschämt. Es war, als erwachte er aus einem Traum voll nichtssagender Schemen und Abstraktionen; das einzig Wirkliche, so schien ihm, waren ihre Lippen, ihre Augen, ihr Gesicht, das ganze vereinsamte, empfindliche Persönchen neben ihm. Warum konnten sie nicht den Felsen Felsen sein lassen und sie selber sein? Hand in Hand durch hohes Gras zum Fluß laufen, zu dem verwucherten Gestrüpp rund um den Friedhof, wo sie so oft in der Vergangenheit gelegen und durch das Gezweig die segelnden Wolken beobachtet hatten? Ihm war zumute, als müßte er ihr den Blütenzweig aus der Hand reißen, ihn weit fortwerfen und Becky sagen, daß nur sein Vater daran schuld war, daß er sie so sinnlos irreführte.

Doch sein Selbsterhaltungstrieb ließ ihn vergangener Zeiten gedenken, da sie so oft, wenn sie bei einem ihrer wilden Spiele am Draufzahlen war, plötzlich irgendein Geständnis gegen ihn ausnützte, das abzulegen er früher einmal töricht genug gewesen war. Jetzt war wohl eine Stunde der zärtlichen Kameradschaft zu gewinnen, aber zu gegebener Zeit würde sie sich ihm entziehen, ihre Augen würden blitzen und sie würde fragen: „Du willst mich küssen? Hat dein Vater das erlaubt?"

So konnte er nichts weiter tun, als seine Hand auf die ihre legen, doch hatte sie gerade keine Hand frei. Mit der einen hielt sie den Sonnenschirm, mit der anderen den Blütenzweig, dessen Duft sie immer noch begierig einatmete. Es störte ihn; er hatte erwartet, daß sie den Zweig, mit seinesgleichen bis zur Langeweile vertraut, fallen ließ und die Sache vergaß. Dann konnte er auf der Rückfahrt den Zweig unauffällig aufheben. Ihr Gehaben schien nicht ganz echt. Diese Blüten rochen, mindestens in der Menge, unverkennbar wie Katzenurin. Abe hatte einmal gesagt: „Diese Indigoblüten lassen ganz Eden riechen, als ob der Herr in einem Augenblick der Geistesabwesenheit mehr Kater geschaffen hätte, als Er im Plan vorgesehen hatte." Das war die Art von Scherz, die sein Vater mißbilligte.

Plötzlich wünschte er, diese Fahrt wäre vorüber. Obwohl Becky in ihre eigenen Gedanken verloren neben ihm saß, weckte sie doch in ihm eine verwirrende Begehrlichkeit. Gestern abend noch hatte er allen Gedanken an eine Heirat als verfrüht entsagt. Wie kam es also, daß er jetzt wachträumend neben ihr saß und an nichts anderes denken konnte als daran, sie zu küssen, ihren Körper an sich zu drücken, ihre warmen weichen Lippen zu fühlen? Er streifte sie mit einem Seitenblick. Sie spürte seine Gegenwart offensichtlich gar nicht, ihr Blick war auf die Felder gerichtet, gedankenlos hielt sie den Blütenzweig in der Hand, ihr Gesicht im Schatten des Sonnenschirms. Wie leicht es gewesen war, sie mit dem Blütenzweig zu täuschen! Als sie endlich die Sklavenquartiere erreichten, schlug er sich mit Selbstvorwürfen herum. Sie hielten vor dem Hospital, der ersten einer ganzen Reihe von Baracken, alle ungestrichen und fast schon verwittert. Sie wandte ihm ihr Antlitz zu; dieses strahlende Gesicht ließ ihm das Herz schwer werden.

„Joe, liebes Herz, ich werde dich hier erwarten. Hol mich ab, sobald du deine Sache erledigt hast."

„Mach' ich", sagte er so heiser, daß sie lachen mußte. Als er ihr aus dem Wagen half, regte sich in ihm wieder dieses Verlangen, sie gegen das Schienbein zu treten.

„Schön, also sobald du fertig bist, liebes Herz!" Sie wandte sich dem kleinen Bauwerk zu, vor dessen Eingang zwei Negerinnen hockten. Die eine hielt ein nacktes Negerkind an einer um den Bauch gewickelten Schnur, wie ein Hündchen. Er schnalzte dem Pferd, knarrend und schlenkernd ratterte das Fahrzeug davon.

Caleb Martin, der Aufseher der Pflanzung, war nicht in seinem Häuschen, das am Ende der langen Reihe lag. Er war auch nicht in der Faktorei; Joe fand ihn zuletzt auf einem Feld am Südende der Insel, wo ein Trupp Sklaven mit der ersten Indigoernte beschäftigt war. Der junge Joshua Baker, der Aufseherlehrling, lungerte irgendwo im Hintergrund herum. Für den Schnitt war die Stunde bereits zu weit vorgeschritten. Joe wußte von seinem Vater, daß der Schnitt sehr früh am Morgen durchgeführt werden mußte, bevor die Sonne die Blätter welk und schlaff werden ließ. Auch das war wieder ein Zeichen dafür, mit welcher Sorglosigkeit die Pflanzung bewirtschaftet wurde. Das geerntete Gut sah jedoch saftig und üppig aus. Auch die Sklaven zeigten eine solche Widersprüchlichkeit: sie waren elend und schmutzig bekleidet, doch sie sahen gesund und kräftig aus. Die meisten von ihnen waren Männer. Die Frauen waren damit beschäftigt, abgeerntete Zweige auf einem Schubkarren aufzustapeln. Ihre Kittel waren schmutzig und zerfetzt. Eine dralle junge Frau zeigte den Spalt zwischen ihren Brüsten, von Schweiß glitzernd. Er fing ihren Blick auf und wurde verlegen.

„Na, Junge, was bringt dich her, heute morgen?" fragte eine unfreundliche Stimme hinter ihm.

Das war Caleb Martin, der auf einem jämmerlich aussehenden grauen Wallach angeritten kam. Joe konnte den Mann von jeher nicht leiden. Caleb war das schwarze Schaf der Familie Martin, ein unheilbarer Säufer, und man hielt Boniface Baker für einen Heiligen, weil er Caleb als Aufseher angestellt hatte.

„Mein Vater läßt dich grüßen, Caleb Martin", sagte Joe förmlich. „Er möchte ein vertrauenswürdiges Mädchen für den Dienst im Hause haben. Boniface Baker hat mich hierhergewiesen, die Sache mit dir zu besprechen. Du sollst mir zeigen, was ihr an jungen Frauen ohne Anhang anzubieten habt."

Die mißtrauischen Augen schienen jetzt noch enger zu stehen, die Forderung mißfiel dem Mann offensichtlich. „Du kommst in einem ungünstigen Moment. Wir stehen am Beginn der Ernte, jede Hand wird gebraucht."

„Was wir wollen, ist ein Mädchen fürs Haus."

„Hausmädchen haben wir auf der Pflanzung nicht. Drüben auf dem Hof haben wir eine faule Alte, die mit dem Staubwedel durch die Zimmer torkelt, aber die wünsch' ich nicht einmal meinem schlimmsten Feind!" Er grinste. „Gewiß nicht deinem Vater."

„Wie dem auch sei, Caleb Martin", sagte Joe mit Würde, „der Auftrag, den Boniface Baker mir für dich gab, war, daß du mir ein paar geeignete Mädchen zeigen sollst, damit ich meine Wahl treffen kann. Er möchte keine Paare trennen, darum wünscht er, daß du mir alleinstehende Frauen zeigst – ich meine, solche, die an niemanden gebunden sind." Er fühlte, wie er errötete.

„Nicht gebunden? Na, dann will ich dir ein paar solche ungebundene Weiber zeigen. Zwei haben wir gleich hier an dem Karren. Das da ist Phoebe", er zeigte mit seiner Reitpeitsche nach ihr, „die Feiste im Kalikokittel. Die ist über das Kinderkriegen bereits hinaus, aber tüchtig bei der Arbeit und keine Unruhestifterin. Und dann das dreiste Ding da, die junge Cleo – ein geiles Stück, darauf aus, daß ihr einer ein Kind macht. Aber der ist zuzutrauen, daß sie ein ganzes Dorf durcheinanderbringt."

Es war das Mädchen, das ihm den Blick zugeworfen hatte. Jetzt tat sie, als merkte sie nicht, daß von ihr die Rede war, und hob Pflanzenbündel mit geschmeidigen, wendigen Bewegungen auf den Karren. Sie hatte, wie die schwarzen Weiber zumeist, lange dürre Beine, aber üppige Brüste, die man unter ihrem engen Leinwandkittel deutlich sah. „Ihren Kerl hat sie vor einem Monat oder so verloren", erklärte Caleb, der hinter ihn getreten war, „und seither kann sie nichts als Unheil anrichten.

32

Mir wär's nur recht, wenn ich sie loswürde. Wert ist sie keinen Pfennig. Das einzige, wozu sie taugt, ist die Matratze. Das ist alles, was ich zur Verfügung habe. Überleg's dir."

Joe fühlte, wie seine Wangen noch röter wurden, diesmal vor Ärger. Gleich seinem Vater teilte er keineswegs die sentimentalen Ansichten der Freunde, die gegen Sklaverei waren und ihre Neger nicht als Sklaven hielten. Er war aber, wie alle Quäker, der Ansicht, daß man den Neger freundlich und menschlich behandeln solle. Daß man über diese Weiber in ihrer Gegenwart sprach, als wären sie Vieh auf dem Markt, verletzte seinen Respekt vor dem Göttlichen in jedem Menschen. „Ich habe den Eindruck, daß sich unsere Interessen hier decken, Caleb Martin", sagte er kalt. „Du wärst Miß Cleo gern los, mir wieder scheint sie die geeignetste für das, was meine Mutter von ihr erwartet."

„Ich verstehe", sagte Caleb. „Ist es bestimmt deine Mutter, die nach ihr verlangt, Freund Joe?"

Joe, dem sich die Magenmuskeln zusammenzogen, antwortete abweisend: „Ich versteh' nicht ganz, was du meinst, Caleb Martin."

„Aber, aber!" antwortete der andere, den Hals seines Pferdes klopfend. „Bild dir nur nicht ein, daß die junge Schlampe nicht weiß, wovon wir reden. Die wünscht sich nichts anderes als von einem jungen Blut wie du geschwängert zu werden, für die ist das der einzige Weg, um es auf der Welt weiterzubringen."

Es waren nicht nur die Worte des Mannes, die Joe ärgerten, es war auch der süßliche Rumgeruch, auf dem sie schwebten. Er wollte gerade eine scharfe Antwort geben, als Caleb jäh aufblickte. Auch Joe sah sich um, konnte aber nichts bemerken. Dann hörte er Stimmen aus der Entfernung und Keifen und Jammern. Caleb riß sein Pferd herum, gab ihm die Sporen und galoppierte dahin, woher das Geschrei kam. Die Neger hatten ihre Sicheln sinken lassen und starrten alle in diese Richtung. Alle bis auf das Mädchen, das sich ihm lächelnd zugewandt hatte. Dieser Blick, mehr als die Neugierde, veranlaßte ihn, das Pferd anzutreiben. Die Chaise hoppelte hinter Caleb Martin her über das Stoppelfeld.

Im Hof der Faktorei holte Joe Caleb ein. Der stand inmitten einer Gruppe von Sklaven, die alle in blaugestreifte Kittel gekleidet waren. Als Joe aus der Chaise kletterte, traten sie respektvoll zur Seite. Ihm wäre lieber gewesen, sie hätten es nicht getan.

Auf dem Boden lag ein Neger, sein Hinterkopf war zertrümmert, das Gesicht troff von Blut; rosafarbenes und graubraunes Hirn quoll aus einem Loch in dem schwarzen Schädel. „Ich frage zum letzten Mal, wer hat das getan?" Caleb Martins Stimme klang böse und drohend. Erst jetzt merkte er, daß Joe herangetreten war. „Ein Unfall", erklärte er, „dem armen Kerl hat das Schaufelrad den Schädel eingeschlagen. Jemand hat die Maschine angestellt, ohne sich vorher zu überzeugen, daß niemand mehr an der Küpe war."

„Sollte man ihn nicht ins Hospital schaffen?" fragte Joe, der sich zu spät erinnerte, daß Becky gerade dort war.

Caleb Martin zuckte die Schultern. „Wozu? Der ist mausetot." Erst dann fiel ihm ein, daß solch lästerliches Wort bei der Andachtsgemeinde gemeldet und getadelt werden könnte, und so sagte er mürrisch: „Na schön, hebt ihn auf und bringt ihn ins Hospital. Macht rasch!"

Die Sklaven zogen den Körper an Armen und Beinen hoch und schleppten ihn querfeldein. Der Kopf baumelte herab. Gehirnmasse begann aus dem Schädel zu tropfen und hinterließ eine grausige Spur. Joe hatte genug. „Ich fahr' voraus", sagte er, „Becky ist in dem Hospital, sie muß das nicht unbedingt sehen."

Caleb sah sich, den Fuß im Steigbügel, um. „Nein, natürlich nicht. Fahr voraus. Ich halt' die hier zurück, bis sie weg ist."

„Danke, Caleb."

Das Pferd zog mit einem Ruck an, die Chaise hopste in ihren ausgelatschten Federn und holperte über das Feld der Negersiedlung zu.

Sosehr Caleb Martin den jungen Heuchler verabscheute und sich gegen einen Befehl von ihm sperrte, hielt er die schaurige Prozession doch zurück, bis er die Chaise aus der Negersiedlung hervorkommen und über die Felder davonrollen sah; Rebekahs Sonnenschirm schwamm darauf wie eine rosa Blüte auf einem See von Grün und Mauve. Zu sehen, wie der junge

Kerl mit einem Mädel davonfuhr, das er selbst heimlich liebte, verbitterte Caleb; die Sklaven bekamen die erste Wucht seines Grolls ab.

Er trieb sie an, bis sie den Leichnam im Trott hinter sich herschleiften; unzeremoniell warfen sie ihn im Hospital auf den Boden. Dann übergab er sein Pferd Scipio, dem Stallaufseher, und ging auf seine Hütte zu. Während er mit klirrenden Sporen, ungewandt und schwerfällig, weil das Stahlmieder seine Bewegungen behinderte, den staubigen Weg zwischen den elenden Hütten entlangschlenderte, steigerte sich seine Wut. Natürlich war es kein Unfall gewesen. Er wußte auch, wie es dazu gekommen war: Eifersucht um diese Schlampe Cleo, die ihre Zitzen schwenkte und ihre Hüften tanzen ließ, bis jeder Bock im Dorf den Verstand verlor. Es gab wirklich nur einen Weg aus dieser Misere: wenn der junge Joe Woodhouse sie nicht nahm, dann mußte man sie schwängern lassen, nötigenfalls mit Gewalt. Aber es mußte von einem auswärtigen Hengst besorgt werden, sonst gab es erst recht Mord und Totschlag.

Was ihm Sorge bereitete, war die Blutrache, die auf diesen Mord folgen würde. Sooft einer auf solche Weise zu Tode kam, setzte eine geheimnisvolle Stammesjustiz gegen den Mörder ein. Er war nie ganz dahintergekommen, wie das funktionierte, auch keiner von den Aufsehern der benachbarten Pflanzungen hatte das Rätsel klären können. Fest stand nur, daß in jedem Sklavenlager ein Niggergericht mit den Mördern abrechnete. Die Hinrichtung fand immer durch Henken statt, stets dort, wo der Mord geschehen war, und immer diente der Leibgurt des Getöteten als Schlinge. Das einzige Mittel, dem Verlust eines weiteren Sklaven zu begegnen, war, schleunigst herauszufinden, wer der Mörder war und ihn so schnell wie möglich zu verkaufen. Keinen Moment lang dachte Caleb Martin daran, Boniface Baker in die Sache hineinzuziehen. Die Folge wäre ein formelles Gericht und der Verlust eines brauchbaren Sklaven durch Einkerkerung gewesen; worauf dann ein neuer Unfall gefolgt wäre.

Er trat auf die Veranda seines Häuschens. Nie erlaubte er jemandem, hier einzutreten, alle Gespräche fanden draußen statt. Diesmal aber ließ er, wenn auch widerstrebend, die Tür für Scipio angelehnt, denn er wußte, daß schwarze Ohren auch

35

ein Geflüster auf fünfzig Fuß Abstand aufschnappen würden. Der Wohnraum, sofern man ihn so nennen konnte, war dunkel und ungemütlich, eben die Stube eines Unverheirateten, der im Sommer tagsüber kaum mehr als eine Stunde hier verbrachte. Morgens verließ er gleich nach dem Aufstehen das Haus, abends saß er in seinem Schaukelstuhl auf der Veranda, bis die Moskitos ihn ins Haus trieben. Die Einrichtung bestand aus ein paar Korbstühlen, einem Tisch und einer Petroleumlampe ohne Schirm. Die Fenster waren mit Holzläden verschlossen. An einer Wand hing ein Plan, die einzelnen mit Buchstaben versehenen Felder waren in Tagwerke geteilt: Tagwerk 1 in Feld A war ausgekreuzt.

Er zog sein Stahlmieder aus, warf es auf den Boden, ließ sich in einen Stuhl fallen und war eben dabei, einen Stiefel mit dem anderen vom Fuß zu streifen, als an den Türpfosten geklopft wurde.

„Herein!" rief er gereizt.

Scipio zögerte, der Befehl mußte zornig wiederholt werden, bevor der Neger gehorchte und hastig die Tür hinter sich schloß. Er war ein Prachttier in der Vollkraft junger Männlichkeit und hätte sicher als Beschäler eine Menge Geld eingebracht, hätte nicht sein voriger Besitzer ihn in einem Augenblick der Verwirrung nach seinem vierten Fluchtversuch kastrieren lassen.

„Los!" befahl Caleb. „Wer war's?"

Verständnislos sah der Neger ihn an. „Käp'n?"

„Du weißt ganz gut, was ich meine! Wer hat Quash umgebracht?"

„Umgebracht? Quash? Ihn umgebracht Maschine . . .!"

„Mach mir nichts vor! Er ist von einem ermordet worden, der hinter der Cleo, der verdammten Hure, her war, so wie Quash hinter ihr her war. Wer ist es gewesen?"

Der riesige Neger zuckte die Schultern und spreizte die Hände. „Nix wissen, Käp'n. Ich nix sehen und nix hören."

Die komödiantisch übertriebene Niggersprache bedeutete, daß von ihm nichts zu erfahren sein würde. Blieb noch eine einzige Möglichkeit, hinter die Wahrheit zu kommen: man konnte den jungen Joshua bitten, Harry auszufragen, den Stallsklaven. Früher, als die beiden noch ein Bett teilten, hatte das funktioniert. Aber nun war Harry ins Quartier zurückgeschickt worden, und sofort hatten sich die beiden in ihre neuen Rollen als Herr und Sklave gefunden.

Auf der Straße draußen verstärkte sich das Gejammer der Weiberstimmen, als die Arbeiterinnen von den Feldern heimkamen. Der Tag war auf jeden Fall verloren, selbst wenn Caleb die Leute wieder auf die Felder hinaustrieb, würde Boniface Baker doch einen Gegenbefehl geben. Ein Todesfall unter den Sklaven bedeutete einen arbeitsfreien Tag für sie, ihr Wehgeheul würde bis ins Gutshaus zu hören sein. Für Caleb war es besser, den Unfall zu melden, bevor Boniface selber herauskam, um in Erfahrung zu bringen, was los war.

Als Caleb sich müde aus seinem Stuhl hochstemmte, schmerzte ihn sein Rücken jämmerlich. Wie immer war seine erste Reaktion auf Schmerz, nach der Flasche zu greifen, aber wenn er in den Gutshof gehen wollte, war es besser, nicht nach Rum zu riechen. Er mußte gute Miene zum bösen Spiel machen, bis er heimkam; und wenn die Neger einen freien Tag hatten, konnte doch wohl auch er einen haben.

„Hilf mir in das Zeug hinein", sagte er mit zusammengebissenen Zähnen. Scipio beeilte sich, das Stahlmieder aufzuheben, sichtlich froh, daß er einem weiteren Verhör entgangen war. Er half dem Aufseher mit demütigem Eifer in das schwere Kleidungsstück.

„Laß das!" sagte Caleb kurz, als der Neger die Riemen anziehen wollte. „Geh raus und sag denen, sie sollen verschwinden."

„Ja, Käp'n." Scipio hatte es eilig, hinauszukommen.

„Und daß mir die nicht den Toten heimschleppen!" schrie Caleb ihm nach. „Ich will nichts von Rachegebrüll und Kriegstanz um den Leichnam hören! Er soll im Hospital in die Latten verpackt und dortbehalten werden bis zur Totenandacht."

Scipio katzbuckelte in der Tür. „Bestimmt, Käp'n, ich sag's denen." Das Blauschwarz seiner Schultern, die von Schweiß naß waren, glitzerte im Sonnenlicht auf, als er ins Freie trat. Dann war er fort. Ein paar Sekunden später konnte man seine Stimme in das Katzengemauze der Frauen hineinbrüllen hören. Als Caleb auf die Veranda hinaustrat, war das Gekreisch der

Weiber zu einem jämmerlichen Gewimmer abgesunken. Scipio kam mit dem Pferd.

Als Caleb an der vor dem Hospital versammelten Menge vorbeiritt, fiel ihm auf, daß die Schlampe Cleo nicht unter den Leidtragenden war. Er spürte sie erst auf, als er an der Faktorei vorbeikam. Sie versuchte sich hinter der Küpe zu verbergen. Einen Augenblick lang dachte er daran, sie zu fangen und die Wahrheit aus ihr herauszuzwingen, aber dann besann er sich eines Besseren. Für einen Aufseher ist der einzige richtige Weg, mit Sklaven fertigzuwerden, nie persönlich einen zu züchtigen, sondern das Prügeln den Treibern zu überlassen. Manch ein Aufseher ist, nachdem er einen Sklaven verdroschen hatte, tot aufgefunden worden, und ein Wunder war es nicht. Es ist noch kein Weißer gefunden worden, der mit der Peitsche über einen Sklaven kommen konnte, ohne rasend zu werden. Ließ er sich an einer geduckt sich krümmenden Schwarzen aus, so verlor er bestimmt alle Selbstbeherrschung, und alle Verkrampfungen und Hemmungen, die in ihm verstöpselt waren, platzten heraus wie Teufelsgeister. Allen unrealistischen Quäkervorstellungen zum Trotz konnte Sklaverei immer nur brutal gewalttätig sein, und alle, die damit zu tun hatten, zu Bestien machen. Das Beste, was sich ein ehrlicher Freund des Lichts wünschen konnte, wenn er das Göttliche in seinen Sklaven respektierte, war, einen diskreten Aufseher zu finden, der die Dreckarbeit für ihn erledigte, genau so wie er sich einen Metzger kommen ließ, um die Lämmlein zu schlachten, die ihn bei der Andacht zu so seelenvollen Gedanken anregten. Caleb hatte nichts dagegen, er nahm mit einem gewissen Stolz die Last auf sich und schützte die Familie im Gutshaus vor der scheußlichen Wirklichkeit. Wozu sollte man weltfremde und zarte Gemüter wie Rebekah und Abigail mit all dem Faulen und Obszönen konfrontieren, was nun einmal mit der Sklaverei verbunden war? Es war nicht ihre Aufgabe im Leben, die rohe Gewalt und Grausamkeit, das Leiden und Sterben vor Augen zu haben, auf das ihre besonnte kleine Welt aufgebaut war. Gelegentlich, wenn er zur Andacht in der Familie zugezogen wurde, bestaunte er ehrfürchtig diese Kinder, die doch nur durch seine unermüdliche Ergebenheit und Wachsamkeit befähigt wurden, das Traumbild aller Menschen zu verkörpern: das Friedensreich, in dem der Löwe

38

neben dem Lamm lag und der Tiger neben dem Kalb. Und worin Liebe herrschte, Innigkeit und Erbarmen immerdar. In weit höherem Ausmaß, als irgendeinem Menschen klar war, konnte Eden Island durch diesen abgerackerten, heruntergekommenen schwarzhaarigen Kerl, der jetzt zum Gutshof ritt, ein Paradies bleiben.

Caleb stieg ab, übergab die Zügel seines Pferdes dem Stallburschen Harry und legte schwerfällig seinen Weg zu dem Haus zurück, mit klirrenden Sporen, während er in seinem Kopf eine Geschichte so zurechtlegte, daß sie annehmbar klingen mochte. Wie sich indessen ergab, war das schon für ihn besorgt worden, und zwar von Joe Woodhouse, der offensichtlich einen recht düsteren Bericht von der erlebten Szene erstattet hatte. Boniface Baker, freundlich, behäbig und pfiffig wie immer, kam ihm mit ausgestreckten Händen entgegen: „Freund Caleb! Wie tragisch, wie bitter traurig! Und wie ärgerlich für dich, gerade am ersten Erntetag!" Er legte ihm den Arm um die Schulter und führte ihn in sein Arbeitszimmer. „Ich kann nur hoffen, daß die Sklaven in ihrer Unschuld darin kein böses Omen erblicken?"

Caleb versicherte dem sorgenvollen Besitzer der Unschuldigen, daß dies nicht der Fall sein würde, und nahm die Gelegenheit wahr, ihn auf Kommendes vorzubereiten: „Der einzige Aberglauben, dem sie allenfalls frönen mögen, ist der, daß solche Unfälle paarweise passieren."

Boniface Baker sah ihn prüfend an und sagte dann lächelnd: „Dann wollen wir zu Gott beten, daß dieser Aberglaube wie jeder andere sich als falsch erweist."

Andacht und Leichenfeier wurden an diesem Nachmittag unter den mächtigen, blütenschäumenden Kastanienbäumen des Friedhofs, nahe dem Fluß, abgehalten. Alle Sklaven waren versammelt, Feldarbeiter und Hausbedienstete, alle Mitglieder der Familie und sogar der junge Joe Woodhouse, der sich gern gedrückt hätte, es aber nicht gut tun konnte, ohne für gefühlsroh zu gelten. Die Sklaven hatten unter dem höchsten der Bäume drei Gartenbänke aufgestellt, auf denen Boniface und Beulah Baker, Rebekah und Abigail, der junge Joshua, Joe

Woodhouse und, an der Ecke, Caleb Martin Platz nahmen. Zwischen ihnen und der schweigenden Menge der Neger, die im Gras hockten, lag der einfache Brettersarg auf zwei Holzböcken.

Mehr als eine halbe Stunde saß man in Schweigen versunken. Über ihnen rauschte das Laub der Bäume im Wind wie sanfte Brandung. Schließlich erhob sich Boniface Baker zur Predigt. Er sprach über George Fox und seine liebenswerte Helferin, Margaret Fell, über seine tapfere Großmutter Ann Traylor-Baker, die diese Insel zu ihrer Heimat gemacht und sie Eden getauft hatte, nicht als eine Hoffnung, sondern als ein klar erfaßtes Ziel. Jetzt, an diesem Tag, da sie versammelt waren, um ihrem Freund und Bruder Quash Lebewohl zu sagen, konnten sie seinem in ehrlicher Arbeit und demütigem Dienst vollbrachten Leben keinen edleren Sinn geben, als festzustellen, daß dieses kostbare Ziel, genannt Freiheit, nur dadurch zu erlangen war, daß man jegliche, auch die bescheidenste, niedrigste Dienstleistung als ein Sakrament verstand. Nur wenn man das vollbrachte, waren alle weltlichen Unterschiede zwischen Herren und Sklaven, zwischen Vater und Kind, Mann und Weib aufgehoben. So konnte diese gesegnete Insel mit Gottes Hilfe allen Menschen zu einem Leuchtfeuer werden.

Der Wind in den Bäumen wusch die langsam dahinrollenden Phrasen wieder fort. Die Sklaven saßen mit gesenkten Häuptern regungslos da; nur ein paar Kinder, ruhelos und gelangweilt, regten sich. Während Caleb diesen weltfremden Ermahnungen zuhörte, die so gar nichts mit der Wirklichkeit zu tun hatten, fühlte er sich beruhigt. Es konnte kein Zweifel bestehen, daß Boniface Baker das alles aufrichtig meinte. Gewiß glaubte er fest, daß seine Sklaven so zufrieden seien, wie Sklaven nur zufrieden sein konnten, und daß seine kleine gesegnete Gemeinde von Männern und Frauen guten Willens dem Quäkerideal des friedfertigen Reichs täglich näherkam.

Caleb überblickte die Reihen mürrisch verschlossener Gesichter und fragte sich, wer wohl der Mörder war und wen das Femegericht in geheimer nächtlicher Sitzung verurteilen würde, an jener Stelle gehenkt zu werden, an der er seinen Bruder ermordet hatte. Doch die Gesichter waren gleichmütig und undurchsichtig dem Honigschwätzer zugewandt; der würde erst erfahren, daß es ein Mord gewesen und wer der Mörder war, wenn man einen Körper an einem Baum oder auf freiem Feld auf einem Galgen baumelnd finden würde. Er aber, Caleb, würde alle Spuren dieser Hinrichtung verwischen, bevor jemand aus dem Gutshaus auftauchte. Für die würde es wieder ein Unfall sein; da hatte sich eben wieder ein unbeholfener Tölpel am Schaufelrad der Küpe den Schädel zerschlagen. Der Leichnam würde bereits verschlossen in seinem Sarg liegen, niemand von der Bakerfamilie würde das angstverzerrte schwarze Gesicht, die heraushängende Zunge und den langgezerrten Hals zu sehen bekommen.

Als an diesem Abend die Dunkelheit einfiel, saß Caleb trotz den schwärmenden Moskitos länger als sonst auf seiner Veranda im Schaukelstuhl. Nichts rührte sich. Auch im Bett lag er noch wach und erwartete die Trommeln zu hören. Doch alles blieb still. Es geschah also nicht in dieser Nacht. Er wunderte sich. Das war die Schwierigkeit mit den Sklaven, nichts, was sie taten, ergab einen vernünftigen Sinn. Sie waren Geheimniskrämer, völlig unberechenbar selbst für einen Mann, der über zehn Jahre lang sowohl ihre Arbeit als auch ihre Vermehrung beaufsichtigt hatte.

Als Joe Woodhouse in seinem zweirädrigen Einsitzer die schwingende Laterne sah, die ihm Halt gebot, wußte er, daß es jetzt Schwierigkeiten gab. Angst krampfte seinen Magen zusammen. Eine Sekunde lang überlegte er, ob er nicht das Pferd antreiben und sein gebrechliches Wägelchen in das Hindernis hineintreiben sollte, das ihm den Weg sperrte. Doch nüchterne Überlegung behielt die Oberhand. Die Strolche, die ihre Laterne schwenkten und ihn mit „Halt! Wer da?!" anhielten, mochten eine Barrikade errichtet haben.

Die Gestalt eines Mannes mit einer Muskete tauchte auf, hielt eine Laterne hoch, dann wurde sie wieder gesenkt, weißbestrumpfte Beine wurden in dem schwingenden Licht sichtbar, kamen näher. Der Mann hielt neben ihm, hob noch einmal die Laterne und rief: „Meiner Treu, ein Quäker! Kommt her, alle!" Andere Gestalten traten aus der Dunkelheit ins Laternenlicht, grinsende Gesichter unter Dreispitzen, blinkende Flintenläufe.

Joe saß vor sich hinstarrend auf seinem Bock und hatte alle Mühe, sein unruhig stampfendes Pferd im Zaum zu halten.

„Wohin, frommer Freund?" fragte der Mann, dessen Stimme salbungsvolles Gerede höhnisch nachäffte. „Du verbirgst doch nicht etwa irgendwelche Sklaven unter deinem geräumigen Mantel, oder doch, Freund?"

Joe wußte jetzt, wen er vor sich hatte: eine Patrouille, die jeden Neger fangen würde, der keinen Marschbefehl seines Herrn vorweisen konnte. Gesetzlich war für jeden Sklaven, der tot oder lebend eingefangen wurde, eine Prämie von vier Pfund vorgeschrieben. Solche Patrouillen waren meist unterwegs, um Unfug zu treiben: kein vernünftiger Sklave würde nachts auf der offenen Straße dahinwandern.

„Nun, Freund?" fragte der Mann mit der Laterne wieder in seinem spöttischen Ton. „Kein blinder Passagier an Bord? Laß sehen!" Er streckte die Hand aus. Instinktiv hob Joe die Peitsche.

Die Hand zuckte zurück. „Meiner Treu! Ein Quäker, der Gewalt anwendet?"

Joe starrte noch immer auf die Hinterbacken seines Pferdes, das die Spannung spüren mochte und immer unruhiger wurde.

„Los! Laß uns sehen, ob du nicht etwa ein paar Schwarze in deinen bauschigen Quäkerhosen verbirgst!"

Joe wurde starr, als die freche Hand nach seinem Hosenlatz tastete. „Mir scheint gar, ich kann hier einen kleinen Nigger spüren!" rief der Kerl. Das war mehr, als Joe ertragen konnte. Alle Vorsicht beiseite lassend, schrie er: „Platz!" und schlug auf das Pferd ein. Mit einem Aufknirschen machte das Wägelchen einen Satz nach vorn. Joe spürte noch ein Reißen an seinen Hosen; von der Laterne geblendet konnte er jetzt den Weg in der Dunkelheit nicht sehen.

Er hörte Schreie hinter sich so schnell in die Ferne rücken, als ob er in einen Abgrund stürzte. Er war darauf gefaßt, in einem heftigen Zusammenstoß aus dem Einsitzer geschleudert zu werden, doch das Pferd war offenbar nicht geblendet gewesen, und es gab, Gott sei es gedankt, keine Barrikade, die die Straße sperrte.

Der Wind brauste in seinen Ohren, sein Umhang schien eigenes Leben bekommen zu haben, er zerrte und schlug gegen seinen Rücken. Noch nie war er mit solch wilder Geschwindigkeit durch die Nacht gefahren. Er ließ das Pferd weiterlaufen, bis er in der Ferne das schwache gelbe Licht von brennenden Fackeln ausnahm: Das war der Gasthof „Rose und Krone" am Chester Pike. Er zügelte das immer noch unruhige Pferd; erst als sie dicht vor den rauchenden Fackeln waren, schlug die Mähre eine etwas gemächlichere Gangart ein. Eigentlich hatte er vorgehabt, die Nacht in dem Gasthof zu verbringen, aber ein Blick auf seine Hose im Fackellicht zwang ihn, diese Absicht aufzugeben. Der Latz war weggerissen, die weißen Unterkleider waren zu sehen. Keinesfalls konnte er sich so öffentlich zeigen. Jetzt mußte er für seine Tollheit damit büßen, daß er noch vier Stunden durch die Nacht fuhr, aufgeregt wie er war, seine Narrheit verfluchend.

Erst als er um die Wegbiegung herum war und sein Pferd wieder einen gemächlichen Trott angeschlagen hatte, kam ihm zu Bewußtsein, daß er am ganzen Leibe zitterte, unkontrollierte Schauder liefen vom Scheitel bis zu den Sohlen. Seine Reaktion darauf war erneute Wut; am liebsten hätte er losgebrüllt, um seinem Zorn Luft zu machen, doch fiel ihm noch beizeiten ein, daß er damit sein Pferd wieder aus der Ruhe gebracht hätte. Obendrein war es eine ganz ohnmächtige Wut. Wäre er ein Mann gewesen, so hätte er dem Schweinekerl den Schädel eingedroschen. So hatte er ihn, bei einigem Glück, umgeworfen, als er wie eine Kanonenkugel davongeschossen war. Wenn es gutging, hatte das Hinterrad des Wagens dem Lump ein Bein gebrochen oder die widerliche Fratze zerschunden.

Die nächste halbe Stunde gab er sich Wachträumen hin, was er wohl hätte tun sollen, und grollte über das Prinzip der Gewaltlosigkeit, das ihm durch Tradition und Erziehung auferlegt war. Er versuchte, seine Gedanken auf friedfertige Dinge zu richten, aber Neid war die einzige Regung, derer er fähig war. In einer Sache war der Mistkerl mit der Laterne ihm überlegen gewesen: Er war frei. Philadelphia war zweifellos der langweiligste Ort der Welt, auf allem und jedem lag die schwere Hand der Andachtsgemeinde. In anderen Städten gab es Klubs, Tanzschulen, sogar Theater; in Philadelphia merzte die Andachtsgemeinde alles Derartige aus, wenn es sein häßliches Haupt erheben wollte. Verführung zum Laster! Leibliche

Genüsse! Alles, was einem jungen Quäker an Unterhaltung gestattet war, waren Teegesellschaften oder Diskussionsgruppen. Und da gab es kein Entkommen, wenn man nicht abtrünnig wurde, wie Abe es tat, und Ausstoßung aus der Gemeinde riskierte. Abe pfiff auf die Glaubensgemeinde, der Halunke! Ganz unverschämt besuchte er Pferderennen, nahm an Fuchsjagden teil, die von reichen jungen Anglikanern veranstaltet wurden, und war sogar Mitglied von Bachelor's Hall, einem Treffpunkt junger Leute, die Europa bereist hatten. Mitglieder von Bachelor's Hall hatten im Vorjahr versucht, ein Theater zu eröffnen, aber schon die erste Aufführung war mit Buhs und Pfiffen und durch lauten Psalmengesang von einflußreichen Quäkern gesprengt worden, die nicht dulden wollten, daß in einer von ihnen überwachten Gemeinde so lästerlichen Vergnügungen gehuldigt wurde. Ach, wie Joe diese unfröhliche Unterdrückung aller Lebensfreude, alles Abenteuerlichen und Gewagten haßte!

Während er, um das Pferd zu schonen, in langweiligem Trott dahinfuhr, empfand er immer tiefer diesen Neid gegen die Bauernlackel, die ihn mit dem beliebtesten Spottwort „Quäkertropf" beschimpft hatten. Er hatte schon gehört, daß derlei anderen angetan worden war. Ihm war es noch nie passiert. Was würden solche Strolche erst tun, wenn ihnen einmal ein Nigger in die Hände fiel? Ihn halbtot prügeln, ohne Zweifel. Und wenn es gar ein Niggermädchen war? Plötzlich schien ihm alles, was die Bravheit der Andachtsgemeinde in ihm verdrängt hatte, in dieser Sklavin mit den frechen Augen verkörperlicht, in der Kleinen mit dem halboffenen Kittel. Der Spalt zwischen ihren kecken Brüsten hatte vor Schweiß geglänzt. Was würde er ihr tun, wenn er einer von diesen Strolchen wäre und diese Kleine in einer Nacht wie dieser fing, allein im Wald? Und was würde passieren, wenn Mutter seinem Rat folgte und sie zum Dienst im Hause kaufte? Viele Söhne von Sklavenhaltern taten das, taten es sogar, wenn sie schon weiße Frauen hatten. Der Gedanke an Becky ernüchterte ihn. Was immer seine Wachträume ihm vorspiegelten, er selbst würde es ja doch nie wagen, sich aus der Sicherheit der Andachtsgemeinde herauszulösen, aus Angst, eine Beute des Teufels zu werden, der in ihm wohnte. Was das von Gott in ihm betraf, da war er nicht ganz so sicher, aber das vom Teufel, das war wirklich, das lebte! Spüren konnte er es, leibhaftig, während er so durch die Nacht trottete. Jetzt endlich gelangte er in die Sicherheit der ersten verschlafenen Straßen von Philadelphia. Er atmete auf und begann darüber nachzudenken, was er seinem Vater sagen würde. Er hoffte in sein Zimmer schleichen zu können, ohne sein Mißgeschick irgendwelchen Blicken darzubieten.

Als er aber vor den Stallungen hinter dem Hause ankam, sah er Licht im Arbeitszimmer seines Vaters. Verdammt, der alte Mann arbeitete noch zu so später Stunde! Das Klappern der Hufe und das Rattern der Räder mußte im Hause gehört worden sein. Jetzt blieb ihm nichts übrig als sich eine glaubhafte Entschuldigung für seine zerrissenen Hosen auszudenken oder sich einen Trick einfallen zu lassen, wie er Vaters Aufmerksamkeit ablenken konnte.

Als er Koffer und Planrolle von der Rücklehne des Einsitzers losband, erinnerte er sich des Päckchens, das Jeremiah Best zu überbringen Onkel Boniface ihn gebeten hatte. Er konnte seinen Vater bitten, das für ihn zu besorgen. Vielleicht würde das als Ablenkungsmittel wirken.

Isaak Woodhouse merkte im Augenblick, in dem sein Sohn das Arbeitszimmer betrat, daß da etwas nicht stimmte. Joe sah abgekämpft und verstört aus, seine Kleider waren zerrissen, in den geweiteten Augen stand noch der Schrecken. Isaaks erster Gedanke war, daß Straßenräuber den Jungen überfallen hätten. Es ergab sich, daß er nur von einem Trupp von Rowdies grob angepackt worden war. Aus dem Zustand seines Gewandes konnte Isaak erraten, welcher Demütigung der Junge ausgesetzt gewesen war. In letzter Zeit gab es immer mehr Leute, die sich einen Spaß daraus machten, Quäker zu reizen.

„Ich verlasse mich darauf, daß du dich so benommen hast, wie es einem Freund gebührt?" sagte er.

„Ich habe nicht mit meiner Peitsche dreingehauen, wenn du das meinst", antwortete Joe mit einem schiefen Lächeln. „Aber ich will dir nicht verhehlen, daß ich arg in Versuchung war, es zu tun."

„Das glaube ich dir gern." Isaak widerstand einem Impuls,

dem Sohn die Hand auf die Schulter zu legen. Stattdessen sagte er: „Nun, und wie bist du mit Boniface Baker zurechtgekommen?"

Der Junge zuckte die Schultern. „Nicht sehr gut, leider." Er legte die Planrollen auf den Tisch. „Ich glaube, er wird nie einwilligen, daß der Felsen gesprengt wird."

„Geld?"

„Nein. Er sagt, daß es ihm nicht zusteht, diese Erlaubnis zu geben, sondern den Indianern, weil der Felsen in ihrem Vertrag mit William Penn als Heiligtum erklärt worden ist."

„Als Ann Traylor-Baker die Insel von ihren vorherigen Besitzern kaufte, war von diesem Felsen als einem Heiligtum nicht die Rede. Hast du den Heiratsplan einfließen lassen?"

„Es hat nicht gewirkt. Ich kann auch nicht sagen, daß ich besonders stolz darauf war, diese Karte auszuspielen."

Vielleicht lag es daran, daß der Junge so verstört und abgekämpft vor ihm stand, aber in diesem Augenblick konnte Isaak die Sache mit Joes Augen sehen. „Entschuldige", sagte er, „aber ich hätte dir ausführlicher erklären sollen, daß der Plan nicht so herzlos ist, wie es scheinen mag."

„Ja, ich verstehe schon." Wieder lächelte Joe schief. „Mach dir da keine Sorgen. Sollte ich sie wirklich lieben, dann heirate ich sie, unabhängig von allen anderen Erwägungen."

„Natürlich." Ein unbehagliches Schweigen folgte. Der Junge schien plötzlich gereift zu sein. War es die Wirkung des Überfalls? Der unbekümmerte Junge, der nach Eden gefahren war, kam als ernst zu nehmender junger Mann wieder heim. „Noch etwas, was du wissen möchtest, Vater? Oder kann ich zu Bett gehen?"

„Nein, nichts weiter. Außer du möchtest etwas besprechen?"

Der Junge lächelte bitter. „Nein, Vater. Ich habe alles gesagt, was ich sagen wollte. Gute Nacht."

„Gute Nacht, Joseph." Wieder fühlte er einen Impuls, dem Jungen die Hand auf die Schulter zu legen, aber der wandte sich ab. Isaak sah ihm nach, als wäre es ein Lebewohl; plötzlich aber wandte sich der Junge um und sagte: „Eine Minute noch! Da hab' ich fast etwas vergessen!" Er trat wieder an den Tisch, öffnete seinen Koffer und holte ein in braunes Papier eingeschlagenes Paket hervor. „Onkel Bonny hat mir das gegeben, damit ich es Onkel Jeremiah für seine Historische Bibliothek überbringe. Vielleicht würdest du das für mich erledigen?"

„Aber gern. Was ist es denn?"

„Tagebücher. Sie wurden in einem Geheimfach eines Schreibtisches gefunden, der Beckys Urgroßmutter gehört hat. Sie scheinen hundert Jahre zurückzureichen."

„Welche Urgroßmutter?"

„Ann Baker."

„Wie interessant!"

„Gute Nacht, Vater."

„Gute Nacht, Joe."

Isaak war kaum allein, als er das Paket schon aus seiner Umhüllung holte. Wenn Boniface Baker diese Tagebücher der Historischen Bibliothek schenkte, so tat er das aus dem Wunsch, es anderen Freunden zugänglich zu machen.

Das erste der mit Eselsohren geschmückten Hefte erwies sich als ein Index, mit Namen und Seitenangaben und einer spinnenkrakeligen Handschrift. Woodhouse war von einer ganzen Reihe von Seitenangaben gefolgt. Er schlug die erstbeste auf.

„Thomas Woodhouse wurde mißtrauisch gegen ‚Verzückungen‘, als Mabby und Harry Martin nackt im Mondlicht tanzten und zuletzt in eine Umarmung sanken." Harry Martin? Das konnte doch nur des alten Peleg Martin Vater sein!

Er wurde neugierig, ob dieser Vorfall ausführlicher beschrieben wurde, und sah unter „Martin, Harry" nach. Doch wurde er auf dieselbe Seite zurückverwiesen. Vielleicht unter Peleg? Da wurde das dritte Heft vom Datum 1712 genannt. „Nachdem Peleg Martins Frau an der Seuche gestorben war, befand er sich in einer so mitleiderregenden Lage, daß die Andachtsgemeinde beschloß, ihm eine hinreichende Summe zu leihen, daß er sich ein paar Sklaven kaufen und wieder neu anfangen könne. Doch wurden die Weisheit und Bedachtsamkeit der Kommission für Seelsorge und Überwachung arg enttäuscht, als bekannt wurde, daß er es mit einer der Sklavinnen, die so in seinen Besitz gelangt waren, getrieben hatte, und daß sie, als Folge davon, einen Knaben zur Welt gebracht hatte. Wir standen damals zum ersten Mal vor einem Dilemma dieser Art. Obwohl solches Verhalten bei Sklavenhaltern aus anderen Glaubensgemeinschaften weit verbreitet war, hatten wir fest geglaubt, daß ein

Quäker nie so tief sinken würde, die Wehrlosigkeit einer Negerin zu mißbrauchen, die seiner Fürsorge anvertraut war. Die erste Reaktion unter den weiblichen Mitgliedern der Kommission war strenge Verurteilung. Einige schlugen vor, Peleg Martin aus der Gemeinde auszustoßen. Was sie am meisten erbitterte, war wohl, daß Peleg den Gegenstand seiner Versündigung mit Geld gekauft hatte, das ihm von der Andachtsgemeinde kreditiert worden war. Ich schlug eine liebevollere Behandlung von Pelegs Fehltritt vor. Schließlich hatte er, so machte ich geltend, Weib und Kind verloren und hatte sich in einem Zustand trauriger Vereinsamung befunden. Statt ihn in selbstgerechter Empörung aus der Gemeinde auszustoßen, sollten wir als Quäker unsere Gedanken mehr dem unschuldigen Opfer dieser tragischen Affäre widmen, dem Kind, das die Sklavin auf Grund von Pelegs Versündigung zur Welt gebracht hatte. Keinesfalls durften wir zulassen, was in solchen Fällen bei den sündigen Kindern der Welt üblich war, nämlich, daß das Kind auf dem Sklavenmarkt verkauft wurde. Es ist mir eine Freude, festzustellen, daß ich die Kommission dazu brachte, dieses Kind in seine Obhut zu nehmen und bei einer Pflegemutter unterzubringen, bis Peleg Martin eine tugendsame und liebevolle Frau fände, die bereit wäre, es als ihr eigenes anzunehmen. Ich werde den Verdacht nicht los, daß die Frauen sich zu dieser Auffassung erst bequemten, als Ezra Atkins, der das Kind gesehen hatte, berichtete, es sei hellhäutig, nur die Augen seien schwarz. Wäre das unschuldige kleine Wesen von der Farbe seiner Mutter gewesen, dann hätten meine allerinnigsten Bitten sicher nichts genützt – das ist, so scheinheilig wir auch reden, unser heidnisches Verhalten. Die Männer der Kommission ließen sich weit leichter überzeugen als die Frauen. Ezra Atkins und Uriah Moremen wurden beauftragt, das Kind zu holen. Sie sahen ziemlich unglücklich aus, als sie mit dem Baby im Korb zurückkamen. So nahm ich es eben freiwillig zu mir, wie es von Anfang an meine Absicht gewesen war. Jetzt ist es der netteste kleine Junge, weit lebhafter, aber ebenso zärtlich, wie mein eigener lieber Moses in diesem Alter gewesen war. Es ist seltsam, wieder ein Kind in den Armen zu haben. Allem Anschein nach bringt das Alter die mütterlichen Instinkte nicht zum Schweigen. Ich fühle mich ebenso verpflichtet, den kleinen Caleb zu beschützen und zu verwöhnen, wie seinerzeit meinen Kleinen."

Caleb Martin hatte Negerblut! Das waren nun keineswegs die historischen Bagatellen, die Isaak erwartet hatte. Dies war tragisch, war gräßlich; er war überzeugt, daß Caleb selbst keine Ahnung davon hatte, weder er noch sonst jemand in der Andachtsgemeinde. Man mußte es Ezra Atkins und den anderen Kommissionsmitgliedern hoch anrechnen, daß sie dieses dunkle Geheimnis in Peleg Martins Vergangenheit gewahrt hatten. Er fragte sich, ob Hannah Martin auch nur ahnte, daß dieses Kind, das sie wie ein eigenes liebte, nicht ein Überlebendes der großen Gelbfieberepidemie war, wie etwa Grizzle, sondern ein Bastard, den ein Negermädchen ihrem Gatten in Sünde geboren hatte.

Eines stand fest: diese Tagebücher durften in keine Historische Bibliothek gelangen. Niemand sollte in sie Einsicht nehmen außer, unvermeidlicherweise, Jeremiah Best. Isaak wußte nicht recht, was Jeremiah mit diesen Heften tun sollte. Vielleicht war es das Gescheiteste und Freundlichste für alle Betroffenen, sie zu verbrennen. Doch war das etwas, was nur Boniface Baker bestimmen konnte; denn schließlich war die Verfasserin dieser Aufschreibungen seine Großmutter.

Beunruhigt, aber fasziniert las er weiter.

Isaak trat in den kühlen Morgen hinaus. Er freute sich auf den Spaziergang von seinem Hause zum Hafen. Mit kräftigen Schritten, das Päckchen mit den Heften unterm Arm, munter seinen Spazierstock schwingend, ging er dahin, eine eher kleine, sehnige Gestalt in Quäkertracht; er folgte der Straße, deren Häuser Holzläden an den Fenstern hatten und deren Dachfirste in der aufgehenden Sonne leuchteten.

Als er um die Ecke bog, erfüllte ihn der bloße Anblick des Hafens mit Freude: Die langen Zeilen der Docks und Werften, die weit in den Strom hinausragten, der Wald Hunderter und aber Hunderter von Masten, deren Spitzen über die Dächer der Lagerhäuser hinausstachen, so weit das Auge reichte. Auf dem Fluß schwärmten bereits die Schleppboote und Barken aus. Auf dem ersten der vier Piere, die ihm gehörten, wurde gerade die

Brigantine „Gulielma Penn" eingeschleppt, die aus London heimkam. Da man ihm schon den Ladebrief zugestellt hatte, wußte er, daß sie mit Kisten voll Töpferware, Gebinden voll Nägeln, Fässern Tintenpulver, mit Pflugscharen, Sensen, Sicheln, Papier, Ballen von Steifleinen, grober Leinwand, Manchester Barchent, Osnabrücker Tuch, Garlix, Kaliko, persischem und chinesischem Taft beladen war. In den Lagerhäusern war der Kargo für die Rückfahrt vorbereitet: Mais, Holz, Pelze, Pökelfleisch, Faßdauben, Faßreifen und Dachschindeln aus dem Inneren Pennsylvaniens, Trockenfisch aus Neuengland, Reis aus den beiden Carolinas, der mit Küstenbooten angeliefert wurde und für Barbados bestimmt war. Dort würde das Schiff Zucker, Melasse und Rum für London aufladen.

Schon waren die Laderäume geöffnet, auf dem Kai wimmelte es von Dockarbeitern, Händlern und Leuten aus der Stadt, die ihre Post holen wollten. Der Bug der „Gulielma Penn" hing weit über die Straße, um den Anlegepfahl drängte sich die Menge. Isaak hätte in das Büro treten können, um den Kapitän zu begrüßen, doch schien ihm die Gelegenheit günstig, die Formalitäten Abe zu überlassen. Auf diese Art konnte er Jeremiah so bald wie möglich aufsuchen.

Es war schon so lange her, seit er das letzte Mal zum Hafengelände der Bests hinübergegangen war, daß ihm die Entfernung jetzt größer schien als in der Erinnerung. Als er den ersten der drei langen, niedrigen Schuppen erreichte, war er heißgelaufen und müde. Die Geschäfte der Bests gediehen, wie die Geschäfte aller. Sie hatten drei Schiffe in verschiedenen Stadien der Fertigstellung auf Stapel: Ein großes, ein Dreimaster für Stephen Atkins, war bereits fertig für den Stapellauf. Die beiden anderen waren für Henderson im Bau, eine Schaluppe für den Küstenhandel und eine Brigg für Westindien. Obwohl es noch früh am Tage war, waren die drei Schiffsrümpfe wahre Bienenkörbe, der Lärm der Hämmer und Äxte war ohrenbetäubend.

Eines war, wenn man all diese Emsigkeit betrachtete, offensichtlich: Abe würde in Jeremiah Best keinen Verbündeten für die Sprengung von Altar Rock finden. Die ganze Werft müßte umgestellt werden, wenn sie dann größere Schiffe bauen sollten. Jeremiah würde sich zu solch kostspieligen Neuerungen nicht bereitfinden. Isaak hatte Abe versprochen, ihm in dieser Sache zu helfen. Der Jammer war, daß ihm zu jener Zeit noch nicht klar gewesen war, wie sehr er selbst gegen das Vorhaben war. Er hatte sich trotzdem entschlossen, Abe dabei zu belassen, denn es schien ihm eine gute Gelegenheit für den Jungen, sich zu betätigen. Jetzt mußte er die Suppe auslöffeln.

Er ging zu dem Büro, das am entlegenen Ende des mittleren Schuppens lag. Erst als er vor der offenen Tür stand, kam ihm wieder zu Bewußtsein, daß Jeremiah sich ja von den Geschäften zurückgezogen hatte und wohl nicht hier sein würde.

Und so war es denn auch. Der junge Obadiah saß an seines Vaters Tisch, in einen Lehnstuhl geräkelt, die langen Beine von sich gestreckt. Obadiah, der trotz seinen vierunddreißig Jahren immer noch „der junge Best" hieß, wirkte ebenso wie Isaaks eigener Sohn Abe sehr selbstsicher, was nur Ausdruck der inneren Unsicherheit beider war. „Nein, Vater ist nicht hier, Onkel Isaak. Nein, er ist auch nicht draußen, wahrscheinlich findest du ihn in der Bücherei des Andachtshauses in der Vierten Straße. Dort hält er sich jetzt zumeist auf." Der junge Obadiah räusperte sich. „Und wie geht's Cousine Caroline? Prächtig, nehme ich an?" Die Frage war für einen Mann seines Alters bemerkenswert ungeschickt. Alle Welt wußte, daß der Narr in die achtzehnjährige Carry verknallt war und in seinem Liebestaumel den beträchtlichen Altersunterschied unterschätzte.

„Es geht ihr gut, Freund Obadiah", antwortete Isaak, bemüht, seiner Stimme den Ärger nicht anmerken zu lassen. „Dann werde ich versuchen, deinen Vater im Andachtshaus zu treffen."

Jetzt war Obadiah auf den Füßen. „Darf ich dich im Wagen der Firma hinbringen, Onkel Isaak? Er ist gerade frei . . ."

„Gut", antwortete Isaak wehmütig lächelnd. „Ich weiß dir Dank dafür. Ein Mann, der nicht begreift, daß seine Jahre ihm gewisse Grenzen setzen, ist ein Narr."

Diese Bemerkung war ziemlich doppeldeutig und hatte ihre Spitze; doch war sie an dem frohgemuten jungen Mann verloren, der ihn so beschwingt, wie die Quäkermanier es nur gestattete, zu einem Phaeton mit zwei überfütterten Pferden führte. Mit lästiger Fürsorglichkeit half er Isaak in den Wagen, der im Schatten des Schuppens wartete, dann kletterte er auf den Kutschbock und gebärdete sich dort wie der Sonnengott, von dem diese Fahrzeuggattung ihren Namen hat und der schon zu seiner Zeit für schlechtes Kutschieren notorisch war. Mit unnötigem Peitschenknallen reizte er mehr die Fußgänger als die Pferde. Schon bald rief eine irische Stimme aus der Menge: „Vorsicht, verdammter Quäker, sonst lehren wir dich laufen!" Ein anderer spie sogar eine saftige wohlgezielte Portion Speichel auf den schlechten Fahrer. Obwohl dieser Anblick lästig war, konnte Isaak seinen Blick nicht von dem Klacks lösen, der langsam am Rücken von Obadiahs Überrock herunterlief.

Endlich bog der Wagen in die Vierte Straße ein, vorbei an dem Gebäude, in dem das neue Andachtshaus und die öffentliche Schule der Quäker untergebracht waren, und hielt an dem Gitter des Rohziegelbaues. Isaak dankte dem jungen Mann mit einiger Zurückhaltung und stieß einen Seufzer der Befriedigung aus, als er in die Stille des ummauerten Hofes trat. Er schritt zum Tor und drückte es auf. Die Lautlosigkeit im Haus war noch tiefer als die Stille draußen. Es roch nach Bienenwachs, altem Holz und stickiger Luft, die seit einem halben Jahrhundert hier eingesperrt war. Das Dienstzimmer des Schriftführers lag unter der Treppe, die zur Galerie hinaufführte. Isaak trat zu der Glastür, sah hinein und stellte mit Befriedigung fest, daß Jeremiah, die stahlgerandete Brille auf der Spitze der langen Nase, schreibend an seinem Tisch saß, auf dem ringsum Bücher gestapelt lagen. Durch das fliegenbeschmutzte Glas gesehen, war er fast derselbe unterhaltsame Spaßvogel, mit dem Isaak als Junge zwischen den Seilrollen und Steuerrädern im großen Schuppen der Werft gespielt hatte. Die Idee, eine Historische Bibliothek der Freunde einzurichten, unterschied sich kaum von den abenteuerlichen Plänen, mit denen Jeremiah sich als Junge getragen hatte, von den Spielen mit den komplizierten Regeln, die nur er selbst begriff. Aus irgendeinem Grund hatten Mädchen daran keinen Anstoß genommen, Jeremiah war immer gut mit ihnen ausgekommen. Es war Ironie des Schicksals, daß er zuletzt Grizzle Martin heiratete, eine unerträgliche Klatschbase, deren Auftreten jede Gesellschaft, ob groß oder klein, sofort zum Schweigen brachte.

Isaak öffnete die Tür. „Guten Morgen, Jeremiah!"

„Ach, du bist's!" Jeremiahs Enttäuschung war unverkennbar. „Was gibt's?"

„Ich fürchte, zwischen Boniface Baker und mir gibt's da eine Meinungsverschiedenheit, in der wir dich als Schiedsrichter brauchen", sagte Isaak gemütlich und setzte sich Jeremiah gegenüber.

„Der Indigopreis?"

„Nein. Altar Rock. Der junge Joe war bei Boniface Baker mit den Plänen und wollte die Erlaubnis erlangen, den Felsen wegzusprengen – für eine beträchtliche Summe, natürlich. Bonny hat ihn glatt abgewiesen."

„Ach?"

„Er sagte, die Sache unterstehe gar nicht seiner Entscheidung, wegen diesem Vertrag zwischen Will Penn und den Delawaren. Abe hat die Akten durchgesehen. In dem Kontrakt zwischen Ann Baker und den früheren Eigentümern wird auf den Felsen als Heiligtum der Indianer gar nicht Bezug genommen. Ist auch kein Wunder. Die Delawaren waren damals schon über alle Berge."

„Ich glaube nicht, daß Abes Einblick in die Akten in diesem Fall genügt", sagte Jeremiah. „Die ganze Indianerfrage ist momentan sehr heikel. Ich würde die Sache der Andachtsgemeinde vorlegen."

„Ja, das ist wohl das Beste."

„Noch was?" fragte Jeremiah und griff bereits wieder nach der Feder.

Isaak legte das Paket mit den Tagebüchern auf den Tisch. „Ich bringe dir da etwas von Boniface Baker, was dich interessieren könnte."

„Was ist es?"

„Tagebücher der Großtante Ann Baker, aus einem Geheimfach ihres Schreibtisches. Sie wurden gestern gefunden. Bonny gibt sie dir für deine Sammlung."

„Du lieber Gott!" Jeremiah ließ die Feder fallen und streckte die Hände nach dem Schatz aus. „Das ist genau, was ich brauche. Gehen die Tagebücher auf Persönliches ein?"

Isaak blickte mißbilligend in Jeremiahs hellblitzende gierige Augen. Wie hatte er nur vergessen können, daß Jeremiah sich

53

immer auf alles Neue und Unerwartete stürzte? „Laß dich vorher warnen", bemerkte er trocken, „diese Hefte sollten meiner Meinung nach verbrannt werden."

„Verbrannt?" Jeremiahs Unterkiefer klappte vor Verblüffung nach unten. „Du mußt verrückt sein. Historische Dokumente! Die gehören nicht uns, sondern der Nachwelt!"

„Vorläufig gehören sie noch Boniface Baker", erwiderte Isaak, „und der hat sie gewiß nicht gelesen. Vielleicht sollten wir sie ihm zurückschicken, damit er sie vernichte."

Jeremiah beruhigte sich; sein Gesicht nahm wieder den gleichmütigen Ausdruck an. „Na schön, Isaak, natürlich geben wir sie Bonny zurück, wenn ich sie gelesen habe – falls das ratsam erscheint."

Argwöhnisch betrachtete Isaak den Freund, der schon bei ihren kindlichen Spielen skrupellos geschwindelt hatte. Das Sammeln historischer Dokumente, sein neuestes Steckenpferd, hatte ihn offensichtlich mit wilder Leidenschaft gepackt. Schnitzarbeiten der Indianer, verbesserter Weizen, eine Dampfmaschine – wenn er hinter einem seiner Steckenpferde her war, wurde er völlig skrupellos. Aller Wahrscheinlichkeit nach würde er sogar bedenkenlos seine eigene Frau opfern – wobei dieses Opfer für die Allgemeinheit eine Wohltat gewesen wäre. Als Isaak jetzt an die klatschgierige Grizzle dachte, war er sicher, daß man die Tagebücher nicht in Jeremiahs Händen lassen durfte.

Sein gerissener Vetter mochte diese Gedanken wohl erraten haben, denn er lehnte sich in seinem Stuhl zurück, faltete die Hände über seinem Bauch mit einer Gebärde frommer Ergebung und sagte freundlich: „Isaak, laß uns doch wie Erwachsene benehmen. Ich habe weder die Absicht, dir deine Murmeln zu stehlen noch eine Spielmarke in meinem Ärmel verschwinden zu lassen. Ich bekunde nur mein Interesse dafür, was du so fest unter deinem Arm hältst. Komm, gib es her!" Er streckte eine Hand aus und lächelte ermutigend. Und als auch das kein Ergebnis zeigte, fügte er hinzu: „Wenn es dich beruhigt, bin ich sogar bereit, die Hefte nur durchzublättern, während du hier bist. Laß mich nur einmal rasch hineinschauen, mehr nicht."

Und da frühere Vorfälle dieser Art eine ganze Lebensdauer nachwirkten, fühlte Isaak, wie er trotz seiner bitteren Erfahrungen schwach zu werden begann. „Jerry", sagte er, „du bist ein Lügner, ein Schwindler und ein unverbesserlicher Erzgauner."

Mit einem triumphierenden Grinsen im Gesicht antwortete sein Vetter: „Ich weiß, Isaak, ich weiß!" und streckte ihm die Hand hin, wie ehemals, um die Murmeln in Empfang zu nehmen.

Als es klar wurde, daß der durchtriebene Isaak ihn keinen Blick in diese verlockenden Bücher werfen lassen würde, ohne sich die Befriedigung einigen Schacherns zu verschaffen, wurde Jeremiah von einem jähen Gefühl der Sympathie ergriffen.

Es war immer Isaaks Dilemma gewesen, ob er Geld weiterhin horten oder anlegen sollte. Er hatte mit derselben schmallippigen Hartnäckigkeit reagiert, bevor er damals einiges Geld in diesen Grundbesitz außerhalb der Stadt anlegte, ein Entschluß, der nachher als einer von besonderer Weisheit, von Mut und Weitsicht gerühmt wurde. Isaak war niemals weise, mutig oder weitsichtig gewesen; seine temperamentlos geduldige Anhäufung von Reichtum war keineswegs die Folge übermenschlicher Instinkte. Er war einer der Schwunglosesten unter den Quäkerprominenten, die das Gemeinwesen regierten, völlig bar jeglicher Phantasie, ein Mann ohne Launen und ohne jedwede Inspiration, die nicht aus dem Katechismus der Quäker gezogen war. Ohne etwas zu wagen, ohne eine Spur von Originalität hatte er Erfolg gehabt, wo andere versagten, einfach vermöge der Tugend seiner unbeirrbaren Anhänglichkeit an die Heilige Schrift.

„Was stört dich eigentlich so an Tante Anns Tagebüchern?" fragte Jeremiah.

„Ein paar sehr persönliche Indiskretionen", erwiderte Isaak. Er senkte die Stimme und blickte scheu zur Tür. „Sie verrät zum Beispiel, daß dein Großvater ein Zwerg war."

Jeremiah war nahe daran zu antworten, daß, soweit es auf ihn ankam, sein Großvater sogar ein Schwanzaffe hätte sein können, doch es wurde ihm klar, daß er damit seinen Aussichten, in den Besitz der Tagebücher zu gelangen, schaden würde. Er sagte daher verbindlich: „Mein Gott, das trifft mich aber wirklich hart!"

Es hatte offenbar nicht überzeugend geklungen, denn Isaak kniff die Augen zusammen. „Er war auch nicht Richter Bests Sohn, wie man uns allen einredete, sondern ein Findling, den Henrietta Best von ihrem Mann geschenkt bekam, damit sie sich nicht noch mehr in die Angelegenheiten von Swarthmoor Hall verwickeln ließ."

„Diese Angelegenheiten, wie du sie nennst, waren immerhin der Anfang der Quäkerbewegung", bemerkte Jeremiah. „Noch mehr Informationen dieser Art?"

Isaak sah noch immer argwöhnisch aus. „Eine ganze Menge", antwortete er grimmig. „Was würdest du zum Beispiel dazu sagen, wenn ich dir mitteilte, daß dein Schwager Caleb nicht der Sohn der alten Hannah ist, sondern die Frucht eines Seitensprungs, den sich Peleg Martin mit einer Negersklavin leistete?"

Plötzlich war Jeremiahs Begeisterung abgekühlt. Wenn Caleb je erfahren sollte . . . Plötzlich begriff er, daß Isaak recht hatte. Es konnte katastrophale Folgen haben, wenn diese Tagebücher in falsche Hände fielen. „Das ist schlimm", sagte er.

„Aha! Du beginnst die Sache also mit meinen Augen zu sehen. Ich sage dir, es steht fast über jede Familie in Philadelphia etwas Kompromittierendes in den Tagebüchern. Die schlimmste Indiskretion trifft den armen Bonny Baker selbst."

„Was?"

„Lies es doch selbst!" Isaak warf die Hefte auf den Tisch. „Lies sie nur. Du wirst mir sicher zustimmen, daß man diese Tagebücher Bonny Baker zurückgeben muß. Ihm allein kommt es zu, sie zu vernichten; wir können uns diese Befugnis nicht anmaßen."

„In Ordnung."

„Das Beste wäre, wenn du sie Bonny selbst brächtest. Ich gehe jetzt." Er stand auf. „Vielleicht solltest du so viel wie möglich davon lesen, bevor die Sitzung der Finanzkommission morgen stattfindet."

„Ja. Wir sehen uns morgen."

„So Gott will", antwortete Isaak schulmeisternd und trat durch die Glastür.

Jeremiah öffnete das erste der Hefte.

2

Der Streitfall Altar Rock wurde am folgenden Nachmittag der Finanzkommission der Monatsversammlung von Philadelphia vorgelegt. Jeremiah selbst verlas als Schriftführer einen Antrag von Isaak Woodhouse. Zwei Freunde sollten damit betraut werden, im Geiste der Liebe mit Boniface Baker und ihm zusammenzuarbeiten, damit entschieden werde, ob der Vertrag zwischen William Penn und den Delaware-Indianern, jetzt, nachdem die Delawaren aus dem Gebiet verzogen seien, noch bindend wäre. Jeremiah meinte, da es hier um den feinen Unterschied zwischen Wortlaut und Sinn eines Dokuments gehe, sei es legitim, die Angelegenheit vor die Andachtsgemeinde zu bringen.

Die etwa zweihundert Leute, die in der Halle versammelt waren, sannen über diese Frage in schläfriger Stille nach. Sperlinge zwitscherten laut auf den Simsen der offenen Fenster; Strahlen von Sonnenlicht ließen die Staubfäden tanzen und strichen die Sitzreihen entlang. Die Versammlungshalle war durch eine Scheidewand geteilt worden, um den Frauen die Abhaltung eigener Sitzungen zu ermöglichen; hinter dieser Trennwand ließ eine Frauenstimme ihren monotonen Redefluß hören. Jeremiah wartete auf den passenden Moment, vorzuschlagen, daß er selbst mit Bonny Baker zusammenarbeiten wollte. Diese Tagebücher mußten, was immer geschah, zurückgegeben werden, ohne Grizzles Neugierde zu wecken. Heute früh war er in dem bequemen Stuhl seines Arbeitszimmers eingenickt und hatte beim Aufwachen seine Frau ertappt, als sie, noch im Nachthemd, in den Heften blätterte. Sie hatte unbedingt wissen wollen, was er die ganze Nacht über gelesen habe. Es war ihm gelungen, sie abzuwehren, indem er etwas über historische Dokumente murmelte, aber jetzt fragte er sich, wieviel sie beim Blättern gesehen haben mochte. Wie eine Brieftaube zum heimatlichen Taubenschlag, so wurde Grizzle von einem unbeirrbaren Instinkt und einer unbezähmbaren Hartnäckigkeit dahin gelenkt, wo ein Skandal entstand.

Schließlich fand er, es sei soweit, und sagte: „Wenn die Versammlung einverstanden ist, biete ich meine Dienste an, da beide Parteien mit mir verwandt sind."

„Ich schließe mich dem Vorschlag an." Das war Isaak Woodhouse.

Jeremiah blickte nach weiteren Zeichen des Einverständnisses um sich. „Ich billige den Vorschlag", sagte Israel Henderson. „Und ich empfehle, daß Peleg Martin eingeladen werde, sich mit dir zu dieser Mission zu verbinden."

Das war ein schlauer Gedanke. Peleg war der einzige, dessen Entscheidung der junge Abe Woodhouse, wenn auch widerwillig, akzeptieren würde.

„Peleg Martin, wärst du dazu bereit?"

„Ja." Die trockene Antwort des alten Mannes hatte wie gewöhnlich ein tieferes Schweigen zur Folge.

„Philip Howgill, wenn du so freundlich sein möchtest . . ."

Der Protokollführer begann den Text niederzuschreiben. Die Versammelten warteten schweigend, bis er fertig war. Er verlas den Beschluß. Der Text wurde ohne Diskussion gebilligt.

Der nächste Verhandlungsgegenstand war eine offizielle Mitteilung aus dem Büro des Gouverneurs. Häuptling Running Bull von den Unami hatte beantragt, daß eine Vermessungskommission noch einmal die Grenzen eines Gebietes festlege, das sein Großvater den Eigentümern der Kolonie verkauft hatte. Er verlangte, daß neben Barzellai Tucker, dem Beamten, der die Regierung den Unami gegenüber vertrat, noch mindestens ein Quäker zugezogen werde. Die Kanzlei des Gouverneurs hatte die Quäkergemeinde eingeladen, eines ihrer Mitglieder zu nominieren. Die Expedition sollte in einer Woche aufbrechen.

Dies war eine knifflige Angelegenheit. Im Jahre 1686 hatten

die Delawaren William Penn Land „von solchem Ausmaß, als ein Mann in eineinhalb Tagen gehen kann" verkauft. Will Penns untauglicher Sohn Thomas, der obendrein Mitglied der anglikanischen Kirche wurde, hatte dieses Gebiet im Jahre 1737 neuerlich abschreiten lassen, diesmal auf festgelegter Strecke und unter Einsatz berufsmäßiger Läufer. Diese Episode war seither umstritten gewesen; gewiß war es im Interesse des Friedens wünschenswert, daß das Unrecht aus der Welt geschafft wurde. Für den Auftrag benötigte man einen jungen, gesunden Freund, der kräftig genug war, den Härten des Lebens in der Wildnis zu begegnen. Nach einer längeren Diskussion wurde Joseph Woodhouse nominiert. Er hatte mit anderen jungen Leuten in einer der hinteren Bänke gesessen, ohne den Vorgängen besonderes Interesse zu widmen. Er war so verblüfft, gerade sich für einen so wichtigen Auftrag ausersehen zu finden, daß seine Stimme zu hoch klang, als er sich dazu bereit erklärte; er mußte sich räuspern, fuhr dann in auffälligem Baß fort und errötete vor Verlegenheit.

Während der Schriftführer das Memorandum aufsetzte, wurde Jeremiah vom Sprecher ein Zettel herübergebracht. Er faltete ihn auf und runzelte die Stirn. Die Notiz kam von Isaak Woodhouse und lautete: „Joe hat einen Antrag gegen Caleb M. wegen unmäßigen Trinkens eingebracht. Ich schlage vor, daß du die Sache zusammen mit seinem Vater bearbeitest." Dagegen vermochte Jeremiah nichts zu tun. Wenn eine Beanstandung gegen einen Freund eingebracht wurde, mußte sie der Versammlung unterbreitet werden, obwohl es zulässig war, den Namen der Person geheimzuhalten.

„Eine Beanstandung gegen einen Freund wegen übermäßigen Trinkens ist eingebracht worden", erklärte er. „Darf ich die Versammlung ersuchen, zwei Freunde zu bestimmen, die den Fall behandeln?" Er blickte um sich und fügte hinzu: „Ich sehe wohl, daß die heutigen Bestellungen der Versammlung bereits schwere Lasten auferlegt haben. Ich rege daher an, daß Peleg Martin und ich diesen Auftrag übernehmen, zumal die Sache auf unserem Wege zu Boniface Baker liegt. Peleg Martin, wärst du einverstanden?" Das Nicken des alten Mannes war kaum merklich; er starrte weiterhin teilnahmslos vor sich hin. „Kann ich das Einverständnis der Versammlung erhalten?"

„Einverstanden." Israel Hendersons Stimme klang gelangweilt und förmlich. Andere murmelten ihre Billigung, Philip
Howgill begann zu schreiben. In das Schweigen hinein hörte
Jeremiah eine vertraute Stimme hinter der Trennwand. Er
verstand die Worte nicht, aber was immer seine Frau ihren
Schwestern im Herrn mitzuteilen sich bewogen fühlte, sie
sprach jedenfalls mit gewohnter Stimmkraft.

Die Finanzkommission der Frauen hatte sich stundenlang
trübselig hingezogen, als Hannah Strumpf-Martin von der
zänkisch schrillen Stimme ihrer Tochter Grizzle aus dem
Halbschlummer aufgeschreckt wurde.
Bis zu diesem Zeitpunkt hatten die Erörterungen und
Beschlußfassungen kaum jemanden wachhalten können und am
wenigsten eine achtzig Jahre alte Frau, die wie ein acht Monate
altes Kind sechzehn Stunden Schlaf im Tag nötig hatte. Nach
der lähmenden Verlesung der Memoranden der vorigen Sitzung
durch die Schriftführerin Millie Clutterbuck war die Vorbereitung für das bevorstehende Jahrestreffen endlos in die Länge
gezogen worden: Wer sollte mit der Unterbringung von
Quäkerfamilien, die von auswärts zu Besuch kamen, betraut
werden, wer sollte sich um die Sonntagsausspeisung kümmern,
wer die Spielschule für die Kinder organisieren . . . Hannah
hatte das alles nun schon vierzigmal hinter sich gebracht. Sie
hatte sich von dem monotonen Redefluß dahintragen lassen, als
Grizzles Stimme sie aufschreckte: „Es ist mir gleichgültig, wie
diese Versammlung den Fall behandelt, aber ich glaube für alle
zu sprechen, die hier versammelt sind, wenn ich sage: Ich dulde
es absolut nicht mehr, daß dieser schmutzige alte Mann uns
wieder mit seinen widerlichen Tricks kommt! Ich schlage vor,
eine Botin zu den Männern hinüberzuschicken mit der Meldung: Wir bestehen darauf, daß Benjamin Lay vom Jahrestreffen ferngehalten wird!"
O du lieber Himmel! Hannah kannte ihre Tochter gut genug,
um sich sofort darüber klar zu sein, daß nicht der arme alte
Benjamin Lay die wirkliche Ursache ihrer plötzlichen Wut war.
Grizzle hatte diesen Kunstgriff unzählige Male angewendet. Sie
stellte einen lächerlichen Antrag, der abgelehnt wurde, und

brachte dann, wenn die Gegenseite aus dem Gleichgewicht war, ihre wirkliche Forderung, die sie die ganze Zeit im Sinn gehabt hatte, zur Diskussion. Natürlich war ihr Antrag gegen Benjamin Lay alles andere als aufregend, der harmlose alte Kauz würde es nur nach seinem letzten Schaustück beim Jahrestreffen schwerer haben, die Frauen wieder zu erschrecken. Voriges Jahr hatte er eine mit Blut gefüllte Schweinsblase unter seinem Mantel versteckt gehabt, und als ein Antrag gegen Sklaverei wieder durchfiel, weil ihr lieber Gatte, zusammen mit anderen, dagegen stimmte, war er aufgesprungen und hatte gerufen: „So möge Gott das Blut der Leute vergießen, die ihresgleichen zu Sklaven machen!" Bei diesen Worten hatte er einen Dolch durch seinen Rock gestochen und Blut war in Kaskaden hervorgeströmt, Frauen hatten Schreikrämpfe bekommen, einige waren ohnmächtig geworden, es gab einen Höllenspektakel. Um diese Vorführung zu überbieten, würde ihm in diesem Jahr kaum etwas anderes übrigbleiben, als unter dem Mantel nackt in diese Versammlung zu kommen und sich zu entblößen, wenn der Antrag gegen die Sklaverei wieder vertagt wurde –, worauf man sich, solang ihr Gatte am Leben war, verlassen konnte.

Grizzles Forderung wurde mit allem nötigen Takt von der Sprecherin Mary Woodhouse zu den vertagten Anträgen gelegt. Jetzt hielt die listige Grizzle den Augenblick für gegeben, mit schweren Geschützen aufzufahren.

„Da wäre noch ein weiterer Punkt, Freundinnen, den ich euch zur Kenntnis zu bringen mich verpflichtet fühle", sagte Grizzle plötzlich im Ton freundlichen Einverständnisses. „Es ist mir zu Ohren gekommen, daß die junge Rebekah Baker auf Eden Island eine wichtige und sehr peinliche Entdeckung gemacht hat."

Plötzlich herrschte allgemeine Spannung.

„Sie hat nämlich", fuhr Grizzle fort, „in einem Schreibtisch, der ihr von ihrer Urgroßmutter Ann Traylor, der wir uns alle mit großer Liebe erinnern, vermacht worden ist, einen Stoß Tagebücher gefunden. Durch eine Fügung merkwürdiger Umstände konnte ich einen Blick in diese Hefte werfen, und da will ich euch denn, liebe Freundinnen, in aller Aufrichtigkeit sagen", sie blickte unheilverkündend um sich, „daß ein einziger

Blick genügt hat, mir etwas klarzumachen. Unsere heimgegangene Freundin Ann hat in diesen Tagebüchern über ihre Zeitgenossen so intime, so ärgerniserregende Tatbestände niedergeschrieben . . ."

Wieder machte sie eine Pause und blickte um sich, um das regungslose Schweigen ihres Publikums zu genießen. „Es ist mir also zur Kenntnis gekommen, daß die Männer ernsthaft daran denken, diese Tagebücher in der Historischen Bibliothek meines Mannes der Öffentlichkeit preiszugeben. Ich bin wirklich nicht überängstlich, aber die wenigen Stellen, die ich gelesen habe, waren empörend, beschämend und unheilträchtig, daß ich das Gefühl habe, wir Frauen sollten in dieser Sache der Stimme der Vernunft Geltung verschaffen. Ich schlage also vor, daß wir ein Komitee gründen, welches diese Tagebücher prüft, bevor sie öffentlich ausgestellt werden." Mit dramatischer Plötzlichkeit setzte sie sich.

Ihrer Mutter war vollkommen klar, was sie bezweckte: sie hatte ihre Nase in diese Tagebücher gesteckt und entdeckt, daß sie eine Goldmine der Information waren. Doch war für sie die einzige Möglichkeit, die Hefte in die Hand zu bekommen, sich in das von ihr vorgeschlagene Komitee einzudrängen. Die nachtragende alte Ann – was hatte sie wohl da niedergeschrieben? Daß Isaak Woodhouse sich heimlich hatte porträtieren lassen und dieses Bild auf seinem Dachboden verbarg? Daß Israel Henderson sich einen mit Madeira wohlversehenen Weinkeller hielt? Daß ihr eigener Mann, Peleg, damals . . . sie erstarrte. Caleb. Ann Baker konnte etwas über Caleb zu Papier gebracht haben.

Plötzlich war es um ihre Ruhe geschehen. Sie saß da, betete zu Gott, er möge ihr Baby schützen, lieber Gott, schütz ihn, tu es um deines eigenen Sohnes willen . . .

Jetzt erklang Mary Woodhouses kühle Stimme in das Schweigen, mit einer Autorität, die ihr nicht nur der vornehme Stand ihres Mannes, sondern auch ihre eigene starke Persönlichkeit verlieh. Niemand konnte im Zweifel darüber sein, daß diese beherrschte, gouvernantenhafte Stimme die eigentliche Macht in Philadelphia darstellte. Ganz zufällig, erklärte Mary der Versammlung, habe auch sie Kenntnis von diesen Tagebüchern, zwar habe sie nicht Gelegenheit gehabt, Einblick darein zu nehmen, wohl aber ihr Gatte. Sie sei mit der Freundin Grizzle einer Meinung, daß diese Tagebücher Informationen über das Privatleben verschiedener Leute enthielten. Zwar seien die meisten bereits tot, doch würden diese Einblicke vielleicht für deren Nachkommen peinlich sein. Darum könne sie der Freundin Grizzle versichern, daß ihr bewunderungswürdiges Eintreten für den guten Ruf und den Seelenfrieden anderer auch von der Versammlung der Männer geteilt werde. Diese habe sich entschlossen, die Tagebücher Boniface Baker zurückzustellen, mit dem Auftrag, sie streng unter Schloß und Riegel zu halten, bis die darin enthaltenen Informationen für niemanden mehr Gegenstand peinlicher Verlegenheit sein könnten.

Das war eine würdevolle Zurechtweisung. Doch so leicht ließ Grizzle sich nicht unterkriegen. Schon stand sie wieder und sagte: „Ich bin nicht der Ansicht, daß die Männer darüber allein entscheiden sollten, ganz bestimmt nicht nach dem wenigen, was ich gelesen habe. Darum halte ich meinen Vorschlag aufrecht, eine von dieser Versammlung bestimmte Kommission möge zusammen mit den Männern die Tagebücher prüfen und dann entscheiden, was zum Schutze der Unschuldigen geschehen soll."

Wieder begann Hannah Martins Herz rasend zu pochen. Sie preßte eine Hand gegen ihre Brust. Ruhig, sagte sie sich, nur ruhig, alles geht gut. Sie kommt nicht durch, alles geht in Ordnung.

Mary Woodhouse starrte Grizzle von der gegenüberliegenden Bank an und sagte: „Ich verstehe nicht ganz, was du da vorschlägst, Freundin Grizzle. Eben noch hast du verlangt, daß wir um jeden Preis diese Tagebücher vor der Öffentlichkeit schützen müssen. Das ist geschehen. Jetzt schlägst du vor, daß eine Kommission feststellen soll, welch peinliche Intimitäten sie enthalten, bevor Boniface Baker sie für weitere zehn Jahre unter Verschluß nimmt. Es wäre mir lieb, die Meinung dieser Versammlung über deinen abgeänderten Vorschlag einzuholen, aber vielleicht erklärst du uns doch zuerst, wie und in welchem Maß eine Durchsicht dieser Tagebücher durch dich und andere Mitglieder dieser Versammlung dazu dienen sollte, die Unschuldigen zu schützen." Mit freundlichem Lächeln wartete sie auf Antwort.

In Grizzles hervorquellenden Augen brannte der Haß. Doch bewahrte sie Haltung, als sie antwortete: „Auch mir wäre es lieb, Mary Woodhouse, die Ansicht dieser Versammlung zur Sache zu hören. Vielleicht ist dein völliges Vertrauen in die Diskretion deines Mannes in deinem Fall gerechtfertigt. Meine Erfahrung lehrt mich, und gewiß ist das auch die der anderen Anwesenden, daß Schwätzen, was doch allgemein für eine weibliche Untugend gehalten wird, in Wirklichkeit eine typisch männliche ist."

Das war ein gewandter Gegenschlag. Ihre Widersacherin, die unbeweglich, in Samt gewickelt, auf ihrem Platz saß, ließ das Gekicher ausklingen, bevor sie antwortete. „Ich schlage der Versammlung vor, abzustimmen, ob Grizzle Best zum Schutz der Unschuldigen Einsicht in die privaten Aufzeichnungen Ann Traylor-Bakers nehmen soll?"

Ruth Henderson fragte: „Da verschiedene Mitglieder sich auf genaue Kenntnis der Vorgänge im nächsten Saal berufen, möchte ich die Frage stellen: Weiß jemand bereits, wen die Männer bestimmt haben, diese Tagebücher Boniface Baker zurückzustellen?"

Niemand wußte es, zumindest meldete sich niemand zum Wort.

„In diesem Fall schlage ich vor, eine Botin hinüberzuschikken und anzufragen", fuhr Ruth Henderson mit undurchsichtiger Miene fort. „Für uns wird ein Beschluß davon abhängen, ob wir den betreffenden Männern Vertrauen schenken können."

„Ist es also die Meinung dieser Versammlung", fragte Mary Woodhouse sanft, „wir sollten durch eine Botin im anderen Saal anfragen, welche Männer auserlesen wurden, die Tagebücher Boniface Baker zurückzustellen?"

Das war für Grizzle der Moment klein beizugeben. „Ich halte das nicht für notwendig", gestand sie nicht ohne einige Anstrengung. „Ich glaube, wir können uns darauf verlassen, daß es zuverlässige Freunde sein werden. Ich für meine Person bin zufrieden, mich der Entscheidung der Männer zu unterwerfen, zumindest was die Wahl dieser Vertrauenspersonen betrifft."

„Jetzt kenn' ich mich wirklich nicht mehr aus", sagte Mary Woodhouse. „Wollen wir die Männer kontrollieren? Oder wollen wir, daß unsere Freundin Grizzle Best diese Tagebücher für uns liest? Oder was sonst?"

Ruth Henderson ließ ihre Männerstimme erschallen: „Freundinnen, reden wir nicht mehr um den heißen Brei herum! Wir müssen einfach unsere Neugierde bezähmen, auch wenn es uns leid tut, sonst können wir in Zukunft einander nicht mehr in die Augen schauen. Ich schlage vor, daß wir die ganze Sache vergessen und nicht einmal ein Memorandum darüber aufnehmen, von einem formellen Antrag ganz zu schweigen. Bestimmt werden wir alle aufatmen, wenn es uns erlaubt ist, zum nächsten Punkt der Geschäftsordnung überzugehen."

Alle waren erleichtert. Mary Woodhouse, immer blitzschnell, nahm die Gelegenheit wahr, den nächsten Punkt der Geschäftsordnung vorzubringen: „Die Moralaufseher haben den Eindruck, daß neuerdings unter den jungen Leuten eine zunehmende Neigung zu weltlichen Vergnügungen um sich greift. Der Vorschlag geht dahin, die Versammlung möge in einem Memorandum vor Theaterspiel, Bällen, Veranstaltungen in Parks, Zechereien, Veranstaltungen mit Musik, Liebesgedichten, Sonetten und dergleichen warnen, da derartige Vergnügungen dem Lichte der Wahrheit verderblich sind. Antragstellerin ist Bathsheba Moremen."

Während die Frauen mit dem Eifer, den ihnen das Aufatmen eingab, gegen diesen Antrag wetterten, saß Hannah Martin an ihrem Platz und sorgte sich um ihren Sohn Caleb. Niemand würde jemals begreifen, wie eine Frau ein Kind, das eine andere unter dem Herzen getragen, lieben konnte, als wäre es ihr eigenes Fleisch und Blut. Vielleicht hatte es damit zu tun gehabt, daß sie sich dem armen kleinen Wesen verwandt fühlte, denn sie beide waren Außenseiter in einer Gemeinde, deren Klan so streng war wie ein Stamm von Wilden. Bevor sie Peleg Martin geheiratet hatte, war Hannah gezwungen gewesen, der Kirche ihrer Väter, der Anhänglichkeit an ihre Familie und an ihre Heimatstadt abzuschwören; unter all diesen argwöhnischen Fremden war der kleine Caleb ihr einziger Verbündeter gewesen. Keinen Moment lang hatte sie darüber nachgedacht, ob er, wie Grizzle, ein Kind von Pelegs verstorbener Frau oder die Frucht eines Seitensprungs mit einer seiner Negersklavinnen war, denn sie kam aus einem Lande, wo es keine Sklaven gab und niemand ein Kind wegen seiner Herkunft verurteilte. Die Stadt ihrer Kindheit hatte ihre eigene Sprache, ihre besonderen Sitten, ihre eigenständige Musik. Es war dort lustig gewesen, warm, irdisch, freundlich. Sie hatte im Kirchenchor gesungen, was ihre Stimme nur hergab, denn jeder tat dort alles lauthals. Was sie nach all den Jahren immer noch am meisten vermißte, war das Orchester und der Chor, die Kantaten und Oratorien aufführten, wie es in der Kirche ihrer Jugendjahre geschehen war. Sie liebte ihren Gatten und war zur Überzeugung gelangt, daß Quäker wahrscheinlich die vernünftigste und zivilisierteste Art des Zusammenlebens gefunden hatten, aber es gab eben Dinge, nach denen sie sich bis zum Tag ihres Todes sehnen würde, und zu diesen Dingen gehörte Musik. Als sie ihren Letzten Willen aufsetzte, was Freunde noch bei guter Gesundheit zu tun ermahnt wurden, hatte sie eine Bestimmung einfügen wollen, zu ihrer Beerdigung sollten einige Musiker aus Nazareth, Bethlehem oder Lititz aufspielen, aber gesunder Menschenverstand hatte sie wieder davon abgebracht. Sie hatte nur ein Blatt für Caleb geschrieben, das er erst nach ihrem Tode lesen sollte: „Du bist der einzige, der verstehen wird, warum ich diese Bestimmung in mein Testament aufnehmen wollte und warum ich mich dann doch entschlossen habe, sie zu unterdrücken. Ich weiß, wir werden einander sehr vermissen, obwohl wir uns in den letzten Jahren nicht oft sehen konnten. Wann immer du dich ab nun meiner erinnerst, dann summe ‚Schlafe, mein Prinzchen, schlaf ein‘, das Liedchen, das ich dir sang, da du noch klein warst, und dann wird meine Seele dir nahe sein in Liebe. Leb wohl, möge es dir gut ergehen, du mein vielgeliebter Sohn, ich danke dir für das reiche Glück und die Innigkeit und Freude, die du mir gebracht hast, und sei gesegnet auf deinem Wege, bis wir einander wiederbegegnen. Hab ein glückliches Leben, mein Caleb, lieber, und achte auf deinen Rücken.“

Nach der Sitzung erfuhr sie, daß es ihr Mann war, der von der Versammlung der Männer bestimmt worden war, sich am nächsten Tag nach Eden Island zu begeben. Sie hatte die Kühnheit, vorzuschlagen, er möge sie mitnehmen, damit sie ihren Sohn besuchen könne. Erst da wurde ihr mitgeteilt, daß

Peleg auch beauftragt war, Caleb seiner Trunksucht wegen zu ermahnen.

Das bereitete ihr solchen Kummer, daß sie die ganze Nacht nicht schlafen konnte. Rastlos wälzte sie Pläne, wie sie den Jungen nicht vor seines Vaters Grimm, aber vor seiner eigenen Empfindsamkeit schützen könnte. Denn Caleb hatte das Unterlegenheitsgefühl aller von Natur aus gütigen Menschen.

Es fiel ihr nichts anderes ein, als ihm einige Mandelkuchen und eine Himbeertorte zu backen; sie tat es in den frühen Morgenstunden. Dann verpackte sie alles sorgfältig für die lange Reise, obwohl sie sehr gut wußte, daß ihr Mann auf dem Wege alles aufessen würde, denn er hielt es für verkehrt, einen Sohn, der gesündigt hatte, zu verhätscheln.

Jeremiah Best und Peleg Martin saßen mit Boniface Baker in seinem Arbeitszimmer in New Swarthmoor Hall. Die Türen zum Balkon standen offen. Jeremiahs Worte wurden fast übertönt vom jubelnden Gezwitscher der Vögel. Auch die Bienen waren ausgeschwärmt; eine kam ins Zimmer herein und flog flüchtig die Blumen an, die Becky Baker am frühen Morgen auf ihres Vaters Arbeitstisch gestellt hatte. Ein mächtiger Maikäfer prallte gegen den Spiegel, der über dem Kamin hing, und lag dann eine Weile mit den Beinen krabbelnd auf dem Rücken und raschelte mit den Flügeln, bevor er wieder aufkam und ins Freie entschwirrte. Jetzt klang Jeremiahs Vortrag lauter und fast schon gereizt; die Vögel, die Bienen, der Maikäfer, alles das gehörte zum Leben in diesem Garten von Eden und blieb unbeeindruckt von dem bedeutsamen Thema Altar Rock, dem Schlüssel zur Zukunft von Philadelphia. Bonny Baker weigerte sich glatt, auch nur einen Blick auf die Pläne zur Beseitigung des Felsens zu werfen: Er sagte, er hätte sie schon gesehen. Wenn jemand ihm zu erklären versuchte, daß auch nach dem Gesetz Altar Rock nicht mehr als Indianerterritorium gelten könnte, lächelte er mit empörender Überheblichkeit und antwortete: „Daß Abe Woodhouse diesen Gegenstand zum Hauptthema der Sitzung gemacht hat, beweist, daß er so empfindet wie ich."

„Verzeih mir, aber jetzt versteh' ich dich nicht mehr", sagte Jeremiah kurz.

„Offensichtlich ist er auch der Meinung, daß die einzigen, die da zu entscheiden haben, die Delawaren sind."

„Aber die Delawaren sind vor mehr als fünfzig Jahren aus diesem Gebiet weggezogen!"

„Das mag sein, aber ich unternehme in dieser Sache keinen Schritt, solange ich nicht ihre ausdrückliche, schriftliche Erlaubnis habe."

„Schön", sagte Jeremiah, „wenn das deine Haltung ist, werde ich es der Sitzung so vorlegen. Wirst du dich dem Spruch der Sitzung fügen?"

Boniface Bakers blasse, ein wenig hervorquellende Augen richteten sich auf ihn; er hatte etwas von einem Riesenfrosch an sich. „Kommt Zeit, kommt Rat", sagte er.

Jeremiah seufzte. „Peleg Martin, hast du etwas zu sagen?"

Der Alte brummte. „Ich empfinde so wie er. Es ist einer unserer heiligen Grundsätze, aus Gottes Schöpfung nur mit Mäßigung Nutzen zu ziehen. Wenn wir Ben Franklin erst erlauben, damit zu beginnen, daß er Felsen wegsprengt, dann verletzt das diesen Grundsatz, egal ob der Felsen ein Indianerheiligtum war oder nicht."

Jeremiah seufzte. „In diesem Fall laßt mich der Kommission für Indianerangelegenheiten vorschlagen, daß Joe Woodhouse den Häuptling Running Bull fragt, wie er in dieser Sache denkt. Entspräche das euren Wünschen?"

Der Alte ließ nur ein Grunzen hören. Boniface Baker sagte mit einem Unterton von Befriedigung: „Das scheint mir der logische nächste Schritt zu sein."

„Nun gut", erklärte Jeremiah, „dann komme ich zum zweiten Gegenstand unseres Auftrages." Er öffnete seine Tasche und nahm das Paket mit Ann Traylors Tagebüchern heraus. „Diese Aufzeichnungen wurden mir zur Aufnahme in die Historische Bibliothek der Freunde übergeben. Leider muß ich feststellen, daß Isaak Woodhouse, ich und mutmaßlich auch Peleg Martin diese Idee für gefährlich halten."

Boniface Baker zog die Brauen hoch, wodurch er einem Frosch noch ähnlicher wurde. „Darf ich fragen warum?"

„Weil diese Hefte streng private Aufzeichnungen enthalten, die sich auf Mitglieder der Andachtsgemeinde beziehen und die nicht an die große Glocke gehängt werden sollten."

„Zum Beispiel?"

Einen Augenblick war Jeremiah versucht, die Selbstsicherheit seines Schwagers ins Wanken zu bringen, indem er aussprach, was er über Boniface Bakers Ahnen aus diesen Tagebüchern erfahren hatte; doch sofort überwand er diesen unquäkerischen Impuls wieder. „Verzeih mir, Peleg, wenn ich das hier erwähne, aber diese Tagebücher enthüllen zum Beispiel die Tatsache, daß Caleb Martin Negerblut in den Adern hat."

Endlich hatte er Eindruck auf Boniface gemacht. Die hervorquellenden Augen wurden härter, ob aus Zorn oder aus Betretenheit konnte Jeremiah nicht unterscheiden.

„Ach so. Danke dir, Jerry." Sein Lächeln hatte etwas seltsam Endgültiges. „Dann will ich diese Tagebücher doch noch einmal durchsehen. Und wenn du vor dem Abendessen noch Caleb aufsuchen willst, wäre es besser, du würdest nicht mehr säumen. Ich werde den Stallburschen anweisen, die Chaise für dich und Freund Peleg vorzufahren."

„Mach dir keine Mühe", sagte Jeremiah, „ich möchte erst noch Beulah sehen."

Während er im Halbdunkel des Vorraums und der Treppe den Weg zu seiner Schwester suchte, fühlte er sich von einer seltsamen, unwiderstehlichen Melancholie überkommen. Wie schon bei früheren Besuchen, nahm die Atmosphäre des Gutshofs von ihm Besitz. Sie entströmte allem hier, den Möbeln, den Wänden, dem Hause selbst. Die Bakers lebten in einer Art von aristokratischer Verwahrlosung. Nie hatte er vergessen, wie er, als er Beulah zum ersten Mal nach ihrer Heirat besuchte, von der majestätischen Großmutter in Audienz empfangen worden war. Sie hatte in einem Schaukelstuhl gegenüber dem Küchenherd gethront, wo sie ihre Tage damit verbrachte, ihrer Schwiegerenkelin zuzusehen, wie die alles verpfuschte. Beulah hatte kaum Zeit gehabt, ein Wort mit ihm zu reden, so geschäftig war sie gewesen, Wasser für den Tee zu sieden, in einem riesigen Kessel genug Suppe zur Abfütterung einer Armee zu rühren und gleichzeitig den Küchenboden aufzuwischen. Während die Alte mit ihm steife Konversation machte, aß sie ein hartgekochtes Ei nach dem anderen, stopfte die Eierschalen in ihre klauenartige Hand und warf sie dann, wenn genug beisammen war, kurzerhand über ihre Schulter auf den Boden: Es schien eine Geste äußerster Geringschätzung zu sein. Kein Zweifel, sie verachtete ihre neue Schwiegerenkelin. Erst später, nun schon mit dem Haushalt vertrauter, hatte er entdeckt, daß sie alles, was sie loshaben wollte, immer über die Schulter warf, egal ob Beulah in Reichweite war oder nicht; und ebenso taten es alle anderen. Babys krochen im Wohnzimmer auf dem Boden umher, zusammen mit jungen Hunden, Katzen, gezähmten Krähen und Gänsen, und keinem von ihnen allen wurde die geringste Rücksichtnahme auferlegt. Selbst wenn Besucher kamen, nahm sich niemand die Mühe, die nackten Hintern der Kinder zu verdecken oder mit einem Lappen, wenn nötig, hinter ihnen her zu sein. Der unschuldigen, wohlerzogenen Beulah, die ihr ganzes junges Leben lang verehrt und beschützt worden war, mußte es das Herz brechen, in einem solchen Irrenhaus zu leben.

Er fand seine Schwester vor dem Küchenherd mit denselben Pfannen und Töpfen beschäftigt, gegen die sie bei seinem ersten Besuch einen verzweifelten Kampf geführt hatte. Der einzige Unterschied gegen damals schien darin zu bestehen, daß jetzt statt der Großmutter eine fette, schlampige Schwarze in dem Schaukelstuhl lungerte und Beulah bei der Arbeit zusah. Es fehlte nur die Schüssel mit den harten Eiern; die Negerin hatte nichts, was sie über ihre Schulter werfen konnte, um ihre Herrin in Atem zu halten. Er kannte diese fette Sklavin seit Jahren. Sooft er sie wiedersah, war sie um ein paar Pfund schwerer, und Ströme von Schweiß entströmten ihrem fetten Körper. „Guten Tag, Medea!" brummte er. Seine Schwester wandte ihm den Rücken zu und hätte ihn auch nicht gehört, wenn er gebrüllt hätte. Einem komplizierten Mechanismus ihres gewaltigen Leibes zufolge, rollte die Negerin ihm ihre obere Hälfte wie einen Panzerturm zu, spuckte einen Sonnenblumenkern aus und grinste ihn an. „Wie geht's, Massa Jerry?" Ihre Stimme war mädchenhaft und charmant, als wäre da durch Hexenzauber ein Nymphlein in eine Mastsau gebannt. Sie streckte ein Bein vom Umfang eines Bootbugs aus und stupfte den Hintern ihrer Herrin mit dem Fuß. „Schau, wer da ist, Honigkind!"

Beulah ließ den Deckel einer Pfanne fallen und erschreckte dadurch eine auf dem Küchentisch schlafende Katze, die auf den Boden sprang und beleidigt davonstelzte. „Jerry!" rief sie und wollte sich auf ihn stürzen, aber irgendein tückisches Schürzenband ihrer eigenen Schneiderkunst hielt sie am Ofen fest, bis sie den Deckel wieder auf eine Pfanne gelegt und eine andere Pfanne weggeschoben hatte.

Als er sie in die Arme nahm und auf den Scheitel küßte, spürte er, daß sie seit letztem Mal noch schmäler geworden war. „Ich freue mich, dich zu sehen, Beulah, und noch dazu so wohlauf!"

Sie blickte hilflos und scheu in seine Augen, als wollte sie die Unaufrichtigkeit seiner Worte aus ihnen herauslesen; doch gleich darauf begriff er, daß sie ihn bloß nicht gehört hatte.

„Du siehst gut aus!" brüllte er und nickte aufmunternd. „Ich liebe dich!"

„Ach Jerry", sagte sie mit einem Seufzer der Befreiung und voll Glück, „du hast mir gefehlt . . ."

Er preßte sie an sich, plötzlich überwältigt vom Gefühl, wie kurz das Leben, wie flüchtig die Liebe ist. Gestern noch hatten sie sich vor dem Spiegel im Schlafzimmer ihrer Eltern in dem alten Hause in der Front-Street verkleidet, kichernd und tuschelnd. Morgen würde alles vorbei sein, ihre Knochen zerkrümelt zu Staub, ihr Lächeln verweht, ihre Liebe heimgekehrt zu Gott. „Wie geht's dir, Liebes?" brüllte er, jetzt völlig bewußt, daß man mit voller Stimmkraft ziemlich wenig sagen kann.

Doch sah sie in seinen Augen, was sie nicht aus seiner Stimme heraushörte, und es erfüllte sie mit Glück und Traurigkeit. „Mir geht's gut, Jerry, mir geht's wirklich sehr gut!" Sie sagte es mit der harten Stimme der Schwerhörigen, und er wußte genau, daß ihre Worte nichts bedeuteten. Was sie ihm sagte, mit allem, was ihr an Aussage zu Gebot stand, war, daß sie so fühlte wie er. Immer war er ihr Beschützer gewesen, immer hatte er begriffen, daß sie nicht geschaffen war, allein in das frostige Leben hinausgestoßen zu werden. Oft schon hatte er gedacht, daß sie beide glücklicher geworden wären, wenn sie nicht geheiratet, sondern im Haus ihrer Eltern gelebt hätten. Aber dann hätte es keinen Obadiah, keine Melanie, keine Becky, keine Abby oder Joshua gegeben. Sie hätten nur Leben gehortet vor jenem Spiegel, bei Gekicher und Getuschel, hätten die Jahre in unfruchtbarer Glückseligkeit verdöst. Zu seinem Unbehagen entdeckte er, daß ihm doch, so sehr er sich auch wehrte, diese Lösung verlockend erschien.

„Warte, ich habe da eine gute Suppe für dich!" rief sie. Sie wandte sich dem Herd zu und wischte sich die Hände an der Schürze ab. Er begriff, daß sie ihre Gefühle mit dem einzigen Mittel, das ihr zu Gebote stand, aussprechen wollte. Ihm war die schmunzelnde Gegenwart der fetten Negerin lästig, der keine Bewegung entging, die kein Wort überhörte. So wandte er sich um und sagte: „Los, Medea, laß uns ein bißchen allein."

„Gerne", antwortete die junge melodiöse Stimme voll Verständnis, während das ungeschlachte Gebilde, worin ihre Seele gefangensaß, sich stöhnend und raschelnd mit vielerlei Bewegungen und Gegenbewegungen hochlüpfte. Sie schlurfte hinaus, einen symbolischen Staubwedel ergreifend, den sie wie ein Monarch sein Zepter hielt. Er setzte sich in den Stuhl, den sie geräumt hatte. Als Beulah sich umwandte, ihm seine Suppe zu reichen, las er in ihren Augen die Freude der Entdeckung, daß ihr schwarzer Schatten verschwunden war.

„Danke, Beulah", sagte er und wollte den Napf nehmen.

„Vorsicht, es ist heiß!" rasselte ihre tote Stimme.

„Und jetzt Schluß mit aller Fürsorge für andere, komm und setz dich zu mir!" sagte er aufmunternd.

Sie rückte sich einen Stuhl heran, setzte sich neben ihn und sah ihm zu, wie er seine Suppe schlürfte. Plötzlich hatte er das seltsame Gefühl, alles, was in den Jahren dazwischen passiert war, sei nur ein Traum gewesen und sie würden jetzt gleich aufwachen und in den großen Spiegel schauen. Es dauerte nur einen Moment. Es kam und schwand wie ein Aufblitzen gespiegelten Sonnenlichts.

Er löffelte seine Suppe, die heiß und geschmacklos war, dann stellte er den Napf ab und sagte mit einem behaglichen Aufseufzen: „Das war gut!" Sie betrachtete ihn mit Liebe und wissender Traurigkeit, als wäre sie von demselben Gedankenstrom gestreift worden wie er. Er legte seine Hand auf die ihre, einen Moment saßen sie so da und sahen einander in die Augen. Dann, als folgten sie einem gemeinsamen Impuls, senkten sie die Köpfe und verwandelten ihr Zusammensitzen vor dem Küchenherd in eine stille Andacht.

Als Jeremiah Best und Peleg Martin zu den Sklavenquartieren fuhren, wechselten sie in der schwankenden Chaise kaum ein Wort. Ursache dieses verlegenen Schweigens war das Vorhaben ihres Besuchs: Caleb heftig auszuschelten, weil er im Rum seinen Trost suchte. Was gab ihnen ein Recht, sich vor seiner gequälten Seele aufzupflanzen, vor diesem Menschen, den mörderische Qual an den Rand des Wahnsinns trieb, und ihm vorzupredigen, daß seiner Seele durch sein Trinken Schaden zugefügt würde? Jeremiah wußte nicht, wann Caleb sich das Rückgrat gebrochen hatte; es mußte geschehen sein, als er noch ein Kind war. Er hatte ihn nie gesehen ohne dieses Gebilde aus Leder und Eisen, dieses Stahlmieder, das er tragen mußte. Eins jedenfalls stand fest: Caleb hatte fast sein ganzes Leben auf der Folterbank verbracht.

Es war geraume Zeit her, seit Jeremiah das letzte Mal die Sklavenquartiere auf der Insel besucht hatte. Als er sich jetzt der Siedlung näherte, bemerkte er, daß sich etwas geändert hatte. Ein Makel hatte sich dem Paradies angeheftet, ein so durchdringender und unangenehmer Geruch, daß Jeremiah sich fragte, was es wohl wäre. Es roch, als läge irgendwo in den blumigen Feldern ein Leichnam im Verwesen. „Was stinkt nur so?" fragte er.

Peleg antwortete, ohne ihn anzusehen: „Indigo."

„Willst du sagen, daß diese Blüten einen so scheußlichen Gestank ausströmen?"

Der Alte schüttelte den Kopf.

„Das sind die gärenden Blätter drüben in den Küpen, das holt auch die Fliegen herbei."

Es wimmelte wirklich von Fliegen, das Pferd war von ihnen geplagt. „Ich wußte gar nicht", sagte Jeremiah, „daß das so stinkt. Was für eine entsetzliche Zumutung, damit zu leben!"

Peleg brummte. „Darum kriegst du nur Neger dazu, mit Indigo zu arbeiten. Ihr Geruchssinn ist anders als der unsere."

Sie kamen an einigen verschieden hohen Jauchefässern vorbei, die untereinander durch einen hölzernen Leitkanal verbunden waren. Eine Pumpe wurde von zwei sich träge bewegenden Negersklaven betätigt. Eben war ein von zwei Ochsen gezogener, mit Zweigen und Rispen beladener Karren vorgefahren; Feldarbeiter leerten die Fechsung in die höchste der Zisternen, während andere an einer ächzenden Tretmühle arbeiteten, die ein Schaufelrad zu einer Umdrehung in der Sekunde trieb. Am Rand des Feldes stand ein großer offener Schuppen mit einer ganzen Reihe von übereinander aufgebauten Gitterböden, wie man sie in den Trockenschuppen für Tabak findet. „Werden die Pflanzen da getrocknet?" fragte Jeremiah, um etwas zu sagen.

„Nein, was da getrocknet wird, ist nur der Bodensatz aus den Küpen. Erst werden die beblätterten Zweige in dem obersten dieser Jauchefässer eingeweicht, bis sie fermentieren. Dann wird der Saft mittels dieses Schaufelrads in die nächste Zisterne gefördert, dort entwässert und erhitzt. In der dritten Zisterne bilden sich die Kristalle. Zuletzt wird der Bodensatz aufgeschaufelt und in Formen geschüttet. So kommt er auf die Gitterböden im schattigen Schuppen. In Hüten, wie Zucker, wird die Masse verkauft."

Die Sklaven sahen trotz dem Gestank und den greulichen Fliegen, die in Millionen die Bottiche umschwärmten, wohlgenährt und leidlich zufrieden aus. „Es ist ein hartes Leben", sagte Jeremiah.

„Unsinn!" knurrte Peleg. „Ein Matrose auf See hat es schwerer. Sentimentaler Quatsch ist das, dieses neumodische Gejammer über die Sklaverei! Wenn einer zu wählen hätte zwischen dem Zwang zum Seedienst und Sklavenarbeit auf einer Quäkerpflanzung, dann müßte, der hier die Tretmühle treibt, Dank, Lob und Preis singen." Er grunzte höhnisch. „Diese Schlange im Gras, John Woolman mit seinen Predigten gegen die Sklaverei, weiß gar nicht, wovon er redet. Selbst hat er nie Sklaven gehalten, er erzählt nur anderen Leuten, was sie tun sollten. Du wirst nirgends in den Schriften von George Fox oder William Penn ein Wort gegen das Sklavenhalten finden, solange die Sklaven auf Quäkerart behandelt werden. Meine ersten Sklaven wurden mir von der Andachtsgemeinde bezahlt. Hätten die das getan, wenn sie nicht eine klare Ansicht über Sklaverei gehabt hätten? Soll doch Woolman über Röcke und Hosen schwätzen, aber nicht über Sklaverei oder über den Betrieb einer Pflanzung. Ohne Neger kann weder er noch ein anderer eine Pflanzung rentabel betreiben. Und doch stellt man dem Mann bei jedem Jahrestreffen kostbare Zeit zur Verfügung, sich darüber auszulassen, wie sündhaft wir handeln, indem wir Sklaven halten, wie empfindsam und gemütvoll die Seele unseres schwarzen Bruders ist, und wie übel es einem Quäker ansteht, seinen schwarzen Bruder an der Leine zu führen wie ein Tier. Bruder? Die sind nicht besser als Affen, und boshafte Affen noch dazu." Jeremiah wußte nicht, was er darauf sagen sollte. Jetzt, da er Pelegs Vergangenheit kannte und die Wahrheit über Caleb wußte, verstand er erst recht nicht, wie der Alte so reden konnte. Wenn er die Neger wirklich so einschätzte, dann war sein Verhältnis mit dem Sklavenmädchen ein Verbrechen: nicht ein nach dem Verlust seiner Frau verzweifelt einsamer Mann hatte in den Armen einer Frau anderer Rasse Trost gefunden, sondern ein brutal lüsterner Farmer hatte sich an einem seiner Tiere ausgelassen. Dann war Caleb nicht die Frucht eines unerlaubten Liebesverhältnisses, sondern die Folge eines Besuchs im Sklavenzwinger.

Etwas von seinem Abscheu mußte dem Alten spürbar geworden sein, denn jetzt hörte Jeremiah ihn unbeholfen sagen: „Tut mir leid, wenn ich dich verletzt habe. Die Wahrheit ist oft unerfreulich."

Jeremiah wandte sich ihm zu. Die ausdruckslosen schwarzen Augen begegneten unerschütterlich seinem Blick. Das zerfurchte Gesicht, wie aus Fels gehauen, war zu einer Maske der Selbstgerechtigkeit erstarrt, die sich nicht geändert hatte, seitdem Jeremiah Peleg kannte. Es war, als ob es niemals einen lebendigen Peleg Martin gegeben hätte, sondern nur eine Statue. Was sollte er sagen? Man rechnet nicht mit einem Monument. Wer hatte doch gesagt, daß man bei den meisten Männern, wenn man tief genug schürfte, daraufkam, daß sie nie über ihr siebentes Lebensjahr hinausgereift waren? Gulielma Woodhouse natürlich – nur eine alte Jungfer konnte sich eine solche Äußerung leisten. Einen Moment lang tauchte ihr Bild vor ihm auf, wie er sie das letztemal gesehen hatte, in dieser unmöglichen Indianeraufmachung, einen Quäkerhut auf dem Kopf, den Karabiner umgehängt, auf ihrem Pony reitend, ein Maultier an der Leine hinter sich herziehend, das eine Reiseapotheke mit hundert kleinen Lädelchen schleppte, jedes einzelne bezettelt und von Gulielmas männlicher Hand beschriftet. Wo sie sich wohl gerade herumtrieb? Wahrscheinlich irgendwo in den Bergen, wo die einzigen Weißen gesetzlose Banditen und die einzigen Indianer wandernde Jäger waren. Er beneidete sie um ihre Kraft und ihre ungebundene Toleranz, und er war ihr dankbar, daß sie mindestens fünfhundert Meilen entfernt war und ihn dadurch in die Lage versetzte, sie zu bewundern, ohne sich über ihre Gegenwart ärgern zu müssen. Heilige waren eben nur *in absentia* erträglich, besonders schelmische Heilige, deren helle graue Augen sofort den siebenjährigen Buben entdeckten, der im Schriftführer der Philadelphia-Monatsversammlung versteckt war.

„Pfui Teufel", schimpfte er, „diese Fliegen sind widerlich!" Er verscheuchte sie und die spöttischen Augen der Gulielma Woodhouse.

Während der Fahrt sann Peleg Martin über die Schwächen dieses Gutsbetriebes nach, über das besonders bei Quäkern häufige Schwanken zwischen sinnloser Verhätschelung der Sklaven einerseits und hartem Geschäftssinn andererseits. Er verwarf keine der beiden Haltungen, sofern sie konsequent blieben. Er respektierte einen Mann, der seine Sklaven aus ehrlicher Überzeugung freiließ, wie es Benjamin Lay getan hatte, obwohl er ihn für einen Narren hielt. Peleg verstand nur zu gut, warum Sklavenhälter Neger für Untermenschen hielten. Er mußte es wissen, er hatte lange genug selbst Sklaven gehandelt. Ein Glück, daß er sich von diesem Geschäft zurückgezogen hatte, bevor man begonnen hatte, die Einfuhr von Sklaven für verwerflich zu halten, als ob das moralisch schlimmer wäre als die Weiterzucht der vorhandenen Brut. Das stimmte doch nicht, denn die einzige Hoffnung für Neger, jemals Menschen zu werden, war ihre Veredelung durch Zuchtwahl. Man denke an Caleb: der mochte ein Weichling sein und ein Säufer, aber er taugte jedenfalls mehr als der Rest der Nachkommenschaft seiner Niggermutter. Peleg fragte sich wehmütig, hätten Ehe und Alter ihn nicht entmannt, wie viele Generationen von Calebs und Supercalebs er in den Jahren seiner vollen Mannhaftigkeit hätte zeugen können? Wie viele untermenschliche Kreaturen hätte er veredelt, indem er seinen Samen beisteuerte! Doch er wußte zugleich, daß er selbst unkonsequent gewesen war, und zwar nicht aus Tugend, sondern aus schierer Feigheit, aus Angst vor den Folgen, Angst vor seiner Frau, Angst vor der Hölle. Wenn es wirklich galt, daß wer seinen Blick in Lust auf ein Weib warf, in seinem Herzen schon Ehebruch begangen hatte, dann hatte er sich der Unzucht tausendmal schuldig gemacht, nicht nur vor seiner Heirat mit Hannah, sondern auch nachher, als der Teufel ihn mit ihrer Zimperlichkeit und Gefühlskälte peinigte. In Gedanken hatte er tausend Bastarde gezeugt und auf dem offenen Markt verkauft, warum sollte das eine Sünde sein? Seh' einer doch die armen Biester an! Es würde viele, viele Generationen geplanter Zuchtwahl kosten, bevor die ihren Platz als Vollmenschen einnehmen konnten; es mochte lange dauern, bis die letzte Spur ihrer Schwärze aus ihnen herausgezüchtet wäre. Aber wäre das nicht der einzig wahre realistische Weg, sie aus ihrer tierischen Dunkelheit zu heben? Wäre das nicht weit ehrlicher und gottgefälliger als das Quäkergewäsch über „das Respektieren des Göttlichen in unseren Negerbrüdern", während man sie weiter in Ketten hielt? Was hatte es für einen Sinn, jeden Sonntag mit ihnen gemeinsame Andacht abzuhalten, ihre Kranken zu pflegen, ihre Kinder Lesen und Schreiben zu lehren, während man sie weiterhin als Lasttiere hielt? Welch eine Heuchelei, den Niggern vorzupredigen, vor Gott wären alle Menschen gleich, und sie gleichzeitig im Gestank verrottenden Fruchtfleisches wie Maultiere arbeiten lassen, gefoltert von Millionen Fliegen! Das war eine schwerere Sünde als ihren Kindeskindern neue Wege zu öffnen, indem man ihre Mädchen bestieg und schwängerte. Sehe einer sich nur diese Sklaven hier an! Faul, stumpfsinnig, verdreckt. Und die Schweinerei ringsum: die Felder verunkrautet, das Gepflanzte von Schlinggewächs gewürgt, die Rispen in die Sole geworfen, ohne Verschlingungen und Knoten wegzuschneiden! Die Tretmühle würde doppelt so schnell arbeiten, wenn sie von Schimpansen betrieben wäre statt von diesen gottlosen Faulpelzen, die den Trick heraushatten, das Rad erst knapp vor dessen Stillstand wieder zu drehen. Wo blieben denn da die Aufseher? War dieser ungeschlachte einohrige Trottel, der auf der Plattform neben der Pumpe stand und in seiner Nase bohrte, etwa ein Aufseher? Er mußte es wohl sein, denn er trug eine Lederpeitsche. Da hatte man es wieder: Jeder Sklave, sogar der stumpfsinnigste, wußte längst, daß auf einer Quäkerpflanzung die Peitsche nur gezeigt, nie aber gebraucht wurde. Wieder ein Beispiel dieser heuchlerischen Glattzüngigkeit! Und wo war Caleb? Wozu spielte man sich als Aufseher einer Pflanzung auf, wenn man nirgends zu sehen war? Kein Wunder, daß einem die Sklaven aus der Hand glitten! Das Hospital hier war bestimmt nur ein Schlafsaal für Faulpelze und Simulanten.

Als die Chaise ächzend und torkelnd dem zerlöcherten Weg folgte und zu den Sklavenquartieren kam, fiel Peleg etwas auf. Nichts sah anders aus als bisher: Mürrische Sklaven, Horden quäkender Kinder, Flohbeutel von Hunden, die ihre grindigen Rücken an den nackten Türpfosten der Elendshütten rieben. Doch ein Instinkt, den er in den vielen Jahren seines Ebenholzhandels erlangt hatte, alarmierte ihn. Es war da eine Atmosphäre des Geheimnisses, des brütenden Aufruhrs in der Luft. Er konnte das unangenehme Gefühl nicht abschütteln. Als sie endlich vor dem Häuschen des Aufsehers vorfuhren und von Caleb begrüßt wurden, der, offenbar auf ihren Besuch vorbereitet, auf der Veranda wartete, war Peleg geistesabwesend und tadelte ihn, ins Haus getreten, ohne rechte Überzeugung, wegen seines Trinkens. Irgend etwas war hier im Gang, etwas stimmte da nicht. Was wohl? Bereiteten die einen Aufruhr vor? Der Geruch der Verschwörung war unverkennbar, diese ungreifbare Erregtheit, die ganze Niggergemeinden elektrisierte, wenn Unruhen ausgebrütet wurden. Immer wieder gab es diese Stammesorgien, alle Individualität erlosch in den Ekstasen eines geplanten gemeinsamen Gewaltakts.

Er starrte Caleb an und lauschte Jeremiah Bests Versicherung, die Andachtsgemeinde sei in Liebe um ihren Freund Caleb besorgt, seit die Nachricht gekommen, daß er alkoholischen Getränke zuneige. Beherrscht antwortete sein Sohn darauf: „Es tut mir leid, daß ich unangenehm auffiel, weil mein Atem nach Rum roch, als der junge Joseph Woodhouse hier war. Aber ich hatte an diesem Tag starke Rückenschmerzen, und für die gibt's leider kein anderes Heilmittel." Es war fast, als ob die dunklen Augen des Jungen einen unausgesprochenen Vorwurf in sich trügen, als er von Jeremiah zu seinem Vater herübersah. Vielleicht war es ein Spiel des von den Holzläden gedämpften Lichts oder es lag an Pelegs schlechtem Gewissen.

78

Der Junge konnte sich unmöglich erinnern, wie das geschehen war. Vielleicht erfuhr er eines Tages, Gott sei davor, wer seine Mutter war. Doch niemand wußte, was an jenem Morgen geschehen war, vor langer Zeit, als das Baby auf allen vieren ins Haus gekrabbelt kam, wo sein betrunkener Vater saß. Der hatte sich durch die bloße Gegenwart des Kindes verhöhnt gefühlt und hatte das Kind mit seinem schweren Stiefel getreten, aus ganzer Kraft, als ob ein Köter auf ihn zugekrochen wäre. Niemand wußte davon, das Kind war viel zu klein gewesen, um eine Erinnerung davon zu behalten. Der einzige, der es nicht vergessen konnte, war der Mann, der es getan, und der nachher vergeblich versucht hatte, zu sühnen, indem er das Kind bei Tag und Nacht pflegte, ihm selbst das erste kleine Stahlmieder baute, um diesen Rücken, der nicht heilen wollte, zu festigen, der Mann, der für immer dem Alkohol entsagte, der sein heftiges Temperament in unermüdlichen Anstrengungen der Selbstzüchtigung meisterte, bis er zu dem Mann aus Stein geworden, der mit keinem Zucken eines Augenlids verriet, ob etwas ihn erzürnte oder entzückte. Als er nun hier saß und dieses Kind betrachtete, das Gott in seiner rätselvollen Allmacht geschaffen hatte, als Pelegs Samen in den Schoß der augenrollenden schwarzen Versucherin sprang, da war ihm bewußt, daß der einzig erlösende Umstand seines sündenreichen Daseins seine Liebe zu diesem Sohn gewesen war. Denn tief in seinem Innern hatte die Zärtlichkeit, die er für das geschädigte Kind empfunden, weitergelebt. Auch Hannah wußte nicht, daß Caleb sein Bastard war und nicht, wie angenommen wurde, ein Überlebender der Gelbfieberepidemie. Er hatte dieses Kind geliebt, wie Adam den Abel geliebt haben mußte. Manchmal fragte er sich, was jener erste Vater wohl empfunden haben mochte, als er vor dem ersten Grab des Menschengeschlechts stand. Vielleicht hatte auch er in seiner Trauer die vage, flüchtige Hoffnung genährt, es gäbe jenseits des Flusses Jordan ein Land, wo er Abel wieder in seinen Armen halten und flüstern könnte: „Ich liebe dich, mein Kleiner, ich habe dich lieb."

„Wenn du einverstanden bist, Freund Jeremiah", sagte er, „würde ich gern allein mit meinem Sohn reden."

Aus dem Zögern, mit dem Jeremiah aufstand und hinausging,

war zu erraten, daß er annahm, Peleg wolle Caleb noch unter vier Augen zurechtweisen. Wie wenig Menschen doch voneinander wußten, und wie trüb der Spiegel war, in dem sie ihr eigenes Gesicht wahrnahmen!

Während Jeremiah Bests scheinheiliger Strafpredigt hatte Caleb Martin vor Wut gezittert. Jetzt, da er mit seinem Vater allein war, flaute sein Zorn ab. Wieder hatte ihn dieses schwermütige Gefühl ergriffen, das ihn in Gegenwart des Alten immer überwältigte, die tiefe Sehnsucht nach der Güte, Rechtschaffenheit und Charakterstrenge des majestätischen alten Quäkers. Wenn ihn zuweilen bei seinem Tun die Neigung ankam, das Menschengeschlecht für eine Krankheit, für einen Schorf und Grind der Erde zu halten, so mußte er nur an seinen Vater denken, um sich gegen die schwarze Verzweiflung zu stemmen. Die Menschheit konnte nicht ganz verworfen sein, wenn sie etwas so Edles wie Peleg Martin hervorgebracht hatte. Wenn es ihm doch gegeben wäre, sich zu den Maßen seines Vaters zu erheben! Wenn er den Vater stolz machen konnte auf sich, seinen Sohn! Als er Jeremiah Bests quäkerliche Strafpredigt vernahm, war ihm danach zumute gewesen, dem jungen Joe Woodhouse den Hals umzudrehen, nicht wegen seiner Niedertracht, sondern weil Joe ihn vor seinem Vater herabgewürdigt hatte. Es war seine Absicht gewesen, dem Alten zu erklären, daß dies alles nur ein Racheakt des armseligen jungen Würstchens sei, aber als sie dann allein waren, brauchte sein Vater ihn nur anzusehen, und er, nahe daran zusammenzubrechen, wollte an der Schulter des Alten seinen ganzen Jammer, den Schmerz, die Einsamkeit, die Verzweiflung ausweinen. Denn obwohl der Ausdruck dieses granitharten Gesichts sich nicht im geringsten änderte, blickten die Augen ihn doch mit Liebe an.

Eine kurze Weile saßen sie einander gegenüber, reglos, und eine verzweifelte Hoffnung glomm in Caleb auf, diesmal würde es geschehen, diesmal vielleicht würde der Vater ihm seine Arme öffnen, würde endlich die Maske fallenlassen und er, Caleb, könne für ein paar Minuten der sein, der er wirklich war; ein verängstigter, einsamer Junge. In diesen Augenblicken vielversprechender Stille war er nahe daran, den Mut aufzubringen, auf die Knie zu fallen und den Kopf in seines Vaters Schoß zu betten, doch zögerte er zu lange. Der Alte wandte sich um, holte einen Teller hervor, der in ein Küchentuch eingebunden war, und reichte ihn Caleb: „Deine Mutter hat dir diesen Kuchen gebacken", sagte er mit seiner heiseren, scharrenden Stimme.

„Danke, Vater." Er stellte den Teller auf den Tisch.

Noch während er damit beschäftigt war, ergriff der Alte wieder das Wort. „Was ist mit deinen Sklaven los?"

„Was meinst du?"

Der alte Mann blickte ihn an, seine Augen waren allsehend und allverzeihend. „Du weißt ganz gut, was ich meine. Ich habe die Spannung in der Luft gespürt, als wir hereinfuhren. Was ist los?"

Caleb zögerte. Die Chance, sich seine schwere Last von der Seele zu reden, war vorbei. Sollte er ihm von dem Mord sprechen, von der bevorstehenden Hinrichtung? Sein Vater wußte so gut wie er, daß die ganze sogenannte Wirklichkeit, in der solch eine Pflanzung dahinlebte, Täuschung war, ein Trug, den die Sklaven selbst kunstfertig nährten, daß die ein geheimes Leben für sich hatten, aus dem sie die Kraft ihres Trotzes, ihres Widerstands zogen. Sein Vater mußte wissen, daß die Nigger sich, sobald der weiße Mann außer Hörweite war, nicht mit den Namen ansprachen, die ihre Herren ihnen gegeben und die sie als Spott empfanden, sondern einander ganz anders riefen. Zuweilen, in der Dunkelheit der Nacht, hatte er sich gefragt, welches diese richtigen Namen wohl wären: ob Scipio Großes Messer genannt wurde, Cleo Lautloser Panther, Cuffee Zischende Schlange. Aber selbst wenn er davon träumte, wußte er, daß dies nur die Angstbilder verschreckter Weißer waren, die sich bemühten, die Neger zu verstehen, damit sie sie beherrschen konnten. Manchmal überkam ihn wie ein Nachtmahr der Verdacht, sie wären eigentlich die Herren, die geistig überlegenen, und das Geheimnis des ewigen Heils wäre längst den Händen ihrer Herren entglitten. Doch das waren nur nächtliche Ängste, während er schlaflos dalag und dem Rascheln, Quäken, Geflüster und unterdrückten Lachen lauschte, bis sich herausstellte, daß es nur der Wind in den Bäumen, das Lispeln des Schilfs war, das er gehört hatte.

81

„Vielleicht hast du recht, Vater", sagte er. „Wir hatten hier Unruhen, nachdem ein Arbeiter vor einigen Tagen bei einem Unfall ums Leben kam."

„Welcher Art war der Unfall?"

Er wagte seinem Vater nicht in die Augen zu sehen, denn der würde die Lüge sofort durchschauen. „Wir waren gerade daran, die erste Ernte zu bearbeiten. Man mußte die Leute erst wieder an die Maschinen gewöhnen. Einer von ihnen schlug sich mit dem Schaufelrad den Schädel ein."

„Mit dem Schaufelrad? Bei der Geschwindigkeit, mit der deine Sklaven das Schaufelrad drehen, kann es keiner Fliege etwas zuleide tun."

Diese Augen ließen sich nicht täuschen. Caleb wandte dem Vater sein Gesicht zu. „Jemand wird ihm mit einem Stein den Schädel eingeschlagen haben. Ich weiß nicht, wer es war, aber ich weiß den Grund. Wir haben hier ein junges Frauenzimmer, eine Witwe. Jeder Mann träumt nur mehr davon, sie für sich zu haben. Tut mir leid, daß ich gelogen habe. Ich wollte nicht, daß man es im Gutshaus weiß."

Auch jetzt, wie immer, war kein Vorwurf in den Augen seines Vaters, nur Liebe. „Ist ihr Mann auch umgebracht worden?"

„Nein, der starb an einem Schlangenbiß."

„Trau bei Sklaven den Schlangenbissen nie."

„Ich glaube beinahe, daß es in diesem Fall wirklich ein Schlangenbiß war, denn es hat keine Vergeltung gegeben."

„Ach!" Der Alte runzelte die Stirn. „Habt ihr ein Niggergericht auf dieser Pflanzung?"

„Ja", sagte Caleb zögernd. „Gibt es das nicht überall?"

„Ich glaube nicht." Die Mißbilligung seines Vaters war verwirrend. „Welche Form nimmt die Vergeltung an?"

Caleb begann nervös zu werden. „Es beginnt meist damit, daß sie sich in der Nacht in eine Art Trance steigern."

„Wie? Mit Gesang?"

„Nein. Mit Trommeln. Am nächsten Morgen hängt der Mann, den sie verurteilt haben, entweder an einem Baum oder auf freiem Feld an einem Galgen, immer an der Stelle, an der der Mord stattfand. Und immer dient der Hosengürtel des Opfers als Schlinge."

„Wie oft ist das schon passiert?"

Caleb wich seinem Blick aus. „Ein paarmal. Vier-, vielleicht fünfmal . . . ich weiß nie, wann es passieren wird. Manchmal findet man den Verurteilten schon am Morgen nach dem Mord, manchmal dauert es Tage, manchmal Wochen. Das macht es so schwer, etwas dagegen zu unternehmen."

„Es ist ganz einfach. Sie vollziehen ihre Hinrichtungen nur bei Vollmond."

Ehrfurchtsvoll starrte er seinen Vater an. Natürlich, das war die Antwort! Jedesmal wenn er die Trommeln gehört hatte, bis seine Schläfen bersten wollten, war es mondhell im Raum gewesen. Sooft er aufstand, um auf die Straße hinauszusehen, war es licht gewesen wie am Tage. „Das hätte ich natürlich wissen können", sagte er.

„Es gibt eine Methode, solche Sachen abzustellen. Nimm ihnen am Tag vor Vollmond die Trommeln weg und sag ihnen, daß alle männlichen Sklaven auf den Markt kommen, wenn etwas passiert."

„Das wäre gewiß die Lösung", antwortete Caleb mit einem müden Lächeln, „aber Boniface Baker wird so etwas nie erlauben. Ich habe ihnen die Trommeln schon wegnehmen wollen, aber er hat mir erklärt, auf einer Quäkerpflanzung stehe es den Sklaven frei, Musik zu machen und zu singen und zu trommeln, wann immer ihnen danach zumute ist, außer in den Arbeitsstunden."

„Dann schaff dir das Weibsstück, das an allem schuld ist, vom Hals."

„Ich habe schon gehofft, Joe Woodhouse würde sie nehmen, aber wie ich höre, hat Jeremiah einen Bescheid von Isaak Woodhouse gebracht, daß seine Frau sich die Sache wieder überlegt hat und überhaupt keine Hausklavin haben will. Boniface Baker wird bestimmt nicht einwilligen, daß sie auf dem offenen Markt verkauft wird. Der einzige Ausweg ist, sie zu schwängern, das wird sie vielleicht beruhigen. Natürlich nicht von einem dieser Böcke hier", fügte er rasch hinzu, „das würde die Sache nur komplizieren."

Der Alte äußerte dazu nichts.

„Der Aufseher von den Pflanzungen am unteren Fluß hat mir die Dienste eines Beschälers angeboten, den er gegen Entgelt verleiht. Mir würde er ihn für einige Stunden abtreten, als Entgelt für einen Dienst, den ich ihm früher einmal geleistet habe."

„Und damit wäre Boniface einverstanden?"

„Ich kann es so einrichten, daß der Bursche am Morgen herübergebracht wird, ans Südende der Insel, weitab vom Gutshof. Niemand braucht davon zu erfahren."

Eine Weile schwieg sein Vater, dann stand er unvermittelt auf. „Ich will noch einen Blick auf dein Mieder werfen." Caleb zog gehorsam Rock und Hemd aus. „Ist es dir bequem?" fragte der Alte hinter ihm, während seine kalten, trockenen Hände den Gurt um die Hüften prüften.

„Es ist in Ordnung."

„Laß sehen." Der Alte zog den Gurt enger, bis er ins Fleisch biß, Caleb konnte ein Aufstöhnen nicht unterdrücken. „Zu eng?"

„Als Stütze ist es besser so."

„Das habe ich mir gedacht. Du hast es zu locker getragen. Wenn dieses Ding da dir nicht hilft, nehme ich Maß und mache dir ein anderes."

„Ich glaube nicht, daß es schon nötig ist, Vater. Vorläufig fühle ich mich gut in diesem."

„Du mußt dich gegen die Versuchung wehren, den Gürtel zu locker zu lassen. So wie ich dir's mache, kann es im ersten Augenblick unangenehm sein, wird dir aber im Laufe des Tages eine bessere Stütze geben. Ich muß es ja wissen, ich habe dir ja alle diese Mieder angefertigt."

„Ja, Vater." Er war zu gerührt, um das körperliche Unbehagen zu fühlen. „Danke."

„Schön." Eine abwartende Stille folgte, dann fühlte Caleb die kalten Hände auf seinen nackten Schultern, und die Stimme hinter ihm sagte: „Gott segne dich, Sohn, und Er erhalte dich."

Caleb schloß die Augen. Nie hatte er Worte gefunden, die ausdrücken konnten, was er im Augenblick der Segnung empfand. Es war ein Moment, in dem sich das reine Licht über ihn ergoß.

„So, und jetzt ist es wohl besser, ich gehe. Jeremiah Best wird sich schon wundern, was ich hier treibe."

Das Licht war noch um ihn. „Ja, Vater."

Der Alte hielt ihm die Hand hin und er ergriff sie sanft. Immer wieder mußte er sich darüber wundern, wie gebrechlich diese Hand war, verglichen mit den harten Augen.

„Ich werde deiner Mutter in deinem Namen für den Kuchen danken." Damit war er gegangen.

Caleb, der nie seinen zerschundenen Rücken und das Mieder den Blicken anderer aussetzte, stand nicht auf, um den Vater zu der Chaise zu begleiten. Er würde Scipio befehlen, einige Tage lang die Schnürung enger zu ziehen, bis die Agonie seiner gemarterten Muskeln ihn wieder zwingen würde, die Bindung zu lockern.

Draußen hörte er die greise Stimme sagen: „Gut, Freund Jeremiah, wir wollen fahren." Ein Schweigen folgte, dann ein Knarren und der gedämpfte Aufschlag von Hufen. Dann war die Chaise davongefahren.

Er trat an den Tisch, löste den Knoten des Küchentuchs und warf einen Blick auf den Kuchen. Himbeerkuchen und Tee, das war ein gutes Abendessen. Er setzte den Kessel auf und zündete das Feuer im Herd an, dann schrieb er, an den Tisch zurückgekehrt, an seinen Kollegen in der Pflanzung Septiva: „Lieber Freund, ich komme auf dein Angebot zurück, mir die Dienste deines Zuchtbocks Cudjo . . ."

Die Feder kratzte, und das Wasser begann im Kessel zu sieden.

An diesem Abend hörte der junge Joshua Baker, eben als er zu Bett gehen wollte, aus dem Baum vor seinem Fenster den Ruf des Ziegenmelkers. So lang hatte er diesen Ruf nicht gehört, daß er im Augenblick wirklich glaubte, es wäre der Vogel, der da rief. Erst als der Schrei gedämpft und dringlicher wiederholt wurde, konnte er nicht mehr zweifeln. Es war Harry.

Wie sooft in vergangenen Zeiten, streifte Joshua seine Schuhe von den Füßen, kletterte über die Balustrade des dunklen Balkons, faßte einen Zweig des Kastanienbaums und schwang sich hinauf. Als er rittlings auf dem Ast saß, hatte er ein Gefühl der Unsicherheit. Was zum Teufel wollte Harry wohl? Einmal mußte man doch vernünftig werden, die Zeit der Kinderspiele war vorbei. Der heimliche Freundschaftspfiff war jetzt die

Impertinenz eines frechen Niggers. Als aber Joshua dann in der Dunkelheit Harrys Silhouette dicht in der Baumkrone entdeckte, war er wieder in die Welt der Kindheit zurückversetzt.

Harry und er waren unzertrennlich gewesen, nachdem sein Vater ihm, dem Dreijährigen, den kleinen Negerknaben zum Spielgefährten bestimmt hatte. Sie hatten zusammen in einem Bett geschlafen, hatten über dieselben Späße gelacht, im Finstern vor Riesen und Geistern gezittert und dann gemeinsam ihre faszinierende Körperlichkeit erforscht. Neugierde hatte sich zur Sünde ausgewachsen. Eines Morgens hatte Mammy beim Bettenmachen die beiden zornig ins Zimmer zurückgerufen, hatte ihnen erklärt, sie seien sündige kleine Schweine, sie sollten sich schämen, und Massa und Missus sollten erfahren, was die beiden trieben. In derselben Nacht noch war Harry ins Negerquartier übersiedelt, und dorthin hatte er ja schließlich auch gehört.

Und doch hatte sich Joshua noch nie so einsam gefühlt wie in der darauffolgenden Woche. Dann, sieben Nächte später, hatte der Ziegenmelker auf der Kastanie vor seinem Fenster gerufen, und da war er, außer sich vor Sehnsucht, auf den Balkon hinausgelaufen. Haus und Rasen waren ins pralle Licht des Vollmonds getaucht, in der Krone des Kastanienbaums aber hatte er einen Schatten entdeckt. Erst als Harry wie ein Laubfrosch von dem Ast sprang, hatte er ihn erkannt. Er hatte seine Hände nach ihm ausgestreckt, Harry hatte im Finstern zugegriffen, und so überwältigend war es gewesen, diesen harten, sehnigen Körper wieder an sich zu pressen, daß der einzige Ausweg, dieses Gefühl zu meistern, ein Kuß gewesen war. Harry mochte ebenso empfunden haben; als ihre Münder einander im Dunkeln fanden, hatte Harry Joshuas Kopf gepackt, als wäre er eine Kürbisflasche und als könnte er nicht genug daraus trinken, um seinen Durst zu stillen. Sie hatten Pläne gemacht, wie sie zusammen auf einem Floß flußabwärts flüchten und auf einem Walfischfänger in See stechen wollten. Aber es war ihnen nicht möglich gewesen, das Bewußtsein abzuschütteln, daß Harry jetzt ein Sklave war und immer bleiben würde und daß es in Hinkunft zwischen ihnen keine andere Beziehung geben könne als die zwischen Sklaven und Herrn.

Sie hatten sich noch einige Male zu mitternächtlicher Stunde im Baum getroffen. Doch als Josh dann Calebs Lehrling und Gehilfe wurde, war die Wandlung vollendet. Auch das lag jetzt schon ein Jahr zurück; darum erfüllte es Josh mit einem gespenstischen Gefühl, Vergangenes noch einmal zu durchleben, als er Harry aus der Baumkrone rufen hörte. Der erklärte ihm rasch, warum er ihn mit dem Schrei des Ziegenmelkers zu Hilfe gerufen hatte. „Scipio ist von Käpt'n Caleb beauftragt, einen Brief in die Septiva-Pflanzung zu bringen", flüsterte er. „Scipio kann nicht lesen, darum hat er mir den Brief gezeigt, damit ich ihm sagen soll, was darinsteht, denn auf seiner letzten Pflanzung hatte der Aufseher ihm auch einmal einen solchen Zettel mitgegeben, und als die Reisschäler ihn dann packten, hat es sich herausgestellt, was in dem Brief stand: ‚Gebt's dem Nigger gründlich.' Und sie taten es auch. Dieser Brief aber", flüsterte Harry weiter, „lädt Käpt'n Harris, den Aufseher auf Septiva, ein, übermorgen in einem Boot mit einem kräftigen Nigger namens Cudjo herüberzukommen. Dieser Cudjo ist ein richtiger Beschäler, und Käpt'n Harris vermietet ihn, um Weiber zu schwängern, die sich nicht wieder verheiraten lassen wollen, wenn man ihre Männer verkauft hat. Ich weiß, warum Käpt'n Caleb Cudjo haben will, Josh – er braucht ihn für Cleo. Josh, das kannst du doch nicht zulassen! Du willst doch nicht, daß Cleo von einem Kerl, den sie noch nie gesehen hat, auf dem Feld vergewaltigt wird, bloß weil sie nicht wieder heiraten will! Um Gottes willen, Josh, laß nicht zu, daß so etwas geschieht! Wenn Cleo schon für Käpt'n Caleb kleine Nigger bringen muß, dann soll's nicht auf diese Art sein. Gewiß würde dein Vater das nicht erlauben? Sag's ihm, Josh, sag's ihm! Damit er Käpt'n Caleb daran hindert, bevor es zu spät ist."

Die Stimme im Dunkeln klang drängend, sogar verzweifelt. Einen Augenblick lang saßen sie einander gegenüber wie in alten Tagen. „Ich will's Vater sagen", erklärte Joshua im stolzen Bewußtsein seiner Macht. „Noch heute abend sag' ich's ihm. Und ich sag' ihm, daß du sie heiraten willst."

„Nein! Nur das nicht! Heiraten will ich sie doch gar nicht! Ich will sie nur schützen!"

„Aber warum denn nicht? Sie ist doch nicht deine Schwester?"

„Nein, das nicht. Aber die würden mir dafür tun, was sie dem Quash getan haben. Nein, Josh, bitte, das darfst du deinem Vater nicht sagen."

Zum ersten Mal hörte Joshua, daß Quashs Tod kein Unfall gewesen war. „Was ist dem Quash denn passiert?" fragte er. Aber Harry wollte nicht darüber reden. „Nimm sie doch ins Haus, Josh!" flüsterte er. „Tu mir den Gefallen, für all die Jahre, die wir Freunde gewesen sind, bring deinen Vater dazu, sie als Haussklavin zu nehmen. Du wirst es nicht zu bereuen haben, das versprech' ich dir. Sie wird's dir lohnen, ich weiß es!"

Josh war schockiert – Harry war doch offenbar selbst in das Mädchen verknallt. „Na schön", sagte er, „ich will sehen, was ich tun kann. Ist der Brief denn abgegangen?"

„Ja, natürlich. Scipio mußte wohl, Käp'n Caleb wäre ihm sonst sofort draufgekommen."

„Schön, ich sag's meinem Vater gleich." Vorsichtig machte er auf seinem Ast kehrt. Er war schon dabei, auf den Balkon zurückzuklettern, als ihn etwas bewog, den Kopf umzuwenden und zu flüstern: „Leb wohl, Harry!" Es war nicht alles, was er sagen wollte, aber er wußte das andere nicht in Worte zu kleiden.

Wieder auf den Balkon gelangt stand er still und lauschte. Kein Geräusch war aus dem Garten zu hören, Harry war von dem Baum hinabgeglitten und mit der Lautlosigkeit, die Josh immer bewundert hatte, über den Rasen davongelaufen. Josh trat zur Tür des Arbeitszimmers. Der Vater saß in seinem Lehnstuhl, den Rücken der Tür zugewandt, und las im Kerzenlicht, von seiner Lektüre so in Anspruch genommen, daß er seinen Sohn auf dem Balkon nicht bemerkte.

Es war seine Absicht, dem Vater von dem Brief zu berichten. Als er aber dann, die Hand an der Türklinke, dastand, war er nicht mehr so sicher, ob er das Richtige tat. Man mußte sich das überlegen. Auch morgen früh war es noch Zeit, Calebs Vorhaben zu hindern.

Leise wie er gekommen, schlich er auf Zehenspitzen in sein Zimmer zurück und begann sich zu entkleiden. Als er das Hemd aus den Hosen zog, sah er sich im Spiegel. Warum hatte er Vater nichts gesagt? Die Worte waren doch schon auf seinen Lippen gewesen. Warum also?

Er zog das Hemd über den Kopf und legte es beiseite. Er streifte die Schuhe von den Füßen, begann seine Hosen aufzuknöpfen, vermied es aber, einen Blick auf sein Spiegelbild zu werfen. Warum hatte er nicht mit Vater gesprochen? Wollte er das Mädchen für sich selbst im Hause? Vor Jahren, als Kinder noch, als sie in der Wildnis am Südende der Insel Indianer und Squaw spielten, hatten sie es Cleo gemacht, Harry und er, so zum Spiel. Er wollte eigentlich nicht, hatte es dann doch getan, um sich nicht zu blamieren, als sie ihn lockte, nachdem Harry es zuerst gemacht hatte. Damals hatte es ihm überhaupt nichts bedeutet. Er war nur eine Weile auf ihr gelegen und hatte bemerkt, daß sie goldene Pünktchen in ihren Augen hatte, ganz wie Harry. Dann war er wieder auf die Füße gekommen und hatte sie allein weiterspielen lassen, während er mit Harry im Fluß baden ging. Seit Jahren hatte er an diese Episode nicht mehr gedacht, jetzt fiel sie ihm wieder ein.

Er entkleidete sich weiter, bis er nackt vor dem Spiegel stand. Er schnitt Grimassen und stolzierte vor dem Spiegel auf und ab, als er auf dem Balkon ein Geräusch hörte. Seine Schwester! Er griff nach seinem Hemd, das über der Stuhllehne hing, hielt es vor sich und zog sich rücklings, klopfenden Herzens, auf sein Bett zurück. Er blies die Kerze aus, die auf dem Nachtkästchen stand, schlüpfte unter die Decke und lag still, wie er es als Kind getan, wenn er etwas angestellt hatte, was niemand sehen sollte, etwa mit den Armen wedelnd im Raum umhergetaumelt war, einen Vampir spielend, und sich dann wie ein blutsaugerisches Gespenst auf sein Kissen warf und seine Fangzähne darein verbiß.

Wie unschuldig er doch gewesen war! Plötzlich überkam ihn das Gefühl, der Verdammnis verfallen zu sein. Er richtete sich auf, kniete im Bett, faltete seine Hände und flüsterte ein Gebet.

Für Abby Baker war es eine Enttäuschung, als ihr Bruder die Kerze ausblies, so daß der Raum in Dunkelheit sank. Er hatte sie mit seinen Possen fasziniert. Im Schatten auf dem Balkon stehend hatte sie zugesehen, wie er vor dem Spiegel herumtanzte, mit sich selbst sprach, kicherte, seinem Spiegelbild Hörner machte, mit den Hinterbacken wackelte und die

Schultern wand, der Nähe des Mädchens gänzlich unbewußt. Was sie besonders bezauberte, war seine Fähigkeit, mit sich selbst Theater zu spielen, die ihr völlig abging. War sie mit sich allein, so langweilte sie sich sofort, wenn sie keine Beschäftigung fand, doch auch dabei erlahmte ihr Interesse bald. Das einzige, was sie wirklich gern tat, war, auf dem Dachboden gefundene Uhren oder eine rostige alte Pistole auseinanderzunehmen. Wegen der Pistole hatte es Krach gegeben, als sie eines Morgens in das Schlafzimmer ihrer Eltern gelaufen kam, um sie ihnen zu zeigen. Der Vater hatte im Bett aufgesessen, seine Schlafmütze noch auf dem Kopf und ein Glas Milch in der Hand. Als er die Schußwaffe sah, hatte er mit einem Aufschrei das Glas auf das Nachttischchen fallen lassen, wobei der ganze Inhalt verschüttet wurde, hatte die Bettdecke bis an die Nase gezogen und mit durch die Decke gedämpfter Stimme befohlen: „Nimm das weg! Fort damit! Willst du uns alle erschießen?" Sie hatte geantwortet: „Aber Vater, das rostige alte Ding geht doch gar nicht mehr los!" Worauf er erwiderte: „Wenn Gott will, schießt ein Besen!" Mutter hatte ihr die Pistole weggenommen und hatte sie später am Morgen in den Fluß geworfen, als wäre sie eine tote Schlange. Abends bei der Andacht hatte ihr Vater vom Bekenntnis zum Frieden gepredigt. Seither hatte sie eine ganze Weile nicht mehr gewagt, irgend etwas auseinanderzunehmen, bis Becky ihr den Schreibtisch überließ; und man bedenke bloß, was dabei herausgekommen war.

Das Gemeine daran war, daß sie den Tisch nicht eigentlich aus Neugierde auseinandergenommen hatte, sondern weil sie ihrerseits ein Versteck für ein eigenes Tagebuch suchte. Vorläufig stand nur auf der Titelseite: „Dies sind die geheimen Aufzeichnungen von Abigail Baker auf Eden Island, einer Dirne von zehneinhalb Jahren." Zehneinhalb hatte sie so dünn geschrieben, daß es ohne Mühe nach ihrem Geburtstag in elf umgeschrieben werden konnte. Das Wort Dirne würde bestimmt Becky außer Rand und Band bringen, wenn ihr dieses Heft in die Hände fiel. Abby selbst war sich nicht klar darüber, was es genau bedeutete, aber sicher war es etwas Interessanteres als „Braut". Und wenn Becky ihr höhnisch vorhalten würde: „Wieso, um Himmels willen, hältst du dich für eine Dirne?", würde sie ihr antworten: „Und wieso hältst du dich für eine

Braut?" Natürlich würde Becky am Ende Joe Woodhouse doch heiraten, das sah doch jeder, aber gewiß gab es noch eine Menge Streit, bevor es dazu kam, und Abby war sehr für Streit, sie fand Streit sehr schön. Mindestens ebenso liebte sie es aber, Leute zu beobachten, die mit sich selber redeten, Gesichter in den Spiegel schnitten oder ihren Busen betrachteten, wie Becky das tat. Seit Jahren beobachtete und belauschte sie sie, und wann immer es ihr langweilig war, schlich sie auf den Balkon hinaus und spähte durch die Vorhänge in anderer Leute Zimmer.

Sie wußte viel mehr über die Mitglieder ihrer Familie, als die voneinander wußten. Sie wußte sogar Dinge voraus, so seltsam das war, die noch gar nicht passiert waren. Keine großen Ereignisse, Kleinigkeiten: Harry, den Rasen rechend und harkend, Mammy mit einem Korb hinter ihm her keuchend, auf ihrem Weg zum Gemüsegarten, und den Jungen im Vorbeigehen am Ohr ziehend. Lauter Dinge, von denen sie, wenn sie dann eintraten, wußte, daß sie sie vorhergesehen hatte. Einmal hatte sie eine silberne Deckelkanne auf dem Tischchen in der Halle stehen gesehen, hatte schon die Hand danach ausgestreckt, um sie zu betrachten, und da war plötzlich nichts dagewesen. Eine Woche später hatte der Vater diese Kanne aus Philadelphia mitgebracht, und es hatte zwischen ihm und der Mutter eine lange Erörterung gegeben, wo das Ding aufgestellt werden sollte; natürlich landete es zuletzt auf dem Tischchen in der Halle. Eines Morgens, als sie mit Harry in der Chaise ins Hospital fuhr, Messalina einen Korb voll guter Dinge zu bringen, weil sie gerade ein Kind bekommen hatte, kamen sie am Friedhof an einem alten Baum vorbei, und sie fragte Harry, wer in dem Sarg sei, der auf dem Schragen unter dem Baum stand. Verwundert hatte Harry geantwortet, es sei da weit und breit kein Sarg zu sehen, und sie hatte in ihrem Ärger darauf bestanden, daß er das ganze Stück zurückfuhr und selber nachsah; und tatsächlich war, als sie unter dem Baum ankamen, der Sarg verschwunden. Vier Tage später war genau unter diesem Baum und auf demselben Schragen der Sarg mit Quashs Leichnam gestanden und rundum hatten die Sklaven im Gras gehockt und Vögel hatten im raschelnden Laub der Bäume gesungen und ihres Vaters Stimme hatte Jammervolles darüber geäußert, daß des Menschen Tage seien wie Gras.

Als sie durch Joshuas Tanz vor dem Spiegel abgelenkt wurde, war sie eigentlich auf dem Wege zu Vater gewesen. Sie hatte ihn fragen wollen, ob sie noch einmal einen Blick in diese interessanten Aufzeichnungen Urgroßmutter Bakers werfen dürfe. Eine Stelle, die sie gerade gesehen, als die Hefte ihr weggenommen wurden, hatte gelautet: „Ich glaube, daß Willie Best aus einem Wanderzirkus kommt, oder vielleicht ist er gar ein Zigeunerkind, denn er kann die Zukunft voraussagen." Willie war der besagte Zwerg gewesen, der Großvater ihrer Mutter, und so mochte sie das Zweite Gesicht von ihm geerbt haben. Sie hätte verzweifelt gern mehr darüber gewußt.

Als sie dann aber doch an Vaters Tür klopfen wollte, kam Becky mit dem Getöse eines Maultierzugs aus ihrem Zimmer gestürzt, und Abby zog sich in den Schatten zurück. Natürlich bemerkte Becky sie nicht, sie merkte nie irgend etwas, was sie nicht unmittelbar anging. Nur mit einem Nachthemd bekleidet ging sie in Vaters Zimmer. Wenn die nur nicht diese Hefte von ihm verlangte?!

Die Dirne von zehneinhalb Jahren, ein Schatten in der Nacht, schlich heran und legte ihr Ohr an die Tür.

Boniface Baker war seit Stunden für die Umwelt verloren. Er war ganz dem Zauber der Stimme seiner Großmutter verfallen, die ihm ihre Gedanken zuflüsterte, und er versetzte sich so intensiv in das junge Mädchen, das vor einem Jahrhundert diese Zeilen niedergeschrieben hatte, daß ihm war, sie sei mit ihm im Zimmer. Durch eine Bewegung in seinem Augenwinkel aufgeschreckt hob er den Kopf und sah sie auf der Schwelle stehen, eine Halluzination. Dann erst merkte er, daß es Becky war.

Sie in diesem Augenblick vor sich zu haben, rührte ihn zutiefst. Diese Ann Traylor der frühesten Tagebücher mußte genau wie Becky ausgesehen haben: achtzehn Jahre alt, von der gleichen durchsichtigen, verletzlichen Schönheit. Er hatte nie an seine Großmutter als an ein schönes und lebhaftes junges Ding gedacht, für ihn war sie immer die strenge alte Frau gewesen. Jetzt stand ihm ein bezauberndes Geschöpf gegenüber, das sich zum Opfer gebracht hatte, um ihrem Gatten ins Gefängnis zu folgen. Er war in der Geschichte gerade zu dieser Stelle gelangt und war im Geiste von Leuten umgeben, die ihm ganz real geworden – Margaret Fell, Henderson, die Haushälterin, Thomas Woodhouse, der Hausverwalter, Mistreß Best, der junge Bonny Baker mit seinem lahmen Bein, John McHair der Wilderer und der böse Geist, Richter Sawrey. Es war, als ob er mitten aus dieser Menge heraus spräche, als er zu seiner Tochter sagte: „Heiß heute, was? Kannst du nicht schlafen?"

Becky lächelte, dieses süße Lächeln, das ihn stets auch im Zorn besänftigte: „Darf ich eintreten?"

„Natürlich. Setz dich." Er schob ihr einen Stuhl hin.

„Stör' ich dich bestimmt nicht in deiner Lektüre?"

„Im Gegenteil. Ich möchte gern mit dir reden."

Anmutig setzte sie sich. Zum ersten Mal bemerkte er, daß sie zu einer Frau herangereift war. Was wußte er schon über sie? Vielleicht waren es die Geister ringsum, die ihm den Gedanken eingaben: Ich kenne jetzt das junge Mädchen, das Beckys Urgroßmutter war, besser, als ich mein eigenes Kind kenne.

„Diese Tagebücher sind einfach faszinierend", begann er. „Ich möchte dir davon erzählen."

Sie schenkte ihm wieder das unwiderstehliche Lächeln.

„Also", sagte er, „worüber willst du mit mir reden?"

Sie schöpfte Atem, um zu antworten, zögerte dann und betrachtete ihre Hände.

„Los, ich bin doch dein Vater! Vor mir brauchst du dich nicht zu schämen."

Sie blickte auf. Ihre Augen waren wie Mondsteine, durchsichtig, rein und geheimnisvoll. „Ich habe einen Brief von Joe bekommen. Onkel Jeremiah hat ihn mitgebracht. Es gibt eine Stelle darin, die mich betroffen macht. Vielleicht kannst du sie mir erklären."

„Was schreibt er?"

„ ,Ich hoffe, Dein Vater wird mit der Sache des Altar Rock zu der richtigen Entscheidung gelangen. Wenn er das tut, wird es mir eine Freude sein, Dich zu heiraten.' "

Der elende Kerl! Als der junge Joe zum ersten Mal darüber gesprochen hatte, schien es, als würde er bloß unter dem Einfluß seines Vaters so handeln. Jetzt aber war keine andere Schlußfolgerung möglich: Er benützte seine Verlobte als Pfand in einer politischen Erpressung. Das Schwein!

Sie musterte ihn aufmerksam. „Ich möchte mich nicht in deine Geschäfte mischen, Vater. Ich wollte dich nur eines bitten. Denke, bevor du eine Entscheidung triffst, an mich."

Sein erster Impuls war, sie zu beruhigen und zu sagen, „aber gewiß, liebes Herz", wie er es in seinem Leben so oft getan, wenn weit empörendere Forderungen an ihn herangetragen wurden. Doch jetzt stand Ann Traylor zwischen ihnen. Sie war im gleichen Alter gewesen, als sie ihren Entschluß faßte, das Schicksal der Kinder des Lichts zu teilen; sie hatte aus Mitleid geheiratet, in der Kraft Gottes. Wenn man der Bitte dieses Mädchens nachgab, um ihr den Lebensweg zu glätten, so hieß das als Vater zu versagen. Sie war in Begriff, einen Entschluß zu fassen, der ihr Schicksal bestimmen würde. Jetzt durfte er sie nicht wie ein eigenwilliges Kind behandeln, sondern mußte mit ihr reden, als wäre sie Ann Traylor.

„Ich will dir gerne auseinandersetzen, worum es geht. Zuerst aber laß mich eine Frage stellen. Möchtest du ihn heiraten?"

Sie begegnete seinem forschenden Blick mit Haltung: „Ja, Vater."

„Ich muß dir nicht sagen, daß eine Heirat nicht etwas ist, worauf eine Frau sich einläßt, weil ihr der Gedanke, verheiratet zu sein, Spaß macht wie eine Puppe oder ein neues Kleid. Verheiratet sein ist kein Ausweis zum Erwachsensein, sondern ein Bund fürs Leben, eine Darbringung der Liebe zu Gott im Fleische. Deine Urgroßmutter hat diese Bezeichnung in ihrem Tagebuch eingetragen, als sie deinen Urgroßvater heiratete, um ihn ins Gefängnis begleiten zu dürfen." Er sah sie ernst an. „Kannst du, wenn du das weißt, noch immer sagen, daß du Joe Woodhouse liebst?"

Offenbar hatte sie nur darauf gewartet, diese Frage zu beantworten. „Ja!" rief sie leidenschaftlich. „Ich versichere es dir, wirklich! Von Herzen!"

„Und warum glaubst du das?"

Sie runzelte die Stirn. „Ich weiß es eben. Ich hab' alle Symptome: heiße und kalte Schauer, ich kann an niemand und nichts anderes denken, ich sehne mich nach ihm. Ich habe mindestens fünfzig Briefe an ihn geschrieben und wieder zerrissen und . . ." Sie suchte seinen Blick. „Ist das nicht Liebe?"

94

Er wurde traurig. Er war entschlossen gewesen, sie um Ann Traylors willen wie eine Frau zu behandeln, aber das war keine erwachsene Frau, die so redete. Doch jetzt entsann er sich, daß Ann Traylor achtundzwanzig Jahre alt gewesen war, als sie heiratete. „Und warum liebst du ihn?"

Ihr Gesicht leuchtete auf. „Aus tausend Gründen. Er ist hübsch, er ist nett, er ist gesund, es ist lustig mit ihm zusammen zu sein, er .. er . . . er liebt mich. Andere Gründe kann ich nicht angeben, ich liebe ihn eben. Ich weiß, daß ich ihn liebe. Ich weiß es."

„Und was hältst du von seinem Charakter?"

„Ach, er ist lieb. Er ist freundlich, er hat ein goldenes Herz und er . . . warum fragst du das?"

Er war sich noch nicht recht klar darüber, wie er fortfahren sollte. „Bevor wir weitersprechen, will ich dir von dieser Angelegenheit erzählen, auf die er sich bezieht. Abe Woodhouse und die jungen Quäkerkaufleute von Philadelphia möchten Altar Rock wegsprengen, um größeren Schiffen die Durchfahrt zu öffnen. Meine Überzeugung ist, daß wir Will Penns Vertrag mit den Delawaren zu respektieren haben, der den Felsen als ein Indianerheiligtum erwähnt, welches für alle Zeiten erhalten bleiben soll. Ganz abgesehen davon wäre es falsch, den Felsen wegzusprengen, es würde, um mit Peleg Martin zu sprechen, die Bestimmung verletzen, daß wir Gottes Schöpfung mit Maß gebrauchen sollen."

Sie sah ihn argwöhnisch an. „Glaubst du ehrlich, daß die Delawaren diesen Felsen noch als Heiligtum brauchen?"

„Nein."

„Wenn also die ganze Stadt diesen Felsen weggeräumt sehen will, warum willst du ihn nicht hergeben?"

Sie sah ihn mit der in der Vergangenheit oft bewährten Zuversicht an, daß er tun würde, was sie erbat. Er sagte bedachtsam: „Bevor wir darauf näher eingehen, möchte ich, daß du eine Frage beantwortest – nicht mir, sondern dir selbst. Was hältst du von dem Charakter eines Mannes, der seine Verlobte als Gewicht in die Waagschale wirft, um von ihrem Vater materielle Vorteile zu erlangen? Ich frage dich als Erwachsene, nicht als Kind."

Sie lächelte ihn nachdenklich an. „Eine Frage an dich, als

einen Erwachsenen: Was hältst du vom Charakter eines Vaters, der zaudert, wenn seine Tochter dadurch ihren Verlobten verlieren kann?"

Er starrte sie sprachlos an.

„Warum gebrauchst du immer Umschweife, wenn man von dir eine klare und offene Antwort fordert? Ich will dich nicht unter Druck setzen, ich möchte dich nur verstehen."

Sie schien dieser Vater-Kind-Beziehung ebenso müde zu sein wie er. „Es gilt allgemein für weise, eine Entscheidung, so klar sie vor uns zu liegen scheint, erst zu treffen, nachdem man in einer schweigenden Andacht Klarheit darüber gewonnen hat."

„Ist das allgemeine Quäkerregel?"

„Nein, meine persönliche Gewohnheit."

„Dann nehme ich an, daß man das gleiche von Joes Abhängigkeit von seinem Vater sagen kann. Sie ist seine persönliche Gewohnheit. Er ist noch nicht in jeder Beziehung erwachsen, aber ich bin sicher, daß er es sein wird, wenn wir heiraten."

„Aber diese Abhängigkeit von seinem Vater bringt ihn dazu, daß er dich mit äußerster Gefühllosigkeit behandelt! Als ob du nicht eine wirkliche Person wärst, die er liebt, sondern ein . . . ein Gegenstand."

Sie lächelte. „Er will eben beweisen, daß er kein kleiner Junge mehr ist, der gegängelt wird, sondern daß er und sein Vater diese Entscheidung gemeinsam getroffen haben. Ich habe ihn im Verdacht, daß ihm die Vorstellung gefällt, mich eine Weile zappeln zu lassen – ich soll mich nach ihm verzehren. Wahrscheinlich ist es ihm selber noch nicht klar geworden, aber sich von seinem Vater frei machen und heiraten, bedeutet eine Abhängigkeit gegen die andere einzutauschen."

Die da sprach, war nicht seine süße, kleine, verwöhnte Tochter, sondern eine Frau, die sich anschickte, einen Mann in Besitz zu nehmen, wie Margaret Fell George Fox und Ann Traylor Bonny Baker genommen hatten. Was war es nur, was Quäkerfrauen diese Kraft gab?

„Wie kannst du ihn denn lieben, wenn du das alles weißt?" fragte er. „Wie du ihn da beschreibst, ist er doch ein Weichling!"

„Wahrscheinlich sind das alle empfindsamen Männer, solange sie jung sind."

„Und was, wenn er nie erwachsen wird? Wenn er ein Weichling bleibt?"

Sie zuckte die Schultern. „Dann muß ich's eben hinnehmen. Ich kann mit meinem Entschluß nicht warten, bis er erwachsen wird, ich bleibe sonst eine alte Jungfer wie Tante Gulielma."

„Deine Tante Gulielma hat mehr Gutes getan als die meisten verheirateten Frauen."

„Das mag sein", antwortete sie mit einem ersten Unterton von Gereiztheit, „aber wir können nicht alle Lederstrümpfe anziehen und mit einem Medizinkasten durchs Land reiten, um marode Indianer zu kurieren. Manche von uns müssen Kinder zur Welt bringen, sonst gibt's bald keine Quäker mehr."

„Ich wollte dich nicht ärgern", sagte er, „ich wollte nur den Advokaten des Teufels spielen."

Sie stand auf und küßte ihn auf seine Glatze. „Ich weiß", sagte sie, während er ihren Atem als flüchtige Wärme an seinem Kopf fühlte, „ich habe nur die Geduld verloren. Ich liebe ihn, ich hasse ihn, ich möchte ihn haben, ich bin wütend auf ihn, wütend, weil er nicht unabhängig und energisch ist und nicht auf einem weißen Hengst über den Rasen angeritten kommt, um mich zu entführen, und nicht auf die Meinung unserer beiderseitigen Eltern pfeift!"

Er griff nach ihrer Hand. „Ich bewundere deine Klugheit", sagte er und fühlte sich plötzlich einsam.

So dicht sie ihm gegenübersaß, suchten ihre Augen die seinen plötzlich wie aus weiter Ferne. „Werde nicht schwach, Advokat des Teufels", sagte sie. „Er hat noch nicht einmal um mich angehalten."

Er küßte ihre Hand und ließ sie gehen. Sie ging zur Tür, wandte sich noch einmal um, warf ihm eine Kußhand zu und ging.

Er nahm das Tagebuch auf und las an der Stelle weiter, an der er unterbrochen worden war.

„Als ich verlangte, mit dem Gefangenen verheiratet zu werden, bevor er in den Kerker gebracht würde, sah Richter Sawrey mich mit Wohlwollen an. ‚Meiner Treu, da scheint der Quäkerbursche etwas von seinem Weizen ausgesät zu haben!' sagte er. ‚Na klar, junge Frau, du kannst der Frucht deines Leibes einen gesetzmäßigen Vater geben, bevor er seine Strafe antritt.' Als ich ihm entgegnete, ich sei gar nicht schwanger, sondern wolle ihn nur in den Kerker begleiten, sah er mich an, wie noch nie ein Mann mich angesehen hat. Es war, als ob ich ihm etwas Unverzeihliches zugefügt hätte, ihm persönlich. Dann sagte er, und noch jetzt habe ich seine eisige Stimme manchmal im Ohr: ,Ich werde Lüsternheit nicht legalisieren. Ich werde dich zu zwei Jahren Kerker verurteilen wegen Gotteslästerung, Liederlichkeit und deiner Weigerung, die Kirchensteuer zu bezahlen. Wenn du ansonsten aus dem heiligen Sakrament der Ehe Spott und Schande machen willst, dann heiratet euch doch so, wie es dem Vernehmen nach die Quäker tun.'

So kam es, daß wir, Boniface Baker und ich, am ersten Abend in Lancaster Castle, umgeben von der kleinen Schar unseliger Freunde, die man am selben Tage eingeliefert hatte, aufstanden, und daß Boniface sagte: ,In Gegenwart Gottes und dieser Versammlung nehme ich meine Freundin Ann Traylor zu meinem gesetzmäßigen Weibe, und ich verspreche, ihr mit Gottes Hilfe ein liebender und treuer Gatte zu sein, solange wir beide leben.' Ich nahm seine Hand in die meine und sagte: ,Vor Gott und dieser Versammlung nehme ich meinen Freund Boniface zu meinem mir ehelich angetrauten Gatten und verspreche, mit Gottes Hilfe ihm eine liebende und treue Frau zu sein, solange wir leben.' Dann setzten wir uns wieder ins Stroh, und uns war, als erstrahle ein Licht um uns, und es war eine große Stille, und so wurden wir Eheleute.

Bald jedoch wurde es klar, daß er schwächer und schwächer wurde. Unsere Zelle war ein dunkles Verlies, nicht anders als jenes, worin damals die Kinder eingekerkert waren. Von den Wänden troff das Wasser. Höhlen in der Größe von Särgen, in den Fels gehauen, dienten als Wandbetten. Gemeinhin blieben die Gefangenen nur hier, bis sie Mistreß Fraley für Überweisung in bessere Quartiere Entgelt gezahlt hatten, aber in unserem Fall hatte der Richter ausdrücklich Anweisung gegeben, daß uns keine Vergünstigungen bewilligt werden dürften, selbst wenn wir Ablöse zahlten. Nicht einmal leichtere Hand- und Fußschellen wurden uns bewilligt, die doch das Allererste sind, was selbst der jämmerlichste Sträfling sich für etwas Geld beschafft. Wir mußten umherkriechen, weil wir, an Händen und Füßen gefesselt, nicht aufstehen konnten. Wir erstickten im Gestank unserer eigenen Exkremente und im Geruch der Schädel der Gehenkten, die in der Küche unter uns ausgekocht wurden.

Obwohl er der Heiterste und Liebevollste unter uns allen war, siechte Bonny schnell dahin, und am Weihnachtsabend des Jahres Unseres Herrn 1663 starb er. Er war bei Bewußtsein und friedvoll bis zum Ende, er sagte uns immer wieder, er sei frei von Furcht oder leiblicher Qual, denn er wisse, daß alles von dem Herrn in Seiner unermeßlichen Liebe und Gnade bestimmt sei. Ich in meiner sterblichen Torheit rief: ‚Wie denn, was kann denn Gott damit vorhaben, daß Er dich so jung sterben läßt?‘ Da sah er mich an, als wäre er schon fort. Ich dachte, es wäre das Kerzenlicht, das ihn blendete, und bat Thomas Woodhouse, die Kerze wegzutun. Da hörte ich ihn sagen: ‚Es ist die Saat der Zukunft.‘

Ich wollte seine letzten Augenblicke nicht verdüstern, aber ich mußte fragen: ‚Was für eine Saat denn, Bonny? Wie meinst du das?‘

Er schwieg eine geraume Zeit, so daß ich schon vermeinte, er wäre dahingegangen. Doch dann kam seine Stimme noch einmal, und es klang seltsam freudig, wenn diese Freude auch im Augenblick fast wahnsinnig schien: ‚Gedenke mein und raste nicht, bis . . .‘

‚Bis was geschieht, Bonny?‘

‚Bis durch deine Wehen die Saat aufgeht als eine reiche Ernte von Licht und Liebe.‘

Das schien mir sinnlos. Ich fragte: ‚Wie denn, was soll denn da für eine Ernte aufgehen? Und wann?‘

Es dauerte wieder eine lange Zeit, bevor er antwortete. Mir wurde klar, daß er alle Kraft aufbieten mußte, um zu sprechen. Dann sagte er: ‚Sobald du sagen kannst: Wenn Bonny nicht im Kerker gestorben wäre . . .‘

‚Ja?‘ drängte ich. ‚Wenn Bonny nicht im Kerker gestorben wäre . . . was dann?‘

Doch diesmal kam keine Antwort mehr. Er war heimgegangen zu Gott.“

„In Gegenwart Gottes und dieser Versammlung . . ." dachte Becky Baker, als sie wachträumend am Schreibtisch ihrer Urgroßmutter saß, ein leeres Blatt Papier vor sich. Dann schüttelte sie diese mädchenhaften Gedanken energisch ab und schrieb die erste Zeile ihres Briefs: „Ich liebe Dich, Joseph Woodhouse, Dich allein, nicht Dich und Deinen Vater."

Als ihr das auf dem Weg vom Arbeitszimmer ihres Vaters in ihr Zimmer eingefallen war, hatte sie es witzig gefunden. Jetzt, nachdem sie im Wachtraum ihre Hochzeitsfeier durchlebt hatte, hatte sie plötzlich Angst, es könnte ihn so wütend machen, daß er kurz entschlossen fände, seine Europareise gehe vor, oder sich sonst eine Ausrede zurechtlegte, um die Heirat ins Unbestimmte zu verschieben. In Wahrheit hatte sie über ihren eigenen Mut staunen müssen, mit dem sie seinen Charakter beschrieben und weise Abgeklärtheit vorgetäuscht hatte. Welch ein Unsinn! Wenn es nur so wäre! Wenn sie nur immer so fühlen und denken könnte, nicht nur ein paar Minuten lang, um sich vor ihrem Vater aufzuspielen, sondern auch wenn Joe mit ihr zusammen war, oder wenn sie mitten in der Nacht aufwachte und sich nach ihm sehnte, oder wenn sie, wie jetzt, an ihrem Schreibtisch saß und ihm mit leichter Hand schreiben wollte, daß es höchste Zeit wäre, sich der Befehlsgewalt seines Vaters zu entziehen und zu ihr zu kommen, nicht als ein braves Hündchen an der Leine. Warum eigentlich nicht? Warum sollte sie nicht genau das schreiben, was sie sich zurechtgelegt hatte? Es wäre weiß der Himmel nicht der erste Brief gewesen, den sie nachher wieder zerriß.

„Lieber Joe, ich liebe Dich treulich, Dich allein, nicht Dich und Deinen Vater."

Ihr Unbehagen steigerte sich zu Verstörtheit. Solche Dinge zu denken war eine Sache, sie zu Papier zu bringen eine andere. Sie zerriß das Blatt in Stücke, kleine Stücke, die kleinstmöglichen Stücke. Wenn er jemals, ganz zufällig, einen Blick auf diese Worte werfen sollte . . .

Sie legte ein frisches Blatt zurecht, und plötzlich schämte sie sich ihrer Feigheit. Lächerlich! Wie hätte er je dieses Konzept eines Briefes in die Hand bekommen sollen, und wenn, war's denn nicht die reine Wahrheit? Er war doch wohl erwachsen genug, um die Wahrheit zu vertragen!

„Mein vielgeliebter Joe, ich liebe Dich treulich, Dich allein . . ." Doch statt ihre eben gewonnene Unabhängigkeit zu verfechten, glitt sie jetzt in die alte zuckersüße Schreibweise hinein: „. . . und darum bin ich so überglücklich, Dir im strengsten Vertrauen mitteilen zu können, daß mein Vater sich bereitgefunden hat, Altar Rock preiszugeben gemäß den so vernünftigen wie selbstlosen Wünschen Deines Vaters . . ." Uff! Auf dem Bauch zu kriechen vor ihm, war eine Sache, aber sich vor seinem Vater zu erniedrigen . . . Sie zerriß das Blatt. Offenbar war nicht die richtige Zeit, um irgendeinen Brief zu Papier zu bringen. Es war wohl besser, die Sache zu überschlafen und im kühlen Licht des Morgens zu schreiben statt jetzt nach Mitternacht. Sie zog ihr Nachthäubchen unter den Kissen hervor, trat vor den Spiegel, um ihre Locken darunterzustekken, und war betroffen von dem eingefallenen Gesicht, das ihr entgegenblickte. Wer hatte ihr nur eingeredet, wie war sie nur darauf verfallen, sie wäre unwiderstehlich? Gewiß sah er jeden Tag in Philadelphia Hunderte von Mädchen, traf sie in Gesellschaften, trank mit ihnen Tee aus derselben Tasse, sah sie beschwipst – denn Rum und Zucker waren Dinge, die man neuerdings in der Stadt in jedem Quäkerhaushalt antraf. Wie war das zum Beispiel mit Minnie Martin oder mit der arroganten Anna Henderson, mit ihren vorstehenden Zähnen? Becky konnte ihnen allen nicht das Wasser reichen; manchmal, für kurze Momente, da mochte es aussehen, als ob sie es mit denen aufnehmen könnte, aber echt war das nicht. Seh' sich doch einer dieses abgemagerte, verdrießliche Gesicht, diese beleidigten Kalbsaugen, diesen viel zu kleinen Mund an! Wie war sie nur je auf den Gedanken gekommen, daß sie sich mit einem solchen Knopfloch von einem Mund wichtig machen könnte? Sie mußte eilig zugreifen, solange er sich ihrem Zugriff bot, daher schnell diesen Brief schreiben und sich nie gegen seinen Vater aufspielen. Lieber noch mehr auf dem Bauch kriechen. Was, um Himmels willen, hatte sie denn dazu gebracht, sich ihrer gar so sicher zu fühlen? Schau doch in den Spiegel!

Sie betrachtete ihr weichliches kleines Kinn, ihren viel zu langen Hals, ihre abfallenden Schultern. Sie knöpfte ihr Nachthemd auf und entblößte Schultern und Brüste. Das war schon etwas anderes! Mochte das übrige mittelmäßig sein, ihr Busen konnte sich sehen lassen. Sollte doch Anna Henderson versuchen, dagegen anzutreten, dachte sie, als sie ihn hochschob, um ihn noch besser zur Geltung zu bringen. Bitte, nicht einmal Minnie Martin . . . Irgend etwas bewegte sich, ließ sie nach der Balkontüre blicken. „Scher dich fort, Abby, marsch ins Bett." Sie wartete nicht auf eine Antwort, knöpfte ihr Nachthemd zu, kehrte ins Bett zurück und pustete die Kerze aus.

Was sie schreiben sollte, würde sie morgen wissen.

Voll Haß gegen die gemeine, heimtückische Becky schlurfte Abby in ihr Zimmer zurück. Als sie eben die Kerze anzünden wollte, hörte sie ein unterdrücktes Jaulen draußen auf dem Treppenabsatz, und gleich darauf war das gedämpfte Schnaufen zu hören, mit dem Bilbo am Türspalt schnüffelte. Abby hatte nicht allzuviel für den großen, sabbernden Hund übrig, dessen Schweif, wenn er wedelte, immer irgendwelche Dinge von irgendwo herunterstieß. Aber an diesem Abend öffnete sie ihm die Tür und gestattete dem ungestümen Vieh, ins Zimmer zu stürzen. Sie tat es aus einem seltsamen Gefühl des Bedrücktseins, als wäre in dieser Nacht irgend etwas Unheimliches unterwegs.

Es gelang ihr, Bilbo dazu zu bringen, sich auf den Bettvorleger zu legen, obwohl er offensichtlich nur darauf einging, weil er es für den Anfang eines Spiels hielt. Hellwach lag er da, sein großer Schwanz trommelte gegen den Boden. Nie hätte sie für möglich gehalten, daß ein Tier im Liegen eine so unheimliche Kraft entfalten konnte. Sie zündete die Kerze an. Die großen feuchten Augen des Hundes waren auf sie gerichtet, ohne zu blinzeln, zwei helle Reflexe der Kerzenflamme. Sie nahm ihre Stickerei wieder auf, seufzte und stichelte das große U von DU in den gestickten Text: „Du bist das Licht." Das Du war rot, der Rest schwarz und rund um den Text waren Stiefmütterchen.

Es war zu dunkel, um die kleinen Stiche deutlich auszunehmen. Sie hielt sie in Armweite von ihren Augen entfernt, betrachtete sie, sagte: „Ja, Pustekuchen!" und wollte eben die Handarbeit auf das Nachtkästchen werfen, als Bilbo den Kopf hob und die Ohren spitzte. Gleich darauf begann er zu knurren.

Er richtete sich auf seinen Vorderbeinen auf, und sie wußte, was nun kommen würde: mit einem Satz würde er an der Tür sein und bellen, daß die Toten erwachten. Ärgerlich hieß sie ihn mit einem geflüsterten Befehl still sein und blies die Kerze aus. Da lag er, im Dunkeln ein noch tieferer Schatten, knurrte und starrte zur Balkontür.

Sie konnte ihre Neugier nicht länger beherrschen, schwang die Beine aus dem Bett, brachte noch einmal Bilbo zur Ruhe, lief zur Tür, öffnete und lief auf Zehenspitzen auf den Balkon hinaus.

Es war beinahe Vollmond. Die Welt lag in sein geisterhaftes Licht getaucht. Die Bäume warfen ihre Schatten auf die weite Rasenfläche, Nebenbauten und Waschhaus sahen mit ihren weißgetünchten Mauern aus, als ob sie phosphoreszierten. Es war so still, daß man deutlich das Zischen und Gurgeln der Wasser rings um Altar Rock vernahm. Abby dachte schon, es wäre ein Waschbär oder im Kastanienbaum ein Vogel gewesen, als sie plötzlich einen Reiter erblickte, der quer über den Rasen ritt.

Das konnte nur ein Fremder sein – aber die Fähre ging in der Nacht nicht. Ein Geist . . .? Sie wollte kehrtmachen und in ihr Zimmer flüchten, konnte sich aber nicht bewegen. Sie war wie zu Stein erstarrt. Sie hatte dies alles schon einmal im Traum gesehen: ein Berittener kam langsam auf sie zu, und von seinem Sattelknauf baumelten zwei unheimliche runde Dinger an langen, schwarzen Haaren, zwei blutbeschmierte Totenköpfe, die Totenköpfe von zwei Indianern.

Während sie hilflos dastand, wußte sie, daß nichts davon stimmte, und doch war es unabwendbar: langsam kam er heran, bis er das Haus erreicht hatte, genau an der Stelle direkt unter dem Balkon, auf dem sie stand. Das Pferd schnaubte leise und schüttelte seinen Kopf, daß das Zaumzeug klirrte. Sie sah, daß der Mann durch und durch naß war. Die Kleider klebten ihm am Leibe, sein Haar war klitschnaß. Ein Ertrunkener. Der Geist eines Ertrunkenen zu Pferd.

Dann rief eine dröhnende Stimme: „Ahoi, Kusine Abby! Schönen guten Morgen!"

George McHair!

Bilbo begann wütend zu bellen, und der Widerhall seines

Gebells brach den Zauber der Nacht. Jetzt hörte sie ihren Vater auf den Balkon herauskommen und rufen: „Was ist denn los? Bist du das, Caleb?"

Sie lief in ihr Zimmer zurück und sprang ins Bett, wütend auf diesen George McHair, der mitten in der Nacht über den Rasen geritten kam. Dieser blöde Bauerntölpel! Wirklich, die Quäker aus dem Gebirge hatten keine Spur von Benehmen. Sie standen zu den unmöglichsten Tageszeiten auf, um ihre Fallen zu stellen und die armen kleinen Tiere totzuschlagen. Wenn er ihr wieder ein Waschbärfell brachte, samt Beinen und Schwanz, und sich einbildete, sie würde ihn als Hut aufsetzen, würde sie einen hysterischen Schreikrampf bekommen.

Sie zündete ihre Kerze wieder an und holte ihr langweiliges Stickzeug hervor, aber da hörte sie bereits Stimmen aus Vaters Arbeitszimmer. Während sie lautlos zu Vaters Balkontür schlich, dachte sie verdrossen darüber nach, wie sonderbar das doch war, daß sie ihrer Neugierde nicht widerstehen konnte. Warum mußte sie bei Nacht Vetter Georges trostlosen Geschichten über Indianer und Calvinisten an der Tür lauschen, dieselben Geschichten, die sie bei Tag zu Tode langweilten. Warum mußte man sich selbst immer ein Rätsel sein? Würde sie, wenn sie erwachsen war, eine bessere Beschäftigung für ihre Nachtstunden finden? Hoffentlich.

Sie trat in den Schatten des Baums und sah von da aus ins Zimmer. Georges Lederstrümpfe knarrten bei jedem Schritt. Sie hörte ihren Vater erstaunt fragen: „Du bist ja durch und durch naß. Was ist denn los?"

Georges tiefer Baß antwortete: „Ich bin mit Betsy durch den Fluß geschwommen."

„Mit Betsy?" fragte ihr Vater verblüfft.

„Mein Pferd. Ich hab' mir gesagt, wozu Geld in einem Gasthof für ein Bett bezahlen, wenn es für mich in Onkels Haus doch gewiß eine Strohschütte gibt? Da bin ich eben über den Fluß geschwommen, und hier sind wir. Betsy habe ich auf der Wiese grasen lassen, Onkel, es ist dir doch recht?"

Wiese! Wiese nannte er den Rasen, den niemand betreten durfte! Doch der Vater antwortete: „Aber gewiß, George, du bist hier zu Hause. Ich freue mich, dich zu sehen. Aber möchtest du dich nicht zuerst umziehen?"

Sie hoffte, daß sie eines Tages ein so grundguter Mensch werden würde wie ihr Vater, was allerdings keine sehr anregende Zukunftsaussicht war.

Boniface Baker war überzeugt, daß der junge George McHair in irgendwelche Schwierigkeiten geraten war, denn sonst wäre er doch nicht in später Nachtstunde über den Fluß geschwommen. Natürlich war es auch möglich, daß er bloß nicht das Geld für den Gasthof hatte. Man war geneigt zu vergessen, daß es in Pennsylvania auch arme Quäker gab; George McHair war einer von ihnen. Er nannte Boniface Onkel, weil ihre beiden Mütter Martins gewesen waren, wenn auch nur entfernt miteinander verwandt. Fast jeder Quäker in Philadelphia hatte einen Martin unter seinen Vorfahren. Die kleine, immer ängstliche Saraetta Martin-McHair war für das Grenzerleben wenig geeignet gewesen, sie war früh gestorben, und ihr Witwer, Thomas McHair, allgemein unter dem Spitznamen „Buffalo" bekannt, war ein Eigenbrötler geworden. Wahrscheinlich brauchte sein Sohn jetzt Hilfe. Das Zusammenleben mit einem vergreisten Großvater und einer indianerblütigen Halbschwester mußte für George einige Probleme haben. Die Siedlung Loudwater, wo er wohnte, einst von seinem Urgroßvater als Heimstätte errichtet, war jetzt von feindseligen, schottisch-irischen Calvinisten überlaufen.

„Also los, George, was kann ich für dich tun?" fragte Boniface.

George senkte seinen nassen Riesenhintern auf den bestickten Sitz des größten Lehnstuhls. Sein feuchtes Ledergewand stank jetzt, da es im Trocknen war, mehr als sonst, doch auch so drang sein Körpergeruch immer noch durch. Das Schwimmen durch den Fluß mußte seit geraumer Zeit sein erstes Bad gewesen sein. Bei früheren Gelegenheiten war Boniface über die ungeschlachten Manieren des Jungen erbittert gewesen, über seine Begabung, alles umzustoßen, was der Wedelschwanz des Hundes stehengelassen hatte. An diesem Abend aber war er dem Jungen zugeneigt, weil er in den Tagebüchern über dessen Urgroßvater gelesen hatte, den Wilderer, der George ziemlich ähnlich gewesen sein mußte. Offenbar hatte George von ihm seine Liebe zur Wildnis und zum offenen weiten Himmel geerbt. Das war bei allen McHairs so: nicht einer der männlichen McHairs hatte Lust gezeigt, in die Stadt zu ziehen, und weibliche McHairs schien es nicht gegeben zu haben – von der halbblütigen Schwester dieses Jungen abgesehen, die Buffalo für ein Findelkind auszugeben versucht hatte. Natürlich hatte es ihm kein Mensch geglaubt, und er war abgezogen, wilde Flüche über die feigen Quäker von Philadelphia ausstoßend.

„Onkel, wir kriegen Schwierigkeiten mit den Indianern", begann George. „Etwas muß geschehen, sonst gibt's ein Massaker."

„Wer wird massakriert?"

„Alle", antwortete der junge Riese ernst. „Indianer und Siedler. Schuld sind die Paisley-Jungen."

„Die wer?"

„Paisley. Sie sind Zwillinge. Ihr Vater ist der Prediger in der Kirche bei uns. Der Alte ist schlimm genug, wie er in seinen Predigten immer wieder loslegt, Gott habe ihn persönlich angewiesen, die Wilden auszurotten in dem Gelobten Land. Aber die Jungen sind ganz übel, wirklich übel. Ein Fremder würde sie kaum auseinanderkennen, aber ich habe sie ja Zeit meines Lebens vor Augen gehabt, ich kann sie im Finstern unterscheiden. Beide sind sie übel, aber Petesey ist der üblere. Petesey heißt er nach Peter, verstehst du, Onkel, der andere heißt Polly, nach Paul. Doch darfst du dich nicht von den frommen Namen irreführen lassen, beide sind sie Klapperschlangen, immer auf Übles aus, Indianer hängen sie bloß zum Spaß auf. Jetzt ist Petesey hinter Himsha her, treibt sich immer um das Haus herum. Nicht, daß er um sie wirbt, der will keine Indianerin zur Frau, der will nur auf seine Rechnung kommen und dann die Hosen wieder anziehen ... du entschuldigst schon, Onkel. Nur weil sie eine Indianerin ist." Er unterbrach sich, dann fragte er so nebenhin: „Sie ist doch Indianerin, nicht wahr?"

„Gewiß", sagte Bonny unbekümmert, obwohl er in Wirklichkeit nichts Bestimmtes wußte. „Du weißt doch, daß dein Vater sie als Findelkind ins Haus genommen hat."

Der unschuldige Blick war auf ihn gerichtet. „Ist das wahr, Onkel? Manche Leute sagen, daß sie meine Schwester ist."

„Ich weiß, daß sie das sagen."

„Nun, stimmt es nicht?"

Boniface blickte in die sorgenvollen blauen Augen, die etwas von dem Gebirgshimmel in sein Haus gebracht zu haben schienen. War das der einzige Grund, weswegen dieser junge Mensch den weiten Weg geritten, dann über den Fluß geschwommen und nachts in das schlafende Haus eingedrungen war? „Spielt es denn eine Rolle, Junge? Ich meine: sie ist doch deine Schwester, ob sie nun deines Vaters natürliche Tochter ist oder nicht. Erzähl mir mehr von diesem drohenden Blutbad. Wenn das ernst ist, muß es vor die Sitzung gebracht werden. Der Zufall will, daß Jeremiah Best und Peleg Martin gerade hier sind, beide gehören der Kommission für Indianerangelegenheiten an. Es kann sein, daß dein nächtliches Auftauchen gerade zeitgerecht war. Gott hat dich geführt."

„Ja, sicher", murmelte der Neffe wenig beteiligt. „Du weißt doch, daß die Franzosen die Indianer gegen die Engländer aufgehetzt haben."

„Ja, davon habe ich gehört. Aber haben denn die Quäker nicht das Vertrauen der Indianer?"

„Nein, Onkel, nicht mehr. Die Delawaren mögen noch freundlich gesinnt sein, aber diese wilden Indianer von jenseits der Berge, für die ist ein Weißer eben ein Weißer, ein Eindringling, der sich die Indianer vom Hals schaffen möchte. Onkel, wir sitzen auf einem Pulverfaß."

„Warum glaubst du das?"

„Ich habe doch Augen und Ohren. Ich treibe Handel mit den Indianern, ich begegne ihnen auf Schritt und Tritt. Und dann . . . es ist da noch ein anderer Grund."

„Nämlich?"

„Ich habe mit meinem Vater gesprochen."

Also war Buffalo McHair zurück! Dieser unfreundliche Gedanke war eines Quäkers unwürdig, aber eine Rückkehr Buffalos war kein reiner Lichtblick. Ein versoffener, rowdyhafter, verhurter Quäker, der sich an kein Gesetz gebunden hielt, war nicht nur für seine Verwandtschaft, sondern für alle, die zum Jahrestreffen nach Philadelphia kamen, eine Verlegenheit. „Hat er dich besucht?"

„Nein, ich bin ihm zufällig über den Weg gelaufen. Er hatte

ein paar Schwarzfüße mit sich, denen sagte er, daß ich ein anständiger Händler wäre, und mir hat er aufgetragen, ihnen für ihre Felle den rechten Preis zu bezahlen. Die Pelze waren nicht von bester Qualität, auch hatten die Leute Füße und Köpfe an den Fellen belassen, damit das Gewicht höher würde, aber die Schwarzfüße trugen Kriegsbemalung, also habe ich getan, was er sagte, und habe die Pelze zu höchsten Preisen gekauft." Unruhig rutschte er auf seinem Stuhl hin und her, in seinen Lederstrümpfen schnalzte und gluckste noch etwas Flußwasser.

„Dann hat Vater mich beiseite genommen und gesagt: ‚George – dein Name ist doch George, nicht wahr?' – und ich hab' geantwortet, ‚ja, Vater', denn ich dachte, er sagte es zum Spaß, aber er sagte: ‚Du verstehst, Junge, ein Mann in meinem Alter bringt seine Nachkommenschaft schon etwas durcheinander – falls er ein richtiger Mann ist.' Ich war nicht oft in Versuchung, einen Mann ins Gesicht zu schlagen, aber diesmal war ich's, Onkel, Gott vergebe mir, denn ich mußte an Himsha denken und an das schwere Leben, das sie als Halbblut vor sich hat – wenn sie wirklich seine Tochter ist. Sie ist es doch?"

„Auf Ehre, George, ich weiß es nicht. Außer deinem Vater, weiß das kein Mensch. Das Richtige wäre, du würdest ihn geradeheraus fragen. Wenn er noch so ist, wie ich ihn gekannt habe, gibt er dir eine ebenso gerade Antwort. Ausweichend war er nie."

„Ich weiß", sagte der Junge unglücklich. „Aber ich glaube nicht, daß ich ihn oft zu sehen bekommen werde. Er ist ein wilder Mann, Onkel. Mehr mit dem Löwen verwandt als mit dem Lamm."

Boniface beneidete ihn um die unbewußt poetische Kennzeichnung des schwarzen Schafs unter den Quäkern von Pennsylvania. Vielleicht schwang in diesem Neid ein Echo der Bewunderung für den Ahnen der McHairs, den Wilderer, mit, der nach der Auswanderung auch zu einem schwarzen Schaf geworden war. „Erzähle schon, was waren das für schlimme Nachrichten, die er brachte?"

„Er hat mir gesagt, daß die Frösche die Füße aufhetzen, und daß eines Tages . . ."

„Die wer, wen?"

„Entschuldige, Onkel. Die Franzosen hetzen die Schwarz-

108

fußindianer auf. Bei uns in den Bergen sagt man nur so, die Füße und die Frösche . . ."

„Die Franzosen, ich verstehe. Was hat er also gesagt?"

„Nun, daß wir mit den Füßen Ärger haben würden, die wären drauf und dran, gegen unsere vorgeschobenen Siedlungen anzurennen, und ich sollte hierhergehen und deinen läppischen Freunden – entschuldige, Onkel, aber so hat er's gesagt – also ich sollte deinen läppischen Freunden sagen, daß sie sich beeilen sollen, mit den Delawaren in Ordnung zu kommen, denn sonst . . ."

„Was sonst?"

„Was er sonst gesagt hat, Onkel, war ein bißchen derb."

„Das macht nichts. Sage es schon."

„Also er hat gesagt, andernfalls könnten die Quäkerweiber ihre Gedärme um ihre Beine wickeln und ihre Kinder würden am Spieß rösten. Er hat auch ausführlich beschrieben, was sie mit den Quäkermännern machen würden, aber ich glaube, das errätst du selbst."

„Hat er etwas Bestimmtes vorgeschlagen?"

„Nein, mehr hat er über die Indianer nicht gesagt. Aber sonst hat er eine ganze Menge geredet . . ." Das Gesicht des Jungen nahm einen fast verzückten Ausdruck an. Offensichtlich war er auf seinen Vater wider Willen stolz. „Ich habe ihn gefragt, wo er eigentlich wohnt, und er hat geantwortet: ‚Ich wohne bei den Vögeln und bei den Büffeln.' Dann habe ich ihn gefragt, ob er etwas von mir wolle, und da hat er gesagt: ‚Ja, was wir brauchen da draußen, wäre ein Quäkerprediger. Wir brauchen hie und da eine anständige Predigt von einem Mann, der bei Bedarf einen Sturzbach überbrüllen kann. Schickt uns nicht einen von diesen Wanderschwätzern, die nur dahocken und kein Wort hervorbringen, als ob sie sich gerade die Hosen vollschissen.' "

„Schon gut."

„ ‚Schickt uns einen, der uns die Quäkerbotschaft bringt', hat er gesagt, ‚wie es früher war, einen, der uns damit ordentlich in die Eier tritt', du entschuldigst schon, Onkel. ‚Denn wir sind starke Männer da draußen, und wir sind auch starke Sünder.' Und als er ging, sagte er zu mir: ‚Geh mit Gott, Jim.' Diesmal nannte er mich Jim. ‚Mach's gut, Junge, kein McHair sitzt auf seinem Arsch, bohrt in der Nase und wartet, bis die Indianer kommen und ihm Felle bringen. Komm mit mir! Besauf dich, laß auf dich schießen, schaff dir einen Armvoll frecher geiler Weiber an und werde ein Mann, nicht auch so eine Ratte im Rudel. Kommst du mit?' Aber eine Antwort von mir hat er nicht erst abgewartet. ‚Nein, jetzt sollst du noch nicht kommen, lauf lieber zu diesen arschverklemmten Quäkern in das Haupthaus in Philadelphia und sage ihnen, daß sie ihre Botschaft von dem Gott in jedem Menschen wieder in die Wildnis tragen müssen, sonst werden sie von einem Schwarzfußindianer in ihrem Haus in der Vierten Straße zwischen ihren seidenen Kissen arschge . . .' du entschuldigst schon, Onkel."

Boniface konnte nicht umhin zu fragen: „Hält dein Vater sich selbst noch für einen Quäker?" Die Frage galt mehr sich selbst als seinem Besucher.

„O doch, Onkel!" erwiderte George, „er trägt einen Quäkerhut, nur hat er ein paar rote Federn drangesteckt und unter dem Stumpen bewahrt er seinen Tabaksbeutel. Ich hab' ihn oft genug gesehen, wie er den Hut abnahm, um sich einen Priem abzubeißen. Mir hat er auch einen angeboten, aber ich habe nicht wollen, natürlich, und da hat er gesagt: ‚Junge, komm dahin, wo das Leben frei ist. Habe den Mut, Gott selber ins Angesicht zu schauen, wie es die Quäker früher getan haben. Versteck dich nicht in der Herde, denkend, Er wird dich nicht finden. Er wird, Joshua, Er wird!' Diesmal nannte er mich Joshua. ‚Er wird dich herausfangen mit Seinem Lasso, Er wird dich erwischen, auch wenn du deinen Kopf unter Kissen versteckst!' Ich dachte, das wäre alles gewesen, was er mir zu sagen hatte, aber er setzte den Hut mit dem Tabaksbeutel wieder auf und befahl: ‚Sage das deinem Onkel Bonny.' Damit stand er auf und winkte. ‚Komm, Freund Timawah', das bedeutet Kriegsaxt in der Sprache der Schwarzfüße, und damit zog er samt seinen Indianern ab. Er hatte ein hübsches kleines Pferd, einen lachsfarbenen Mustang-Hengst. Meinen rechten Arm gäbe ich für so ein Pferd."

„Ist dir, was er sagte, noch von anderen bestätigt worden? Wenn ich die Versammlung überzeugen soll, wird sein Wort allein nicht für gültig gehalten werden." Das war taktvoll formuliert.

„Nein, das nicht", antwortete der Junge, „aber ich hab'

später von Onkel Ellis – das ist der Lonely Eagle, ein indianischer Fallensteller, mit dem wir befreundet sind – gehört, daß Timawah ein Häuptling ist. Lonely Eagle hat auch gesagt, daß mein Vater ein mächtiger Mann ist, oben zwischen den Bergen und dem Fluß, und diese Pelze wären bloß ein Vorwand gewesen, hat er gesagt. Ich fand, daß es armselige Pelze waren, richtiger Schund. Konnte mir nicht vorstellen, daß mein Vater es ernst gemeint hat, als er mir anriet, ich sollte mit den Füßen auf solcher Preisbasis zu handeln beginnen. Ich wäre in einem Monat ruiniert. Er ist ein merkwürdiger Mensch, findest du nicht, Onkel?"

„Ja." Boniface fühlte sich verpflichtet, hinzuzufügen: „Vielleicht weniger merkwürdig, wenn wir mit ein paar von unseren Vorurteilen aufräumen würden."

„Wie meinst du das, Onkel?"

„Dein Vater, so wie du ihn mir da beschreibst, gleicht in vielen Beziehungen seinem Großvater John McHair. Und über John McHair habe ich aus diesem Tagebuch meiner Großmutter Ann Traylor eine Menge erfahren." Er zeigte auf das Heft mit der spinnigen Handschrift, das er beiseite geschoben hatte, als das Hundegebell ihn alarmierte. „Du weißt, nehme ich an, daß er einer der ersten Quäker war?"

„Was schreibt sie über ihn?"

„Er war ein Waldmensch, wie dein Vater und du. Er kam in den Kerker, weil er im Wald des Richters gewildert hatte, und weil er ein Freund von Margaret Fell war, haben sie ihm die Hand abgehackt. Darum hat er später einen eisernen Haken getragen."

„Wirklich? Kann das der Haken sein, der in unserem Stall hängt? Als Junge habe ich damit gespielt. Jetzt hänge ich das Pferdegeschirr daran. Kann es das sein?"

„Sehr gut möglich. Wie du weißt, hat er sich in Loudwater angesiedelt. Philadelphia hat er verlassen, weil er mit der Andachtsgemeinde schlecht auskam, darum ist er als Fallensteller in die Wildnis gegangen. Er hat sich mit den Indianern angefreundet und hat ein Mädchen geheiratet, das sie bei einem ihrer Streifzüge durch die Kolonien verschleppt hatten. Ein weißes Mädchen, das stumm war."

„Taubstumm?"

111

„Nein, hören konnte sie gut, aber irgend etwas, was man mit ihr angestellt hatte, mußte ihr die Kraft zu sprechen genommen haben. Sie hat ihr ganzes Leben nie mehr geredet."

„Muß hart für ihn gewesen sein."

„Ich glaube nicht, daß es ihm viel ausgemacht hat. Er war ein freundlicher Mensch, ein echter Quäker. Meine Großmutter erzählt, daß er ein Haus neben einem kleinen Wasserfall erbaut hat. Darum wurde der Platz nachmals Loudwater genannt. Dieses Haus hat der Blitz getroffen, bevor es fertig wurde. Ein zweiter Bau fiel in sich zusammen. Der dritte wurde von einem umstürzenden Baum erdrückt – da erst verstand er Gottes Absicht und baute zuerst ein Andachtshaus für sich und seine Frau und die Indianer. Das nächste Haus, das er dann gebaut hat, blieb verschont. Dein Großvater ist darin geboren. Er war sein einziges Kind."

„Steht in dem Heft, wer Himsha ist, Onkel?"

„Ich weiß es nicht, George", antwortete er geduldig. „Bin noch nicht so weit. Aber meine Großmutter ist vor zwanzig Jahren gestorben. Wie alt ist Himsha?"

Der Junge war enttäuscht. „Achtzehn, neunzehn . . ."

Eine Weile saßen sie in unbehaglichem Schweigen. Dann fragte Boniface: „Kann ich dir mit irgend etwas helfen, George? Du weißt, daß du in meinen Augen ein Familienmitglied bist."

„Um die volle Wahrheit zu sagen, Onkel, der wirkliche Grund, warum ich zu dir gekommen bin, ist der, daß ich dich um die Hand deiner Tochter Becky bitten will."

Es kam so verblüffend und war in so harmloser Weise vorgebracht, daß Boniface aus der Fassung kam: „Wie bitte?"

„Ich weiß, es ist ein bißchen überraschend", räumte George ein, „aber ich habe keine Zeit gehabt, umständlich zu werben, wie es sich wohl schickt. Ich verspreche dir, ich will ihr ein guter Mann sein. Ich hab' ein wetterfestes Haus, ich verdiene Geld – ja, Onkel, ich verdiene eine Menge Geld, nach der Hochzeit werde ich einen neuen Anbau errichten, damit Raum da ist für die Kleinen. Und mein alter Großvater wird gern jemanden zum Spielen haben. Er ist noch nicht so einfältig, der arme Alte, daß er nicht mit Kindern spielen könnte."

„Hast du schon mit Becky gesprochen?" fragte Boniface, der über so viel Selbstvertrauen erstaunt war.

„Nein, noch nicht, aber ich werde jetzt mit ihr reden, sofern du uns deinen Segen gibst. Ich habe ihr ein paar Waschbärfelle mitgebracht, für einen Hut."

Die Waschbärfelle stellten Bonifaces Sinn für die Wirklichkeit wieder her. Die ganze Sache war trotz allem eher harmlos. „Es tut mir leid, George", sagte er freundlich, „aber du kommst leider zu spät. Becky ist schon versprochen. Soviel ich weiß, will sie Joe Woodhouse heiraten."

„Ach, davon hatte ich keine Ahnung." Die Mitteilung schien ihn nicht weiter zu erschüttern, denn er fragte unumwunden: „Und was ist mit Abby?"

Das war denn doch lächerlich. Möglich, daß Berglandquäker ihre Ehen so schlossen, aber irgendwo mußte es doch eine Grenze für hinterwäldlerische Bräuche geben. „Meine Tochter Abby ist zehn Jahre alt", antwortete er abweisender, als er beabsichtigt hatte. „Ich würde raten, daß du eine zu dir besser passende Braut wählst. Gibt's denn dort, wo du lebst, keine Mädchen?"

„Aber ja, in Massen. Aber die sind alle presbyterianisch."

„Ich bin überzeugt, daß die Andachtsgemeinde zu deinen Gunsten eine Ausnahme macht und in Hinblick auf deine Einschichtigkeit eine Ehe außerhalb der Glaubensgemeinschaft zulassen wird."

„Es geht nicht um die Andachtsgemeinde, Onkel, es geht darum, daß ich für diese Mädchen ein Narr bin, das Gelächter der ganzen Gegend. Hinter mir laufen auf der Straße die Kinder her und schreien ‚Quäker, Quäker, hast keine Knöpfe am Rock!' und ähnliches mehr. Wenn Pfarrer Paisley es satt hat, gegen die Indianer zu predigen, predigt er gegen die Quäker – und die Quäker, das bin ich. In ganz Loudwater und im ganzen Grenzgebiet finde ich kein Mädchen, das bereit wäre, mich zu heiraten. Da nimmt eine eher noch den Dorftrottel."

„Nun, es ehrt mich, daß du zuerst an meine Töchter gedacht hast", erwiderte Boniface glatt. „Aber wie wär's mit dem Jahrestreffen? Dort würdest du doch ein paar Mädchen kennenlernen."

George zuckte die Schultern. „Das ist anzunehmen. Muß ich eben bis dahin warten. Wenn du in der Zwischenzeit eine Passende triffst, läßt du mich's wissen?"

„Natürlich, George." Das ist ja noch einmal gut ausgegangen. Der bloße Gedanke an die zerbrechliche Becky, so behutsam erzogen, und auf der Dorfstraße von Loudwater verhöhnt und verspottet . . . „Wie ging dieser Vers weiter, den die Kinder dir nachriefen?"

„Kennst du ihn nicht?" Er grinste. „ ‚Quäker, Quäker, hast keine Knöpfe am Rock, bist geil wie ein Wiesel, in den Hosen ein Stock.' Hat dir das noch nie einer vorgesungen, Onkel?"

„Nein." Doch verlangte der Anlaß wohl mehr von ihm, und so fügte er hinzu: „Ich habe allerdings nie unter feindseligen Puritanern gelebt. Ich muß sagen, ich bewundere dich. Ich glaube nicht, daß ich, so herausgefordert, den Friedenswillen bezeugt hätte."

„Mir macht das nichts aus." Der junge Riese zuckte die Schultern. „Übrigens tun sie mir jetzt nichts mehr, seit ich damals vor ein paar Jahren Petesey Paisley umarmt habe."

„Umarmt?"

George grinste wieder. „Als Freund konnte ich ihm doch nicht eine herunterhauen. Er hat mich aber so gereizt, daß ich ihn eines Tages nach der Andacht in meine Arme schloß und sagte: ‚Freund Petesey, ich liebe das von Gott in dir, aber das übrige will ich jetzt ein bißchen zusammenquetschen.' Und dann hab' ich ihn mit Gottes Macht gequetscht. Seit damals hat niemand in Loudwater etwas gegen mich getan. Sie spotten nur."

„Wieso nach der Andacht? Ich dachte, ihr drei wärt die einzigen Freunde auf Meilen im Umkreis?"

„Wir treten regelmäßig zur Andacht zusammen, Himsha, der Alte und ich. Der Alte gluckst manchmal ein bißchen, wie ein Baby, aber uns stört es nicht, weil es ja offenbar Gott auch nicht stört. Denn Gott ist da: wir sind drei, also weilt er in unserer Mitte. Und wenn ich ganz allein bin, im Wald, und ich sitze unter einem Baum oder im Schatten eines Felsens, auch da ist Er um mich, und ich trinke Seinen Frieden wie Wasser aus einer Quelle."

Jetzt schämte sich Boniface seines vorigen Überlegenheitsgefühls: „Wenn wir doch ein paar tüchtige Brüder zu euch hinaufschicken könnten", sagte er. „Aber ich fürchte, nicht viele Quäker in Philadelphia taugen dazu."

„Ach, darum mache ich mir keine Gedanken, Onkel. Solange sie mir und meiner Familie keinen Kummer bereiten, mache ich mir keine Gedanken um sie." Er stand auf. Seine durchnäßten Lederstrümpfe lösten sich mit einem unheilvollen Schnalzen von dem Sitz. „Ich geh jetzt hinunter, Betsy trockenzureiben, Onkel. Hast du im Stall Platz für sie und für mich?"

„Sei nicht lächerlich. Ich kann nicht erlauben, daß du im Stall schläfst. Du bist ein Mitglied der Familie. Geh auf den Balkon hinaus, die zweite Tür rechts, das ist Joshuas Zimmer. Bestimmt freut er sich, sein Bett mit dir zu teilen. Ich fürchte allerdings, für dein Pferd Betsy wird im Bett kein Platz mehr sein."

„Nein, das wohl nicht, hahahaha!" George warf den Kopf zurück, und sein Gelächter dröhnte, daß der Hund nebenan wieder zu bellen begann.

„Still, du weckst mir die Mädchen auf!"

„Tut mir leid, Onkel, aber es war zu komisch. Stell dir doch vor, das Pferd!" Offenbar litten sie in der Wildnis sehr unter Mangel an Humor, wenn sie auf diesen armseligen Scherz so reagierten.

„Gut, gut, mein Junge, ab mit dir", sagte Boniface und versuchte, ihn zur Tür zu bewegen. Doch hätte er das ebensogut mit einem Felsblock tun können. Die bloße Berührung seines Bizeps gab ihm eine ziemlich klare Vorstellung davon, wie eine Umarmung dieses Freundes sein mußte. Es war ein Glück, daß der Junge jenen Burschen nicht zermalmt hatte. Boniface stellte sich Becky in diesen Armen vor ...

„Gute Nacht, Onkel", sagte der Felsblock. „Dank' dir, das Gespräch mit dir hat mir sehr gut getan."

„Wenn ich dir doch helfen könnte ..."

„Das hast du bereits getan. Wir sehen uns morgen früh. Gute Nacht."

„Schlaf gut."

Der Felsblock entfernte sich. Boniface rief ihm noch nach: „Zweite Tür rechts, vergiß es nicht!", denn die Möglichkeit, der Riese könnte in Abbys Schlafzimmer geraten, kam ihm in den Sinn. Wie George geartet war, würde er erst entdecken, daß er zu einem Mädchen ins Bett gestiegen war, wenn es laut aufschrie.

„Gute Nacht, Onkel. Ich muß vorher noch nach Betsy sehen."

„Gute Nacht!" Er seufzte. Dann setzte er sich wieder und nahm das Heft zur Hand.

„Am Weihnachtstage im Jahre des Herrn 1663 verstarb er . . ." Das hatte er schon gelesen, und von dem Kerker in Newcastle und von den Docks in Liverpool . . . jetzt hier: Die Laderäume des Sklavenfrachters, der Ann Traylor, Mistreß Best und ihren kleinen Sohn in die Neue Welt gebracht hatte. „Und dann war eine Nacht, in der ich, aus Angst in diesen stickigen Laderäumen umzukommen, auf Deck hinaufstieg. Plötzlich wurde ich im Dunkeln von hinten gepackt, eine brutale Hand erstickte meinen Aufschrei, ich wurde auf eine Rolle Tau niedergedrückt und trotz meiner verzweifelten Gegenwehr von einem vergewaltigt, dessen Gesicht ich nie zu sehen bekam. Und bis heute weiß ich nicht, wer der Vater meines Sohnes ist, doch bin ich ganz gewiß, Gott hat mir verziehen, daß ich niemals irgend jemandem gesagt habe, es wäre nicht Bonny Bakers Sohn."

Boniface wollte seinen Augen nicht trauen. Er las die Stelle noch einmal, bedachtsam, Wort für Wort. Dann ließ er das Heft sinken, und die Wahrheit dämmerte ihm auf. Es war ihm immer so schrecklich wichtig gewesen, der Enkelsohn einer Heiligen und Mitglied einer sehr vornehmen Familie zu sein: darauf war seine ganze Selbstachtung errichtet gewesen. Er griff das Heft wieder auf und las weiter.

„Ich muß gestehen, daß ich in den folgenden Jahren immer verzweifelt versucht habe, eine Antwort auf diese Frage zu finden: Wenn alles, was geschieht, mit Gottes Willen und Zulassung geschieht, warum ist es dann Sein Wille gewesen, daß ich von einem gesichtslosen Ungeheuer geschwängert wurde? Warum wurde mein Leib mit den Sünden unbekannter Vorfahren verflucht? Würde mein Kind für die Sünden von Vätern, die es nicht kannte, bestraft werden? Diese Vorstellung schien mir grausam, schändlich, gotteslästerlich. Mit schrecklichen, mörderischen Zweifeln gedachte ich der letzten Worte meines Gatten. Was, im Namen Christi des Erbarmers, konnte ,die Ernte von Licht und Liebe' sein, wenn sie aus diesem Samen entsprang? Dies war wahrhaftig eine Jungferngeburt: das gesichtslose Ungetüm im Finstern war der erste Mann, der mich erkannt hat.“

Boniface konnte kaum begreifen, was er las. Er war so erschüttert, daß er in die Knie sank und Gott fragte: „Warum? Warum ist mir diese Wahrheit offenbart worden? Und warum gerade jetzt? Gibt es dafür einen Grund?“

Aber keine Antwort kam, nichts war zu hören als das leise Zirpen einer Grille und das ferne Zischen der Wasser um Altar Rock.

3

Erst beim Frühstück am nächsten Morgen erfuhr Becky Baker zu ihrer Empörung, daß Joe Woodhouse von der Andachtsgemeinde in Philadelphia beauftragt worden war, als deren Vertreter sich einer Expedition ins Indianergebiet anzuschließen. Es ging um die Erneuerung des Umsiedlungsvertrags, den William Penn mit den Delaware-Indianern geschlossen hatte und durch den sie gezwungen worden waren, ins Irokesengebiet zu übersiedeln. Becky wollte ihren Ohren nicht trauen, denn Joe hatte der Sache in seinem Brief nicht Erwähnung getan. Und dann hatte Abby noch boshafterweise gesagt: „Aha, das betrifft dieses Blutbad, von dem ich heute nacht geträumt habe.“ Obwohl alle sich über Abby lustig machten, nahm Becky doch, von Sorgen gequält, George McHair nach der Mahlzeit beiseite und bat ihn, sich der Expedition anzuschließen und Joe zu schützen – nun ja, nicht gerade zu schützen, denn Schutzes sei er eigentlich nicht bedürftig, aber da er die Indianersprache nicht verstehe, würde es für ihn doch eine große Hilfe sein, wenn er jemanden bei sich hätte, der mit den Indianern reden konnte.

Der arme George war trotz seiner Riesenstatur und seiner dröhnenden Stimme der schwächste und unschlüssigste Mensch, der ihr je begegnet war. Erst wand er sich eine Weile, und schließlich erklärte er, dieser Beschluß komme nicht ihm, sondern der Andachtsgemeinde zu. So fing sie Onkel Jeremiah auf seinem Weg zur Andacht im Wohnzimmer ab und bat ihn kurzerhand, er möge der Andachtsgemeinde George McHair als Begleiter Joe Woodhouses aufnötigen. Onkel Jeremiah schien nicht gerade begeistert, und auch Peleg Martin nicht, den er dazuzog, aber schließlich sprach George wirklich die Sprache der Delawaren, denn sein Vater hatte ihn oft als Kind den Indianern in Obhut gegeben, wenn er zur Jahresversammlung zog, und so schien es doch eine vernünftige Wahl. Auf ihre Frage räumte George ein, daß er zwar selber Running Bull noch nie getroffen habe, sein Vater aber mit dem Häuptling der Unamis befreundet sei. Wie Becky gehofft hatte, bat Onkel Jeremiah George schließlich doch, sich der Expedition anzuschließen. Das konnte Onkel Jeremiah, da sie beide, er und Peleg, Mitglieder des Komitees für die Indianerangelegenheiten waren und da es sich hier um einen dringlichen Fall handelte. George brummte zwar, er habe Dringendes in Loudwater zu erledigen und sie sollten sich doch einen anderen suchen, aber Onkel Jeremiah, der inzwischen Gefallen an der Idee gefunden hatte, meinte, die Expedition breche doch erst nächste Woche auf, da bleibe George genug Zeit, das Seine zu erledigen.

Becky hatte während der Andacht beschlossen, George einen Brief für Joe mitzugeben. Dann aber überlegte sie es sich und beschloß, nicht einen, sondern zehn Briefe zu schreiben, einen für jeden Tag der Expedition. Sie gedachte die Briefe zu numerieren und Joe strenge Anweisung zu schicken, daß er immer nur den für diesen einen Tag bestimmten Brief öffnen sollte.

Nach der Andacht ging man auseinander, Vater in sein Arbeitszimmer, Josh aufs Feld, die Gäste zur Fähre. Sie lief George nach, der gerade im Stall sein Pferd sattelte. „Vetter George, würde es dir etwas ausmachen, noch ein Weilchen zu warten, damit ich Joe einen Brief schreiben kann?"

Der Junge sah sie verschreckt an. Onkel Jeremiah rief vom Wagen her, der sie zur Fähre bringen sollte: „Laß ihn in Ruhe, Becky! Er möchte doch so bald wie möglich heimkommen!"

Sie wollte bereits eine bissige Antwort geben, als George selber die Sache entschied. „Na schön", murmelte er nachgiebig. „Mir macht's nichts aus, heute abend ist Vollmond, da kann ich auch nach Einbruch der Dunkelheit reiten."

„Vollmond?" krächzte Peleg Martin. „Hast du gesagt, daß heute nacht Vollmond ist? Joshua!" schrie er dem Jungen nach, der im Begriff war davonzureiten. „Mach Caleb darauf aufmerksam, daß heute nacht Vollmond ist. Er soll aufpassen, daß nichts geschieht."

„Was sollte geschehen?" fragte Josh.

„Das ist nicht deine Sache, Junge! Vergiß nur nicht, es ihm zu sagen."

Josh stieg ab und übergab Harry die Zügel. „Halt sie mir solang." Damit ging er.

Zehn Briefe, jeder zärtlich, liebevoll, witzig, unterhaltsam, faszinierend – Becky hatte für den ganzen Tag zu tun. Sie bemerkte das enttäuschte Gesicht Georges, trippelte auf ihn zu, stellte sich auf die Zehenspitzen und küßte ihn auf die Wange. „Du bist ein Schatz, George", flüsterte sie. „Ich wüßte nicht, was ich ohne dich täte."

Sie lief ins Haus, strahlend vor Selbstbewußtsein, während er, seine Hand an der Wange, die sie geküßt hatte, ihr gedankenvoll nachstarrte.

„Lieber, lieber Joe! Da bist Du also Deine erste Nacht in der Wildnis, und hier bin ich, weit fort auf meiner Insel, und denke an Dich. Wenn Liebe Flügel hätte, müßten unsere Seelen sich halbenwegs treffen, über den Wolken, hoch über Philadelphia."

Sie würde ihn lehren, sich einzubilden, daß er sich so einfach drücken könne!

Im unsentimentalen Morgenlicht schien Boniface Baker alles weniger dramatisch als in der Nacht zuvor. Schon beim Frühstück im Familienkreis war ihm nicht mehr klar, warum ihn die Entdeckung, daß sein Großvater nicht ein Heiliger, sondern ein Frauenschänder gewesen war, so entsetzt hatte. Was konnte es jetzt noch ausmachen? Er war dadurch nicht verändert, nur war eine Illusion zum Teufel gegangen. Vielleicht war es hoch an der Zeit gewesen; er würde die Sache in Ruhe und ohne Aufregung überdenken, würde das Boot nehmen und flußabwärtstreibend seine Zweifel und Besorgnisse Gott anheimgeben. Doch vorher war noch einiges zu tun.

Er setzte sich in sein Arbeitszimmer und begann die Tagesarbeit, indem er die Liste der erforderlichen Stoffwaren durchsah. Calebs Schätzung hatte für die zweihundert Sklaven fünfhundert Ellen blaues Tuch, sechshundert Ellen gebleichten Hemdenstoff, sechshundert Ellen für Frauenunterwäsche, sechshundert Ellen Kaliko für Weiberkittel, hundert Tücher und hundert Strohhüte ergeben. Eine Fußnote Calebs lautete: „Strümpfe fordere ich nicht an, in der Annahme, daß das Strümpfestricken weiterhin den Haussklaven obliegen wird." Die Anforderung stellte eine spürbare Summe dar, zu der noch Calebs Gehalt von hundert Pfund jährlich und der Zweischillingbonus für jeden Kegel Indigo über hundertfünfzig zu rechnen war. Wie die Ernte augenblicklich aussah, würden sie in diesem Jahr gut abschneiden: Zweihundert Kegel waren eine vernünftige Schätzung. Doch der Übergewinn ging wieder an Reparaturen und Neuanschaffungen drauf. Ein neues Schaufelrad mußte angeschafft werden, bevor es zu weiteren Unfällen wie dem Tod Quash' kam. Es war auch an der Zeit, daß die Hütten überholt wurden. Sklaven Sauberkeit beizubringen war ein vergebliches Unterfangen. Der einzige Ausweg, um der Anhäufung von Dreck und Ungeziefer zu begegnen, war, die Hütten alljährlich gründlich zu renovieren und alles, was unter den Böden hervorgeholt wurde, zu verbrennen. Natürlich würde es keinen der Sklaven kränken, wenn er diese Aufwendung strich, doch Caleb achtete darauf. Er war, so unangenehm er auch sein mochte, ein sehr guter Aufseher.

Boniface überschlug gerade die Gesamtsumme, als Josh an der Türe klopfte. „Vater, könnte ich ein Wort mit dir reden?"

Die Unterbrechung verdroß ihn. „Was ist denn, Joshua?"

Josh trat ein. „Vater, da gibt's etwas, ich glaube, ich sollte es dir sagen. Es handelt sich um eines der Weiber. Caleb will Cleo von einem auswärtigen Beschäler belegen lassen, und ich fürchte, daraus könnte Unruhe entstehen."

„Caleb will was?"

„Er will Cleo morgen früh von einem Bock, den sie von der Septiva im Boot herüberschaffen, belegen lassen."

„Was um Himmels willen gibt ihm ein Recht, so etwas zu tun?"

„Weiß ich nicht. Das fragst du ihn lieber selbst."

„Das werde ich! Und zwar jetzt gleich!" Er stand auf. „Und dir bin ich dankbar dafür, daß du mir das gesagt hast. So gehen wir nicht mit unseren Sklaven um."

Der Junge zuckte die Schultern.

„Die Chaise ist an der Fähre. Ist es dir recht, wenn ich dein Pferd nehme?

„Natürlich, Vater."

Er klopfte dem Jungen auf die Schulter und ging zum Stall hinüber, wo er Joshs Stute gesattelt und an den Pfosten gebunden fand. Als er das erregte junge Tier bestieg, wußte er, daß er alle Hände voll mit ihm zu tun haben würde. Es war so recht die Art Pferd, die einem unerfahrenen Jungen gefällt. Gleich seinem Besitzer hatte es noch wenig Verstand und scheute vor einem Windgekringel im Indigogezweig, vor dem Herabstoßen eines Raubvogels, ja sogar vor einem plötzlichen Gurgeln in der Jaucherinne der Faktorei.

Boniface fand Caleb in der Faktorei, wo er das Abladen der Karren mit den Rispengarben überwachte. „Caleb! Wie ist dir diese lächerliche Idee gekommen, ein Frauenzimmer von irgendeinem Kerl, den sie nie gesehen hat, schwängern zu lassen? Was ist in dich gefahren?!"

Verwundert antwortete Caleb: „Was ist denn falsch daran, Boniface? Ich will doch nur eine Sklavin, um die sich die Burschen sonst raufen wie die Hunde um einen Knochen, für eine Zeit aus dem Verkehr ziehen. Seit der junge Pompey tot ist, lehnt sie es ab, sich auf einen festzulegen, weil es ihr Spaß macht, daß alle Männer um sie raufen: Mein Mittel ist der einzige gangbare Ausweg daraus. Übrigens, wer hat dir davon erzählt?"

Boniface war nicht gesonnen, diese Frage zu beantworten.

„Deine Argumente interessieren mich nicht. Auf meiner Pflanzung wird niemand wie eine Kuh zum Stier geführt. Das ist ein Greuel!"

Caleb blieb gelassen, eine bewunderungswürdige Eigenschaft für einen Aufseher. „Hör einmal, Boniface, ich weiß deine menschliche Teilnahme an deinen Sklaven zu würdigen. Aber da von mir erwartet wird, daß ich deine Nigger in deinem Interesse . . ."

„Ich will das nicht! Ich erlaube es nicht! Es wird nicht geschehen! Nicht solange ich in Reichweite bin!"

„Du brauchst ja nicht in Reichweite zu sein", sagte Caleb mit erstaunlicher Fassung. „Ich will es am anderen Ende der Insel besorgen lassen, und dort gibt es bestimmt niemand, dessen empfindliche Nerven darunter leiden könnten."

„Aber ich bin in Reichweite!" brüllte Boniface.

„Mir wäre lieb, wenn du es öfter wärst", sagte Caleb gelassen. „Es gibt bekanntlich keinen besseren Dung für die Felder als die Fußstapfen des Herrn."

„Caleb, ich will eine klare Antwort auf eine klare Frage: sind wir uns einig, daß diese . . . diese Scheußlichkeit nicht stattfinden wird?"

Caleb kniff die Augen zusammen. „Warum plötzlich aus einer Sache, die immer so gehandhabt worden ist, eine Affäre machen?"

Er hatte recht. Es war immer so gemacht worden. Man hatte Kinder von ihren Müttern und Frauen von ihren Männern fortgenommen, hatte sie auf dem offenen Markt verkauft. Immer waren die Argumente, die dafür sprachen, vernünftig gewesen. Und plötzlich wurde Boniface bewußt, daß dem Mädchen getan werden sollte, was Ann Traylor getan worden war. „Wo ist das Frauenzimmer? Wir wollen sie fragen, was sie wünscht."

Calebs Fassung schwankte. „Sie fragen?" wiederholte er.

„Ich stelle mich nicht prinzipiell gegen den Grundsatz der Zuchtwahl. Wogegen ich mich wehre, das ist die Vergewaltigung einer Weibsperson, auch wenn sie eine Sklavin ist."

„Aber freiwillig geht die doch nie darauf ein!" rief Caleb, nun endlich in Wut. „Das erzähl' ich dir doch die ganze Zeit! Im Augenblick ist sie die ungekrönte Königin all deiner Sklaven, weil sie jeden einzelnen unter den Männern toll macht."

„Das wird sie doch nicht immer tun. Früher oder später wird sie sich einen Gefährten wählen . . ."

„Einen Gefährten!" rief Caleb ärgerlich. „Warum, glaubst du wohl, treibt sie es so? Sie will einen Weißen, das ist es! Sie will deinen Sohn!"

Einen Augenblick stand Boniface wie vom Donner gerührt. Dann antwortete er mit bebender Stimme: „Ich will, daß sie pünktlich in einer Stunde in meinem Arbeitszimmer vor meinem Tisch steht. Und du auch." Er trat zu seinem Pferd. Das Füllen preschte vor, als wäre es aus einem Katapult geschossen. Boniface mußte seinen ganzen Verstand zusammennehmen, um nicht abgeworfen zu werden, während er querfeldein davonjagte.

Als Caleb Cleo in das Arbeitszimmer führte, hatte Boniface sich in eine solche Wut hineingesteigert, daß ihr Auftauchen als Antiklimax wirkte. Cleos Miene war ausdruckslos, ihr Gehaben mürrisch. Doch war sie statuenhaft schön. Kein Wunder, daß alle jungen Neger hinter ihr her waren.

Er fragte sie, ob es einen gäbe, den sie zu heiraten wünsche. Caleb mußte sie anstoßen, damit sie sich zu einer Antwort bequemte: „Keinen, Massa."

Es war ein Gespräch, bei dem nichts herauskam – für alle nur eine Verlegenheit. Vergeblich versuchte Boniface, etwas wie eine Antwort aus ihr herauszulocken. Eindeutiger Sieger blieb Caleb, obwohl Boniface sich auch jetzt noch weigerte, ihn seine schändliche Absicht zu Ende führen zu lassen. Sonst wurde nichts entschieden, doch als Caleb mit dem Frauenzimmer abzog, empfand Boniface eine gewisse Erleichterung. Es war unvorstellbar, daß Joshua, so wie er erzogen war, von dieser Frau in Versuchung geführt wurde. Allein schon ihr Geruch: Man witterte nicht nur die Ungewaschenheit, es war noch etwas Tierisches darin, fast mußte man an ein Reptil denken. Für einen Jungen, der an die Duftkissen und parfümierten Puder seiner Schwester gewöhnt war, konnte dieser Geruch nur abstoßend sein. In dieser Beziehung konnte Boniface beruhigt sein. Er seufzte, rieb sich die Augen, stand auf, ging zum Anlegeplatz, machte die alte Zille los und ruderte in den Fluß hinaus.

Die Vögel sangen im Schilf und in den Bäumen des Friedhofs. Knapp eine Woche war es her, seit er sich ebenso an der Insel hatte entlangtreiben lassen und dazu in der Vorstellung geschwelgt hatte, wie glücklich er war und wie die Insel ihres Namens würdig war. Die Bezeichnung Neues Eden, Neues Paradies, schien plötzlich verwirkt, weil die Unschuld verloren war. Auch seine Entscheidung, diese Negerdirne vor dem Schicksal seiner Großmutter zu bewahren, hatte das aufgestörte Bewußtsein seiner Tugendhaftigkeit nicht wiederhergestellt. Er fühlte sich beschmutzt, unrein. Welche Rolle spielte Vererbung in diesen Dingen? Sein Vater war ein freundlicher, sanfter Mensch gewesen, doch Jahleel Yarnall, ein Freund, der Vieh züchtete, hatte ihm einmal auseinandergesetzt, daß individuelle Besonderheiten zumeist eine Generation überspringen, bevor sie sich kenntlich machen. Bisher hatte er sich blindlings darauf verlassen, daß seine Impulse und Motive die denkbar besten wären, eben von ererbter Frömmigkeit bestimmt, und jetzt mußte er sie plötzlich verdächtig finden. Auch der leisen, fast lautlosen Stimme, die er in der Andacht zu hören glaubte, durfte er nicht mehr vertrauen. Es konnte gut und gern, wenn er sein Ohr neigte, das Geflüster seines Großvaters sein, das er vernahm.

Es gab nur mehr eine Lösung: Buchstabengetreu der Bergpredigt nachleben. Selber entscheiden, was gut und böse war, das konnte er nun nicht mehr.

Wer hatte da gepetzt? Die Frage wurde für Caleb zur Besessenheit. Er mußte herausbringen, wer der Zwischenträger war. Es gab für die Autorität eines Aufsehers nichts Schlimmeres als Klatsch zwischen dem Gutshaus und dem Sklavenquartier.

Im vorliegenden Fall konnte es nur ein Nigger sein, der dem jungen Joshua etwas gesteckt hatte. Das Logische war es also, den Jungen unter Druck zu setzen, um herauszubringen, wo die Quelle seiner Information lag. Aber wenn Joshua auch zur Zeit sein Lehrling war, eines Tages würde er hier der Herr sein. So holte Caleb zunächst Harry herein.

In dem Augenblick, in dem der finsterblickende, mürrische junge Sklave vor ihm stand, wußte Caleb, daß der es gewesen sein mußte. Es war das lebende Beispiel dafür, welch sentimentale Torheit es war, ein Niggerkind zum Spielgefährten der Herrenkinder zu machen. Harry war die längste Zeit seines Lebens in dem Herrenhaus wie ein Gleichgestellter behandelt worden. Kein Wunder, daß er es nicht ertragen hatte, plötzlich ins Sklavenquartier verwiesen zu werden. Caleb sah sich den Burschen an, wie er so dastand, mit hängenden Armen, den dicklippigen Mund zu einem Ausdruck frecher Dummheit geschürzt, in den hervorquellenden Augen das ganze Wesen aller gefangenen Tiere: „Ich werde der Schlauere sein, eines Tages brech' ich aus." Ja, das war ein Sklave, der bei erstbester Gelegenheit ausreißen würde.

„Hast du in der Halle herumgeschwätzt, daß ich Mr. Harris gebeten habe, Cudjo hierherzubringen?"

Der Junge brummte blöde. Etwas zu blöde für Calebs Geschmack. „Antworte! Hast du im Gutshaus von Cudjo gesprochen?"

Diesmal schüttelte der Junge den Kopf.

„Wenn du nicht antwortest, lass' ich dich an deinen Daumen aufhängen, bis du reden lernst."

Rebellion blitzte in den stumpfen Augen auf. „Wenn Sie mich anrühren", sagte der Junge drohend, „erzähl' ich's Miß Becky."

Bevor Caleb sich darüber klar wurde, was er tat, knallte seine Faust hart in die schwarze Fratze. Jahre waren vergangen, seit er das letzte Mal einen Sklaven grob angefaßt hatte, doch was der Junge da geredet hatte, war unerträglich. Verwöhnt durch die jahrelange Verhätschelung und den Schein der Gleichheit gelüstete es ihn jetzt nach der Tochter des Hauses. Caleb bedurfte seiner ganzen Selbstbeherrschung, um den schwarzen Affen nicht mit seinen Fäusten bis zur Erschöpfung zu traktieren. Was ihn daran beunruhigte, war, daß es ihm eine Befriedigung verschaffte; der Schlag hatte ihm ein böses, sinnliches Vergnügen bereitet, eine körperliche Genugtuung. Plötzlich flog die Türe auf und ein verängstigtes Geschöpf warf sich zu seinen Füßen: „Käp'n, Käp'n, ich war's nicht! Bitte, halten Sie die auf! Bitte, Käp'n! Die aufhalten!"

Es war der kleine, zwergenhafte Cuffee. Sein Verhalten war so unerhört, daß Caleb einen Moment lang verdutzt dastand. Jetzt hielt der auf dem Boden kriechende Zwerg einen Strick hoch und bettelte mit gefalteten Händen: „Bitte, Käp'n, bitte, retten Sie mich, retten Sie mein Leben, Käp'n, die bringen mich um!"

Jetzt wußte Caleb, woran er war. Zu dem, was jetzt geschehen mußte, wurden keine Zeugen gebraucht, am wenigsten der junge Harry. „Gut", sagte er. „Ich komme in einer Minute. Halt den Mund!" Und zu Harry: „Du gehst in deine Hütte und wartest dort, bis Scipio dich holen kommt. Ich weiß noch nicht, was ich mit dir tun soll, aber so viel kann ich dir schon jetzt sagen, aus dem Hausdienst wirst du entlassen. Dich schicken wir aufs Feld."

Der freche Hohn war plötzlich aus Harrys Gesicht gelöscht. Überstürzt gehorchte er, jäh vom Rebellen zum feigen Köter geworden. Nun, das war verständlich, denn aufs Feld zurückgeschickt zu werden, das versperrte ihm für immer alle Aussicht, seine Lage zu verbessern. Caleb wandte sich Cuffee zu. „Steh auf", befahl er. „Was zum Teufel ist los?"

Angstschlotternd kam Cuffee hoch. „Die werden mich umbringen, Käp'n, die bringen mich um! Sie haben mir das da durchs Fenster geworfen!"

Er zeigte den Strick.

„Wieso? Was soll das?"

„Es ist Quashs Gurt! Der Gurt von Quash! Ich war's nicht! Ich schwör' es Ihnen! Ich hab's nicht getan! Ich hab' ihn nicht getötet, es war ein Unfall! Aber das da bedeutet, daß sie mich dafür aufhängen werden!"

„Unsinn. Wenn sie dich henken wollten, hätten sie es schon längst getan. Gib mir das Ding da und geh heim."

„Nein, Käp'n, nein, Käp'n, bitte, bitte! Heute nacht machen sie es, es ist Vollmond!"

Er mußte etwas tun. Diese dramatische Eröffnung zu übersehen, wäre ein Zeichen von Schwäche gewesen. „Na schön", sagte er, „geh hinaus auf die Veranda. Du kannst bis morgen hierbleiben. Niemand wird dich aufhängen, wenn ich in Reichweite bin."

Der Sklave tastete nach Calebs Hand und bedeckte sie mit Küssen. „Käp'n", stammelte er „Gott segne Sie, Käp'n, Gott segne Sie! Sie sind der beste Quäker auf der ganzen weiten Welt! Sie sind . . ."

„Schluß jetzt!" Er bedauerte bereits, so weit gegangen zu sein. Die bloße Idee, diesen Nigger in seinem Haus zu haben . . . „Raus!" schrie er. Cuffee verschwand.

Caleb entdeckte Scipio auf der Veranda und rief ihn herein. Als der Sklaventreiber die Tür hinter sich geschlossen hatte, fragte Caleb: „Stimmt das? Wollen die den aufhängen?"

Scipio war bei seiner Antwort nicht wohl. „Nein, Käp'n", stammelte er mit kehliger Stimme, „es ist immer das Böse im

Schuldigen, das ihn an den Galgen hängt. Kein anderer könnte das sonst tun."

„Ich versteh' nicht, was du meinst."

Scipio warf einen Blick nach der Tür. „Wenn er Quash getötet hat", flüsterte er fast unhörbar, „dann wird er sich selbst aufhängen. Wenn er's nicht getan hat, dann nicht. Niemand wird Hand an ihn legen, keinen Finger. Er wird es selbst machen, wenn er schuldig ist."

Durch das schmutzgetrübte Fenster sah Caleb den jungen Joshua vor der Hütte halten und vom Pferd steigen. „Gut. Ich nehm' dich später noch vor. Vorläufig paßt du mir gut auf, daß Harry nicht mehr mit denen aus dem Gutshof spricht, mit keinem."

„Jawohl, Käp'n, jawohl." Aufatmend stürzte Scipio mit solcher Eile davon, daß er in der Tür fast auf Joshua prallte. Er sprang zurück, um den Jungen eintreten zu lassen, dann verschwand er mit einer Wendigkeit, die bei einem Mann seines Umfangs erstaunlich war.

„Guten Morgen, Joshua", sagte Caleb, „ich hab' mit dir zu reden."

Dem Jungen war es nicht recht behaglich.

„Man hat mir zugetragen, daß Cleo ein Auge auf dich hat."

„Unsinn!" protestierte der Junge nicht recht überzeugend.

„Ich weiß, daß du dir sowas nicht einfallen ließest. Aber weil wir gerade davon reden, möchte ich dir sagen, daß es für einen Jungen in deinem Alter und deiner Stellung ein Spiel mit dem Feuer ist, wenn er sich mit einer Niggerdirne einläßt."

„Ich muß sagen . . ."

„Du mußt gar nichts sagen, bevor ich ausgeredet habe!" Das war sicher nicht die richtige Art, mit seinem künftigen Brotgeber zu reden, aber jetzt hatte er von dem leisetreterischen Vernünftigsein genug. „Ich könnte dir an fünfzig Beispielen beweisen, daß es immer, wenn ein weißer Junge es mit einem Niggermädchen treibt, zu einer Sucht wird, zu einer eingewurzelten Gewohnheit, die er nicht mehr loskriegt. Hat er erst damit angefangen, so kann er nie mehr aufhören, und wenn er ein noch so nettes weißes Mädchen heiratet. Er kann einfach nicht dagegen an. Er wird zeitlebens, wann immer sich die Chance bietet, ins Sklavenquartier schleichen, um sich mit der oder jener dreckigen Hure hinzulegen. Es wird ihm vor ihm selber ekeln, aber frei kommt er von dem Morast nicht mehr. Einmal mit einer Sklavin ins Heu, und du steckst drin für immer."

Mürrisch hörte der Junge ihm zu.

„Schön", schloß Caleb, „paß jetzt auf, was sie in der Faktorei treiben. Die müßten mit dem Abladen schon beim zweiten Wagen sein. Achte darauf, daß sie die Rispen nicht brechen."

Joshua zögerte, als ob er etwas sagen wollte, schlurfte aber dann hinaus, rebellisch in seinem Gehorsam. Ein neues Problem. Plötzlich steckte die Welt so voll von Problemen, daß Caleb die Flasche aus dem Kasten, wo sie hinter einem Stapel Leibwäsche stand, hervorholen mußte.

Er war ein zu erfahrener Trinker, um sich mit einem Schluck, „Nur diesen einen!", zu betrügen. Er wußte genau, daß er, wenn er mit dem einen begann, nicht aufhören würde, bevor er umsank, und nach kurzem Zögern fand er die Idee gar nicht schlecht. Es würde kein einziges der Probleme lösen, aber es würde sie auf das richtige Maß zurückschrauben.

Nach den ersten langen Zügen der süßen, brennenden Flüssigkeit machte er sich keine Gedanken mehr darüber, was aus dem jungen Joshua würde, oder aus Cuffee, der da draußen um sein Leben zitterte und wartete, eingelassen zu werden. All das berührte ihn überhaupt nicht mehr, ihn, Caleb Martin, den künftigen Eigentümer einer kleinen Pflanzung auf dem Festland mit ein paar Sklaven, knapp so vielen, als nötig war, um den Laden profitabel zu machen. Gerade jetzt kam ihm ein glänzender Zukunftsplan. Warum sollte er eigentlich sein ganzes Geld auf eine Karte setzen? Warum sich darauf beschränken, erstklassiges Gemüse für die verfeinerten Gaumen der reichen Quäker von Philadelphia zu pflanzen? War es nicht gescheiter, sich einen Pack guter Bluthunde zuzulegen und für Zoll und Küstenwacht auf entlaufene Sklaven Jagd zu machen? Er wußte ihre Geheimwege, er kannte ihre Unterschlupfe, hatte ihre geheimen Rufe wie den des Ziegenmelkers im Ohr. Auch das war wieder ein Beweis, daß die Sklaven Untermenschen waren: jedem war klar, daß ein Ziegenmelker, wenn er zu schreien anfängt, nicht mehr aufhören kann; die Sklaven aber begnügten sich mit ein oder zwei Rufen. Die kapierten nicht, daß sie

ebensogut hätten eine Fackel anzünden und schwenken können. Es kam auf das gleiche heraus.

Als er die Flasche beendete, war er soweit, seinen Pakt mit
der Zukunft zu siegeln. Warum nicht eine zweite Flasche
aufmachen? Wenn er jetzt nüchtern blieb, erreichte er damit
auch nichts. Und wenn es dem armen Teufel auf der Veranda
einfiel, sich aufzuhängen, dann konnte niemand ihn daran
hindern, da war es das Beste, man drehte sich zur Wand und tat,
als ob man schliefe.

Er trank sich in eine so tiefe Betäubung, daß er kaum die
Trommelwirbel in der Ferne hörte. Trunken murmelte er: „Da
kann ich nichts machen. Einfach nichts. Niemand kann da was
machen."

Er rollte sich wieder zur Wand und schlief ein.

Joshua Baker wurde von fernem Trommelwirbel geweckt und
trat auf den Balkon hinaus. Es war Vollmond. Hätte Peleg
Martin ihm nicht diese versteckte Warnung für Caleb aufgegeben, so hätte er den Trommeln keinen weiteren Gedanken
gewidmet. In milden, mondhellen Nächten machten sich die
Sklaven mit Geige und Banjo gern ein Vergnügen, das bis in die
frühen Morgenstunden dauerte. Auf anderen Pflanzungen
waren Trommeln verboten, weil es für abgemacht galt, daß sie
zum Signalisieren dienten. Viele Quäker, die Sklaven hielten,
versagten es den ihren nur, um nicht die Nachbarn zu
provozieren. Auf dieser abgelegenen Insel aber hatte sein Vater
die Verfügung getroffen, die Neger dürften ihre Trommeln
schlagen, ohne daß jemand es ihnen verwehrte.

Diesmal schien eine große Anzahl von Trommeln in Tätig-
keit zu sein. Was sollte es? Was hatte Peleg Martin überhaupt
gemeint? Josh entschloß sich, der Sache nachzugehen. Man
hatte ihn oft gewarnt, nach Einbruch der Dunkelheit ins
Negerquartier zu gehen, niemand tat das, nicht einmal sein
Vater. Doch war der Ruf der Trommeln so zwingend, daß er
sich selbst unwiderstehlich hingezogen fühlte. Es würde nicht
schwer sein, unbemerkt heranzukommen, die Sklaven hatten
gewiß genug damit zu tun, den Tänzern zuzusehen oder selbst
zu tanzen. Sein Fohlen würde er in der Faktorei lassen.

Als er die mondhellen Stellen und die Schatten im Hof überquerte, merkte er, daß sein Pferd unruhig war. Es war wohl unvernünftig, das junge Tier in einer solchen Nacht zu reiten, wenn Schatten über den Weg sprangen und Nachteulen darüber hinwegflatterten. Es war ein gutes Stück Weges, aber er würde doch zu Fuß gehen müssen.

Als er das Feld erreichte, verließ er den Hauptweg und wählte einen der schmalen Gänge, die durch das Gesträuch führten. Die Nacht war voll fremder, lispelnder und raunender Laute. Die Schatten der Büsche glichen hockenden Gestalten. Mehrmals stockte er, bevor er näherzutreten wagte, und fand dann doch nur, daß das Mondlicht seinen Scherz mit ihm getrieben hatte. Einen Teil der Verzauberung machten wohl die Trommeln mit ihrem unaufhörlichen Pochen aus. „Komm, komm, komm!" Er formte sich Sätze und Verse, während er durch die schmalen Gänge geisterte. Jetzt sah er die schwarzweißen Würfel der Faktoreigebäude gespenstisch im Mondlicht stehen, eine Traumlandschaft, und plötzlich wurden die Trommeln lauter. Er spähte zwischen zwei Büschen hindurch, und es bot sich ihm ein Anblick dar, der ihn mit Angst erfüllte.

Zwischen den mondlichtüberglänzten Würfeln bewegten sich zwei nackte Tänzer, eine mächtige schwarze Frauengestalt, über und über mit weißen, unheimlichen Zeichen bemalt, und ein kleiner, offenbar wahnsinniger Mann. Als das seltsame Paar tänzelnd und sich drehend langsam auf ihn zukam, erkannte er zuerst Mammy, dann den andern. Es war Cuffee. Sie schienen eine Art Schlangentanz auszuführen; Mammy schwang, die Arme über den Kopf, vor- und rückwärts, ließ das weiße Seil, das sie in der Hand hielt, sich den einen Arm hinunter, dann um den Hals und wieder um den anderen Arm schlängeln. Sichtlich ging die Leitung des Tanzaktes von ihr aus. Cuffee bewegte sich mit nervösen Sprüngen und Wirbeln, seine Bewegungen wirkten fast abgerissen, fügten sich erst später einem rhythmischen Muster, das ihm offenbar von dieser elefantenhaften Riesin auferlegt wurde, die sich trotz ihrer Größe mit katzenhafter Anmut bewegte. Jetzt verschwanden sie hinter dem Wagenschuppen, gefolgt von einer Menge, deren Größe im Mondlicht schwer zu bestimmen war, doch mochten es alle Sklaven der Siedlung sein. Vier Männer schlugen die

Trommeln, die übrigen hatten sich in einen seltsam verrückten sprunghaften Rhythmus hineingesteigert. Bald war der ganze Zug hinter dem Schuppen verschwunden.

Als die letzten Nachzügler außer Sicht waren, wagte sich Joshua ins Freie. Er rannte, so rasch er nur konnte, quer über den Hof, und war sich dabei durchaus bewußt, daß er im Mondlicht weithin sichtbar war. Erst als er in den Schatten des Stallbaus getaucht war, stand er still, den Rücken gegen die Wand, keuchend, lauschend, nervös um sich blickend.

Nichts rührte sich. Hinter der Wand zerrten die Maultiere an ihren Ketten. Hinter dem in Dunkel liegenden Bau dröhnten die Trommeln rhythmisch. Es war Torheit, doch er mußte sehen, was vorging. Behutsam tastete er sich an der Stallwand bis zu der Ecke vor, aus der er den mondhellen Hof überschauen konnte. Jetzt war sein Herz wirklich in seinem Hals – obwohl er keine Idee hatte, was sie ihm tun würden, war doch die bloße Vorstellung, ertappt zu werden, entsetzlich. Diese Neger waren nicht die gefügigen und freundlichen Leute, für die er sie immer gehalten hatte. Was hier vorging, war kein kindisches Gelärm unterwürfiger Schwarzer, sondern der heidnische Ritus eines primitiven Stammes. Je näher er der Ecke kam, um so mehr spürte er die unheimliche Macht, die hier am Werke war. Die Trommeln hatten jetzt ein Crescendo beherrschter Wut erreicht, das stark genug schien, Ketten zu zerreißen und Wände zum Einsturz zu bringen.

An der Ecke machte er halt. Er war zutiefst erschreckt und doch gleichzeitig unwiderstehlich angezogen. Er mußte das sehen, er mußte! Er hob einen Fuß, dabei stieß er gegen etwas Weiches, das plötzlich mit einem summenden Geräusch explodierte und einen erstickenden Geruch ausströmte. Den Bruchteil einer Sekunde lang wollte er zurückspringen, doch dann ließ ihn der Geruch erraten, daß er in Indigoreste getreten war und Fliegen aufgescheucht hatte, die sich hier für die Nacht niedergelassen hatten. Es mußten viele Tausende sein, ihr zorniges Gesumm umtobte ihn in monotoner Wut; allmählich ließ es nach.

Das Mißgeschick hatte einige Momente seine ganze Aufmerksamkeit abgelenkt. Als er wieder ruhig atmen konnte, kam ihm zu Bewußtsein, daß sich etwas geändert hatte. Einen

Augenblick lang stand er, von einer animalischen Furcht gepackt, an die Wand gepreßt. Dann begriff er, was geschehen war. Die Trommeln hatten ausgesetzt. Sie schienen den Atem anzuhalten.

Los, geh' ruhig weiter, sagte er sich, es ist ja doch nur ein Rudel Nigger! Laß dich von ihren Possen nicht einschüchtern, sie trauen sich ja nicht, dich anzurühren! Es wäre ja Selbstmord für sie, wenn sie den Sohn des Hauses anfielen. Doch das war sinnloses Geschwätz, denn es waren ja nicht die Nigger, vor denen er sich fürchtete. Indem er sich unter sie wagte, war er selbst Teil einer unheimlichen Welt geworden, der Wildnis, der Natur selbst. Er spähte um die Ecke.

Er sah Cuffee neben dem mittleren Kessel stehen, dem Kessel mit dem Schaufelrad. Er tanzte in bizarren Windungen, die weiße Schlange des Seils in seinen Händen. Mammys schwarzer Riesenleib, die Arme zu der sich windenden Gestalt ausgestreckt, bewegte sich im Mondlicht. Er hörte ein rhythmisches, gutturales Geräusch und begriff, daß es von ihr kam: es war ein Knurren, jedoch in demselben Rhythmus, in dem die Trommeln gedröhnt hatten, bevor sie still wurden. Die Szene war von solcher faszinierender Gewalt, daß Joshua alle Vorsicht außer acht ließ; in diesem Augenblick stieß jemand gegen ihn und schleuderte ihn zu Boden.

Die nächsten Sekunden gehörten einer wahnsinnigen Todesangst. Er fühlte, wie alle Kraft ihn verließ. Das nächste, was er gewahrte, war das Schwirren von Fliegen. Dann drang in sein Bewußtsein, daß der Körper, der ihn an den Boden genagelt hielt, sehr leicht war. Das konnte nicht Scipio oder sonst einer der Negerriesen sein, nur ein Kind oder eine Frau. In der Panik des Sturzes war er unfähig gewesen, irgendeinen Eindruck festzuhalten. Jetzt war ihm bewußt, daß er eine Frau berührte, eine Frau, die nackt war und schlüpfrig von Schweiß. Sie hielt ihn mit ihren gespreizten Beinen fest, seine Beine waren im Griff ihrer Hüften. Jetzt beugte sie sich langsam über ihn, im Sternenlicht sah er ihre Silhouette. Ein weicher, heißer, hungriger Mund fand den seinen. Es war Cleo.

Das Erkennen gab ihm seine Kraft wieder. Er wehrte sich heftig, während ihr heißer, hungriger Mund ihn ersticken wollte und ihre Zunge die seine suchte. Dann überwältigte ihn plötzlich eine Schwäche. Mit unheimlicher Wachheit erfaßte sie den Moment, sprang auf ihre Füße und riß ihn mit erstaunlicher Kraft hoch. Er wollte Widerstand leisten, aber sein Körper folgte ihm nicht. Sie zischte: „Still!" und zerrte ihn hinter sich her ins volle Mondlicht.

Quer über den offenen Platz schleppte sie ihn zu den Büschen. Als die Schatten sie einhüllten, fiel er ins raschelnde Laub. Er blickte auf und sah sie über ihm, Schultern und Brüste schweißnaß, im Mondlicht gleißen.

Beulah Baker erwachte in der stickigen Nacht von einem Traum: Es war Krieg, Soldaten stürzten, brüllten vor Schmerz, Frauen jammerten über den Körpern ihrer toten Kinder, ein Baby wurde in den Trümmern eines Hauses geboren, frechmäulige Soldaten umstanden es. Endlich erwachte sie, betäubt, im Nachgefühl einer Katastrophe. Sie konnte nicht im Bett bleiben, sie mußte aufstehen. Jetzt erst kam ihr zu Bewußtsein, daß ihr Gatte nicht neben ihr lag. Es war eine Folge jenes Traums, daß ihre Verzagtheit sich in ein konkretes Vorgefühl verwandelte: Etwas Schreckliches war passiert. Ihm war etwas zugestoßen.

Hastig schlüpfte sie in ihren Morgenrock, lief auf den Balkon hinaus und sah Licht, das aus den offenen Türen seines Arbeitszimmers kam. Mit unsäglicher Erleichterung sah sie ihn in seinem Lehnstuhl sitzen und lesen. „Liebster, kommst du denn nicht ins Bett?"

Wie ein Erwachender blickte er auf, lächelte und sagte: „Ach ja, gleich. Wie spät ist es?"

„Keine Ahnung. Es muß nach Mitternacht sein. Hast du die ganze Zeit gelesen?" Sie erkannte die Tagebücher, und aus irgendeinem Grund, über den sie sich nicht Rechenschaft ablegen konnte, hatte sie wieder ein Gefühl von etwas Drohendem.

„Ja", sagte er, „sie sind faszinierend. Ich weiß zum Beispiel jetzt, warum John McHair . . ."

„Still!" Sie hob eine Hand und horchte gespannt.

„Was ist denn?"

„Sssst!" Trotz ihrer Taubheit hatte sie etwas gehört, ein

Geräusch im Baum wie von einem großen Tier. „Da bewegt sich irgend etwas . . .“

In Sorge um ihre Kinder, deren Schlafräume die Türen offen hatten, lief sie über den Balkon und sah gerade noch etwas in Joshuas Raum verschwinden. „Bonny! Schnell! Da ist jemand in Joshs Zimmer geschlüpft!“

Er war ihr auf den Balkon gefolgt. „Was hast du gesehen?“

„Einen Mann. Er muß jetzt drinnen sein . . .“

Mit erstaunlichem Mut schritt er über den Balkon zu den Türen, durch die sie den Eindringling hatte verschwinden sehen. Um seine Sicherheit besorgt kam sie hinterdreingelaufen. Sie erschienen gleichzeitig auf der Schwelle und sahen sich Joshua gegenüber, der sich im Licht einer offenbar eben erst angezündeten Kerze entkleidete.

Erleichtert und zornig fragte sie: „Was soll das heißen, daß du mitten in der Nacht draußen herumschleichst? Wo bist du gewesen?“

Ihr Mann winkte ab. „Warst du das, der da eben über die Balustrade geklettert ist, Joshua?“

„Vermutlich.“ Es klang mißlaunig, sogar feindselig. Das Schuldgefühl stand ihm ins Gesicht geschrieben; immer sah er so aus, wenn er etwas angestellt hatte. Sie gewahrte an ihm einen fremden, moschusartigen Geruch. Wo mochte er gewesen sein?

„Erkläre dich, Joshua!“ befahl ihr Mann streng.

Der Junge zuckte die Schultern. „Ich habe trommeln gehört, und da dachte ich, als Aufseherlehrling müßte ich herausfinden, was da im Gange ist.“

„Und was hast du gefunden, wenn ich fragen darf?“

„Nichts. Die Nigger trieben im Mondlicht ihren Spaß. Harmloser Unfug. Weiter nichts.“

Der Zorn ihres Gatten war schon verflogen. „Schön, aber tu das nicht wieder. Du solltest wissen, daß man nach Einbruch der Dunkelheit nicht mehr hinübergeht.“ Er legte seine Hand auf ihren Arm und wandte sich zum Gehen. „Gute Nacht, Josh, schlaf gut.“

„Schlaft gut, Mutter, Vater.“

„Gute Nacht, Kind“, sagte sie. Es bestand da kein Zweifel für sie, Joshua hatte etwas auf dem Kerbholz. Sie konnte er nicht täuschen, nicht die eigene Mutter. Was war das nur für ein Geruch? Er war ihr vertraut, und doch vermochte sie ihn nicht zu bestimmen. Vielleicht konnte es Bonny. Als sie an der Schlafzimmertür vorbeikamen, wollte sie ihn hineinziehen, aber er widersetzte sich.

„Laß mich erst diese Hefte wegsperren."

„Was hat er angestellt, Bonny?"

Er legte seinen Mund an ihr Ohr. „Still! Es ist bestimmt alles in Ordnung. Geh ins Bett."

Sie konnte sein Gesicht im Mondlicht nicht deutlich ausnehmen, aber etwas sagte ihr, daß er mehr wußte, als er ihr zugeben wollte. Was ging da vor? Sie war plötzlich wieder von diesem Gefühl von etwas Drohendem gepackt, wieder gab es schreiende und sterbende Soldaten, das Haus brannte, ein Kind wurde wie ein Hündchen vor diesen mit Dreck und Blut besudelten Männern, die es anstarrten, geboren. „Ich glaube", sagte sie, „er sollte zu Abe Woodhouse als Lehrling geschickt werden, oder zu Obadiah Best. Er ist noch zu jung, um einen Sklaventreiber abzugeben."

„Still, liebes Herz!" sprach er in ihr Ohr. „Nicht jetzt! Geh zu Bett! Ich komm gleich nach."

„Ja..." Ihr fiel ein, daß er laut gesprochen haben mußte, und plötzlich fühlte sie sich entsetzlich müde und niedergeschlagen.

Er kehrte in sein Arbeitszimmer zurück, sie in den Schlafraum. Sie fragte sich, ob sie ein paar Tropfen Daffy-Elixier nehmen sollte, um ihre Nerven zu beruhigen. Aber das lohnte wohl nicht. Einschlafen würde sie nun nicht mehr, die Nacht war halb vorüber.

Sie lag eine Weile auf dem Rücken, hatte die Augen offen und starrte ins Mondlicht. Sie sank in einen unruhigen Schlaf, aus dem sie durch Rufe vom Rasen herauf geweckt wurde. Sie ging hinaus und sah Mammy geisterhaft in einem weißen Nachthemd mitten im ungewissen roten Dunst der Morgendämmerung stehen.

„Massa! Massa! Kommen! Massa! Cuffee! Cuffee hat sich aufgehängt!"

So schrecklich die Meldung auch war, Beulah war erleichtert. Also darauf hatten sich die Ahnungen bezogen, die sie die ganze

Nacht über bedrückt hatten! Ein Sklave hatte sich erhängt. „Bonny, komm heraus! Cuffee hat Selbstmord begangen!"

„O mein Gott . . ." Er saß, die Nachtmütze schief auf dem Kopf, im Bett, und sein Gesicht war hager und greisenhaft.

Der Körper war eine grausige Puppe mit verlängertem Hals und hervorquellender Zunge, er baumelte von dem Balkenhebel über dem Schaufelrad. Als Joshua Baker seinen Blick darauf richtete, erkannte er die Wahrheit: In einem Narrenparadies hatte er gelebt mit seinem Dummenjungentraum von Heirat und Liebe und vom Ankauf eines Planwagens, auf dem er mit Cleo in die Wildnis zog, hinter die Berge. Bis zur Morgendämmerung hatte er mit heißen Augen wachgelegen, noch trunken vom Delirium des Mannwerdens, besessen von einem Geschöpf, halb Tier, halb Weib, das in einem Nahkampf voll Wut und Zärtlichkeit die Kraft der Männlichkeit in ihm entfesselt hatte. Jetzt hatte er eine Geliebte, jetzt war er ein Mann. Aber er war mehr als das: ein Neuerer, ein Wegweiser. Er würde beweisen, daß die Neger Menschen waren, daß auch Cleo das Göttliche in sich trug, daß sie ebenso einzig und unersetzlich war in ihrer menschlichen Besonderheit wie er.

Doch nach einem Blick auf die scheußliche Puppe mit ihrer monströsen, purpurfarbenen Zunge wußte er es anders. Sie hatte sich an ihn geschmissen, nicht weil sie ihn liebte, sondern weil er nicht Zeuge eines Mordes sein sollte.

Nach dem ersten Schock wurde er von einem jähen Rachedurst überwältigt. Er würde Cleo behandeln, wie sie es verdiente: als schmutzige Hure, als Verbrecherin, als primitives Tier mit der bösen Kraft, ihn bis zur Raserei zu bringen, als seelenlosen Weibskörper, an dem er sich vergnügen konnte, wann immer ihm der Sinn danach stand, und den er mit einem Tritt beiseite schleuderte, wenn er damit fertig war. Er würde keine Ruhe finden, bevor sie sich nicht zu seinen Füßen geworfen, bevor er ihr nicht gezeigt hatte, daß er der Herr war. Die sollte lernen, was solchen Hündinnen geschah, wenn sie die Frechheit hatten, ihren Besitzer zu hintergehen.

Er ging zu Caleb und fand ihn auf seiner Bettstelle, auf dem Boden neben ihm stand eine leere Flasche. Es war das erste Mal, daß er ihn betrunken sah. Gestern noch hätte ihn der Anblick entsetzt, jetzt konnte er mit Gleichmut auf den jämmerlichen Schwächling hinabblicken.

Als er dem halb bewußtlosen Caleb eröffnete, daß er Cleo zum Dienst im Gutshof überwiesen haben wolle, richtete sich der Mann auf den Ellbogen auf und war plötzlich nüchtern. „Nie!" krächzte er. „Das werde ich niemals zulassen! Nicht im Gutshof, hörst du? Ich dulde es nicht, daß du im Haus herumhurst! Nicht vor deinen Schwestern und deiner Mutter!" Er schlug sich mit der Hand auf die Stirn und fiel zurück, als wäre er von eigener Hand gefällt. So lag er da, trunken ächzend: „Nein, das nicht, das nicht!"

„Lieber Freund", sagte Joshua mit eisiger Gelassenheit, die ihn selbst überrraschte, „entweder überweist du Cleo ins Haus oder ich sage meinem Vater, daß Cuffees Tod Mord war, auch Quashs Tod und Hannibals, und daß Pompey aller Wahrscheinlichkeit nach auch nicht an einem Schlangenbiß gestorben ist."

Caleb schirmte seine Augen mit den Händen und schüttelte in trunkenem Elend den Kopf. „Dann sag's ihm! Aber ich lass' dich nicht an die Schwarze heran, nie!"

„Ein Moment noch", fuhr Josh kalt fort. Er war ein anderer Mensch seit dieser wilden Nacht seiner Einweihung. „Ich sage ihm auch, daß du Sklaven prügelst."

Das wirkte. „Was? Wer hat dir das gesagt?"

Es war ein Schuß ins Schwarze. An diesem Morgen hatte Joshua auf dem Weg zu den Sklavenquartieren Harry gesehen, der wie ein verprügelter Köter aussah. Also stimmte es. Natürlich wurde im geheimen immer geprügelt, auch Quäkeraufseher mußten ihre widerspenstigen Sklaven unter der Fuchtel halten, nur fiel es ihnen schwer, es verwandelte sie in menschliche Wracks wie diesen jämmerlichen Säufer da. Was für Aussichten! Wahrhaftig nichts für ihn. „Los, reiß dich zusammen. Hör einmal: Du schickst also Cleo ins Haus, und ich halte meinen Mund. Das ist jetzt abgemacht."

„Aber warum?" fragte Caleb hilfloser und verzweifelter, als Josh es für möglich gehalten hätte. „Was ist in dich gefahren? Was willst du?"

„Sie. Immer wenn es mir beliebt."

„O Gott!" stöhnte Caleb und bedeckte sein Gesicht wieder mit den Händen. „Was habe ich da angerichtet!"

Damit wandte er Joshuas Verachtung in Wut. „Jämmerlicher Feigling!" schrie er. „Heraus aus dem Bett! Da draußen hängt ein Toter, du hast für die Beerdigung zu sorgen! Steh auf und tu deine Arbeit, statt mir zu predigen! Was ich tue, geht dich nichts an! Das ist mein Leben, und sie ist meine Hure! Auf!" Er stieß mit dem Fuß gegen das Bett. „Auf, sag ich!"

Trotz seiner neuerworbenen Selbstsicherheit war er überrascht, als Caleb Martin gehorchte und die Beine aus dem Bett schwang. „Bitte, Joshua", stöhnte er, „gib mir mein Mieder!"

Josh war selbst über seine Antwort entsetzt: „Hol's dir selbst! Bild dir nicht ein, daß ich dich in Zukunft noch verwöhne! Such dir einen andern Lehrling!"

Stolz stapfte er aus dem Zimmer, doch fühlte er sich zutiefst bestürzt. Heimlich hatte er doch damit gerechnet, daß ihm Caleb das nicht durchlassen würde.

Doch das war ja Unsinn. Da mit Caleb nicht zu rechnen war, mußte Joshua die Zügel in die Hand nehmen. Jetzt mußte er Ordnung schaffen in diesem Chaos wildgewordener Sklaven, in diesem Gejammer und Geschrei von zweihundert hinterhältigen Tieren, die ihre Chance erkannten, einen Tag blaumachen zu können. Er würde es ihnen zeigen, wer jetzt hier der Herr war.

Befriedigt stellte er fest, daß es ihm gelungen war, sie zu überrumpeln. Mit einer neuen Autorität, gegen die es keine Auflehnung gab, jagte er sie auf die Felder zurück. Scipio beauftragte er, dafür zu sorgen, daß die Feldarbeiter doppelt leisteten und die verlorenen Stunden einbrächten, bevor sie wieder heimkehren durften heute abend. Zwei alte Sklaven, die sonst meist Sonnenblumenkerne kauend vor ihren Hütten saßen, beauftragte er, den Leichnam vom Schaufelrad zu schneiden, auf einen Wagen zu legen und hinüber ins Hospital zu schaffen.

„Aber sofort!" Sie gehorchten. Als er sie auf ihren jämmerlichen Plattfüßen gichtig zur Faktorei hinken sah, kam ihm der Einfall, daß sie vielleicht nicht mehr imstande sein würden, die Maultiere zu lenken. Es bedeutete ihm eine böse Befriedigung, Harry zum Kutschieren des Totenwagens zu beordern. Harry gehorchte so demütig wie vorher Caleb, er erlaubte sich nicht einmal einen vorwurfsvollen Blick.

Als die Siedlung menschenleer war, kehrte Joshua zum Haus des Aufsehers zurück. Niemand war zu sehen, die alten Weiber und die Kinder waren in die Hütten geflüchtet. Er spürte, wie sie ihn durch Spalten und Risse verängstigt beobachteten. Seine Methode war die einzig richtige, diesen wilden, primitiven Stamm, den er in der vorigen Nacht zum ersten Mal gesehen hatte, unters Joch zu bringen. Liebe, Achtung des Mitmenschen, Quäkerhumanität konnten die nicht unterkriegen, die waren eine andere Gattung, die konnten nie domestiziert werden. Die begriffen nur Gewalt. „Tu, was ich dir sage, oder ich bring' dich um." Das war das Geheimnis: Das Wissen, daß, wenn es zum letzten kam, er allein die Macht hatte, als erster zuzuschlagen. Also nie unbewaffnet gehen, immer auf der Hut sein, denen nie trauen. Gestern nacht hatte Cleo ihn besiegt, weil sie ihn überraschte. Wahrscheinlich war sie ihm den ganzen Weg schon gefolgt. Es gab keine andere Erklärung. Die überwachten jeden Schritt der Menschen aus dem Gutshaus und warteten auf die Chance, zuzustoßen. Sie hatte ihn eine Lektion gelehrt, die er nie vergessen würde.

Caleb saß noch im Hause, den Kopf in die Hände gestützt. Als er aufblickte, waren seine Augen blutunterlaufen und verschwommen.

„Na?" fragte Josh.

Caleb räusperte seine Kehle frei und wandte den Blick von ihm ab.

„Ich kann's nicht machen, Joshua. Ich kann es ganz einfach nicht. Kann's deinen Schwestern nicht antun, deinen Eltern, nicht einmal dir selbst!"

„Schön", sagte Joshua, wieder mit der vagen Hoffnung, Caleb würde ihn doch noch zurückhalten. „Dann geh' ich jetzt und sage meinem Vater, daß du Sklaven geprügelt und gequält hast. Guten Tag."

Caleb hatte nicht einmal die Kraft durchzuhalten, bis Joshua an der Tür war. „Nein", rief er, „warte, ich habe es mir überlegt. Ich . . . ich überlass' dir mein Haus, mein Bett, heute abend oder jeden Abend, wenn ich zur Andacht gehe. Deinen Eltern sag' ich, daß du eingewilligt hast, das Sklavenquartier in meiner Abwesenheit zu überwachen. Aber nimm um Gottes willen dieses Weibsstück nicht ins Gutshaus, bitte!"

Mit tiefem Widerwillen, denn jetzt hatte Caleb ihn noch einmal enttäuscht, sagte Joshua: „Schön, mag es so sein, fürs erste. Und gib dir keine Mühe, meinen Eltern irgendwas zu erklären, das ist nicht deine Sache." Im Hinausgehen sah er, wie Caleb unbeholfen versuchte, sich in das Mieder zu zwängen. Sein Gewissen drängte ihn, Caleb zur Hand zu gehen – schließlich war der Mann faktisch hilflos. Aber das Gefühl seiner Macht war noch so neu, er wollte es nicht mit einem Akt der Freundlichkeit auf die Probe stellen. Er sagte: „Laß dir nur Zeit. Ich habe schon alles veranlaßt. Du kannst wieder ins Bett gehen und deinen Rausch ausschlafen." Damit schlug er die Türe zu.

Insgeheim hoffte er, sein Vater würde ihn zurückhalten, als er vor der Andacht erklärte, daß er abends im Sklavendorf bleiben würde, aber niemand erhob Einwand. Sein Vater schien es für löblich zu halten, daß er die Pflichterfüllung der seelischen Speisung vorzog. Auch die Mutter schien auf geheimnisvolle Weise befriedigt. Becky kehrte zu ihren eigenen Beschäftigungen zurück, Abby, die normalerweise voll brennender Neugier nach gruseligen Einzelheiten gefragt hätte, schien von der Tatsache ungerührt, daß ein Sklave sich beim Schaufelrad erhängt hatte.

Als Josh eine Stunde später am Ende der Ortsstraße zu Pferd zwischen den Hütten auftauchte, flüchtete alles in die Hütten. Wie schon früher ritt er auf einer menschenleeren Straße zum Haus des Aufsehers. Doch Caleb war nicht da. Josh fand ihn auf dem Feld. Alle Hände waren noch am Werk, ja, Joshua glaubte bei seinem Auftauchen eine merkliche Zunahme des Fleißes zu beobachten. Cleo entdeckte er am andern Ende des vierten Feldes bei den Wassertrögen hockend. Sie blickte gleichmütig auf, als er mit seinem Pferd vor ihr haltmachte. „Ich will dich nach dem Glockenschlag im Haus des Aufsehers haben. Sei zur Stelle, sonst trete ich dich in den Bauch."

Er glaubte, ein Aufblitzen von Angst in ihren Augen zu lesen, aber zu seiner Überraschung grinste sie nur. „Gewiß", sagte sie wie zu einem Kind, „ich werde da sein, Joshua."

Nie zuvor hatte sie ihn mit Namen angesprochen. Außer

Harry hatte es kein Neger je gewagt. Er wußte, daß er sie schlagen sollte, über sie hinwegreiten, ihre Tröge umstoßen, sie in die Flucht jagen, aber er war verwirrt, riß sein Pferd herum und galoppierte davon.

Er war an diesem Abend auf ihre Listen gefaßt. Er saß, auf sie wartend, im Aufseherhaus, eine gute Weile vor Glockenschlag. Er hörte die Sklaven draußen vorbeischleichen, seiner Gegenwart hinter der geschlossenen Tür bewußt. Die Glocke schlug an. Beim zweiten Schlag ging die Türe auf. Da war sie.

Er hatte sich alles sorgfältig zurechtgelegt. Zuerst mußte er ihr das blöde Grinsen aus der Fratze schlagen. Sie schloß die Tür hinter sich und lehnte sich dagegen. Dann ließ sie mit einem geschickten Zucken ihrer Schulter ihr schäbiges Kleidchen hinunterrutschen.

„Komm her, du Hündin", sagte er.

Geschmeidig kam sie heran, mit dem ganzen Selbstvertrauen eines prachtvollen Tieres. Ihr Duft weckte Verlangen in ihm. „Du hast mich angeführt", sagte er zornig. „Es war ein Trick, damit ich Cuffee nicht hängen sah."

Sie ließ einen kehligen Laut hören, den er nicht zu deuten wußte. Es hatte keinen Sinn, ihn verstehen zu wollen; dieser Laut gehörte einer andern Tiergattung an. Ihn interessierten weder ihre Gedanken noch ihre Gefühle. Was er brauchte, war ihr Körper. Aber erst mußte sie gezähmt werden.

„Ich werde dir zeigen, wie man mit Dirnen wie dir umgeht", sagte er. Und mit aller Kraft, über die er gebot, schlug er sie ins Gesicht.

Sie ließ einen Schmerzenslaut hören und stürzte zu Boden. Einen Moment lang wand sie sich in jammervoller Pein. Er war selbst betroffen und blickte auf sie hinab. Der Schlag war härter gewesen, als er vermeint hatte. Was ihn verblüffte, war die sinnliche Erregung, die der Schlag geweckt hatte.

Jetzt wimmerte sie nicht mehr, lag still, wandte ihm das Gesicht zu und lächelte ihm mit verzogenem Mund entgegen. „Joshua", flüsterte sie, „starker Joshua! Wie stark du bist, Mann! Komm, starker Mann, komm!"

Alles, was in ihm noch empfindsam war, drängte ihn zu laufen, so schnell seine Beine ihn trugen. Zu laufen, bis nach Hause. Aber sein Begehren war stärker.

Caleb Martin saß im Kreise der Familie im Wohnzimmer des Gutshauses zur Andacht.

Normalerweise schöpfte er aus diesen Andachten ein gewisses Maß inneren Friedens und der Tröstung, doch nicht heute abend. Er war niedergeschmettert von der Tragödie, die zu verhindern er zu schwach, zu dumm gewesen war. Während er hier saß, in gottzugewandtem Schweigen, hurte der Sohn des Hauses mit der Niggerdirne, und das war eine Kalamität, die das gebrechliche Spinnwebnetz aus Liebe und Freundlichkeit, das sie im Laufe der Jahre gewebt hatten, zerreißen mußte. Und die Schuld traf ihn, er hätte stark sein müssen, die Lage meistern, doch war er – wie sie alle – durch sein Wesen und durch die Bestimmung, die Gott ihm auferlegte, in seiner Kraft beschränkt. Alle, wie sie da saßen, waren sie Schwächlinge; doch hatte vermöge eines schwerverständlichen Gnadenaktes der göttliche Segen auf ihnen geruht, und vermöge dieser Schonung war es ihnen gelungen, aus ihren individuellen Unzulänglichkeiten eine gemeinsame Kraft aufzubauen, eine Macht der Körperschaft, die das Geheimnis jeder solchen Andachtssitzung war. Ob nun ein ganzes Volk sich zu solcher Einheit andächtigen Trachtens zusammenschloß oder ob es nur die Mitglieder einer Familie waren, es war eine Quelle der Kraft, solange sie täglich zurückkehrten, um von ihr zu trinken.

In der Stille des dunkelnden Raums betete Caleb von ganzem Herzen und mit aller Kraft seiner Seele, Gott möge diese Kraft, die hier von ihnen gemeinsam gespeist wurde, annehmen, um den Jungen zu retten. Nur Gott vermochte ihn zu schützen, denn das Weibstück würde nicht ruhen, solange es nicht schwanger war. Nie hatte er sich träumen lassen, daß in New Swarthmoor – wie wohl sonst in so vielen Pflanzungen – der Tag kommen sollte, an dem der Herr des Hauses seinen eigenen Nachwuchs auf den Sklavenmarkt bringen würde. Doch nein, so weit würde es nicht kommen, die Lebensauffassung der Quäker würde die Familie zwingen, das Kind als eigenes zu akzeptieren. Doch, du lieber Gott, was dann?

Der erste der Unschuldigen war gefallen. Wer würde wohl der nächste sein? Abby? Rebekah?

Die Wut, die bei diesem Gedanken in ihm aufstieg, war so überwältigend, daß die Knöchel seiner gefalteten Hände weiß wurden. Rette mich, Gott, erbarme dich meiner, rette mich, rette uns alle ...

Aufatmend hörte er Bonny Bakers Stimme. Jetzt hatte der kleine Mann sich aufgerichtet und den Hut abgenommen, was bedeutete, daß er sich mit seinen Worten unmittelbar an Gott wandte: „Himmlischer Vater", sagte er im Singsang des Gebetstons, „ein Mann, ein Neger, hat in dieser Nacht auf unserer Insel sein eigenes Leben zunichte gemacht. Da Du den Sperling zählst, der vom Dach fällt, da es Dein Wille ist, daß er falle, und da Du die Haare zählst auf den Häuptern Deiner Kinder, muß dieser traurige und unerklärliche Tod eine Absicht von Dir bergen, die wir erkennen sollten. Ist es Deine Meinung, teurer Vater, daß wir in diesem Hause von unserem wahren Weg abgekommen sind? Willst Du uns sagen, daß wir mehr Kraft darauf zu wenden haben, Dein Evangelium unter jenen zu verkünden, die im dunkeln und in Unwissenheit dahintappen? Oder willst Du uns sagen, daß jeder von uns in sich gehen möge und sein Gewissen durchforschen, um zu erfahren, wieso und in welchem Maße er mitschuldig ist an Cuffees verzweifelter Tat?"

Feierlich hallte die Stimme weiter. Die Worte begannen ihren Sinn zu verlieren. Wozu waren alle diese rhetorischen Fragen gut? Natürlich waren sie alle schuldig, denn was Cuffee und alle anderen vor ihm getötet hatte, war die Sklaverei. Da gab's nur zwei Möglichkeiten: Entweder man behielt seine Sklaven und hielt den Mund oder man befreite sie, wie es die Freunde aus den Landdistrikten auf den Jahressessionen in Philadelphia seit 1688 immer wieder von den Quäkern forderten. Doch auch die Sklaven freizulassen war keine Lösung des Problems, denn wie sollten sie sich denn fortbringen? Neger, die nicht für ihren Unterhalt sorgen konnten, wurden vom erstbesten Gutsherrn zusammengefangen. Es wäre äußerste Grausamkeit gewesen, ihnen die Freiheit zu geben und sie damit einem ruchlosen Herrn auszuliefern. Das Problem der Sklaverei war unlösbar wie das des Krieges. Jeder Quäker führte die Friedensbotschaft, die Bezeigung des Friedenswillen, im Munde. Doch was, wenn ihre Heimstätten angegriffen, ihre Frauen vergewaltigt, ihre Kinder niedergemetzelt wurden? Würden sie untätig danebenstehen? Im Indianerkrieg waren die Quäker von Rhode Island vor die Wahl gestellt gewesen, zu töten oder getötet zu werden, und so waren sie ihren besten Grundsätzen zuwider in den Krieg hineingezogen worden. Und waren denn Kriege nicht notwendig? Hatte nicht Jesus selber gelehrt, daß er nicht gekommen sei, Friede zu bringen, sondern das Schwert?

Das Problem war unlösbar, weil es nicht im Bereich der Vernunft lag. Es gab keine vernünftige Lösung, und gewiß war es keine, wenn man mit honigsüßer Stimme salbaderte: „Liebe, Freundlichkeit, das Göttliche in jedem Menschen . . .“ Worte, Worte, Worte! Die frommen Berufungen auf die Gegenwart Gottes waren nicht mehr wirksam. Durch Joshuas Sündenfall waren sie alle zu Marionetten geworden, die rituelle Bewegungen vollzogen und Formeln sprachen, deren Sinn erloschen war. Die göttliche Gegenwart in ihrer Mitte war dahin. Der Kreis war leer.

4

Gegen Sonnenaufgang, als er an den Fuß der Berge kam, begann George McHair müde zu werden. Und das war kein Wunder, denn er war, ohne anzuhalten, drauflosgeritten, seit die Fähre ihn am Abend vorher an Land gesetzt hatte.

Der Mensch ist ein seltsames Tier. Eine Woche vorher, auf dem Weg zu der Insel, war er vom Zauber der Zivilisation so überwältigt gewesen, daß er sich auf dem Wege kaum Zeit zum Schlafen gönnte; und jetzt war er ebenso begierig, dies alles loszuwerden. Es gab wirklich kein besseres Leben als das im Wald. Er atmete erst wieder auf, seit er den letzten kleinen deutschen Bauernhof hinter sich gelassen hatte und in die Wälder eingezogen war. Der jungfräuliche Wald, seine Heimat, war immer noch das ungetrübte Paradies. In den offenen Lichtungen ästen die Hirsche zu Hunderten, selbst im Winter, und ihre abgeworfenen Geweihe hingen bleichend in den Dickichten. Bären, Wapitis und Panther zogen durch die Wälder, Biber bauten ihre Burgen im Gewässer, Rebhühner trommelten auf hohle Baumstämme. Als Nahrung konnte er zwischen auserlesenstem Wild, Lachs oder Forelle wählen, wonach gerade sein Sinn stand.

Kaum war er in den Wald eingetreten, als alle Müdigkeit von ihm abfiel. Nachdem er sein Pferd unter einem hohen alten Kastanienbaum zur Rast gebracht und zum Frühstück wilde Beeren, gepflückt auf der steinigen Halde eines südgerichteten Hanges, gegessen hatte, stieg er wieder zu Pferd und ritt gemächlich einige Stunden weiter, bis er den ersten Luchsschrei hörte. Nun sollte er wohl haltmachen. Er begann müde zu werden, seine Augen brannten; schon stolperte Betsy zuweilen. Er kannte eine Bergschlucht in der Nähe, dort hatte eine Reihe von Biberburgen einen Bergbach in eine morastige Wiese verwandelt. An diesem Platz gedachte er Biwak zu machen. Wenn er bei Einbruch der Morgendämmerung weiterritt, konnte er zu Hause sein, bevor es dunkelte. Er stieg ab, um etwas Minze und Schafgarbe zu pflücken. An der Quelle der Lichtung würde er noch Brunnenkresse finden und wilden Meerrettich, um sein Abendbrot zu würzen. Als er dann die Lichtung erreichte, hatte er keinen Hunger mehr. Kummer hatte ihm den Appetit vertrieben. Seine Reise war ein Fehlschlag gewesen. Ohne Braut oder Anverlobte kehrte er heim, so würde dieselbe Qual von neuem beginnen, die ihn vor einer Woche in die Ferne getrieben hatte. Was da über ihn gekommen war, konnte kein Geheimnis sein. Alle Tiere suchten, wenn sie zur Reife kamen, nach einem Gefährten. Wenn bloß Himsha nicht seine Schwester gewesen wäre! Er konnte sich keine bessere, liebevollere, geduldigere, ausgeglichenere und zugleich erregendere Frau vorstellen. Das war ja der Schock gewesen: Nicht das tiefe, eingewurzelte Verlangen nach einer Gefährtin, sondern daß er Himsha begehrte.

Leichter Nieselregen setzte ein, mehr ein abendliches Nebelreißen als Regen. Zu Fuß trottete er in das einbrechende Dunkel hinein, Beute einer wilden Erregung, bemüht, das Bild Himshas zu verscheuchen, die er zu seiner namenlosen Scham in letzter Zeit zu belauschen begonnen hatte. Er war sogar der unbegreiflichen Versuchung erlegen, heimlich den Schrank zu öffnen, in dem sie ihre Kleider verwahrte, um den reinen, mädchenhaften Duft ihrer Wäsche einzuatmen. In seinem ganzen Leben war er noch nie so tief bestürzt gewesen. Konnte sie wirklich seine Schwester sein, wenn er so für sie fühlte? Oder hatte sein Vater sie tatsächlich als Waisenkind gefunden? Sein Elend vertiefte sich im Ausmaß, in dem seine Erregung stieg. Es war, als hätte das Verlangen nach Fortpflanzung sein ganzes Leben in Bann geschlagen, in geringschätzigem Vergessen seines freien Willens, seines Anstandsgefühls, seines ernsthaften Verlangens, ein guter Quäker zu sein, ein guter Bruder, ein reiner und keuscher Mann.

Da er keinen Hunger mehr verspürte, machte er auch kein Feuer an. Der Bodennebel war bis zu seinen Hüften hinaufgekrochen, Betsy schien ohne Beine auf einer grauen Wolke zu schweben. Er nahm ihr den Sattel ab und rieb sie trocken. Dann gab er ihr einen Klaps auf das Hinterteil, um ihr zu sagen, daß sie frei umherlaufen dürfte. Es war nicht nötig, sie anzubinden, immer fand sie bei Tagesanbruch zu ihm zurück, wie weit sie auch in der Nacht umhergewandert sein mochte. Sobald sie den scharfen Geruch einer Raubkatze witterte, kam sie zurück, unter seinen Schutz, wie ein Hund. Die Quelle gurgelte in der Stille, gedämpft durch den Nebel, der nur ein begrenztes Stück Welt übrigließ. Er holte seine beiden ledernen Wassersäcke hervor und füllte sie an der Quelle.

Es war reine Panik gewesen, die ihn bewogen hatte, um Beckys Hand anzuhalten und gleich darauf um die Abbys. Er hätte gescheiter sein können, auch nur einen Gedanken daran zu verschwenden, um die Tochter eines reichen Freundes zu werben. Der ganze Einfall war sinnlos. Was er brauchte, war Freiheit, das ungefesselte Leben des Jägers, der Wald, in dem man ein natürliches Dasein führte wie die Tiere selbst, und geruhsam für sich sein konnte, solange man Frieden mit den Indianern hielt und nachts nie so tief schlief, daß einen eine Raubkatze anfallen konnte. Es war das einzige Leben, in dem er sich auskannte, und das einzige Mädchen, das zu diesem Leben paßte, war Himsha.

Er kroch unter seine Decke und erschauerte, als die Feuchtigkeit des nebelnassen Bodens sein leichtes Gewand durchdrang. Er hatte es nur angelegt, um auf Brautwerbung zu gehen. Draußen in der Wildnis war eine Hirschhaut nutzlos, der sicherste Weg, sich eine Lungenentzündung zu holen. Ein Jäger aber, der hustete, war wie eine Wildgans in der Mauser: die Karikatur eines Vogels, hilflos und laut mit den Flügeln schlagend, sich auf Meilen im Umkreis verratend.

Er lag auf dem Rücken, die Augen geschlossen, und spürte, wie der leichte Schlaf der Jäger über ihn kam – so war es immer, wenn er sich im Freien niederlegte. Mit der Überwachheit, die immer vor Schlafbeginn einsetzte, hörte er jedes Geräusch. War da ein Puma in der Nähe, so hörte George sofort den leisen, beherrschten Atem, das einzige Geräusch, das der Silberlöwe nicht unterdrücken konnte. Doch jetzt hörte er nichts. Betsy graste in der Nähe, ihr Atem ging rhythmisch und klang wie Schritte auf Kies. Aus dem Wald kam von weither das traurige Heulen eines Wolfes, der die mondhelle Nacht ansang.

Er träumte die ganze Nacht von Himsha. In der ersten Dämmerung erwachte die Lichtung durch Vogelgesang und das erregte Geschnatter der Eichhörnchen. Irgendwo weiter weg war das erste Klopfen zu hören, mit dem ein Specht sein Tagwerk begann. Widerwillig erhob sich George, er wollte diese friedvolle Welt ohne Probleme und Versuchungen nicht gegen die verwirrende seiner Hütte und der Siedlung tauschen.

Da nur Betsys Kopf über den Morgennebel hinausragte, ließ er sie selbst den Weg zurück zum Pfad finden. Als er ihn erreicht hatte, begannen sich seine Gedanken im Kreis zu bewegen; er wußte, daß sie zuletzt bei der Herausforderung enden würden, die Himshas Gegenwart ihm bedeutete.

Am späteren Morgen verfluchte er wieder seinen Wildlederanzug, als er in einen stetigen Regen hineinritt. Wams und Hose klebten naß und eiskalt an seinem Körper. Zum ersten Mal war die Vorstellung, heimzukommen, verlockend. Er begann sich nach dem ersten Blick auf die Siedlung zu sehnen, auf den Rauch, der sich zwischen den Bäumen aus den Kaminen ringelte, nach dem regelmäßigen Flöten der Ziegenmelker. Das Bild wurde zu einer so starken Vision tröstlichen Behagens, daß er den letzten Steilhang, von dessen Höhe man das Tal übersah, im Galopp nahm. Musketenfeuer überraschte ihn. Er zügelte Betsy, das Herz im Hals. Indianer! Dann erst erkannte er die jämmerlichen Schreie, die das Echo vom Waldesrand zurückwarf, als Jammerlaute von Vögeln, nicht von Indianern auf dem Kriegspfad, und jetzt entsann er sich, welcher Tag dies war. Natürlich! Wie hatte er das vergessen können? Statt in die Dorfstille seiner Wachträume heimzukehren, ritt er schnurstracks in die groben Bräuche des Musterungstags, wenn die ganze Dorfmiliz, aus allen männlichen Einwohnern über vierzehn gebildet, zu kriegsmäßigen Übungen zusammentrat. Die Schottisch-Irischen hatten das eingeführt, um die Abwehr von Indianerangriffen, zu denen es bisher noch nicht gekommen war, zu organisieren. Gleich den meisten Veranstaltungen der Calvinisten bestanden sie hauptsächlich aus Wettkämpfen: Wer am höchsten sprang und am schnellsten lief, wer am besten schoß, alle erhielten Preise. Für den höchsten Wetteifer allerdings – wer nämlich am meisten trinken konnte – war kein Preis ausgesetzt. Das Glaubensbekenntnis der Freunde verbot George, Kampfwaffen zu tragen, darum hatte er es immer so eingerichtet, daß er am Musterungstag nicht anwesend war, um Anrempelungen der Besoffenen zu vermeiden, die ihn auf dem Gemeindeplatz niederwerfen und ihm die Hosen herunterreißen mochten, wie es schon geschehen war.

Als er zum Abstieg ansetzte, erschreckte das Knattern der Gewehre, vom Echo zurückgeworfen, Betsy. Wie gewöhnlich teilte sich seine Stimmung ihr mit. Sie war nervös und reizbar. Er sprach zu ihr und tätschelte ihren Nacken, der nach der Anstrengung des im Galopp genommenen Steilhangs schweißnaß war. Das Flintengeratter war beträchtlich, sie mußten beim Preisschießen sein. Er bog vom Weg ab und geisterte am Waldesrand entlang. Durch Lücken zwischen den Bäumen, die die Gemeindewiese umgaben, gewann er Ausblick auf die Menge, die Rekruten, die Posten mit den Fackeln und den Zielen: lebendigen Truthähnen, die in ihrer Panik mit den Flügeln schlugen. Immer packte ihn die Wut, wenn er sah, wie sie einen Vogel zur Zielscheibe herabwürdigten. Das waren nicht Jäger, diese Leute da, sondern Bauern und Fallensteller, besessen von der Bauernwut gegen alles Getier, das ihre Ernten beeinträchtigen könnte.

Am Dorfeingang, in der Nähe des Andachthauses, hatten sich ein paar zechende Rowdys niedergelassen, und so lenkte er Betsy zum Friedhof. Trotz ihrer prahlerischen Raufsucht waren die Schottisch-Irischen abergläubisch und wagten sich nach Sonnenuntergang nicht in Gräbernähe. Gewiß waren die Geister der harmlosen Leute, die unter den kleinen, immer gleichgeformten Quäkergrabsteinen ruhten, nicht danach angetan, irgend jemanden zu belästigen: McHairs, Martins, Tuckers, Yarnalls – keiner unter ihnen taugte zum feindseligen Gespenst. Alle hatten sie geduldig den spärlichen Boden bestellt, den sie der Wildnis abgerungen hatten. Ihr Leben war friedvoll verlaufen, ohne Haß oder Feindseligkeit gegen irgend jemanden. Sie waren simple Leute, nur durch die lebenslängliche Übung ihrer Glaubensgrundsätze zu einer gewissen Besonderheit erhoben. Einiger erinnerte er sich aus seinen Kindertagen: seiner stets müden Mutter, der achtzigjährigen Tante Mary, die immer streng und abweisend war und an der sie erst, als sie aufgebahrt war, festgestellt hatten, daß sie schönes, langes, kaum von grauen Strähnen durchzogenes kastanienbraunes Haar hatte. Wie hätten diese Leute den gehässigen Herausforderungen der Zuwanderer standgehalten, die jetzt in den Straßen herumtobten und auf der Gemeindewiese Freudenfeuer abbrannten? Sie brieten wohl Ferkel oder einen Elch. Das Flintenfeuer zerriß immer noch die Stille, die hilflosen Zielvögel flatterten und kreischten. Er stand in dem kleinen Friedhof und lauschte dem unfrommen Getöse in der Ferne, dem rauhen Gebrüll der Zecher nebenan. Betsy war ruhelos; am besten, er ließ sie hier unter dem alten Andachthause, von der Straße her außer Sicht. „Still, Betsy", flüsterte er und tätschelte sie. „Still, Liebe, alles ist gut, ich bin gleich wieder da." Er band sie an den Baum hinter John McHairs Grabstein – sein Großvater war es, der den Setzling gepflanzt hatte –, und gab ihr etwas Weizen aus dem Sattelsack, dann ließ er sie friedlich mampfend zurück.

Er durchwatete den kleinen Bach und hielt sich am Waldrand. Die Häuser der Nachbarn lagen im Dunkel. Er störte ein paar Hähne auf, doch gab es glücklicherweise keine Hunde, die trieben sich um den Hauptplatz herum, um die Freudenfeuer und die Bratspieße. Er übersetzte ein zweites Mal den Bach und näherte sich unbemerkt durch den Küchengarten seiner Hütte. Sie sah verlassen aus. Einen Moment lang glaubte er, Himsha habe ihre Scheu überwunden und sei ins Dorf hinübergegangen, um aus der Ferne zuzusehen. Doch begann jetzt sein eigener Hahn, der fremden Annäherung inne, laut zu krähen, brachte die Enten zum Schnattern, und gleich darauf wurde ein schwaches Kerzenlicht hinter einem der Fenster sichtbar. Sie war also doch daheim, natürlich, um ein Auge auf Großvater zu haben, der immer ruhelos wurde, wenn die Dorfleute zu schießen begannen. Im Dunkel fand er die Klinke und runzelte die Stirn, als die Tür nachgab und aufging. Wie oft hatte er ihr aufgetragen, die Tür verschlossen zu halten, wenn er fort war! Und nicht nur wegen Petesey Paisley. In einer Nacht wie dieser konnten umherziehende Gruppen von Betrunkenen ebenso gefährlich werden.

Er trat ein und sah sie nicht sofort. Der lange schmale Raum war bis auf den Lichtkegel der Kerze am andern Ende dunkel. „Himsha?" rief er.

Sie erhob sich zwischen Tisch und Kamin, sie mußte am Boden gekniet haben. Sie trug ihr abgestepptes Rehledergewand. Das Kerzenlicht spiegelte sich in den beiden schwarzen Zöpfen, die ihr über die Schultern hingen. Sein Mund wurde trocken, er verspürte die feige Regung, kehrtzumachen und in die Nacht hinauszufliehen. „Ich bin wieder da", sagte er unnütz.

„Komm her!" flüsterte sie. „Was glaubst du wohl, was mit ihm los ist?"

„Mit wem?"

Sie antwortete nicht, sondern kniete nur wieder hinter dem Tisch nieder. Er kam ihr nach und sah, daß sie über einen Korb gebeugt war. Neben dem Korb stand eine Schale Wasser, ein Teller mit Milch, in der ein Löffel lag, und einige Tücher waren ausgebreitet. Im Korb lag ihr Kater, Casey, ein unscheinbares schwarz-weißes Tier, das sie mit einer, wie George schien, übertriebenen Zärtlichkeit verhätschelte. „Was ist los mit ihm, ist er krank?" fragte er.

„Ich weiß nicht. Etwas muß ihm passiert sein." Ihre Stimme und ihre Augen waren sanft und ruhig.

„Wann?"

„Vor ein paar Stunden hab' ich ihn draußen unter einem Strauch gefunden. Ich hatte eine ganze Weile nach ihm gerufen, aber er ist nicht gekommen. Dann hörte ich einen schwachen Laut unter dem Strauch, und da war er, ganz mit Dreck bedeckt. Als ich ihn aufhob, schrie er entsetzlich. Schau nur, wie weiß seine Zunge ist – und innen das Maul! Ich glaub', er muß schrecklich verletzt sein."

„Laß mich sehen." Er kniete nieder und besah die Katze. Der Kopf war gegen den Korbrand gelehnt, die Augen waren geschlossen. Das Tier schien zu schlafen, aber der Mund war offen, es atmete in kurzen, mühsamen Stößen. „Vielleicht war es ein Luchs."

„Nein", sagte sie. „Ich glaube, ich weiß . . ." Die Art, ihn von der Seite anzusehen, ohne den Kopf zu bewegen, war typisch für sie. Nie hatte er das an jemand anderem beobachtet. „Ich glaube, es war ein Pferdehuf."

Er glaubte ihr nicht. Was verbarg sie vor ihm? Er streckte die Hand nach dem Kater aus, aber sie hielt ihn zurück. Ihre Berührung ließ ihn vor Erregung schlucken.

„Nicht!" flüsterte sie aufgeregt. „Wenn du ihn anrührst, wird er jammern."

Als ob der Kater sie verstanden hätte, gab er jämmerlich Laut. Ein Schauer lief durch den Körper des Tieres, es streckte sich, und eine schleimige, farblose Flüssigkeit tropfte aus seinem Maul. Sie tauchte ein Tuch in das Wasser, betupfte das Maul des Katers, dann nahm sie einen Tropfen Milch auf den Finger und ließ das Tier daran lecken. Der Kater tat es bereitwillig, jedoch ohne die Augen zu öffnen oder den Kopf zu bewegen. „Gnuscha, gnuscha", flüsterte Himsha, „Gnuscha kaschni, gnuscha, gnuscha . . ." Sie tat zwar, als hätte sie die Algonquinsprache vergessen, aber wenn Lonely Eagle zu ihr in diesem Idiom sprach, gehorchte sie ihm immer. Die einzigen Lebewesen, mit denen sie in ihrer Muttersprache redete, waren der Kater und Großvater, wenn einer von ihnen des Trostes bedurfte. Wo war übrigens der Großvater? Gewöhnlich hieß er George mit Gurrlauten und Gekicher willkommen. George suchte sich im Dunkeln zurechtzufinden, konnte aber nicht sehen, ob das Bett besetzt war.

„Wo ist Großvater?" fragte er. „Draußen?"

Wieder blickte sie ihn seitlich an. „Er ist vor einiger Zeit hinausgegangen."

„Vor einiger Zeit?" fragte er ungläubig. Das war echt Himsha, sie konnte über einen kranken Kater außer sich sein und das Verschwinden ihres Großvaters als belanglos übersehen.

„War er über Nacht nicht hier?"

„Ich glaube nicht."

„Du glaubst nicht! Himsha! Er ist wie ein Kind! Er weiß nicht, wohin er geht! Bei all dieser Schießerei hier . . . er kann sich in den Wald verlaufen haben!" Er legte ihr die Hände auf die Schultern. „Schau mir in die Augen! Wann ist er weggegangen? Schau mir in die Augen!"

Mit einer hastigen, schlangenhaften Bewegung drehte sie sich ihm zu, ihre schwarzen Augen blitzten. „Ich weiß nicht", sagte sie trotzig. „Denk nicht an ihn. Onkel Ellis wird sich um ihn kümmern. Er wird ihn zurückbringen, wenn alles wieder ruhig ist."

Er ließ seine Hände fallen. Sie hatte recht, der alte Indianer würde auf ihn achtgeben.

Sie wandte sich wieder dem Kater zu. Der Anblick ihres geschmeidigen Körpers ließ ihn aufspringen. „Ich sehe nach ihm!" Er ging zur Türe, in der Erwartung, daß sie ihn zurückrufen würde, aber sie tat es nicht. So wandte er sich auf der Schwelle um und rief aufgeregt: „Wir müssen sofort auf die Suche nach ihm gehen! Ich laufe zum Sheriff und lass' eine Suchpatrouille aufbieten!" Das war natürlich Unsinn. Es war glatter Wahnwitz, sich der trunkenen Menge auf dem Hauptplatz zu zeigen, und selbst nüchtern würde keiner von denen nach Einbruch der Nacht in die Wildnis auf Suche nach einem Menschen gehen. Sie sagte nichts. Er konnte sie hinter dem Tisch nicht ausnehmen. „Nun, ich muß schon sagen, du bist eine liebevolle Enkeltochter!" schrie er erbittert und stapfte in die Nacht hinaus.

Als er stillstand, damit seine Augen sich an die Dunkelheit gewöhnen könnten, wurde ihm bewußt, wie erschreckend ihre Nähe ihn erregt hatte. Was konnte er denn tun? Gott, guter Gott, was konnte er denn tun? Wenn er wieder in die Hütte zurückkehrte, diese Nacht noch, würde es ihm unmöglich sein, sich von ihr fernzuhalten. Und er wußte doch bestimmt, mit voller Sicherheit, daß sie seine Schwester war. Sein Vater war nicht der Mann gewesen, weggelegte Kinder aufzunehmen. Nie hätte er sie bei sich behalten, wenn sie nicht sein eigen war. Sie war seine, Georges, Schwester, und er, George, gierte nach ihr jeden Augenblick Tag und Nacht. „Gott, was kann ich tun, wo soll ich hingehn?" flehte er, die Augen geschlossen, aber er bekam keine Antwort. Alles, was zu vernehmen war, war eine Ratte oder ein Waschbär, der unter der Hütte raschelte, oder ein Huhn, das sich im Hühnerverschlag schläfrig regte. Er mußte eine Begründung dafür finden, daß er fortblieb. Zum Sheriff zu gehen und eine Suchpatrouille zu erbitten war sinnlos. Wohin also sollte er sich wenden? Alle Welt war auf dem Dorfplatz, trank Bier und Apfelwein, der Kneipwirt ließ beides zu solcher Gelegenheit faßweise heranrollen – alle außer Pfarrer Paisley. Das war's!

Pfarrer Paisley! Bevor George sich darüber Rechenschaft ablegte, daß ein Hilferuf, an seinen Erzfeind gerichtet, schierer Wahnsinn war, befand er sich schon auf dem Weg zum Pfarrhaus, als ob sein Körper sich der Kontrolle seines Verstandes entzogen hätte. Verrücktheit war es: Pfarrer Paisley, der wütende Prediger gegen die Quäker, war bis aufs äußerste entschlossen, den letzten der Quäker aus der Siedlung auszutreiben. Doch konnte wohl kein Gottesmann, nicht einmal ein Wüterich wie der alte Pfarrer, die Bitte abschlagen, einen Greis zu suchen, der in die Wildnis entlaufen war.

Das Pfarrhaus war das größte Haus im Ort und das einzige Steingebäude. Das war das erste gewesen, was die Zuwanderer getan hatten: ein Pfarrhaus bauen und eine Kirche, in dieser Reihenfolge. Erst mußte ihr Priester behaust sein, dann erst ihr Gott. Es war Licht in einem Fenster des Erdgeschosses, jemand mußte zu Hause sein. Und das konnte nur der Pfarrer sein, denn seine Söhne waren gewiß auf dem Platz. George zögerte einen Moment am Gittertor, dann betrat er entschlossen den Pfad, der zu dem überdachten Hauseingang führte. Er klopfte, eine rauhe Stimme antwortete: „Herein!" Ein Hund begann wütend zu bellen. „Still! Leg dich!" rief die Stimme, und der Hund war still. George öffnete die Tür und sah sich in einem Vorraum.

„Wo sind Sie, Pfarrer?" rief er. Dabei wurde ihm bewußt, daß er sich des knechtischen „Sie" bedient hatte.

„Hier! Erste Tür zur Linken!"

Er öffnete. Ein schwarzer Ball kam knurrend angesaust, die Stimme gellte: „Cäsar, kusch! Kusch, hab' ich gesagt!"

Das war der Pfarrer: Weißhaarig, kurzsichtig, hockte er in einem düsteren Raum, dessen Wände Bücherregale einnahmen. Durch die Brille, die auf die Nasenspitze vorgerutscht war, faßte er den Besucher ins Auge. „Wer sind Sie? Was wollen Sie?"

„Ich bin's, Pfarrer Paisley", sagte George, durch die fremdartige Umgebung und durch den Hund eingeschüchtert. „George McHair."

„McHair?" Der Alte wollte offenbar seinen Ohren nicht trauen. So versuchte er es mit den Brillen, aber auch die schienen zu versagen. „Kommen Sie näher", sagte er, „ich will Sie sehen."

George gehorchte, den Hut in der Hand, obwohl er sich dessen bewußt war, ein Prinzip preiszugeben; offenbar war es doch zu schwer für sein Quäkergewissen, und so setzte er den Hut wieder auf.

„Und was führt Sie hierher, junger Mann, zu solcher Stunde?"

„Ich komme um Hilfe", antwortete George nervös. „Eben von Eden zurück – der Insel bei Philadelphia –, finde ich meinen Großvater nicht, er ist verschwunden. Meine Schwester sagt, er ist einfach davongegangen, vielleicht schon gestern, was besagt, daß dies seine zweite Nacht im Wald wäre . . ." Seine Stimme versagte. Beide, Herr und Hund, musterten ihn feindselig.

„Ich höre das mit Bedauern", sagte der Pfarrer in einem Ton, der seine Worte Lügen strafte. „Aber was geht das mich an?"

Die Feindseligkeit hatte einen Unterton von Befriedigung. George nahm es sich übel, daß er hierhergekommen war. „Ich . . . ich dachte, Sie könnten mir vielleicht helfen, eine Suchpatrouille zusammenzustellen", murmelte er. Er fühlte sich in eine Falle geraten, und dieses Gefühl wurde stärker, als er einen tückischen Blick des Alten auffing.

„Es freut mich immerhin, daß Sie sich meiner Herde zuzählen, zumindest wenn Sie in Not sind", sagte der Alte. „Natürlich wird es mir nur lieb sein, Ihrem Großvater behilflich zu sein. Als Ihr Hirte muß ich ja wohl auch über meine schwarzen Schafe wachen."

George spürte deutlich, daß seine Bitte dem Alten Genugtuung verschaffte. „Danke dir", sagte er, wieder in die Sprechweise der Quäker zurückfallend. „Dann wäre es wohl tunlich, sich jetzt auf die Suche zu begeben, Freund?" Das mußte den Pfarrer erbittern. George hoffte, daß es vielleicht den Schaden gutmachen könnte, den er schon angerichtet.

Doch Pfarrer Paisley schien von all dem nichts zu bemerken. Er saß im Lichtkreis seiner Kerze, wie ein alter Kater, dem eben eine fette, saftige Maus ins Maul gelaufen ist. „Sie wissen, daß das nicht möglich ist", sagte er mit väterlicher Nachsicht. „Ich kann Ihre Sorge verstehen, sie ehrt Sie. Aber es hat keinen Sinn, vor Tagesanbruch mit der Suche zu beginnen. Haben Sie irgendeine Idee, wohin sich Ihr Großvater gewandt haben mag? Hat er irgendeinen Lieblingsaufenthalt in den Wäldern? Gewiß ist er doch nicht zum erstenmal ausgerückt?"

Das stimmte, aber dem tückischen, alten Raubvogel von Großvaters indianischem Beschützer zu erzählen wäre schlimmer als Wahnsinn, wäre die Herausforderung einer Katastrophe gewesen. George war sich darüber im klaren, daß keiner dieser Siedler jemals Lonely Eagle zu Gesicht bekommen hatte. Erfuhren die von seinen nächtlichen Besuchen, so würden sie sich bestimmt auf die Lauer legen. "Nein", sagte er, "er wandert umher, ohne sich etwas dabei zu denken. Vielleicht sollten wir die Sache auf sich beruhen lassen. Ich kann ja selbst losziehen und mich umschauen."

Verachtungsvoll wischte der alte Mann diesen Einwand weg. "Reden Sie keinen Unsinn", sagte er. "Kommen Sie morgen bei Sonnenaufgang wieder. Und jetzt lassen Sie mich, ich habe zu tun. Gute Nacht." Er nahm seinen Federkiel auf und begann zu schreiben, als wäre sein Besucher schon gegangen. Sogar der Hund gab es auf, George im Auge zu behalten; er seufzte tief auf, legte seinen Kopf auf die Vorderpfoten und schlief ein.

George zögerte, dann wandte er sich um und ging. Mehr war da nicht zu tun. Er würde bei Tagesanbruch wiederkommen und einen Suchtrupp bereitfinden. Pfarrer Paisley würde damit irgendein hintergründiges Ziel erreicht haben, das George nicht erkannte. Was es auch war, es konnte nur Schlimmes bedeuten für Himsha und ihn und sogar für den Großvater.

Wieder draußen, das trunkene Grölen der Feiernden in den Ohren, wußte er nicht, was er tun sollte. Woran konnte er sich halten, nur um der Hütte fernzubleiben? Betsy natürlich, die konnte er nicht länger im Friedhof angebunden lassen, selbst in unmittelbarer Nähe des Dorfs war sie nicht sicher vor Bären und Panthern, die der Geruch der am Spieß gebratenen Tiere anlocken würde. So wandte er sich zu dem alten Andachtshaus, diesmal schnurgerade auf der dunklen Straße, deren hohe Bäume Schatten gegen das Mondlicht boten. Keine Menschenseele war zu sehen, nicht einmal die frechen Rotzjungen, die sonst auf der Lauer lagen und im Rudel gegen einen einsamen

Mann angingen. Als er zum Friedhof kam, fiel ihm ein, daß er die Nacht im alten Andachtshaus verbringen könnte. Es war bis auf einige Bündel Holzreifen und auf die alten Bänke leer. Der Gemeinderat hatte es dem Ortsküfer als Lagerraum verpachtet, als sie entdeckten, daß die Quäkergemeinde aus dem senilen Jim McHair, seinem kleinen Enkel und einem Halbblutbaby bestand. Als George auf die knarrenden Bohlen des alten Saales trat, flog ihm eine kreischende Eule entgegen. Er hörte Betsy in der Dunkelheit unter ihrem Baum wiehern und mit den Hufen scharren, folgte dem Ton und erstarrte, als eine geisterhafte Gestalt sich erhob und ihm in den Weg trat.

„Guten Abend, Onkel", sagte George ehrfürchtig. Das war die Haltung, die er dem alten Indianer gegenüber immer einnahm, den er von Kindesbeinen an verehrt hatte.

Häuptling Lonely Eagle trat ins Mondlicht. Schwarze Augen blickten starr aus dem Spinngewebe von Furchen und Falten in dem unsagbar alten Gesicht. Der kurze Federschopf der Delawaren hob sich von dem Schädel ab wie ein Hahnenkamm. Ein Köcher mit Pfeilen hing quer über den Rücken, doch hatte der Adler keinen Bogen bei sich. Er hatte ihn wohl mit seinem Pferd im nahen Wald gelassen. George hatte dieses Pferd noch nie gesehen. Es war so geheimnisvoll wie sein Herr. Gleich allen Indianerponys war es dressiert weder zu wiehern noch sonst Laut zu geben, wenn es alleingelassen wurde.

„Dein Großvater ist wohlauf", sagte der alte Indianer mit der Tonlosigkeit, die er sich nur zulegte, wenn er Englisch sprach. Sooft George ihn mit Himsha Algonquin hatte sprechen hören, klang es ganz anders, belebt und überraschend munter.

„Danke dir, Onkel. Wir haben uns schreckliche Sorgen um ihn gemacht."

„Kümmere dich nicht um ihn", sagte die Stimme. „Laß ihn sein, wo er ist, oder du wirst großes Unheil anrichten."

Das war eine sonderbare Sache. „Wie meinst du das, Onkel?" fragte George. „Ich hab schon die Suchpatrouille für morgen zusammenberufen. Natürlich kann ich noch absagen . . ."

Etwas Seltsames geschah. Der alte Mann sah ihn einen Moment lang bestürzt an, dann löste er sich wie ein Geist, ohne daß noch ein Wort gefallen wäre, in nichts auf.

Verstört und sorgenvoll ließ er George zurück. Zum ersten

Mal in seinem Leben hatte er Onkel Ellis erschrocken gesehen. Was hatte er da angerichtet? Konnte er die Suchtruppe wirklich noch absagen?

Er ging Betsy zu holen, setzte mit ihr über den Bach und führte sie auf den Saumpfad zu der Hütte. Was um Himmels willen war da falsch gewesen? Natürlich konnte er die Patrouille abrufen, aber wie sollte er das vor Pfarrer Paisley begründen? Daß alles mit seinem Großvater in Ordnung sei? Wie sollte er das wissen? Er konnte doch schließlich nicht sagen, daß ihm von einem alten Indianer Botschaft zugebracht wurde; dann wäre die Bombe geplatzt. Nachdem er nun diese dumme Sache begonnen hatte, gab es wohl keine andere Lösung mehr, als sie bis zum Ende durchzustehen.

Er stellte Betsy unter dem Dach des Hühnerschuppens unter. Der Radau, den er damit bei dem Hühnervieh auslöste, hätte einen Toten wecken können. Im Hause fand er Himsha noch am Boden neben dem Korb hocken und ihre Katze pflegen. Das Tier sah genauso aus wie bei seinem Weggang, es lag reglos, mit geschlossenen Augen, den Kopf an den Korbrand gelehnt. Es rührte sich nur, wenn es würgte und sich dann erbrach oder ein paar Tropfen Milch mit blutlos fahler Zunge von Himshas Finger leckte. George riet dem Mädchen, zu Bett zu gehen, mit der Katze stehe es soweit ganz gut und es gäbe zumindest nichts, womit sie dem Tier helfen könne. Doch sie erwiderte ihm, er solle zu Bett gehen, sie wolle aufbleiben.

Verdrossen legte er sich im Winkel des Raumes auf den Stapel Pelze, der ihm als Bett diente. Der leichte Schimmelgeruch von Staub und Regen, den der alte Büffel in den Jahren, in denen er durch die Prärie zog, eingesammelt hatte, bevor er durch den Schuß aus dem Gewehr eines Jägers zu Tode kam, lenkte Georges Gedanken auf seinen Vater. Mit donnerndem Getöse, daß die Erde rundum meilenweit bebte, sah er den Alten mit seinem Rudel von Wildlingen hinter einer davonstiebenden Herde von Büffeln herreiten ... Dann fiel er in tröstlichen Schlaf.

Im ersten Dämmerlicht des Morgens erwachte er und fand alles so vor, wie es am Abend gewesen. Himsha hockte auf dem Boden, die Katze lag, den Kopf an den Korbrand gelehnt, in ihrem Körbchen. George hatte das Gefühl, überhaupt nicht geschlafen zu haben. Doch stand die Bläue des Tagesanbruchs in den Fensterscheiben. Er zog die Gamaschen an und machte sich auf den Weg in die Siedlung.

Es schien unglaublich, daß der Pfarrer nach der wilden Nacht irgend jemanden für die Suchpatrouille gewonnen haben sollte. Doch als George vorritt, fand er zu seinem Mißvergnügen ein Dutzend Berittene vor dem Gittertor des Pfarrhauses, für eine Suchaktion ausgerüstet: Wolldecken, hohe Gamaschen, Lendenschurze, Pulverhörner und Kugeltaschen, die Flinten in eingefetteten Lederhüllen quer über die Sättel geschnallt. Als er eintraf, waren sie gerade dabei, die Büchse Bärenfett umgehen zu lassen und sich die Gesichter damit einzureiben. Offensichtlich rechneten sie damit, mehr als einen Tag auszubleiben. Polly Paisley war der erste, der ihn bemerkte. „Da kommt er!" rief er, und seine Kameraden wandten ihm ihre fettigen, grinsenden Fratzen zu. „Dich hätten wir nicht gebraucht, Quäkerjunge!" rief einer von ihnen, der Sohn des Sheriffs, ein rüder Kerl. „Wir finden deinen Großpapa schon. Warum bleibst du nicht bei deiner Squaw daheim?" Gelächter brach aus, dann war die harte Stimme des Pfarrers zu hören: „Genug jetzt! Wir sind auf einer Suchaktion aus christlicher Nächstenliebe!" Seine Autorität, die einzig echte im Ort, setzte sich wie gewöhnlich durch. Es gab ein wenig Gebrumm, dann gehorchten sie, wandten aber dem Neuankömmling den Rücken zu, zum Zeichen, daß sie sich entschlossen hatten, seine Anwesenheit zu vergessen. „Alles abmarschbereit? Mir nach!" Der Alte in seinem schwarzen Pastorengewand und mit den beiden weißen Haarbüscheln am Kopf sah aus wie eine Märchenfigur, ein gestiefelter Kater mit gespreizten Beinen auf einem Pferd sitzend. Die Reittiere waren morgendlich ausgelassen und zappelig. Das Getrappel ihrer Hufe rüttelte an den Fenstern, weckte die Hühner in den Hühnersteigen und lockte die Hunde an, die kläffend und nach den Beinen der Pferde schnappend nebenherliefen, als der Trupp die Brücke überquerte und den steilen Zickzackpfad in den Hochwald einbog.

George, der sich hinten anschloß, war in Sorge um Himsha. Allein war sie oft gelassen worden, doch war dann immer der Großvater dagewesen. Die Paisley-Zwillinge ritten zwar vor ihm, er brauchte sich also nicht ernstlich zu sorgen. Und

Großvater? Vielleicht war er tot, vielleicht hatten die Indianer ihn entführt. Wenn sie ihn verschleppt hatten, dann drohte ihm nichts Böses. Denn erstens war er ein Quäker und überdies hielten die Indianer alte Leute in Ehren. Sein Vater hatte vor Monaten gefragt: „Wozu haltet ihr den alten Burschen in der stinkenden Hütte? Bringt ihn auf die Berge und laßt ihn laufen. Die Shawnees werden ihn finden, und er wird für den Rest seiner Tage als Orakel geehrt werden. Da er es immer liebte, Andachten zu leiten, würde ein solches Leben nach seinem Herzen sein – sich selber die Totenandacht zu halten, während alle anderen vor Bewunderung auf dem Bauch liegen. Schau ihn dir doch an, wie er jetzt aussieht: eingesperrt hinter Schloß und Riegel, dribbelnd und sabbernd wie ein alter Fuchs, dem von Enten träumt. Schäme dich, du scheinheiliger kleiner Furz!" Damit war der Vater davongeritten, hatte, wie das so seine Art war, ein Gefühl der Kränkung und der Einsamkeit zurückgelassen.

Sie zogen jetzt durch Paisley-Gebiet, wohin George sich nie verirrt hatte, so wie die Paisleys nie einen Fuß auf das Gebiet setzten, das traditionell den McHairs gehörte. Sie mochten im Dorf wie Hund und Katz sein, draußen auf den Jagdgründen respektierten sie ihre Reviere wie Panther, Berglöwe und Luchs. Doch keiner, mit Ausnahme der Quäker, respektierte die Gebietsansprüche der Indianer.

George begann sich sorgfältig umzusehen. Dies war unbekanntes Land für ihn. Sollte er es aus irgendeinem Grunde nötig haben, sich von den anderen zu trennen, so mußte er allein seinen Weg zurückfinden. Sie durchzogen den ganzen Tag über die Wälder, sie durchsuchten jede Höhle, jedes Dickicht, ohne eine Spur des alten Mannes zu finden. Von Zeit zu Zeit schrien sie seinen Namen hinaus, ihre Stimmen wurden geisterhaft von den Mulden des Waldhanges zurückgeworfen. „Jim McHair . . . alter Jim! . . . Wo bist du?!" Doch nichts antwortete, keine Spur ließ sich finden. Er war entweder in einen Spalt gefallen oder von den Indianern verschleppt worden. Bei Einbruch der Nacht war der Suchtrupp weit ab von der Siedlung. Sie lagerten auf einer kleinen Lichtung am Südhang eines Hügels. Sie schossen einen Hirsch und ein paar wilde Truthähne und machten sie bratfertig, jeder Mann erhielt seinen

Teil an rohem Fleisch zugeteilt, wonach er es nach seinem Geschmack am Feuer röstet. Sie erzählten einander Geschichten, sie scherzten, ließen den Kürbis voll Schnaps kreisen. Im einsamen Licht des Lagerfeuers mitten in der unendlichen dunklen Weite des Waldes fühlten sie sich einander in Freundschaft zugetan, sogar George, der versteinerten Angesichts unter seinem Quäkerhut mürrisch ins Feuer blickte. Als die Mahlzeit beendet war, rollten sie sich in ihre Decken und legten sich, mit ihren Füßen der verglimmenden Glut des Feuers zugewandt, wie die Speichen eines Wagenrads. Die Wachen hatten sie ausgelost. Polly Paisley war der erste, der Posten stehen sollte.

Die Nacht war friedlich, der Mond war untergegangen, die Sterne schimmerten hell. Im Dorf war niemand zurückgeblieben, der Himsha etwas hätte antun können, die ganz jungen Strolche abgerechnet, und mit denen konnte sie fertig werden. Warum war diese Rastlosigkeit in ihm? Hol der Teufel den alten Onkel Ellis! Warum hatte der nichts verlauten lassen? Und der Großvater, ein sterbender alter Mann, der durch die Wälder zog. Plötzlich wußte George, daß Großvater tot war. Er wußte es mit dieser geisterhaften Sicherheit, mit der ihm manchmal gewiß war, welche Richtung er einzuschlagen hatte, selbst wenn der Nebel ihn nicht weiter sehen ließ als bis zu den Ohren seines Pferdes. Aus irgendeinem Grund flößte ihm dieser Gedanke neue Sorge um Himsha ein. Er richtete sich auf dem Ellbogen auf, um nach Petesey Paisley auszuschauen, und er fand zu seiner Befriedigung, daß der Bursche im Tiefschlaf lag, den Hut über seinem Gesicht.

George ließ sich in den Halbschlaf des Jägers fallen, der immer wieder aufwacht und lauscht. Einmal, schon gegen Morgen, sah er Charley McAdoo aufstehen und Jake Devlin seinen Platz einnehmen. Polly schnarchte, in seine Decke gewickelt. Petesey war der Hut vom Gesicht gefallen, er lag jetzt neben dem dunklen Fleck, den sein Gesicht bildete. Etwas an diesem Gesicht war merkwürdig. Es schimmerte seltsam im schwachen Widerschein der sinkenden Glut. George sah näher hin. Mit einem Krampf in seinen Bauchmuskeln wurde er gewahr, daß dies nicht ein Kopf war, sondern ein Kürbis.

Petesey Paisley war auf und davon.

Natürlich wußte Himsha McHair genau, was ihrem kleinen Kater passiert war, aber sie behielt es für sich. George war in letzter Zeit so reizbar geworden, so rasch aufbrausend wie sein Vater. Hätte sie nur angedeutet, daß Casey von Petesey Paisley zu Tode getreten worden war, als der in der vorigen Nacht um die Hütte schlich, wäre George wohl ausgezogen, um Petesey an den Ohren zu nehmen. Himsha hatte nie etwas für die Paisley-Zwillinge übriggehabt, doch war ihr Widerwille gegen sie nie so stark gewesen wie in den letzten Monaten. Die Burschen umschlichen die Hütte zu allen Tages- und Nachtstunden, wie Hunde um ein Haus schleichen, in dem eine Hündin läufig ist. Himsha hatte dabei ein Gefühl, als wäre sie nicht ein Menschenwesen, sondern eine Sache, die man packte und zerdrückte. Die fiebernde männliche Gier war böse und feindselig. Eine Squaw zu vergewaltigen, das war eine Tat, die Gott zuließ, als Teil seiner großen Vergeltung an den Heiden, gegen die Vater Paisley allsonntäglich in der Kirche wetterte. Sie hatten keine Mutter als Gegengewicht gegen ihres Vaters Wut; ihre schlimmsten Triebe wurden jeden Sonntag von dem tobenden Mann auf der Kanzel aufgestachelt, der sie aufforderte, alle Indianer zu massakrieren. Doch eine Razzia auf Indianer konnte nur ein Ergebnis haben, daß sich die Indianer zu Tausenden auf das Dorf stürzten, und was dann geschah, wenn sie das Dorf überfielen und ihre Rache nahmen, das konnte kein weißer Mann sich ausdenken. Himsha hatte es selbst einmal gesehen, und obwohl es lange her war, brannten in ihrer Erinnerung noch die Bilder von Wut und Mord, die Schreie der Frauen gellten, das wahnsinnige Gebrüll der Männer, die draufloshackten und draufloststachen, herumtanzend mit triefenden Skalps, die sie von den gräßlich roten Schädeln ihrer Opfer geschnitten hatten. Seither war ihr Leben in Blut und Schauder getaucht, nie hatte sie wirklich Vertrauen gefaßt zu diesem friedvollen Zwischenspiel mit Vater und George in der Hütte, nie hatte sie sich zur Zärtlichkeit herbeigelassen, immer war sie unbeteiligt geblieben, damit das kommende, unvermeidliche Blutbad sie unberührt ließe, denn sie wußte, daß es sie zerstören würde, wenn sie dann an irgendeinem Menschen in Liebe gebunden war.

Doch galt dieser Vorsatz nicht für Tiere – und jetzt starb der kleine Casey. Es waren keine Zeichen von Gewalt an dem kleinen Kater. Nur sein Fell war beschmutzt, und das würde ein Kater nie dulden, solange er nicht todkrank war. Zunge und Gaumen waren blaß, fast weiß, und sooft er sich rührte, ließ er ein herzzerreißendes Wimmern hören.

Die zweite Nacht nun saß sie schon bei Casey, sah hilflos zu, wie er litt, bis das Tier endlich gegen Morgen seine goldenen Augen weit auftat und den Kopf hob, als hielte es Ausschau nach ihr. Die Flamme in den schwarzen Pupillen flackerte und erlosch. Es war keine Veränderung, die Augen waren starr auf sie gerichtet, nur das Licht war erloschen. Casey, ihr Gefährte, so erfindungsreich im Spiel, war tot.

Sie fühlte keinen Kummer, sie war nicht erschrocken. Gleich diesen verglasten Augen, die nun blicklos starrten, schien auch sie bar jedes Fühlens. Wie sie so dasaß, die Hände im Schoß, den Blick auf das tote Tier gerichtet, wachte eine Erinnerung aus ferner Zeit wieder auf. So hatte sie damals gesessen, allem, was ringsum geschah, fern, fern sogar dem eigenen Leib, und doch noch seine Gefangene, gehalten von einem dünnen Faden, der zog und schwang wie das Band, an dem ein Drache steigt. Alles ringsum war tot, auch ihr kleines Hündchen, und alle Wigwams brannten. Das Knacken und Prasseln des Feuers war das einzige, was es zu hören gab. Sie saß reglos da, die Hände im Schoß, ruhig vor sich hinblickend, eine lange Weile saß sie so. Dann knirschten schwere Stiefel durch die Glutasche auf sie zu, Füße stiegen über die Toten ringsum. Die Stiefel hielten vor ihr, sie wurde aufgehoben. Die Erinnerung ließ sie erschauern. Wieder war's, als wäre alles, was seither geschehen, nur Trug, Blendwerk, und Wahrheit einzig dies: so zu sitzen, die Hände im Schoß, vor sich hinzublicken, zu warten, daß der Faden abrisse, zu sitzen ohne Denken, ohne Hoffnung, ohne Furcht. Und dann hörte sie einen Laut. Jemand drückte die Klinke nieder.

Sie blickte nicht zur Tür. Sie empfand keine Furcht, nicht einmal Neugierde. Sie flog doch, sie schwebte, nur von einem Faden gehalten, nichts anderes galt mehr. Sie wartete nicht, daß die Tür aufging, sondern daß dieser Faden, dieses dünne Band, riß. Es zog, es ließ sie schwanken, es war ganz wie damals, als sie noch klein war. Die Tür blieb geschlossen. Sie spürte, daß sie durchs Fenster angestarrt wurde, doch ging sie das nicht an, es betraf sie nicht.

Sie saß so, die übrige Nacht lang, reglos, die Hände im Schoß. Erst bei Tagesanbruch, als es im Raum licht wurde und als sich das Viereck der Fensterscheibe in Caseys Augen spiegelte, bewegte sie sich. Sacht hob sie den Korb mit Caseys schon steifgewordenem kleinen Körper auf und trug ihn zur Tür. Sie drückte die Klinke mit dem Ellbogen nieder und fand die Tür verpflockt. George mußte das getan haben, bevor er wegging, dann war er wohl durch die Luke, die zum Hühnerverschlag führte, hinausgestiegen. Sie machte die Tür frei und trug den Korb zu der Stelle, die sie im Sinn hatte, den Sonnenblumen gegenüber, die schon hoch standen und sich bald voll entfalten würden. Von unten gesehen würden sie aussehen wie ein Himmel voller heiter schwingender Sonnen, wie sie ein Kind zeichnet, ganz die Art von Dingen, die kleine Katzen und kleine Menschen stundenlang anschauen in unschuldiger Verzückung. Behutsam stellte sie den Korb ins Gras, holte sich einen Spaten und begann ein Grab für Casey auszuwerfen. Als sie das zweite Mal den Fuß auf die Kante des Spatens setzte, wurde sie von hinten gepackt.

Dies war der Augenblick, in dem der Faden riß. Plötzlich war es, als ob sich der ganze Himmel um sie wölbte, sie war losgerissen und wirbelte in tollen Spiralen um eine Leere, die gefüllt war mit Schrecken. Sie wehrte sich, sie schrie, biß, kratzte, aber diese Arme, die sie festhielten, waren stärker als sie. Sie fühlte sich auf den Rücken geworfen, eine Hand riß an ihrem Kleid, riß es auf, ein schweres Gewicht fiel auf sie.

Mit letzter Kraft versuchte sie es abzuwerfen. Erst als ein Knie ihre Schenkel auseinanderzwang, öffnete sie weit die Augen und erkannte Petesey Paisley.

„Nicht, Petesey! Bitte nicht . . ." bat sie verzweifelt, aber er lachte nur und flüsterte: „Du wirst sehen, es ist gut, es tut gut . . ." Sie fühlte sich nackt, schutzlos, ihre Kraft ließ nach, sie war daran, aufzugeben, sich besiegen zu lassen, als er plötzlich einen grellen Schrei ausstieß. Sein Mund stand weit offen, in jähem Staunen sah er sie an, versuchte zu sprechen, doch statt Worten sprang Blut aus seinem Munde, als hätte er es in gierigen Schlucken getrunken und spie es wieder aus. Seine

Augen starrten sie ungläubig an, und dann geschah für sie zum zweiten Mal an diesem Tag das gleiche, etwas entwich aus diesen Augen, ein Licht, ein Geheimnis in der Tiefe der Pupillen. Er stürzte nach vorn, auf sie.

Sie lag einen Augenblick wie gelähmt. Dann, mit einem plötzlichen Kraftaufwand, kämpfte sie sich unter dem leblosen Körper frei, der schwer neben ihr ins Gras stürzte. Sie kam auf die Füße; als sie sich vorbeugte und in unsagbarem Grauen auf ihn hinabblickte, rollte der Körper ein Stück weiter und kam aufs Gesicht zu liegen. Zwischen den Schulterblättern stak der Schaft eines Pfeils mit drei farbigen Federn.

Sie lief in die Hütte zurück und erbrach sich in einem Winkel.

In dem Augenblick, in dem George McHair sah, daß Petesey Paisley fort war, wußte er, daß Himsha etwas geschehen war. Er lief zu seinem Pferd und raste durch den Wald zurück, dem Pfad folgend, den er sich auf dem Hinweg eingeprägt hatte. Er erreichte die Siedlung, jagte mit donnerndem Hufschlag durch die leeren Straßen und glitt aus dem Sattel, bevor Betsy vor der Hütte zum Stehen kam. Er rannte hinein, rief: „Himsha! Himsha!", und dann sah er sie.

Sie saß in einer Ecke auf dem Boden, die Hände im Schoß, die Augen schreckgeweitet, das Kleid zerrissen und blutüberströmt. „Himsha!" Er kniete neben ihr nieder, berührte ihre Wange, aber sie rührte sich nicht, sah ihn nur aus ihren großen schwarzen Augen an. Er nahm sie in die Arme, wiegte sie, flüsterte: „Ssst, ssst, alles ist gut, ich bin ja da!" Allmählich ließ ihre Starrheit nach, zuletzt kamen Worte, wild, unzusammenhängend, etwas von einem Leichnam im Garten. Er beschwichtigte sie, er trug sie zum Bett und deckte sie zu. Dann lief er hinaus. Er fand nichts, nur einen Spaten und ein noch unfertiges kleines Grab. Das Körbchen mit der toten Katze stand daneben. Doch waren Spuren eines Kampfs zu sehen. Er kniete nieder, strich das Gras zur Seite und fand Blutspuren.

Er stand auf, ratlos. Was nun? Kindisch fühlte er sich verlockt, wieder aufs Pferd zu springen, zu dem Nachtlager zurückzugaloppieren, sich zu stellen, als wäre nichts geschehen, und die Suche nach dem Großvater fortzusetzen. Konnte es

Großvater gewesen sein? Er hörte dicht neben sich ein Knistern und Knacken, fuhr herum und sah Betsy, die gierig Bohnen von der Staude fraß. Er band sie an den Pfosten des Vorbaus.

Drinnen fand er Himsha genau wie er sie verlassen hatte. Sie sah aus, als ob sie schliefe, aber als er näher kam, glaubte er in ihren großen schwarzen Augen eine stumme Bitte zu lesen. Er verspürte unter dem Zwerchfell eine Übelkeit, fast wie Schmerz. Er wartete, bis das nachgelassen hatte, dann setzte er sich an den Bettrand und legte seine Hand sanft auf die ihre. Sie fühlte sich kalt an. „Was ist geschehen?" fragte er. „Kannst du es mir sagen?"

Sie schüttelte leicht den Kopf und schloß die Augen.

„Es ist ja alles gut", flüsterte er, unbeholfen ihre Hand streichelnd, „sag's mir, Himsha, sag's."

Wieder schüttelte sie leicht den Kopf. Tränen sammelten sich unter ihren Augenlidern.

Was sollte er tun? Er konnte nur ihre kalte Hand streicheln, er war unfähig, ein Gefühl abzuschütteln, dies alles wäre nicht wirklich und er müsse daraus aufwachen wie aus einem Alptraum.

Jetzt flüsterte sie: „Ist er . . . ist er noch draußen?"

„Nein, draußen ist niemand. Ich hab' alles abgesucht. Was ist geschehen, Himsha?"

Etwas wie Hoffnung blitzte in ihren Augen auf, als dächte sie eine Sekunde lang, es wäre alles nur Einbildung gewesen. Dann hob sie die Decke, sah das Blut an ihrem Kleid und ließ sich wieder zurücksinken.

„Ich habe Blut draußen gefunden", sagte er. „Es war Petesey, nicht wahr?"

Sie nickte, die Augen geschlossen.

„Und er war der Tote!"

Sie nickte wieder.

„Wer hat es getan?"

Sie rührte sich nicht.

„Man hat ihn erschossen?"

Sie nickte.

„Wie? Mit einem Pfeil?"

Sie nickte.

Nun war kein Zweifel mehr möglich, es mußte Onkel Ellis

gewesen sein, der seit ihren Kindertagen über sie gewacht hatte. Und er hatte Petesey weggeschleppt, um ihn irgendwo in der Wildnis zu begraben oder gegen einen Baum zu lehnen, nahe dem Wechsel einer Großkatze, damit die Leute, wenn sie ihn schließlich fanden, dächten, er wäre so ums Leben gekommen.

Er stand auf und ging in den Garten zurück. Er begrub Casey in seinem kleinen Korb und beseitigte die Blutspuren. Langsam klärten sich seine Gedanken. Er mußte zurück zu der Suchpatrouille, mußte irgendeine Begründung für seine Abwesenheit vorbringen. Das bedeutete, daß er Himsha wieder allein lassen mußte, aber es gab keine andere Lösung. Er trug die Schaufel zurück in den Anbau und lief ins Haus.

„Himsha, du mußt sofort diese Kleider loswerden. Vergrab sie im Garten, verbrenn sie, was immer du auch tust, du mußt sie loswerden. Komm, reiß dich zusammen, steh auf, du mußt dich im Dorf sehen lassen. Und was immer auch geschieht, sag keinem, keiner Menschenseele, ein Wort über diesen Morgen! Versprich es mir!" Er legte seine Hand auf ihren Arm und schüttelte sie. Er versuchte sanft zu sein und sie gleichzeitig doch wachzurütteln. „Versprich mir, Himsha, daß du niemandem ein Wort sagen wirst!" Sie nickte nur. Zu seiner Verzweiflung sah er Tränen ihre Wangen hinablaufen. Sie so allein zu lassen war unmenschlich, aber er hatte keine andere Wahl. Er wandte sich ab und lief aus dem Haus, ohne zurückzuschauen, schwang sich in den Sattel und ritt in donnerndem Galopp davon. Er fühlte den Wind im Gesicht und hoffte, das würde ihn davor bewahren, in Tränen auszubrechen. Er zwang Betsy in halsbrecherischem Tempo den steilen Pfad hinan. An einer Wegbiegung riß er die Zügel straff, schrie: „Huah!", und wäre um ein Haar gegen einen Reiter geprallt, der, ein bepacktes Maultier hinter sich herziehend, den Pfad herunterkam. Betsy stellte sich mit einem jammernden Laut auf die Hinterbeine. Sie stand noch so, mit den Vorderfüßen die Luft schlagend, als der Reitersmann mit einer schrillen Stimme rief: „Du lieber Gott, unser kleiner Georg! Was soll die Eile?"

Erst jetzt erkannte er sie. „Tante Gulie! Bitte, geh ins Dorf und sieh nach Himsha! Sie braucht dich!"

Das sonnenverbrannte Ledergesicht unter dem verwitterten Quäkerhut wurde ernst. „Was ist los? Wo ist sie?"

„Zu Hause, Tante Gulie, in der Hütte. Die Tür ist offen. Himsha ist krank, schrecklich krank, sie ist . . . sie ist außer sich . . ." Er wußte selbst nicht, was er redete. Er durfte doch nichts verraten, er am wenigsten. Und sogar Tante Gulie durfte nicht wissen, was geschehen war.

„Worüber ist sie so aufgeregt?"

„Ich weiß es nicht." Er zügelte Betsy, die wieder auf ihren vier Beinen stand aber in eine ihrer theatralischen Paniken zu geraten drohte. „Ihre Katze ist tot."

„Ihre Katze?" Die himmelblauen Augen, die in dem wettergebräunten Gesicht fast weiß wirkten, verengten sich unter der zusammengezogenen Haut.

„Ja, Tante Gulie. Ich muß jetzt weiter! Ich muß zu der Suchpatrouille, Großvater ist verschwunden, aber du, bitte, kümmere dich um sie, sie braucht dich wirklich, Tante Gulie . . ."

„Schön, ich werde bei ihr sein, wenn du zurückkommst, mach dir einstweilen keine Sorgen."

„Danke dir, Tante Gulie!" sagte er, tapfer die Tränen verbeißend. „Gott segne dich." Damit gab er Betsy die Sporen.

Gulielma Woodhouse war noch ein wenig aus dem Gleichgewicht gebracht, während sie sich, die alte Maultierstute Annie mit freundlichem Zuspruch beschwichtigend, den Weg vom Berg ins Dorf hinunter bahnte. Glücklicherweise war die Maultierstute so phlegmatisch, daß man unter ihrem Hintern eine Donnerbüchse abschießen konnte, ohne daß sie mit den Ohren gewackelt hätte.

Der junge George hatte tatsächlich Annie, Gott segne ihre altjüngferliche Seele, und sie selbst gehörig erschreckt. Jetzt hatte sie einen akuten Anfall von Sodbrennen. Interessant. Sie hatte dieses Symptom neuerdings nach körperlichen Überanstrengungen beobachtet, niemals aber nach seelischen Überforderungen wie dieser jetzt. Nun ja, man wurde eben älter. Ein Wunder, daß sie nicht früher unter Übersäuerung gelitten hatte in Anbetracht der scheußlichen Diät, die ihr in den letzten vierzig Jahren meistens aufgezwungen war: Trockenfleisch, halbgar gesottene Kaninchen, in der Wüste Klapperschlangensteak und Brustfleisch vom Bussard. Sie würde wenigstens nicht an Verfettung sterben wie die meisten ihrer zu Wohlstand gelangten Quäker-Verwandten. Seit sie frömmlerisch allen Fleischeslüsten wie Tanzen, Huren und Suff abgeschworen hatten, waren die scheinheiligen Freunde aus Philadelphia dazu übergegangen, sich mit den Zähnen ihre Gräber zu schaufeln. Vom rein medizinischen Standpunkt aus waren die beiden ersteren Laster vorzuziehen, da sie eine gewisse Übung der Körperkräfte bedingten. Jetzt mußte sie jedenfalls versuchen, ihre Magensäfte unter Kontrolle zu halten, sofern das möglich war, denn allem Anschein nach benötigte man ihre Hilfe. Die kleine Himsha in Schwierigkeiten, weil ihr Kätzlein gestorben war? Was konnte wirklich mit dem Kind los sein?

Als sie in mühseligem Trott ihren Einzug in das Dorf hielt, stürzten sich sofort die ersten Kinder auf sie, um sie ihres fremden Aussehens wegen zu verspotten. Offenbar waren in diesen vier Monaten allerlei Neuankömmlinge zugezogen, denn für ein Kind, das auch nur eine kleine Weile hier verlebt hatte, war der Anblick eines Büffeljägers in seiner bizarren Aufmachung und seines mit Bärenfett glänzend geriebenen nußbraunen Gesichts etwas Alltägliches. Selbst die Tatsache, daß sie eine Frau war, war nichts Außergewöhnliches. Sie fand sich nicht nur von Kindern sondern auch von einer tanzenden Schar von glotzenden, heulenden Idioten umringt, denen sie offenbar als der Spaß des Jahrhunderts erschien. Der Andrang der Tölpel behinderte ihr Weiterkommen. Zuerst war es kaum mehr als gutmütige Neugierde gewesen, aber als dann diese gottverdammten Rangen ihr Sprüchlein „Quäkerleut', Rote Häut', treulos sind sie alle beid'" zu jaulen begannen, wurden einige von ihnen lästig. Einer von ihnen begann an Gulielmas Strumpfhosen herumzutasten, um sich auf unzarte Weise zu vergewissern, ob Gulie eine Gans wäre oder ein Ganter. Schließlich holte Gulielma ihre prähistorische Muskete, die ihr ihre geliebten Hunis geschenkt hatten, vom Sattelknauf und zog sie aus der Lederhülle. Das war schlimmer als nutzlos, denn aus dem Ding bei seinem Alter einen Schuß lösen zu wollen würde nur eine originelle Art von Selbstmord darstellen. Doch sah der Schießprügel gewaltig aus, besonders wenn der Schlaghammer, nicht kleiner als eine Türklinke, zurückschnappte und wenn

171

Gulielma zielend das trompetenförmige Rohr auf den nächsten Angreifer richtete. Das war reiner Bluff, aber es wirkte, und sie hatte gewußt, daß es wirken würde. Vermutlich war es ihre Überzeugung, die erst diese Wirksamkeit hervorrief. Jedenfalls zog sich die Menge zurück und ließ ihr freie Bahn, ihren Weg fortzusetzen. Und es war höchste Zeit, denn die arme alte Annie, deren Nerven schon unter der Begegnung mit dem jungen George gelitten hatten, gab Zeichen einer drohenden Krise wechseljähriger Wallungen. Die Menge geleitete Gulielma zu der Hütte, sah ihr fasziniert mit weitaufgerissenen Mäulern zu, als sie abstieg, und ließ auch nicht hoffen, daß sie sich zerstreuen würde, als sie zur Tür schritt. Offensichtlich war man gewillt, hier zu warten, bis sie wieder herauskam. Gott allein wußte, warum. Vielleicht erwarteten die Idioten, daß sie einen Besen nähme und ihre Reise auf diesem fortsetzen würde.

Sie klopfte an die Tür. Von drinnen war nichts zu hören. Sie hatte auch keine Antwort erwartet; ihr Pochen hatte nur diagnostische Funktion gehabt. Kam Antwort von drinnen, so war der Notstand bereits vorbei. Sie öffnete die Tür und fand das Mädchen im Bett, kaum bei Bewußtsein und offensichtlich unter Schockwirkung, aber lebendig. Sie zog die Steppdecke zurück und sah das Blut. Nasenbluten? An den Nasenflügeln waren keine Blutspuren, nichts deutete auf zeitweilige Anämie der Schleimhäute; also war es fremdes Blut. Das Kleid war zerrissen, das Haar zerrauft, Gras zwischen den Haarsträhnen. Sah nach Vergewaltigung aus. Eine flüchtige Inspektion ergab indessen, daß der Überfall, wenn einer vorlag, nicht zu seinem Ziel gelangt war. Ein hübsches Indianermädchen, das unter Grenzern lebte, mußte heutzutage damit rechnen, daß irgendein rüder Kerl sie vergewaltigte. Warum aber in diesem Fall solche Geheimniskrämerei? War's ihr Bruder gewesen? Diese zwei einsamen Geschöpfe, die einzigen Quäker in einer Siedlung wüster Todfeinde, mußten sich ja vor Angst aneinander klammern. Woher dann aber das Blut? Sie versuchte sich George vorzustellen, wie er auf seinem unruhig tanzenden Pferd dahergekommen und dann waldwärts davongejagt war wie ein Hirsch, hinter dem ein Pack Hunde her ist. Keine Kratzer im Gesicht, keine Spur eines Kampfes. Es gab nur eine Erklärung: Wer auch dieses Mädchen angefallen hatte, war von

George verdroschen worden. Zog man die Größe des Jungen und seine Stärke in Betracht, die er von seinem Vater geerbt hatte, so standen alle Chancen dafür, daß er dem Feind den Schädel eingeschlagen und sie mit dem Blut bespritzt hatte.

Doch wenn dem so war, wo war dann der Leichnam? Vergraben, wahrscheinlich. Jetzt hinauszugehen und unter den Augen der gehässigen Horde im Garten nach Spuren eines frischen Grabes zu suchen, kam nicht in Frage. Da war es gescheiter, zunächst das Kind ins Bewußtsein zurückzurufen. Handelte es sich um Notzucht, so würde jedes Gericht sie unschuldig sprechen, auch das Standgericht der Grenzer selbst.

Zurück zum Alltag! Gulielma zog den Pfeil aus ihrem Quäkerhut, hängte Hut und Lederkoller an einen Stuhl und setzte Teewasser auf. Mit einem Schuß Rum und einer Prise Pfeffer würde das Gebräu jeden, der noch nicht ganz tot war, auf die Beine bringen. Mittlerweile konnte sie dem Kind das blutbesudelte Kleid ausziehen und die Kleine säubern. Sogar in ihrer halben Bewußtlosigkeit wehrte sich das Mädchen gegen die Entkleidung. Als das arme Ding schließlich nackt auf dem blutigen Laken ausgestreckt lag, konnte Gulielma trotz aller ärztlichen Objektivität nicht umhin, das Kind zu bewundern. Sie hatte eine Figur wie ein griechisches Standbild. Kein Wunder, daß sie in diesem Kaninchenstall voll geiler Männer Verheerungen angerichtet hatte. Ja, wenn Gulielma selbst als junges Mädchen so ausgesehen hätte! Sie hätte wohl ihrer Ärztelaufbahn entsagt und selber eine Familie gegründet. Das hätte zwar für ein paar tausend Indianer ein wenig mehr Elend bedeutet, aber auf einen Zeitraum von vierzig Jahren verteilt, war das nicht gerade welterschütternd. Sie seufzte tief auf, breitete die Decke über das Mädchen und sah nach dem Wasser, das verteufelt lang brauchte, um zu sieden. Vielleicht wäre es doch besser, der Kleinen etwas Milderes zu geben als diesen Tee, der sich besser für einen im Säuferkoma liegenden Büffeljäger als für dieses zerbrechliche Geschöpf eignete. Die Menge war immer noch draußen, man konnte das Gemurmel hören. Nun, dagegen gab's nichts. Sie öffnete die Tür und ging schnurgerade auf ihr bepacktes Maultier zu. In dem jäh ausgebrochenen Schweigen der Menge schnürte sie den eckigen Kasten ihrer Apotheke, den das Tier trug, ab und stellte ihn auf den Boden. Dann sattelte sie ihr altes Pferd ab und schickte die beiden Tiere mit freundlichen Klapsen auf ihre knochigen Hinterteile in den Küchengarten. Sofort machten sich die armen Klepper über die Stangenbohnen her. Der junge George würde außer sich sein, wenn er heimkam. Das war eben das Honorar für ihre beruflichen Dienstleistungen.

Sie war eben dabei, etwas Laudanum aus einer Schublade zu holen, als mit donnerndem Hufschlag und rauhem Kriegsgeschrei ein Rudel Reiter die Straße entlangkam und die umherstehenden Kinder wie Spatzen auseinanderscheuchte. Die Reiter stoben mit fliegenden Mänteln vorbei und hielten erst vor dem Pfarrhaus. George war unter ihnen. Es mußte die Suchpatrouille sein, die da heimkam, mit leeren Händen, allem Anschein nach.

Die Anziehungskraft der Heimkehrenden war unwiderstehlich. Wie eine aufgeschreckte Rinderherde stoben die Neugierigen in der Richtung zum Pfarrhaus davon. Gulielma war im Begriff, wieder in die Hütte zurückzugehen, als der junge George daherkam. Er glitt aus dem Sattel und erlaubte seinem Pferd, sich mit den beiden anderen Reittieren, die seinen Küchengarten verwüsteten, zusammenzutun. Schon daran konnte man merken, wie jämmerlich ihm zumute war.

„Habt ihr deinen Großvater gefunden?" fragte sie mit beruhigendem Gleichmut.

„Petesey Paisley ist verschwunden", sagte er nervös.

„Wer ist Petesey Paisley?"

„Der Sohn des Pfarrers."

„War er bei eurer Patrouille?"

„Ja. Aber er . . . er ist während der Nacht verschwunden. Seither gibt es keine Spur von ihm."

Seine Unfähigkeit, sich zu verstellen, war so eklatant, daß sie es ratsam fand, ihn ins Haus zu drängen, als ob sein schlechtes Gewissen sogar vom Pfarrhaus, zweihundert Meter entfernt unten an der Straße, gesehen werden konnte. Als er über die Schwelle trat und Himsha sah, fragte er bedrückt: „Wie steht's mit ihr? Wird sie sich erholen?"

„Natürlich", antwortete sie. „Aber ich glaube, es ist an der Zeit, daß du mir genau und aufrichtig sagst, was hier vorgegangen ist, sonst kann ich euch beiden ja nicht helfen."

„Vorgegangen?"

„Los, mach deiner alten Tante nichts vor. War es dieser Petesey, der deine Schwester angefallen hat?"

Das war blind geraten, aber offensichtlich hatte sie mitten ins Schwarze getroffen. Er starrte sie mit runden Unschuldsaugen an, dann stotterte er: „Wie . . . was . . . ich weiß nicht, wovon du redest!"

„Los, Junge", sagte sie, „tu nicht, als wärst du zwei Jahre alt, sag die Wahrheit. Und mach rasch, denn wenn ich mich nicht sehr täusche, seid ihr beide ziemlich in der Klemme. Vielleicht kann ich euch helfen, vielleicht auch nicht, aber bestimmt kann ich's nur, wenn du mir jetzt genau sagst, was hier passiert ist, warum sie nachher in solch einem Zustand war und warum du mich jetzt anschaust, als wäre ich ein Gespenst." Und da er noch einen letzten Anstoß zu brauchen schien, schloß sie: „Los, heraus damit!"

„Ja, Tante Gulie . . . ja . . . es war Petesey Paisely. Petesey muß über sie hergefallen sein, während sie ihre Katze begrub, und irgendwer, ich weiß nicht wer, hat ihn getötet." Die ganze Geschichte kam mit einem Ruck heraus, unzusammenhängend, weil er so erschöpft war. Sie versuchte herauszubringen, ob seine Abwesenheit von der Suchpatrouille Argwohn erregt hatte, aber in diesem Augenblick begann eine Kirchenglocke schallend zu läuten. Es war ein alarmierender Laut, mit Religion hatte er gewiß wenig zu tun, er klang eher wie eine Warnung vor einem unmittelbar drohenden Überfall. „Was soll das?" fragte sie.

Er war so mit sich selbst beschäftigt, daß er einen Moment brauchte, bevor er antworten konnte. „Ich kann's nicht sagen, aber bestimmt ist der Pfarrer auf etwas Arges aus. Ich weiß nicht, was er will, Tante, vermutlich ist er wahnsinnig . . ."

„Warum?"

„Er hat nichts anderes mehr im Sinn, als die Leute gegen Indianer und Quäker aufzuhetzen. Ich weiß nicht, was er jetzt gerade im Schild führt, aber was er auch tut, gewiß macht er die Sache noch schlimmer."

Sie holte sich Hut und Koller. „Das werden wir bald haben." Sie wollte den Pfeil durch den Hut stecken, überlegte es sich aber wieder; je unauffälliger sie aussah, desto besser.

„Du solltest aber nicht weggehen!" rief George, der offenbar jetzt in allem Gefahr witterte. „Die werden auf dich losgehen. Wenn sie wütend sind oder aufgeregt, wenden sie sich immer zuerst gegen die Quäker."

„Mach du dir keine Sorgen um mich", sagte sie und schlug ihn auf die Schulter, obwohl er mindestens einen Fuß größer war als sie. Er reagierte auf die Berührung wie ein scheuendes Pferd. „Ich kann auf mich aufpassen. Mach du deiner Schwester inzwischen eine Schale Tee, tu ordentlich Pfeffer hinein und einen Schuß Rum. Das Wasser siedet schon." Sie schlüpfte in ihr Koller. Dann wandte sie sich noch einmal um und sagte: „Es wäre gar nicht so dumm, wenn du auch eine Tasse trinkst. Laß es in deinem Fall zwei Schuß Rum sein." Er sah sie mit großen, erstaunten Augen an. Offenbar befolgte er die Glaubensregel der Enthaltsamkeit mit frommem Eifer. Die Rumflasche, die sie im Schrank gefunden hatte, mußte ein Vermächtnis seines abtrünnigen Vaters sein.

Draußen rannten die Leute aus allen Richtungen auf die Kirche zu. Gulielmas Anwesenheit schien sie nicht zu berühren, obwohl man sie sicher bemerkte. Nur waren sie im Moment zu aufgeregt, um der Fremden Aufmerksamkeit zu schenken. Der Eingang zur Kirche war umlagert, es war gar nicht leicht, hineinzugelangen. Als sie sich endlich mit einer Gruppe rüder und übelriechender Bauernlackel hineingedrängt hatte, fand sie das Schiff wie ein Heringsfaß vollgepackt. Erwartung lag in der Luft, doch schien die Menge eher auf die Alarmtrommel für Bärenjagd als auf einen Gottesdienst zu warten.

Ein weißhaariger alter Mann, dem zwei Haarbüschel über den Schläfen abstanden wie Luchsohren, erklomm die Kanzel und schrie: „Lasset uns beten!" In das Schweigen hinein, das sogleich folgte, beschwor er den Gott der himmlischen Heerscharen, alle Feinde, ob nun Hethiter, Philister, götzendienerisches Geschmeiß und heidnisches Otterngezücht, zu zerschmettern, auszurotten und zu zerstampfen, dagegen mit Mut und heiligem Feuer jene zu erfüllen, die Er auserwählt. Was immer der alte Aasgeier sonst sein mochte, seine Herde hielt er jedenfalls im Bann. Nach den ersten Worten schon hatte er seine Zuhörer im Griff.

176

George hatte recht gehabt, es war nicht ein Funke Frömmigkeit in dem, was er sagte. Mit trommelnden Fäusten, mit einer Stimme, die bei einem Wettbewerb von Viehversteigerern den Sieg errungen hätte, verkündete er, daß zwei Menschen, sein vielgeliebter Sohn Peter und der alte James McHair, der Quäker, von streifenden Indianern verschleppt worden seien und nun der Augenblick gekommen sei, Gottes Willen zu tun: Gottes Wille aber sei die Austilgung jeglichen Indianers, ob Mann, Weib oder Kind, der ihnen von jetzt an bis zum Einbruch der Nacht über den Weg liefe. Von der Kanzel herab bestimmte er die Leute, die sich der Razzia anzuschließen hatten, und jene, die zu Hause bleiben sollten, um die Weiber und Kinder zu verteidigen. Genau erklärte er den Teilnehmern der Razzia, was sie zu tun, den Weibern, wie sie sich auf alle Eventualitäten vorzubereiten hätten. Die Predigt endete in einem Einsatzbefehl, der sich in biblische Ausdrücke hüllte. Hethiter, Philister, gottloses Heidengesindel und schandbares Geschmeiß von Feueranbetern – all das waren nur andere Worte für „Indianer", und bei jedem neuen Fluchtitel, den er schleuderte, brüllte und tobte die Gemeinde wie eine Menge, die einem Kampf von Freistilringern zusieht; nur ein gelegentliches Amen huldigte dem Geist des Ortes.

Es war ein so niederschmetternder Vorgang, daß Gulielma sich versucht fühlte, George Fox nachzueifern und dem gotteslästerlichen Redeschwall ein Ende zu setzen, doch war sie leider an die Aufgabe gebunden, dem Gegner nach Art der Freunde zu begegnen, nicht nur aus Prinzip, sondern auch aus Erfahrung. Ein Angriff nach der Art George Fox' verschärfte nur das drohende Unheil, während die demütige, dem Feind die andere Wange darbietende Geduld und Nachsicht, die jetzt zur zeitgemäßen Form quäkerischer Bekehrung geworden war, wenigstens dazu führte, dicke Luft zu verdünnen. Sie ließ das einstündige Donnerwetter des alten Demagogen in einem sich verstärkenden Gefühl drohenden Unheils über sich ergehen. Als er endlich seine Gemeinde in einem Zustand aufgepeitschter Erregung auseinandergehen ließ und von seiner Kanzel, offensichtlich erschöpft, kletterte, bahnte sie sich einen Weg durch die hinausströmende Menge zu der Hintertür, durch die der Pfarrer verschwunden war. Sie nahm an, daß er in eine Sakristei führte, doch als sie die Tür öffnete, sah sie sich auf einem überdeckten Weg zum Pfarrhaus hinüber. Sie lief weiter und klopfte an eine Glastür, doch bekam keine andere Antwort als das drohende Gebell eines Hundes. Sie trat also ein. Aus den Schatten sprang der Hund sie an, sie redete sanft auf ihn ein, wobei sie sich der Algonquinsprache bediente: sie sagte ihm, daß sie ihm, wenn er nicht endlich das Maul halte, den Schweif ausreißen und in seine verfluchte Kehle stopfen werde. Das war natürlich nicht ganz die Art, wie Freunde einen Konflikt beilegten, aber im Fall des Hundes wirkte es Wunder. Der haarige Teufel ließ sofort von ihr ab. Nicht so sein Herr, der jetzt im Vorraum auftauchte und ärgerlich schrie: „Wer ist da? Wissen Sie nicht, daß ich nur gegen Voranmeldung zu sprechen bin?"

„Guten Morgen, Freund", sagte sie mit der scheinheiligen Stimme, von der sich längst herausgestellt hatte, daß sie das wirksamste Beruhigungsmittel für Narren und Propheten war, die sie, je älter sie wurde, immer weniger voneinander unterscheiden konnte. „Ich möchte mit dir ein Wort über deine Predigt sprechen, wenn's erlaubt ist."

Er spie Feuer und Galle. „Wer sind Sie? Was fällt Ihnen ein, so in mein Haus einzudringen?" Doch das Löwengebrüll war bereits zum Gebell eines Wachthundes abgeklungen.

Sie trat ins Licht, widmete dem Pfarrer ein strahlendes Lächeln und sagte freundlich: „Ich bin Doktor Gulielma Woodhouse, Ärztin, ich komme gerade aus der Prärie und bin auf dem Wege nach Philadelphia. Ein Zufall wollte, daß ich deine Predigt mitangehört habe, und so wollte ich dir meine Dienste anbieten."

Er versuchte, sie in Augenschein zu nehmen, wobei er die Brille, die auf seiner Nasenspitze ruhte, zu Hilfe nahm. Wahrscheinlich brauchte er neue Gläser, denn das Ergebnis war nicht befriedigend. Schließlich ließ er sie in sein Arbeitszimmer ein, wenn auch widerstrebend.

Es war ein kleiner Raum. Es gab Regale mit Büchern, einen Tisch, einen Lehnstuhl, dem Roßhaar entquoll, und noch ein paar Möbelstücke. Das Wichtigste darunter schien ein hoher, weißer Spucknapf zu sein, in den er, als er sich setzte, einen Strahl Tabaksaft spie. Er mußte darin eine jahrelange Übung besitzen, denn trotz seiner offensichtlichen Sehbehinderung traf er sein Ziel meisterhaft. „Was wollen Sie damit sagen, Madam . . . Doktor", fügte er ungnädig hinzu. „Wie kommen Sie auf die Idee, Sie könnten uns in dieser Sache von Nutzen sein?"

„Ach, ich weiß selbst nicht recht", sagte sie leichthin, während sie sich in dem Roßhaarstuhl niederließ, der sie anzuknurren schien. Doch war es wohl eher der Hund, der jetzt neben dem Sessel seines Herrn lag. Mit trügerischem Lächeln sprach sie in gewohntem Algonquin auf ihn ein.

„Wie bitte?"

„Ich habe nur mit deinem Hund geredet. Ich habe ihm versichert, daß ich ein Freund bin und daß ich hoffe, es auch dir begreiflich zu machen."

Doch so leicht war er nicht zu hintergehen. Sie hatte sich auf sein eigenes Terrain begeben. „Genug, Madam", sagte er, ohne sich zu bemühen, höflich zu erscheinen. „Wenn es Ihre Absicht ist, die Leute dieses Dorfes davon abzubringen, ihre Toten zu rächen, dann muß ich Ihnen sagen, daß Sie sich diese Mühe ersparen können."

„Ihre Toten?" fragte sie mit schlechtgespielter Verwunderung. „Ich wußte gar nicht, daß die Leichen schon gefunden sind."

„Wie Ihnen durchaus klar ist, Madam, brauchen wir keine Leichen zu finden, um zu wissen, was meinem armen Sohn widerfahren ist. Wenn Sie die sind, für die ich Sie halte, dann sollten Sie wissen, daß Indianer Leute nicht entführen, um Lösegeld zu verlangen, sondern um sie zu Tode zu martern."

„Ich wollte keine Kritik üben, ich wollte nur wirklich informiert sein."

„Wozu?"

Das war eine klare Frage. Eine gute Frage verdiente eine gute Antwort: Schritt Nummer eins: „Nie einen Menschen als Mittel benützen, ihn immer nur als Endziel verstehen." Mit anderen Worten: sich mit dem Gegner voll identifizieren. Sie schöpfte tief Atem und sagte plötzlich ganz im Gefühl dieser Autorität, die Quäker früher optimistisch „in Gottes Macht stehen" genannt hatten: „Freund, ich glaube, daß unter all diesen Leuten, die heute morgen in der Kirche waren, nur ich dich ganz verstanden habe. Du bist der Hirte einer Gemeinde, die nicht von schottisch-irischem Geblüt, sondern von entlaufenen Leibeigenen, Räubern, Mördern, Huren, von Gesindel aller Art, dem Auswurf der Menschheit besiedelt worden ist. Sie sind deine Last, eine Last schwer wie ein Kreuz; keinem Gottesmann kann eine undankbarere Herde anvertraut werden." Wie es ihr unzählige Male schon geschehen war, spürte sie trotz ihrer zynischen Kälte den mystischen Prozeß der Identifikation, der die Voraussetzung für den Geist der Liebe war, durch den allein jedes Problem gelöst werden konnte.

Der alte Mann mußte etwas davon gefühlt haben, denn er lehnte sich in seinen Stuhl zurück und musterte mit widerwilliger Faszination den vagen Umriß, den sie wohl seinen kurzsichtigen Augen bot. „Ich danke Ihnen für Ihre Teilnahme, Madam, aber wollen wir nicht bitte zur Sache kommen? Wie Ihnen wohl klargeworden ist, sind wir im Begriff, einige Suchtruppen . . ."

„Wenn es Suchtruppen sind, Freund", fiel sie ihm ins Wort, „dann werde ich glücklich sein, mich ihnen anzuschließen, in welcher Funktion auch immer. Doch als ich die Kirche verließ, hatte ich das Gefühl, daß der Geist deiner Worte von deiner Gemeinde als Aufruf zu einer Razzia verstanden wurde, mit unbeschränkter Freiheit zu morden." Das war Etappe zwei in der Art, wie Freunde eine Meinungsverschiedenheit zu begleichen suchten: Nachdem man sich innerlich mit dem Gegner identifiziert hatte, sollte man die reine Wahrheit sprechen. Die Tatsache, daß sie wußte, was seinem Sohn wirklich zugestoßen war, weckte ein gewisses Schuldgefühl in ihr – einen Augenblick war sie versucht, ihm alles zu sagen. Doch sie verwarf diesen Plan wieder. Beim gegenwärtigen Stand der Dinge konnte eine solche Offenbarung die Lage nur verschlimmern. „Ich bin tief traurig, daß dein Sohn . . ."

„Ob es sich um meinen Sohn oder den Sohn eines andern handelt, ist hier ohne Belang", knurrte er. „Wollen Sie bitte zur Sache kommen oder mich nicht länger belästigen."

Sie lächelte, beruhigt, daß sie ihn beim Wort nehmen durfte. „Freund, ich wäre wohl ein albernes Geschöpf, wenn ich hierherkäme, um dir zu sagen, was du zu tun hast, oder dich mit meiner privaten Meinung zu langweilen. Doch wäre es vielleicht doch nicht von Nachteil, die Stimme einer Fremden zu hören, die von jenseits der Berge kommt. Dürfte ich in diesem Sinne ein paar Minuten deiner Zeit in Anspruch nehmen?"

Mit einem Seufzer ließ sich der alte Mann in seinen Stuhl zurücksinken. Auch der Hund ließ, als wäre er ein Gegenbild seines Herrn, einen Seufzer hören und legte seinen Kopf müde auf die Vorderpfoten. Der Pfarrer nahm seine unnützen Brillen von der Nase, rieb sich die Augen und sagte mit einer vor Müdigkeit heiseren Stimme: „Doktor oder Madam oder wie immer Sie von mir angeredet werden wollen, Sie sind zweifellos die abgefeimteste Lügnerin, die je in diesem Stuhl gesessen hat."

„Lügnerin, lieber Freund?" fragte sie charmant. „Wie das?"

Er schob seine Brille wieder auf die Nase. „Weil dieses ganze fromme Larifari doch nur dazu dient, wie eine Füchsin die Spur mit dem Schweif zu verwischen. Warum sagen Sie nicht ganz offen und ehrlich: Auch wenn ich dazu auf dem Bauch kriechen und wedeln muß wie ein Hund, will ich doch versuchen, diesen alten Mann davon abzubringen, daß er meinen Indianern etwas antut, was immer sie auch auf dem Kerbholz haben?"

Sie lächelte. Es war ein Wunder. Ihre Methode versagte nie. Sogar dieser da konnte sich nicht dem Zwang entziehen, sich im Geiste mit jemand anders zu identifizieren. Sie fragte sich, wann ihm wohl solches das letzte Mal geschehen sein mochte. „Freund, natürlich war das mein erster Gedanke, als ich hier eintrat. Aber man muß sich eben doch in Gottes Macht fügen. Du würdest mir gar nicht mehr zuhören, wenn du nicht selber fühltest, daß ich mir, was ich jetzt sage, nicht vorher zurechtgelegt habe. Und damit du dessen ganz sicher bist, schlage ich vor, daß wir ein paar Minuten schweigend sitzen, im Gedenken, daß Er gesagt hat, wo zwei oder drei sich in Seinem Namen versammeln, da sei er unter ihnen gegenwärtig." Sie wartete nicht auf seine Reaktion, sondern schloß kurzerhand die Augen, faltete die Hände im Schoß und neigte den Kopf. „Schritt drei: den Gegner dazu bringen, daß er sich mit dir in Andacht verbindet." Sogleich fühlte sie mit fast körperlicher Bewußtheit, daß sie im Schweigen, das sie verband, in eine tiefere Zone ihres Daseins hinabtauchten. Schweigen war jetzt nicht mehr bloß nicht reden, die Abwesenheit von etwas Hörbarem, sondern eine Gegenwart, eine seelische Energie. Sie wollte ein Gebet formulieren, doch war die Gegenwart des

Göttlichen so überwältigend, daß es der Worte nicht mehr bedurfte. Während sie so saß, umgeben von dem unermeßlichen Ozean von Licht und Liebe, hegte sie keinen anderen Wunsch mehr, als sich dieser Strömung zu überlassen, gleich einem Schiff ohne Wind in den Segeln. Sie saßen so Minuten lang, die endlos schienen. Dann streckte sie ihm, wie es zum Schluß jeder Andacht gehört, die Hand hin. Er nahm sie und schüttelte sie, nahm dann verlegen seine Brille ab, putzte sie an seinem Rock und setzte sie wieder auf. Dies getan, hatte er seine Fassung einigermaßen wiedergewonnen.

„Von dem allen abgesehen, was haben Sie mir zu sagen, Doktor?" fragte er. Es klang noch immer von oben herab gesprochen, war es aber nicht mehr. Durch den Vorgang der gemeinsamen Andacht waren Gewaltsamkeit und Selbstgerechtigkeit verbannt. Die beiden saßen einander, wenigstens für den Moment, im Geiste der Toleranz gegenüber.

„Ich komme eben aus der Wildnis", sagte sie. „Die Indianer gieren nach dem Kampf. Die Franzosen stecken dahinter, aber darum geht es jetzt nicht. Alle warten sie nur auf den Funken, damit der Zunder zu brennen anfängt. Einzig und allein die Delawaren zögern noch. Sie sind es, mit denen William Penn den Vertrag geschlossen hat, und auch nach zweiundsiebzig Jahren widerstrebt es ihnen, ihn zu brechen. Meiner Ansicht nach besteht nur mehr eine Chance, eine geringe Chance, den Krieg zu vermeiden, wenn wir mit äußerster Zurückhaltung und mit Verantwortungsgefühl handeln."

„Alles gut und schön . . ." begann der alte Mann, aber sie fiel ihm ins Wort.

„Laß mich bitte aussprechen, Freund, damit ich meine Sache erledigt habe und gehen kann. Ich bin nicht hier, um dich zu überzeugen, nicht einmal, um auf dich einzuwirken, ich will meine Meinung sagen und es dir dann überlassen, so zu handeln, wie das Licht dich führen mag. Es mag Gottes Wille sein, daß es Krieg geben wird. Mir kommt es nicht zu, zu bestimmen, was Sein Wille ist und was nicht. Dies ist ein Moment, in dem ein Christenmensch keine andere verantwortliche Haltung einnehmen kann als die, sich der Führung durch das Licht anheimzugeben. Was wäre die Folge der Razzien, die du ins Indianergebiet schickst? Ein Gegenschlag der Indianer,

Massaker. Siebzehn Stämme, kriegsbemalt, die Pfeile in den Köchern, warten nur darauf, zu Tausenden über die Berge zu schwärmen, jedes Bleichgesicht, Mann, Weib und Kind, zu töten und zu skalpieren. Welche Kampfkraft die Männer deines Dorfes auch aufbieten mögen, es besteht keine Hoffnung, daß dieser Ort der Flut widerstehen kann, die über ihn hinwegrollen wird, schon Stunden nachdem eure Razzia das erste Indianer-dorf gestreift hat. Und ich muß dir ehrlich sagen, daß deine heutige Morgenpredigt, wenn ihr Folge geleistet wird, die unmittelbare Ursache des Foltertodes jedes einzelnen sein wird, der heute früh in deiner Kirche war. Was du diesen Leuten verkündet hast, Freund, mag wirklich Gottes Wille sein, dann kann man ihn aber nur so deuten, daß Gott entschlossen ist, Loudwater dasselbe Schicksal zu bereiten wie Sodom und Gomorrha. Wenn du wirklich der Überzeugung bist, daß deine sündige Herde verdient, ausgemerzt zu werden, dann mag es geschehen. Wenn nicht . . ." Sie stand auf. „Ich will nicht richten, Freund", sagte sie im Ton tiefster Aufrichtigkeit. „Dies ist eine Sache zwischen dir und Gott. Guten Tag." Sie wandte sich zur Tür, gewillt, ohne weitere Diskussion zu gehen.

Doch er hielt sie zurück. „Was soll ich denn tun? Was verlangen Sie von mir?" rief er erbittert, als wäre sie jetzt verantwortlich für das Dilemma, in das er geraten war. „Zwei Leute aus meinem Dorf sind verschwunden, haben sich in Luft aufgelöst. Es ist doch klar, daß die Indianer sie verschleppt haben. Soll ich mich einfach mit ihrem Verschwinden abfinden und die Suchtrupps zurückrufen?"

Wieder fühlte sie ihre Schuld. Sollte sie ihm alles sagen, was sie wußte? Die Versuchung war groß, doch ihr Gefühl oder ihre Einsicht widerrieten es ihr. „Freund", sagte sie, „es liegt doch auf der Hand, was du tun mußt. Ruf deine Männer zusammen und organisiere einfach Suchtrupps, die nach den beiden fehlenden Männern ausschauen, bis sie gefunden sind, tot oder lebend. Doch warne die Männer, auch nur einen Finger gegen irgendeinen Indianer zu erheben. Überleg es dir wenigstens, bevor du deine Leute in das Blutbad hineintreibst." Und sie fügte hinzu: „Ich will dir etwas sagen. Ich selbst will eine Patrouille organisieren. Ich könnte mir vorstellen, wo der alte James ist. Und du organisiere eine Gruppe, die nach deinem

Sohn sucht. Bewilligen wir uns vierundzwanzig Stunden. Ist dann keiner von den beiden gefunden, so wollen wir ein weiteres Gespräch führen. Wie wäre das?"

Er sah sie trübselig an, und ein gleiches tat sein Hund. „Wie soll ich das vor meiner Gemeinde rechtfertigen?" fragte er streitbar und zugleich doch unfähig, die Hilflosigkeit seiner Frage zu verbergen.

„Freund", sagte sie lächelnd, „dies war doch wohl wirklich nur eine rhetorische Frage. Ich bin gewiß nicht hierhergekommen, dir zu schmeicheln, aber in der Kunst, deine Leute zu behandeln, bist du ein Meister." Und ohne eine Antwort abzuwarten, öffnete sie die Tür und ließ ihn allein mit seinem Hund und Gott.

Als sie hinaustrat und die Männer und Pferde des Suchtrupps sah, war ihr klar, daß der alte Geistliche wohl den Geist aus der Flasche freizulassen vermocht hatte, aber vielleicht nicht fähig sein würde, ihn in die Flasche zurückzutreiben. Diese aufgeregte Menge lechzte nach Blut. Selbst wenn Pfarrer Paisley imstande wäre, sie zurückzuhalten, wie sollte sie aus diesen Menschen, so wie die jetzt gesonnen waren, eine Gruppe zusammenstellen, bloß um einen alten, senilen Quäker zu suchen? Ihre einzige Chance, ein paar Leute aufzutreiben, war, wenn sie ihnen sagen konnte, wo nach dem alten Jim zu suchen wäre. Vielleicht hatten seine Enkel eine Idee.

Sie kehrte zu der Hütte zurück, wo sie Himsha aufrecht im Bett sitzen fand, sie trank Tee. Der junge George war so verblüffend unbekümmert, daß sie annehmen mußte, er habe ihre Verordnung buchstabengetreu befolgt. „Nur herein, Tante Gulie!" rief er, als sähe er sie an diesem Tag zum ersten Mal und wäre darüber höchst erfreut. „Trinkst du auch einen Schluck Tee?"

„Nein, danke", sagte sie trocken. „Wie geht es unserer Patientin?"

„Himsha? Wie du siehst, ist sie munter wie ein Füllen."

Das war wohl eine Übertreibung. Sie war immer noch blaß und stand unter der Schockeinwirkung. Gulielma trat zu ihr und tätschelte ihre Hand. „Es freut mich, daß es dir besser geht", sagte sie freundlich.

„Besser geht?" brüllte der trunkene Junge, und seine Stimme

184

klang wie ein Echo seines Vaters ohrenzerreißenden Gedröhns. „Wenn du sie läßt, rennt sie auf die Weide hinaus und stößt die Hürden um!"

„Jetzt sei schon still", ermahnte sie ihn und führte den jungen Riesen zu dem einzigen Stuhl im Zimmer. „Willst du dich nicht setzen und mit mir vernünftig reden?"

„Warum vernünftig reden, Tante Gulie? Da möcht' ich lieber mit dir einen Tanz hinlegen, daß . . ." Er kicherte beängstigend. Seine Beschwipstheit hätte in ihrer Unschuld etwas Rührendes an sich gehabt, wenn er nicht ein solcher Riese gewesen wäre, doch wenn eine solche Stiermasse ins Schlingern und Torkeln geriet, konnte es zur Drohung werden. „Gib jetzt Ruhe!" sagte sie, und es gelang ihr, ihn auf den Stuhl zu zwingen. „Ich muß dich etwas fragen. Es ist wichtig."

„Wichtig!" wiederholte er ernsthaft.

„Ich will einen weiteren Suchtrupp zusammenstellen, um nach deinem Großvater zu suchen, aber keiner wird mitmachen, wenn ich nicht weiß, wo wir ihn zu suchen haben."

„Nach ihm suchen." Er nickte, seine blauen Augen waren ernst, blickten aber ins Leere. Ihr kam der Gedanke, daß er vielleicht unter einer verspäteten Schockwirkung stehe. Offenbar waren seine Nerven nicht aus demselben Material wie die seines Vaters.

„Spiel jetzt nicht länger den Narren und hör aufmerksam zu, George!" Sie hatte seine Auskunft nötig, egal wie es um ihn stand. „Sehr alte Leute sind geneigt, in ihren Phantasien nach ihrer frühen Kindheit zurückzutasten. Es ist durchaus möglich, daß dein Großvater im Wald dorthin gelaufen ist, wo er als kleiner Junge zu spielen gewöhnt war. Gibt's hier ringsum noch irgend jemanden, der ihn damals gekannt hat? Ich muß das wissen, bevor ich mich auf die Suche machen kann. Verstehst du mich?"

„Ja, Tante Gulie, jaja." Er nickte ernsthaft. Sie hegte den Verdacht, daß er ihr nicht zuhörte, aber interessiert beobachtete, wie ihr Gesicht sich verschob, wenn er den Kopf bewegte.

Sie rüttelte ihn. „George! Jetzt hör zu oder ich schlag' dich in dein blödes Gesicht. Gibt's hier jemanden, der mit deinem Großvater gespielt hat, als sie noch kleine Jungen waren? Überleg!"

Offensichtlich strengte er sich an, einen Gedanken auszudrücken. Sicher wäre er ihr gerne dienlich gewesen, aber die Konzentration seiner Gedanken auf einen Gegenstand fiel ihm schwer. „Ich – ich weiß nicht . . ."

„Denken sollst du! Du schwächlicher Trunkenbold!" Sie hoffte, daß die milde, quäkerische Anrede mehr ausrichten würde als „hundsverfluchtes Schnapsfaß!"

Doch auch so hatte er sich ihrem Zugriff entzogen. „Denken . . ." sagte er mit schwerer Zunge, schloß die Augen und ließ sich in den Stuhl zurücksinken. „Denken . . ." Und damit war's geschehen. So würde er jetzt liegen bleiben, ein behaglich trunkenes Riesenbaby, bis er wieder in eine angsteinflößende Welt zurückerwachte.

Sie seufzte und stand auf. Nun, der Idee eines Suchtrupps konnte sie nun wohl Adieu sagen. Was kam als Nächstes? Ein Debakel war nicht zu vermeiden. Das Gescheiteste war, die beiden hier so schnell wie möglich wegzuschaffen. Wie aber sollte man den besinnungslos schnarchenden Ochsen da in Bewegung setzen? Sie wandte sich dem Mädchen zu. „Liebes Herz, wir sollten zusammenpacken, es ist an der Zeit zu verschwinden."

„Und Großvater?" fragte das Mädchen.

„Es tut mir leid, aber den müssen wir uns aus dem Kopf schlagen."

„Nein . . ."

„Du hast doch gehört, was ich deinem Bruder erklärt habe: Es hat keinen Sinn, sich um einen weiteren Suchtrupp zu bemühen, solange wir keine Ahnung haben, wo wir ihn suchen sollen. Und ich habe nicht den blassesten Schimmer."

„Aber . . ."

„Außerdem, unter uns gesagt, er ist aller Wahrscheinlichkeit nach tot. Wenn er nicht den Unbilden der Witterung erlegen ist, spricht alles dafür, daß ein Berglöwe ihn erwischt hat. Da läßt sich nichts mehr tun. Ich muß mich um die Lebenden kümmern."

„Onkel Ellis würde es wissen", sagte das Mädchen leise.

Onkel Ellis! Ach ja, natürlich: Lonely Eagle. „Was würde der wissen?"

„Wo Großvater ist."

„Wie sollte er das wissen?"

„Er überwacht Großvater immer, wenn er streunt. Und sie kennen einander von Kindesbeinen auf."

„Und wo finde ich den?"

„Den findet man nie. Der findet einen."

„Aber wo?"

Das Mädchen hatte, bevor es antwortete, einen rätselhaften Blick in ihren großen schwarzen Augen. Nein, das war nicht die Tochter eines weißen Mannes. Nur Vollblutindianer hatten diesen Blick. Wie sie so da saß, zart, das schmale Gesicht von schweren Zöpfen umrahmt, war sie ein Geschöpf aus einer anderen Welt. Jetzt sagte sie gelassen: „Geh ins alte Andachtshaus."

„Wie meinst du das? Einfach hingehen und dort auf ihn warten?"

„Ja."

„Aber wie wird er wissen, daß ich dort bin?"

„Er wird es wissen."

Ach, diese Indianer! „Ich verstehe. Du wirst es ihm sagen."

Das Mädchen schüttelte den Kopf. Zu Gulielmas Überraschung liefen plötzlich Tränen über Himshas Wangen.

„Gut, gut, ich geh' schon ins Andachtshaus", sagte sie und strich dem Mädchen übers Haar. An der Tür wandte sie sich um: „Du solltest lieber die Tür verrammeln, wenn ich gegangen bin. Und wenn ich zurückkomme, zeig' ich mich hier an diesem Fenster." Sie wartete nicht auf Antwort.

Draußen lag die Straße menschenleer im prallen Sonnenlicht. Es traf sich gut, daß alle Leute auf dem Hauptplatz versammelt waren. Das wäre ein ungünstiger Moment für einen Indianer gewesen, sich hier herumzutreiben, vermochte er sich noch so geschickt unsichtbar machen. Für Tante Gulielma war es eine Wohltat, durch die Straßen zu gehen, ohne von einer grölenden Menge verfolgt zu werden. Es war fast wie in alten Tagen, als die Bevölkerung noch ganz aus Quäkern bestanden hatte. Was waren das für herrliche Zeiten gewesen! Unbewaffnet hatten die Quäkerfamilien von Loudwater mitten unter den Indianern gelebt, Generationen lang. Die Indianer hatten in strengen Wintern mit Lebensmittel ausgeholfen und hatten den weißen Jungen die höhere Kunst des Jagens beigebracht. Die Indianer-

187

kinder waren in die Dorfschule gekommen, und wenn die Freunde zum Jahrestreffen in die Stadt zogen, ließen sie ihre Kleinkinder in der Obhut der Indianer zurück. So entwickelten sich Leute wie Buffalo McHair, die von den Indianern als zu ihnen gehörig behandelt wurden, und zwar in solchem Ausmaß, daß einer von den Indianern auch jetzt noch wie ein Schutzengel über die Familie wachte.

Das alte Andachtshaus lag inmitten des Friedhofs, beschattet von Kastanienbäumen, die in der Brise geheimnisvoll flüsterten. So still war es hier am Waldrand, daß man deutlich die sanfte Musik des kleinen Wasserfalls vernahm, der dem Ort den Namen gegeben hatte. Als Gulielma das letztemal in diesem alten Bau gewesen war, da war sie eine junge Frau gewesen, zum ersten Mal von zu Hause weg, eine, vor der noch ein ganzes Leben lag. Sie hatte an der frommen Feier teilgenommen, sie entsann sich noch gut, wie sie in der kleinen, lautlosen Runde älterer Quäker saß und im Geist den legendären John McHair sah, wie er dieses schmucklose Gebäude, diesen Treffpunkt mit Gott errichtete. John McHair mußte das Haus zusammen mit seiner geheimnisvoll stummen, jungen Frau erbaut haben. Gewiß hatte er die schweren Holzblöcke selbst im Hochwald geschlagen und hierhergeschleppt, eine Arbeit, bei der man sich das Rückgrat brechen konnte. Dafür stand das Haus jetzt seit fast einem Jahrhundert und sah nicht aus, als ob es demnächst zusammenfallen wollte. Die Wände waren mit Geißblatt überwachsen, und wilder Wein hatte sich an den Torpfosten des Vorbaues hinaufgeschlungen, in dem nach der Andacht die Frauen beisammensaßen. Gulielma stieg die morschen Stufen hinauf und betrachtete die Pfosten, die der alte Patriarch selbst aus jungen Bäumen zurechtgeschnitten hatte. Damals hatte sie sich das Holzwerk nie angesehen. Die Stämme waren kunstvoll geschnitzt, für einen ungeschulten und noch dazu einhändigen Holzfäller ein erstaunliches Stück Arbeit.

Vernachlässigt und verlassen, wie das kleine Haus dastand, strahlte es doch heitere Gelassenheit aus. Es war zu spüren, daß es von gläubigen Menschen als Gotteshaus erbaut worden war. Die Tür, die in ihren Angeln hing, war angelehnt. Stieß man sie auf, so ließ sie ein geisterhaftes Ächzen vernehmen.

Drinnen war es dämmerig. Schmutz und Vegetation hatten

die Fenster undurchsichtig gemacht, alles schwebte in einem grünen Unterwasserlicht. Am Boden lagen alte Flaschen, Fetzen, der Mist von Generationen von Fledermäusen. Gulielma konnte mit Mühe in dem halbschattigen Bereich die Stapel von Faßdauben und die an den Wänden übereinandergestellten Bänke erkennen. Zwei der Bänke waren einander gegenübergestellt, sie setzte sich auf die eine und schloß die Augen. Der Gott ihrer Kindheit schien wieder um sie zu sein. Ach, die Träume, die Hoffnungen, die Illusionen! Sie kreisten um den großen, unbekannten Geliebten, der, wie es schien, am Ende ihres Pfades ihr den Weg in die Wildnis wies. Da saß sie nun vierzig Jahre später, eine vertrocknete alte Frau, die in ihrem Leib das erste Nagen des Todes spürte, noch immer demselben Pfad folgend. Wer stand am Ende des Pfades? Gott oder bloß der Tod allein? Kam es denn darauf an? Auf nichts kam es an, was auf diesem von Eintagsfliegen bewohnten Planeten geschah, in der unausdenkbaren Weite der Sterne. Doch als das Grauen vor dem Tode aus den von den Gespenstern der Vergangenheit bewohnten Schatten hervorkriechen wollte, sagte sie sich, daß dies der große Trug des Lebens war, gegen den sie ein ganzes Erwachsenenleben lang angekämpft hatte: das Universum mit menschlichen Maßen messen zu wollen. Der einzige Geist, der den Sinn des All erfassen konnte, war Gottes Geist. Doch warum dann dieser verworrene Schrecken vor dem Unbekannten? Ging sie nicht jetzt auf ebendiese Dunkelheit oder ebendieses Licht zu, aus dem sie vor vierundsechzig Jahren gekommen war? Dieser selbe unendliche Ozean von Licht und Liebe, der damals auf so wundersame Weise das winzige, kraftgeladene Leben, welches Gulielma Woodhouse hieß, ausgeworfen und der jetzt in Begriff war, es wieder zurückzuempfangen, das war das Ganze, darum ging es. Warum davor erschrecken? Sie seufzte und öffnete die Augen. Ihr gegenüber, auf der anderen Bank, saß der Indianer.

Auch noch nach vierzig Jahren fuhr sie immer noch zusammen, wenn Indianer diesen Zaubertrick des Auftauchens und Verschwindens, an den sie gewohnt sein sollte, vollführten. Diesmal allerdings tat es der ihr da gegenüber saß aus gutem Grunde. Die Delawaren mußten ihren Entschluß gefaßt haben, denn der Alte trug Kriegsbemalung. Nackt bis auf ein Lendentuch und Mokkasins, war er mit ockergelben Streifen geschmückt, die von seinem Bauch über seine Brust aufwärts verliefen. Die untere Hälfte seines Gesichts glich einer gelben Maske, die rote Flecken auf Backenknochen und über den Augen zeigte. Auch der kahle Scheitel war rotbemalt, vom Haarwulst hingen zwei Adlerfedern herab. Krumme rote und schwarze Striche zogen sich an seinen Hüften hinab, um die Arme schlangen sich gemalte Bänder von Orangegelb und Grün. Seine Augen waren geschlossen. Trotz seinem erschrekkenden Äußeren strahlte er eine außerordentliche Ruhe aus. Seine Gemütsverfassung hätte die eines in die göttliche Präsenz versenkten alten Quäkers sein können.

Sie saßen einander eine Weile schweigend gegenüber. Seine Gelassenheit, die in so bizarrem Gegensatz zu seinem drohenden Äußeren stand, durchdrang sie mit einem tiefen Gefühl des Friedens, einer Bewußtheit der göttlichen Gegenwart. Zuversicht erwachte in ihr, daß eine höhere Einsicht dem Rätsel der Vergangenheit Sinn geben müsse und daß die Angst vor der Zukunft nicht mehr war als ihre eigene Angst vor dem Tod. Als sie endlich eine Bewegung vernahm und ihre Augen öffnete, hatte sie das Gefühl, etwas zu verlieren. Der alte Indianer hielt ihr die Hand entgegen, wie es Quäker am Ende einer Andacht taten. Sie nahm diese Hand und schüttelte sie. „Friede sei mit dir, Freund Lonely Eagle. Ich bin hiehergekommen, um dich zu fragen, ob du weißt, wo ich James McHair finden kann."

„Ich weiß, wo er ist, Freundin Mann-Frau", antwortete der alte Mann in Algonquin. Seine Stimme war sanft und wohlbemessen. „Zwei Tage bin ich ihm als Schatten gefolgt. Gleich einem Tier, das weiß, daß es sterben soll, war er auf der Suche nach einem Lager. Ich habe ihm geholfen, in einen Baum zu klettern, in dessen Krone wir, er und ich, als Kinder gespielt haben. Ich konnte nicht verweilen und warten. Ich wußte, daß er im Frieden war."

Obwohl der Indianer die Sprache seines Volkes sprach, wählte er Worte und Wendungen sorgfältig für die weiße Zuhörerin. Das war ein Akt äußerster Höflichkeit und sehr rührend. Sie fühlte sich vom Gewicht seiner Gegenwart etwas weniger eingeschüchtert. „Wo war das?" fragte sie.

Er sah sie ausdruckslos an. „Das ist unwichtig", erwiderte er.

„Was in dem Baum übriggeblieben ist, hat weder für Freund James noch für sonst jemanden Bedeutung."

Es war ihr klar, daß er ihr dies und sonst nichts mitteilen wollte. „Und der junge Petesey Paisley?" fragte sie.

Er antwortete gelassen: „Ich habe den Toten draußen, auf meinem Pferd. Ich habe ihn getötet. Ich bin auf dem Wege, mich seinem Vater auszuliefern."

Diese Eröffnung nahm ihr den Atem. Einige Sekunden lang starrte sie ihn an, dann rief sie, alle Etikette der Wildnis beiseiteschiebend: „Das kannst du nicht tun, Lonely Eagle! Diese Menschen hier sind tobsüchtige Fanatiker, die die Gesetze des Landes mit Füßen treten! Selbst wenn der Vater dieses Jungen mit einer gesetzlichen Behandlung des Falles einverstanden wäre, würdest du nie vor Gericht kommen. Sie werden dich an den nächsten Baum hängen. Du kannst das nicht tun. Du darfst es nicht! Ich begreife, daß du dein Gewissen erleichtern willst, aber das ist reiner Selbstmord."

Er sah sie aus seinen dunklen, ausdruckslosen Augen an, dann antwortete er: „Das weiß ich alles, Freundin Mann-Frau. Aber ich muß es tun, um einem großen Blutvergießen zuvorzukommen. Sie planen die Dörfer zu überfallen, wie sie mein Dorf vor sechzehn Wintern überfallen haben. Damals ist ein einziges Mädchen am Leben geblieben; diesmal wird es kein einziges sein."

Trotz ihrer starken Abneigung gegen einen anscheinend sinnlosen Akt der Selbstzerstörung regten sich erste Zweifel. Wieviel Überzeugungskraft Pfarrer Paisley auch aufbringen mochte, die Männer der Siedlung waren zu solchem Blutdurst aufgestachelt, daß auch die stärksten Argumente sie kaum zurückhalten würden. Bot sich indessen dieser Indianer selbst als Opferlamm an, dann bestand die leise Hoffnung, daß Schlimmeres verhindert werden könnte.

Als könne er ihre Gedanken lesen, holte der alte Indianer einen Lederriemen hervor, den er ihr entgegenhielt. „So bitte ich dich also, Freundin Mann-Frau, mir die Hände auf den Rücken zu fesseln."

Doch selbst wenn sie seine Erwägungen begriff, konnte sie das nicht zulassen. Vierzig Jahre der Entschlossenheit, Menschenleben zu bewahren, erwiesen sich als ein unüberwindbares

Hindernis. „Es tut mir leid, Freund Lonely Eagle, ich kann dir nicht helfen. Ich werde dich nicht abhalten, aber helfen kann ich dir nicht."

Er musterte sie mit ausdrucksloser Unpersönlichkeit, als sähe er sie bereits aus einer Welt von tieferer Einsicht und größerem Verständnis. „Freundin Mann-Frau, ich bitte dich noch einmal: binde mir die Hände auf den Rücken, dann führe mich zu meinem Pferd, das am Waldesrand wartet, und geleite mich zum Vater des Jungen, den ich getötet habe. Sag ihm, du hättest mich gefunden und hättest dich entschlossen, mich ihm zuzuführen." Seine Augen nahmen einen Ausdruck von Schläue an. „Ich weiß, daß deine Art Gottesanbetung dir nicht erlaubt, eine Lüge auszusprechen. Stell dir eben vor, Freundin Mann-Frau, du hättest mich tatsächlich gefunden und es wäre dein Entschluß gewesen, mich zu ihm zu bringen. Sag nicht mehr, dann wirst du nicht gelogen haben." Wieder hielt er ihr den Riemen hin. „Tu, wie ich dich gebeten habe, erweise deinem Freund Lonely Eagle einen letzten Dienst."

Die typisch indianische Art, eine Sache auszuhandeln, verlieh ihm eine herzzerreißende Menschlichkeit. Er war offensichtlich fest entschlossen, dies durchzustehen, und kein Argument würde ihn davon abbringen.

„Und wenn sie dich fragen werden, warum du den Jungen getötet hast, was wirst du antworten? Die Wahrheit?"

Wieder dieser schlaue Blick. „Freundin Mann-Frau, diese Entscheidung wird bei mir liegen. Dein Gott wird dir nicht erlauben, mir bei einer Lüge behilflich zu sein, mach es also nicht zu deiner Angelegenheit. Hilf mir als Freundin meines Volkes, unsere Frauen und Kinder vor Schlimmem zu bewahren. Und lasse mir die Verantwortung dafür, was nun mit mir geschieht."

Es war eine außerordentliche Rede, wie sie sie vielleicht von einem Kollegen hätte erwarten können, der ihre Beihilfe bei einem Akt der Selbsttötung in Anspruch genommen hätte, um seinem sinnlosen Leiden ein Ende zu setzen. Hier hatte sie einen Mann vor sich, der mehr als das plante, einen, der sinnloses Leiden unzähliger anderer abwenden wollte. Ihr blieb nichts übrig, als sich seinem Schicksal zu unterwerfen.

Sie nahm den Riemen, sah den Indianer kritisch an und sagte:

„Freund Lonely Eagle, ich möchte dir noch den Rat erteilen, die Kriegsbemalung von deinem Körper zu entfernen." Und da sie seinen schmerzlichen Blick bemerkte, fügte sie hinzu: „Ich weiß genau, was das für dich bedeutet, aber wenn du so vor die Leute trittst, werden sie glauben, dein Volk sei bereits auf dem Kriegspfad."

Das war ein unwiderlegbares Argument, doch litt sie wie er, denn dies zu verlangen hieß, von ihm ein fast ebenso großes Opfer wie das seines Lebens zu fordern. Einem Delawaren bedeutet, ohne diesen Abzeichen der Männlichkeit in die Ewigkeit einzugehen, daß sein Geist von einem Feind gefangen und zu Sklavendiensten mißbraucht werden kann. Sie war sich des inneren Kampfs durchaus bewußt, den sie in ihm entfachte, und daher versuchte sie noch einmal, ihn von seinem Entschluß abzubringen.

„Lieber, lieber Freund, du weißt so gut wie ich, daß der Krieg, ist er einmal im Gang, von keinem einzelnen Menschen aufgehalten werden kann, sei er noch so tapfer und opferbereit. Warum willst du die Tatsache, diesen Jungen getötet zu haben, nicht als gegeben hinnehmen? Ich weiß, was er getan hat. Ich kenne das Mädchen und weiß, daß er, hätte dein Pfeil ihn nicht niedergestreckt, ihr Leben so sicher ausgelöscht hätte, wie wenn er einen Dolch in ihr Herz getrieben hätte. Warum willst du dein Leben als Akt der Sühne darbieten?"

Ihr Versuch, ihn in seinem Entschluß wankend zu machen, brachte ihn nicht für einen Moment aus der Bahn. Er streckte seine Hand aus und sagte gelassen: „Dank' dir, Freundin Mann-Frau. Ich habe kein Tuch bei mir, hast du etwas, womit ich mich im Bach reinigen könnte?"

Sie gab ihm ihr Taschentuch. Dann trat sie zur Tür, blickte nach beiden Seiten der menschenleeren Straße und nickte ihm zu.

Verstohlen schlichen sie zum Bach, vorbei an den Grabsteinen des Quäkerfriedens, der nun zu Ende gehen sollte.

George wurde von Himsha so stürmisch aus seinem trunkenen Schlaf geweckt, daß er verstört auffuhr: „Was ist los?"

„Wach auf, wach auf!" drängte sie mit unterdrückter

Stimme, als fürchtete sie belauscht zu werden. „Onkel Ellis ist gefangen worden! Er wird gerade zum Pfarrhaus geführt – von Tante Gulie!"

„Von Tante Gulie?" wiederholte er verständnislos.

„Sie hat Petesey gefunden, hat ihn quer über Onkel Ellis' Pferd gelegt, dann hat sie Onkel Ellis die Hände auf den Rücken gebunden und jetzt ... und jetzt ..." Sie brach in Tränen aus und vergrub ihr Gesicht in den Händen.

Ratlos saß er da und starrte sie an. Tante Gulie hätte Onkel Ellis gefangengenommen? Das gab es nicht, das war sinnlos. „Das kann nicht sein", sagte er. „Tante Gulie würde so etwas nie tun."

„Ich habe sie gesehen! Ich habe sie gesehen!" schluchzte das Mädchen. „Sie selbst bringt ihn zum Pfarrhaus! Die werden ihn ... die werden ihn ... hör nur!"

Aus der Ferne klang jetzt ein tiefkehliges Röhren herüber. Er wußte, daß es von der Menge kam, doch hatte er einen solchen Ton noch nie gehört. Mühsam kam er auf die Füße, beutelte den Kopf, dann ging er zur Tür und spähte mit schmerzenden Augen in den grellen Tag. Leute kamen aus den Häusern und rannten auf die Kirche zu. Eine Frauenstimme kreischte: „Sie haben den Sohn des Pfarrers gefunden! Er ist tot! Sie haben den Indianer, der es getan hat, gefangen!"

Jetzt war er ernüchtert. Onkel Ellis in Gefahr! Obwohl er noch benommen und nicht recht sicher auf den Füßen war, rannte er zum Pfarrhaus.

Das Gedränge vor der Pfarre war so dicht, daß er nicht einmal daran denken konnte, sich einen Weg durch die Leute zu bahnen. Das Gebrüll, ohrenbetäubend jetzt, hatte nichts Menschliches an sich. Es war, als wäre da ein ganzes Volk zu einer einzigen monströsen Bestie geworden, heulend vor Wut und Rachgier. Eine idiotische Stimme dicht neben George schrie immer wieder: „Zeig dein Zeug, Kinderfresser! Zeig dein Zeug, Kinderfresser!" Eine zerzauste Hexe, vor Erregung bebend, saß auf den Schultern eines Mannes, um über die Menge hinwegblicken zu können. Sie brüllte: „Autsch! Süßer Jesus, wenn die mir das machten ... Aber der spürt ja nichts. Ich sag' euch, wie Fische sind die, spüren nichts. Autsch! Autsch! O Jesus!" Sie hatte ihre Röcke hochgerissen, ihre weißen Schenkel preßten sich an den Schädel des Mannes unter ihr, mit den Fäusten war sie in sein Haar verklammert.

George wollte umkehren und heimrennen, doch er mußte etwas tun, mußte Onkel Ellis verteidigen, ihn aus ihren Händen befreien ...

Die Frau, die auf dem Mann hockte, stieß einen langgezogenen schrillen Schrei aus, dann kreischte sie, auf den Schultern des Mannes vor und rückwärts schwingend, als ritte sie einen Galopp: „Jetzt haben sie es ihm abgeschnitten! Abgeschnitten haben sie es ihm! Aaaah! Das hat er doch gespürt! Das doch!" Tatsächlich übertönte jetzt ein grauenvolles Aufheulen das Geschrei der Menge. Doch erstickte es sofort wieder in Beifallsgebrüll, das George den Magen umdrehte. Jetzt schrie die Frau: „Sie stopfen's ihm ins Maul! Sie stopfen's ihm ins ..."

Nun war in dem bestialischen Gebrüll auch ihre Stimme nicht mehr zu vernehmen. Und dann wieder ihr Schrei: „Jetzt! Jetzt! Jetzt ziehen sie ihn hoch!"

Etwas in dieser Stimme ließ George hinüberblicken. Was auch auf dem Richtplatz geschehen mochte, die Frau sah nun nicht mehr hin. Sie hatte sich vornüber sinken lassen, und einen Moment lang glaubte George, sie sänke ohnmächtig vornüber, aber sie hatte sich nur hinabgebeugt und bedeckte das Haar des Mannes mit Küssen.

Und jetzt sah er mit Grauen, wie der zuckende Körper, von dessen Lenden das Blut herabströmte, auf den Baum, der dem Pfarrhaus seinen Schatten gab, hochgezogen wurde.

„Zeig jetzt dein Zeug, Kinderfresser!" bellte die idiotische Stimme, „jetzt zeig uns dein Zeug!"

George machte kehrt und rannte.

Nie hätte Gulielma geglaubt, daß sie regungslos dabeistehen könnte, während ein gebrechlicher alter Mann gemartert, obszön verstümmelt und zuletzt von dieser Herde menschlicher Wesen, die sich in gemeinsamen Wahnsinn hineingesteigert hatten, erwürgt wurde. Die Gelassenheit des alten Indianers war um sie lebendig, fast als ob sie allein unter diesen tobsüchtigen Verdammten den spirituellen Gehalt des schaurigen Ritualmords erfassen könnte. Ein mystisches Gefühl hielt sie aufrecht, als würde ihre Gegenwart verzweifelt gebraucht und als könnte sie durch diese Erkenntnis dem armen gequälten Opfer helfen. Ihr Mut schien wesentlich zu sein für jene höhere Gegenwart, die den Gemarterten umgab. Ihr war bewußt, wie sie so dastand, zu Stein erstarrt, daß sie nicht einer Orgie der Zerstörung beiwohnte, sondern einem grauenvollen Schöpfungsakt: daß in diesem scheinbar sinnlosen Opfer ein Sinn lag, der ihren Verstand und ihre Einsicht überstieg.

Was die Tobsüchtigen, denen der Wahnsinn in den Augen stand, mit diesem Greisenkörper taten, war unaussprechlich obszön; wäre sie aus der Unmittelbarkeit ihres täglichen Lebens Zeuge dieser Szene geworden, hätte sie es nicht ertragen können. Es schien wie ein Gnadenakt, daß schließlich die Schlinge um den Nacken des Opfers gelegt und der Körper hochgezogen wurde. Doch wurde der Körper sogleich wieder herabgelassen, als die Zuckungen nachließen, und sie stürzten sich in einem neuerlichen Ausbruch der Grausamkeit auf den Sterbenden. Wie bei der Andacht, langsam sich selbst zusprechend, ohne Hast, sagte sie sich vor: „Kraft, mein Freund, Kraft, Kraft, Er ist zur Stelle, du und ich, wir sind zusammen in Seinem Namen. Er ist unter uns." Sie wußte, über alle möglichen Zweifel hinaus, daß Lonely Eagle die Botschaft aufnahm, auch wenn sein zu Tode geschundener Körper gerade zum vierten Mal in die Höhe des Baumes gezerrt wurde. Plötzlich sah sie ein Aufblitzen, hörte einen Knall. Ein roter Stern zeigte sich auf der Brust des Gemarterten, und mit einem letzten Zucken erschlaffte der Körper. Sie wandte sich um und sah auf der Schwelle des Pfarrhauses den alten Pfarrer Paisley, eine noch rauchende Flinte in den Händen haltend. Neben ihm, die Ohren gespitzt, stand der Hund, wohl wartend, daß die Taube herabfiele.

Nach einer Sekunde gebannter Stille wurde in der Menge ein Murren laut. Doch da brüllte der alte Paisley, das Feuer des Propheten in den Augen, los: „Wehe, wehe über euch, ihr Sünder von Loudwater! Was habt ihr getan? Was habt ihr getan vor dem Hause des Herrn?" Und weiter ging Fluch und Schelten, das Geschrei über Verderbtheit, Gotteslästerung, während Gulielma davonging. Hypnotisiert von der mächtigen

Stimme, die zu immer schaurigeren Verdammungen anschwoll, ließ die Menge die Frau unbemerkt passieren. Es war nicht ihr Protest gegen die Kaltblütigkeit, mit der der alte Geistliche sein Eingreifen verzögert hatte, nicht darum ging sie, denn sie begriff, warum er so lange gewartet hatte. Er hatte denen ihr symbolisches Blutbad gewährt. Es war wohl der einzige Weg, anders konnte er den Schaden nicht wiedergutmachen, den er selbst angerichtet, indem er ihnen den Heiligen Krieg gepredigt hatte. Sie ging, damit sie, wenn sie diesen Leuten in Zukunft begegnen würde, von ihnen nicht mit dem Schandbaren in Verbindung gebracht werde, das sie getan hatten.

Sie kehrte zu der Hütte zurück. Als sie eintrat, starrten George und Himsha sie mit solcher Abscheu an, daß sie blitzhaft begriff: Keiner von beiden verstand, warum gerade sie es gewesen war, die den alten Mann in seinen sicheren Tod führte. Sie setzte ihnen kurz auseinander, wie es dazu gekommen war und warum sie beide Loudwater jetzt, so schnell sie nur konnten, verlassen mußten. Im Kielwasser dieses brutalen Mordes konnten die Indianer aus den Bergen über das Dorf kommen.

Es gelang ihr, die beiden verstörten jungen Menschen in Bewegung zu setzen. Eine halbe Stunde später, noch bevor der Pöbel von Loudwater wieder zu Sinnen gekommen war, waren sie marschbereit.

George traf die Vorbereitungen, sein Zuhause zu verlassen, in einem Zustand halber Betäubung. Seine Sorge galt den Tieren: Wer würde sich in Zukunft um sie kümmern? Doch hatte er immer noch ein Gefühl der Unwirklichkeit, und seine Beine waren so schwach, daß er sich ganz der Führung Tante Gulies überließ. Sie wies die jungen Leute an, so wenig wie möglich mitzunehmen. Er sollte Proviant und Gepäck nehmen, Himsha und sie würden Gulies Pferd reiten, obwohl es für die alte Mähre eine arge Zumutung war.

Sie standen reisefertig, als sie Betsy und Annie im Garten aufgeregt Laut geben hörten. Mit einem Satz war George bei der Tür und erwischte noch einen Blick auf ein flüchtiges graues Geisterpferd, das im Wald über den Bach setzte. Es war Onkel

Ellis' Tier. George trat wieder ins Haus und sagte es Tante Gulie. Das Pferd mußte während der Hinrichtung ausgebrochen und in den Wald geflüchtet sein, aber da es ein Indianerpferd war, konnte kein weißer Mann es einfangen, geschweige denn reiten. So würde das Tier sich selbst weiterhelfen müssen, bis es eine Herde fand, der es sich anschließen konnte, oder bis ein Panther oder eine Klapperschlange ihm ein Ende bereitete. Himsha sagte, sie wolle versuchen, das Pferd herbeizuschmeicheln. Sie habe ihm in vergangenen Tagen öfters das Futter gereicht. Sie steckte ein Stück Brot zu sich, ein Fangseil, und, unerklärlicherweise, die Steppdecke ihres Bettes. So ausgerüstet sahen die beiden sie auf dem schmalen Pfad zum Bach schleichen und den Wasserlauf durchwaten. Am Rande des Waldes wandte sie den Nachblickenden den Rücken zu und legte sich die Bettdecke um die Schultern. Einen Moment später ließ sie die Decke fallen und verschwand splitternackt im Wald.

„Was um Himmels willen treibt sie?" fragte George bestürzt.

„Das ist ein alter Indianertrick", erwiderte Tante Gulie.

„Aber was tut sie wirklich?"

„Wenn ein Pferd scheut oder sich verlaufen hat und umherirrt, ziehen die Indianer ihre Kleider aus, bevor sie versuchen, an das flüchtige Tier heranzukommen. Warum, weiß ich nicht, aber wahrscheinlich wollen sie damit dem Pferd zu verstehen geben, sie hätten nichts Böses vor."

George machte es Sorgen, Himsha so nahe dem Ort unbekleidet zu wissen. Er hätte ihr wohl nachlaufen sollen, um sie gegen die Wildlinge zu schützen. Doch Tante Gulie hielt nichts davon. „Nach dem Wahnsinnsausbruch heute früh liegen sie auf den Ohren und brauchen eine Zeit, um zu sich zu kommen."

„Wahnsinn?"

„Natürlich. Jesus hat doch gesagt: ‚Vater, vergib ihnen, denn sie wissen nicht, was sie tun.' Die schlimmsten Dinge auf Erden passieren nicht durch unsere Verderbtheit, sondern durch plötzliche Ausbrüche von Massenwahn."

„Du bist also gewillt, ihnen zu verzeihen, was sie Onkel Ellis angetan haben?" fragte er ungläubig.

„Gewillt, ja", antwortete sie. „Nur kann ich nicht behaupten, daß ich diesen Grad von Nächstenliebe bereits erreicht habe. Ich sollte es wohl, denn Christus hat ja auch den richtigen Grund angegeben: Sie wissen nicht, was sie tun. Die wissen es auch nicht. Die waren von Sinnen."

Das war eine verwirrende Behauptung, und er hätte gern etwas dazu gesagt, aber plötzlich rief sie: „Sieh doch!"

Himsha kam auf dem fahlfarbenen Rotschimmel mit der grauen Mähne und dem grauen Schweif angeritten. Im Ritt beugte sie sich vor, den Arm um den Hals des Tieres gelegt, als müßte sie ihm etwas ins Ohr flüstern. Es war ein schöner und zugleich verwirrender Anblick, denn Himsha hatte keine Zeit gehabt, wieder in ihr Kleid zu schlüpfen. Jetzt glitt sie behutsam und anmutig vom Rücken des Pferdes. George konnte sehen, daß es ihr gelungen war, dem Tier das Seil um den Hals zu legen. Als sie sich jetzt bückte, die Steppdecke aufzuheben, und sich wieder aufrichtete, scheute das Pferd. Doch hatte sie das Seil fest in den Händen und sprach dem Tier beschwichtigend zu. George konnte nicht hören, was sie sprach, aber das Pferd fügte sich. Wieder bückte sie sich. Diesmal duldete das Pferd, daß sie die Steppdecke aufhob und um ihre Schultern nahm. So schritt sie zu der Stelle zurück, wo ihr Kleid lag, und band das Seil an einen jungen Baum am Bachesrand. Das Pferd hatte zwar die Nüstern gebläht, versuchte aber nicht auszubrechen, während Himsha ins Kleid schlüpfte. Jetzt faltete das Mädchen die Bettdecke zusammen, und nun schwang sie sich mit einer geschmeidigen Bewegung auf den Pferderücken. Erstaunlicherweise ließ das Tier es sich gefallen. Bloß mit dem um den Hals gelegten Seil gelenkt, durchwatete es den Bach und kam dann den schmalen Pfad zur Hütte herauf, noch unruhig, mit kleinen Trippelschritten. So zog es an den beiden anderen Tieren vorbei, die wieherten und neugierig schnuppernd ihre Nüstern blähten. Das wilde Indianerpferd hatte für sie keinen Blick übrig. Als Himsha am Eingang der Hütte von ihrem Tier glitt, wollte es ihr ins Haus folgen. Schnüffelnd schob es den Kopf durch die Tür, das Seil baumelte an seinem Hals.

„Bindest du es denn nicht an?" fragte George.

„Nein. Das läuft nicht weg. Nur sollten wir wohl aufbrechen, bevor einer es sieht." Sie ergriff ihre Bettrolle und warf noch einen letzten zögernden Blick in die Hütte. Es war klar, daß sie Abschied nahm; bis zu diesem Moment war es ihm nicht bewußt gewesen, daß sie wahrscheinlich nie hierher zurückkehren würden.

Unbemerkt schlüpften sie aus der Siedlung. Sogar die Hunde waren verschwunden. Vielleicht dachten auch sie über das, was geschehen war, nach.

Onkel Ellis' Rotschimmel glich keinem Pferde, das George je gehabt oder gekannt hatte. Die Beziehung zum Reiter war anders; das Tier wurde weniger von Himsha gelenkt, als es sie mit einer seltsamen schützenden Fürsorge bewachte. In der Bergschlucht, in der George auf seinem Heimritt die Nacht verbracht hatte, lagerten sie am Abend. Das Pferd blieb wie ein Hund bei Himsha. Es weigerte sich auch, mit den anderen zu grasen, als Himsha in Algonquin zu ihm sagte: „Such dir etwas zu fressen. Ich bin hier sicher." Das Tier schnaubte zwar, als ob es verstanden hätte, blieb aber, und Himsha beließ es dabei.

„Solltest du es nicht doch ein wenig auf die Weide schicken?" fragte er, „wir haben morgen einen weiten Weg vor uns."

„Nein. Warum sollte ich ihm sagen, was es tun soll? Es ist alt genug um zu wissen, was es braucht."

„Nun, offensichtlich will es bei dir bleiben", sagte Tante Gulielma munter. „Komm, George, laß uns ein Feuer anmachen und ein wenig Dörrfleisch kochen. In meinem Alter kann ich es nicht mehr ungekocht kauen."

Während George trockenes Fallholz sammelte, kehrten seine Gedanken zu den Ereignissen des Morgens zurück. Verzweifelt gern hätte er mit Tante Gulie darüber gesprochen, denn zum ersten Mal in seinem Leben war er nicht sicher, ob die Friedensbotschaft wirklich und überall galt. Wenn diese Männer wahnsinnig gewesen waren, kam es dann nicht jenen, deren Verstand wachgeblieben war, zu, den anderen in den Arm zu fallen? Bedeutete Gewaltlosigkeit wirklich, daß Wahnsinnige ein ganzes Volk ungehindert abmetzeln durften? Zum ersten Mal sah sich die Quäkerduldsamkeit, die ihm von frühester Kindheit an eingeprägt und längst zur zweiten Natur geworden war, mit dem Unduldbaren konfrontiert. Er konnte sich mit Tante Gulies Ergebung ins Bestehende nicht abfinden. Etwas hätte geschehen müssen, jemand hätte die Tobsüchtigen aufhalten müssen. Es konnte nicht Gottes Wille sein, daß er, George, wie ein Zaungast zusah, wie ihr Schutzengel gemartert, verstümmelt und gelyncht wurde. Es konnte nicht Gottes Wille sein, daß Tante Gulie einfach dastand, gelassen dem Vorgang zusah und dachte: Vergib ihnen, denn sie wissen nicht, was sie tun.

Nachher, am Lagerfeuer, versuchte er, die Rede darauf zu bringen. Aber Tante Gulie war unmitteilsam. Nachdem sie gegessen und sich rund um das Feuer in ihre Decken gewickelt hatten, beugte sie sich zu ihm und stieß ihn leicht an. „Du solltest morgen nicht mit uns nach Eden Island ziehen, George", sagte sie. „Brich zeitig auf und sieh zu, daß du so schnell wie möglich nach Philadelphia kommst, um der Andachtsgemeinde zu melden, was geschehen ist, und ihnen von mir eine dringende Botschaft zu übergeben: Sag ihnen, daß ein alter Häuptling ermordet worden ist – das mag für die Indianer der Vorwand zum Angriff sein, auf den sie schon warten. Etwas wird geschehen müssen, sonst erlebt diese Kolonie ein Blutbad, wie sie bisher keines gesehen hat. Sag den Freunden, daß sie meiner Meinung nach sich jetzt entscheiden müssen, ob sie der Gewalt mit Gewalt begegnen oder in Hinkunft aller politischen Macht entsagen wollen. Vereinen wird sich beides nicht mehr lassen. Ist das klar?"

„Ich glaube ja, Tante Gulie."

„Soll ich's dir aufschreiben?"

„Nein, ich merk's mir auch so. Es ist klar genug."

„Hoffentlich", sagte sie, setzte sich auf und begann das Feuer zu schüren. Ein Funkenschauer ging auf die bereits schlafende Himsha und den bläulichen Geist des sie bewachenden Indianerpferdes nieder.

„So", sagte Tante Gulie und warf den Stock ins Feuer, „und jetzt sollten wir schlafen. Wir werden in der Morgendämmerung aufbrechen müssen. Gute Nacht."

„Gute Nacht, Tante Gulie."

Zu wachen hatten sie nicht nötig, die Pferde würden sie warnen, wenn sich etwas unter dem Schutz der Dunkelheit anschlich. George fühlte, wie Schlaftrunkenheit ihn überkam. Es war unausdenkbar, daß er noch am Abend zuvor bei der

Suchpatrouille gelegen hatte: Petesey war schon davongeschlichen, Hut und Bettrolle an seinem Platz zurücklassend. Gewiß hatte er sich nicht träumen lassen, daß er direkt in den Tod schlich. Bevor er einschlief, wurde es George plötzlich bewußt, daß ihn, seit Petesey tot war, nicht mehr nach Himsha gelüstet hatte.

Am nächsten Tag, als Himsha und sie durch zunehmend zivilisiertere Gegenden zogen, wurde Gulielma Woodhouse von der Vorstellung verfolgt, sie habe während der letzten Tage etwas getan oder unterlassen, was verheerende Folgen haben müsse. Was war es nur? War es etwas, was sie hätte tun sollen, statt versteinert dazustehen, während die Wahnsinnigen einen lebendigen Menschen zerrissen? Sie fand die Antwort nicht und verdrängte die Frage zuletzt aus ihrem Bewußtsein.

Gegen Einbruch der Nacht erreichten sie die Siedlung Media. Die Freunde versammelten sich jetzt wohl in ihrem nüchternen Versammlungshaus zur Andacht, aber aus irgendeinem Grunde war Gulie die Vorstellung der gemeinsamen Andacht unerträglich. Sie lagerten wie Flüchtlinge im Freien, außerhalb des Ortes.

Am nächsten Tag kamen sie zu spät zur Fähre, um noch nach Eden Island überzusetzen, und mußten im Gasthof übernachten. Sie teilten ein Bett. Als sie sich zur Ruhe begaben, drückte sich Himsha so dicht an sie, daß Gulielma erst jetzt begriff, wie ausgehungert dieses Kind nach Zärtlichkeit war. Aus irgendeinem Grund tauchte die Vorstellung, einen entscheidenden Fehler begangen zu haben, wieder auf: Konnte es mit Himsha zu tun haben? Das arme junge Ding, es mußte nach dem Tod der beiden alten Männer schrecklich einsam sein. Als das junge Mädchen sich nach menschlicher Wärme sehnend an sie drängte, erzählte sie ihr die Geschichte, die Kinder immer gern gehört hatten: wie sie zu ihrer altertümlichen Muskete gekommen war. Irgendein abgelegen lebender Indianerstamm hatte die denkwürdige Waffe einem spanischen Conquistador abgenommen. Den Conquistador selbst hatten sie sich auch als Mumie behalten und hatten ihn, mit Helm und Brustpanzer angetan, auf einem Steinstuhl an den Eingang ihrer heiligen

Fledermaushöhle gesetzt. Gulie war von diesen Indianern gefangengenommen worden, als sie sich auf deren Gebiet verirrte, war dann aber, nachdem sie des Häuptlings Gicht kuriert hatte, dessen Blutsbruder geworden, in einer Zeremonie, die beim Licht vieler Fackeln vor jener gepanzerten Mumie stattfand. Hundert nackte Huni hatten sie umtanzt, während ihr Blut und das des Häuptlings in einer Schale aufgefangen wurde, aus der sie dann trinken mußten, einander umfassend. Ihr hatte man die Muskete geschenkt, als eine von zweien, die der Stamm besaß, und als Zeichen sicheren Geleits, wann immer sie oder einer ihrer Nachkommen in das Gebiet des Stammes kämen. Eine Bedingung war allerdings gestellt: Wenn sie auch ihren Nachkommen sicheres Geleit verschaffen wollte, mußte sie zu dem Stamm zurückkehren, wenn sie den Tod nahen fühlte.

Als sie an das Ende ihrer Erzählung gekommen war, merkte sie, daß Himsha eingeschlafen war. Während sie versuchte, sich aus der Umarmung des schlafenden Mädchens zu lösen, kam ihr mit plötzlicher Klarheit zu Bewußtsein, welches der Fehler war, den sie begangen hatte. Sie hätte noch einmal in den Wald gehen müssen, den Leichnam des alten Jim zu suchen, denn ihn in diesem Baum zu lassen, bis die Wüteriche von Loudwater ihn fanden, war unverantwortlich gewesen. Früher oder später mußten sie ihn doch finden, und das würde unzweifelhaft als Vorwand gelten, die Indianerdörfer zu überfallen. Wie hatte sie nur so unbedacht handeln können? Sie hätte nicht ruhen dürfen, bevor sie den Leichnam gefunden und begraben hatte. Jetzt mochten seine Überreste das heroische Opfer, das Lonely Eagle gebracht, sinnlos machen.

Doch nun war es zu spät, zurückzukehren. Der günstigste Ausgang, den sie hoffen konnte, war, daß ein Berglöwe oder eine Wildkatze den Leichnam fanden, bevor die Paisleyleute es taten. Denn es würden jetzt Tage vergehen, bevor die wieder in die Wälder zogen. Nur Ruhe, sagte Tante Gulie zu sich, was du da treibst, ist pure Hysterie.

Doch als sie einschlief, hatte sie das Gefühl einer drohenden Katastrophe.

5

George McHair traf bei Einbruch der Nacht in Philadelphia ein und begab sich schnurgerade zum Hause Onkel Pelegs, des einzigen Verwandten in der Hauptstadt der Brüderlichen Liebe, an dessen Schwelle er unangemeldet aufzutauchen wagte.

Peleg rief eine Notsitzung der Kommission für Indianerangelegenheiten für den nächsten Morgen ein. George erstattete Bericht und war fassungslos über den Mangel irgendwelcher Reaktionen. Die gewichtigen Mitglieder der Mission reagierten auf Tante Gulielmas verzweifelten Hilferuf mit Gebeten und Ermahnungen, unterbrochen von Perioden schweigender Meditation. Selbst Joe Woodhouse hatte, wie sich ergab, überhaupt keine Vorstellung vom Ernst der Bedrohung. Der Beschluß der Kommission gipfelte in der Empfehlung, George McHair möge sich zusammen mit Joseph Woodhouse und Barzellai Tucker der Vermessungskommission anschließen, die am nächsten Morgen aufbrechen sollte. Nach Schluß der Sitzung spendete jedes Mitglied den beiden jungen Delegierten seinen väterlichen Segen und ermahnte sie, sich immer vom Lichte leiten zu lassen. Onkel Jeremiah versicherte George auf dem Heimweg, die Quäker dächten zwar sehr langsam, aber was aus dieser langsam mahlenden Mühle komme, sei äußerst fein gemahlen. In seiner Phantasie sah George ihn bereits skalpiert und schaurig verstümmelt, und sein Mißmut kam der Verzweiflung recht nahe.

Die Gesellschaft, die sich mit Joe Woodhouse und ihm am nächsten Morgen auf den Weg begab, versprach, was die realistische Auffassung ihrer Mission betraf, nichts Besseres. Es war eine der Aufgabe höchst unangemessene Prozession, gebildet aus jungen anglikanischen Stutzern in voller Gala, mit Halskrause, Ärmelstulpen und Allongeperücke, eskortiert von einer Riesenschar schwarzer Leibdiener, ausgerüstet mit einer transportablen Waschküche, einer zusammenklappbaren Badeanlage, einem Schirmzelt, unter dessen Schutzdach man abends das modische Kartenspiel Pinochle spielen und dazu Madeira trinken konnte, und einer Spezialkabine zum Pudern der Perücken. Das Ganze glich eher der Karawane eines arabischen Potentaten als einer Expedition in die Wildnis des nördlichen Pennsylvanien. Was George am meisten bekümmerte, war der Trupp hessischer Söldner zu Pferd, der der Expedition zu ihrem Schutz beigegeben war. Niemand war sich darüber klar, wovor sie zu schützen die Aufgabe dieser Leute war, doch stand fest, daß sie die Indianer verärgern würden, bevor noch ein Wort gesprochen war. Die Gegenwart solcher Söldlinge raubte dem Unternehmen jegliche Erfolgsaussicht.

George selbst wurde von den jungen Stutzern gleich dem Dolmetscher Barzellai Tucker und Vetter Joe, mit denen er ein Zelt teilte, mit spitzer Herablassung behandelt. Ihr Zelt war um vieles simpler konstruiert als das luxuriöse Gebilde, in dem die jungen Dandys die Stunden der Dunkelheit und den besten Teil des Tages verschlummerten. Die Expedition brach jeden Tag zu spät auf, weil man sich bis in die frühen Morgenstunden bei Kartenspiel und Madeira amüsiert hatte, wozu Mohren Leckerbissen servierten, die der Pastetenkoch in einem eigenen Wagen bereitet hatte. George nahm an, daß er von diesen Vergnügungen ausgeschlossen war, weil er ein Quäker war. Doch bald stellte sich heraus, daß es nicht diese Tatsache war, die die Haltung der jungen anglikanischen Herren beeinflußte. Gleich am ersten Tag nämlich war Joe Woodhouse eingeladen worden, sich ihnen anzuschließen, und hatte zu Georges tiefster Empörung angenommen, obwohl ein ausdrücklicher Beschluß der Andachtsgemeinde alles Gefiedel, Tanz, Kartenspiel und auch das Tragen von Perücken und unschicklichen Kopfbedeckungen verbot. Joe hatte sich denen noch nicht ganz angepaßt, noch trug er, wenn er sich unter den Zechern befand, seine nüchterne Quäkertracht, ohne Perücke, doch war das nur eine

Frage der Zeit. Die Art, wie er ihnen kriecherisch schmeichelte, machte George so wütend, daß er die Angelegenheit schon am zweiten Abend mit Barzellai Tucker, der doch als Quäker von dem Schauspiel ebenso angewidert sein mußte wie er, besprach.

Barzellai, ein muffiger kleiner Mann von gelehrtem Wesen, war seiner Meinung, aber auf eine eher frostige Art. Er war von der Schlechtigkeit und Verderbtheit der Welt fest überzeugt, eine Ansicht, die von vielen Quäkern geteilt wurde. Ihm erschien Joes Untreue und Versagen nur als ein weiterer Beweis, daß die Gesellschaft der Freunde zu dem ursprünglichen Konzept der Quäker zurückkehren oder zugrunde gehen müsse. Die künftige Gesellschaft der Freunde, wie er sie heraufbeschwor, war deprimierend: lauter kleine, selbstgerechte Barzellai Tuckers, ihre schmallippigen Weiber und ihr scheinheiliger Nachwuchs, die auf alles mißbilligend herabblickten, was sich jenseits ihrer „reinen" Welt befand.

George neigte eher zu dem anderen Mittelpunkt der Vergnüglichkeit im abendlichen Dunkel, zu dem großen Freudenfeuer, um das sich die minderklassigen Mitglieder der Expedition versammelten, wozu dann im Hintergrund die goldenen Litzen und Borten der Söldner aufblitzen, welche einen noch niedereren Stand der Unterklasse darstellten. Einer der Männer, ein Pfadfinder, war von der Tatsache, daß George Buffalo McHairs Sohn war, so beeindruckt, daß er ihn allen anderen vorstellte und stundenlang Geschichten über Buffalo McHair zum besten gab, zu jedermanns Belustigung und Georges wachsendem Ärger, denn wie sein Vater hier geschildert wurde, war er ein versoffenes, ungeschlachtes Großmaul und ein unersättlicher Weiberverzehrer. Die Männer kamen bei dieser Darstellung eines Quäkers nicht aus dem Gelächter heraus, und als George, um das Gleichgewicht einigermaßen herzustellen, Tante Gulielma erwähnte, stürzte sich der Pfadfinder auf dieses Thema und machte die Dinge damit noch schlimmer. Tante Gulielma, von den Indianern Piß-Gulie genannt, war eine tabakkauende, versoffene Amazone, stammesmäßig verschworene Blutsschwester skalpierender Wilder, Zechgenossin von Präriestreunern, die zwischen den Bergen und dem Mississippi umherzog. Als der Mann zuletzt von Tante Gulies sexuellen Gewohnheiten zu schwärmen begann, hielt George es nicht länger aus. Er stand im Widerschein des Lagerfeuers auf: „Freund, du bist ein schamloser, stinkender Lügner. Du ekelst mich an, doch entbiete ich dir eine gute Nacht. Halte deine Zunge das nächste Mal von der Wahrheit gezäumt." Seine Größe, verbunden mit der Tatsache, daß er Buffalo McHairs Sohn und Gulielmas Neffe war, hielt die um das Lagerfeuer versammelte Bande ab, Einspruch gegen ihn zu erheben oder ihn lächerlich zu machen. Erst nachdem er gegangen war, erklärte der Pfadfinder seinen Zuhörern, die Quäkeramazone verdanke ihren Spitznamen der Tatsache, daß sie ohne alle falsche Scham von einem Lagerfeuer, an dem lauter Männer säßen, zur Seite ginge, um sich in voller Sicht zu entleeren; und auf jemandes Frage, warum sie nicht weiter abseits ginge, habe sie einmal geantwortet: „Nein, Freund, danke dir, aber mir ist lieber, daß ein Rudel Strolche meinen Hintern sieht, als von einer Klapperschlange gebissen zu werden." Ihr Neffe sei das typische Exemplar dieser Familie.

Ohne Kenntnis von dem Eindruck, den er auf die Leute gemacht hatte, war George zu seinem Zelt zurückgewandert. Die Pferde im Pferch am Rande des Lagers waren ruhelos, er ging nachsehen und fand seine eigene Betsy dabei, die nervös am Gitter entlanglief, dann und wann anhielt und mit geblähten Nüstern ängstlich wiehernd die Nachtluft einatmete. Selbst Indianer konnten den Geruch ihrer lautlosen Ponys nicht vermeiden. Als George in sein Zelt stolperte, fand er Barzellai Tucker, die Nachtmütze auf dem Kopf, im Licht der Laterne Barclays „Rechtfertigung der sogenannten Quäker" lesend vor.

„Ist Joe Woodhouse noch nicht da?"

Barzellai legte den Finger auf die Stelle im Buch, an der er unterbrochen worden war, und antwortete kurz: „Nicht, daß ich wüßte. Schau doch nach hinten." George hob den Vorhang, der das Zelt in zwei Hälften teilte. Die beiden Feldbetten im hinteren Teil waren leer. Hinter sich hörte er Barzellai Tuckers kratzende Stimme sagen: „Ärgere dich nicht, daß ich eure Betten da hineingestellt habe. Ich bin fest überzeugt, daß du das Abteil bald für dich allein haben wirst."

Tief bedrückt zog sich George in das enge Gelaß zurück. Er legte sich nieder; als er sich voll ausstreckte, ragten seine Füße unter der Decke in Barzellai Tuckers Zeltteil hinüber. So lag

George offenen Auges und vollbekleidet in seinem Bett und starrte auf die Zeltdecke, die sich im Winde wogend bewegte, als ob sie atmete. Es war ihm klar, genau wie seiner Betsy, daß die Indianer in unmittelbarer Nähe auf der Lauer lagen. Gewiß blickten sie nur mit Abscheu auf die albernen Possen dieser jungen Männer, die gepuderte Zöpfe trugen, sich vornehm gaben, einander „Herr" anredeten und zueinander „Gehorsamster Diener" sagten, mit hohen Einsätzen Pinochle spielten, kurz, Unfug trieben, an dem Joe Woodhouse begeistert teilnahm. George seufzte. Vetter Joe verwandelte sich im Handumdrehen in eine Kopie seines Bruders Abe. Diese Leute waren keine echten Quäker, sondern häuften Spott und Hohn auf das Quäkertum. Und doch stellten gerade die Woodhouse und ähnliche Quäkerprinzen die wirkliche Macht in der Gesellschaft der Freunde dar. Wenn sie stolperten, würde das Quäkertum mit ihnen fallen. In dieser Nacht sah George keine Möglichkeit, dies zu verhindern.

Joe Woodhouse war behext von dieser heiter-anmutigen Lebensweise, dieser wohligen Weichlichkeit und dem witzigen Geplauder seiner anglikanischen Freunde. Zum ersten Mal begriff er, warum sein Bruder sich für diese zivilisierte Lebensweise entschieden hatte.

Erwartet hatte er eine mühsame Reise, bei der man tagelang nicht aus den Kleidern kam, sich von Trockenfleisch nährte und abgestandenes Wasser aus Tümpeln trank. Nicht im kühnsten seiner Träume war er gefaßt gewesen auf Dämmerschoppen mit Madeira, späte Dinners mit Wein, gebratenem Geflügel, Eber und Wild, Tabak, duftenden Mokka, Cognac und zuletzt Pinochle zu empörend hohen, aber völlig gleichgültigen Einsätzen. Er war von dem Freimut, mit dem seine neuen Gefährten sprachen, tief beeindruckt; er wollte seinen Ohren nicht trauen, als er den Elegantesten und Vornehmsten unter ihnen beim Kartenspiel sagen hörte: „Natürlich spiele ich falsch, alter Junge – meine Großmutter war eine irische Leibeigene, die ihr Herr am Ufer des James River für einen Beutel Tabak verkaufte." Verglichen mit den Meinungen seines Vaters, der daran festhielt, daß alle Quäker in Amerika die Nachkommen wohlhabender Leute von Stand waren, verarmt nur durch die Verfolgungen, war solche Offenheit erfrischend. Joe hatte sich zuerst seines nüchternen Quäkeranzugs und seines bäuerischen Haarschnitts wegen geschämt, hatte aber bald entdeckt, daß er auf diese Eigentümlichkeiten nicht verzichten mußte, um akzeptiert zu werden. Akzeptabel machte er sich bei diesen jungen Leuten, indem er sich für einen Quäker erstaunlich weitherzig erwies. Er trank und rauchte, er hatte Spaß an militärischen Dingen, ihm gefielen die Hornisten, Trommler, das zackige Gehaben beim täglichen Exerzieren, bevor sich die Karawane in Bewegung setzte. So mußte es gewesen sein, als die Legionen Cäsars, des Claudius und des Hadrian durch die Urwälder Europas und der Britischen Inseln zogen; die Gallier und die Kelten mußten ihnen so wild und rückständig erschienen sein wie jetzt die Indianer den Weißen.

Nach der ersten Nacht am Kartentisch, noch benommen vom Portwein, dem er großzügig zugesprochen hatte, und mit vom Tabakrauch entzündeten Augen, bot ihm der junge Mann, dessen Großmutter am Ufer des James River verkauft worden war und der Saul Urquhart hieß, ein Bett im gemeinsamen Schlafzelt an. „Sie werden doch nicht um diese Zeit in das stinkende kleine Zelt da drüben kriechen." Joe nahm die Einladung mit einem Gefühl des Dazugehörens an, wie er es noch nie erlebt hatte. Er schlief besser und im Bewußtsein größerer Sicherheit als je in der Stadt. Am nächsten Morgen folgte nach Sonnenaufgang, wenn der erste Kaffee ans Bett serviert und jedermann einigermaßen auf die Füße gekommen war, eine seltsame Zeremonie.

Ein Seitenausgang ihres transportablen Schlafgemachs führte in das Perückenkämmerchen. Jeder der jungen Herren zog sich in dessen Heimlichkeit zurück, und dort puderten ihm zwei Sklaven seine Perücke auf. Am Abend wurden die Perücken, bevor man zu Bett ging, eingesammelt und über Nacht zurechtgekräuselt, denn morgens sahen sie wieder untadelig aus. Ein Tuch wurde dem jungen Herrn um den Hals gelegt, sein Gesicht wurde mittels eines Glaskegels, den er selbst zu halten geruhte, gegen den umherfliegenden Puder geschützt, den der Negerbarbier mit langen kräftigen Luftstößen durch ein langes Rohr blies. Es war eine Prozedur, die Geschick und

210

Anstrengung erforderte. Der Weitermarsch wurde durch diese umständliche Prozedur, vorgenommen an etwa hundert Leuten, aufgehalten. Wenn sich dann schließlich die jungen Herren um den Tisch setzten, makellos gekleidet, die Perücken köstlich weiß, die Wäsche neu gestärkt, Röcke und Hosen aus Samt sorgfältig gebürstet, hob Saul Urquhart das erste Glas des Tages zu dem Toast: „Dies Glas, meine Herren, auf Seine Majestät!" und alle wiederholten den Spruch. Joe fühlte sich keineswegs als Verräter, wenn er seinen Hut abnahm und auf des Königs Gesundheit trank. Es war, im Gegenteil, ein erhebender Augenblick. Wieder standen die alten Römer vor ihm. So mochten ihre Heerführer und Offiziere in der Wildnis die Becher gehoben haben, um „Ave Caesar!" zu rufen.

Am zweiten Abend, nachdem sie bis in die späte Nacht hinein Karten gespielt hatten, lag er behaglich im Bett und schwebte in einem Zustand köstlicher Benommenheit, als er den ersten von Beckys Briefen, die George ihm gebracht hatte, öffnete. Er hatte erwartet, das Schreiben voll frömmlerischen Gesalbaders zu finden, doch erwies es sich zu seiner Überraschung erstaunlich witzig und auf rebellische Weise weltlich. Das war nicht der Brief einer Quäkerjungfrau, die darauf gefaßt war, demütig an der Zeremonie teilzunehmen, in der sie mit ihrem Verehrer verbunden wurde. Diese Becky hätte jeden der jungen Kerle, die da ringsum in verschiedenen Stadien alkoholischer Betäubung schnarchten, entzücken und erobern können. Joe fühlte sich versucht, alle zehn Briefe auf einmal zu lesen, aber dann schien ihm die Aussicht, jeden Abend eine dieser köstlich schelmischen Monologe zu genießen, verlockender.

Nachdem er, als letzter im Raum, seine Kerze gelöscht hatte, legte er sich behaglich zurecht und entschwebte in selige Beschwipstheit. Er bemerkte gar nicht, daß er vergessen hatte, sein Nachtgebet zu sprechen.

Als der Wagenzug der Expedition sich der Siedlung des Häuptlings der Unami, Running Bull, näherte, war Barzellai Tucker in seinem Element. Der Treck kam am Rand eines überraschend großen Maisfeldes zum Halten, auf dessen anderer Seite sich die Wigwams der Indianerstadt vom schimmernden Hintergrund eines Sees abhoben. Der Agent für Indianerangelegenheiten berief seine beiden Begleiter zu sich, um ihnen für das bevorstehende Palawer die nötigen Anweisungen zu geben. Es fiel ihm ziemlich schwer, Joe Woodhouses habhaft zu werden, der jetzt seine ganze Zeit mit den jungen Dandys verbrachte. Zu Georges Überraschung duldete Barzellai keinen Unfug, weder von Joe noch von George: „Keiner von euch beiden hat auch nur eine blasse Ahnung davon, worum es in Wirklichkeit geht. Offiziell ist es die Aufgabe dieser Expedition, die Grenzen dieses Gebietes, das den Indianern durch Umsiedlungsvertrag zugewiesen wurde, präziser zu vermessen. In Wirklichkeit ist es nicht dieser Vertrag, der einer Überprüfung unterzogen wird, sondern es geht um ein weit größeres Gebiet, das bei der Tagung in Albany im nächsten Monat beansprucht werden wird. Ihr wißt nichts von dieser Tagung? Habe ich mir gedacht. Im nächsten Monat findet ein Treffen in Albany statt, bei dem alle Ansprüche auf Delawaren-Gebiet, sowohl von Weißen wie von Indianern, geregelt werden sollen. Pennsylvania, allem Ermessen nach von dem jungen Mister Urquhart vertreten, wird nicht das Gebiet im ursprünglichen Umfang, so wie es Penn den Indianern abgekauft hat, beanspruchen, sondern weit mehr. Mister Urquhart wird die Aufgabe haben, die Delawaren mit Dokumenten und Plänen zu verwirren, sehr technischen Dokumenten – um ihnen mehr Gewicht zu verleihen, haben wir all diese Experten hier mitgeschleppt. Mister Urquhart wird Mappen mit Kompaßkursen, Längen- und Breitengraden und in allen erdenklichen Maßstäben vorlegen. Die Delawaren besitzen jetzt das Gebiet nördlich von hier und westwärts bis zum Ohio River. Ihr wißt doch, daß die Irokesen, angeblich die Beschützer der Delawaren, in Wirklichkeit ihre eingeschworenen Feinde sind und immer schon waren. Jetzt sind sie im Begriff, die Delawaren bei der Tagung in Albany zu verkaufen."

Joe gab Zeichen, daß er sprechen wollte, aber Barzellai fuhr ihn an: „Unterbrich mich nicht. Fragen beantworte ich später. Also: Die Irokesen werden die Delawaren verkaufen, indem sie das Gebiet der Delawaren den Briten für gewisse Rechte und Privilegien, die die Briten ihnen versprochen haben, in Tausch geben. Die Irokesen sympathisieren keineswegs mit den Franzosen, denn die Franzosen sind übel mit ihnen umgesprungen, besonders General Champlain. Es mag für sie noch andere Erwägungen geben, Vorteile, die sie sich davon versprechen, auf die Seite der Briten zu treten, aber ihr wesentliches Anliegen ist doch die Rache. Die Delaware-Indianer geraten also zwischen Hammer und Amboß, will sagen zwischen die jungen Herren, die wir hier mitgeschleppt haben, und die Irokesen. Sie sind nicht in der Lage, irgend etwas auszuhandeln, ihr einziger Trumpf ist jetzt die Drohung, sich mit den Franzosen zu verbinden. In Wirklichkeit haben sie nicht die geringste Chance, das zu tun. Die Irokesen warten nur auf einen Vorwand, die Delawaren auszurotten, die weißen Siedler wollen es auch, praktisch wollen es alle mit Ausnahme der Quäker und der Deutschen. Nun sind die Delawaren jetzt so verbittert, daß sie möglicherweise sogar einen Krieg erklären, auch wenn sie keine Chance haben, zu siegen. Eigentlich sind wir die einzige Hoffnung, die sie noch haben." Barzellai blickte bedeutsam von einem zum andern. „Uns, den Quäkern, haben sie vertraut, seit Wilhelm Penn damals den Vertrag mit ihnen schloß. Bevor wir auf weitere Erörterungen eingehen, laßt mich euch die Worte seines ersten Briefes an die Delawaren, geschrieben im Jahre unseres Herrn 1682, verlesen." Er zog ein Blatt Papier aus der Rocktasche und begann, nachdem er einen einschüchternden Blick um sich geworfen, feierlich zu verlesen: „Der große Gott, welcher ist die Macht und die Weisheit, welche euch schuf und mich, führt unsere Herzen zu Rechtlichkeit, Liebe und Frieden. Ich schicke euch diesen Brief, um euch, meine Freunde, meiner Liebe zu vergewissern und meines Wunsches, von euch wiedergeliebt zu werden . . ."

Nachdem Barzellai den Brief bis zum Ende verlesen hatte, schob er ihn wieder in die Tasche, dann faltete er die Hände zum Gebet und neigte den Kopf. Ohne weiteres Wort einten sie sich in der Andacht. Draußen hörte man von den verdeckten Wagen her Soldaten lachen und Waffen klirren; der Ruf eines Horns klang vom Waldesrand herüber. Die Männer saßen mindestens eine halbe Stunde in Andacht versunken, bevor Barzellai mit jedem von ihnen einen Händedruck wechselte und sagte: „Handelt in diesem Geiste, Freunde." Er war im Begriff, wegzugehen, als ihm noch etwas einfiel: „Nebenbei bemerkt,

Running Bull wird nicht allein sein. Zwei Männer werden bei ihm sein. Einer trägt ein Halsband aus Perlen und zwei Federn, die von seiner Skalplocke herabbaumeln – das ist der Schamane, der einflußreichste Berater des Häuptlings. Und der andere wird vermutlich ein älterer Mann ohne irgendwelche Rangabzeichen sein, doch trägt er das Haar nicht wie die Delawaren als Scheitelschopf, sondern in zwei geflochtenen Zöpfen. Das ist ein irokesischer Häuptling, er vertritt als Mitglied des Irokesenbundes die Besatzungsmacht." Damit trat er gebückt ans Ende des Wagens und hob den Vorhang. Grelles Sonnenlicht strömte herein und blendete sie. Sie kletterten hinaus.

Als die Kolonne in die Siedlung einzog, starrten die Indianer den Zug der Wagen, Karren, Lasttiere und lastenschleppenden Negersklaven mit feindseliger Gleichgültigkeit an. Es beunruhigte George, daß die meisten von ihnen Kriegsbemalung trugen.

Glücklicherweise hatte ein Rest von Einsicht die arroganten jungen Pfauen der Expedition bewogen, die Soldatenkompanie zurückzulassen. Sie lagerte am Ortsrande und wartete dort die weiteren Ereignisse ab. Der Wagenzug kam etwa im Mittelpunkt der Siedlung zu einem schwerfälligen Halt.

George überbrückte diese Stunden, indem er in der Siedlung umherstreunte. Es war sein erster Besuch in einer Indianersiedlung. Bis jetzt hatte er nur kurzfristige Lager nomadisierender Stämme, die im Gebirge umherzogen, kennengelernt. Dies hier war eine große und offensichtlich blühende Gemeinde von Hunderten von Wigwams, die aus Baumrinde und Tierfellen errichtet waren, ordentlich aufgereiht, mit Zwischendurchlässen, ganz wie eine weiße Siedlung. Als er an das Ufer des Sees kam, den er in der Ferne schimmern gesehen hatte, fand er eine kleine Flotte von Kanus vor Anker liegen, hinter Wellenbrechern, die aus Balken gebildet waren, gesichert. Das mochte der Grund sein, warum es hier so von Männern wimmelte: Wahrscheinlich waren sie aus anderen Siedlungen, die jenseits des Sees lagen, herübergekommen.

Schließlich wurden sie von einer hochmütig auftretenden Delegation grellbemalter Krieger zur Audienz bei Häuptling

214

Running Bull befohlen. Sogar die Herren aus Philadelphia hatten inzwischen begriffen, daß hier etwas nicht zum besten stand. Sie waren zwar aufs vornehmste bekleidet und ihre gestärkten weißen Zöpfe sahen in der Sonne blendend aus, aber aus ihrem Gehaben war etliche Arroganz gewichen, und mehrere von ihnen griffen auf dem Weg zum Quartier des Häuptlings nervös nach der Schnupftabakdose. George folgte ihnen mit Joe Woodhouse und Barzellai Tucker in einer Duftwolke, die die zwölf parfümierten jungen Gentlemen hinter sich ließen. Niemand sprach. Schließlich fragte George Barzellai leise: „Bist du Häuptling Running Bull schon begegnet?"

„Ja."

„Wie ist er?"

„Gerissen, doch zugänglich, wenn er gerade nüchtern ist."

„Dann wollen wir hoffen, daß er heute nüchtern ist."

„Sehr richtig."

Sie gelangten zu einem hohen, imposanten Bau inmitten der Siedlung. Vor dem Hause wurden sie von einer weiteren Delegation von kriegsbemalten Indianern in Empfang genommen. Ihr Benehmen war so geringschätzig, daß George mit dem Gefühl, er trete wegen eines ihm nicht bekannten Verbrechens vor Gericht, durch den niedrigen Zugang schritt.

Im Hause war das erste, was sich seinem Blick darbot, das qualmende Glimmen zahlreicher Fackeln und ein rundes helles Loch im Dach. Körpergeruch und der üble Duft von Bärenfett wurden noch verschärft durch den rußigen Qualm der Fackeln, die an den das gewölbte Dach tragenden Pfosten befestigt waren. Als sich seine Augen einigermaßen an das Dämmerlicht gewöhnt hatten, fand er sich in einem länglichen, ovalen Raum, der von allen Seiten mit Indianern besetzt war. Am Ende des Raumes befand sich eine Plattform, auf der drei Männer saßen. In der Mitte thronte auf einem mit Fellen bedeckten Stuhl ein Indianer unbestimmbaren Alters, so riesenhaft und fett, daß er Weiberbrüste hatte und aussah, als wäre er im achten Monat schwanger. Der Riese war nackt bis auf ein Lendentuch, er trug weder Armband noch Halsband. Auf dem Schädel, der den Scheitelwulst der Delawaren zeigte, war weder Federschmuck noch sonstige Zier zu bemerken. Die beiden anderen, die zu

215

seinen Seiten hockten, entsprachen der Beschreibung, die Barzellai Tucker gegeben hatte. Der zur Linken, skeletthaft dürr und überraschend dunkelhäutig, war in einen mit Muschelperlen bestickten Wampum-Mantel gekleidet und trug ein aus Zähnen und Muscheln gebildetes Halsband. Von seiner Skalplocke baumelten zwei Federn, und an den schlaff herabbaumelnden Ohrlappen, die durchbohrt und so weit aufgeschlitzt waren, daß sie klaffende Schlingen aus lebendem Fleisch bildeten, hingen die getrockneten Köpfe von zwei jungen Skunks. In seiner rechten Hand hielt er eine Kürbisflasche, die bei jeder Bewegung rasselte. Der Indianer zur Rechten war mit Lederwams, kurzem Faltenrock und Lederstrümpfen bekleidet. Sein Haar war in zwei Zöpfe geflochten. Er blickte teilnahmslos vor sich hin.

Die jungen Herren aus Philadelphia reihten sich vor dem erhöhten Platz auf und vollführten eine wohleinstudierte Verneigung mit Kratzfuß und Armschwenken. Saul Urquhart sprach gespannt und doch selbstsicher: „Wir haben die Ehre, Eurer Exzellenz die Komplimente des Provinzialrats des Volkes und Gemeinwesens von Pennsylvania zu überbringen, Seiner Exzellenz des Herrn Gouverneurs, der die Herrschgewalt in der Kolonie repräsentiert, wir alle sind Untertanen Seiner Majestät König Georgs II. Unseren Gruß zuvor." Sie alle vollführten eine zweite Verneigung und atmeten dann sichtlich auf, als ob sie damit den schwierigsten Teil ihrer Mission hinter sich hätten.

Die drei Indianer auf der Estrade regten sich nicht. Die beiden Männer zu seiten des Häuptlings blickten vor sich hin, ohne mit einer Miene anzudeuten, daß sie das Eintreffen der Mission, geschweige denn deren wohlgestaltete zeremonielle Begrüßung, zur Kenntnis genommen hätten. Der Häuptling selbst ließ leise Schnarchlaute hören und beobachtete die Gäste mit so stumpfen und teilnahmslosen Augen, daß sein tief eingebetteter Nabel der einzige Teil seiner Person zu sein schien, der den Vorgängen mit Spannung folgte. George fragte sich, ob der Häuptling wohl betrunken sei, doch schien hinter seiner starren Reglosigkeit mehr zu stecken als Alkoholrausch. Seine lidschwere Gleichgültigkeit reduzierte die zwölf so selbstsicheren jungen Herren, die sich ihm gegenüber aufgebaut

216

hatten, zu einer Reihe Gefangener im Angeklagtenstand. Georgeges Gefühl, vor Gericht zu stehen, vertiefte sich.

„Gestatten Euer Exzellenz nun, daß ich die einzelnen Mitglieder der Delegation vorstelle", sagte der junge Urquhart bereits etwas unsicher. „Ganz zur Linken: Philip Thurmond, Esquire . . ." Der junge Mann verneigte sich. „Jerobiam McAllister, Esquire." Der zweite junge Mann verneigte sich, doch folgten weder der Häuptling noch einer seiner Begleiter dem Ablauf auch nur mit der Spur eines Blickes. Ihre Augen blieben auf einem Punkt zwei Fuß über Saul Urquharts Kopf fixiert, während die zwölf mit steigendem Unbehagen ihre Verbeugungen vollführten. Und jetzt wurde neben Urquhart eine ruhige Stimme hörbar: „Freund Running Bull, mein Gruß. Ich stelle dir meine beiden jungen Begleiter vor: Joseph Woodhouse und George McHair. Friede sei mit dir, o mächtiger Stier."

Einen Moment schien es, als wolle der Häuptling auch diese Begrüßung übersehen, dann aber lehnte sich sein riesiger Körper sacht seitlich, so daß ein gewaltiger Schenkel sichtbar wurde. Zu Georges empörtem Erstaunen furzte er mit solcher Wucht, daß er – davon abgesehen, daß es klang, als säße er auf einer großen Trommel – die denkbar tiefste Verachtung auszudrücken schien.

Die zwölf jungen Dandys erstarrten in ungläubiger Verblüffung, Barzellai Tucker aber schien nicht verwirrt. „Wie stets, Großer", sagte er mit Haltung, „verfügst du über die Kraft, hohe Weisheit zum Ausdruck zu bringen."

Der Häuptling faßte ihn ins Auge, ob belustigt oder zornig, war nicht erkennbar. Dann ließ er seinen Riesenhintern majestätisch wieder auf den Sitz herab und sagte mit einer hochgeschraubten weibischen Fistelstimme, die völlig überraschend kam: „Tritt vor, Maus. Zeig dein Schnäuzchen, tritt heran, daß ich dich sehen kann." Zum ersten Mal war eine Reaktion der anwesenden Menge zu merken. Ein seltsames Geräusch, einem Gackern nicht unähnlich, wurde hörbar. Die Männer auf der Plattform blieben ungerührt.

Barzellai Tucker näherte sich, von George und Joe gefolgt, dem Hochsitz des Häuptlings. Der Dicke blickte sie mit verschwommenen Augen an, fremdartig und rätselhaft, wie ein riesiges Tier, ein Wal. Sein Nabel schien immer noch der menschlichste Teil an ihm zu sein, und an ihn wandte sich Barzellai, als er zu sprechen begann. „Stier und Maus haben bisher immer in Harmonie gelebt, denn sie verirren sich nicht auf das Gelände des anderen. Es macht mich glücklich, daß der Stier sich noch immer über die Kleinheit der Maus lustig macht, und ich erwidere seinen freundlichen Gruß in diesem Sinn. Ich kann nicht aussprechen, wie glücklich es mich macht, das Gebrüll des Stiers wieder zu hören."

Die allgemeine Stille war tief. George hatte den Eindruck, daß ihr Schicksal in der Schwebe hing. Dann piepste die Fistelstimme: „Kleinen Mäusen, die nicht wissen, wohin sie gehören, droht, von dem mächtigen Stier zertrampelt zu werden." Aus irgendeinem Grund klangen diese Worte eher harmlos. Vielleicht lag es an der Stimme. Sie war so weibisch, daß George sich fragte, ob diese Brüste nicht auch weiblich wären. Vielleicht war der Häuptling eine Frau.

Barzellai Tucker blieb gelassen. Er trat näher an den Thron heran. „Versuche nicht weiter, mächtiger Stier, mich ängstigen zu wollen – ich will dich lieber herzlich begrüßen, teurer Freund." Er streckte dem Häuptling die Hand entgegen, der sie nach einem Augenblick des Zögerns wegschlug, doch war die Gebärde eher neckisch, paßte zu einer Frau, die sich gegen einen Werber ziert. „Du weißt doch, Maus, daß wir einander nie berühren!" quäkte die Stimme. „Sonst willst du nächstes Mal gleich eine meiner jungen Kühe besteigen. Denke doch, was für ein Monstrum da herauskäme!"

„Eine Stiermaus?" fragte Barzellai. „Kein uninteressantes Tier. Es würde auf jeden Fall mit seines Vaters und mit seiner Mutter Totem im Frieden leben."

„Eine Maus mit Hörnern?" fragte der Häuptling. „Oder bist du vielleicht schon gehörnt?" Nach einem kurzen Schweigen brach die ganze Halle in wildes Gelächter aus. George begriff, daß jemand erst den Scherz für sie übersetzt hatte. Nie hatte er vermutet, daß Indianer Sinn für Humor hätten, sie kamen ihm immer stocksteif und ernst vor. Das Verwirrende an der Sache war, daß der Häuptling durch das Gelächter seiner Leute die zwölf jungen Herren zu einfältigen Zuschauern gemacht hatte. Jetzt fand Running Bull offenbar den Moment für gegeben, sie abzuschieben. „Ich danke Ihnen, meine Herren, für Ihre

218

Komplimente", sagte er mit beleidigender Beiläufigkeit. „Es wird mir ein Vergnügen sein, Ihren Sprecher gelegentlich, heute, morgen oder an einem anderen Tag, wenn ich einen freien Augenblick finde, zu empfangen. Guten Tag." Er entließ sie mit einer Handbewegung und wandte sich wieder Barzellai zu. „Sag mir, wer die beiden Welpen sind, die du mitgebracht hast?"

„Dieser hier ist Joseph Woodhouse, ein Sohn des Isaak Woodhouse in Philadelphia, ein Neffe deiner Freundin, der Mann-Frau."

„Piß-Gulie", warf der Häuptling ein.

Einen Augenblick später kicherte die Menge.

„Dieser Spitzname, wackerer Stier, darf nur an Lagerfeuern gebraucht werden", antwortete Barzellai gelassen. „Und dieser hier ist George McHair aus Loudwater, ein Sohn des Buffalo McHair und Enkel des James McHair, des Vogelmannes, also ein Urenkel der Eisernen Hand, des Blutsbruders deines Großvaters."

Der Häuptling betrachtete die beiden scheinbar angewidert. Dann wies er auf Joe und sagte: „Ich will mit diesem da sprechen, aber allein."

Zum ersten Mal schien er Barzellai Tucker überrundet zu haben. Der sagte: „ . . . aber . . . aber es war doch die Absicht, daß ich dabei sein sollte . . ."

„Wessen Absicht, kleine Maus? Deine?"

„Das ist eine sehr komplizierte Angelegenheit, und deshalb wollte die Kommission für Indianerangelegenheiten . . ."

„Pah!" Der Häuptling schien diese Worte mit einer Gebärde zu verscheuchen, wie er zuvor Barzellais ausgestreckte Hand zurückgewiesen hatte.

Der kleine Mann fing sich schnell. Er lächelte und sagte im selben freundlichen Ton wie zuvor: „Wenn der Stier brüllt, läuft die kleine Maus davon. Laß mich wissen, Mächtiger, wann du das Brüllen und Stampfen beendet hast, und wir zusammen ein freundschaftliches Gespräch führen können, du und ich." Er wandte sich zum Gehen, George nachziehend.

Joe rief: „Aber warum?" Es war ein Schrei aus tiefstem Herzen; völlig verschreckt stand er da.

George sah Barzellai die Stirn runzeln, doch der Häuptling

schien keinen Anstoß genommen zu haben. „Das will ich dir sagen, junger Mann", antwortete die weibische Fistelstimme. „Weil du ein Blutsverwandter der Piß-Gulie bist. Der da", er wies auf George, „ist ein Sohn des Buffalo, dessen Wesen von großer Heftigkeit ist. Was wir jetzt nötig haben, ist ein klarer Kopf und ein weises Wort."

„Aber man kann doch nicht einen Menschen nach seinem Vater beurteilen!" rief Joe leidenschaftlich. „Freund George ist ein Mann aus eigenem Recht, einzigartig, unersetzlich, noch nie zuvor auf Erden gewesen..." Die alten, eindrucksvollen Worte brachen aus ihm hervor, dann schwieg er unvermittelt und errötete. „Ich meine nur, es ist... es ist nicht gerecht!" fügte er hinzu.

Der Häuptling lächelte. „Ist dir jetzt klar, warum ich gerade den ausgewählt habe, kleine Maus?" fragte er.

Barzellai nickte und wandte sich zum Gehen.

Völlig verwirrt fragte Joe mit halber Stimme: „Was soll ich tun?"

Barzellai antwortete: „Folge dem Licht." George untergefaßt, ging er zur Tür. Als sie in das grelle Tageslicht hinaustraten, sahen sie sich den jungen Herren gegenüber, die vor dem Eingang standen und aufgeregt miteinander redeten. „Was zum Teufel soll das alles?" fragte einer von ihnen mit schriller Stimme. „In meinem ganzen Leben wurde ich noch nie so beleidigt! Was für ein Spiel spielen Sie eigentlich, Sie – Sie Experte für Indianerangelegenheiten?"

Zu Georges Überraschung schob Barzellai ihn einfach beiseite und ging mit einem halblauten „Sie entschuldigen" weiter.

„Aber wir können uns nicht so behandeln lassen, ohne Einspruch zu erheben!" rief der Junge hinter ihm her. „Schließlich stehen wir hier an Stelle des Provinzialrats! Des Gouverneurs! Seiner Majestät des Königs!"

Barzellai Tucker antwortete darauf nicht. Er zog George hinter sich her wie ein widerstrebendes Kind. Gereizt fragte George: „Warum diese Eile, Freund?"

Der kleine Indianeragent mäßigte für einen Moment seinen Schritt und blickte verärgert zu dem hochgewachsenen Jungen auf: „Weil wir so bald wie möglich zu einer Andacht zusammentreten müssen", sagte er schroff.

„Aber warum, was ist denn los?"

„Warum, glaubst du wohl, hat der Häuptling Running Bull unseren Freund auf solche Weise von uns getrennt? Sogar dir muß klar sein, daß er kein gewöhnlicher Mann ist."

„Ja, ich fragte mich selbst . . ."

„Er ist in London gewesen, er ist in den vornehmsten Häusern empfangen worden, vor zehn Jahren war er der wichtigste Häuptling unter den Delawaren, alle bemühten sich um ihn. Aber dann hat sich alles mit ihm zum Schlechten gewandt. Warum, das weiß ich nicht. Es ist eben so. Jetzt ist er ein Freßsack, ein Menschenschinder . . ."

„Ein Schinder?"

„Ich weiß, daß ich an das Göttliche in ihm appellieren müßte, aber nach diesem Erlebnis heute . . ." Er knirschte mit den Zähnen und brachte seinen jungen Begleiter wieder in Gang. „Darum will ich zur Andacht – ich muß mich reinigen von Haß und Abscheu."

George dämmerte es auf, daß die scheinbar harmlose Neckerei zwischen dem Häuptling und dem Indianeragenten durchaus ernst gewesen war. „Aber warum wollte er Joe bei sich behalten?"

„Du hast es doch mit eigenen Augen gesehen! Du hast es gehört! Dieser Furz! Noch nie hat . . . Auch seine Stimme war Spott und Hohn! Noch nie hat er mit mir so gesprochen, mit dieser blöden Weiberstimme! Und daß er Joe auserwählt, bloß weil Joe ein Neffe der Gulielma Woodhouse ist – reine Niedertracht! Er verabscheut sie. Zum ersten Mal höre ich ihn ihren Namen nennen, ohne daß er Gift und Galle spuckt!"

George wußte nicht, was er davon halten sollte. Es war verwirrend, einen Mann von solcher Selbstdisziplin vor Wut geifern zu sehen.

Sie kamen zu ihrem Wagen. Barzellai hob den Vorhang und lud George ein, einzutreten. George gehorchte, der andere folgte ihm, ließ den Türvorhang wieder fallen. „So", sagte er, „und jetzt wollen wir uns in Andacht vereinen und beten für Joseph Woodhouse in der Stunde seiner Not."

„Folge dem Licht!" dachte Joe. Das war leicht gesagt, wenn man zur Andacht vereinigt war, aber hier! Welchem Licht konnte er hier folgen? Seinem Scharfsinn?

Wenn er vernünftig war, würde er Hals über Kopf davonlaufen, bevor ihn dieser feiste Menschenverschlinger verspeiste. Während er verzweifelt dastand, räumte der Häuptling die Halle von Menschen, schickte sogar die beiden Männer, die mit ihm auf der Plattform gesessen hatten, hinaus. Die Menge zog schlurfend ab, ließ die beiden im Qualm der rauchenden Fackeln allein.

Folge dem Licht . . . Welchem Licht, du lieber Gott? Wenn er wirklich wegen Tante Gulielma zu dieser Rolle ausersehen worden war, was hätte sie wohl in seiner Lage getan? Er hatte nicht einmal die nebelhafteste Vorstellung davon. Er versuchte sich auszudenken, wie sie auf den mißgünstigen Blick der kleinen Walfischaugen reagiert hätte, die jetzt auf ihn gerichtet waren. Aber er kannte sie nicht gut genug, er kannte sie überhaupt nicht, kannte nur ihre komische Aufmachung, über die sie als Kinder gekichert hatten.

„Nun, Quäkerjunge?" fragte der Häuptling. „Was bringst du mir Neues?" Es klang eher freundlich, und doch war etwas daran nicht echt. Joe war verwirrt, bis er begriff, was ihn betroffen gemacht hatte. Der fette Mann sprach nicht mehr im Falsett, sondern mit einer normalen Männerstimme.

Seine Besorgnisse wurden dadurch nicht gemildert, doch jetzt sah er der Gefahr ins Auge und wollte nicht mehr davonlaufen. Was galt jetzt Tante Gulie? Das einzige, was er tun konnte, war, diesem unheimlichen Mann nach den Regeln zu begegnen, wie Freunde einen Konflikt beizulegen versuchen. Das hatte er von Kindesbeinen an, seit seinem ersten Schultag, in endlosen, von Fliegen durchschwirrten Schulbankstunden eingepaukt bekommen. „Blick dem Gegner ins Auge, such dich mit ihm in Andacht zu verbinden." Darum sagte er mit einer Stimme, zu der er sich erst freiräuspern mußte: „Bevor wir an die Sache herangehen, Freund Running Bull, wollen wir uns einen Moment in Schweigen auf die Aufgabe vorbereiten." Er wartete nicht auf die Antwort, sondern setzte sich dreist auf den Boden, hier, genau auf der Stelle, auf der er gestanden hatte, faltete die Hände im Schoß und schloß die Augen.

Er war fest überzeugt, daß sein Schweigen durch ein Auflachen des Häuptlings unterbrochen würde. Doch nichts dergleichen geschah. Das Schweigen schien in noch tiefere Gründe abzusinken und zur vollkommenen Stille zu werden. Und jetzt kam also, nach der Regel, der zweite Schritt: „Suche eins zu werden mit dem Gegner."

Wie identifizierte man sich mit einem Indianer? Da gab es keine einzige Gemeinsamkeit. Doch die Quäkerregel war auf diese Möglichkeit vorbereitet: „Konzentriere dich auf das einzige, was der ganzen Schöpfung Gottes gemeinsam ist, auf die Wahrheit." Manchmal hatte das scheinheilig geklungen, doch jetzt hatte er keine andere Wahl, als den Versuch zu machen. Die Wahrheit also! Er öffnete die Augen, sah den Blick des fetten Mannes auf sich gerichtet und sagte: „Freund Running Bull, ich muß dir sagen, daß das wirkliche Ziel dieser Expedition nicht ist, Ungerechtigkeiten des Vertrages, den William Penn mit euch geschlossen hatte, auszugleichen, sondern ein größeres Stück deines Landes zu gewinnen, als ursprünglich ausgehandelt war, und dies soll nächsten Monat bei der Tagung in Albany geschehen."

Ausdruckslos waren die unmenschlichen Augen auf ihn gerichtet.

„Das ist, ich versichere es dir, die Wahrheit."

Jetzt ließ der fette Häuptling einen Laut hören, ein Gurgeln aus der Tiefe seines umfänglichen Leibes heraus. Es klang unfreundlich, es war wie ein böses Kichern. „Ich kenne die Quäkerregel, einem Konflikt zu begegnen: Sprich die Wahrheit! Sehr gut, Quäkerjunge. Was jetzt?"

Einen Moment lang war Joe von der Tatsache, daß der andere ihn durchschaut hatte, verwirrt. Dann dachte er: Das bedeutet noch nicht, daß meine Methode versagt hat. „Ich freue mich, Freund Running Bull, daß du meine Art, auf dich einzugehen, erkannt hast. Wir machen kein Geheimnis daraus. Im Gegenteil: Wahrheit und Offenheit sind wesentlich, wenn wir einander verstehen wollen."

Das maskenhafte Gesicht des Häuptlings änderte sich, doch es war schwer zu bestimmen, was seine Miene ausdrückte. Hatte er gelächelt? Höhnisch die Lippen verzogen? Joe wußte es nicht. Aber wieder blieb ihm keine andere Wahl, als nach der

223

Regel fortzufahren. Schritt vier: „Sammle in dir alle Liebe, alle Zärtlichkeit und alles Mitleid, das du dem anderen entgegenbringen kannst." Das war nicht leicht. Irgendwo in diesem Fettberg, der sich über ihn türmte, mochte ein inneres Licht wohnen, irgendwo lechzte diese menschliche Persönlichkeit nach Geltung. Der einzige Weg, dem Ziel näherzukommen, war wiederum die Wahrheit. Die Wahrheit. Das Echo hallte durch alle Gänge seines Gedächtnisses, so oft war ihm von seinem ersten Schultag an diese Mahnung vorgesprochen worden. „Wie du wohl gleich bemerkt hast", sagte er, „hat man mich, einen völlig Ahnungslosen, dieser Expedition beigegeben. Ich hatte keine Idee, worum es ging, und ich habe alles gesagt, was ich von dem Zweck des Unternehmens weiß. Aber ich möchte alles tun, was ich nur kann, um den Ausbruch des Kriegs zu verhindern." Das war eine ziemlich verworrene Rede gewesen, der Versuch, auf das Thema einzugehen, hatte zu nichts geführt. Was jetzt?

Die kleinen Walaugen blieben fest auf ihn gerichtet. Plötzlich wurde die Stimme laut: „Schön, kleiner Will Penn. Deine vielgeliebten Delawaren sollen ausgeraubt und massakriert werden. Manche von unseren jungen Leuten haben das Gefühl, daß sie kämpfen sollten, nicht um ihr Leben betteln wie Squaws. Zwischen uns besteht ein Abkommen auf gegenseitige Hilfe. Wie werden die Quäker dazu stehen?"

Dieses neue Zeichen seines Scharfsinns wirkte beruhigend. Selbst wenn es Joe nicht ganz gelang, sich mit dem Häuptling zu identifizieren, so war es dem Häuptling offensichtlich möglich, sich in den Quäkerjungen hineinzudenken. Running Bull war schlauer als die meisten Menschen, die Joe kannte, schlauer als Barzellai Tucker.

„Sieh, Quäkerjunge", sagte der Häuptling, „warum, glaubst du, habe ich dich allein hierbehalten?"

„Wegen meiner Tante Gulielma."

„Weil du der Sohn eines der reichsten und einflußreichsten Kaufleute in Philadelphia bist. Was ich von dir will, ist, daß du mir diese Frage beantwortest: Was werden die Quäker von Philadelphia tun? Werden sie auf seiten meines Volkes stehen oder ist deine Person alles, was sie uns anzubieten haben?"

Natürlich! Wie hatte er nur so dumm sein können? Darum

war er auserwählt worden, als Sohn seines Vaters. Wäre er der Häuptling gewesen, hätte er nicht anders gehandelt. Diese Einsicht bot ihm etwas, woran er sich halten konnte. Er konnte nicht wissen, wie Tante Gulielma auf diesen Mann reagiert hätte, aber er hatte eine ziemlich klare Vorstellung davon, wie sein Vater es getan hätte. „Ich kann diese Frage nicht beantworten", sagte er, „wenn sie einen Plan haben, so haben sie mir nichts davon gesagt. Ich bezweifle, daß sie einen haben."

„Warum? Wissen sie nicht, was im Gange ist? Ist ihnen nicht klar, daß die Delawaren ausgerottet, vom Erdboden gelöscht werden, wenn wir nicht Hilfe bekommen?"

„Ehrlich gesagt, ich glaube nicht, daß sie es wissen, und wenn du mir meine Offenheit nicht übel nimmst, ich glaube auch nicht, daß es ihnen viel ausmacht." Er sah das Zucken eines Augenlides und fügte hinzu: „Es gibt Leute unter uns, denen es wohl etwas ausmachen würde, weil sie spüren, daß ein Treubruch, begangen an den Indianern und speziell an dir, der Bruch mit Prinzipien wäre, auf die das Heilige Experiment gegründet war. Doch diese Leute haben im Jahrestreffen in Philadelphia nicht die Macht und auch nicht in der Provinzialversammlung."

„Willst du damit sagen, Junge", die Stimme, die aus dem Wal heraufklang, hatte jetzt etwas Unheimliches, „daß du, ein Vertreter der Gegenpartei in diesem Vertrag, mir den Rat erteilst, im Kampf zu sterben oder weiterzuziehen?"

Joe wußte, daß sie jetzt am kritischen Punkt angekommen waren. Er konnte nichts anderes tun, als die Wahrheit sprechen, soweit er sie kannte. „Ich bin kein echter Vertreter derer, die bei den Quäkern an der Macht sind", sagte er. „Man hat mir keine anderen Instruktionen erteilt als diese eine, dem Licht zu folgen. Aber ich mag um mich sehen, wie ich will, ich weiß kein anderes Licht als die Wahrheit zu sagen, so wie ich sie sehe."

„Gut", sagte der Häuptling, „dann laß mich in Ermanglung eines Besseren deine Wahrheit hören."

„Sehr wohl. Wenn ich in deiner Lage wäre, würde ich weiterziehen." Das war eine ungeheuerliche Zumutung. Joe hatte keine Kenntnis von den politischen Zusammenhängen, aber darum ging es auch nicht. Der Häuptling hatte sich entschlossen, ihn um seine Meinung zu fragen, und da war sie.

„Und wohin soll ich ziehen, du Weiser?" fragte der fette Mann spöttisch, doch spürte Joe, daß der Häuptling ihn ernst nahm.

„Es muß doch genug Raum im Westen geben."

„Da laufen wir den Franzosen in die Arme."

Joe fiel etwas ein, was Tante Gulie über das weite, offene Land hinter den französischen Linien gesagt hatte. „Wenn ich meiner Tante Gulielma glauben soll, gibt es hinter der französischen Grenze Gebiete, die jeder nehmen kann, der will."

„Deine Tante Gulielma ist ein unwissendes Weib. Hinter den Franzosen kommen die Huronen, dann die Miami, dann die Potawatomi. Es gibt zwischen dem See und der großen Prärie kein Land, das nicht irgendeinem Stamm gehört."

„Aber sind die denn mächtiger als die Delawaren?" fragte Joe. Es war eine befremdliche Frage für einen Quäker, nicht gerade im Sinne der Friedensbotschaft. Darum fügte er hinzu: „Es könnte den kampfgierigen jungen Leuten einen Ausblick auf etwas Besseres als Schande bieten."

Jetzt war er in seiner eben gewonnenen Selbstsicherheit zu weit gegangen. Der Häuptling fuhr ihn an: „Dein Geschnatter ist so leer wie das einer Gans!"

„Das mag sein", erwiderte Joe, „aber du hast ja darauf bestanden, daß ich meine Meinung äußere, Freund Running Bull. Ich habe versucht, wahrheitsgemäß zu antworten. Wenn du zur Überzeugung gelangt bist, daß ich albernes Zeug rede, wirst du mir gewiß erlauben, mich zurückzuziehen." Zum ersten Mal in seinem Leben hatte er das Gefühl, jemand zu sein, und das Erstaunliche daran war, daß dieses Gefühl in ihm gerade in dem Augenblick wach wurde, in dem man ihn bloß als seines Vaters Sohn akzeptierte.

Der Häuptling zog die Stirn kraus. „Welche Hilfe können die Delawaren von ihren Freunden, den Quäkern, erwarten, wenn sie sich entschließen sollten, das Land ihrer Väter zu verlassen und gegen Sonnenuntergang zu verschwinden?"

Joe schloß die Augen um nachzudenken. Angenommen also, die Delawaren gaben das Land, das ihnen streitig gemacht wurde, freiwillig her. Wie würde sein Vater darauf reagieren? Als Quäker würde er von diesem Verzicht auf Gewalt entzückt sein, doch würde er danach trachten, sich einigen Einfluß im

Stamm zu erhalten. „Ich möchte sagen, Freund Running Bull",
erwiderte er nachdenklich, „daß die Delawaren, wenn sie einen
solchen Entschluß faßten, auf die Hilfe der Jahressession in
Philadelphia rechnen könnten."

„Und welches wäre der praktische Inhalt solcher Hilfe?
Schöne Worte?"

„Ich glaube mehr."

„Waffen?"

„Du kennst uns besser, um eine solche Frage zu stellen. Doch
ich könnte mir eine Beigabe von Geld und Gütern vorstellen."

Der Häuptling starrte ihn an. Es war unmöglich, seine
Gedanken zu erraten, doch schien in dieser schlappen Fleisch-
masse die Spannung gesammelter Kraft wirksam zu sein. Etwas
in diesen harten kleinen Augen erinnerte Joe plötzlich an Abe.
Wie würde Abe sich freuen, wenn die Delawaren sich entschließen würden, freiwillig abzuziehen und Altar Rock für immer
preiszugeben? Der Gedanke beunruhigte ihn. War es das, was
er hier in der Macht Gottes tat, diente er den Interessen der
Familie Woodhouse? Das konnte doch nicht sein! Dies war
wirklich die richtige Lösung für den von Feinden umgebenen,
schwer heimgesuchten Stamm. Er war überzeugt, daß die
Andachtsgemeinde es auch so sehen und alles tun würde, was in
ihrer Macht stand, den Verfolgten zu helfen. Doch wie? Was
würde ihre erste Reaktion sein? „Ich glaube, Freund Running
Bull, die Andachtsgemeinde würde zunächst Geld für eine
Schule eurer Kinder aufbringen."

„Eine Schule! Ich brauche Waffen, und man bietet mir eine
Schule an!" Er kam schwerfällig auf seine Füße. „Wenn Sie
nach Philadelphia zurückkehren, Mr. Woodhouse", sagte er
plötzlich formell, „dann überbringen Sie bitte Ihrer Tante, der
Mann-Frau, meine respektvollen Grüße."

„Ich werde es tun", sagte Joe unsicher.

„Sagen Sie ihr bitte, daß Running Bull, der Fettkloß, der
Piß-Gulie seine Grüße entbietet. Dann spucken Sie ihr bitte ins
Gesicht."

Joes Mut sank. „Freund Running Bull, du weiß sehr gut, daß
ich das nicht sagen werde. Das ist nicht der Sinn unserer
Begegnung."

Die unmenschlichen kleinen Augen musterten ihn ohne

Interesse. „Und was wäre der Sinn unserer Begegnung?" Er fragte es wieder in der höhnenden Fistelstimme.

„Daß ... daß Quäker und Delawaren immer noch Freunde sind."

„Das mußt du mir erst beweisen", sagte der Häuptling, machte kehrt und watschelte ins Dunkel.

Tief in Gedanken ging Joe zum Eingang. Es mußte doch einen Weg geben, diesen Indianern zu beweisen, daß die Quäker ihnen noch freundlich gesinnt waren. Er durfte nicht ruhen, bevor er diesen Weg gefunden hatte. Er fühlte Zutrauen, daß er es tun würde, denn einige flüchtige Minuten lang hatte er den Menschen in diesem Walfisch angesprochen, den wirklichen Häuptling Running Bull. Auf geheimnisvolle Weise hatte er dabei auch den Mann in sich selbst entdeckt.

Als er in das Sonnenlicht hinaustrat, war weit und breit niemand zu sehen. Das Dorf war in nachmittägliche Trägheit versenkt. Er schlenderte die Straße hinunter, die zwischen den Wigwams zum See führte, setzte sich am Ufer auf einen Holzblock und betrachtete die zum Trocknen ausgehängten Netze, die Kanus, das Wasser. Er dachte an die tapferen jungen Leute, die lieber kämpfen wollten, als sich, gleich Squaws, zu ergeben. Seit dem Gespräch mit dem Häuptling erschien ihm die Menschlichkeit dieser grellbunt bemalten jungen Männer, die ihm unwirklich und romantisch vorgekommen war, seinem eigenen Wesen verwandt. Angenommen, einer dieser wackeren jungen Leute tauchte in Philadelphia auf, käme mit Jeremiah Best ins Gespräch und würde den Quäkern mitteilen, sie hätten gegen Nordwesten hin abzuziehen? Und sie dürften nur mitnehmen, was sie transportieren könnten? Keine Water Street mehr, keine Spaziergänge am Ufer des Delaware, kein Ausblick auf Schiffe und kein Träumen von fernen Häfen. Lebwohl sagen allem, was einem Heimat gewesen war. Er betrachtete die Kanus, die Netze, den See. All das mochte diesen tapferen jungen Leuten ungefähr bedeuten, was die Ufer des Delaware ihm bedeuteten. Oder? Immerhin, er war doch nur ein Stadtmensch. War denen eine solche Siedlung so wichtig wie ihm Philadelphia oder noch wichtiger? Warum sollten diese hier bereit sein, in unbekannte Weiten jenseits der Berge zu ziehen? Aber vielleicht hatten sie davon seit ihrer Kindheit geträumt, wie er vom Meer und von fernen Ländern hinter dem Horizont?

„Ach, da bist du ja!" sagte eine Stimme, die erleichtert und ärgerlich klang.

Mürrisch und ungeduldig stand Barzellai Tucker neben ihm. „Wo bist du denn gewesen? Warum bist du nicht gleich zurückgekommen? Was gab es denn?" Für einen erfahrenen Indianeragenten wirkte der kleine Mann seltsam aufgeregt.

„Ach, wir haben bloß geredet."

„Was soll das heißen, bloß geredet? Sag schon! Was wollte er wissen, was hat er gefragt, wie war er?"

Plötzlich tat Joe der Mann leid. Es mußte hart für ihn gewesen sein, von einem Palaver mit den Indianern ausgeschlossen zu sein. Erst jetzt zeigte sich der Widersinn dieses Geschwätzes von brüllenden Stieren und kleinen Mäusen. Running Bull hatte nur höhnisch den Unsinn, den sich Europäer von Indianern vorstellten, ins Absurde geführt. „Man hat mich gefragt, ob von den Quäkern Hilfe für die Delawaren zu erwarten ist."

„Und was hast du gesagt?"

„Ich habe nichts gesagt."

„Was soll das heißen, du hast nichts gesagt? Irgend etwas mußt du ihm doch geantwortet haben?"

„Das war meine Antwort gewesen: Nichts."

Fassungslos starrte Barzellai Tucker ihn an. „Heißt das, daß du dem Häuptling Running Bull erklärt hast, die Quäker würden nichts tun?"

„Ist das nicht die Wahrheit?"

Barzellai Tucker klatschte sich in seiner Fassungslosigkeit auf die Schenkel und wandte sich ab, als wollte er ins Wasser springen. Dann schrie er viel zu theatralisch für einen gleichmütigen Quäker: „Großer Gott, was hab' ich nur angestellt, daß ich mit zwei solchen . . . solchen . . . Stümpern gestraft werde?"

„Sei ehrlich, Barzellai", sagte Joe mit mehr Gewicht, als er sich zugetraut hatte. „Du erwartest wirklich, daß die Quäker den Delawaren helfen?"

„Natürlich."

„Und wie?"

„Zunächst, indem sie die Sache vor die Sitzung bringen."

„Und was wird die Jahressitzung entscheiden?"

„Dem Vertrag treuzubleiben."

„In welchem Ausmaß?"

„In dem Ausmaß, daß wir die Vertreter der Quäker in der Provinzialversammlung instruieren, diese . . . diesen Treubruch zu verhindern."

„Dazu haben wir nicht die nötige Mehrheit. Nur wenn die Deutschen auf unserer Seite sind."

„Natürlich werden die Deutschen auf unserer Seite sein."

„Ich bin nicht dieser Meinung. Gerade in der Indianerfrage gibt es Differenzen."

„Aber das ist doch alles nicht so wichtig! Du hättest dem Häuptling sagen müssen, daß er auf die Quäker zählen kann! Es kam dir nicht zu, von Dingen zu reden, von denen du nichts weißt."

Plötzlich hatte Joe es satt. „Freund Barzellai", sagte er ernst, „du hast mir gesagt, ich solle dem Licht folgen. Ich bin deinem Rate nachgekommen, und das Licht hat mich geheißen, dem Häuptling die Wahrheit zu sagen. Das habe ich getan. Wenn du eine andere Wahrheit siehst, dann sag du sie ihm. Meiner Meinung nach wirst du die Gefahr eines Kriegs nur verschärfen, wenn du in den Indianern Hoffnungen auf ein Eingreifen der Quäker weckst. Du würdest den Kampfesmut der jungen Helden anfeuern, die Widerstand leisten und kämpfen wollen, selbst wenn es zum Untergang der Delawaren führt. Ich bin der Meinung, daß es unsere Quäkerpflicht ist, diesen Leuten die Wahrheit zu sagen. Die volle Wahrheit, nicht Stücke davon."

Einen Augenblick lang starrte ihn der kleine Mann fassungslos an. Dann fragte er: „Und was ist deiner Meinung nach die volle Wahrheit, Joseph Woodhouse?"

„Wenn wir den Delawaren nicht Waffen liefern, sich zu verteidigen, werden sie massakriert. Das Jahrestreffen in Philadelphia wird nicht in Erwägung ziehen, irgend jemand mit Waffen auszurüsten. Ich habe dem Häuptling Running Bull gesagt, sollte er seine Zelte hier abbrechen und quer durch das französische Gebiet in die dahinterliegende Prärie ziehen, könne er zunächst einmal damit rechnen, daß man ihm eine Schule für die Kinder einrichtet."

Barzellai Tucker sah ihn eine Weile schweigend an, dann

fragte er: „Haben die Quäkerbonzen dir das aufgegeben? Und warum hast du mir das nicht vorher gesagt?"

„Niemand hat mir irgendwelche Instruktionen gegeben. Das ist meine Meinung, weiter nichts."

„Ach! Jetzt versteh' ich! Deine Meinung! In diesem Fall . . ."

„Es tut mir leid, Barzellai Tucker", erwiderte Joe, „aber es ist genau das, was ich mir von der Zukunft verspreche. Es kann sich als falsch herausstellen."

Der Indianeragent lächelte dünn. „Es wird sich als richtig herausstellen, Joseph Woodhouse", sagte er sauer. „Du kennst dich in der Denkweise der führenden Quäkerschicht besser aus als ich."

Joe hätte es gern dabei belassen, doch war es wichtig, daß sie in den Indianern, denen sie Weisung geben sollten, einen gewissen Eindruck von Einigkeit erweckten. „Ich glaube nicht, daß es sich hier um die Denkweise der führenden Quäkerschicht handelt, wie du dich ausdrückst. Bisher ging es uns darum, den Frieden zu erhalten und einem Blutbad unter Unschuldigen zuvorzukommen. Erinnerst du dich vielleicht, was George Fox den Freunden in England sagte, die durch die Verfolgungen um ihren Besitz gekommen waren? Leistet nicht Widerstand, hat er gesagt, zieht über den Ozean und tragt die Saat in ein neues Land."

„Aber diese Indianer sind keine Quäker. Du hast ihnen geraten, ihr Stammesgebiet preiszugeben, die Gräber ihrer Ahnen, die Geister, die in jedem Felsen leben, in jedem Baum!"

Da war wieder Altar Rock und dieser verwirrende Umstand, daß Abe den Delawaren vielleicht mit Geld helfen würde, wenn sie sich bereitfänden, freiwillig abzuziehen. Doch hatte dieser Gedanke für Joe nichts Bedrückendes mehr. Er sah darin einen Beweis, daß er auf dem richtigen Weg gewesen war. Er fragte mit neu anwachsendem Selbstvertrauen: „Und welche Alternative wüßtest du, Barzellai Tucker?"

„Keinen Schritt zurückgehen! Politischen Druck ausüben, um der Ausbeutung der Delawaren Einhalt zu gebieten, hier und jetzt gleich!"

„Und wenn der politische Druck zu schwach ist?"

„Das ist doch nicht sicher! Bei weitem nicht sicher!"

„Schön, nehmen wir an, daß die Deutschen in der Provinzialversammlung mit uns stimmen. Was dann? Findet deswegen etwa die Tagung in Albany nicht statt? Hindert es die Land-eigner, sich mit den Irokesen in das Gebiet der Delawaren zu teilen? Komm, Freund Barzellai, laß uns niedersitzen und einige Minuten in Schweigen verharren. Ich glaube, wir haben es nötig, beide."

Einen Moment lang sah es aus, als ob der andere ihm den Rücken kehren und davongehen wollte. Dann gab er nach. Er setzte sich neben Joe auf den Holzblock, Seite an Seite fügten sie sich in das Schweigen des Sees, des Himmels und der stillen Stadt.

In dieser Nacht kehrte Joe Woodhouse zum Schlafen in das Zelt der Quäker zurück.

6

Es waren zwei deutsche Quäker aus einer Siedlung, die sich
Gnadenhütten nannte, die am Vorabend des Jahrestreffens die
Alarmnachricht brachten, daß eine Bande von Schottisch-Irischen in den Bergen einen Rachezug unternommen und alle
Indianer, die ihnen in die Hände fielen, getötet hätte, weil
irgendein alter Mann aus ihrer Siedlung von einem Algonquin
ermordet worden sei. Die ganze Gegend dort war in Aufruhr,
meldeten die Freunde in ihrem aufgeregt hervorsprudelnden
Pennsylvania-Deutsch. Alle Straßen nach Philadelphia seien
von flüchtigen Indianern verstopft, sie selbst wären nur schwer
mit ihrem Wagen durchgekommen und entschuldigten sich für
ihre Verspätung.

Jeremiah Best, dem man die Nachricht im Andachtshaus
überbrachte, nahm sie nicht ernst. Zunächst einmal seien diese
deutschen Quäker ja gar nicht zu spät dran, im Gegenteil, sie
wären fast einen Tag zu früh eingetroffen, unter allen Quäkern
aus dem Landbezirk die ersten, die Schlafplätze anforderten.
Die Tagesstunde allerdings sei spät, sofern es das wäre, was sie
meinten: Nach zehn Uhr abends – die Deutschen könnten von
Glück sagen, daß sie ihn noch hier angetroffen hätten. Seit einer
Stunde etwa habe er heimgehen wollen, sei aber jedesmal mit
irgendeiner Lächerlichkeit aufgehalten worden. Wären die
Wasserkrüge schon zur Stelle? Wer sei eigentlich für die in die
Pulte einzulassenden Tintenfässer und für die Federkiele der
Teilnehmer an dem Treffen verantwortlich? Habe man sich
auch vergewissert, daß die ostseitige Galerie, die von Termiten

233

angefressen war, noch trug? Wenn nicht, müsse die Galerie gesperrt werden. Zehn Minuten lang hatte man bei Kerzenschimmer die Galerie besichtigt, er durch seine Brillen, und dann hatte er entschieden, es sehe mehr nach Holzwürmern aus, aber ein Zimmermann möge die Sache bei Tageslicht inspizieren, gleich morgen.

Mit solchen Dingen hatte sich der Schriftführer des Jahrestreffens herumzuplagen, und die Beschwerden häuften sich knapp vor Beginn der Session. Morgen würden Tausende von Freunden aus den auswärtigen Gemeinden, Menschen der verschiedensten Klassen, Sprachen, Temperamente und Altersstufen wie Heuschrecken über die Stadt herfallen. Sich jetzt, da er gerade weggehen wollte, mit ein paar übermäßig aufgeregten Leuten vom Land zu unterhalten, die etwas über ein Massaker daherredeten, war eine unmögliche Komplikation. Er überging ihre Meldung, die ja wahrscheinlich doch nur das Ergebnis zu vieler Krüge Bier war, wies sie bei einer deutschen Familie ein, und ging endlich nach Hause.

Als er dann durch die stillen, dunklen Straßen heimwanderte, stellte sich heraus, daß der Bericht der Deutschen ihn doch nicht in Ruhe ließ. Gulielma Woodhouse, die zusammen mit den Bakers gekommen war, hatte Aufregendes über Kriegsvorbereitungen bei den Indianerstämmen im Vorlande gemeldet. Er fragte sich, ob er mit ihr sprechen sollte. Doch als er in die verschlafene Straße, in der sie wohnten, einbog, war in keinem Fenster der Woodhouse noch Licht, und er beschloß, bis morgen zu warten.

Gegen drei Uhr morgens wurde er durch Pochen ans Haustor aus einem unruhigen Schlaf geweckt. Im Nachtgewand ging er hinunter, um nachzusehen, wer es wäre, und stieß sich eine Zehe wund. Als er öffnete, sah er den Schreiber Philip Howgill, der sich bereitgefunden hatte, die Nacht im Versammlungshause zu verbringen, um Neuankömmlinge in Empfang zu nehmen. „Freund Jeremiah", keuchte der Mann atemlos, „komm rasch! Ein ganzes Rudel Indianer ist da, Weiber, Kinder, alte Leute, alle wollen untergebracht werden. Sie sagen, sie wären beinahe von einem Heerzug der Ulsterleute ermordet worden, und sie verlangen Schutz von uns Quäkern. Bitte komm gleich!"

234

Jeremiah hatte ein unbehagliches Gefühl im Magen, doch arbeitete sein Gehirn mit kalter Präzision. „Liegt eine Bestätigung dieser Meldung vor oder ist es bloß ein Indianermärchen?"

„Aber nein!" rief Philip Howgill, offensichtlich eine Beute der Überreiztheit, die vor Beginn eines Jahrestreffens alle erfaßte, „es sind noch weitere deutsche Quäker eingetroffen, und alle berichten dasselbe: Eine Reitertruppe zieht schreiend und Musketen in die Luft abfeuernd durch das Land und brüllt nach Rache, weil die Indianer einen alten Mann in einem Baum getötet haben sollen. Sie haben sogar den Wetterhahn der Lutheranerkirche in Gnadenhütten heruntergeschossen! Es ist wahr, alles ist wahr! Was sollen wir tun, Jeremiah Best? Wir können unmöglich alle diese Leute in Obhut nehmen! Wo sollten wir sie unterbringen? Gott allein weiß, wieviele von ihnen bei Tagesanbruch hier sein werden! Was sollen wir mit denen allen anfangen?"

„Philip Howgill", sagte Jeremiah ernst, „beherrsche dich. Niemandem ist damit geholfen, wenn du den Kopf verlierst."

„Aber die stehen im Hof herum, direkt vor dem Versammlungshaus! Was soll ich ihnen denn sagen?"

„Hör mir zu!" Seine Stimme klang so gebieterisch, daß Philip Howgill verstummte. „Geh zurück ins Versammlungshaus, sag ihrem Führer, daß in wenigen Minuten jemand kommen wird, der sich ihrer annimmt, gib ihnen Wasser und fordere sie dann auf, sich mit dir zu einer Andacht zu verbinden. Alles ist jetzt recht, was diese Leute daran hindert, in den Zustand zu geraten, in dem du dich bereits befindest. Ich komme dir nach, wenn ich angezogen bin und Gulielma Woodhouse, die nebenan schläft, geweckt habe. Mach rasch!" Jeremiahs Sicherheit schien dem verstörten Mann einen gewissen Halt gegeben zu haben. Er eilte an den Ort der Unruhe zurück.

Vom oberen Stockwerk klang Grizzles Stimme herab: „Jeremiah! Was ist denn los?"

„Nichts, Liebe", erwiderte er beschwichtigend, während er bereits die Treppe hinaufstieg. „Ein Rudel Indianer ist vor dem Versammlungshaus aufgezogen und verlangt Asyl."

„Asyl? Wieso Asyl? Ich habe solchen Unsinn in meinem ganzen Leben noch nicht gehört! Und was soll dieses Pochen und Schreien? Wieder einer von deinen Freunden, den Nacht-eulen?"

Wie gewöhnlich gab sie ihm die Schuld an der Unruhe. Sie war eine Frau, die man nicht für alles verantwortlich machen konnte, was sie im Zustand der Erregung sprach. Das sicherste Abwehrmittel war, sie mit ein paar gewürzten Brocken Information abzuspeisen. Darum sagte er ihr, es wäre da irgendein Toter in einem Baum gefunden worden und der Wetterhahn auf der Lutheranerkirche in Gnadenhütten sei heruntergeschossen worden. Zu seiner Überraschung nahm sie die Sache ernst, was in ihrem Fall bedeutete: zu Herzen gehend. „Wer wird den Leuten helfen?" rief sie erschrocken. „Haben wir denn im Versammlungshaus jemand, der wenigstens ihre Sprache spricht? Sie müssen ja in einem entsetzlichen Zustand sein!"

„Was soll ich tun? Ich bin schon ganz durcheinander!"

„Ach du", sagte sie, und es gelang ihr, in diesem einen Wort alles zusammenzufassen, was sie von seiner Tüchtigkeit, seinem Mitgefühl und seinem Verstand hielt. „Ich komm mit dir! Es ist gewiß höchste Zeit, daß jemand diese Leute in Empfang nimmt und sich um sie kümmert. Wie ist es denn draußen?"

Einen Augenblick lang schreckte er vor dem Gedanken zurück, die schrille Stimme Grizzles zu der allgemeinen Verwirrung im Hof vor dem Versammlungshause hinzuzufügen. Dann aber sagte er: „Das scheint mir ein glänzender Gedanke. Deine Gegenwart wird gewiß hilfreich sein. Ich will auch noch Gulielma Woodhouse und Himsha McHair holen, weil sie beide Algonquin, oder was das sonst für ein Kauderwelsch ist, sprechen."

„Ist es kalt draußen? Regnet es?"

„Ich weiß es nicht", gestand er. Er war schon fast ausgehfertig, als von neuem ans Tor gepocht wurde. Das Echo in der leeren Halle war ohrenbetäubend. „Was kann denn das nun wieder sein?" Die Füße in Strümpfen, eilte er die Treppe hinunter.

„Nimm dir ein Licht! Das fehlt gerade noch, daß du dir ein Bein brichst!" schrie Grizzle hinter ihm drein, doch war er schon am Tor. Er öffnete und sah sich dem vertrauten Gesicht seines Schwiegervaters Peleg Martin gegenüber. Im Dunkeln nicht sichtbar, schnaubte und scharrte ein Pferd hinter ihm.

„Bist du bereit, Jeremiah?" fragte der alte Mann.

„Ja, gleich. Was ist . . ."

„Philip Howgill alarmierte mich als Obmann der Kommission für Indianerangelegenheiten. Warum bist du noch nicht angezogen?"

Jeremiah bezähmte eine Regung, die einem Jüngeren nicht zukam. Aber da war auch schon Grizzle, fertig bekleidet, zur Stelle. „Hast du deinen Wagen draußen, Vater?" fragte sie im Ton forcierter Fröhlichkeit, den sie ihrem mürrischen Vater gegenüber immer anschlug.

„Ja, ich wußte, daß es deinem Mann nicht möglich sein würde, dich zu dieser Nachtstunde mit einem Fahrzeug zu versorgen."

Das war so absolut ungerecht, daß Jeremiah beinahe der Versuchung erlegen wäre, dem alten Mann die Tür vor der Nase zuzuschlagen. Aber er brachte es doch noch zuwege, ihm für seine Voraussicht zu danken, während er sich in den Rock, den Grizzle gebracht hatte, hineinplagte.

Er wollte bereits in den Wagen steigen, als ihm Gulielma einfiel. So trennte er sich mit einem Aufatmen von den Seinen und lief zu dem im tiefen Dunkel liegenden Wohnhaus der Woodhouse. Jetzt war es an ihm, ans Tor zu pochen. Und er hörte, was eben noch Philip Howgill gehört haben mochte, ein Schlurfen von Pantoffeln, die näher kamen, und eine Stimme, die „Jaja, ich komm' ja schon!" rief. Dann ging die Tür auf. „Was ist los?" Es war Isaak Woodhouse, der einen Kerzenleuchter in der Hand hielt.

„Ich bin's, Jeremiah. Guten Morgen!" In seinem Wunsch, Gelassenheit zu verbreiten, wirkte er spöttisch; Isaak reagierte demgemäß, erfaßte aber dann, als er die Nachricht vernommen, die mögliche Gefahr. „Was auch geschieht, wir dürfen die Kontrolle nicht verlieren!" sagte er überraschend wach. „Was du auch tust, laß nicht zu, daß diese Indianer sich auf die ganze Stadt verteilen, halt sie beim Versammlungshaus beisammen, wenigstens bis wir den Gouverneur gesprochen haben."

„Den Gouverneur?"

Bevor Isaak Näheres äußern konnte, tauchten die Frauen in verschiedenen Graden des Bekleidetseins auf; ganz angezogen war nur Gulielma. „Was gibt's?" fragte sie.

Jeremiah berichtete ihr von den Indianern und von den Rowdys.

„Wer sind diese Ulsterleute?"

„Irgendwas mit Peace . . . Parsley oder so."

Gulielma reagierte mit einer für sie sehr untypischen Aufregung. „Das sind doch die Leute, von denen ich dir berichtet habe! Der Tote im Baum muß der alte Jim McHair sein. Wir müssen sofort hin!" Mit diesen Worten trat sie aus dem Tor, ging die Stufen hinab und war schon auf dem Wege zum Versammlungshaus.

Jeremiah blieb nichts übrig, als ihr nachzulaufen. Ihm wäre lieber gewesen, zu fahren. Für solches Gerenne war er denn doch zu alt. Nun keuchte er atemlos hinter dem Schatten dieser unmöglichen Frauensperson her, die wie ein Hirsch über Hindernisse hinwegsetzte. In Gedanken fragte er sich, was nur über ihn gekommen sei, als er sich vor zwei Jahren mit solchem Eifer um den Posten eines Schriftführers der Jahresversammlung in Philadelphia bemüht hatte.

Lagerfeuer zwischen Grabsteinen, Pferde, die wiehernd und schnaubend frei umherliefen – die Grundstücke rings um das Versammlungshaus hatten sich binnen weniger Stunden von einem geweihten Garten des Gedenkens zu einem Lagerplatz eines Nomadenstammes gewandelt. Dem Gebäude selbst war es nicht besser ergangen. Als sich Jeremiah mit seinen Begleitern einen Weg durch Gruppen von Indianerfrauen, die mit steinernen Gesichtern für ihre Kinder Essen kochten, gebahnt hatte, fanden sie Philip Howgill völlig verstört inmitten ländlicher Quäker und ihrer Familien, alter Indianerweiber, vor Erregung ausgelassener Quäkerkinder, die Fangen spielten, und eines Rudels streunender Hunde, die mit den Indianern hierhergekommen waren. Philip wollte sie alle dazu bewegen, auf der Gemeindewiese Lager zu beziehen – das einzige, was der arme Mann zu denken vermochte, war, sie so rasch wie möglich wieder loszuwerden.

Gulielma übernahm die Aufsicht über die Indianer. Jeremiah tat sein Bestes, die Neuankömmlinge im Haus unterzubringen. Bei Tagesanbruch war es ihm gelungen, eine gewisse Ordnung in dem Chaos herzustellen. Statt der vielen vereinzelten Lagerfeuer wurde ein großes in der Ecke des Vorgartens angelegt: hier hatte Gulielma mit der Hilfe von Himsha, Becky Baker, deren junger Schwester Abby und einiger anderer Frauen eine Gemeinschaftsküche in Betrieb genommen. Die Pferde waren zusammengefangen und angebunden worden. Jeremiah war es gelungen, die meisten Gäste vom Lande bei Quäkerfamilien in der Stadt unterzubringen. Allmählich bekam man alles in die Hand, doch konnte kein Zweifel bestehen, daß dieses Jahrestreffen reich an Überraschungen und nur aus dem Stegreif zu meistern sein würde, die Liste der Agenda konnte man schon jetzt wegwerfen. Wenn Bewaffnete bis Philadelphia vordrangen, um die Indianer hier auszurotten, dann würde die Session zu entscheiden haben, wie man sich zu den Indianern zu verhalten hatte, die da in rührendem, aber peinlichen Vertrauen zu dem alten Vertrag mit William Penn bei den Quäkern Hilfe suchten.

Jeremiah hatte keine Zeit, darüber nachzudenken. In den knappen Minuten, in denen er überhaupt zum Aufatmen und Nachdenken kam, wurde ihm klar, daß für die Quäker, ob es ihnen nun angenehm war oder nicht, die Stunde der Wahrheit geschlagen hatte. Was würden sie tun? Die Indianer mit Waffengewalt verteidigen? Unmöglich. Was also? Sie auf Schiffe verladen und flußabwärts schicken, bevor die Bluthunde angerannt kamen? Dazu blieb ihnen kaum die Zeit, auch war es keine Lösung des eigentlichen Problems. Die Quäker würden sich zu entscheiden haben, ob sie sich angesichts einer heranrollenden Lebensgefahr dem Prinzip der Gewaltlosigkeit verschworen hielten.

Obwohl Jeremiah alle Hände voll zu tun hatte, die Probleme des Augenblicks zu meistern, kam ihm doch zu Bewußtsein, daß er historische Stunden durchlebte, die das Dasein künftiger Quäkergenerationen bestimmen würden.

Im Augenblick versuchte er noch, das Programm der Sitzung zu retten, indem er die Illusion aufrechterhielt, die Agenda könnten programmgemäß abgehandelt werden; doch sagte er John Woolman, der die Hauptrede des ersten Tages halten sollte, daß dringende Angelegenheiten möglicherweise seiner Rede vorgezogen werden könnten. Der kleine freundliche

Mann nahm es mit philosophischer Ruhe hin, murmelte nur lächelnd, alles werde sich finden. Darauf konnte Jeremiah nur zurücklächeln. Tausend Dinge wollten erwogen sein und waren ungelöst, als er mit Isaak Woodhouse, Peleg Martin und Israel Henderson zu einer Sonderaudienz beim Gouverneur befohlen wurde. Seine Anwesenheit als Schriftführer der Jahressitzung war unbedingt notwendig. Es war peinlich, aber es blieb ihnen nichts anderes übrig, als Miliz zum Schutz der Indianer anzufordern. Der strittige Punkt war die Frage, ob Anforderung fremder Gewaltübung ein Bruch des Prinzips der Gewaltlosigkeit wäre oder nicht. Aber gab es eine Alternative? Bei den wüsten Banditen, die das Leben der Indianer bedrohten, nach dem göttlichen Funken suchen? Wie? Wann? Die Quäker fuhren in düsterem Schweigen zu der Audienz.

Es schien, daß die alarmierenden Gerüchte noch nicht bis in den Gouverneurspalast gedrungen waren. Als ihr Wagen die hallende Einfahrt durchquert hatte und in den Hof einfuhr, lag der klösterliche Garten mit seinen symmetrischen Hecken, Beeten und Brunnen so weltabgewandt da wie die verträumten Gärten von Hampton Court, denen er nachgebildet war. Der Wagen hielt vor einer Marmortreppe.

Lakaien beobachteten ihre Auffahrt durch Fensterscheiben aus gefärbtem Glas. Als die Männer aus dem Wagen stiegen, hörte Jeremiah den schrillen Schrei eines der Pfauen, die sich auf dem Rasen wie Riesenblumen spreizten. Eines der Pferde wieherte, und ein Schwarm weißer Tauben schwirrte vom Dach des Hauptgebäudes mit lautem Flügelschlag auf, ein Gestöber weißer Blüten. Der Kontrast zu dem Tohuwabohu auf dem Gelände des Andachtshauses war ein Symbol für die politische Lage: Landeigner und Krone voll heiteren Selbstvertrauens, die Quäker im Zustande völliger Verstörtheit.

Im Inneren des Palastes schien die Ruhe noch tiefer zu sein. Unbehaglich lange ließ man sie in der Halle warten; schließlich ging eine Tür auf, und der Adjutant des Gouverneurs, Oberst Urquhart, trat heraus. Die Herren mögen es sich bequem machen, weil Seine Exzellenz noch eine dringende Sache zu erledigen habe, die bedauerlicherweise im letzten Moment unterbreitet worden sei. Man konnte nichts anderes tun, als dem Rat des Obersten folgen und sich setzen.

Auf edelgeschnitzten Sitzbänken konnten sie sich auf die Stille konzentrieren. Volle zwanzig Minuten lang, so lange, wie der Gouverneur sie noch warten ließ, waren sie in stummer Andacht vereint. Die Lakaien, die durch die purpurfarbenen Glasfenster hereinblickten, gähnten gelangweilt.

Als sie endlich vorgelassen wurden, fühlten sie sich beruhigt und gekräftigt. Hätte man sie in die majestätische Ruhe der Gouverneursgemächer nach dem lärmenden Wirrwarr im Sitzungshause ohne dieses erholsame Intervall eingelassen, wären sie eindeutig im Nachteil gewesen.

Gouverneur Morris war ein Mann exquisiter Manieren und von bezauberndem Wesen. Seine umfängliche Perücke, nach letzter Mode frisiert, entsprach eher einem feierlichen Staatsanlaß als einer Audienz am frühen Morgen, und das gleiche galt für den karmesinroten Samtrock und die modischen Spitzenmanschetten, die gleich Blumen aus den Ärmeln hervorblühten. Als Isaak Woodhouse als Sprecher den Anlaß des Besuches vortrug, schien der Gouverneur höchst geneigt. Selbstverständlich würde er nicht gezögert haben, zum Schutz der Indianerflüchtlinge im Quäkerhause eine Kompanie Miliz beizustellen, wären ihm irgendwelche Truppen zu Gebot gestanden. Das Mißgeschick wollte nur, daß die zum Schutz der Stadt Philadelphia bestimmten Truppen aufs ärgerlichste beschränkt waren: zwei Züge seien derzeit abkommandiert, eine Wagenladung auf den Weg zur Grenze zu geleiten, ein anderer eskortiere eine Inspektion zu den Delawaren, der Rest sei an strategischen Plätzen der Westgrenze aufgestellt, da, wie den Herren unzweifelhaft bekannt sei, die Spannung zwischen England und Frankreich in letzter Zeit dramatisch angewachsen sei. Oberst Urquhart, der in angemessenem Abstand hinter dem Gouverneur stand, ließ diskret ein bestätigendes Hüsteln hören. Mit erschütternder Klarheit sah Jeremiah, daß die Landeigner und die Krone nur auf diese Gelegenheit gewartet hatten, den ungebärdigen und widerspenstigen Quäkern vorzuführen, daß ihr fanatischer Pazifismus ein Hirngespinst war.

Er selbst beteiligte sich nicht am Gespräch, prägte sich aber jedes Wort ein, um alles bei nächster Gelegenheit für künftige Generationen zu Papier zu bringen. Isaak Woodhouses Betragen war bewunderungswürdig. Jeremiah hatte nicht geglaubt, daß ein Tag kommen würde, an dem er seinen zänkischen kleinen Vetter aufrichtig bewundern würde, aber Isaak setzte dem unaufrichtigen und fast hämischen Mitgefühl des Gouverneurs seine beherrschte Würde entgegen. Auch die vollendeten Manieren Gouverneur Morris' konnten nicht verhehlen, daß es ihm nur recht wäre, wenn die Wüteriche das Andachtshaus der Quäker überrennen würden, auch wenn dabei ein paar Squaws und Indianerbälger ums Leben kämen.

Höflich verabschiedete man sich von dem Gouverneur. Er verneigte sich und vollbrachte einen Kratzfuß, wie es bei den Würdenträgern des Königs im Umgang mit Quäkern Stil geworden war, seit König Charles zu dem jungen William Penn, der sich weigerte, seinen Hut abzunehmen, gesagt hatte: „In diesem Fall, Master Penn, will ich den meinen abnehmen, denn es ist nun einmal Brauch, daß bei Gesprächen mit dem König von England nur eine Person den Hut aufbehält."

Schweigend stiegen sie wieder in ihren Wagen. Auch als sie die hallende Durchfahrt hinter sich gelassen hatten und durch belebte Straßen fuhren, wurde nichts gesprochen. Spannung lag in der Luft. Die Nachricht hatte sich schnell herumgesprochen; den weltlichen Bewohnern der Stadt schien die bevorstehende Auseinandersetzung zwischen den scheinheiligen, heuchlerischen Quäkern und einem Rudel Strolche aus den Bergen ein Heidenspaß zu werden. Als der Wagen endlich vor dem Andachtshause vorfuhr, hatte sich eine noch größere Zahl Planwagen angesammelt, Hunderte von Quäkern aus abgelegenen Gebieten verlangten nach Tisch und Bett. Jetzt konnte Jeremiah sich nicht länger zurückhalten. „Also", fragte er, „was tun wir wirklich?"

Das Schweigen, das darauf folgte, begann drückend zu werden. Dann sagte Isaak: „Es wird sich ein Weg finden."

Das war eine würdige Antwort, aber Jeremiah übersetzte sich den Satz: „Vielleicht fällt mir etwas ein." Trotz der unbestrittenen Schläue seines Vetters erlaubte er sich Zweifel, daß irgend jemandem etwas einfallen konnte. Als er den Vorgarten betrat, sah er in der Menge vor dem Eingang die bäuerliche Gestalt und Löwenmähne Stephen Atkins' von Rhode Island. Der Anblick des berühmten streitbaren Quäkers, leibhaftigen Symbols für etwas, was beschönigend „Heilige Gewalt" genannt wurde, erfüllte ihn mit Mutlosigkeit. Stephen Atkins war erst achtundvierzig Jahre alt, und schon waren seine Ruhmestaten legendär, am berühmtesten sein Verhalten, als sein Schiff von Seeräubern angegriffen wurde. Als der erste der Piraten sich an der Reling anklammerte, um an Bord zu kommen, packte ihn Stephen Atkins am Nacken, sagte „Tut mir leid, Freund, aber du hast hier nichts zu suchen", und stieß ihn ins Meer zurück. Jeremiah hatte früher heimlich sein Vergnügen an dieser Geschichte gehabt, solange es ihm unvorstellbar erschienen war, daß Piraten jemals die Stadt der Brüderlichen Liebe bedrohen könnten.

Stephens dröhnende Stimme hallte ihm über die Köpfe der Menge hinweg entgegen: „Sei mir gegrüßt, Freund Jeremiah! Zurück von der Audienz beim Gouverneur? Was hat er gesagt?"

Woher war der Mann so gut informiert? Die Sache war streng geheimgehalten worden, er hatte niemanden außer . . . ach, natürlich. Das war wieder einer der Augenblicke, in dem es ihm nicht ganz leicht fiel, seine Frau zu lieben.

Es wurde still in der Vorhalle. Alles wartete gespannt. Etwas mußte gesagt werden. „Die Angelegenheit wird in der ersten Sitzung diskutiert werden. Mein Vorschlag ist, wir eröffnen die Sitzung."

Stephen Atkins schöpfte tief Atem, um etwas zu erwidern; doch eine trockene, Widerspruch ausschließende Frauenstimme schnitt ihm die Rede ab: „Für den Antrag!" Es war, Gott segne sie, Gulielma Woodhouse. Andere Stimmen folgten. Aufatmend trat Jeremiah in den Sitzungssaal.

Nach ihrer Rückkehr in die Zivilisation erreichten Joe Woodhouse und George McHair Philadelphia Stunden vor der Wagenkolonne der Vermesser. Schon am Stadtrand war eine Unruhe merkbar, die, je näher sie dem Stadtzentrum kamen, wuchs. Die Menge wurde dichter, als sie in den Bereich des Andachtshauses gelangten, zuletzt mußten sie sich den Weg durch arges Gedränge bahnen. Die Atmosphäre verriet Spannung wie bei der Ankunft eines Zirkus.

Sie waren bereits in Sicht des Andachtshauses, als ein

befreundeter Jäger George zurief, die Paisleys von Loudwater wären auf einem Rachezug, Indianer tötend, hierher unterwegs, und Hunderte der Indianer hätten bei den Quäkern Zuflucht gesucht. Das schien unglaublich, aber als sie an das Tor zum Vorhof kamen, sahen sie, daß es stimmte.

Hunderte von Squaws, Kindern und alten Leuten kampierten im Hofe in Zelten, die offenbar von der Andachtsgemeinde beschafft worden waren. Reihenweise waren Pferde am Eisengitter angebunden, in einer entlegenen Ecke war eine Feldküche aufgebaut, von dreibeinigen Tischen und Bänken umgeben. Ein paar Quäkerfrauen waren dabei, über offenem Feuer in riesigen Töpfen eine Mahlzeit zu bereiten. Mädchen gaben Teller und Krüge aus. Es mußten mindestens drei- oder vierhundert Indianer sein, die hier versammelt waren, doch waren keine Freunde in Sicht bis auf die Frauen, die die Mahlzeit bereiteten. Die Sitzung mußte schon im Gang sein.

Joe und George betraten die Halle und fanden die Trennwand herabgelassen; es war Joe unlieb, denn er hätte gern einen Blick Beckys erhascht, um ihr zu zeigen, daß er heil zurück war. Jemand sprach gerade von der Rednerbühne herab: es war Joes Onkel, Stephen Atkins. Mit seinen breiten Schultern und seinen kühnen Augen machte er eine gute Figur, doch was er sprach, war reichlich provozierend. Er tadelte die Obmänner, daß sie den Gouverneur um Truppen zum Schutz der Flüchtlinge gebeten hatten. Er fand es untragbar, daß Freunde zu ihren Gunsten andere zu Gewalttätigkeit aufforderten. War ihnen denn nicht klar, daß sie damit die Grundlage zerstörten, auf die der Geist des Quäkertums begründet lag? War ihnen die Heuchelei solchen Verfahrens nicht bewußt? Er hatte schon früher Gelegenheit gehabt, dies beim Jahrestreffen in Philadelphia zu sagen: „Der Gang der Ereignisse wird euch zwingen, die Konsequenzen daraus zu ziehen, daß ihr in einer Umwelt der Gewalttätigkeit lebt, so wie es uns in Rhode Island ergangen ist. Jetzt seid ihr zur Entscheidung herausgefordert. Wollt ihr die Indianer verteidigen oder nicht? Wollt ihr den Indianern erklären, die alten Verträge wären nun nicht mehr wirksam, weil die Wirklichkeit von jetzt anders ist als die Wirklichkeit vor fünfundsiebzig Jahren? Ihr könnt nicht hier herumsitzen und die Köpfe zusammenstecken und beraten, was zu tun ist.

Wacht auf, Freunde! Es ist an der Zeit, der Wahrheit ins Auge zu sehen." Er blickte um sich, in der Halle herrschte solche Stille, daß niemand sich zu bewegen wagte. Dann sagte er: „Es gibt keinen anderen Weg, ihr müßt die Waffen aufnehmen und die Wehrlosen verteidigen, sonst wird Gott alle Macht den Quäkern Pennsylvaniens entziehen, euch allen hier in dieser Halle, jedem von euch. Was ihr tun werdet dem geringsten Meiner Brüder, das werdet ihr Mir getan haben, so steht es geschrieben. Was werdet ihr antworten, wenn Er uns im nächsten Leben vor Seinen Richterstuhl beruft und fragt: ‚Was habt ihr getan, als Ich in eurem Tempel vor der Wut derer, die Mich töten wollten, Zuflucht suchte?' Wird Er mit der Antwort zufrieden sein: ‚Herr, wir haben in Deinem Namen an Gouverneur Morris appelliert'? Antwortet auf diese Frage, Freunde. Antwortet, wie ihr es für richtig haltet!"

Er stieg von der Rednerbühne. Schon auf der untersten Stufe angelangt, blickte er um sich und sagte: „Wer mit mir die praktische Durchführung diskutieren will, diese Frauen und Kinder da draußen zu schützen, möge mir folgen." Damit wandte er sich zum Tor.

Zuerst schien es einen Augenblick lang, als ob niemand ihm folgen würde. Nichts rührte sich; das Schweigen schien in Andacht überzugehen. Dann räusperte Onkel Jeremiah seine Kehle frei und fragte: „Will einer der Freunde sich zu diesen Darlegungen äußern?"

Eine Stimme kam aus der Menge: „Ich möchte ein paar Worte in liebevoller Antwort auf Freund Stephens fromme Ermahnung sagen." Es war Israel Henderson. Gelassen näherte er sich der Tribüne. Immerhin hatte Onkel Jeremiah den Bann gebrochen und verhindert, daß die Sitzung sich zu frommer Meditation kehrte. Als Israel Henderson sich erhob, waren andere seinem Beispiel gefolgt, hatten aber Richtung zu den Toren genommen. Es waren ausnahmslos junge Freunde. Joe kannte die meisten von ihnen.

Es war ein dramatischer Moment. Zwischen den Generationen vollzog sich eine klare Scheidung. Als George, der neben ihm stand, den Weg zum Tor antrat, schloß sich auch Joe ihm an. Er war keiner, dem Onkel Stephens kämpferisches Quäkertum gefiel, er war überzeugt, daß gerade an diesem Scheideweg nichts Schlimmeres geschehen konnte, als daß Freunde Waffen erhöben, aber er wußte keine andere Lösung. Wie anders sollte man diese armen Indianerfrauen und Indianerkinder schützen, als dem bewaffneten Gesindel mit Gewehren und Schwertern entgegenzutreten?

Als er in den Hof hinaustrat, sah er, daß die Zugänge geöffnet waren und daß Berittene, von Onkel Stephen auf einem hohen Braunen geführt, hinausströmten. Stephen sah bereits aus wie ein General, der seine Truppen führt; wenn er einen Zug Kanonen mitgehabt hätte, wäre er von irgendeinem Milizkommandeur nicht zu unterscheiden gewesen. Joe sah Josh Baker hinterdreinlaufen und rief ihm zu: „Wohin wollen die?"

„Zum neuen Andachtshaus!" antwortete Josh, und dann jagte er hinter den anderen drein.

„Gut, schließen wir uns denen an", sagte Joe erschöpft, „wir müssen zumindest herausfinden, was sie vorhaben."

„Was es auch ist, ich mache mit!" rief George, lief zu seinem Pferd und jagte hinterdrein.

Als Joe ihm folgen wollte, wurde er von einer der Frauen, die das Essen bereiteten, angerufen: „Was ist los? Wo wollen die hin?"

Es war seine Mutter.

„Sie wollen zum neuen Andachtshaus. Onkel Stephen will, daß wir uns bewaffnen und uns den Banditen entgegenstellen."

„Der!" rief die Mutter zornig. „Sieh zu, daß du sie zurückhalten kannst, Joe! Ich verständige inzwischen die Frauen!" Ohne seine Antwort abzuwarten, lief sie zum Eingang, im Rennen ihre Hände an der Schürze abtrocknend.

Die rebellischen jungen Quäker versammelten sich in dem noch unfertigen Bau des neuen Andachtshauses zwischen Stapeln von Bauholz, Wasserrohren und Gerüstplanken. Als Joe und George eintraten, sprach Stephen Atkins noch. Die mögliche Lösung war durchaus einfach, sagte er, man müßte Waffen vom Gouverneur verlangen. Wenn es schon keine Soldaten in der Stadt gab, Waffen mußten in hinreichender Menge da sein.

Joes Bestürzung stieg. Häuptling Running Bulls letzte Worte: „Das mußt du mir erst beweisen!" klangen ihm in den

Ohren. Onkel Stephens Vorschlag schien die einzig mögliche Antwort auf diese Forderung, und noch vor wenigen Wochen hätte Joe begeistert beigestimmt. Jetzt fühlte er, daß dieser Ausweg falsch war. Es war unausdenkbar, daß Gott ein Gebot, nicht zu töten, erlassen und keine Alternative gewiesen habe. Es mußte einen anderen Weg geben – aber welchen Ausweg konnte er vorschlagen? Mit den Indianern zusammen flüchten? Zu spät! Die Indianer verstecken? Wo?

Er blickte in der leeren Halle um sich, wie er da inmitten der Stapel von Baumaterial stand. Der Anblick war unsagbar trübselig – ein Versprechen, das bereits dazu verurteilt war, nie in Erfüllung zu gehen. Er betrachtete die in Dreiecksform übereinandergeschichteten Wasserleitungs- und Ofenrohre, und die Rohre blickten ihn an, wie die Mündungen von Kanonen.

„Andererseits, Stephen Atkins, wenn wir vor das Zeughaus ziehen und verlangen, daß das Arsenal uns Kanonen und Gewehre gibt, muß das nicht ernste Folgen für unsere Glaubensgemeinde haben?" Jetzt hatte Israel Henderson junior, ein nüchtern denkender junger Mensch, das Wort. „Ich bin deiner Meinung, daß wir etwas tun müssen, aber die Tatsache bleibt bestehen, daß es unsere Väter sind, die die Konsequenzen zu tragen haben, wenn wir tun, was du vorschlägst. Können wir das verantworten?" Es war ein einsamer Schrei in der Wildnis. Die anderen waren durch seine Worte erbittert, konnten ihm aber kein Gegenargument geben.

Stephen Atkins tat es für sie. „Die Entscheidung liegt bei euch, nicht bei mir, denn ich bin nur ein Quäker aus der Nachbarschaft, ein Gast. Ich bin mir darüber klar, daß die Gesellschaft der Freunde in Pennsylvania die Konsequenzen zu tragen hat, wenn ihr meinem Vorschlag folgt. Aber welche andere Wahl habt ihr denn? Zurückzukehren zu der Sitzung und das Schicksal der Indianer endlosen Beratungen überantworten? Was eure Alten Herren da drüben treiben, ist genau dasselbe, was sie schon seit fünfzig Jahren getrieben haben: sie reden hin und sie reden her, bis die Dinge durch Umstände, die außerhalb ihres Einflusses liegen, entschieden sind. Sie wollen keinem Dilemma ins Auge sehen, da schinden sie lieber Zeit, bis ihnen eine Lösung aufgezwungen wird. Dann können sie brav sagen: wir haben unsere Glaubensgrundsätze nicht verletzt, wir sind von den Ereignissen überrollt worden. Freunde, es sind nicht unsere Worte, die zählen, es sind unsere Taten. Niemand wird in künftigen Zeiten wissen wollen, was die Jahressitzung von Philadelphia im Jahre unseres Herrn 1754 zusammengeredet hat. Aber es wird auf den Erinnerungstafeln stehen, was wir getan oder was wir unterlassen haben, als die Indianer um Schutz zu uns kamen."

Dieses Argument war unwiderlegbar, und doch wußte Joe mit instinktiver Sicherheit, daß es falsch, ja daß es eine Lüge war; kam Onkel Stephen damit durch, so war etwas für immer zerstört. Er schloß verzagt die Augen und betete um ein Zeichen. Aber es fiel ihm nichts anderes ein, als die idiotische Frage, ob die Wasserleitungsrohre wohl in die Ofenrohre passen würden.

„Welches wären die wirksamsten Waffen für uns?" fragte jemand.

Onkel Stephen erwiderte sachlich: „Das Wirksamste wäre, denen mit einer Batterie Kanonen draußen vor der Stadt, quer vor ihrem Anmarschweg, entgegenzutreten. Aber Geschütze wird uns der Kommandeur der Miliz nicht ausfolgen, auch wenn er welche hat. Was wir zu erhoffen haben, sind bestenfalls Musketen und Flinten, allenfalls Schwerter und Lanzen . . ."

Joe sprang auf die Füße. „Freunde! Die Lösung haben wir hier vor Augen, hier in diesem Raum! Daß wir Waffen brauchen, um diese Indianer zu verteidigen, ist die Lösung, die uns die Welt aufdrängt, es ist nicht unsere eigene. Aber wir können aus dem Material, das hier vor unseren Augen liegt, vier oder fünf Kanonenattrappen bauen, die aus einigem Abstand von wirklichen Geschützen nicht zu unterscheiden sind. Hier!" Er wies auf die Rohre. „Ich wette, daß diese Wasserleitungsrohre in die Ofenrohre dort drüben gut hineinpassen. Ineinandergesteckt wird das nicht anders aussehen als Geschützrohre. Montieren wir die Rohre auf diese Karren, und bestimmt wird aus einiger Entfernung kein Mensch den Unterschied merken. Wenn wir die Straße mit Kanonenattrappen blockieren und damit diese Strolche einschüchtern, dann haben wir eingehalten, was wir den Indianern versprochen haben, ohne dem Prinzip der Gewaltlosigkeit untreu zu werden. Wir dürfen unsere Prinzipien nicht über Bord werfen, nur weil uns einmal nicht binnen fünf Minuten eine andere Lösung einfällt. Wenn wir schon nicht Gewalt einsetzen, müssen wir unseren Verstand gebrauchen. Wir werden dabei nicht als Helden oder als Heilige gefeiert werden, aber wenn es uns gelingt, diese Banditen mit Kanonenattrappen zum Stillstehen zu bringen, dann wird die Welt mindestens sagen: ‚Wer schlau ist, braucht keine Gewalt!' " Er blickte um sich, selbstsicher und zugleich zitternd wie Espenlaub.

Onkel Stephens Stimme fiel in das gespannte Schweigen. „Nun ja", sagte er mit widerstrebender Anerkennung, „du bist schon ein echter Woodhouse, Joe. Gut, versuchen können wir's ja."

Gulielma Woodhouse hatte sich am Morgen in einem Zustand erschöpfter Apathie zur Sitzung der Frauen begeben. Sie hatte die ganze Nacht bei den Indianern verbracht, und den gesunden Schlaf einer Nacht zu entbehren war in ihrem Alter bereits eine große Anstrengung, auch wenn die Nacht nicht gerade durchtanzt wurde wie bei Zwanzigjährigen. In ihrer Verfassung war jedes Zuschnappen eines Retiküls ein Pistolenschuß, jeder Husten eine Explosion; als sie im Sitzungssaal saß und den müßigen Diskussionen und unrealistischen Vorschlägen einer Rednerin nach der anderen lauschte, machte sie sich bittere Vorwürfe, daß sie nicht doch den Leichnam des alten Jim McHair suchen gegangen war. Jetzt hockte man da beisammen, und die Argumente liefen hoffnungslos im Kreis, während die Rowdys von Loudwater jeden Augenblick über sie kommen konnten. Gulielma hatte sie bereits am Vortage erwartet, offenbar hatten die Kerle in überheblicher Selbstgefälligkeit irgendwo Lager bezogen, sicher, auf keinen Widerstand zu stoßen. Da kam gerade Mary Woodhouse mit der Nachricht, daß die jungen Männer der Sitzung unter Leitung Stephen Atkins' davongeritten wären, um sich zu einer bewaffneten Auseinandersetzung mit den Paisleyleuten zu rüsten.

Die Frauensitzung, die bis dahin in pausenlosem, schläfrigem Geleier dahingeflossen war, sah sich plötzlich wachgerüttelt. Über das Geschnatter der erregten Frauen erhob sich eine ruhige, brüchige Stimme. Es war Hannah Martin. Solange Gulielma zurückdenken konnte, hatte die alte Frau nie in einer Sitzung das Wort ergriffen. Jetzt aber stand sie da, greisenhaft zusammengeschrumpelt, und sagte mit ihrem schweren deutschen Akzent: „Freundinnen, sollten wir nicht jetzt als Frauen und als Mütter irgend etwas tun? Sollten wir nicht an diese Indianerfrauen und ihre Kinder denken, als wären sie unsere eigenen Kinder und Enkelkinder? Was täten wir wohl, wenn es um die ginge? Würden wir sie nicht heimnehmen und so sicher wie möglich im Keller oder auf dem Dachboden verstecken? Und würden wir nicht in der Haustür stehen und auf diese Burschen mit ihren Gewehren warten? Und wenn sie kämen, dann würden wir sagen: ‚Wenn ihr diese Indianer töten wollt, dann nur über unsere Leichen hinweg.‘ Würden wir das für unsere Kinder nicht tun? Natürlich würden wir es tun. Darum wollen die von uns, die in Philadelphia leben und genügend Raum zur Verfügung haben, diese Indianer zu sich ins Haus nehmen und sich dann mit ihren Familien in die Tür stellen und jenen fanatischen Jungen im Geiste der Liebe gegenübertreten.“

Die Wirkung ihrer ruhigen, freundlichen Rede war groß. Eine Minute lang war es im Saal der Frauensitzung so still, daß man durch die Wand die Stimmen der Männer hören konnte. Gulielma hatte das Gefühl, daß ihr Vertrauen zu gemeinsamer Bezeugung der Wahrheit wiederhergestellt war. Kein Zweifel, Hannah Martin hatte in der Macht des Herrn gesprochen. Gulielma stand auf und rief: „Ich stimme dafür!“ Zu ihrer Überraschung zitterte sie, als sie sich setzte. Hätte sie noch etwas sagen sollen? Die Worte hatten ihr gefehlt.

Eine Stimme fragte: „Und wenn diese Jungen sagen: Na, dann bringen wir euch eben um?“

Wieder kam Hannahs ruhige Stimme: „Das ist natürlich möglich, und wenn es dazu kommt, müssen wir es hinnehmen. Aber ich glaube nicht, daß es dazu kommen wird. Das sind nur zur Raserei aufgestachelte junge Männer. Hat nicht jede von uns schon einmal mit zornigen jungen Männern fertigwerden müssen? Und hat sich nicht herausgestellt, daß liebevolle, mütterliche Festigkeit immer die beste Lösung war?“

In der Stille, die darauf folgte, erwog jede der Frauen die

Konsequenzen des Vorschlags. Dann fragte Ruth Henderson, die den Vorsitz führte, sachlich: „Ist es also die Meinung der Versammelten, daß wir vorschlagen, es möge jede von uns eine Anzahl Indianer in ihr Haus nehmen, und sie möge sich dann mit den Ihren in die Tür stellen, den Wütenden im Geist der Liebe entgegentreten?"

Irgendwo antwortete eine Stimme: „So ist es."

Kein Zweifel war möglich, die Frauensitzung stand im Licht. Gulielma fühlte, wie ihr Tränen in die Augen stiegen.

„In diesem Fall", kam die ruhige Stimme Ruth Hendersons von der Tribüne, „wollen wir eine Delegation in die Männersitzung hinüberschicken und unseren Vorschlag vorbringen. Wollen die Freundinnen bitte ansagen, wen sie als Boten hinübersenden wollen?"

„Ich würde gern gehen", sagte eine Stimme nach einer kurzen Stille. Es war Mary Woodhouse. „Ich möchte mich der Sitzung nicht aufdrängen, aber es verlangt mich danach, unseren Beschluß drüben zu verkünden, zumal einige der jungen Freunde im Begriff zu stehen scheinen, ihrerseits gewalttätige Abwehr zu planen – unter der Führung meines Bruders."

Bevor weitere Anträge einliefen, wurde von weit hinten eine junge Stimme laut: „Dann möchte ich mit Mary Woodhouse gehen! Ich möchte für die jungen Freundinnen sprechen. Ich möchte sagen, und gewiß nicht für mich allein, daß ich finde, wir tun hier etwas Wunderbares. Ich bin fest überzeugt, daß wir so handeln müssen, gerade wir jungen Leute. Ich bitte die Sitzung, mir zu erlauben, daß ich Mary Woodhouse begleite, damit die Männer nebenan sich nicht nur ihren Frauen, sondern auch ihren Töchtern gegenübersehen!" Gulielmas Mund stand vor Staunen offen: es war Becky Baker, die gesprochen hatte, ausgerechnet von all den jungen Gänsen Becky Baker.

Wieder folgte ein kurzes Schweigen.

„Darf ich also anschließend feststellen, daß die Versammelten einheitlich gewillt sind, Mary Woodhouse und Rebekah Baker als Botinnen in die Männersitzung zu senden?"

Aus der Menge antwortete eine Stimme: „Einverstanden, und gelobt sei der Herr."

Unwillkürlich antwortete Gulielma mit dem „Amen" der Methodisten.

Becky wußte selbst nicht, was sie bewogen hatte, so zu handeln. Etwas in ihr war plötzlich stärker gewesen als ihre Scheu und ihre Ichbezogenheit. Und da fand sie sich, ihr Herz im Hals und ihre Knie zitternd, auf dem Weg quer durch die Männersitzung auf die Tribüne zu, wo die Obmänner wie ein Richterkollegium auf sie herabblickten, sichtlich über die Störung ärgerlich. Onkel Jeremiah, der sonst ein frohes Gemüt hatte, saß stirnrunzelnd hinter seinem Tisch und gab Zeichen unverkennbarer Mißlaune. Becky dankte Gott, daß Mary Woodhouse an ihrer Seite war. Plötzlich ernüchtert und durch die mißbilligenden Blicke fast gelähmt, schritt Becky durch das entnervende Schweigen.

Mary Woodhouse sprach gefaßt und selbstsicher, doch fühlte Becky auch bei ihr die gleiche Unsicherheit. „Von der Sitzung der Frauen sind Rebekah Baker und ich beauftragt worden, euch von unserem folgenden Beschluß in Kenntnis zu setzen. Es ist die Ansicht der versammelten Frauen, daß angesichts der Versuchung zu Gewalttätigkeit, welcher unsere jungen Freunde jetzt ausgesetzt sind, unsere besondere Entschließung zur gegenwärtigen Krise die folgende sein muß." Sie umriß Hannah Martins Vorschlag in Worten, die hier plötzlich gefühlsbetont und völlig unrealistisch klangen. Es lag auf der Hand, daß der Vorschlag der Frauen einhellig verworfen werden würde; noch nie in ihrem Leben hatte sich Becky einer so scharfen wortlosen Zensur ausgesetzt gefühlt.

Nach einem unbehaglichen Schweigen fragte Onkel Jeremiah: „Wünschen die Delegierten der Frauensitzung mit einer Antwort dieser Versammlung hier zurückzukehren?"

„Gewiß", sagte Mary Woodhouse. Becky hätte nicht sagen können warum, aber sie fühlte mit Sicherheit, daß Mary bereits aufgegeben hatte. Der Vorschlag, den sie überbrachten, kam aus dem weiblichen Gemüt und war nicht zu verwirklichen. Wieso aber hatte sie dann ein solches Gefühl innerer Sicherheit, eine so aufquellende Freude empfunden, als Tante Hannah ihren Antrag stellte? Wieso hatte sie selbst so kraftvoll, so überzeugt sprechen können? Das war doch nicht nur eine flüchtige Anwandlung ...

„Ich lade somit die Freunde ein, zu diesem Vorschlag Stellung zu nehmen", sagte Onkel Jeremiah formell.

Und da geschah es. Ohne alle Vorwarnung flackerte etwas in Becky auf, verwirrend, aber unwiderstehlich. Bevor einer der Männer auch nur den Mund auftun konnte, war sie höchst unschicklich auf die Tribüne hinaufgeeilt, ein ungeziemendes Verhalten, das gegen die Regel verstieß. Doch ihr war das jetzt gleichgültig, sie mußte sich denen entgegenstellen, nicht in eigener Sache, sondern in der Sache dieser Frauen, deren Einverständnis und Sympathie sie gespürt hatte, als sie drüben sprach. Jetzt blickte sie liebevoll in dieses Meer von Männergesichtern. „Ich kann mir denken, wie ihr fühlt, und ich begreife auch, daß dies nicht ein Moment impulsiver Regungen sein darf. Doch glaubt mir, Freunde, bitte, glaubt mir! Auf dem Spiel steht nicht nur das Schicksal dieser Indianer, die sich an uns um Hilfe wenden, auf dem Spiel steht nicht nur die politische Macht, die wir als Quäker ausüben. Glaubt mir, Freunde, Väter, Onkel, Brüder – was auf dem Spiel steht, ist die Zukunft unserer Gesellschaft der Freunde selbst. Ich habe, wie alle jungen Freunde und Freundinnen meines Alters, gehört, wie in Andachten, Vorträgen, Predigten immer wieder von der Zukunft des Quäkertums die Rede war. Doch die Zukunft des Quäkertums sind wir, die kommende Generation, jawohl, wir – und ich darunter, Becky Baker, eine von Tausenden, aber auch Becky Baker, einzig, unersetzlich. Jahrelang hat man mir vorgeredet, Quäkertum sei dies und Quäkertum sei das ... aber jetzt ist der Moment gekommen, uns zu zeigen, was Quäkertum wirklich ist, in der Tat, nicht von der Kanzel herab. Wie oft habe ich die Geschichte gehört, wie ein Quäker auf einsamer Landstraße zu einem Räuber sagte: ‚Ich würde um irdischen Besitzes willen niemanden töten, Freund, aber wenn es um deine Seele ginge, gäbe ich gern mein Leben, die deine zu retten.‘ Was war das nun, Freunde? War das Wahrheit oder eine fromme Legende? Jahrelang hat man uns mit solchen Geschichten gefüttert, George Fox sagte dies, William Penn sagte das ... Jetzt aber ist der Augenblick gekommen, an euch diese Frage zu stellen: Ich weiß, was George Fox gesagt hat, ich weiß, was Will Penn gesagt hat, aber was sagst du?"

Bestimmt mußten die Männer bemerken, wie sie zitterte. Gewiß erkannten sie jetzt, daß sie nur vorgeschoben war, daß es nicht ihre Kraft war, die da sprach, nicht ihre Überzeugung, die sie sich da anmaßte, sondern daß sie Mund eines andern war, das überwältigend zu Wort drängte.

In dem Schweigen, das folgte, erhob sich jemand zu Wort, und als Becky sah, wer es war, war es um ihren Mut geschehen. Der ewig verdrießliche alte Onkel Peleg. Da war alles verloren.

„Freunde", wurde die trockene Stimme hörbar, „ich spreche gewiß im Sinne der Versammlung, wenn ich sage, daß uns hier tatsächlich eine Gelegenheit geboten ist, zu zeigen, daß wir alten Quäker bereit sind, unseren Überzeugungen gemäß zu handeln. Ich gebe der Versammlung kund, daß mein Haus so vielen von diesen Indianern offensteht, als meine Räume fassen können, und daß ich und meine Frau an der Tür stehen werden, jenen Männern entgegenzutreten im Geiste der Liebe." Er setzte sich wieder.

Plötzlich am Ende ihrer Nerven, mußte Becky sich auf den Tisch, der hinter ihr stand, stützen. Sie hörte Onkel Jeremiah sagen: „Ist es die Meinung der Versammelten, daß wir uns der Ansicht der Frauen anschließen? Wollen jene Freunde, die nicht einverstanden sind, sich zu Wort melden?"

Während der Stille, die jetzt folgte, betete Becky, dann kam wieder Onkel Jeremiahs Stimme, geschäftsmäßig und formell wie immer: „Ist es also die Meinung der Versammlung, daß wir jeder eine Anzahl indianischer Flüchtlinge in unsere Häuser nehmen und den Bedrängern im Geiste der Liebe entgegentreten sollen? Darf ich ein kurzes andächtiges Schweigen vorschlagen, bevor wir hierüber Beschluß fassen?"

Sie verharrten in einer Stille, die Becky endlos schien. Sie fühlte sich erschöpft und zugleich gehoben. Sie konnte sich keine Vorstellung davon machen, welches die Folgen sein würden, doch war in ihr die Gewißheit, daß, was ihr in diesen wenigen Augenblicken widerfahren war, unwiderrufbar blieb.

Onkel Jeremiah sagte: „Freunde, so möge Gott uns allen helfen." Jemand berührte ihre Hand, und als sie sich umwandte, sah sie sich Onkel Jeremiah gegenüber. Sein Gesicht war voll Zärtlichkeit und Verständnis.

Mit Stuhlrücken und Stimmengewirr schloß die Sitzung. Mary Woodhouse ging mit Becky zur Sitzung der Frauen zurück, wo es jetzt galt, den kühnen Gedanken in Taten umzusetzen. Auf ihrem Weg gewahrte Becky plötzlich ihren

Vater auf dem Eckplatz einer Reihe. Er sah sie so an, daß ihr bange wurde, denn sie konnte nicht verkennen, daß er schrecklich zornig war. Ihr war danach zumute, auf ihn zuzulaufen, ihn um Vergebung zu bitten und seine Hilfe zu erflehen, aber sie konnte es nicht. Langsam ging sie weiter, und zum ersten Mal in ihrem Leben wurde ihr klar, daß mit Gott zu gehen bedeutete, allein zu gehen.

Nachdem Becky auf dem Weg zum Ausgang an Boniface vorbeigekommen war, blieb er sitzen. Er traute sich nicht die Kraft zu, mit irgend jemandem zu reden; er war nur wütend. Es hatte in seinem Leben nur einige wenige bedauerliche Gelegenheiten gegeben, bei denen er die Selbstbeherrschung verloren hatte. Jetzt konnte es wieder geschehen, wenn er sich nicht selbst Zügel anlegte. Diese Unverschämtheit Beckys, da hinaufzugehen und der Versammlung der Männer zu erklären, alles, was man ihr je über Quäkertum gesagt, sei bloße Rederei gewesen! Nicht zu zählen waren Anlässe, da er ihr durch sein Verhalten vor Augen geführt hatte, was Quäkertum war. Und jetzt saß er da, bis ins Tiefste seiner Seele gekränkt. Ihn als einen Lippendiener der heiligen Prinzipien zu brandmarken! Das war ungeheuerlich! Er brachte die Kraft nicht auf, hinauszugehen und ihr von Angesicht zu Angesicht gegenüberzustehen.

Caleb Martin, der während der ganzen Sitzung an seiner Seite gewesen war, stand schon ungeduldig in dem Gang zwischen den Bänken. Boniface zwang sich, seine Gedanken von Becky und ihren schweren Beschuldigungen loszulösen. Schon eilte alles nach Hause, die Wagen vollgestopft mit Indianern, bereit, sich in den Haustoren aufzubauen. Er selbst war hier nur ein Gast Isaak Woodhouses. Fügte er sich in diese Schaustellung, so war er, wenn je, so diesmal, wirklich nur ein Lippendiener. Andererseits schien es, wenn die ganze Gegend in Aufruhr stand, unklug, die Pflanzung der Obhut Scipios anzuvertrauen. Am liebsten wäre er heimgefahren, aber er konnte seine Familie nicht einfach bei Isaak Woodhouse lassen. So entsandte er Caleb. Der machte sich, durch den Auftrag einer Entscheidung enthoben, eilfertig auf den Weg.

Boniface konnte sich nicht helfen, immer wieder kehrten

seine Gedanken zu dem skandalösen Vorfall zurück, so wie eine Zunge an einen kranken Zahn stößt. Er mußte einen ruhigen Platz finden, um sich zu sammeln. Er stand einen Moment in der überfüllten Vorhalle, ohne sich entscheiden zu können, dann stieg er zur Galerie hinauf, die jetzt leer sein mußte.

Lärm und Bewegung von unten drangen nur wie aus weiter Ferne hier herauf. Es gab einen schmalen Gang zwischen der Wand und der hintersten Reihe der Bänke, ihm folgte er bis ans äußerste Ende. Als Knabe hatte er sich mit einigen seiner Freunde zum Jahrestreffen in diesen Gang geschlichen, sie hatten sich versteckt und zitternden Herzens zugehört, während unten irgendein Sprecher, den Kindern unverständlich, seine eintönige Rede herunterleierte. Als er jetzt dahingelangte, betrachtete er die Pfosten und Querbalken, die die Bankreihen trugen. Er erinnerte sich, wie die Füße gescharrt und wie all diese Körper in der Folter der Langeweile geschwankt hatten. Wie sicher hatte die Welt damals ausgesehen, wie säuberlich geordnet, wie vernünftig war alles geregelt! Wäre ihm je eingefallen, Älteren oder gar seinen Eltern öffentlich zu widersprechen? Nie! Der Gedanke wäre ihm nicht in den Kopf gekommen! Es war empörend! Dieses Mädchen . . .

Still, Bonny, sagte er zu sich selbst, gib Ruhe, komm zu Verstand. Konzentrier dich, trag deinen Zorn und dein Gekränktsein vor Gott. Er faltete seine Hände, senkte den Kopf. Tatsächlich hatte er das Gefühl, daß sich der Balsam der göttlichen Gegenwart auf seine verwirrte Seele herabsenkte. Die Stille des Ozeans von Licht und Liebe durchdrang ihn. Gott, der Allgegenwärtige und Allwissende, nahm ihn in Seine Hut, schloß ihn schützend in die Schwingen des Morgens. Gott, betete Boniface, Gott, Gott, Licht meiner Seele, ich danke dir. Und wieder danke ich dir. Während er so im Duft der göttlichen Gegenwart schwelgte, wurde störend eine Stimme vernehmbar. Sie schien aus weiter Ferne zu kommen, war aber deutlich. „Himmlischer Vater", sagte diese Stimme, „aus irgendeinem Grund hast du mich hierhergeführt, das Wort zu nehmen, obwohl niemand außer dir und mir zugegen ist. So laß mich denn zu dir sprechen."

Boniface schlug die Augen auf und blickte um sich, sah aber niemanden.

„Ich bin hier, um die Farbe meines Hutes zu erklären", sagte die Stimme. Sie schien vom Treppenzugang der Halle herzukommen.

Boniface spähte durch den Wirrwarr der Querbalken auf die Tribüne. Da war jemand, eine kleine Gestalt, zum Rednerstand hinaufgeklettert, lehnte sich, einen grauen Hut auf dem Kopf, gegen das Pult. An diesem Hut erkannte Boniface John Woolman, der dazu bestimmt worden war, die Begrüßungsrede zum Tage zu halten. Offensichtlich hatte er sich entschlossen, auch in die leere Halle zu sprechen. Er war wirklich ein kleiner Verrückter.

„Für jene, die es vielleicht noch nicht wissen", fuhr der liebenswürdige Narr fort, „muß gesagt werden, daß mein ungefärbter grauer Hut ein Prinzip unserer Andachtgemeinde bezeugt. Denn eure Hüte, liebe Freunde, sowie auch eure Röcke und Hosen verdanken ihre modische blaue Farbe nur der Sklavenarbeit. Indigo wird nur auf Pflanzungen gezogen, auf denen Sklaven beschäftigt werden. Laßt mich dies an diesem Zeugen darlegen."

Boniface war wie vom Donner gerührt. Daß der Verrückte da unten, unwissend, gerade ihn aufs Korn nahm, schien unfaßlich. Denn selbst wenn die Halle mit Freunden vollgestopft gewesen wäre, auch dann wäre er der einzige gewesen, auf den das gemünzt war. Dank den gesegneten warmen Quellen war seine Pflanzung die einzige im Bereich dieser Andachtsgemeinde, auf der Indigo gezogen wurde. Der Wahnsinnige da unten begann jetzt der leeren Halle auseinanderzusetzen, welch hassenswerte Sünde die Sklaverei sei, und das Gefühl einer tiefen, ihm zugefügten Kränkung, das Boniface in das Versteck auf der Galerie getrieben hatte, wurde mit voller Wucht lebendig. Dies war wirklich unerträglich! Es war der Gipfel der Unverschämtheit! Ein Schneider, der nicht einmal dieser Glaubensgemeinde angehörte, unterstand sich, ein Mitglied zu schmähen, weil es Sklavenarbeit in Anspruch nahm! Er rannte den schmalen Gang zurück, eilte an die Brüstung der Galerie und brüllte hinunter: „John Woolman, laß den Blödsinn! Schluß damit!"

Der Mann unten stand betroffen, dann fragte er: „Wer bist du?"

„Scher dich nicht darum, wer ich bin", erwiderte Boniface wutbebend, „laß es dir genügen, daß ich ein Landeigner bin, der Indigo pflanzt. Ich frage dich, Freund Woolman, mit welchem Recht und auf Grunde welcher Autorität du die Stirn hast, mich der Gottlosigkeit zu bezichtigen, du, der du nie einen einzigen Sklaven gehabt hast? Ich würde deine Predigt anhören, wenn dein Verhalten mir ein Vorbild geliefert hätte, bevor du zu schwätzen begannst!"

Der kleine Mann unten nahm seinen Hut ab und sagte: „Lieber Freund, meinen Dank zuvor. Ich bin nicht hierhergekommen, um dir eine Kränkung zuzufügen. Trag du deine Sündenbürde, daß du Sklaven hältst, vor Gott." Damit wandte er sich zum Gehen.

Doch so konnte Boniface ihn nicht laufen lassen. „Geh noch nicht, Freund Woolman, hör erst, was ich dir zu sagen habe."

Die kleine Gestalt blieb stehen.

„Angenommen, auch ich käme zu der Meinung, Sklaverei wäre falsch", rief Boniface „was wären die Folgen? Ich bin verantwortlich für eine Familie, für das Land und das Haus, das mir vererbt worden ist, und sogar gerade für diese Sklaven, die ich, wie du verlangst, freilassen soll. Wenn ich denen nun sagte, sie wären frei, hinzugehen, wohin es ihnen beliebt, was wäre die Folge, sobald sie den Fuß an das Ufer des Flusses gesetzt hätten? Da sie über keine Unterhaltsmittel verfügten, würden sie für Vagabunden erachtet werden, eine Last für die Gemeinde, und jeder Landeigner hätte das gesetzliche Recht, sie an Ort und Stelle wieder zu Sklaven zu machen! Bevor du Sklavenhaltern sagst, was sie zu tun haben, solltest du einmal über die Folgen des Entschlusses nachdenken, den du ihnen so selbstsicher aufdrängst. Wenn ich meinen Sklaven wirklich die Freiheit geben will, muß ich sie mit Mitteln, sich zu erhalten, ausstatten. Wie soll ich das wohl tun, Freund Woolman? Dazu gibt es nur einen Weg: Ich muß mein Land unter sie aufteilen. Mir selber bliebe da nichts übrig, als mit meiner Familie über die Berge zu ziehen und dort auf einem Stück Prärie, das gerade ausreicht, mich und die Meinen zu ernähren, eine Heimstätte zu gründen. Das ist es, mein frommer Freund, was du von mir verlangst! Kein Mensch hat das Recht, so etwas von einem anderen Menschen zu verlangen! Du dienst nicht Gott, John

Woolman, sondern du plapperst unsinniges Zeug in deiner Unwissenheit. Geh heim in deine Schneiderwerkstätte und oblieg dem Gewerbe, das Gott dir zugeteilt hat, statt mir zu erklären, daß ich mich und meine Familie und alle, die von mir abhängig sind, ruinieren und in der Wildnis neu beginnen soll wie Adam nach dem Sündenfall!" Zitternd vor Wut stand er auf seinem Platz und starrte auf den kleinen Mann hinunter.

Die freundliche Stimme erwiderte: „Vergib mir, Freund, es war nicht ich, der gesprochen hat, es war der Ewige, der durch mich sprach."

„Unsinn!" rief Boniface verachtungsvoll. „Was gibt dir, du kleines, schwaches Geschöpf, das Recht, zu behaupten, daß Gott durch dich spricht und nicht durch mich?"

„Etwas", erklärte der kleine Mann unten, „hat mich gedrängt, meine Glaubensbezeugung, die ich für die Sitzung vorbereitet hatte, der leeren Halle vorzusprechen. Ich habe dich gar nicht gesehen, ich wußte nicht, daß irgend jemand zur Stelle war, meine Stimme zu hören, und doch habe ich sprechen müssen. Wenn du wirklich der einzige bist auf der Jahresversammlung, dem meine Worte gelten können, wer ist es wohl, glaubst du, der mich zum Wort rief, wenn nicht der Herr?"

Boniface Baker konnte sich nicht damit abfinden. Außer sich über die Ungerechtigkeit all dieser Vorgänge, suchte er verzweifelt nach Worten, dieses jämmerliche Geschöpf niederzuschmettern, das die ungeheuerlichste und letzte Unverschämtheit begangen hatte, sich für Gottes Stimme zu halten. Aber er konnte nichts anderes tun als sich abwenden, durch die Tür treten und die Treppe hinablaufen in die Vorhalle. Als er in den Hof hinaustrat, sah er einen Wagen, der an die Stufen heranfuhr, damit Squaws und Kinder bequem einsteigen konnten. Er erkannte den Wagen als Eigentum von Isaak Woodhouse. Das Mädchen, das da half, war Becky.

George McHair, der die schnurgerade, kaum begangene Straße jenseits der sechs Kanonenmündungen überschaute, war der erste, der eine vage Bewegung am Horizont wahrnahm: als ob da ein Schwarm von Käfern ruckweise nähergekrabbelt käme. Sein Herz klopfte, er betete, noch mögen sie es nicht sein, aber die schwirrenden Käfer kamen näher, und dann sah er den Lauf einer Flinte im Sonnenlicht blinken. Es waren die Paisleyleute.

„Freunde", sagte er heiser, „da kommen sie."

Einen Moment lang standen die Quäker unschlüssig hinter ihren plumpen Geschützen. Es schien unmöglich, daß erwachsene Männer, die noch dazu mit allen Werkzeugen des Tötens vertraut waren, auf diese Spielzeuge hereinfallen könnten. Stephen Atkins stellte ihr Selbstvertrauen wieder her.

„Rasch!" rief er, „die Feuerschwämme angestrichen, alle Rohre aufs Ziel! In dem Augenblick, in dem ihr das Weiße ihrer Augen seht, laßt die Lunten aufflammen, daß sie es sehen. Los, rasch!"

Seine Zuversicht wirkte ansteckend. Selbst George, der nie an Joes Plan geglaubt hatte, war im Augenblick fast überzeugt. Doch er kannte die Bösartigkeit der Paisleys, wenn sie in Wut gerieten. Die würden durch eine Abwehrlinie wie die der Quäker glatt hindurchschreiten. Auch er arbeitete eifrig mit beim Anbrennen der Dochte, beim Bereitstellen der Lunten und Fackeln. Ach, wären dies doch wirklich Kanonen! Die würden ihre tödliche Ladung mit einem Donnern hinausschleudern, die Bomben würden zwischen den Reitern explodieren, rotglühende Eisenstücke würden den Pferden die Bäuche aufreißen, den Männern in Arme, Beine, Brust und Gesicht fahren ... Er fühlte eine plötzliche Gier nach Gewalt. Nie hätte er gedacht, daß er etwas dergleichen in sich trug. Er sah nach den anderen, bemerkte, wie ihre Kinnladen zuckten, ihre Augen brannten, ihre Hände sich zu Fäusten ballten. Plötzlich rief eine kühle Stimme hinter ihm: „George McHair, du kennst diese Leute doch?" Es war Stephen Atkins, der auf seinem Pferd saß, einen gezogenen Säbel in der Hand.

„Ja, ich kenne sie."

„Dann reite vor und stelle sie in dem Moment, in dem sie halten. Sag ihnen, sie sollen kehrtmachen, sonst werden sie in tausend Stücke zerrissen."

George glaubte zwar in diesem martialischen Prahlen einen Ton von Unsicherheit zu erraten, doch erschien Stephen Atkins allen anderen als sicherer Bürge des unmittelbar bevorstehenden Triumphs.

Er blickte durch die Lafette seiner Kanonenattrappe. Der

Reiterzug war jetzt deutlich wahrzunehmen. Da sie einander im Zuge verdeckten, war die Zahl nicht leicht zu bestimmen, doch konnten es nicht viel mehr als ein Dutzend sein. Das flößte ihm wieder Mut ein. Selbst wenn sie nicht auf die Spielzeugkanonen hereinfielen, mochte die Tatsache, daß sie einer Mehrheit gegenüberstanden, entmutigend wirken. Doch zugleich war ihm wieder klar, daß er sich selbst betrog. Pfarrer Paisley und Polly waren nicht die Leute, sich durch Zahlen einschüchtern zu lassen. Wenn sie wütend genug waren, würden sie eine ganze Armee angehen.

„Fertig zum Schuß!" hallte Stephen Atkins' Stimme in das dichte Schweigen. Dann: „Fackeln anbrennen!"

Die Lunten erwachten zu sprühendem, rauchendem Leben. Hinter den sechs Kanonen flammten die Fackeln auf, doch die Anreitenden ließen sich nicht einschüchtern, sie ritten weiter.

„Lunten an!"

Jetzt waren die Flammen nur mehr knapp über den Pulverpfannen. Ein erstes Zögern war unter den Reitern zu bemerken. Einer von ihnen, es mochte dem Aussehen nach der Pfarrer sein, schien sein Pferd zu zügeln, doch hielt er nicht an.

„Halt!" brüllte die Stentorstimme Stephen Atkins'. „Halt oder wir schießen!"

Diesmal war eine Verwirrung unter den Reitern unverkennbar. Ihre Phalanx kam in Unordnung, und die Pferde begannen zu tänzeln. „Die Waffen nieder! Ein Emissär kommt zu euch!" Jetzt war in Stephen Atkins' Stimme bereits unmißverständlich ein Ton von Triumph. „Los, George McHair, vorwärts!"

Gehorsam sprang George auf und lief zu Betsy, die gemütlich unter den Pferden am Straßenrand graste. Erst als er sich in den Sattel schwang, merkte er, wie weich seine Knie waren. Er biß die Zähne zusammen und zog den Zaum an. Widerstrebend trennte sich Betsy von dem saftigen Gras und trottete gehorsam den in einigem Abstand wartenden Reitern entgegen, noch im Laufen kauend.

Einige Schritte vor dem Pfarrer hielt George an. Der alte Mann war, soviel er sehen konnte, der einzige, in dessen Augen noch etwas Vernunft zu erkennen war. Die anderen starrten ihn mit verglasten, blutrünstigen Augen an.

„Ich begrüße dich, Pfarrer", sagte er.

„Jim McHairs eigener Enkel! Was tun Sie hier, Sie Feigling? Sie gehören zu uns, die wir den Mord an Ihrem Großvater rächen!"

„Mord?" schrie George schriller, als er beabsichtigt hatte. Betsy spitzte die Ohren, als ob dieses dumme Geschrei ihr wehtäte.

„Wozu sonst wohl sind wir diesen weiten Weg geritten? Wir haben ihn auf unserem Gebiet in einem Baum gefunden, einen Pfeil in seinem Rücken – ein ähnlicher Pfeil wie der, mit dem man meinen Sohn getötet hat. Geben Sie Raum, Sie Feigling, lassen Sie uns durch!"

„Es tut mir leid, Pfarrer", sagte George mit der Stimme einer Hausmagd, die einem Fremden nicht öffnen will. „Die Quäker haben den Indianern Schutz versprochen. Darum muß ich dich im Auftrag der Jahresversammlung der Gesellschaft der Freunde in Philadelphia auffordern, umzukehren. Wir haben hier in der Stadt nur Frauen, Kinder und alte Männer – sehr alte Männer."

Der Pfarrer sah mit zusammengekniffenen Augen zu den Kanonen hinüber. Jetzt erst entsann sich George, daß der Alte kurzsichtig war. Das war ein Hoffnungsstrahl – vielleicht zeigte sich hier Gottes hilfreicher Arm. Pfarrer Paisley hatte seine Brillen zu Hause gelassen, und in dieser Horde war er der einzige, der Intelligenz genug besaß, die Fälschung zu erkennen. „Nun ja", sagte der alte Mann, „Sie wollen mir also einreden, daß die Quäker sich schließlich einmal doch wie Männer benehmen?" Er sagte es höhnisch, doch war er sichtlich beeindruckt.

„Wir wollen dir kein Übel zufügen, aber weiter als bis hierher lassen wir dich nicht gehen. Tut mir leid", sagte George bereits aufatmend.

„Ich freue mich, daß wir euch Quäker dazu zwingen konnten, endlich wie Männer zu handeln", wiederholte der Pfarrer geringschätzig. Damit riß er sein Pferd herum. „Los, Jungen, zurück!"

Polly Paisley war offenbar der Stimme der Vernunft nicht mehr zugänglich. Er schrie: „Daß uns der Teufel holt! Nichts da, vorwärts, Burschen!" Doch der Pfarrer hatte schon den

Zaum von Pollys Pferd gepackt, das Tier sprang zurück und hätte seinen Reiter beinahe abgeworfen. „Los, zurück!"

Der alte Mann gab seinem Pferd die Sporen, zwang sein und des Sohnes Tier, kehrtzumachen, die Hufe ließen auf dem Steinpflaster Funken aufstieben. Die andern folgten, die Horde jagte im Galopp davon, brüllend und heulend, wie sie es wohl auf der ganzen blutigen Strecke bis hierher getan hatte.

George, der ihnen nachblickte, hörte hinter sich ein wildes Jubelgeschrei. Es waren die jungen Freunde, die der Sieg berauschte. Er ritt zu ihnen zurück und war sich nicht klar, wieso er selbst das Gefühl hatte, besiegt worden zu sein.

Als die jubelnden jungen Quäker in die Stadt einritten, war die Menge, die bei ihrem Ausritt die Straßen verstopft hatte, spurlos verschwunden. Auch im Andachtshaus war niemand mehr zugegen, sogar die Indianer waren verschwunden; es sah aus, als hätte sich alle Welt aus Angst vor dem bevorstehenden Blutbad irgendwohin verkrochen. Doch hörten die Reiter ein fernes Gemurmel von Stimmen, das deutlicher wurde, als sie der Water Street näher kamen. Sie bogen um die Ecke und fanden sie vollbesetzt mit Neugierigen, die sich die Hälse ausreckten. Alle waren so ihrer Neugier hingegeben, daß sie den Reitern nicht einmal auswichen. Stephen Atkins kommandierte: „Bahn frei! Freie Bahn!"

Widerstrebend teilte sich die Menge. Joe Woodhouse fragte sich, was da wohl im Gange wäre. Dann sah er in den Eingängen zu den Quäkerhäusern Leute, als hielten sie Totenwacht, wie Holzfiguren dastehen. Auch der Eingang zu seinem Hause war mit solchen regungslosen Menschen besetzt; er erkannte Becky unter ihnen.

„Wir haben sie zurückgetrieben!" schrie Stephen Atkins triumphierend. „Wir haben die Straße mit Kanonen blockiert, und da haben sie uns die Hintern gezeigt! Die Indianer haben nichts mehr zu fürchten und ihr schon gar nicht!"

„Was für Kanonen?" fragte jemand ungläubig.

„Ja", schrie Stephen Atkins stolz zurück, „es war die Idee des jungen Joseph! Wir haben ihnen eine Batterie Kanonenattrappen hingestellt, und die sind darauf hereingefallen!"

Es war überraschend, daß er noch mit solchem Stolz davon reden konnte, denn es war jedem bereits klar, daß sie von ihren Familien nicht gerade mit Billigung begrüßt wurden.

„War es wirklich deine Idee, Joe?" rief ihm ein Mädchen zu. Joe wandte sich ihr zu und sah ihr in die Augen. „Ja, Becky", antwortete er ein wenig bedrückt.

„Was ist eigentlich los mit euch, Leute?" schrie Stephen Atkins zänkisch. „Haben wir die in die Flucht gejagt oder nicht? Und dabei ist nicht ein einziger Schuß gefallen! Wo habt ihr die Indianer?"

„In unseren Kellern und Dachböden!" antwortete Joes Vater. „Die Feinde hätten zuerst uns töten müssen."

Es wurde plötzlich unheimlich still. Es war, als hätten die Worte des alten Mannes auch den begriffstutzigsten Zuschauer zum Verstummen gebracht. Diese Quäkerkanonen waren, so göttlich inspiriert die Idee auch geschienen haben mochte, unquäkerisch im Vergleich mit diesen unbewaffneten Leuten in ihren Haustoren, die nur die Bezeugung der Liebe vereinte. Plötzlich ging eine Welle der Unruhe durch die Menge, und eine Stimme rief: „Sie kommen!" Zu Joes Entsetzen erklang vom Flußufer her Hufschlag, eine Patrouille Reiter bog um die Ecke und jagte, Schwärme von Sperlingen aufscheuchend, in die auseinanderstiebende Menge. „Hilf, Herr Jesus!" schrie irgendwo eine Stimme. Nach einer Sekunde schamvoller Betäubung glitt Joe aus dem Sattel und war mit ein paar Sprüngen bei den Leuten im Eingang seines Vaterhauses. Er griff nach Beckys Hand, tastete weiter, bis er auch die Hand seiner Mutter fand, und dann schloß er die Augen, diesmal zur echten Konfrontation bereit. Und in diesem Augenblick hörte er Stephen Atkins rufen: „Gott sei Dank, es ist Buffalo McHair!"

Staunend sah Joe hin. Diese Reiter, die jetzt mit Getöse und Funkenstieben zu einem Halt kamen, waren nicht die Leute, denen man mit Ofenrohren Halt geboten hatte. Es war ein Rudel Vagabunden und Grenzgänger auf sehnigen Ponys, geführt von einem bärtigen Riesen, der zwei Patronengurte um seine tonnenförmige Brust geschlungen hatte. Ein Quäkerhut mit einem Büschel roter Federn saß auf seinem Kopf. „Was ist passiert?" brüllte der Mann mit der Stimme eines Nebelhorns. „Wo habt ihr die Verwundeten?"

„Hier gibt's keine Verwundeten, Vater", schrie George zurück. „Seid ihr denn auf dem Weg hierher nicht den Paisleyleuten begegnet?"

„Darum haben wir uns ja so beeilt! Der Pfarrer hat uns gesagt, es hätte einen richtigen Kampf mit Kanonen gegeben, und sie hätten ihn gewonnen."

Bevor man ihn aufklären konnte, erklang Beckys Stimme hoch und schrill: „Recht hat er gehabt!" Die ganze Straße konnte es hören. „Wir sind besiegt worden! Von sogenannten Freunden!"

In diesem Augenblick erkannte Joe, daß hier ein richtiger Hausdrache im Werden war. Die Kanonen waren eine ehrliche Bemühung gewesen, eine Gefahr abzuwenden. Selbst von einer selbstgerechten kleinen Xanthippe verdienten sie eine bessere Zensur.

Offensichtlich empfand auch Onkel Stephen so. „Junges Frauenzimmer, steck deine Nase nicht in alles! Du warst nicht mit uns, du warst nicht Augenzeuge, also weißt du nicht, wie es zugegangen ist!"

Onkel Jeremiah aber, mit dem ganzen Prestige des Schriftführers der Jahresversammlung, rief: „Ich stimme für Rebekah Baker. Diesen Männern mit Kanonen entgegenzutreten, ob es nun echte oder falsche waren, ist zumindest äußerst fraglich gewesen."

Stephen Atkins wandte sich ihm zu. „Äußerst fraglich! Wie typisch für dich, Jeremiah. Ich schäme mich für dich, verzeih mir, aber ich muß es aussprechen!"

Zum zweiten Mal an diesem Tag mischte sich eine sanfte alte Stimme ein, wieder war es Hannah Martin. „Darf ich dich, und die mit dir geritten sind, zum Abendbrot in meine Küche einladen, Stephen?"

Begeistert riß Stephen Atkins den Hut vom Kopf. „Tante Hannah, für ein Abendessen von dir reite ich jeden Tag hundert Meilen." Zu Buffalo sagte Hannah Martin in strahlender Ahnungslosigkeit: „Büffelchen, ich kann dir nicht sagen, was mir das für eine Freude ist, dich zu sehen! Ich bin glücklich, wirklich glücklich!" wiederholte sie auf deutsch. „Komm du auch mit deinen Freunden."

„Angenommen, Männer!" schrie der Riese. „Die Ställe sind hinten am Haus! So habt ihr noch nie gegessen, das versprech' ich euch!" Sein kleiner, lachsfarbener Mustang stob mit Hufgetrappel davon, gefolgt von dem wilden Schwarm johlender Kumpane.

Eine halbe Stunde später saßen sie rund um den großen Küchentisch in dem alten Haus: Gulielma, Isaak, Joe und Mary, Stephen Atkins, Jeremiah und Grizzle, die Bakerkinder, George, Himsha und Buffalo McHair und noch sieben wilde Burschen aus der Prärie. Gulielma hatte es so eingerichtet, daß sie neben Buffalo zu sitzen kam, denn sie hatte ein paar Fragen an ihn zu stellen. Hannah stand mit gefalteten Händen und sagte mit ihrer sanften Stimme: „Lieber Gott, möge hier Friede sein und Liebe und Zärtlichkeit unter uns, auch wenn wir einander anschreien." Und Buffalo murmelte: „Amen."

Als das Stimmengewirr einsetzte und die Teller weitergereicht wurden, fragte Gulielma ihn: „Wo haben sie deinen Vater gefunden, Buffalo?"

Er streifte sie mit einem flüchtigen Blick. Aus der Nähe waren seine Augen schlau und hintergründig. „In einem Baum."

„Einen Pfeil im Rücken?"

Er schob ein Stück Brot in den Mund und kaute. Sie wartete geduldig, bis er es geschluckt hatte. „Also?"

„Ich weiß nicht, wie du darauf kommst. Die Geschichte mit dem Pfeil hat der Pfarrer erfunden."

„Ich sehe schon", antwortete sie, „du mußt erst besoffen sein, bevor ich die Wahrheit zu hören bekomme."

Er lachte. „Dich trink' ich unter den Tisch, Gulie, und gehe nüchtern davon!"

„Probieren wir's?"

Er schob wieder ein großes Stück Brot in den Mund und sagte kauend: „Nicht hier. Ich könnte dir einen unsittlichen Antrag machen."

Sie sah ihn zärtlich an. „Du bist ein außerordentlich taktvoller Mensch, lieber Buffalo. Ich habe dich schon oft deswegen bewundert."

Wieder war der wachsame Blick in seinen Augen. „Was soll das nun wieder?"

„Zerbrich dir nicht den Kopf. Schönen Dank jedenfalls für dein Kompliment. Aber mit deines Vaters Tod ist etwas nicht in Ordnung. Ich bin entschlossen, die Wahrheit herauszubringen."

Er kaute. Dann fragte er: „Wozu? Warum die Toten nicht in Ruhe lassen?"

„Weil unter den gegebenen Umständen dieser tote alte Mann einen Krieg entfesseln könnte", antwortete sie. „Und auch weil ich Lonely Eagle zu Tode gemartert werden sah. Ich bin ihm etwas schuldig."

„Du schuldest ihm nichts als ein Gebet für seinen Seelenfrieden." Er griff nach der Schüssel, die ihm sein Nachbar zureichte; sie war mit Bohnen und Schweinefleisch gefüllt. „Mit der Wahrheit ist nichts zu gewinnen, Gulie, weder für dich noch für sonst einen."

„Lonely Eagle hat ihn getötet, nicht wahr? Aber warum? War es Sterbehilfe? Ein Gnadenschuß?"

Seine Aufmerksamkeit hatte sich ganz der Schüssel zugewandt, und er begann gehäufte Löffel Schweinefleisch und Bohnen in seinen Mund zu stopfen.

Unvernünftige Hartnäckigkeit war nicht ihre Sache, also entschloß sie sich, das Thema aufzugeben und sich ansonsten an Buffalos Gesellschaft zu erfreuen. Die Wahrheit würde sie irgendeinmal an einem Lagerfeuer aus ihm herausbringen, in einer bestirnten Nacht, wenn rundum in der Prärie die Coyoten heulten.

Nach drei Gläsern von seines Schwiegervaters rotem Bordeaux war der Ärger verflogen und die Erschöpfung des Tages überwunden. Jetzt begann Jeremiah Best nur mehr Dankbarkeit zu fühlen, daß sie auf rätselhafte Weise gerettet worden waren. Der alte Isaak, der ihm an der Tafel gegenübersaß, machte ein Gesicht wie die Katze, die die Milch ausgeschleckt hat, weil er doch recht behalten hatte: Es hatte sich ein Ausweg gefunden. Gleichzeitig aber begann sich in Jeremiah der Argwohn zu regen, der durchtriebene alte Isaak habe den

Vorschlag der Frauen nur so willig angenommen, weil er schon von dem Plan mit den Quäkerkanonen gewußt hatte. Nun, wie dem auch sei, die Kombination der beiden Dinge hatte Wunder gewirkt. Noch einmal waren die Quäker vor der letzten Entscheidung im letzten Moment bewahrt worden. Aber wie lange würden sie noch in der Lage sein, an politischer Macht festzuhalten, ohne ihre Prinzipien zu verletzen? Die Entscheidung würde bei Männern und Frauen liegen, wie sie jetzt um Hannah Martins Tafel versammelt saßen. Bei Mitgliedern seiner Generation und ihren Kindern, bei Joe Woodhouse, Joshua Baker, Becky, George McHair und der jungen Himsha.

Der Gedanke jagte ihn hoch, er fühlte einen unwiderstehlichen Drang, den Glauben zu bezeugen. Er klopfte an sein Glas, bis rund um den Tisch Stille eingetreten war. Dann blickte er prüfend in die Gesichter, fing all die Blicke auf, die erwartungsvoll auf ihn gerichtet waren, nahm seinen Hut ab und sagte: „Himmlischer Vater, Dir sei Dank, daß Du uns heute gesegnet hast. Wir wissen sehr wohl, wie oft unsere Bemühungen, Deine Stimme zu hören und Deinen Willen zu erfüllen, unvollkommen und verfehlt sind, beschmutzt mit irdischen Gelüsten und Wünschen. Doch heute ist Deine Stimme noch einmal gehört worden, und wir haben, jeder auf seine Weise, versucht, ihr zu folgen. Dank sei Dir, Herr, daß Du Dich uns noch einmal dargetan hast als die reine Liebe und das reine Licht, als der unendliche Ozean, von dem uns George Fox gekündet hat. Laß uns, so wie wir hier versammelt sind, Deines Wesens bewußt bleiben und ihm geöffnet, stets bereit, es durch uns wirken zu lassen für den Frieden aller Menschen."

Er setzte sich mit dem Gefühl, Unvollständiges gesprochen zu haben. Wie immer, wenn er in echter Ergriffenheit gesprochen hatte, endete er mit dem Gefühl, zu viel oder nicht genug gesagt zu haben. Das Schweigen rings um ihn war tief, aber er konnte nicht umhin, in Gedanken zu beten: „Gott, vergib mir, daß ich an Dir vorbeigeredet habe."

Als die Schüsseln das letzte Mal rundum gegangen waren, diesmal mit Himbeertorte gefüllt, hatte Hannah Martin den Tisch überblickt und Gott gedankt, daß Caleb heute nicht hiergewesen war. Gewalttätigkeit hatte immer eine erregende Wirkung auf ihn, erregend im schlechten Sinn des Wortes.

Plötzlich fühlte sie eine vage Sorge um ihn aufkeimen. Sie hoffte, das Bild würde vorbeigleiten, doch glaubte sie, hinter den heiteren Gesichtern ihrer Gäste, seine Hände ausgestreckt zu sehen, flehentlich. Angst griff an ihr Herz; sie mußte einen Moment lang allein sein.

Sie nahm eine Schüssel Butter und ging damit zur Speisekammer. Die Schüssel an ihre Brust gedrückt, während die Katze ihre Beine umdrängte, sprach sie ein Gebet, Gott möge Caleb schützen. Als sie an den Tisch zurückkehrte, fühlte sie sich gekräftigt. Als sie sich aber setzte und auf ihren Teller sah, stand darin sein verzweifeltes Gesicht, und er rief: „Mutter!"

Sie wußte, daß irgend etwas Schreckliches auf Eden Island geschah.

7

Caleb Martin war froh gewesen, als Boniface Baker ihn nach Hause schickte. Es war wie immer bei den Jahressitzungen: die reine Qual, während der endlosen Beratungen dazusitzen und zu wissen, daß zu Hause die Sklaven Insel und Gutshof in ihrer Gewalt hatten. Im ganzen Haus konnten sie sich frei bewegen, ihre Nase in das Arbeitszimmer stecken, die Schlafzimmer und die Garderobenschränke der Mädchen durchschnüffeln. Im Geist sah er genau, wie sie Rebekahs Bett schändeten, indem sie darin schliefen. Gewiß gab es, wenn er nach Hause kam, nie auch nur eine Spur von etwas dergleichen, im Gegenteil, Mammy pflegte diese vier Tage alljährlich zu einem großen Frühlingsreinemachen im Hause zu benützen. Und doch war er jedes Mal überzeugt, daß in seiner Abwesenheit irgendwelche grauenvoll unziemlichen Dinge geschehen waren. Jetzt, zum ersten Mal, bot sich ihm die Gelegenheit, dahinterzukommen.

Indem er sein Pferd bis zur Erschöpfung antrieb, gelang es ihm, vor Sonnenuntergang den Landungsplatz der Fähre zu erreichen. Eben war er daran, nach Charon zu läuten, als ihm einfiel, daß er damit die drüben warnte. Wenn der junge George McHair den Fluß zu Pferd durchschwommen hatte, dann konnte er das auch. Er zwang sein Pferd die Uferbank hinunter und ins Wasser, sich selbst am Sattelknauf festhaltend. Die einkommende Flut drang gegen die Strömung des Flusses an, doch auch so geriet er in Angst, als er die volle Wucht der strudelnden Wasser zu spüren bekam. Schließlich kam er auf der anderen Seite, etwa in der Hälfte der Insellänge, atemlos an

Land. Als er von seinem triefenden Pferd absteigen wollte, versagte fast seine Kraft; die Schwere seiner durchnäßten Kleider zog ihn hinab. Doch gelang es ihm, sich noch einmal im Sattel hochzuziehen, und der Wallach trottete aus eigenem Verstand zu seinem Stall, wie es die Brieftaube zu ihrem Schlag zieht.

Nach dem eiskalten Bad und dem erschöpfenden Kampf mit den Wellen schienen ihm seine Ängste betreffs der Sklaven lächerliche Einbildung zu sein. Trotzdem packte ihn ohne alle Warnung eine zitternde Wut. Es war ein ganz unvernünftiger Zorn, vermutlich tobte er gegen sich selbst. Wenn er die Kraft dazu noch aufgebracht hätte, hätte er die Sporen in die Flanken seines armen Pferdes getrieben; so jedoch duldete er es, daß er gemächlich durch die Felder und die Küchengärten zum Hof der Stallungen getragen wurde, wo die anderen Pferde aus den Ställen ihren heimkehrenden Kameraden freundschaftlich schnaubend begrüßten. Sein Wallach trottete zum Tor seines Stalles, machte dort halt, auf seinen Beinen schwankend, ein Bild der Erschöpfung. Caleb Martin schleppte sich zum Stalleingang, das Wasser gluckste und platschte in seinen Stiefeln, sein durchnäßtes Stahlmieder war schwer, und er war hineingepreßt wie in einen Schraubstock. Alles in ihm verlangte nach seinem Häuschen im Negerquartier, aber erst mußte er wohl sein Tier absatteln und trockenreiben. Während er das tat, drangen Laute zu ihm, Gesang irgendwo in der Nähe, Negerstimmen. Daran war weiter nichts Schlimmes, die Neger sangen oft, wenn sie sich unbelauscht glaubten. Was nicht in Ordnung war – der Gesang kam aus dem Herrenhaus. Daß Gott ihre Seelen in die Hölle schickte! Sie waren tatsächlich im Haus! Sie unterhielten sich dort prächtig, während die Weißen fortwaren! Er hatte die ganze Zeit über recht gehabt, sie trieben da irgend etwas.

Während er lauschend dastand, löste sich seine aufgestaute Wut. Wie, die waren ins Haus eingedrungen? Er würde sie lehren, Gott verzeihe ihm! Plötzlich schien er seine leichtfüßige Gewandtheit wiedergewonnen zu haben. Wie ein Geist glitt er auf dem Fußpfad quer über den Rasen zum Haus. Bevor er ins Freie hinausgetreten war, hatte er die Stiefel abgestreift, sonst hätte das platschende Geräusch ihn verraten. Er wollte die

Sklaven bei ihrer Orgie ertappen, bevor sie Gelegenheit hatten, die Spuren ihres Gelages zu verwischen. Bis jetzt, dessen war er sicher, hatte ihn noch niemand gesehen. Offenbar waren sie ihrem Treiben völlig hingegeben. Nie käme ihnen in den Sinn, daß er den Fluß durchschwimmen und dann wie ein Falke aus dem Himmel auf sie niederstoßen könnte. Wie aber sollte er sie überraschen? Wenn er den Balkon unbemerkt erreichen wollte, mußte er den Kastanienbaum gegenüber Joshuas Zimmer erklimmen, wie er es Harry tun gesehen hatte, wenn der zu seinem Stelldichein mit Joshua ging. Unter normalen Umständen hätte er etwas so Verwegenes nicht in Betracht gezogen. Jetzt mutete er sich die Wendigkeit einer Katze zu. Er wußte selber nicht, was da in ihn gefahren war. Er begriff nur, daß er inmitten der Vergnügten auftauchen mußte, bevor irgendwer, Mann, Weib oder Kind, sich dünnmachen konnte.

Er kam den Baum hinauf als wäre er eine Leiter und lief in seinen bestrumpften Füßen den Tragast entlang mit der Sicherheit eines Luchses. Als er auf die Balustrade kam, fing er in seinem rechten Augenwinkel eine Bewegung auf. Ein flüchtiger Schatten glitt aus Rebekahs offener Tür auf den Balkon. Etwas Weißes war in seiner Hand. Es war Harry, den er einmal Rebekahs Namen auf eine Weise hatte nennen hören, daß er es nicht mehr vergaß. Sofort warf er seinen Entschluß, die Sänger zu überraschen, über Bord und schrie: „Halt! Was hast du da in der Hand?" Der Bursche prallte zurück, als hätte ihn ein Schlag getroffen. Mit vor Schrecken weitaufgerissenen Augen machte er kehrt, aber bevor er zum Laufen ansetzen konnte, hatte Caleb den Abstand mit einem Satz überwunden und hielt Harry an der Kehle gepackt.

„Hilfe!" schrie der Junge. „Mutter! Mutter!"

„Zeig das her! Hergeben! Was hast du da?"

Der Bursche war zu verschreckt, um zu gehorchen. Caleb entwand ihm das weiße Stück Stoff und sah, daß es ein Mädchenunterkleid war.

Eine Sekunde stand er wie erstarrt; dann durchbrach die in ihm gestaute Wut den Rest seiner Selbstbeherrschung. Aufbrüllend begann er, den Burschen mit beiden Fäusten und mit den Füßen zu traktieren, auf ihn einzudreschen: „Dreckiger Nigger!" Wie ein tierisches Heulen kam es aus seinen Eingeweiden hoch, und als der Bursche im jähen Entsetzen die Fäuste zur Abwehr hob, war es um Calebs letzte Spur von Verstand geschehen. Er packte den sich windenden Jungen an Kehle und Gürtel, hob ihn hoch und schleuderte ihn über die Balustrade auf die Pflastersteine hinab.

Er kam erst zur Besinnung, als jemand, der neben ihm stand, schrie: „Deinen Bruder – deinen Bruder hast du umgebracht!" Es war Mammy.

Die Worte drangen nur allmählich in sein Bewußtsein. Langsam wandte er sich ab, in ihm war nur ein einziger Wunsch: es ungeschehen zu machen. Aber da stand Mammy, ihr formloser Riesenkörper war von Schluchzen geschüttelt. In ihren Augen stand das Entsetzen, und sie schrie: „Bring mich um! Ja, bring mich nur um! Du hast deinen Bruder umgebracht, du Halbnigger! Bring jetzt auch mich um! Kannst deine Mutter ebensogut umbringen wie den!"

Einen Moment lang schien es Caleb, es gebe nur einen einzigen Ausweg – selbst hinunterzuspringen, all das ungeschehen zu machen, indem er sich auslöschte. Aber irgend etwas, irgendein sinnloser Lebenswille, hielt ihn zurück. Er rannte aus dem Hause, die Treppe hinab, über den Rasen heim ins Negerquartier. Auf den Steinfliesen lag Harry tot.

Scipio machte sich auf den Weg, Boniface Baker zu benachrichtigen – er setzte sein Leben aufs Spiel, denn niemand war auf Eden Island zurückgeblieben, der seinen Marschbefehl hätte unterzeichnen können. Als er das Versammlungshaus erreichte, verlangte er nach seinem Herrn. Bonnys erster Gedanke war, als er Scipio in der Vorhalle stehen sah: „Es hat gebrannt, das ganze Haus ist niedergebrannt."

Dann wurde ihm berichtet, daß Caleb Martin in einem Wutanfall Harry getötet und sich dann in seinem Haus verbarrikadiert hatte, jeden mit der Schußwaffe bedrohend, der ihm in die Nähe kam. „Bitte, Massa, bitte komm heim, bitte", bat Scipio, „er wird noch mehr Leute töten, auf keinen will er hören, nicht einmal auf seine Mutter . . ."

Seine Mutter. Mit einem schlechten Gefühl im Magen begriff Boniface: Caleb hatte die Wahrheit erfahren.

Er holte Peleg Martin aus der Sitzung. „Lieber Freund",
sagte er, „schlimme Nachrichten von zu Hause."

„Ach?" Der Alte, der über die Störung ungehalten gewesen
war, erstarrte.

„Caleb hat einen meiner Sklaven, einen Stallburschen namens
Harry, in einem Wutausbruch getötet und scheint jetzt über
seine Abstammung Bescheid zu wissen."

„Ich verstehe."

„Ich fahre sofort nach Hause. Kommst du mit?"

„Ja."

„Ich suche nur meine Leute zusammen. Wir treffen uns hier
in der Vorhalle."

Boniface sandte Nachricht in den Sitzungssaal der Frauen.
Beulah und die Mädchen kamen heraus und bekamen die
grausige Nachricht zu hören. Zusammen mit Joshua, Peleg
Martin und Scipio zwängten sie sich in den Wagen und fuhren
nach Eden Island.

Während der Fahrt, während die Stunden dahinzogen, quälten Boniface schreckliche Bilder eines völligen Chaos: die
Sklaven außer Kontrolle, Caleb blind in die Menge feuernd –
alles war möglich, und alles war seine Schuld. Er hätte etwas tun
müssen, als er von Calebs Herkunft erfuhr – er hätte dem Mann
die Wahrheit sagen, ihn fortschicken müssen. Stattdessen hatte
er sich wie immer der Illusion hingegeben, jedes Problem, jeder
Konflikt, jeder Greuel könne gelöst werden, wenn man sich still
verhielt und auf Gott verließ. Sein ganzes Leben hatte er so
verbracht, war über Konflikte und Probleme hinweggeglitten
im harmlosen Vertrauen in die allen Menschen innewohnende
Güte und Vernunft. Während er jetzt in dem schwankenden
Wagen hin- und hergeworfen wurde, kam ihm zu Bewußtsein,
daß er sein ganzes Leben an der Oberfläche durchlebt hatte. Die
einzige Überzeugung, die sein Leben wirklich beherrscht hatte,
war die, daß die letzte Lösung jedes Konflikts der Kompromiß
war.

Bei Einbruch der Nacht setzte die Fähre sie über. Nachdem
die Frauen im Hof abgestiegen waren, fuhr Boniface mit Peleg
Martin ins Sklavenquartier. Zuerst suchten sie das Hospital auf,
wohin man den Leichnam gebracht hatte. Als er und Peleg vor
dem baufälligen kleinen Haus ausstiegen, sahen sie sich von

einer Menge stummer Sklaven umgeben, die im Dunkeln hier hockten. Als sie in das Haus traten, war Boniface über den Gestank, den Schmutz und die Vernachlässigung bestürzt. Seit Jahren war er nicht mehr hier gewesen. Der Gestank widerlegte die Illusion, daß Quäker ihre Neger behandelten wie liebevolle Eltern ihre Kinder. Der Geruch der Sklaverei stieg einem hier in die Nase.

Harrys Leichnam lag am anderen Ende des Krankenzimmers auf einem Feldbett. An seiner Seite hockte eine Frau, ob betend oder stumpfsinnig vor sich hinschluchzend, war nicht zu erkennen. Sie hielt eine Hand des Toten in der ihren.

„Wie ist das geschehen, Mammy?" fragte er. Die Gewohnheit eines ganzen Lebens ließ ihn gelassen sprechen, er war Herr der Situation.

„Er hat ihn getötet! Er hat ihn umgebracht!" jammerte die Frau. „Harry hat gar nichts Böses getan, nichts hat der arme Junge getan, er hat nur mitgeholfen, Miß Beckys Zimmer sauberzumachen, ich habe ihn geschickt, ein paar Wäschestücke, die sie hinter das Bett gestopft hatte, in die Wäscherei zu tragen, und plötzlich hör' ich ein Geschrei, und da sehe ich ihn schon und Caleb, der auf ihn einschlägt und mit den Füßen nach ihm tritt. Ich schrei': ‚Caleb! Er ist dein Bruder! Hör auf!' Aber Caleb drischt weiter auf ihn ein, und als der arme Junge versucht, sich zu schützen, packt er ihn am Hals und ..." Krampfhaftes Schluchzen erschütterte den Riesenleib. Sie konnte nicht weitersprechen.

Nicht die Wahrheit war es, die Boniface aus der Fassung brachte. Er hatte, seit er die Stelle über Calebs Negermutter gelesen, vermutet, daß es Mammy war. Sie war von seiner Großmutter nie behandelt worden, als wäre sie eine Sklavin oder ein Dienstbote. Er wußte, daß ihn der Kummer dieses aufgedunsenen Riesenleibes rühren sollte, aber etwas an diesem schwabbeligen Ungetüm und seinem Jammergeschrei ließ ihn kalt.

„Vielleicht sollte ich zuerst zu ihm", sagte Peleg Martin, der hinter Boniface stand. Boniface hatte Peleg vergessen, jetzt starrte er den alten Mann an, der gleichmütig, unbeteiligt dastand, sein Gesicht mit den tief eingegrabenen Furchen völlig ausdruckslos. Dann kam es Boniface in den Sinn, daß der

276

unwirsche Alte vor langer Zeit einmal diesen Riesenleib, der da zu ihren Füßen zuckte, in Liebe umarmt hatte. „Ist sie wirklich seine Mutter?" fragte er.

„Ja", antwortete der alte Mann ungerührt. „Deine Großmutter hat sie aufgenommen, nachdem das Kind geboren war."

„Aber wann hat sie dann Harry . . .?"

„Harry? Wer ist Harry?"

Boniface deutete auf den Leichnam, der auf dem Feldbett ausgestreckt lag.

„Der ist nicht ihr Sohn. Zu jung. Sie mag nachher noch Kinder gehabt haben, eine ganze Menge, aber den nicht. Der ist zu jung."

„Aber sie hat gesagt . . ."

„Ach, die sagt alles, was ihr so in den Kopf kommt. Die sind so, können nur Unruhe stiften. Solange sie Ränke schmieden können, sind sie glücklich."

Die Frau, die eben noch untröstlich geschluchzt hatte, hörte gespannt zu. Ihr Körper hatte die Ruhe wiedergefunden, ihr Atem war beherrscht. „Gehen wir", sagte Boniface, von all dem Üblen überwältigt.

Peleg Martin war froh, Medea aus den Augen zu haben. Aus dem toten Jungen auf dem Feldbett machte er sich nichts, der Tod hatte längst aufgehört, ihn zu schrecken. Doch Liebe tat es noch, oder Lust, oder was sonst das war, was Mann und Frau dazu trieb, Augenblicke lang in trügerischer Vereinigung beisammenzuliegen, ein Tier mit zwei Rücken, krampfgeschüttelt, sich windend im Griff jener Macht, die den Samen des Lebens in den Schoß der Leere leitete. Es schien unfaßlich, daß er einmal in den Armen dieses Kolosses Ekstasen erfahren haben sollte, der da mit jämmerlichem Gewimmer die Komödie einer albernen Trauer aufführte und die Hand eines Toten festhielt, mit dem sie, davon war Peleg überzeugt, nicht im entferntesten verwandt war. Sie war höchstens zwanzig Jahre jünger als er, und wie alt konnte dieser Junge sein? Siebzehn? Achtzehn? Sie war immer eine eingefleischte Unruhestifterin gewesen, sogar in den Tagen, da sie sich vor Leidenschaft stöhnend unter ihm gebäumt hatte. Sie war ein prachtvolles, schwarzes Biest gewesen, voll wilder, hemmungsloser Lust, sie hatte im voraus die Umarmungen seiner späteren Frau als läppisch gezierte Posen entlarvt. Wie hatte die schwarze Teufelin versucht, ihm die Mannheit bis zu den Wurzeln aus dem Leib zu ziehen! Wenn die alte Ann Baker sich nicht eingemischt hätte, würde dieser schwarze Fleischpudding, der da jetzt zu seinen Füßen schwabbelte, ihm allen Verstand, allen Willen und alles Selbstgefühl ausgesogen haben, so besessen war er gewesen, sich dem Zauber ihres herrlichen Körpers auszuliefern.

Angewidert wandte er sich ab. Ihr Leib, das war alles gewesen, mehr hatte sie nicht gehabt. Einen kurzen Sommer lang hatte es keine Frau gegeben, die einen schöneren Körper hatte. Dann trug dieser Körper Frucht und welkte und verwandelte sich in diese widerwärtige schlaffe Fettmasse, die dem Grabe zusank. Jeder Mensch, der einem solchen schwarzen Körper während seiner kurzen Blütezeit eine Seele zusprach, war von Sinnen. Eine Seele? Die träumten nur davon, sich von diesen Halbgöttern, von denen sie beherrscht wurden, begatten zu lassen, in der Hoffnung, daß ihr Nachwuchs schließlich einmal das Ziel erreichte: ein Mensch mit Seele zu sein.

Während er gemächlich zu dem Haus des Aufsehers hinüberwanderte, sann er über Calebs Seele nach. Immer war etwas Hündisches in ihm gewesen, eine Neigung, dem Herrn die Hand zu lecken. Jetzt hatte der Hund sich gegen die Artverwandten seiner Mutter gewandt. Mord? Wer konnte das Ergebnis einer Hunderauferei Mord nennen? Wenn diese Wichtigtuer in der Andachtsgemeinde, die selber nie Sklaven gehabt hatten, ihre Idee, daß Sklaverei eine Sünde gegen die Menschlichkeit sei, in der Welt verbreiteten, was würde da herauskommen? Eine Katastrophe. In dem Augenblick, in dem der Dompteur die wilde Bestie aus den Augen ließ, würde etwas im Gehirn des Tiers einschnappen, die Bestie würde sich auf ihren früheren Herrn stürzen, einzig unter dem Zwang zu morden, einem Zwang, der so unwiderstehlich war wie der, sich zu vereinigen und Leben zu zeugen. Zwischen diesen beiden blinden, unwiderstehlichen Trieben wurde das tierhafte Halbbewußtsein der Neger hin- und hergezerrt, bis es in ewige Dunkelheit versank, in die Dunkelheit, der es entsprungen war. Peleg war überzeugt, daß der arme Caleb nie in den Bann des

Zeugungszwanges geraten war. Jetzt aber war er die Beute des anderen Urtriebs geworden und hatte Leben vernichtet und hatte damit sich selbst zum Tod verurteilt, sei es zum Tod von eigener oder von fremder Hand, das machte keinen Unterschied. Ein Mann, der selbst nie Leben gezeugt hatte, war unfähig, dem Schock, Leben zerstört zu haben, gewachsen zu bleiben. Das war's, warum Huren ein so wesentlicher Bestandteil einer Armee waren wie Kanonen.

Die dunkel brütende Menge von Sklaven, die draußen hockte, gab schweigend und respektvoll freie Bahn, als er die Straße zur Hütte des Aufsehers hinunterging. Fledermäuse flatterten zwischen den dunklen Kronen der Kastanienbäume hin und her. Die Fassaden der Hütten schimmerten wie Grabsteine. Vor dem Aufseherhaus gab es keine Menschenansammlung, kein Pferd war angebunden, das Haus wirkte verlassen. Als Peleg die Stufen zu der wackeligen Veranda hinaufstieg, ächzten die Stufenbretter unter seinem Gewicht. Peleg fragte sich, ob die Sklaven Caleb jetzt für einen der Ihren halten und vor ihr Woodoogericht holen würden. Was immer geschehen mochte, er mußte den Jungen dazu bringen, mit ihm zu kommen und sich dem Urteil eines regulären Gerichts zu unterwerfen. Daß er freigesprochen wurde, war selbstverständlich. Blieb er aber hier, so stand ihm ein unentrinnbarer Tod bevor, wie ihn ein weißer Mann sich nicht ausdenken kann. Er mußte den Jungen von hier wegschaffen, das war eine Sache um Leben und Tod. Im jähen Gefühl dieser Dringlichkeit pochte er an die Tür des Hauses.

Keine Antwort. Dreimal pochte er, bevor eine undeutliche Stimme „Wer ist draußen?" fragte.

„Ich bins, dein Vater. Mach auf."

Keine Antwort. Peleg lauschte mit angehaltenem Atem. Nichts war zu hören. „Caleb! Mach auf, Sohn! Ich bin's, dein Vater. Ich habe mit dir zu reden!"

Keine Reaktion. Er versuchte die Klinke. Die Tür war versperrt. „Caleb! Mach auf, Junge! Ich bin doch gekommen, um dir zu helfen! Laß mich ein! Es ist dringend!"

Schweigen. Der Junge war betrunken, konnte sich vielleicht nicht auf den Füßen halten. Man hätte die Tür einrennen müssen, aber dazu war Hilfe nötig, und Boniface Baker ließ sich nicht blicken. Die waren alle wertlos mit ihrem frommen Geschwätz und ihren schwülstigen Gebeten, keine Ahnung hatten sie von den dunklen Abgründen des Lebens, den Tiefen des Todes und den steilen Gipfeln der Liebe. „Los, Junge, mach auf! Das ist ein Befehl!"

Und plötzlich antwortete Calebs Stimme, klar, ruhig und eiskalt: „Ist sie meine Mutter?"

Peleg zögerte. Sagte er nein, so würde der Junge ihm vielleicht glauben und zulassen, daß er aus dieser Sackgasse des Todes herausgeholt wurde. Aber etwas warnte ihn davor, zu lügen. Nur wenn der Junge der Wahrheit ins Auge sah, konnte er gerettet werden. „Ja, Caleb", sagte er.

Das war der Augenblick, in dem der Junge selbst, auf sich allein gestellt, entscheiden mußte, ob er mit dieser Wahrheit leben oder sterben wollte. Auch sein Vater, dem er sich doch sein Leben lang gehorsam untergeordnet hatte, konnte ihm jetzt nicht helfen. Nur Gott konnte es – oder eine Frau. Eine Frau! Hannah? Er überlegte, ob er nach seiner Frau schicken sollte, die diesen Jungen, der da am Rande der ewigen Dunkelheit taumelte, wirklich liebte. Doch woran konnte sie, die arme Frau, den Jungen erinnern? Doch nur an die Lüge, in der er gelebt hatte, seit sie ihn das erste Mal in ihren Armen hielt.

Wenn da ein Mädchen in Reichweite wäre, eine, von der er vielleicht in aller Unschuld geträumt hatte . . . „Ich komme gleich wieder, Caleb", sprach er in die Tür.

Er stieg die knarrenden Stufen zur Straße hinab und ging davon, bewußt, daß der Junge mit angehaltenem Atem hinter der Tür lauschte, bis die Schritte in der Stille untertauchten.

Becky Baker saß im Wohnzimmer und stickte im Licht des Kerzenleuchters an einem Kreuzstich-Zitat aus der Bibel, Hiob, fünftes Kapitel, Vers siebzehn: „Siehe, selig ist der Mensch, den Gott straft." Sooft sie die Nadel in das Linnen stach, war es in dem Schweigen, das wie dichter Nebel über der kleinen Gruppe von Leuten im Zimmer lag, ein deutliches Geräusch. Becky fragte sich mit aufsteigendem Unmut, warum es denn nötig gewesen war, daß George und Himsha McHair ihnen zu Pferd nachgekommen waren. Hätten sie nicht bei den Woodhouses bleiben können? Da hockten sie, reglos im Schweigen, das von Sekunde zu Sekunde gewichtiger lastete. Mutter und Abby taten nichts, dieses unerträgliche Brüten zu durchbrechen. Mutter saß mit gespielter Schlaftrunkenheit, die wohl die Ängstlichkeit, mit der sie wartete, verbergen sollte, hatte ein Buch „Erwachet, Ihr Töchter Jerusalems" im Schoß. Abby saß auf einem Stuhl neben ihr, die Stickerei auf den Knien, blickte vor sich hin und biß ihre Nägel. Becky war eben im Begriff, sie zu tadeln, als draußen ein Wagen vorfuhr. Das konnten nur Vater und Onkel Peleg sein!

Plötzlich war sie erregt. Wenn sie Caleb mitgebracht hatten! Noch nie in ihrem kurzen Leben hatte sie von Angesicht zu Angesicht einem wirklichen Mörder gegenübergestanden. Sie war zugleich erleichtert und enttäuscht, als die beiden Männer allein in das Wohnzimmer traten. Sie sahen grimmig drein, ein neuer Beitrag zur allgemeinen Düsternis.

Nichts hatte sie darauf vorbereitet, daß ihr Vater an sie die Forderung stellen könnte: „Rebekah, wärst du bereit, mit uns ins Negerquartier zu kommen und Caleb Martin zu veranlassen, daß er aus seinem Haus kommt? Wir müssen ihn unbedingt noch heute nacht von hier fortbringen."

Fassungslos starrte sie ihn an, verschluckte dann ihr Staunen und fragte: „Warum denn ich?"

Bevor ihr eine Antwort gegeben wurde, mischte sich ihre Mutter mit ihrer tonlosen Stimme ein: „Was geht denn da vor? Wo ist Caleb?" Niemand achtete auf sie.

„Man muß ihm klarmachen, daß er sich wie ein Mann dem Gericht stellen muß", antwortete der Vater.

„Was geht hier vor?" fragte die Mutter beharrlich. „Was wollt ihr von Becky?" Ihre Stimme hätte ebensogut die eines Papageis sein können, der aus einem Käfig in der äußersten Ecke des Zimmers herüberschrie.

Becky sah den Vater an. Er war totenblaß und sah verstört aus. „Hast du ihn gesehen?" fragte sie.

„Er hat uns ja nicht eingelassen", erwiderte Onkel Peleg.

„Und warum glaubt ihr, daß er auf mich hören wird, wenn er auf seinen eigenen Vater nicht hört?"

„Will mir endlich irgend jemand erklären, was hier vorgeht? Becky, sag du mir, was die von dir wollen!"

„Pst, Mutter, ich sag's dir gleich." Sie wandte sich wieder dem Vater zu. „Aber ich kenne ihn doch kaum, ich kenne ihn zwar, seit ich klein war, aber ich hab' ihn nie wirklich . . ."

Die beiden standen hilflos da, wie kleine Buben, die etwas ausgefressen haben. Was war mit ihnen los? Becky faßte Verdacht. Wie kamen diese beiden Männer auf die Idee, daß sie etwas zu erreichen vermochte, woran sie gescheitert waren?

„Wollen sie vielleicht etwas aus der Küche?" schrie die Mutter. „Wo ist Caleb?" Sie war völlig verwirrt, ihre Taubheit schien abends schlimmer zu werden.

„Ich will offen mit dir reden, Becky", sagte der Vater. „Das ist nicht meine Idee, und ich bin nicht einmal ganz gewiß, daß Peleg recht hat und daß der arme Caleb auf dich eher hören wird als auf uns."

„Aber warum gerade ich?" wiederholte sie ungeduldig. „Warum nicht Joshua, der seit Monaten mit ihm zusammen-gearbeitet hat?"

„Dein Onkel Peleg ist überzeugt, daß er nicht auf einen Mann hören wird", gestand ihr Vater verlegen.

„Ein Mann?" fragte die Mutter. „Was für ein Mann? Wo ist er?"

Becky trat zu ihr, legte ihr den Arm um die Schultern und sprach langsam und deutlich in ihr Ohr: „Caleb Martin will nicht aus seiner Hütte herauskommen, Vater und Onkel Peleg wünschen, daß ich einen Versuch mache, ihn herauszuholen."

„Du?" Die Mutter sah sie mit gerunzelten Brauen an. „Wie kommen sie auf eine so idiotische Idee?"

„Ich weiß es ja nicht, Mama", antwortete Becky laut. „Frag sie doch selbst!"

Bevor die Mutter so tun konnte, hatte der Vater sich an Beckys Stelle geschoben und begann, so laut er nur konnte, zu wiederholen, was er vorher gesagt hatte. Onkel Peleg aber zog Becky beiseite. „Ich muß dir das erklären, Kind. Caleb ist nicht nur aus der Fassung, weil er diesen Niggerjungen getötet hatte. Es hat ihn schwer getroffen, daß er – er hat da etwas über seine Herkunft erfahren."

Sie fühlte, wie seine Hand an ihrem Arm zitterte, obwohl seine Stimme sehr gefaßt klang. „Was meinst du?" fragte sie.

Der alte Mann war offensichtlich in Verlegenheit. Eine harte

Kinderstimme hinter ihm wurde laut: „Er meint, daß Calebs Mutter eine Negerin war."

Zornig wandte sie sich Abby zu, die mit besserwisserischer Miene dasaß. „Woher willst denn du das wissen?"

„Ich hab's in Urgroßmutters Tagebüchern gelesen."

Plötzlich fühlte Becky sich von einer unziemlichen Neugierde überwältigt. Eine Negerin? War Onkel Peleg denn mit einer Negerin verheiratet gewesen? Ratlos sah sie den alten Mann an, dessen Hand noch immer bebend auf ihrem Arm lag. Er sagte verdrossen: „Ja. Seine Mutter ist nämlich Medea – unsere Mammy."

Jetzt mischte sich ihr Vater ein. „Wenn du also meinst, Becky, daß du dieser Situation gewachsen bist, dann wollen wir keine Zeit mehr verlieren. Gehn wir?"

Sie sah das schmutzige, gespenstische kleine Haus mit der baufälligen Terrasse vor sich, die in den Angeln hängenden Fenster, die düstere Atmosphäre von Verlotterung und Verfall. Und da sollte sie im Dunkeln unbegleitet hingehen und an diese Tür klopfen, hören, wie sich langsam schlurfende Schritte näherten ... „Nein, Vater", sagte sie, „tut mir leid, aber das kann ich nicht."

„Warum nicht?" fragte Onkel Peleg unwirsch. „Du hast doch nicht etwa Angst vor ihm?"

Sie sah ihm in die Augen. „Doch, Onkel. Ich habe Angst."

„Zwingt sie doch nicht, wenn sie nicht will!" schrie die Mutter. „Wenn sie nicht gehen will, dann laßt sie in Ruhe!"

Doch Onkel Peleg legte seine alte zitternde Hand wie eine Klammer um ihren Arm. Sein Blick war verstört. „Aber warum denn plötzlich? Du ... ein Mädchen, das keine Angst hatte, hundert Männern in der Jahressitzung entgegenzutreten, du hast plötzlich Angst vor einem verzweifelten, verängstigten Jungen?"

„Dort, Onkel, war ich in der Macht des Herrn."

„Wenn es dort in der Macht des Herrn möglich war, dann geh auch jetzt in der Macht des Herrn, Kind. Wenn du es fertigbringst, rettest du ihn vielleicht." Onkel Peleg sah sie bedeutungsvoll an. „*Alles, was Gott hat, bist du.*"

„Was hat er gesagt?" schrie die Mutter. „Laß dir nichts aufschwatzen, was du nicht tun willst."

Doch der Punkt, von dem es kein Zurück mehr gab, war bereits überschritten. Es war wie damals, als sie in der Sitzung gesprochen hatte. Obwohl sie fest entschlossen war, sich auf nichts einzulassen, hatte sie plötzlich gewußt, daß sie nicht zurückkonnte. Obwohl sie kein Wort gesagt hatte, drückte Onkel Peleg ihren Arm, seine Augen füllten sich mit Tränen, und er flüsterte: „Ich danke dir!"

Sie wollte rufen: „Nein, es stimmt ja nicht, ich hab' doch kein Wort gesagt! Ich hab' nicht gesagt, daß ich's tue!", aber es war zu spät. Ihr Vater legte ihr seine Hände auf die Schultern, sah sie zärtlich an und küßte sie auf die Wangen. Dann sagte er: „Wir wollen gehen." Ihre Mutter kam heran und rief: „Daß du mir nicht gehst, wenn du nicht willst! Tu's nicht, Kind!" Doch Becky löste sich aus dem Griff ihrer Mutter, als müßte sie etwas abschütteln, eine, die allein in einem Boot losrudert, in einen Strudel hinein. Als sie an George McHair vorbeikam, stand er auf und murmelte: „Soll ich mit dir kommen, Becky?"

Sie brachte ein Lächeln zustande. „Nein, danke dir, George, zwei Männer werden genügen, glaube ich." Sie trat in die Halle hinaus, um ihren Schal zu nehmen.

Sie ließ sich von ihrem Vater in den im Dunkeln wartenden Wagen helfen. Das Pferd trottete in die Nacht hinaus und zog den knarrenden Wagen immer weiter weg von der Sicherheit des Hauses. Sie blickte zum Himmel auf. Vielleicht konnte sie, wenn sie ein Gebet sprach, etwas vom Frieden und der Majestät der Sternennacht auf sich herabziehen. Es stand kein Mond am Himmel, die Sterne blitzten diamantenkalt. Zwischen ihnen schimmerten die Schwaden der Milchstraße. War Gott dort? Ach, süßer Jesus, wie weit, wie unvorstellbar weit! War Jesus dort oben oder war er hier bei ihr, nein in ihr, wie man sie all ihr Leben lang gelehrt hatte? Ach, sie wünschte, er wäre hier, glühend wünschte sie es, gerade jetzt sollte er in ihr sein. Doch fühlte sie nichts von seiner Gegenwart, keine beschwichtigende, stille Heiterkeit, nur turbulente Gedanken. Es waren nicht eigentlich Gedanken, sondern flüchtige Bilder des Schreckens, und sie wurden schlimmer, als der Wagen knarrend und schwankend dem Schattenstreifen zwischen den Indigofeldern der Negersiedlung zustrebte, wo ein Mörder auf sie wartete. Sie war nahe daran, „Bitte führ mich zurück!" zu rufen, da legte ihr

Vater, als fühlte er ihr Entsetzen, seine Hand auf die ihre. Sie wandte sich ihm zu, doch er blickte geradeaus. Trost und Stille schienen aus seiner Hand zu fließen. Nach einer Weile kehrte ihr Selbstvertrauen zurück, denn sie sagte sich, Gott, der ein Gott der Liebe sei, müsse in dieser Stunde bei ihr sein, auch wenn sie seine Gegenwart nicht verspüre. Doch als sie nun in die Negersiedlung gelangten und das Echo des Hufschlags von den Hütten widerhallte, die schimmernd in der Nacht standen, war ihr Körper starr vor Angst.

Vor dem Aufseherhaus blieb der Wagen stehen. Alles sah genauso aus, wie sie es sich vorgestellt hatte: unheimlich, die Finsternis in dem verfallenen Vorbau schreckenerregend. Sie hätte ihr Gesicht an Vaters Schulter bergen mögen, sich an ihn klammern, doch schon reichte ihr Onkel Peleg die Hand, um ihr aus dem Wagen zu helfen. Als sie im Sitzungssaal zu all diesen Männern gesprochen hatte, war sie erfolgreich gewesen, denn ein Gefühl hatte ihr gesagt, daß sie in diesem Augenblick die Kraft besaß, Berge zu versetzen. Jetzt, da sie in den Sand vor Caleb Martins Haus trat, besaß sie diese Kraft nicht. Von einem nervösen Schluckauf befallen, näherte sie sich den Stufen zum Vorbau. Wie eine Schlafwandlerin stieg sie die Stufen hinauf, durchquerte den Schattenstreifen, der die durchsichtige Dunkelheit der Nacht von der schwarzen Finsternis der Veranda trennte. Wieder versuchte sie zu beten, aber ihre Lippen waren so trocken, daß sie sich nicht voneinander lösen wollten. Sie schloß die Augen, hielt den Atem an und klopfte an die Tür.

Das Pochen löste mehr Widerhall aus, als sie erwartet hatte. Es klang zurück wie aus einer Höhle. Noch einmal überkam sie der Wunsch zu fliehen. Sie hörte, wie der Wagen zwischen den Häusern in die Nacht entschwand. Das letzte ferne Geräusch des Wagens war verstummt, zurück blieb nur das geisterhafte, unheimliche Lispeln des Windes in der Baumkrone über dem Eingang. Aus dem Haus kam kein Laut, kein Brett des Holzbodens knarrte. Plötzlich war sie überzeugt, er wäre fortgegangen. Natürlich! Er war gar nicht mehr hier. Sie hatte sich unnütz gefürchtet. Ermutigt klopfte sie wieder, diesmal kräftiger. Widerhall aus dem leeren Haus. Schon wollte sie sich umwenden und gehen, als von drinnen eine Stimme fragte: „Wer ist da?"

Sie erstarrte zu Eis. Doch war noch immer ein Rest von Mut in ihr, der sie antworten ließ: „Ich bin es, Caleb, Becky Baker." Ihre Stimme klang überraschend ruhig und beherrscht.

Die Stimme hinter der Tür fragte zurück: „Rebekah?"

„Ja, Caleb, ich bin's. Darf ich hineinkommen?" Ihre Fassung setzte sie selbst in Erstaunen. Dann begriff sie, woher ihr diese plötzliche Sicherheit kam: Seine Stimme hatte geklungen wie die eines verängstigten Jungen.

Er zögerte lange mit der Antwort, doch hatte sie jetzt nicht mehr das Gefühl, daß die Welt den Atem anhielte. Im Laub lispelte der Wind, irgendwo rief eine Eule, Nachtgeräusche, die normalen Geräusche der Nacht. „Bist du allein?" kam die Stimme von drinnen.

„Ja, Caleb, ich bin allein." Ihre Ängste waren grundlos gewesen. Sie war stark, war ruhig, und sie wußte, wie man mit ihm umging. Er brauchte Hilfe. „Nun, machst du schon auf?" fragte sie lächelnd.

Die Tür ging langsam auf. Dahinter war Dunkelheit. Er mußte ohne Licht dagesessen haben. Eine Sekunde lang hatte sie wieder Angst, als seine Stimme flüsternd verlangte: „Komm herein, rasch!"

Ohne etwas zu denken, trat sie ein. Ein Schauer lief ihr über den Rücken, als sie in der Dunkelheit spürte, wie er an ihr vorbeistrich und hinter ihr den Türbalken vorlegte. Der idiotische Gedanke kam ihr: ‚Du bist eingeschlossen mit einem Mörder.' Welch ein Unsinn! Er war doch kein wirklicher Mörder, er hatte Hilfe nötig. Doch in der pechschwarzen Finsternis, mit seiner unsichtbaren, sie umschleichenden Gegenwart, fühlte sie wieder Angst. „Willst du nicht eine Kerze anzünden, Caleb?" bat sie und hoffte dabei, daß er das Zittern ihrer Stimme nicht hörte.

Sie spürte, daß er stehenblieb. Einen Augenblick schien er in Ungewißheit erstarrt. Dann hörte sie ein Brett knarren, eine Zunderschachtel wurde geöffnet, ein Schwefelfaden entzündet, überraschend sprang die kleine Flamme hinter ihr auf. Sie fuhr herum. Er stand am Tisch, die Flamme war in seinen hohlen Händen. Er sah wüst aus, war nur mit Hosen und dem Stahlmieder bekleidet. Sie hatte das Stahlmieder noch nie gesehen, hatte es nur bei der Andacht leise knirschen gehört. Er zündete die Kerze an. Als er sie anblickte, waren seine Augen angstgeweitet. Sein Entsetzen war so greifbar, daß Selbstsicherheit und eine gewisse mütterliche Festigkeit in ihr wiedererwachten. „Guten Abend, Caleb", sagte sie.

„Guten Abend." Er warf einen Blick nach der Tür, als fürchtete er, belauscht zu werden.

„Caleb, ich bin gekommen, um dich zu holen. Du sollst die Nacht bei uns zu Hause verbringen, bei deinen Freunden, bei deiner Familie, damit wir zusammen beraten können, was geschehen soll."

„Geschehen?" Sie sah in seinem verschreckten Blick ein Erstaunen, doch täuschte sie vielleicht das langsame Größerwerden der Kerzenflamme.

„Ja, Caleb. Du bist unser Freund, wir sind Verwandte, keiner von uns bezweifelt, daß du zur Gewalttätigkeit herausgefordert worden bist. Bestimmt wird auch der Richter das einsehen. Komm also mit, wir wollen eine Andacht halten, bevor wir zu Bett gehen, und vielleicht sollten wir ein Glas Punsch trinken."

Seine Augen waren seltsam. Es war, als hätte er ihr gar nicht zugehört. „Dank dir, Rebekah, nur glaub' ich, daß alles nicht so einfach ist."

Sie fuhr auf: „Meinst du, weil du ein . . .", fast hätte sie „Halbneger bist", gesagt, aber im letzten Moment fing sie das Wort ab: „. . . Mammys Sohn bist."

Er schien die Worte wie einen Peitschenhieb zu empfinden. Sein Gesicht verzog sich schmerzlich. Seine verschreckten Augen suchten ihren Blick, und gleich darauf geschah etwas Seltsames. Er schien seine Furcht abzustreifen. Und vor ihren Augen wurde er in Sekunden von einem verängstigten Jungen zu einem selbstsicheren Mann.

„Rebekah", sagte er gefaßt, „ich weiß nicht, ob ich dieser Sache gewachsen bin."

„Welcher Sache, Caleb?"

„Der Wahrheit."

Sie wollte etwas Ermutigendes, Verständnisvolles sagen, aber das unheimliche Starren dieser schwarzen Augen lähmte sie, und so konnte sie nur den Kopf schütteln.

„Es ist nicht so, daß ich mich plötzlich anders fühle als ihr, es geht nur darum, daß ich gewisse Dinge getan habe. Mein ganzes

287

Leben habe ich Neger nicht für Menschenwesen gehalten, sondern für etwas so zwischen Stallvieh und Menschen. Ich hätte ja auch nie diese Arbeit verrichten können, wenn das nicht meine Überzeugung gewesen wäre. Kannst du das verstehen? Ein Negermädchen, das war für mich wie eine Kuh, da mußte man zur gegebenen Zeit den Stier heranlassen. Ich habe eben dafür gesorgt, daß ein Zuchtstier auf die Insel kam, eine von ihnen zu bespringen, Scham habe ich dabei keine empfunden."

Seine undramatische Sprechweise verschaffte seinen Worten eine eigenartige Dringlichkeit. Es war ihr klar, daß sie nicht mit abgegriffenen Quäkerphrasen darauf antworten konnte. „Ich verstehe, Caleb", sagte sie, „aber ich kann dir nur sagen, daß für uns zwischen dir, wie du gestern warst, und dir, wie du heute bist, kein Unterschied besteht."

Sein Lächeln war melancholisch und resigniert. „Ich wünsche, ich könnte dir glauben, Becky. Aber du bist jung, unschuldig, rein. Das Leben hat dich noch nicht angefaßt. Ich habe dazu beigetragen, daß du so bist, und ich bin stolz darauf." Sie begriff nicht recht, wovon er sprach, aber sie war tief beeindruckt. Bis zu diesem Augenblick war Caleb für sie eine irgendwie störende Gegenwart gewesen, ein Schatten, der sich über die Heiterkeit ihres Familienlebens gelegt hatte, eine düstere Botschaft aus der Welt der Sklaven. Jetzt sah sie ihn als Mann, einsam, zermartert, aber noch nicht besiegt. Sie wußte nicht woher, aus welcher Einsicht, aus welcher Erfahrung ihr dieses Wissen kam, aber wie sie ihm da so gegenüberstand, wußte sie, daß sie nie fähig sein würde, ihn irgendwohin zu leiten, auch wenn sie in der Macht Gottes stand. Das einzige Mittel, über das sie verfügte, um ihn zu überzeugen, war eine Tat, ein Kuß.

Vor diesem verrückten Einfall schreckten ihre achtzehn Jahre Quäkererziehung zurück. Doch plötzlich wurde ihr bewußt, daß er ein Mann war und sie ein Weib. Eine Versuchung, die bestürzend war, kam über sie, Augenblicke lang war alles Elementare und Weibliche in ihr suchend auf ihn gerichtet. Sie fühlte den Drang, die Arme um seinen Hals zu legen, dieses zerquälte Gesicht an das ihre zu pressen, alle seine Furcht in einem Kuß zu ersticken, in dem Kuß des Lebens. Doch zugleich sprang der Gedanke auf: Die Konsequenzen! Wenn sie sich ihm jetzt hingab, dann mußte sie ihn heiraten, dann mußte sie ihm Kinder gebären, Niggerkinder. Er schien zu erkennen, was ihr durch den Sinn ging. Seine Augen, die mit wachsender Hoffnung in die ihren geblickt hatten, verdunkelten sich wieder, sein Gesicht erstarrte zur tragischen Maske. Sie wollte ihn trösten, ihn schützen vor der Finsternis, in die er zurücksinken wollte, doch war jetzt nicht länger die sinnliche Frau in ihr lebendig, die einige atemlose Augenblicke lang ihren Willen, ihr Schicksal in Händen gehalten hatte; was jetzt von ihr zu ihm reichte, war nichts als das Gute, Edle und Liebende in ihr, das Göttliche. Und mit all der göttlichen Liebe, die sie aufbrachte, sagte sie: „Bitte, Caleb, komm doch mit mir, bleib diese Nacht bei uns."

Und da war wieder sein trauriges Lächeln: „Hab Dank, Rebekah, aber ich bin hier ganz gut aufgehoben. Du mußt dir keine Sorgen um mich machen."

„Dann versprich mir, daß du dich dem Gericht stellen und das Urteil annehmen wirst."

„Das werde ich tun", sagte er, aber etwas in seiner Stimme war von schlimmer Vorbedeutung.

„Versprichst du es mir?" wiederholte sie schwach, während ihr selbst ihre scheuen, jungfräulichen Mittel verächtlich erschienen. Ach, wenn sie doch jetzt die echte, die blutwarme Kraft gehabt hätte! Nein, es durfte nicht sein, und wenn, so war es jetzt zu spät. Der Moment war vorbeigegangen.

„Ich verspreche es."

„Versprich: Ich werde mich dem Gericht stellen und das Urteil annehmen. Versprich das."

„Ich werde mich dem Gericht stellen und das Urteil annehmen."

Sie suchte seine Augen, denn sie spürte, daß sie ihr auswichen. Schon wollte sie weiter in ihn dringen, als sich in ihr die Scham meldete. Wer war sie denn, daß sie von diesem zerquälten Menschen irgendein Versprechen fordern durfte? Sie wandte sich zur Tür. Er streifte an ihr vorbei, um ihr zu öffnen. Er schien jetzt keine Angst mehr zu haben vor dem, was da draußen in der Nacht ihm auflauern mochte.

Als sie auf der Schwelle stand, hatte sie den Eindruck, alles, was da zu sagen gewesen wäre, sei ungesagt geblieben. Sie dachte daran, seine Wange mit einem keuschen Kuß zu streifen, aber sie sagte nur „Gute Nacht, Caleb, Gott segne dich" und floh. Sie hörte, wie er die Tür hinter ihr schloß.

Einen Augenblick stand sie still, mit klopfendem Herzen, bis ihre Augen sich an die Dunkelheit gewöhnt hatten. Dann raffte sie ihre Röcke auf und lief, so schnell ihre Füße sie trugen, zu dem Wagen, in dem die beiden alten Männer auf sie warteten.

Caleb Martin schloß die Tür hinter ihr mit dem flüchtigen Gefühl, eine Leistung vollbracht zu haben. Während Beckys Besuch hatte es einen Augenblick gegeben, in dem er gedacht hatte, er würde sich nicht länger beherrschen können. Aber dann war es ihm doch gelungen, den Traum unverletzt zu erhalten. Sie war gegangen, wie sie gekommen war, ihre Freundlichkeit belohnt, ihr Mut gesegnet, ihre Unschuld unangetastet. Während der traumhaften Minuten ihres Besuchs war sie ihm als fleischgewordene Reinheit vor Augen gestanden; und er hatte sie gehen lassen, obwohl ihn verzweifelt danach verlangte, sie in seine Arme zu reißen und Schutz zu suchen in ihrer jungfräulichen Unschuld vor den Dämonen, die ihn verzehren wollten. Im Augenblick, da sie fort war, drangen die Mächte der Dunkelheit wieder auf ihn ein. Der Schrecken war überall. Er glaubte ihn greifen zu können, etwas Lebendiges, Tastbares. Doch waren nur Schatten in dem Raum, tanzend mit der Kerzenflamme. Kam das Gefühl der drohenden Verdammnis und Vernichtung aus diesem Schattentanz? Er wußte es nicht und es lag ihm auch nichts daran. Doch vielleicht die einzige Hoffnung, zu überleben, war, wenn ihm an etwas lag. Aber wozu überleben? Als was überleben? Als Weißer oder als Neger? Sein ganzes Leben bisher war Lüge gewesen, er war ein Mensch ohne wirkliche Identität, ohne Seele. Wenn die Neger keine Seele hatten, warum sollte er dann eine haben? Der Begriff Seele war in seinem Bewußtsein mit der Vorstellung von Männlichkeit verflochten. Die äußerste Verzweiflung, der er gegenüberstand, war die Idee, daß ein Halbblütiger keinen Samen des Lebens in sich trage – daß der Mischling wie ein Maultier eine geschlechtslose Mißbildung sei.

Er brach seinen festen Entschluß: mit einem Griff holte er die

290

Flasche unter dem Strohsack seines Feldbettes hervor und nahm einen langen, gierigen Zug, den Kopf zurückgeneigt, während sein Schatten, an den Hüften gebrochen, im Tanz der Kerzenflamme an der Wand hüpfte. Als er wieder zu Atem kam und sich den Mund mit dem Handrücken abwischte, wußte er, daß es nutzlos war – er würde vom Rum betrunken werden, aber aus der Flasche keine Erkenntnis ziehen. Wenn die Neger Seelen hatten, dann lastete auf ihm die Sünde, sie so mißbraucht zu haben, daß es für ihn keine Hoffnung auf Erlösung gab. Hatten sie keine, so wurde er dadurch selbst zunichte. Die Weißen würden ihn doch nie wieder als einen der Ihren empfinden, das hatte er in den Augen dieses unschuldigen Mädchens – so wenig sie selbst sich dessen bewußt war – gelesen. Ausgestoßen würde er sein aus der Familie, zu der er gehört hatte, wenn auch bisher nur als ihr Beauftragter in der Sklavenwelt. Und die Neger, die er sein Leben lang erniedrigt hatte, würden ihn nicht aufnehmen, die hatten nichts als Haß für ihn. Plötzlich wünschte er mit der ganzen Kraft seines Herzens, daß eines ihrer Mädchen, eine dieser seelenlosen Niggerdirnen, ihre Lust an ihm fände, ihn begehrte als Zuchtbock; es mußte keine schöne sein, nicht einmal eine gefällige, bloß eben ein Weibsstück, seiner Männlichkeit bewußt.

Er schmiß die Flasche von sich; sie traf die Wand, kollerte auf den Boden und rollte ein Stück weiter. Dann lag sie still. Er trat an den Tisch, zog mit dem Fuß einen Stuhl heran. Das scharrende Geräusch tat seinen Nerven weh. Er ließ sich auf den Stuhl fallen, die Ellbogen auf den Tisch gestützt. Jesus erbarm dich! Hab Erbarmen – mit wem? Wenn er nur ein geschlechtsloser Mischling war, dann war da nichts, kein Gefäß, worin die kostbare Gnade aufzufangen, keine Seele, nur Leere. Caleb. Belac. Belac Nitram. Was machte es schon aus? Sein Name bedeutete nichts mehr, ihm nicht und niemandem. Er begann betrunken zu werden.

Spiralen von Schwindelgefühl umwölkten sein Gehirn. Laut sagte er sich vor: „Nigger, Weißer, egal, laß mich etwas sein, etwas! Gott, laß mich doch etwas sein!" Dieses Etwas schlug mit einem dumpfen Anprall gegen den Boden. Er blickte auf. Die Tür war geschlossen. Die Fenster zu. Nichts, da konnte niemand sein. Besoffen war er. Und dann sah er es. Auf dem

Boden, ein paar Schritte entfernt, lag eine graue Schlange. Er schüttelte den Kopf; der alkoholische Nebel klarte einen Moment lang auf. Es war keine Schlange, es war ein Strick. Und während er so saß, dieses Ding offenen Mundes anstarrend, setzte draußen in der Nacht ein dumpfes Pochen ein, das rhythmische Pochen einer Trommel. Wie weggeblasen die Trunkenheit. Teilnahmslos dachte er: Die warten nicht einmal bis zum Vollmond. Und dann: Für die bin ich jetzt ein Nigger! Was immer ich denken mag, für die bin ich ein Nigger! Er fühlte sich auf eine irre Weise erleichtert. Er gehörte zu denen. Er war jemand! Sein Gebet war beantwortet worden. Doch dieses Glücksgefühl war kurzlebig, denn sein Lebenswille machte ihm verzweifelt klar, daß sein Leben in äußerster Gefahr war; der Strick galt ihm.

Er stieß sich vom Tisch ab, schob sich zur Wand, um nach seiner Flinte zu greifen. Als er auf den Füßen stand, hatte er das Gefühl, sie wären mit nassem Sand gefüllt; er konnte sie nicht heben, und mit Entsetzen merkte er, daß er vor sich hin kicherte.

So ging das nicht! Er mußte das Gesöff loswerden. Wieder stieß er sich vom Tisch ab, taumelte zur Tür, schob sie auf, torkelte auf die Veranda hinaus, fand Halt an einem der Pfosten; an den Pfosten geklammert, stemmte er sich hoch, ließ sich wieder sinken. Der Brechreiz war spürbar, aber nichts geschah. Er beugte sich vor und steckte die Finger tief in den Mund. Endlich reagierte sein Magen, und es gelang ihm, etwas zu erbrechen, sauer gewordene Flüssigkeit brannte in seiner Nase. Er würgte weiter, bis der letzte Tropfen Alkohol und Gallensaft sich aus seinem Körper hochgequält hatte. Jetzt streckte er sich, nahm einen tiefen Zug der kühlen Nachtluft; er fühlte sich schwach und elend, sein Körper schlotterte zwar unbeherrscht, gehorchte aber doch wieder seinem Willen. Er öffnete die Augen weit, wollte wieder zur Tür – da sah er sie.

Sie stand draußen auf dem Weg, reglos, ließ die Arme herabhängen. Obwohl er die Figur noch nicht deutlich wahrnahm, wußte er doch, daß da eine Frau war, eine Schwarze. Ihr Gesicht, ihre Arme und die Beine, die dünn und gebrechlich waren wie die eines Vogels, waren weiß bemalt. Sollte sie einen Vogel darstellen? Nun begann sie sich zu bewegen. Langsam, rhythmisch, kam sie auf ihn zu, mit den gestelzten Tanzschritten eines Reihers. So nah kam sie, daß er die Umrisse ihres schwarzen Körpers im Sternenlicht erkennen konnte, und da wurde ihm klar, daß es nicht ein Vogel war, den sie vorstellte, sondern ein Skelett. Das Gesicht ihm zugewandt, sacht schwingend im Rhythmus der Trommeln, stand der Tod.

Er riß sich aus der Verzauberung, taumelte in sein Zimmer zurück, schlug die Tür zu und lehnte sich gegen sie, keuchend. Die Trommeln pochten lauter; sie schienen eine Nachricht, ein Wort weiterzutragen. Den Atem anhaltend, lauschte er und versuchte zu verstehen, was die Trommeln sagten. Jetzt hörte er hinter sich an die Haustür pochen. In Panik taumelte er in die Mitte des Zimmers, zu dem Schrank, in dem das Gewehr war. Zu spät erinnerte er sich, daß er die Tür hätte verrammeln müssen. Er riß die Schranktür auf, wühlte zwischen Kleidern und Schuhen. Ein Schuh fiel heraus, das Kerzenlicht spiegelte sich in der Schnalle. Seine Sonntagsschuhe! Zur Andacht pflegte er sie zu tragen. Die Andacht – der Gedanke an sie ließ ihn von seinem Vorhaben abgehen. Es hatte keinen Sinn, nach dem Gewehr zu greifen; er war bereit, hinzunehmen, was von Gott war in dieser Frau, die sich ihm in der gespenstischen Todesmaske darbot.

Vor ihm, lächelnd, die Augen auf eine unpersönliche Weise ruhevoll, stand Cleo. Sie war nackt. Auch das auf ihre Haut gemalte Skelett konnte die Schönheit ihres Körpers nicht mindern. Nie hätte er sich träumen lassen, daß er eines Tages in einer Negerin verführerische Schönheit sehen könnte. Jetzt stand sie vor ihm, die schönste, begehrenswerteste Frau, die er je gesehen hatte. Die Zähne, die sie lächelnd entblößte, schimmerten, ihre Brüste waren, als sie langsam die Arme hob, von makelloser Schönheit. Ihre Hände hielten mit unendlicher Anmut den Strick. Er dachte, sie wolle ihm den Strick reichen, aber sie schlang ihre Arme in langsamer Bewegung um seinen Nacken. Etwas Weiches strich über seinen Hinterkopf, die ausgestreckten Arme wichen zurück, zogen den Strick lang, bis er herabfiel und, wie eine lebende Schlange, in ihrer Hand zuckte.

Jetzt gab es für ihn einen Augenblick kalten, eisigen Erkennens. Der Zauber war über ihn gezogen, sie selbst war jetzt in

Trance. Seine einzige Hoffnung war, sie wachzuschütteln, das Göttliche in ihr zu wecken, an die wirkliche, einmalige, unersetzliche Cleo, die in Gottes Plan stand, zu appellieren, Cleo, die es vorher nie gegeben hatte und nie wieder geben würde. „Cleo!" flüsterte er. „Wach auf, Cleo, ich bin's, Caleb, sieh mich doch an!" Sie lächelte wieder, unbeteiligt, und kam näher an ihn heran, langsam, die Hände ausgestreckt. Wieder legte sie die Arme um seinen Nacken, aber diesmal zog sie den Strick nicht um seinen Hals, ihre gelenkigen Finger machten sich an den Klammern und Schnallen seines Mieders zu schaffen. Und wieder trat sie zurück, die Arme ausgestreckt, an deren einem der Strick baumelte, sacht wich sie zurück, als ob sie ihn führte.

„Cleo, wach auf!" rief er. Doch sein Körper gehörte ihm nicht mehr. Er schüttelte das Mieder ab. Die Trommeln rasselten jubelnd. Er streifte die Strümpfe ab, die Hose, nun stand er nackt.

Lächelnd, die Lider schlafschwer, begann sie mit sinnlichen Bewegungen sich zu wiegen, im Rhythmus der Trommeln ihr Becken ihm zuschiebend. Streckte er aber die Hände nach ihr aus, so tänzelte sie zurück, spöttisch ihn zwingend, ihr zu folgen.

Er war sich dessen nicht bewußt, daß er aus dem Haus trat, die Veranda überschritt, in den Schatten der Kastanienbäume kam. Ihren Schoß im Rhythmus des sinnlichen Wogens, das ihren Körper bewegte, vorschiebend und zurückziehend, tanzte sie langsam die Straße entlang, den schwarzen Rändern des Indigofeldes zu, das im Sternenlicht schimmerte.

Weiter und weiter tanzten die beiden, nun in den Rhythmus der Trommeln gefügt, ein nackter Mann, ein Skelett, und ein weißer Strick, der zwischen ihnen baumelte.

Tief bestürzt von Harrys Tod war Josh Baker den ganzen Tag umhergelaufen, Rache im Sinn. Auch nachdem er zu Bett gegangen war, fand er keinen Schlaf, sondern träumte halbwach davon, wie er Caleb erwürgte, ihn langsam tötete aus Rache für den Mord an seinem Freund. George McHair, der sein Bett teilte, schnarchte. Da hörte Josh aus dem Stöhnen und Schnaufen einen fernen Ton heraus: Trommeln. Er glitt aus dem Bett und trat auf den Balkon hinaus, um zu lauschen.

Das rhythmische Dröhnen der Trommeln schien langsam näher zu kommen. Als seine Augen sich an die Dunkelheit gewöhnt hatten, unterschied er im Sternenlicht schwankend und unwirklich Gestalten, einen Schwarm tanzender Schatten. Tänzelnd und sich drehend kamen sie langsam auf das Haus zu, einer von ihnen, sich rückwärts bewegend, einen fahlen Körper anlockend, war ein phosphoreszierendes Skelett. Erst als sie dicht unter dem Balkon waren, erkannte Josh Caleb. Dann begann das Skelett, einen weißen Strick in der Hand, den Kastanienbaum zu erklimmen.

Josh entwand sich der Verzauberung des Anblicks und lief in sein Zimmer zurück. Einen Augenblick lang zweifelte er, ob er nicht all das nur geträumt hatte. Georges Schnarchen drang friedvoll in die Stille. Jetzt aber folgte ein unheimliches Rascheln im Baum draußen. Eine kindliche Angst trieb Josh vor sich her, er öffnete die Tür der Kleiderkammer und schlüpfte hinein. Mit wilden Bewegungen bahnte er sich einen Weg bis zur Rückwand, zwischen hängenden Kleidern, an aufgereihten Schuhen vorbei, an hier aufbewahrtem vergessenen Spielzeug, das nach den Tagen der Kindheit roch. Hier am anderen Ende der Kammer war Stille und Sicherheit. Es schien Josh sogar, daß die Nachricht von Harrys Tod noch nicht bis in diesen geheimen Winkel gedrungen war. Und dann hörte er, sogar hier, an diesem sicheren Platz, einen Schrei, der das Blut erstarren ließ.

Er legte die Hände an die Ohren, sank in die Knie und begann zu beten.

Von dem Schrei geweckt, rannte Abby auf den Balkon hinaus und fand Becky in ihrem Nachtgewand ohnmächtig auf dem Boden liegen. Über ihr schwang grauenvoll und grotesk lebendig der nackte Körper eines Mannes an einem Seil, die Beine ins Leere stoßend, die Hände an den Hals geklammert. Abby schrie auf. Während sie dastand, die Hände vor dem Mund, die Augen schreckgeweitet, und die Zuckungen des Gehenkten in atemlosen Grauen anstarrte, kam jemand auf sie zugerannt, legte die Arme um ihre Schultern, riß sie herum. Sie blickte auf und erkannte George.

Sie entzog sich ihm und floh in ihr Zimmer zurück. Dort warf sie sich auf das Bett, in ihr Kissen hinein heulend, in der Erwartung, daß ihre Mutter kommen würde, wie sie es immer tat, wenn Abby laut genug jammerte. Doch niemand kam. Sie hörte Laufen draußen, Stimmen, Schreie, ein Aufschlagen, dann ein Geräusch, als würde etwas Schweres weggeschleppt. Eine Glastür schlug in der Ferne zu, dann war es wieder still.

Eine lange Weile lag sie so und lauschte. Endlich faßte sie wieder den Mut, den Kopf zu heben und zur Tür zu blicken, die offenstand. Sie spürte eine heftigere Angst als je zuvor, aber etwas zog sie zu der Tür, ein Zwang, der stärker war als ihre Furcht.

Jetzt stand sie in der Balkontür und blickte auf den leeren Baum. Jemand berührte ihren Arm. Sie unterdrückte einen Schrei, eine Stimme flüsterte: „Still! Ich bin's, Josh! Was ist geschehen?"

Ihn sehen, löste den Bann. „Ach, Josh! Caleb Martin hat sich erhängt!" Wildes Schluchzen schüttelte sie. Sie sank gegen Josh, er schleppte sie in ihr Zimmer zurück und half ihr wieder ins Bett. Sie schmiegte sich an ihn, konnte nicht aufhören, laut zu weinen und barg ihr Gesicht an seiner Brust.

Er strich ihr über das Haar und sagte: „Nicht weinen, Abby, nicht weinen, es ist nichts, alles ist wieder gut. Alles ist gut, ich bin da, ich bin bei dir."

Seine Kraft und seine Zärtlichkeit waren so tröstlich, daß ihr Schluchzen nachließ.

Gegen Morgen überkam Boniface Baker Müdigkeit. Seit es geschehen war, hatte er Ruhe, Festigkeit und Klarheit bewahrt – das Chaos, in das seine Familie nach Calebs Selbstmord gestürzt war, ließ ihm keine andere Wahl. Mit Georges Hilfe hatte er den Leichnam abgeschnitten. Nach einem vergeblichen Versuch, ihn wiederzubeleben, hatten sie Caleb in Großmutters Zimmer getragen, das seit ihrem Tod nicht mehr benützt worden war. Peleg half ihnen, den Leichnam zu bekleiden. Dann saßen sie eine Weile in stiller Andacht an dem Bett;

Becky, Beulah und für kurze Augenblicke auch Joshua kamen herein. Endlich blieb Peleg allein und hielt bei der Leiche seines Sohnes die Totenwache. Er gedachte in der Morgendämmerung nach Philadelphia zu fahren, Hannah zu verständigen und sie zur Beerdigung hierherzubringen. Es war beschlossen worden, daß der junge Harry neben ihm auf dem Bestattungsplatz am Ufer begraben werden sollte.

Erschöpft schleppte Boniface sich in sein Arbeitszimmer, um sich ein paar Stunden Schlafs zu gönnen. Er ließ sich in den Stuhl fallen, lehnte den Kopf zurück, schloß die Augen. Ihm war, als führe er bei hohem Seegang auf einem Schiff. Eine leichte Übelkeit befiel ihn. Vielleicht war es Erschöpfung, vielleicht der Schock, den er erlitten, als er den geisterhaften Körper mit den hervorquellenden Augen gefunden hatte, die arme, bewußtlose Becky, und Abby, zu George McHairs Schulter schluchzend.

Er mußte diese Bilder verscheuchen, er durfte nicht mehr daran denken. Er zog die Tagebücher seiner Großmutter hervor und schlug eines davon auf:

„So sagte ich zu dem Gefängniswärter: ‚Bitte, Freund, sieh sie doch an! Sie ist krank, ihr Geist wandert, wir müssen etwas tun, um ihre Qual zu lindern. Warum gibst du ihr nicht eine Decke? Warum behandelst du sie schlechter, als du einen Hund behandeln würdest?' Doch sein Herz war verhärtet vom Haß, den die Puritaner-Prediger erregten, indem sie uns Antichristen nannten, schmutzige Teufelssaat, Huren von Babylon. Er spie mich durch das Gitter hindurch an und sagte böse: ‚Ich hoffe, sie verfault bald in der Hölle, und du auch, gotteslästerliche Metze, und der Teufelsbalg in deinem Bauch erst recht!', und damit ging er weg. Die Laterne nahm er mit. Ich hörte Mistreß Best in der Dunkelheit wimmern. Das Stroh raschelte, wenn sie sich bewegte. Zu meiner Beschämung muß ich zugeben, daß ich kaum etwas empfand. Ich hatte zu viel durchgemacht. Mir war elend, und ich fror und ich verlor Blut, wie ich es getan hatte, seit wir in Boston angekommen waren. Ich kroch in eine Ecke unserer Zelle und saß dort, die Hände an die Ohren gepreßt, um ihr Jammern nicht zu hören. Ich wollte nur einen einzigen Gedanken denken, nämlich den, wie ich diese erstarrende Kälte überleben sollte. Es kam ein Moment äußerster Verzweiflung, in dem ich ernsthaft daran dachte, ihr im Augenblick, in dem sie tot war, was hoffentlich bald geschehen würde, die Kleider abzustreifen und mich selbst damit zu bedecken. Ihren kleinen Körper würde ich an mich drücken, nicht um sie zu schützen, sondern um ihren Rest Wärme zu rauben. Das war ein tierisches Kämpfen ums Leben, schwanger mit der Frucht der Vergewaltigung, wie ich war, ausgehungert bis an die Grenze des Wahnsinns, sterbend vor Kälte. Ich war in die finsterste, schaurigste Bestialität, die meine Seele je überwältigt hatte, abgesunken. Ich haßte sie, ich haßte den verdammten Findling, ich haßte den gefräßigen kleinen Bastard in meinem Bauch, der alle meine Lebenskraft verzehrte, am allermeisten aber haßte ich mich selbst. Wie ich so dasaß, den Kopf auf die Knie gestützt, gefangen in dem Käfig meines Hasses und meiner Bitterkeit, begriff ich, daß es nur eine kurze Weile dauern würde, bevor auch ich in dieser Hölle starb, so wie die alte Frau in der Finsternis des Kerkers eben ihr Leben beendete: fiebernd, jammernd, sich im Stroh wälzend. Mir war in diesem Augenblick auf ungeheuerliche Weise klar, daß es in mir keine wirkliche Liebe, keinen wirklichen Glauben mehr gab. Ich war mir selbst fremd geworden durch eine Vorstellung von meinem Wesen, die ich mir aus Phantasiebildern gezaubert hatte: die opferfreudige heiligmäßige Jungfrau, ständig erstrahlend im Lichte von Gottes Gegenwart. Selbstbetrug war das gewesen, ich war nichts dergleichen, doch war es jetzt zu spät. Ich hätte früher den Mut haben müssen, mich zu sehen, wie ich wirklich war, gleich zu Anfang, als ich es übernahm, Margaret Fell in den Kerkerverliesen von Lancaster Castle zu vertreten.

Was war ich doch damals für eine gierige, selbstsüchtige Hündin gewesen! Von Margarets Heiligkeit fasziniert, hatte ich unbedingt auch eine Heilige sein, auch hinaufragen wollen zu menschlicher Größe, meine Hände an diesen blendenden Glanz legen, der strahlte, als wäre er ein Juwel, ein goldenes Gefäß, blinkend im Kerzenlicht. Aus Gier, nicht aus Selbstlosigkeit, war ich davon angezogen. Und jetzt war ich da, in diesem Bostoner Gefängnis, das Kind einer Bestie im Leibe, deren Gesicht ich nie gesehen, und fror mich zu Tode, zusammen mit einer armen Närrin, die ihr letztes bißchen Leben im Dunkel verhauchte. Und alles, was die heilige Ann denken konnte, war, wie sie der Alten die Kleider vom Leib ziehen könnte, bevor sie erkalteten, wie sie das Kind an sich reißen könne, um sich an seinem Körper zu erwärmen. Während ich so dasaß und endlich der Wahrheit ins Gesicht blickte, zerrte eine Hand an meinem Rock, und ein schwaches Stimmchen flüsterte: ‚Ann, Ann, komm, doch, bitte, ich glaube, Mama ... ich glaube, sie braucht dich ...'

Noch heute, so viele Jahre später, weiß ich genau, was ich in diesem Augenblick dachte. Mein erster Impuls war, das Kind wegzustoßen. Dann dachte ich: Wenn ich das tue, verschrecke ich das Kind, und vielleicht will es sich dann nicht an mich kuscheln, sobald die alte Frau tot ist. Darum kroch ich in die Ecke, wo ich sie wimmern und mit jämmerlicher, wahnsinniger Fistelstimme Unsinn reden hörte. Es muß ein sehr mitleiderregender Anblick gewesen sein, aber in mir war kein Rest Mitgefühl mehr lebendig. Henrietta Bests Todeskampf glich dem Sterben eines Hundes, der sich zuckend auf dem Rücken wälzt, bevor das Bewußtsein erlischt und sich ins Nichts wandelt. Und das war es, ich weiß es, was sie in ihrem Jammer vor sich hinmurmelte: das Bewußtsein ihrer Nichtigkeit, der Zusammenbruch ihrer Selbsttäuschung, sie wäre einmalig, einzig, unersetzlich, eine Ewige Seele. Verglich man diesen Tod mit dem Bonnys in dem anderen Kerker, so schien der ihre Spott und Hohn, eine sinnlose Grausamkeit, eine wahnwitzige Vergeudung. Und doch, da ich widerstrebend im Stroh nach ihrer Hand tastete, wurde mir klar, daß dieser Tod besser war als das süße, kitschige Passionsspiel des sterbenden Bonny, der von anbetenden Bewunderern umgeben war. Bis zu dieser Zeit hatte ich in der Illusion gelebt, ich wäre ein zur Selbstaufopferung geneigtes, heiligmäßiges Wesen, das seinem jungen Liebhaber ins Gefängnis gefolgt war, um ihn nicht allein gehen zu lassen. Jetzt, in dieser Finsternis, im Augenblick des Erlöschens, sah ich die Wahrheit, die ich bisher nur in seltenen erschreckenden Augenblicken geargwöhnt hatte: unser Geborenwerden ein Zufall, unser Leben eine kurze Folge von Selbsttäuschungen, unser Tod so sinnlos, so bedeutungslos wie der Tod eines Kaninchens oder das Erlöschen eines Sterns. Und ich bin nie wieder fähig gewesen, mich dieser Überzeugung zu erwehren.

Vielleicht ist die geheime Ursache meines endgültigen Versagens, daß ich in meinem tiefsten Wesen diese Erkenntnis, diese unbeirrbare Überzeugung unserer Nichtigkeit trage. Wie ich so dort saß, diese angstbebende Hand in der meinen, und wie ich der verdämmernden Stimme in ihrem Todesgrauen lauschte, gelangte ich zu der Überzeugung, daß ich mich an irgendeine Hoffnung, einen Glauben, ob wahr oder falsch, anklammern müsse, wenn ich nicht den Verstand verlieren wollte. Der letzten Wahrheit konnte ich nur sekundenlang in die Augen schauen; selbst ich, unzerstörbar in meiner Selbstsucht, konnte im Vakuum der Nichtigkeit nicht überleben. Ich mußte etwas finden, woran ich mich halten konnte, ich mußte mir eine Illusion schaffen, die mir die Überzeugung brachte, mein Kampf ums Überleben hätte noch einen anderen Sinn als die Lebenskraft dieses kleinen Ungeheuers in meinem Bauch. Das strebte hinein ins Leben, in diese gequälte halbe Minute des Bewußtseins, die man Leben nennt. Wäre ich mohammedanisch gewesen oder buddhistisch, so hätte ich mich vielleicht an eine andere Vorstellung geklammert. Aber da der Zufall meiner Geburt mich in England heimisch gemacht hatte, wo eine Illusion herrscht, die Quäkertum genannt wird, konnte ich nur Halt finden, indem ich mich an die Worte klammerte: ‚Alles, was Er hat, bist du.‘

Warum gerade diese Worte? Ich weiß es nicht. Ich fühlte in dem Augenblick weder Zärtlichkeit noch Mitleid, mir bedeutete diese alte Frau und ihr Zwerg nichts. Und doch sagte ich mir: Alles, womit Gottes Liebe sie erreichen kann, bin ich. Ich streichelte die Hand der alten Frau und fühlte, wie ihr Griff sich in meiner Hand lockerte. Schön, dachte ich, eine mehr ins Buch Gottes geschrieben. Seien wir also freundlich zu dem Kleinen da. Und reden wir uns ein, daß wir dieses Wesen, das da aus meinem Bauch hervorkommen wird, lieben werden, ob es nun Mensch ist oder Reptil.

Henrietta Best starb in dieser Nacht. Ich bedeckte ihren Leichnam mit Stroh und drückte das zitternde Kind an meine Brust, nicht um von seiner Wärme zu zehren, sondern um ihm von meiner abzugeben. Mich überwältigte der mütterliche Drang, ihm in der Dunkelheit Tröstliches zuzuflüstern, wie einem Baby, bis der Junge in Tränen ausbrach und sich verzweifelt an mich klammerte. Bevor ich recht wußte, was da geschah, war er mein Sohn geworden, denn er war ein verängstigtes Kind und hatte auf dieser Welt nichts als mich. Es war, als würde ich, indem ich dieses Kind annahm, auch Mutter meines eigenen Kindes. Ich dachte jetzt an das kleine Geschöpf in meinem Leib nicht mehr wie an die Saat eines Scheusals, das über mich gekommen war wie ein Ziegenbock, sondern als ein zweites hilfloses Waisenkind, das, einmal zur Welt gekommen, nun niemanden mehr hatte als mich.

Läßt man alle gesalbten Phrasen weg, so ist mir in dieser Nacht, in der Henrietta Best starb, nur geschehen, daß ich mich in die Mutterschaft geschickt habe.

Henriettas Leichnam wurde am nächsten Morgen von zwei Schließern weggeschleift, als wäre sie ein verrecktes Stück Vieh. Ich hielt den kleinen Jungen fest und barg seinen Kopf an meiner Brust, als sie sie an den Fußknöcheln packten. Das Kleid schob sich über ihren Kopf, und die steifen hölzernen Arme, die gespreizt herabhingen, verfingen sich, als sie sie durch die Tür zogen. Die Schließer zerrten den Leichnam mit brutaler Kraft durch die Enge, es muß dabei etwas zerbrochen sein; ich streichelte das Haar des Kindes und murmelte Koseworte, damit er das nicht in Erinnerung behalte, wie seine Mutter zerbrochen wurde, als man sie auf den Dunghaufen schleppte. Wenn je ein Tod sinnloser war, so war es der von Henrietta Best, ich kann das wirklich nicht bestreiten. Doch eines ist unwiderlegbar: der Tod ihrer Kinder und ihre Vergewaltigung durch die Soldaten des Kardinals haben einen gewissen Sinn erhalten, als ich damals tief unten im Laderaum des Schiffs in ihren Armen zusammenbrach und ihr sagte, mir wäre Gewalt angetan worden. Da hatte sie sagen können: ‚Still, mir ist das auch geschehen.‘ Diese Worte haben mir damals das Leben gerettet und den Verstand erhalten. Was mich damals gerettet hat, war ihre Liebe und ihr Verständnis, das offenbar die Frucht ihrer eigenen Leiden war, sie konnte sich mit mir gleichsetzen ohne alle frömmlerische Heuchelei. Als sie mich damals tröstend in ihre Arme nahm, fühlte ich die Gegenwart Gottes. So habe ich herausgefunden, daß Gott uns in der Tat ebenso braucht wie wir ihn. Nur in unseren Handlungen kann er sich voll aussprechen. In einem Punkt hat Margaret Fell unbestreitbar recht gehabt: Wunder sind unwichtig. Dem Menschen in seiner äußersten Verzweiflung kann von einer Allmacht, die wie ein Zauberer im Zirkus Weltall plötzlich die Naturgesetze außer Kraft setzt, nicht geholfen werden. Wenn es Gott gibt, dann ist Er das, was das Evangelium des Johannes von Ihm sagt, was George Fox von Ihm sagt und was Margaret Fell, ihre Seele sei dafür gesegnet, mich gelehrt hat: Er ist die Liebe. Alle anderen Auslegungen seines Wesens sind nur unzulängliche Versuche, dieser letzten Erkenntnis und den damit verbundenen Forderungen auszuweichen.

Ich selbst bin nicht fähig gewesen, dieser Erkenntnis gemäß zu leben. Als mir klar wurde, daß Sklaverei ein Übel ist und böse, fuhr ich doch fort, Sklaven zu halten. In diesem Augenblick habe ich dem unermeßlichen Ozean aus Licht und Liebe den Rücken gekehrt. Wie tückisch, wie hinterhältig ist das Böse in mir weiter und weiter gewachsen! Wie hat es gewuchert! Erst gab ich einer armen Schwarzen, die von einem weißen Mann mißbraucht worden war, und ihrem halbblütigen Kind Unterkunft. Bald nachher bemerkte ich, wie nützlich sie in der Küche war. Danach wurde mir ein schwarzes Ehepaar angetragen, das sonst auf dem Markt verauktioniert worden wäre und sich vielleicht einem harten Herrn auf Gnade oder Ungnade ausgeliefert gesehen hätte. Bevor ich es merkte, wurde ich zur Sklavenhalterin und bildete mir ein, ich täte den Sklaven damit etwas Gutes, ich erwiese ihnen eine Gunst. Die Pflanzung blühte auf, ich brauchte mehr und mehr Geld – nicht für mich, o nein, immer für andere; und so finde ich mich jetzt im Besitz eines ganzen Stalles voll schwarzer Lasttiere, die ich höchst liebevoll mißbrauche und die sich dabei sogar – davon bin ich überzeugt – ganz glücklich fühlen. Wenn ich aber Gott in der Andacht gegenüberstehe, dann weiß ich, daß dies in Seinen Augen ein Greuel ist. Ich weiß das, weil Er sich in diesen seltenen Momenten durch eine Botin mir offenbart, durch Margaret Fell. Wenn ich an sie denke, dann sehe ich ihre Augen auf mich gerichtet, und dann weiß ich: erst wenn der letzte Sklave freigelassen und Sorge dafür getroffen sein wird, daß er auch frei bleibt, erst dann werde ich mein Leben an der Stelle aufnehmen können, wo ich es für mich und die Meinen abgeschnitten habe, als ich das Unverzeihliche tat. Denn es gibt gewisse Dinge, die durch und durch böse sind und mit denen man, so aufgeklärt und vernünftig man sein mag, unmöglich einen Kompromiß schließen kann. Sklaverei ist eines von diesen Dingen."

Boniface Baker schloß das Heft, legte es auf den Tisch und trat in das Zimmer seiner Großmutter. Er berührte Pelegs Arm und übernahm Pelegs Platz am Totenbett. Calebs Gesicht sah in der frühen Dämmerung bläulich aus, die Augen waren fast ganz von den Lidern verdeckt, die Hände gefaltet. Das Sterben von Harry und Caleb war so gänzlich nutzlos gewesen. Er wollte beten, aber ein Gefühl der Sinnlosigkeit überwältigte ihn. Wenn ihm aus den Selbstenthüllungen seiner Großmutter etwas klargeworden war, so dies: Dem Leben oder Tod eines Mitmenschen Sinn zu geben, das mußte man selber tun, das durfte man nicht salbungsvoll Gott überlassen. War er fähig und willig, das zu tun? Nein, er war es nicht. Aber eines wenigstens konnte er tun, er konnte in dieser Sache so aufrichtig sein, wie es seine Großmutter gewesen war.

Nein, er würde Harry nicht inmitten der Familie begraben. Es war Heuchelei, ein Kind unter Leuten zu bestatten, mit denen zu leben ihm nicht gestattet gewesen war.

Joshua betrat unbemerkt das Sklavenhospital, bereit, bei der geringsten Störung wieder zu verschwinden. Es war sonst niemand in dem dunklen Raum; den Körper des Toten auf dem Feldbett unter dem Fenster konnte man für einen Schlafenden halten.

Ein Fleck Sonnenlicht lag auf dem Bett und ließ das Laken weißer, die daraufliegenden Arme noch schwärzer erscheinen. Joshua nahm seinen Hut ab und näherte sich auf den Zehenspitzen dem Bett. Die Vorstellung, Harry liege im Schlaf oder sei bewußtlos, schwand, als Joshua am Bett stand und auf den Leichnam niederblickte. Diese schwarze Holzpuppe, auf deren Gesicht ein schwaches Grinsen erstarrt war, hatte nichts mit dem lebensfrohen, schelmischen Burschen zu tun, den er gekannt hatte. Harry war tot.

Eine Weile stand er und blickte auf die Leiche hinab. Eine Schmeißfliege prallte einige Male summend gegen die Fensterscheibe. Erinnerungen an Küsse, an Zärtlichkeiten, an Worte wachten auf – er hörte Harrys verzweifelten Ruf bei ihrer letzten Begegnung in dem Baum. Ein Verlangen überkam ihn, die schwarze Hand zu küssen, deren Liebkosungen er so oft angenommen hatte. Es drängte ihn zu diesem Körper, der so warm und lebendig, so bebend vor Leidenschaft gewesen war. Er hatte diesen Körper besser gekannt als seinen eigenen.

Er durfte nicht schluchzen und jammern, denn da draußen waren die Sklaven, deren Aufseher er eben geworden war. So eilte er hinaus, durchschritt die Negersiedlung, so rasch er konnte, ohne jemanden anzusehen. Er erreichte Calebs Haus, schlug die Tür hinter sich zu und blieb schweratmend stehen. Durch die Ritzen in den Fensterläden sickerte schwaches Licht. Er trat an den Schrank, in dem Caleb seinen Rum verwahrte. Er tastete sich durch den Raum, fand einen schnallengeschmückten Schuh. Das Gefühl, daß Caleb noch lebendig und zugegen sei, verstärkte sich, als sein Fuß gegen das Stahlmieder stieß. Das Ding machte Calebs Gegenwart spürbarer als der Leichnam auf Urgroßmutters Bett.

Während Joshua so dastand, in sich verloren, strich ein Schatten an den undichten Fensterläden vorbei, und gleich darauf ging sacht die Tür auf. Es war Cleo. Als sie so verstohlen hereinschlich, stand für einen Augenblick die Erinnerung an die gemeinsam verbrachte Kindheit vor ihm; es war, als käme Harry mit ihr herein.

Sie trat auf ihn zu, das Bewußtsein von Harrys körperlicher Nähe wurde intensiver. Sie kam dicht an ihn heran und blickte in seine Augen. Er forschte in den ihren, doch er sah nur goldene Punkte. Dann hob sie die Arme und zog ihn an sich zu einem Kuß.

Einen unheimlichen Augenblick lang war es, als käme tatsächlich Harry, um Abschied zu nehmen. Dann antworteten Joshuas Sinne auf den Kuß. Angst und Bedrängnis, Scham und Traurigkeit, Einsamkeit der Knabenjahre, alles schwand vor dem Andrang der Begierde. Ohne ihre Umarmung zu lösen, sanken sie geschlossenen Auges, an der Stelle, wo sie standen, nieder, bis er das Gleichgewicht verlor. Sie stürzten übereinander; von diesem Augenblick an übernahm Cleo die Führung. Sie verwandelte sich in einen Panther, der ihn ansprang. Nie zuvor hatten sie einander in solch wilder, rasender Selbstvergessenheit geliebt. Als er in der Ekstase der Erfüllung aufschrie, entzog sie sich ihm plötzlich, richtete sich auf und starrte zur Tür. „Cleo?" fragte er.

Sie antwortete nicht. Er glaubte zu sehen, daß die Tür gerade zugezogen wurde, aber er war nicht sicher. Er kam auf seine Füße, zog seine Hosen hoch und taumelte auf die Veranda, um hinauszusehen. Die Straße war völlig menschenleer. Er wandte sich um und wollte wieder in den Raum treten, als er blitzartig erkannte: die Straße war völlig leer, weit und breit kein Sklave in Sicht, dafür gab es nur eine Erklärung. Massa war hiergewesen. Cleo hatte seinen Vater gesehen.

Er eilte in das Zimmer zurück und fand es leer.

Boniface Baker raste auf dem holpernden Wagen, das Pferd zu immer schnellerer Gangart peitschend, zum Gutshof zurück. Sein ganzes Denken war in Aufruhr, er empfand nichts als Erniedrigung und Empörung. Sein erster zusammenhängender Gedanke war: du verkaufst sie. Da gibt's keine andere Lösung, du verkaufst die verdammte schwarze Hure! Um Himmels willen, was kann ich tun, um ihn zu schützen? Erst als er sich dem Haus näherte, kam ihm in Erinnerung, daß er in das Negerquartier gefahren war, um die Totenandacht und Bestattung zu ordnen. Diese Pflicht oblag ihm noch, doch wollte er im Augenblick nur allein sein.

Er riß an den Zügeln, schwenkte auf den Pfad ein, der quer durch die Felder zum Landungsplatz führte, band das Pferd an und schob das Ruderboot in den Fluß. Als er vom Landeplatz abstieß, flog ein grauer Reiher, aufgeschreckt durch das Wassergesprüh der Ruder, aus dem Schilf auf und flatterte zornig krächzend in den Nebel auf, der die Insel umlagerte. Boniface ruderte behutsam in die Nebelverhangenheit hinein. Die sachte Bewegung glättete die Verwirrung in ihm. Er ließ das Boot treiben. Wasser tropfte von den Rudern auf den reglosen Wasserspiegel. Als die letzten Tropfen gefallen waren, war in ihm an die Stelle der Verwirrung Stille getreten.

Joshua, sein kleiner Joshua . . . die weißen, knabenhaften Beine in den Schraubstock der schwarzen Schenkel einer

Sklavin gepreßt. Verkauf sie! Verkauf sie! Jetzt aber, in der Stille, wurde ihm bewußt, daß er damit das Übel nicht mit der Wurzel ausrottete. Vielleicht konnte er sich selbst eine Zeitlang einreden, daß er, indem er das Mädchen verkaufte, Joshua vor seiner Verfallenheit an die Negerdirnen gerettet habe, aber es war ja nur *eine* Dirne, die er ihm entzogen hätte! Schon nach einer kurzen Weile würde der Bursche nach einer anderen ausschauen, das war unvermeidlich. Heilen konnte den Jungen nur die Einsicht, daß eine schwarze Frau für seine körperliche Lust zu mißbrauchen eine Sünde gegen die Menschlichkeit, gegen die Güte, das Mitgefühl, die Liebe, gegen Gott war. Becky hatte das vor der Versammlung der Männer mit empörender Offenheit ausgesprochen: Nur das Beispiel konnte überzeugend wirken, nie bloßes Gerede. Wenn er Joshua retten wollte und nicht bloß sein Verderben hinauszögern, dann mußte er dem Jungen durch sein Verhalten beweisen, daß er Sklaverei für böse hielt. Nur wenn er seinen Sklaven die Freiheit gab, würde der Tod Harrys und Calebs Sinn erhalten. Sinnlose Tode von früher würden ihren Sinn erhalten, Tode, die weit zurücklagen, bis in die Verliese von Lancaster Castle, wo Bonny Baker, der Stallbursche von Swarthmoor Hall, gestorben war. Die Schändung seiner Großmutter, der Tod Henrietta Bests und ihrer Kinder in jenem Städtchen in Frankreich, alle diese scheinbar sinnlosen Launen des Schicksals konnten einen letzten, gültigen Sinn erhalten durch die Befreiung der Sklaven auf Eden Island.

Doch was wären die praktischen Folgen? Hatte er sie nicht dem Mann mit dem grauen Hut, der auf der Tribüne des Sitzungssaals stand, ins Gesicht geschrien? Die Sklaven freizulassen, ohne ihnen Land zu geben, hieß sie dem erstbesten gierigen Landeigner ausliefern, der Hand an sie legen konnte, wenn er aber sein Land hier unter die Sklaven aufteilte, dann blieb ihm keine Wahl, dann mußte er irgendwo jenseits der Berge, wo es noch Land gab, eine neue Heimstatt gründen, denn Kapital, um sich in der Nähe von Philadelphia ein Gut zu kaufen, würde ihm ja nicht bleiben. Er war Farmer, das war das einzige, worauf er sich verstand. Doch war er Farmer gewesen in einer Sklavenhalterwelt; wie würde er in der Wildnis bestehen, ohne Schwarze, die für ihn arbeiteten? Wer war er denn? Ein verwöhnter, feist gewordener Mann, der nie selber einen Spaten in die Hand nahm, mit einer tauben Frau und zwei verhätschelten Töchtern, die nie einen Besen gehalten oder einen Brotlaib gebacken hatten, geschweige denn einer kalbenden Kuh zu ihrem Kalb verholfen. Es sagte sich leicht, daß Gott ihm Seine Wünsche persönlich mitgeteilt habe. Es blieb trotzdem sinnlos, sich diesen Wünschen zu fügen, solange man nicht über die Mittel und Kräfte verfügte, es zu tun. Er war Mitglied der Gesellschaft der Freunde, aber nicht irgendeiner verrückten Sekte, die den Himmel auf Erden verwirklichen wollte. Unmöglich konnte er etwas dergleichen in der frechen, hochmütigen Voraussetzung unternehmen, Gott würde es schon für ihn richten. Es mochte Gottes Wille sein, daß er hier alles aufgab, aber sobald Gott ihm die Mittel zur Verfügung stellte, mußte er es auf verantwortliche Weise tun. Er würde warten, bis sich ihm ein Weg öffnete.

Er saß in erwartungsvoller Stille im Boot, eine Antwort, eine bessere Lösung erhoffend. Als keine Antwort kam, ruderte er' zur Insel zurück.

Als er das Boot am Landeplatz festgemacht hatte, stand die Lösung für ihn fest. Er würde Josh mit einem der Schiffe der Woodhouses auf Weltreise schicken und sich einen anderen Aufseher besorgen.

Dann ging er, die Anweisung für die Beerdigung zu geben.

8

Während der Andacht auf dem Friedhof saß Beulah Baker mit den Ihren und mit Calebs Verwandten den Sklaven gegenüber. Wie kurz war es doch her, seit sie Cuffee, den Sklaven, zur Erde gebettet hatten! Jetzt standen zwei Särge auf den Böcken zwischen ihnen und den Sklaven, einer beträchtlichen Anzahl in der Sonne hockender Schwarzer. Die Familie selbst, auf der Bank dicht gegenüber den Särgen, war gegen die Hitze des Sommernachmittags vom Schatten eines Kastanienbaums geschützt.

Wie immer während der Andacht war Beulahs Kopf eine summende Leere. Sie hoffte vom ganzen Herzen, daß es keine Predigt geben würde; sie war außerstande, auch nur ein Wort zu hören. Ihre Schwerhörigkeit verschlimmerte sich rasch. Vielleicht sollte sie sich ein Hörrohr besorgen. Ein paar Jahre noch, dann war sie taub wie ein Türpfosten und praktisch nutzlos, ohne alle Verbindung mit der Umwelt. Vorläufig boten ihr noch, um den ständigen Ansprüchen ihrer selbstsüchtigen Familie zu entgehen, träge Dienstboten und nutzlose Schoßtiere eine gewisse Befriedigung. Ein Innenleben, das der Rede wert war, besaß sie nicht. Sie war nach dem Tagwerk im Haushalt zu müde, um edleren Gedanken nachzuhängen, sie konnte nur an vergangene Geburtstage denken oder Schafe zählen, während ringsum das Feuerwerk der Geistesblitze abgebrannt wurde. Dennoch gab es in dem Halbschweigen, in dem sie jetzt dahinlebte, eine gewisse Harmonie, eine Art Frieden. Seit ihren ersten Schreien hatten die Kinder nur mit voller Stimmkraft Gespräche geführt, Türen aufgestoßen und zugeschlagen, Möbel umgerannt in ihrer herrischen Ungeduld. Bonny hatte das nicht viel ausgemacht, ihn brachte kaum etwas aus seiner freundlichen Duldsamkeit, sie aber hatte unter den fortwährenden Migränen gelitten, die das lärmende Familienleben ihr einbrachte. Manchmal wunderte sie sich, wie sie es überhaupt hatte ertragen können. Wahrscheinlich war es nur möglich gewesen, weil nach dem Tod der alten Frau alles vergleichsweise freundlich erschienen war.

Beulahs im Kreis laufende Gedanken wurden durch eine Bewegung an ihrer Seite unterbrochen. Sie schlug die Augen auf und sah, daß Hannah Martin aufgestanden war und, ihr schwarzes Retikül in der Hand, die Augen starr auf die Särge gerichtet, sprach. Oder sang sie? Es kam wohl gelegentlich vor, daß ein Freund sich in einem Augenblick übelberatener Selbstvergessenheit verleiten ließ, mitten in die Andacht ein Lied anzustimmen; unfehlbar waren dann alle anderen in Verlegenheit. Ja, Hannah Martin sang. In ihrem Fall war es beinahe rührend.

Beulah sah, und ihre Magennerven zogen sich zusammen, daß Bonny, der im Halbkreis der weißen Trauergäste am anderen Ende saß, die alte Frau mit Augen ansah, die das Entsetzen geweitet hatte. Ihr Singsang schien ihm irgendein grauenvolles Bild vorzuspiegeln. Plötzlich fühlte Beulah sich von dem Gefühl einer unmittelbar drohenden Gefahr gepackt, das sie am Morgen jenes Tages verspürt hatte, an dem der Sklave Cuffee getötet wurde. Da war es wieder, und diesmal stärker als zuvor: etwas Dunkles, das auf sie zukam. Etwas Tragisches. Die Katastrophe. Sie sah ihren Mann zu den Sklaven hinüberblicken, als suche er dort jemand unter ihnen. Dann schloß er seine Augen in unsäglicher Müdigkeit, als ob er in Ohnmacht fallen würde. Doch kam er plötzlich auf die Füße, hob das Gesicht himmelwärts und begann zu reden. Sein Antlitz war so traurig, so verzweifelt, daß ihr Herz sich ihm zuwandte, obwohl sie keine Ahnung davon hatte, was er sagte. Jetzt bemerkte sie auch, daß ringsum gespannt zugehört wurde, nicht nur von den weißen Trauernden, sondern auch von den Sklaven, die sonst nie ein Wort aufnahmen. Alle starrten sie ihren Mann an, offenen Mundes, reglos, in einem Schweigen, dessen Spannung sich selbst ihr, trotz ihrer Taubheit, mitteilte. Wovon redete Bonny?

Verzweifelt suchte sie etwas von seinen Lippen abzulesen, vermochte jedoch kein einziges Wort zu verstehen. Ihr Blick wechselte zu den andern Familienmitgliedern hinüber. Die saßen in fassungslosem Staunen da. Jetzt fiel eine Hand hart auf die ihre. Das war ihr Bruder. Was Bonny redete, hatte ihn offenbar schrecklich aufgeregt. Der Bruder sah ihr stummes Flehen um Verständnis, und Schicklichkeit mißachtend, legte er den Arm um ihre Schultern und drückte sie an sich, als müsse er sie schützen. Jetzt wußte sie, daß etwas Schreckliches geschehen war. Aber was? Sie suchte etwas aus den Gesichtern ihrer Kinder zu erraten, aber sie saßen nur da wie vom Donner gerührt.

Schließlich regte sich wenigstens eine von ihnen. Beckys Gesicht leuchtete vor Freude auf, vor Entzücken und Stolz oder . . . du lieber Gott, was redete Bonny wirklich?

Jetzt setzte sich Bonny, sein Gesicht war weiß. Sie konnte sich nicht mehr beherrschen und flüsterte ihrem Bruder zu: „Was hat er gesagt? Bitte, Jerry, was hat er gesagt?"

Jeremiah sagte ihr ins Ohr: „Er hat den Sklaven die Freiheit gegeben! Er hat angekündigt, daß er das Land unter sie verteilen werde!"

Sie starrte ihn entsetzt an. Er drückte sie wieder an sich und sagte: „Keine Sorge, ich rede schon noch mit ihm, keine Sorge . . ."

Doch er hatte ihren Blick mißverstanden. Der Bruder konnte ja nicht ahnen, wie oft die Alte zu ihr gesagt hatte: „Wäre ich der Bezeichnung Quäkerin würdig, dann würde ich den Sklaven die Freiheit geben und das Land unter sie verteilen." Sie glaubte die scharfe Stimme zu hören, als wäre die Alte wirklich da, mitten unter ihnen. Und wieder traf ihr Blick ihre ältere Tochter, die den Vater in verzückter Bewunderung anstarrte. Tränen rollten dem Mädchen über die Wangen. Da wurde Beulah von einer furchtbaren Schwäche befallen. Ihr war, als wäre die alte Frau zurückgekommen, den Sohn einzufordern.

Jeremiah Best, der seine gebrechliche Schwester stützte, fühlte nur Empörung und Bitterkeit. Das war wohl von allen unverantwortlichen, idiotischen Dingen, die sein Schwager tun konnte, das schlimmste. Was sollte aus des Mannes Familie, was sollte aus Bonifaces Frau werden?

Nur selten hatte er sich so stark als Beschützer Beulahs empfunden. Den Verrückten würde er nachher, bei erstbester Gelegenheit, zur Vernunft bringen, vorerst aber mußte er sich um seine Schwester kümmern und ihr klarmachen, daß auf ihn immer Verlaß war, mehr Verlaß als auf ihren Mann.

Und dies eine Mal erwies Grizzle sich als hilfreich. Er hatte immer gewußt, daß sie im Grunde warmherzig und großzügig war; sofort nach Ende der Trauerandacht bat sie ihn, er möge ihr Beulah überlassen. In ihrer Schwäche willigte Beulah ein, mit Grizzle zu gehen, und Grizzle geleitete sie, den Arm um ihre Schultern gelegt, zu dem Wagen, der bereitstand, sie ins Haus zurückzubringen, wo für die Verwandten ein Essen angerichtet war. Die Neger saßen immer noch in stummer Fassungslosigkeit an ihren Plätzen. Obwohl Jeremiah sonst eines gewissen Mitleids, das er für sie hegte, nicht unfähig war, versetzte der Anblick dieser schwarzen Büffelgesichter ihn jetzt in Raserei. Doch sagte er sich, er dürfe seinen Ärger und die Empörung, die sein Schwager in ihm ausgelöst hatte, nicht an den armen Geschöpfen auslassen. Er übersah die Familie, kletterte auf den Kutschbock des erstbesten Fahrzeugs, kutschierte selbst zum Gutshaus zurück und lief schnurgerade in das Arbeitszimmer, in dem er seinen Schwager antraf.

Bonny war nicht allein. Becky war bei ihm, und nach ihrer Miene zu schließen war sie ebenso verrückt wie ihr Vater. Ihr Gesicht strahlte Verzückung aus; es war klar, daß die Stimme der Vernunft von ihr keine Hilfe zu erwarten hatte. Bonny selbst sah aus wie einer, der eben erfahren hat, daß er gehenkt werden soll. Wenn Jeremiah je einen verzweifelten Mann gesehen hatte, so hier. Er ging den Schwager mit der vollen Wucht seiner Empörung an: „Darf ich fragen, teurer Freund, wohin du mit deinem Weib und deinen Kindern zu gehen gedenkst, wenn du alle deine Besitzungen deinen Sklaven übergeben hast?" Er wußte, daß es jetzt darauf ankam, Ruhe zu bewahren, aber Empörung und Wut schüttelten ihn.

Bonnys Blick war verstört, er sah krank aus. Vielleicht war das die Antwort auf Jeremiahs Frage. Dieser Mann war krank. Da gehörte ein Arzt her. Gulielma. Man konnte ihn nicht für seine Handlungen verantwortlich machen.

„Ich gedenke über die Berge zu ziehen und dort zu siedeln", sagte Bonny.

„Eine Siedlung in der Wildnis? Du mußt übergeschnappt sein. Du hast eine Frau, die taub ist wie ein Türpfosten, erschöpft nach all den Jahren in der Knochenmühle deines Haushalts! Wie konnte dir etwas so Verrücktes in den Kopf steigen?"

Becky trat neben den Vater und legte ihm ihre Hand auf den Arm. „Onkel", bat sie, „wollen wir das nicht lieber später besprechen? Gib doch Vater Zeit, sich zu erholen!"

„Wovon denn?" schrie Jeremiah. Das Martyrium im Gesicht der armen Beulah beherrschte noch seine Empfindungen. Er würde sie schützen, und wenn er diesen Narren und seine hysterische Tochter in die Zwangsjacke stecken mußte.

„Ich verstehe deinen Unmut, Jerry", sagte Bonny, „aber ich muß an das Licht denken."

„Welches Licht? Dein persönliches Licht? Nur wenn du dich der Glaubensgemeinde unterwirfst, kannst du entscheiden, ob dein Licht von Gott stammt oder vom Teufel!"

Becky übernahm die Verteidigung. „Hat vielleicht George Fox seine Ideen vorher dem Urteil einer gläubigen Gemeinde unterworfen? Hat Margaret Fell das getan?"

„Um Himmels willen, Kind, er ist nicht George Fox, er ist Bonny Baker.'"

„Stimmt. Und du bist Onkel Jeremiah! Du bist sein Schwager, aber nicht sein Gewissen."

Er mußte eine starke Verlockung niederkämpfen, der Kleinen in ihr dummes Gesicht zu schlagen. „Sein Schwager, allerdings! Bleiben wir gleich dabei. Was wird aus meiner Schwester, wenn du wirklich diese . . . diese Narrheit durchführst?"

„Jerry, bitte", wandte Bonny müde ein, „glaubst du etwa, daß ich zu meiner Entscheidung leichtfertig gekommen bin? Du kannst dich darauf verlassen, daß ich vor allem das Wohl meiner Familie ins Auge gefaßt habe."

„Ist ja großartig!" schrie Jeremiah. „Und welche Entscheidung hast du zum Besten deiner Frau getroffen? Wo soll sie wohl leben, wenn deine Sklaven einmal frei sind?"

„Sie sind schon frei."

„Wo wird sie also leben? Daß du sie mitnimmst, kommt nicht in Frage. Also wo? Hier im Hause? Unmöglich! Wovon soll sie leben, wenn du alles weggeschenkt hast? Es gibt nur eine einzige Antwort – sie wird von der Wohltätigkeit anderer zu leben haben. Von Verwandten, von mir!" Während seiner Rede war Jeremiah der Gedanke gekommen, daß Beulah und er wieder zusammen wohnen könnten. Diese Vorstellung war ihm eine so freudige Überraschung, daß er in jäher Verwirrung nur stammeln konnte: „Was sagt sie selbst dazu?"

„Das weiß ich nicht", erwiderte Bonny.

„Du hast das nicht mit deiner Frau vorher besprochen?" So berechtigt seine Empörung jetzt war, sie war nicht mehr von echter Überzeugung getragen.

„Nein." Bonny rieb sich die Augen. „Ich war ja selbst nicht darauf gefaßt. Es ist einfach heute passiert, wie solche Dinge passieren, ganz plötzlich, als Hannah Martin dieses Wiegenlied sang, war mir der Weg geöffnet."

„Gar kein Weg war da geöffnet!" fauchte Jeremiah. „Eine solche Entscheidung betrifft zu viele Leute, als daß du sie allein treffen könntest." Er verließ das Arbeitszimmer mit der Miene vollendeter Selbstgerechtigkeit, war aber in Wahrheit seiner völlig ungewiß. Beulah würde natürlich begeistert sein, zu ihnen zu ziehen, aber vielleicht dachte Grizzle da anders. Wenn er die Sache kaltblütig bedachte, erschien ihm sein Plan doch als Hirngespinst. Trotzdem ging er seine Frau suchen.

Er fand sie in der Küche in Gesellschaft von Beulah und Hannah Martin, die sich trotz ihrer Trauer bereitgefunden hatte, beim Anrichten des Essens zu helfen. Sie bemerkten ihn gar nicht, als er eingeschüchtert auf der Schwelle erschien. Mindestens fünfzehn Frauen waren damit beschäftigt, Geschirr aufzudecken, hin und her zu laufen, Petersilie zu hacken und gekochtes Fleisch zu tranchieren. Das Geklapper von Kochtöpfen, Geschirr und Bestecken war ohrenbetäubend. Grizzles Stimme übertönte das Getöse.

„Laßt ihn doch zur Ruhe kommen. Man soll nie einen Mann unter Druck setzen!" Zu seiner Verwunderung schlang Beulah

314

die Arme um den Nacken seiner Frau und rief: „Ach, du liebe Grizzle, du kannst dir nicht vorstellen, wie herrlich das ist, eine Freundin wie dich zu haben, bei der man jedes Wort hört!"

Grizzles Augen füllten sich mit Tränen. „Beulah, ich kann dir nicht sagen, wie einsam ich bin, seit Melanie aus dem Hause ist!" schrie sie zurück. „Niemand, mit dem man in der Küche reden kann, niemand, der sich darum kümmert, ob ich noch lebe oder schon tot bin! Warum sagen wir ihm nicht einfach, daß du zu uns kommst, bis er dort Fuß gefaßt hat?"

Jeremiah machte kehrt und zog sich in den Garten zurück.

Isaak Woodhouse spürte Jeremiah im Garten auf und erfuhr, daß Bonny Baker tatsächlich entschlossen sei, sich und seine Familie zu ruinieren. Einen Augenblick lang fühlte er eine Sehnsucht, an solch strahlendem Wahrheitsfanatismus teilzunehmen. Dann aber kam ihm zu Bewußtsein, welche Gefahr Bonnys Verrücktheit für den Bestand der Gemeinde bedeutete. Diese Freilassung seiner Sklaven und Aufgabe all seines Besitzes konnte durch ihre überwältigende Großzügigkeit dazu führen, daß sich die Einstellung der Glaubensgemeinde zur Sklavenfrage änderte. Verfiele die Glaubensgemeinde darauf, Sklaverei prinzipiell zu verurteilen, so würden sie alle gezwungen sein, die Sache der Sklavenbefreiung zu der ihren zu machen, und damit kam das politische Gleichgewicht ins Wanken, durch das sie über zwei Generationen lang an der Macht gewesen waren. Vielleicht gelang es ihm und einigen anderen Geldleuten, Bonnys Handlungsweise in den Augen der Versammlung als persönliche Exzentrizität erscheinen zu lassen, aber besser war es, wenn es erst gar nicht so weit kam. Man mußte den Mann einfach davon abbringen, auf seiner Verstiegenheit zu bestehen.

Er fand ihn mit Becky in seinem Arbeitszimmer. Sie studierten aufmerksam eine Karte der Insel und versuchten zu ermitteln, wieviel jeder einzelne Sklave zu bekommen hätte. Schlüsselfigur des Vorgangs war jetzt Becky. Isaak sah sofort, daß er Boniface einstecken könnte, wenn es ihm gelang, Becky umzustimmen.

Er nahm sie beiseite und versuchte ihr auseinanderzusetzen, daß ihr Vater, so edel seine Initiative auch sein mochte, in

Begriff sei, das Vermögen ihrer Mutter und ihre eigene Mitgift, den Schlüssel zu ihrem zukünftigen Glück, preiszugeben.

Sie reagierte mit jugendlicher Heftigkeit. „Erst war es Altar Rock, dann meine Mitgift! Wenn das alles ist, worauf Joe Woodhouse aus ist, dann möchte ich das aus seinem Munde hören und nicht aus dem seines Vaters."

„Sei doch keine dumme Gans! Gefühlsmäßig . . ."

„Was hat dich eigentlich bewogen, vor zwei Tagen in der Jahressitzung meinen Antrag zu unterstützen? Politische Erwägungen?"

„Natürlich nicht! Ich . . ."

Doch sie ließ ihn nicht zu Ende sprechen. „Vor zwei Tagen hast du genau dieser Forderung beigepflichtet! Ein Mann soll durch seine Taten bezeugen, was er vorher gepredigt hat. Wenn du es mir nicht übelnimmst, will ich ihm gerne dabei helfen."

Sie machte kehrt und ging wieder hinein. Er wußte, daß sie, wenn ihr Vater erst davongegangen und wenn sie ohne einen Penny Mitgift auf dem Heiratsmarkt übriggeblieben war, bald genug begreifen würde, auf welcher Seite das Brot gebuttert wurde. Aber um ihr das begreiflich zu machen, war es wahrscheinlich zweckmäßiger, erst mit seinem Sohn zu sprechen. Sie waren gleich alt, er mochte eher auf sie Eindruck machen.

So suchte er Joe in der Menge und fand ihn auf einer Bank vor dem Hause, die Ausblick auf die Indigofelder bot, im Gespräch mit dem jungen Joshua. Isaak fragte sich, ob er sich vielleicht an den Jungen wenden sollte, hielt es aber dann doch für besser, es Joe zu überlassen.

„Joe, du entschuldigst wohl – ich habe dringend etwas mit dir zu besprechen. Komm mit!"

Der Sohn erhob sich gehorsam. Zusammen schritten sie zwischen den Blumenbeeten auf und ab, hielten sich von den Leuten abseits, die um das Haus drängten und auf das Essen warteten. Als sie sich unter den rauschenden Bäumen allein fanden, begann Isaak: „Joe, ich habe gerade mit Becky gesprochen. Du würdest ihr einen Dienst erweisen, wenn du sie überreden könntest, die Frage noch einmal mit klarem Kopf durchzudenken, bevor sie ihren Vater noch weiter in seiner Narrheit bestärkt."

Schon im Sprechen hatte er den Widerstand seines Sohnes gespürt. Seit der Indianerinspektion und der Sache mit den Quäkerkanonen war der junge Mensch rastlos und grüblerisch.

„Vater, ich bin nicht ganz sicher, daß es Narrheit ist. Die Sklaverei . . ."

Der Vater schnitt ihm das Wort ab. Das fehlte ihm gerade noch, sich jetzt von einem unreifen Burschen einen Vortrag über die Sündhaftigkeit der Sklaverei halten zu lassen. Im letzten Vierteljahrhundert war kein Jahrestreffen vorübergegangen, ohne daß irgendein Schwätzer aus den Reihen der Habenichtse über diese Sache Reden geschwungen hätte. „Ich würde dir dankbar sein, wenn du mir nicht über die Sklavenbefreiung einen Vortrag hältst. Du kannst mir glauben, daß es in dieser Frage kein Argument gibt, das ich nicht schon gehört hätte, bevor du auf der Welt warst. Laß mich dir nur kurz die Folgen von Boniface Bakers Handlungsweise darlegen. Zunächst einmal werden die Sklaven selbst . . ."

Sie gingen im Schatten der Bäume auf und ab. In einiger Entfernung standen die Gäste und Verwandten plaudernd in der Sonne. Der Wind säuselte im Laub, die Felder wogten in der Brise, Fäden des Altweibersommers zogen in der Hitze.

Die Zukunft von Eden Island, erklärte Isaak, sei hoffnungslos. Die Sklaven wären keineswegs reif, sie hätten keinen Begriff davon, wie man mit Land umginge, sie würden ohne Aufsicht keine einzige Ernte einbringen, geschweige denn auf dem Markt umsetzen, sie würden auch nicht fähig sein, eine sich selbst verwaltende Gemeinde zu organisieren, die unter der Mißgunst und dem Gegendruck der umliegenden Landeigner bestehen könne. Unzweifelhaft würden die Nachbarn alles unternehmen, um den Leuten das Leben so hart wie möglich zu machen, sobald die jetzigen Herren fortwären. Die Insel den Sklaven zu übergeben, wäre eine Katastrophe für alle Welt, nicht nur für die Sklaven, sondern auch für Onkel Bonny, für seine Kinder, für alles, was die alte Ann Traylor-Baker aufgebaut hatte. Aber das wäre noch bei weitem nicht alles. Politisch . . .

Er fuhr fort, seinem Sohn auseinanderzusetzen, welche Folgen entstehen müßten, wenn man die Bergpredigt wörtlich nähme, und allmählich hatte er das Gefühl, daß sein geduldiger, nüchterner Zuspruch in dem Jungen Boden zu fassen begann.

317

Joe Woodhouse zögerte am Fuß der Treppe im Halbdunkel der Halle. „Es wird bald gegessen!" rief ihm eine Frauenstimme nach, als er schon die Stufen hinaufstieg. Er gelangte in den dunklen Gang und klopfte an Beckys Tür. Es war Himsha McHair, die ihm öffnete. Tante Gulielmas Stimme erklang gereizt aus dem Hintergrund: „Wer ist denn schon wieder da?"

„Ich bin's, Tante Gulie, ich, Joe. Ich wollte nach Becky sehen."

„Sie ist nebenan in Abbys Zimmer. Schließ die Tür, Himsha, es zieht!"

Himsha lächelte ihm zu. Es kam ihm zu Bewußtsein, daß er, von Tante Gulie abgesehen, das einzige Mitglied der Familie war, das die Indianer verstand. Er hätte gern mit ihr gesprochen. Als sie die Tür schloß, zuckte der seltsame Gedanke durch seinen Kopf, daß er, statt Becky aufzusuchen, lieber mit Himsha spazierengegangen wäre. Sie hätte seine Gedanken wieder ins Lot gebracht, er wußte, daß er sie auf die gleiche Weise verstehen würde, wie er den Häuptling Running Bull verstanden hatte. Er klopfte an Abbys Tür.

„Ja?" Es war wirklich Becky. Noch nie war ihm zu Bewußtsein gekommen, wie sehr ihre Stimme der Tante Grizzles glich. Es war etwas von Grizzles Befehlston darin, der in Gegensatz zu der hilflosen Weiblichkeit ihrer großen, staunenden Augen stand. „Ich bin's, Joe. Darf ich dich einen Moment stören?"

„Aber gewiß." Ein Kleid raschelte, die Tür wurde geöffnet, und Abby, die Göre, hol sie der Teufel, stand da. Er hatte nicht damit gerechnet, daß auch sie da sein würde. Jetzt mußte er Becky in den Garten locken. Doch zeigte sich, daß Becky fähig war, mit ihrer jüngeren Schwester fertigzuwerden. „Abby, laß uns allein, bitte."

„Das ist doch mein Zimmer!" protestierte das Kind. „Ich habe mindestens so viel Recht darauf wie du."

„Sei nicht blöd", sagte Becky heiter. „Geh spazieren oder, besser noch, lauf in die Küche und hilf Mutter und Tante Grizzle. Hinaus mit dir! Marsch!"

„Ich hasse dich!" sagte das kleine Mädchen in beherrschter Gelassenheit. Sie strich an ihm vorbei auf den Gang hinaus, zeigte ihm die Zunge und knallte die Tür zu.

„Nun?" fragte Becky, und ihr Blick war stechend. Offensichtlich erwartete sie Krach und war bereit, ihm standzuhalten.

„Mein Vater und ich dachten, es wäre wohl richtig, wenn wir beide, du und ich, etwas besprächen." Zu spät bemerkte er, daß das eine ungeschickte Eröffnung war. Sie zeigte die Zähne und lächelte höhnisch. „Wäre es nicht eine Abwechslung, wenn du einmal irgendwas ohne deinen Vater unternehmen würdest?"

Ärger stieg in ihm auf. „Das ist ungerecht von dir", sagte er kalt. „Du kannst nicht behaupten, daß ich damals diese Rowdys auf Wunsch meines Vaters aufgehalten habe."

Sie ließ ein verächtliches kleines Lachen hören. „Und was für eine Demonstration echten Quäkertums das war!"

Ein unziemliches Verlangen, sie übers Knie zu legen, erfaßte ihn. „Echteres Quäkertum, möcht ich sagen, als das traurige Schauspiel, das dein Vater uns eben geboten hat", fauchte er.

Wie eine Furie wandte sie sich gegen ihn. So hatte er sie noch nie gesehen. „Wenn das alles ist, was du mir zu sagen hast, Joe Woodhouse, dann geh, bitte! Und bestell deinem Vater von mir, daß er seinen kleinen Jungstier lieber im Stall anbinden soll, statt ihn frei in den Zimmern anderer Leute herumlaufen zu lassen. Hinaus!"

Es juckte ihn in den Händen. „Genug, Becky! Ich bin dein Verlobter, hast du das vergessen? Und ich werde solchen Unsinn nicht dulden!"

Sein gebieterischer Ton machte auf sie nicht den geringsten Eindruck. „Ich habe dich ersucht, mein Zimmer zu verlassen", sagte sie mit übertriebener Förmlichkeit. „Ich wiederhole diese Bitte, und wenn du ablehnst . . ."

„Nun?" Ihr sprühender Ärger weckte in ihm eine seltsame Fröhlichkeit.

„Dann rufe ich meinen Vater, damit er dich hinauswirft."

„Ich verstehe. Auch du brauchst in solchen Fällen deinen Vater."

Sie biß die Zähne zusammen und ballte die Fäuste. Durch Erinnerungen aus Kindertagen gewarnt, trat er zur Seite, denn er wußte, daß sie fähig war, in sein Schienbein zu treten. Er schlenderte zum Bett hinüber und setzte sich. Es sackte unter ihm mit einem Aufquietschen zusammen – er hätte lieber einen Stuhl nehmen sollen.

Sie erkannte ihren Vorteil und nutzte ihn. „Wenn du glaubst, Joseph Woodhouse, daß du die Erlaubnis hast, in mein Zimmer zu kommen, dich auf meinem Bett zu räkeln und häßlich über meinen Vater zu reden, dann irrst du! Mein Vater hat wenigstens den Mut aufgebracht, seinen Überzeugungen zu folgen und seinen Kindern ein Beispiel zu geben! Was hat denn deiner gemacht? Er hat Geld gescheffelt und dich dazu erzogen, seinen Geldhaufen wie ein Wachthund zu hüten und zu wedeln, wenn du die Stimme deines Herrn hörst!"

„Verdammt, Becky", rief er und sprang auf, „ich verbiete dir, so von meinem Vater zu sprechen!"

„Er verbietet es mir! Ha!" In spöttischem Staunen schlug sie die Hände zusammen. „Der kleine Joe kehrt den Herrn heraus!" Sie wandte sich wieder ihm zu. „Joseph Woodhouse", sagte sie leise, „du bist die Verkörperung all dessen, was ich an diesen heuchlerischen Quäkertölpeln hasse und verabscheue! Deine bombastische, überhebliche Selbstgerechtigkeit macht mich krank!" Sie fauchte ihm das Wort ins Gesicht.

Er war sprachlos vor Wut und Empörung. Plötzlich erstarb die Stimme seiner Vernunft; er riß sie in seine Arme und erstickte ihren wütenden Protest in einem Kuß.

Becky wehrte sich leidenschaftlich, dann ließ ihre Wut nach, und nicht ohne Staunen ergab sie sich dem Andrang seiner Männlichkeit. Sie fühlte, wie sie weich und geschmeidig wurde und wie es ihr zu schwindeln begann. Sie war am Nachgeben, als sich ein Bild zwischen die beiden drängte, ein schwankender weißer Körper, klauenartige, an den Hals gezwängte Hände, die Zuckungen des Todes. Sie brachte einen gewürgten Schrei hervor, drängte Joe zurück und stammelte: „Nein . . . nicht . . . nicht jetzt!"

Joe sah sie verwundert an. „Warum . . . liebes Herz . . . du kannst mir glauben . . ."

„Bitte nicht!" Unsicher stand sie auf den Füßen, hielt die Hände an die Schläfen gedrückt. Mit absurder Distanziertheit dachte sie: meine Frisur ist links aufgegangen . . . Noch mitten in Entsetzen und Verwirrung begann sie, das Gesicht von ihm abgewandt, ihr Haar zu ordnen. Betrug, alles war Betrug!

320

Verrat! Sie hatte Caleb verraten, indem sie Caleb verweigerte, was Joe eben hatte nehmen wollen, sie hatte ihren Vater verraten, indem sie jämmerlich hilflos in den Armen dessen, der ihn geschmäht, hatte nachgeben wollen, und was Joe selbst betraf . . .

Sie fühlte seinen Arm um ihre Schultern. „Becky, Becky, liebes Herz, was hast du denn? Sch . . sch . . . sch!"

Er wollte sie zum Bett lenken, aber sie riß sich los. Dummer Kerl! Wenn er sie jetzt zu dem Stuhl geführt hätte . . . Wie war das möglich, daß sie gleichzeitig zusammenbrechen und die kalte Stimme der Vernunft hören konnte? Steckten zwei verschiedene Frauen in ihr? War sie verrückt? Hörte sie die Stimme des Teufels? Sie trat ans Fenster. Er saß ratlos auf der Bettkante, ein tief verwirrter Mann. Eigentlich hätte sie ihn in die Arme nehmen und streicheln sollen, aber das war doch unausdenkbar. Nie wieder würde sie einen Mann berühren können, das Bild des in Todesqual zuckenden Caleb hatte sie unfähig gemacht, jemals einem Mann zu gehören. Dieses Gefühl, diese Angst vor lebenslänglichem Alleinsein, bewog sie, auf Joe zuzulaufen, ihre Arme um seinen Hals zu schlingen und schluchzend zu sagen: „Geh nicht weg, bitte geh nicht weg! Ich liebe dich, ich liebe dich . . ." Der kurze verzweifelte Versuch, der Erinnerung an den nackten Toten zu entkommen, erstarb in Hoffnungslosigkeit. Sie warf sich auf das Bett, den Kopf in die Arme vergraben: ihr Körper wurde von Schluchzen geschüttelt. Irgendwie hoffte sie, daß Joe sie in seine Arme nehmen und ihre Hand oder ihr Haar streicheln würde, ihr auf diese Weise sagen, daß sie im Schutz seiner Männlichkeit sicher war. Doch war er zu verwirrt, um sich zu bewegen.

Die Vorstellung, daß er es nie wieder wagen würde, sich ihr zu nähern, erfüllte sie mit dem verzweifelten Gefühl der Verlassenheit. Sie hob ihr tränenüberströmtes Gesicht und war sich gleichzeitig bewußt, daß die wirren Flechten ihres Haares ihrem Antlitz einen tragischen Rahmen gaben. Sie flüsterte: „Joe . . liebes Herz . . . vergib . . . verzeih . . ."

Er brachte nur ein gepreßtes Lächeln zustande, als hätte er Angst, auch die geringste Bewegung könnte sie zu einem neuen Gefühlsausbruch verführen. „Ich hab' dir nichts zu verzeihen", sagte er mit einer so eingeschüchterten Stimme, daß sie wider

Willen kichern mußte. Sie barg ihren Kopf wieder in ihren Armen und hoffte, er werde ihr krampfhaftes Lachen für Schluchzen halten.

Er tat es, sonst hätte er wohl seine Chance wahrgenommen. Er saß da, zu Stein erstarrt, und er hatte sichtlich nur einen einzigen Gedanken: O Gott, hilf mir, wie komm' ich hier hinaus!

In diesem Augenblick wurde ihr klar, daß Abby alles mithörte.

Abby wußte genau, daß ihre Schwester auf den Balkon gestürzt kommen würde, sobald Joe Woodhouse gegangen war. Die Türflügel gingen auf, Becky stand einen Moment auf der Schwelle, blickte um sich, dann starrte sie den Baum an, in den Abby geflüchtet war, trat abrupt in das Zimmer zurück und zog die Türflügel hinter sich zu.

Abby atmete tief auf. Sie wußte, warum Becky sich ihrem Versteck nicht genähert hatte: Es war die Erinnerung an Caleb, der von dem Ast gegangen hatte, auf dem sie jetzt kauerte. Einige Wochen lang brauchte sie sich jetzt vor ihrer Schwester nicht zu fürchten, wenn sie in diesem Baum Zuflucht suchte. Doch hatte die Erinnerung auch sie schaudern lassen, und für den Augenblick verging ihr die Lust am Spionieren.

Erst spät nachts, als das Totenmahl vorüber war und die Gäste sich zurückgezogen hatten, wagte sie sich wieder auf den Balkon. Jeder Raum im Haus war besetzt. Im Zimmer neben dem ihren lag Tante Gulie auf dem Bett, ein nasses Tuch auf der Stirn. Himsha saß bei ihr und hielt ihre Hand. Wie die meisten der Trauergäste hatte auch Tante Gulie zu viel gegessen. In Joshs Zimmer lief George auf und ab, Josh eine Predigt haltend. Joe Woodhouse lag untröstlich auf seinem Bett, offenbar noch nicht erholt von seinem Zusammenstoß mit Becky. Im nächsten Zimmer saß Onkel Isaak bei Kerzenlicht am Tisch und sagte Bilbo, er solle sich fortscheren, marsch, geh zum Teufel! Bilbo saß nur da, die Ohren gespitzt, um einen Brocken Zucker bettelnd. Onkel Isaak seufzte und nahm seine Schreibarbeit wieder auf. Im Zimmer ihrer Eltern erklärte Tante Grizzle gerade der Mutter, sie solle doch bei ihnen in Philadelphia

322

wohnen, nachdem Bonny losgezogen war, um sein wildes Unternehmen zu verwirklichen. Es war die erste Andeutung, die Abby über die Zukunft zu hören bekam, und sie zog die Stirn in Falten. Tante Grizzle war eine Nervenprobe. Wenn Abby zuviel Schokolade auf ihr Frühstücksbrot streute, sagte sie: „Genug jetzt, Abigail, das reicht für heute!"

Hinter der nächsten Glastür berieten Onkel Peleg und Onkel Jeremiah etwas, was mit Vater zu tun haben mußte, denn sie sah Onkel Jeremiah nach der Wand zum Nebenzimmer, Vaters Arbeitsraum, deuten. Schließlich warf sie auch noch einen Blick in das Arbeitszimmer und sah Vater in seinem Lehnstuhl sitzen. Er sah verlassen und hilflos aus. Bei seinem Anblick überkam sie plötzlich Traurigkeit. Etwas trieb sie dazu, einzutreten und sich auf seinen Schoß zu setzen, aber als sie die Glastür öffnen wollte, sah sie ihn neben seinem Lehnstuhl niederknien.

Er widmete sich so lange dem Gebet, daß sie es zuletzt draußen nicht mehr aushielt, die Tür einen Spalt öffnete und leise fragte: „Papa?"

Er blickte auf. „Abby? Was willst du?"

„Was hast du denn getan, Papa?"

Er stand auf und sagte: „Komm herein, ich werde es dir erzählen."

Sie folgte. Er setzte sich, und sie kletterte auf seinen Schoß.

„Nun, was möchtest du wissen?"

„Warum hast du den Sklaven gesagt, daß sie jetzt frei sind?"

„Weil ich sie nicht länger in Sklaverei halten konnte."

„Warum nicht?"

„Ich kam zur Überzeugung, daß es falsch ist."

„Bedeutet das, daß wir von der Insel fortmüssen?"

„Ich fürchte ja."

Sie entsann sich, was Tante Grizzle ihrer Mutter zugerufen hatte: „Kommst du mit uns zu Tante Grizzle und Onkel Jerry?"

Er zog die Stirn in Falten. Offenbar war ihm das neu. „Nein, ich gehe fort."

„Wohin?"

„In die Wildnis, jenseits der Berge. Dort baue ich uns ein neues Haus." Das klang aufregend.

„Wer kommt mit dir?"

„Vorläufig niemand."

„Niemand? Du kannst doch nicht allein ein Haus bauen! Du wirst Schwielen an den Händen bekommen, und wer soll deine Sachen waschen und dir das Abendessen kochen? Und dir deine Kleider flicken? Und am Morgen den Tee aufbrühen?"

Er lächelte. „Niemand, leider."

Sie faltete ihre Hände im Schoß, wie sie das ihre Mutter tun gesehen hatte, und sagte: „Wohin du gehst, da will auch ich hingehen."

Sein ausdrucksloses Gesicht war eine Enttäuschung. „Das ist lieb von dir, aber es kommt nicht in Frage."

„Warum?"

„Es kommt nicht in Frage!" wiederholte er streng. Dann fügte er freundlicher hinzu: „Aber es war lieb von dir, daß du daran gedacht hast."

„Aber warum nicht, Papa? Warum kann ich nicht?"

„Du bist zu jung, einfach darum."

„Zu jung, um Sachen zu waschen und Tee zu kochen?"

„Zu jung, um ohne Frauen in die Wildnis zu ziehen", erwiderte er, nun schon ärgerlich.

Sie wußte aus Erfahrung, daß es nicht ratsam war, ihn zu drängen. So bot sie ihm bescheiden die Stirn zum Kuß und sagte: „Gute Nacht, Papa."

Er küßte sie flüchtig, und sie schlüpfte auf den Balkon hinaus. Ihr Plan stand fest. Die Sache war höchst einfach. Sie brauchte dazu nichts weiter als jemanden, der mit ihr kam. Die Geeignetste wäre Tante Gulie gewesen, aber die hatte immer mit ihren Kranken zu tun. Himsha? Außerdem kannte Abby sie kaum. Blieb also nur Becky. Die Aussicht, in der Wildnis mit Becky leben zu müssen, war deprimierend, aber wenn das die einzige Möglichkeit war, so mußte man eben in den sauren Apfel beißen. Mit raschelnden Röcken lief sie auf ihr Zimmer zu. Sie fand Becky vor dem Spiegel sitzend. „Becky! Becky! Vater will in der Wildnis eine Farm gründen!"

Wie erwartet drehte Becky sich mit einem Ruck um. „Was?"

„Ich war draußen auf dem Balkon und habe zufällig in Vaters Zimmer hineingeschaut, und da saß er so allein und traurig an seinem Tisch, daß ich hineinging und ihn fragte, ob er auch zu Tante Grizzle ziehen wolle, und da hat er gesagt, nein, und daß er jenseits der Berge ein Haus bauen will, und wie ich ihm gesagt habe, daß ich mit ihm kommen möchte, hat er . . .‟

Becky war schon aufgesprungen und auf den Balkon gelaufen.

Nachdem sie gegangen war, stiegen Abby Zweifel auf. Wie dumm, alles so herauszusprudeln! Jetzt würde Becky Vater natürlich bereden, sie mitzunehmen, statt Abby! Sie lief wieder auf den dunklen Balkon hinaus, vorbei an den fahlen Lichtflekken der kerzenhellen Fenster. Als sie vor Vaters Arbeitszimmer ankam, blieb sie bestürzt stehen. Vater saß schluchzend da und hielt den Kopf in den Händen; Becky strich ihm über das Haar: „Joshua?‟ hörte sie Becky ungläubig fragen.

„Ja, ja!‟ stöhnte ihr Vater. „Wenn sie wirklich schwanger ist, was tun wir? Was können wir tun?‟

„Nun ja‟, sagte Becky in ihrer erwachsenen Art, ganz als wäre sie Mutter. „Reg dich nicht auf. Es wird sich schon ein Weg finden.‟

Was das nun wieder bedeutete?

Gulielma Woodhouse war eben im Einnicken, als an ihre Tür geklopft wurde. Ihre Stimme klang nicht einladend: „Wer ist draußen?‟

Schüchtern wurde geantwortet: „Ich bin's, ich, Becky. Bitte, mach auf, Tante Gulie, ich muß dich ganz dringend etwas fragen.‟

Seufzend nickte Gulie Himsha zu, die zur Tür ging und öffnete. Becky trat ein; sie trug ihr Geheimnis vor sich her wie eine Schwangere ihr Kind. Die Augen, die vorspringenden Backenknochen, das Kinn, alles erinnerte bemerkenswert an ihre Urgroßmutter, diesen knüppelschwingenden Hausdrachen. Gulielma fand, daß sie, unbilligerweise, dieses Kind nicht leiden konnte.

„Vater möchte dich sprechen, Tante Gulie, es ist etwas sehr Dringendes, sehr wichtig . . .‟

Diese verdammte Neigung, alles zu dramatisieren! Es gab im Rahmen des Anstands keine Möglichkeit, eine so theatralisch vorgebrachte Bitte abzuschlagen, also schlüpfte sie müde wieder in das Kleid, das sie von ihrer Schwägerin Mary Woodhouse entliehen hatte. „Ich bin gleich wieder da, Himsha", sagte sie zu der Indianerin, die ihr betrübt nachsah.

Becky lief ihr in Bonnys Arbeitszimmer voraus. Bei ihrem Eintreten stand er auf und nahm Gulies Hand. Einen Augenblick lang glaubte sie, er wolle ihre Hand küssen, und war schon im Begriff, sie zurückzuziehen. Dann aber erinnerte sie sich, daß sie heute eine Dame war, schwarzgekleidet, die leibhaftige Mary Woodhouse. „Nun, Vetter, was kann ich zu dieser späten Stunde für dich tun?" fragte Gulie. Es war in Wirklichkeit keineswegs spät, unten klirrten noch die Gläser und die Teller zu Ehren der Toten.

„Verzeih mir, Gulie", sagte Boniface. Seine Stimme klang geheimnisvoll. „Aber dies ist überaus wichtig."

„Schön, dann heraus damit."

Er schöpfte tief Atem, dann sagte er, nicht ohne Mühe: „Würdest du mir einen Gefallen tun, ins Sklavenquartier hinüberzufahren, ich meine in das ehemalige Sklavenquartier, dort ein Mädchen namens Cleo heraussuchen, sie ins Spital bringen und . . ."

„Und was?" Er war so verlegen, daß er sogar errötete. „Und feststellen, ob sie schwanger ist."

Ihr Blick wechselte betroffen von einem zum andern. „Warum?"

„Bitte! Stell, bitte, keine Fragen, Gulie!"

So einfach ging das nicht.

„Tut mir leid, lieber Freund", sagte sie, obwohl ihre Stimme nicht wirklich danach klang. „Ich bin jederzeit gern zu ärztlicher Hilfe bereit, aber du kannst nicht von mir verlangen, daß ich jetzt ins Negerquartier fahre, irgendein ahnungsloses Mädchen zusammenfange und mit ihr einen Ringkampf austrage, bis ich feststellen kann, ob sie eine virgo intacta ist."

Vater und Tochter wechselten einen gequälten Blick. Offenbar hatten die beiden damit gerechnet, daß Gulie die Bitte ohne Gegenfrage erfüllen würde. Nach einem Zögern fragte er: „Ich kann auf deine Verschwiegenheit doch rechnen, Gulielma?"

„Ich bin Ärztin. Wer ist der Vater. Du?"

Er hätte sie nicht fassungsloser angestarrt, wenn sie ihn ins Gesicht geschlagen hätte. „Ich? Gott behüte!"

„Na," erwiderte sie ärgerlich, „es wäre nicht das erste Mal, daß eine Negersklavin von ihrem Besitzer geschwängert wurde. War es Josh? War das der Grund deines plötzlichen Entschlusses, die Sklaverei abzuschaffen?"

Boniface blickte ihr ruhig ins Auge. „Nein", sagte er, „aber wenn sie schwanger ist, dann will ich sie als meine Tochter adoptieren und mit mir ins Nordwest-Territorium nehmen."

Es tat ihr leid, sich über ihn lustig gemacht zu haben. Es lag eine gewisse Größe in seiner Weltfremdheit. „Ist das nicht doch eine etwas drastische Maßnahme?" fragte sie freundlich. „Es ließe sich doch bestimmt auch eine leichtere Lösung finden!"

„Wenn es eine gibt, so liegt sie außerhalb meiner Denkweise." Das klang wieder nach seiner alten Selbstgefälligkeit. Obwohl, weiß Gott, zur Selbstgefälligkeit kein Anlaß vorlag.

„Aber ist es deswegen nötig, sie in die Wildnis mitzunehmen?"

„Ich werde nicht zulassen, daß die Zukunft meines Sohnes ruiniert wird, noch bevor er die Welt gesehen hat. Niemand darf davon wissen, nicht einmal er selbst."

Das war es also. Josh, diese kleine Ratte, sollte sogar das Mißbehagen erspart werden, zu wissen, daß er ein Sklavenmädchen geschwängert hatte. „Ich bezweifle, daß du deinem Sohn damit einen Dienst erweist", sagte sie. „Meiner Erfahrung nach wird ein Mann dadurch erwachsen, daß er seine Verantwortungen erkennt."

„Das klingt sehr überzeugend", sagte Bonny zornig, „aber sieh dir doch Peleg Martin an! Was er für Elend verschuldet hat! Wenn damals jemand Mutter und Kind irgendwohin gebracht hätte, wäre unser aller Leben anders verlaufen. Meine Großmutter hätte sich nicht bewogen gefühlt, der Kindesmutter ein Heim zu bieten und dadurch die Sklaverei auf dieser Insel einzuführen. Calebs Leben hätte nicht mit Mord und Selbstmord enden müssen. *Ein* solcher Fluch auf unserer Familie ist genug! Es ist mein fester Entschluß, daß niemals irgend jemand, außer uns hier, von diesem Kind erfährt, Joshua mit eingerechnet."

All das war ihr neu, sie hatte nicht geahnt, daß Caleb die Frucht eines Seitensprungs von Peleg mit einer Sklavin gewesen war. Hinter den Quäkerfassaden steckten offenbar mehr Geheimnisse, als man ahnte. „Lieber Freund", sagte sie, „daß ich das Negermädchen gegen ihren Willen untersuche, kommt nicht in Frage. Aber ich bin bereit, in das Negerquartier zu fahren und sie hierher zu bringen, damit ihr sie selbst befragen könnt."

Der Vorschlag schien die beiden zu verwirren, sie wechselten unruhige Blicke.

„Wie ist ihr Name?"

„Cleo", antwortete Becky. „Soll ich mit dir kommen?"

Gulie war schon an der Tür. „Man muß damit rechnen, daß das Negerquartier unruhig ist. Ich nehme lieber keine Familienmitglieder mit." Auch war ihr die Aussicht, zwanzig Minuten mit diesem hirnlosen Plappermaul im Wagen zu sitzen, unleidlich.

Als sie über den dunklen Gang zu ihrem Zimmer zurückkehrte, um Himsha zu bestellen, wohin sie fuhr, baute sich auf dem Wege, vor ihr, eine Riesengestalt auf und befahl „Halt!" Es war Buffalo McHair. „Wohin zu dieser Stunde?"

„Das geht dich nichts an", antwortete sie und schritt mit rauschenden Röcken an ihm vorbei. Es war wirklich erstaunlich, wie rasch man, wenn man in solchen Kleidern steckte, in die Rolle einer Dame zurückfiel. Himsha war vergessen.

„Ein Rendezvous?" schrie er ihr nach.

Sie würdigte ihn keiner Antwort, sondern schwebte die Treppe hinab, hoffend, in der Dunkelheit nicht danebenzutreten. Die Luft draußen war heiß und feucht. Gulie überlegte, ob sie nicht zurückgehen und das Kleid wechseln sollte. Nasse Flecken in den Achselhöhlen konnten das Kleid verderben, aber dann sagte sie sich, das wäre eben Mary Woodhouses Beitrag zur Glaubensbezeugung der Bakerfamilie.

Sie fand ihren Weg zu den dunklen Ställen und sattelte im flackernden Licht einer Laterne ihre getreue alte Stute. Als sie aufzusteigen versuchte, begriff sie, daß sie den Rock hochnehmen mußte, um im Sattel sitzen zu können. Unquäkerliche Flüche ausstoßend, sattelte sie das Pferd wieder ab und hielt nach dem Wallach Ausschau, der den Wagen ziehen konnte. Sie fragte sich, wo der Stallsklave wohl stecke, und erinnerte sich erst jetzt, daß er tot war. Ein Schuppentor knarrte und eine Stimme fragte: „Kann ich dir helfen, Tante Gulie?" Es war der junge Joe.

„Ja, Gott segne dich!" rief sie. „Ich muß den Wagen nehmen, könntest du ihn für mich fahrbereit machen?"

„Aber natürlich", antwortete er gefällig. „Kann ich deine Laterne haben, Tante?"

Sie plauderten, während er anspannte. In der Ferne hörte sie Trommeln tönen.

„Soll ich dich begleiten, Tante Gulie?"

„Nein, danke, es geht schon." Sie kletterte in den Wagen, leicht den Rock schürzend.

„Bleibst du lange weg, Tante Gulie?"

„Nein, ich muß nur ein Mädchen suchen und hierherbringen."

„Dem Lärm nach geht es dort hoch her. Soll ich nicht lieber doch mitkommen?"

„Ich komme besser ohne männliche Begleitung durch."

„Oh, mir vertrauen die!" rief der Junge. „Ich glaube, ich verstehe Neger ebensogut wie Indianer."

Richtig, er hatte doch mit dem fetten alten Running Bull verhandelt. Sie hatte ihn schon danach fragen wollen.

„Ich glaube, ich habe deine Begabung, Indianer zu verstehen!" fuhr er fort.

Wie jung er doch war! Sogar diese närrische Bemerkung rührte sie. Wer weiß, vielleicht war unter ihren Neffen und Nichten wirklich jemand, der ihre Neigungen geerbt hatte. „Darüber können wir morgen reden", sagte sie. „Geh jetzt zur Seite, das Pferd wird ungeduldig."

Der junge Joe öffnete das Tor. Als der schwarze Weg vor ihnen lag, zog der Wallach mit einem Sprung an, bevor sie die Zügel gefaßt hatte. Doch schien das Tier seinen Weg zu kennen. Die flackernden Laternen am Wagen vermochten kaum mehr als tanzende Reflexe in die Nacht hinauszusenden. Als sich das Fahrzeug schwankend und polternd dem Negerquartier näherte, wurde das Dröhnen der Trommeln lauter, bis es das Ächzen des Wagens und den Hufschlag übertönte. Am Horizont erschien jetzt ein rotes Glühen, wie von einem mächtigen Feuer. Als sie das Negerquartier erreichte, sah sie, daß es ein Freudenfeuer war. Neger umtanzten es. Sie zügelte das Pferd und näherte sich langsam. Sie bemerkte, daß die meisten Tänzer nackt waren. Was sie in das Feuer warfen und womit sie es nährten, waren ihre Sklavenkittel, die Symbole ihrer Unfreiheit. Die Trommeln pochten im Rhythmus der allgemeinen wilden Erregung. Die meisten Tänzer hatten ihre Körper über und über bemalt, sie hüpften im Widerschein des Feuers wie bizarre Tiere, gefiederte Schlangen, Gottheiten einer fremden Kultur, mit der Gulielma nicht den geringsten Kontakt hatte. Fasziniert sah sie ihnen zu, und ein tiefes Mitleid stieg in ihr auf. Welche Aussicht hatten diese armen Geschöpfe, hier auf dieser Insel ihr eigenes Leben zu leben, wenn die Bakers auf und davon waren? Wie lange würde es ihnen erlaubt sein, sich so zu betragen, splitternackte Wilde, bis die Eigentümer der umliegenden Pflanzungen kamen und sie wieder ins Joch spannten? Boniface Bakers Glaubensbezeugung erschien grausam und unbedacht, es war, als ob er einen Käfig voll mit Wellensittichen geöffnet hätte und die armen Geschöpfe dadurch zum Tod in einer Umwelt, die sie nicht zu meistern gelernt hatten, verurteilte. Jetzt hatte einer der Tanzenden sie erspäht.

Ein großer, hagerer Neger mit einer weißen Maske und weißen Streifen auf Armen und Beinen war um das Feuer herumstolziert. Im Augenblick, in dem er ihrer gewahr wurde, stieß er einen durchdringenden Schrei aus und zeigte auf sie. Die Tänzer hielten inne und sahen herüber. Schreiend und jaulend rückte die Horde von Vögeln, Skeletten, gefiederten Schlangen und Gespenstern an. Das Pferd scheute und jagte in die Nacht hinaus.

Sie dachte, sie würde hinausgeschleudert, doch gelang es ihr noch, kniend im Korb des Wagens, sich festzuhalten. Es konnte nur Sekunden dauern, bis der Wagen sich überschlug. Noch nie hatte sie solche Angst ausgestanden. Sie klammerte sich an die Lehne des Sitzes und stieß schrille Schreie aus, die das Pferd nur noch mehr außer Rand und Band brachten. Ein Schatten tauchte neben dem Wagen auf, jemand griff in die schleppenden Zügel. Der Kampf im Flackerlicht der Laternen war wie ein Streit der Giganten, aber schließlich kam der Wagen zu einem Halt, und sie sprang keuchend heraus. Eine Stimme fragte: „Ist dir was passiert, Gulie?" Sie wurde auf den Kutschbock gehoben und sank aufschluchzend an Buffalo McHairs Schulter.

Für sie war es ein neues Erlebnis; seit sie ein Kind gewesen, hatte sie das Glück, sich gehenzulassen, nicht mehr gekostet. Die Wissenschaftlerin in ihr beobachtete ihr Gehaben fasziniert, während sie wimmerte und schluchzte, sich an das steife Tuch seines Wamses klammerte und ihre laufende Nase in seinen Bart wischte. Wäre das alles im hellen Tageslicht geschehen, so hätte selbst der leichtgläubigste Zuschauer seine Brauen verwundert hochgezogen. Als sie sich endlich einigermaßen beruhigt hatte, war der Wagen wieder in Bewegung. Das Pferd, wahrscheinlich wegen seines lächerlichen Betragens beschämt, trottete den Weg zurück zum Gutshof. Buffalos Indianermustang lief, mit dem Zaum am Kutschbock festgebunden, nebenher. Sie setzte sich auf und sagte: „Danke dir, alter Freund . . . Das war ein glückliches Zusammentreffen! Bist du zufällig des Weges gekommen?"

„Ich habe Joe Woodhouse gefragt, wo du hingefahren bist, und er hat es mir gesagt", antwortete er milde. „Da, nimm einen Schluck, das wird dir guttun!" Aus dem Dunkel zauberte er eine Flasche hervor – wenn es die aus seiner Hüfttasche war, tat sie gut daran, abzulehnen.

„Nimm nur einen Schluck, er richtet dich wieder auf." Sie zögerte einen Moment, dann griff sie doch zu. Sie bekam mehr von der Flüssigkeit in den Mund, als sie beabsichtigt hatte. Das Zeug verbrannte ihre Kehle und rann wie flüssiges Blei in ihren Magen.

„Uff!" keuchte sie und blies damit den letzten Rest ihrer zarten Weiblichkeit in den Wind.

„Na, wie ist dir?" erkundigte er sich.

„Buffalo McHair", sagte sie, „du weißt sehr gut, daß der Schluck, den du mir da eingegeben hast, weit gefährlicher ist als alles, was in dieser Nacht geschehen ist."

Er lachte. „Weiß Gott, du hast mir einen schönen Schreck versetzt. Was zum Teufel hast du in diesem unmöglichen Aufzug dort getrieben?"

„Ich möchte dich darauf hinweisen, daß dieses Kleid der reichsten Frau von Philadelphia gehört."

„Das ist es ja gerade. An der ärmsten Frau der Prärie wirkt es lächerlich."

„Da hast du recht." Sie streckte in der Dunkelheit die Hand nach ihm aus. „Wo ist deine Flasche?" Diesmal schmeckte es nicht wie kochendes Blei, sondern wie warmes Öl, das den Magen wohlig anheizte. „Wohin bringst du mich?"

Er blickte in die Dunkelheit hinaus. „Auf den Friedhof vermutlich."

„Aha." Sie hob einen mahnenden Finger. „Hab' ich mir gleich gedacht." Der wissenschaftliche Beobachter in ihr zuckte zusammen. Das jetzt war ja schlimmer als ihre weibliche Hysterie ein paar Minuten vorher. Na, hol's der Teufel. „Gib mir noch einmal die Flasche. Es beruhigt meine Nerven."

„Deine Nerven sind schon beruhigt genug. Ich bring' dich nicht ins Haus zurück, solange diese knopfäugigen Quäker wach sind und dich sehen."

„Buffalo McHair", sagte sie, sich wieder an seine Schulter schmiegend, „du bist ein Tyrann."

Sie hatte die Augen geschlossen, die Wärme aus dem Magen verbreitete sich wohlig im ganzen Körper, jeder Muskel entspannte sich. „Der arme Bonny", sagte sie weich und mitleidig.

„Er will es tatsächlich durchführen, nicht wahr?" brummte die tiefe Stimme neben ihr.

Was für ein Brustkasten! Mit Befremden stellte sie fest, daß sie wie eine Ärztin an seiner Brust horchte, statt sich wie ein schwaches Weib an ihn zu klammern. Sie sollte ihn um das Rezept dieses Gesöffs bitten. „Natürlich wird er es durchführen", sagte sie. „Sein Plan ist, nach dem Westen zu gehen und eines seiner Mädchen mitzunehmen."

„Ziemlich verwegenes Unternehmen."

„Ja. Sie werden skalpiert, ausgeraubt und vergewaltigt werden, bevor sie an den Fluß kommen. Er ist ein Heiliger", fügte sie hinzu. „Ein Quäkerheiliger. Und ich werde dir Dank dafür wissen, wenn du von seiner Gottesbezeugung die Pfoten läßt."

Ein Schweigen folgte. Dann sagte er: „Gulie, du bist besoffen."

Sie beschloß, auf diese Feststellung nicht einzugehen. „Bis zum Ohio bring' ich ihn", sagte sie. „Ihn und seinen Harem. Dann muß er selbst auf sich aufpassen."

„Du gehst nicht in die Prärie zurück?"

„Natürlich geh' ich zurück, warum nicht?"

„Du weißt so gut wie ich, daß es Krieg geben wird. Es ist nicht deine Sache, in der Wildnis umherzuziehen, wenn dort

332

Verrückte jedes Lebewesen, das ihnen vor die Augen kommt, niedermetzeln."

„Ich ziehe ja nicht umher", sagte sie mit Würde. „Ich kehre zu meinem Stamm zurück."

„Zu wem?"

„Zu meinen Huni. Zu meinen Blutsbrüdern."

Ein Schweigen folgte. Dann sagte er gelassen: „Gulie, ich schmeiße dich in den Fluß, bevor ich dich in das Haus zurückbringe."

„So ist's recht. Erst füllst du mich mit Schnaps an und dann schimpfst du, daß ich betrunken bin. Männer. Nie soll man ihnen vertrauen. Männer."

„Gulie!" mahnte er streng. „Hör auf damit. Ich habe dich schon früher besoffen gesehen. Du bist so nüchtern wie ich."

Vorsichtig öffnete sie ein Auge. „Warum sollte ich so tun als ob?" fragte sie.

„Hast du wirklich die Absicht, dich diesen Wilden auszuliefern?"

Einen Augenblick hatte sie das Gefühl, sie müsse ihm sagen, warum sie das wollte: weil sie sterbend war, weil die rosa und orangefarbenen Türme in den tiefblauen Himmel ragten, weil der Branntwein die Todesangst in Sehnsucht nach der Himmelsbläue verwandelt hatte. Aber sie riß sich zusammen. Gewiß war Buffalo von allen Männern, die sie kannte, der weiseste, der verschwiegenste, aber sie brachte es nicht zuwege, es ihm zu sagen, als ob es dadurch erst unvermeidlich würde. So seufzte sie und bemerkte aufs Geratewohl: „Die arme Himsha!"

Er drang nicht weiter in sie. „Ich glaube nicht, daß sie Mitleid braucht", sagte er taktvoll. „Ich habe es so eingerichtet, daß sie in Philadelphia bleibt und dort in eine Schule kommt. Vielleicht kann sie bei den Martins wohnen."

Vorbei der glorreiche Moment, die Wärme, das Glücksgefühl. Sie hatte ihm ihr Vertrauen verweigert, jetzt hatte er sich von ihr abgewandt. „Eine gute Idee", sagte sie und setzte sich auf. Die Wange, die sie von seiner Schulter gelöst hatte, spürte die Kälte. „Wo sind wir eigentlich?"

„Auf dem Friedhof."

Jetzt sah sie die Umrisse der Grabsteine, die sich vom dunklen Flußnebel abhoben, und hörte das Lispeln des Laubs in der nächtlichen Brise. Im Flackerlicht der Laterne sah es aus, als lägen dunkle Gestalten auf einigen der Gräber ausgestreckt.

„Sag ihr, wenn sie irgendwelche Schwierigkeiten hat, soll sie sich an Joe Woodhouse halten", sagte sie.

„Warum an Joe Woodhouse, um Himmels willen?"

„Weil er Indianer versteht. Aber jetzt wollen wir heimfahren."

Er streifte das Pferd mit einem leichten Klaps, und sie fuhren los. Erst als die Lichter des Hauses in Sicht kamen, fiel ihr das Mädchen Cleo ein. Na schön, dachte sie, ich sage Bonny, daß ich sie morgen früh hole.

Hannah Martin wartete, bis sie fort waren, erst dann bewegte sie sich. Während der Wagen mit seinen nichtsahnenden Insassen dastand, schien sich in ihr etwas entschieden zu haben, das außerhalb ihrer Willenskraft lag. Bis zu diesem Moment gab es für sie nur eine Möglichkeit, wie sie Caleb, diesem einsamen, verängstigten, in die Hölle gestürzten Kind, helfen konnte: indem sie ihm dorthin folgte, sich selbst auslöschte und damit diese Todsünde beging, durch die auch sie dahingelangte, wo seine hilflose Seele, nach ihr rufend, umherwanderte. Doch der Gedanke der Todsünde war nur ein Überbleibsel ihrer lutheranischen Kindheit. Für Quäker gab es keine Todsünde und keine andere Hölle als die, die der Mensch aus seinem Leben selbst macht. In diesem Sinne hatte allerdings Caleb den größten Teil seines Lebens in der Hölle verbracht; vielleicht war er erst jetzt frei. Vielleicht hatte er nur seine sterbliche Hülle samt aller Qual und Angst und Einsamkeit abgeworfen und war hinausgetreten in den unendlichen Ozean von Licht und Liebe, aus dem er gekommen war. Ach Caleb, Caleb ... Tränen flossen ihre Wangen herab. Sie durfte nicht weinen, ihn würde es, wo immer er war, nur aufregen und kränken. Ach, Kindchen ... Kindchen ... Ihr Quäkerglaube sagte ihr, daß sie jetzt für ihn nichts mehr tun könnte als sein Leiden und seinen Tod für andere sinnvoll erscheinen zu lassen. Aber ihr Herz, ihr armes Herz konnte sich nicht aus seinen selbstsüchtigen Nöten lösen. Sie vermochte nichts dagegen zu tun, er fehlte ihr schrecklich.

Sie mußte zu den anderen in der Halle zurückgehen, bevor

die sie vermißten. Mühsam stand sie auf, ihre alten Gelenke waren nicht mehr so beweglich, wie sie früher gewesen waren. Sie rückte ihre Haube zurecht, ergriff ihren Beutel und wandte sich zum Gehen. Dann erst bemerkte sie, daß sie nicht allein war.

Auf einem anderen Grab, nur ein paar Schritte entfernt, lag eine dunkle Gestalt. Hannah wußte, daß es eine Frau war, bevor sie vorsichtig, um die Trauernde nicht zu stören, näher trat. Hier waren die Sklaven begraben, es mußte also eine schwarze Frau sein. Und das Grab konnte nur das des Jungen sein, den Caleb getötet hatte.

Ohne zu wollen, streckte sie ihre Hände aus und berührte die Schultern der Liegenden. Die sprang mit einer jähen Bewegung auf, wie ein Tier, das aus seinem Nest gescheucht wird. Etwas glitzerte im Dunkeln. Hannah dachte zuerst, es wären die Augen der Frau, dann warnte sie ein wütendes Zischen. Wer immer da kauern mochte, war bereit, ihr an die Kehle zu springen.

„Hab keine Angst", flüsterte sie. „Ich bin Calebs Mutter, es tut mir leid, so schrecklich leid . . ."

Keine Antwort. Die Mutter des Jungen konnte das nicht sein. Diese da war jung, und sie war nicht vom Schmerz gebeugt, sondern zornig, verzweifelt, einsam. Vielleicht die Verlobte des Jungen, vielleicht wollten die beiden bald heiraten. Dann plötzlich begriff sie: „Trägst du ein Kind von ihm im Leib?"

Das Mädchen bewegte sich im Dunkeln, ihre Gestalt schien kleiner zu werden. Hannah hörte ein Schluchzen.

Dieser Laut griff ihr ans Herz. Alles Mütterliche in ihr wandte sich dieser einsamen Seele in der Dunkelheit zu. Sie kniete nieder, legte den Arm um die Schultern des schluchzenden Mädchens und sagte: „Komm, Liebchen, komm, ich verstehe dich, habe selbst hierherkommen müssen, aber wir dürfen nicht dableiben. Komm mit mir. Gehen wir nach Hause."

Sie hätte es nicht erwartet, aber als sie sich aufrichtete, stand auch das Mädchen auf. Voll dankbarer Zärtlichkeit führte sie die Junge, die in der Dunkelheit nur schleppend gehen konnte, zu der Straße, die zum Hause führte.

Becky war unten in der Halle, als Hannah Martin, den Arm um Cleos Schultern gelegt, hereinkam. Bei dem Anblick zog sich ihr Herz zusammen. „Guten Abend, Cleo", sagte sie tapfer.

Bevor Tante Gulie heimgekommen war, verstört, weil ihr Pferd gescheut hatte und durchgegangen war, war Becky sicher gewesen, daß dieser Alptraum von ihnen genommen würde. Jetzt aber, als die alte Hannah ihr zuflüsterte: „Wir müssen etwas für sie tun, sie ist schwanger", war ihr klar, daß Gott, was seine geheimnisvollen Pläne auch sein mochten, entschlossen war, Cleo mit ihnen nach dem Westen zu führen.

„Danke dir, Tante Hannah", sagte sie müde. „Komm, Cleo, ich bringe dich hinauf, du kannst für diese Nacht bei mir und Abby bleiben."

Sie wartete die Antwort des Mädchens nicht ab. Mit der Autorität, die alle, außer sie selbst, überzeugte, nahm sie Cleo an der Hand und führte sie die Treppe hinauf. Diese Hand war kalt, feucht und fremd. Die Berührung jagte ihr eine Gänsehaut über den Rücken. Unwillkürlich dachte sie: „Es ist die Hand einer fremden Rasse."

Während sie die Treppe hinaufstiegen, sagte sie ein paar freundliche Worte, aber ihre Gedanken waren anderswo. Sollte sie das Mädchen gleich in ihr Zimmer führen oder erst vor den Vater bringen? Als sie vor der Schlafzimmertür standen, entschied sie, daß er sie zuerst sprechen solle. Sie konnte Cleo nicht ohne sein Wissen ins Haus nehmen.

„Komm, meine Liebe", sagte sie freundlich, aber mit der Überlegenheit, mit der sie sonst zu Pferden sprach, „wir wollen, bevor wir zu Bett gehen, noch meinen Vater aufsuchen." Wieder nahm sie Cleos kalte Hand und führte sie über den Gang zum Arbeitszimmer. Vater mochte gehofft haben, daß dieser Kelch an ihm vorübergehen würde, wie auch sie gehofft hatte, bis dann Hannah Martin aus dem Dunkel der Nacht hereingekommen war. Sie klopfte.

„Ja?"

Sie sah das Lächeln auf dem Gesicht des Vaters gefrieren, als er ihre Begleiterin erkannte.

„Komm herein, Cleo", sagte er, und Becky dachte: er weiß, daß wir hier nichts mehr zu entscheiden haben.

„Tante Hannah hat Cleo mitgebracht, damit wir uns um sie

kümmern. Sie scheint schwanger zu sein." Sie bemerkte den Blick in dem verängstigten Gesicht ihres Vaters und wandte sich an Cleo: „Stimmt das nicht?"

Das Mädchen nickte. Etwas an ihr ließ Becky zum ersten Mal spüren, daß sie hier ein lebendes Wesen und nicht nur ein Instrument des Schicksals vor sich hatte. In diesem schwarzen Gesicht, in der Haltung ihres hochaufgerichteten Körpers, lag eine unverkennbare Würde. Bestürzt starrte sie dieses rätselhafte Geschöpf an. Das war keine Sklavin, keine Dienerin, sondern ein Wesen der freien Wildbahn. Wenn sie die mitnahmen, konnte es sein, daß sie ihnen Schutz gewährte und nicht umgekehrt.

„Stimmt es, Cleo, daß du schwanger bist?" fragte ihr Vater freundlich.

Langsam richteten sich die dunklen Augen des Mädchens auf ihn. Wie sie ihn ansah, das erfüllte Becky mit einer instinktiven Furcht, die nichts mit Vernunft oder Erfahrung oder Angst vor der Zukunft zu tun hatte. Cleo sah ihren Vater an wie eine Frau, die einen Mann abschätzt. So mochte sie Josh angesehen haben . . . o Gott, nur das nicht! Entsetzt über die Richtung, die ihre Gedanken nahmen, wandte sie sich ab. Sie war überreizt, die Nervenanspannung hatte ihren Verstand verwirrt.

„In diesem Fall", sagte ihr Vater in dem ein wenig salbungsvollen Ton, den er auch jetzt nicht abzulegen vermochte, „möchte ich, daß du mit uns in unser neues Heim im Nordwest-Territorium ziehst. Wir würden dich gern mitnehmen, nicht als unsere Bediente, sondern als ein Mitglied der Familie."

Plötzlich begriff Becky, daß er entsetzlich naiv war. Wie konnte er annehmen, daß dieses Mädchen ihr eigenes Volk zu verlassen bereit war, noch dazu jetzt, nachdem er sie alle freigelassen hatte? War er sich, trotz seiner edlen Tat, wirklich darüber klar, daß das von Gott da sein mußte – in Cleo, ein inneres Licht, eine Zärtlichkeit, ein Erbarmen, eine Liebe? Sie mitzunehmen, das wußte Becky jetzt, konnte nur dann als Bezeugung Gottes gelten, wenn sie dieses Mädchen echt und wahrhaftig als ihresgleichen akzeptierten. Indem er seine Sklaven freiließ, hatte ihr Vater seine Menschlichkeit bezeugt; jetzt mußte sie das Göttliche in Cleo suchen, sonst konnten sie ebensogut auch daheim bleiben. Was sie da begannen, dachte Becky feierlich, war ein neues Heiliges Experiment.

„Komm, Cleo", sagte sie und legte ihre Hand wieder auf die kalte, fremde. „Wir reden morgen weiter. Für heute haben wir alle genug. Gehen wir zu Bett."

Bevor sie die Tür hinter sich schloß, lächelte sie dem Vater ermutigend zu. Ihr Herz wollte brechen, als sie die verzweifelte Müdigkeit in seinem Gesicht sah. Dies würde, das ahnte sie, seine Nacht im Garten Gethsemane werden, und niemand konnte ihm jetzt beistehen. Sie hatte, als sie damals nach ihrer Rede in der Jahressitzung der Männer zwischen den Bankreihen zur Tür schritt, begriffen: mit Gott gehen hieß allein gehen.

9

Ach, diese Woodhouse! Bei dem Treffen der Finanzkommission, eine Woche später, schlug Isaak vor, Boniface Baker möge in einen Nebenraum treten, weil jetzt ein ihn betreffender Antrag zur Diskussion kommen solle. Jeremiah vermutete sofort, daß Isaak nichts Gutes im Schilde führte. Und schon nach Isaaks ersten einleitenden Worten war er seiner Sache sicher. Er sah sich um, beobachtete die Gesichter der wichtigen Mitglieder der Versammlung, bei denen ja doch, aller frommen Prinzipien der Einheit und Gleichheit ungeachtet, die Entscheidung lag. War es möglich, daß die ganze Prozedur ein wohlausgeklügelter Plan von seiten der Quäkerbonzen war, die Gefahr abzuwenden, die Bonny Baker plötzlich für sie darstellte?

Die Sklavenwirtschaft war die Grundlage ihres Reichtums. Sie war niemals wirklich in Frage gestellt worden. Keiner der Quäkerbonzen hatte jemals unter dem Gewicht seines Gewissens gewankt. Einen Augenblick lang waren sie bestürzt gewesen, aber jetzt würden sie kurzen Prozeß mit Bonny Baker machen. Und Isaak wäre nicht Isaak gewesen, hätte er nicht die allgemeine Stimmung zu seinem Vorteil ausgenützt und gleichzeitig getreulich dem gemeinsamen Interesse gedient.

„Wie jeder von uns, die wir hier versammelt sind", begann Isaak, „bin auch ich zunächst von Boniface Bakers Glaubensbezeugung tief beeindruckt gewesen. Freund Boniface hat es klar erkannt, daß eine Freilassung seiner Sklaven dazu führen würde, die Freigelassenen hilflos der Raubgier anderer Sklavenhalter auszuliefern. Seinen Landbesitz unter seine vormaligen Sklaven zu verteilen, war die logische Konsequenz der Freilassung. Indessen", Isaak widmete seiner Zuhörerschaft ein verständnisvolles Lächeln, „hat die Sache noch einen anderen Aspekt. Sein Entschluß betrifft auch den Nachwuchs von Boniface und Beulah Baker, einen Jungen, Joshua, und zwei Mädchen, Rebekah und Abigail, alle von Geburt an Mitglieder dieser Glaubensgemeinde, und keines von ihnen alt genug, in einer so wichtigen und weitreichenden Frage für sich selbst zu entscheiden. Geben wir uns keinen Täuschungen hin, Freunde: Was da auf dem Spiel steht, ist ihr Erbanspruch. Es ist lobenswert, mit einer einzigen Geste seine Sklaven zu befreien, doch hat man in dieser Sache als Quäker nicht nur das eigene Gewissen zu Rate zu ziehen. Die Bakerkinder haben Erbansprüche, die verletzt werden. Das Opfer ihres Vaters wird dadurch zu einem Opfer, das sie bringen, bevor sie großjährig und berechtigt sind, selbst über sich zu verfügen. Ist es nicht die Pflicht dieser Versammlung, die Ansprüche der jungen Leute zu sichern? Lasset uns also im Geiste der echten Liebe erwägen, ob hier nicht ein Grund vorliegt, aus unserer Mitte ein Komitee von Treuhändern zu wählen, das darauf achtet, daß das Bakervermögen rechtmäßig an seine Erben übergeht. Ziehen wir die Möglichkeit in Erwägung, dieses Vermögem sicherzustellen, bis jene, die künftig in seinen Genuß kommen sollen, ihre Volljährigkeit erreichen. Sollte die Versammlung dafür stimmen, daß ein solches Komitee eingesetzt wird, so wäre ich bereit, mich ihm zur Verfügung zu stellen."

Es war dieser letzte, scheinbar so selbstlose Antrag, der Isaaks heimliche Absicht entlarvte. Jeremiah begriff jetzt, warum Joshua Baker eine Partnerschaft im Familienvermögen der Woodhouses angeboten wurde und warum Joshua, um sich auf diese Aufgabe vorzubereiten, auf Europareise geschickt werden sollte. Becky Baker, die Isaaks Sohn Joe heiraten sollte, würde ihren Anteil am Bakervermögen mitbringen. Und was Abby, das arme Kind, betraf, durfte man sich darauf verlassen, daß die Kommission Abbys Ansprüche ebenfalls Isaak in Treuhand geben würde. Es war enttäuschend, aber irgendwie doch bewunderungswürdig: wieder einmal zeigte sich das Genie der Quäker, Kompromisse zu schließen – spätes Echo jener Begabung, die in George Fox und Margaret Fell in Erscheinung getreten war. Als geistiger Impuls, den Menschen von Vorurteil und Gewalttätigkeit abzubringen, hatte die Quäkerbewegung sichtlich ihren Weg gemacht; was blieb, war eine politische Kraft, welche zweifellos auch in Zukunft die Gemeinde beherrschen und die weitere Gestaltung der Kolonie dirigieren würde. Das war immerhin besser, als das Schicksal des Landes den Schottisch-Irischen im Grenzland und den Sklavenhaltern im Tal auszuliefern. Für die Sklaven war eine Quäkerherrschaft auf jeden Fall das Geringere von zwei Übeln.

Israel Henderson erhob sich majestätisch, um mit einigem frommen Gerede Isaaks Vorschlag zu unterstützen und darauf hinzuweisen, wie notwendig es war, die Jungen zu schützen und die Gesamtheit im Kontakt mit der nüchternen Wirklichkeit zu halten. Nach Israel Henderson erhob sich Peleg Martin, der beredteste unter allen Gegnern der Sklavenemanzipation. Bei ihm konnte man sich darauf verlassen, daß er im vorgeplanten Konzept blieb. Mit seiner kratzenden Stimme legte er los: „Liebe Freunde, laßt uns einen Moment lang noch einmal die Kernfrage dieses Problems anschneiden, über das wir hier sprechen: Sind Neger Menschen? Wenn ja, dann können sie natürlich nicht wie Haustiere als Eigentum gehandelt werden. Nun, sind sie Menschen? Den längsten Teil meines Lebens habe ich daran festgehalten: nein. Wie immer wir zu den Negern eingestellt sein mögen, dem Neger kann nicht Menschenwesen und Menschenrecht in dem Sinne, wie wir diese Worte verstehen, zuerkannt werden." Der alte Mann legte eine Pause ein, unempfindlich für die allgemeine Teilnahmslosigkeit, die sich auf die Versammlung legte, weil man das alles ja längst zu hören bekommen hatte. „Es tut mir leid", setzte er fort, „daß ich, trotz Boniface Baker, nicht in der Lage war, diese meine Ansicht zu ändern. In vergangener Zeit war Boniface Baker immer einverstanden mit allem, was die Eigentümer von Sklaven, mich eingeschlossen, hier in diesem Hause vorgebracht haben. Und jetzt geht er hin und läßt sie frei." Wieder eine Pause. „Freunde, ich bin ein alter Mann. Ich habe nur wenig Leute gesehen, die wahrhaftig in der Macht des Herrn standen. Ich bin sicher, daß Boniface Baker, der jetzt seine Sklaven freiläßt und sein Eigentum unter sie verteilt, vor einer trostlosen

Zukunft steht. Aber ich bin überzeugt, daß er, indem er so handelt, dem Göttlichen in ihm und seinen Kindern und in seinen Sklaven entsprochen hat."

Die Feder fiel Jeremiah aus der Hand. Im Saal war eine solche Stille, daß man die surrenden Fliegen gegen die Fensterscheiben prallen hörte. Der alte Mann blickte um sich. „Bedeutet das, daß ich meine Meinung geändert habe? Nein, das bedeutet es nicht. Ich kann die Überzeugung meines langen Lebens nicht ändern. Ich bin alt und meine Wege sind festgelegt. Für mich werden die Neger nie Menschen sein. Doch Boniface Baker hat mich überzeugt, daß Gott die Neger für Menschen hält. Und so habe ich mich entschlossen, Gott aus dem Weg zu gehen." Jetzt setzte Bewegung ein. Isaak flüsterte lebhaft mit Israel Henderson. Unbeirrbar fuhr Peleg fort: „Somit kann ich dem Antrag Isaak Woodhouses nicht beipflichten. Wenn wir uns der Bakerkinder annehmen wollen, so gibt es für uns nur einen Ausweg: Wir müssen sie selber befragen. Richten wir dabei unser Augenmerk nicht darauf, wie alt sie sind oder was wir für verantwortlich, für vernünftig und weise halten. Fragen wir sie, was sie wollen. Wohin sie das Licht dann leitet, daran wollen wir uns halten." Damit setzte er sich.

Einige Minuten lang rührte sich niemand. Jeremiah dachte mit tiefer Ehrfurcht: dies war der Scheideweg, der Augenblick der Wahrheit, jetzt entschied sich die Gesellschaft der Freunde endgültig für ihre Prinzipien oder für ihre politische Macht. Was sie – und ihn selbst am meisten – verblüffte, war, daß diese Entscheidung durch einen der unentwegtesten Verfechter der Sklavenwirtschaft erzwungen wurde.

Isaak Woodhouse erhob sich. Er strahlte Selbstsicherheit aus: „Bevor wir Freund Pelegs Vorschlag folgen und in dieser Frage die Bakerkinder heranziehen, mag es schicklich erscheinen, die Konsequenzen eines solchen Verfahrens zu überdenken. Ich will hier nicht die Plattheit begehen, darauf hinzuweisen, daß Freund Peleg selber keine Sklaven mehr beschäftigt. Auch ich halte keine mehr, also kann die Versammlung uns beiden zubilligen, daß es uns um das Prinzip und nicht um eigene Interessen geht." Das war, fand Jeremiah, ein schäbiges Argument, denn es lag ja auf der Hand, wo Isaaks Interessen lagen. „Laßt uns also für einen Augenblick eine Tugend, die wir oft im

Munde führen, aber in letzter Zeit nur selten üben, zur Geltung bringen: die alte Quäkeroffenheit. Gehen wir ohne Umschweife an die Sache heran. Welche Folgen hat es, wenn diese Glaubengemeinde sich mit Peleg Martin auf den Standpunkt stellt, der Neger sei menschlich, wenn auch nicht in unseren, so doch in Gottes Augen? Als gottesfürchtige Leute werden wir uns der göttlichen Weisheit unterzuordnen haben. Und das würde bedeuten, daß wir Sklaverei als etwas Böses erkennen, wir würden dieser Überzeugung gemäß zu handeln haben, und wir würden uns gegen den Zeitgeist entscheiden. Wir, die wir unser Leben in der Wirtschaft dieses Staatswesens verbringen, wissen besser als sonst jemand, daß unser Wohlstand vernichtet wird, wenn wir auf die Einrichtung der Sklaverei verzichten. Wenn wir also Peleg Martins Vorschlag akzeptieren und die Familie Baker für sich selbst entscheiden lassen, dann erlauben wir ihnen, diese Entscheidung nicht nur in eigener Sache zu treffen, über ihr eigenes Schicksal zu verfügen, was ihnen zustehn mag, sondern wir lassen sie die Rolle bestimmen, die das Quäkertum in der politischen Struktur von Pennsylvanien spielen wird, wir lassen sie über die Zukunft der Quäkerbewegung, ja über die Zukunft dieses Landes bestimmen. Wenn wir glauben, daß all dies von drei Kindern beurteilt werden darf, dann mag es so geschehen. Meine Ansicht allerdings ist, daß wir, nachdem wir das Wort der Kinder vernommen haben, die Sache unserer gemeinsamen göttlichen Führung anheimgeben sollen. Nur dann werden wir eine klare Antwort haben, im Geiste dieser Glaubensgemeinde."

Er setzte sich. Endlose Minuten lang blieb es still. Fast unmerklich verwandelte sich die Finanzkommission in eine Andachtsgemeinde. Nun erhob sich Israel Henderson: „Ich frage mich, ob eine so wichtige Entscheidung nicht von der Gesamtheit der Gläubigen und nicht bloß von der Hälfte ihrer Mitglieder getroffen werden soll. Ich schlage also vor, die Trennung aufzuheben und die Frauen einzuladen, sich uns auf der Suche nach der Glaubenswahrheit anzuschließen."

Jeremiah konnte sich nicht erinnern, daß es dafür jemals ein Beispiel gegeben hätte. Die Trennwand zwischen den beiden beratenden Körperschaften wurde stets nur zu Andachten aufgehoben. In Rhode Island war die Trennwand einmal aufgehoben worden, bevor die gesamte Gemeinde entschied, ob man bei dem Prinzip des bedingungslosen Friedenswillen verbleiben oder sich gegen die Indianer im Krieg König Philips verteidigen solle. Jetzt bemerkte er, daß alle Augen auf ihn gerichtet waren. Er sagte: „Darf ich die Meinung der Versammelten über Freund Israels Vorschlag einholen, die Trennung aufzuheben?"

Einige Stimmen wurden laut: „Einverstanden."

„Soll ich einen Boten wählen?"

„Ich gehe!" Es war Joe Woodhouse.

Jeremiah blickte um sich. Da kein Einwand laut wurde, sagte er: „Joseph Woodhouse wird als Bote in die Frauensession entsandt."

Es herrschte solche Stille, daß man die Feder kratzen hörte, mit der Philip Howgill das Memorandum niederschrieb.

Becky war in der Sitzung dermaßen von Cleos Gegenwart gefesselt, daß sie kaum dem Gang der Verhandlungen folgen konnte. Es war ihr eigener Entschluß gewesen, Cleo mitzubringen. Als sie aber dann mit Abby und Cleo in einer der hinteren Reihen Platz genommen hatte, fragte sie sich, was sie wohl bewogen hatte, so zu handeln. Welchen Vorteil konnte es Cleo bringen, einer endlosen Diskussion zuzuhören, über die Frage, ob Bibliotheken nach Büchern weltlichen Inhalts durchsucht werden sollten, und ob bei den Ausspeisungen warmes Abendbrot ausgegeben werden sollte, wenn das Wetter vorhielt. Abby, die links von Cleo ihren Platz eingenommen hatte, bohrte träumerisch in ihrer Nase. Ärgerlich zischelte sie die Schwester an. Plötzlich ging die Tür auf, und zu Beckys Erstaunen trat Joe ein, offenbar als Überbringer einer Botschaft der Männersitzung von nebenan. Er ging auf seine Mutter zu, die den Vorsitz führte, und flüsterte mit ihr. Sie nickte und brachte mit einer Geste Bathsheba Moremen zum Schweigen, die sich seit zehn Minuten weitschweifig über die Vorteile kurzer Referate ausließ.

„Die Sitzung der Männer schlägt vor, die Teilung aufzuheben", sagte Mary Woodhouse. „Sie stehen vor einer wichtigen

Entscheidung und wünschen, daß auch wir zugegen sind. Sind die Versammelten mit dieser Forderung einverstanden?"

Der Vorschlag wurde angenommen, und Joe kehrte mit diesem Bescheid zu den Männern zurück. Kurz darauf begann sich die Trennungswand schwerfällig, knarrend und rumpelnd in die Höhe zu bewegen. Die Frauen reckten sich die Hälse aus, um nach ihren Männern Ausschau zu halten, die ihrerseits alle Mühe darauf wendeten, sich so zu stellen, als ginge nichts Ungewöhnliches vor. Als schließlich das Quietschen der Flaschenzüge und das Gerassel der Ketten ein Ende gefunden hatten, erbat Onkel Jeremiah, der der Männersitzung präsidierte, Mary Woodhouses Einverständnis, den Vorsitz weiterzuführen. Mary nickte.

„Freunde", begann Onkel Jeremiah, „dem Antrag gemäß sind wir nun vollzählig versammelt. Dieser Antrag ist gestellt worden, weil wir den Kindern von Boniface und Beulah Baker eine ernste Frage vorzulegen haben."

Becky saß wie vom Donner gerührt. Was sollte das? Sie hielt nach ihrem Vater Ausschau, konnte ihn aber nicht entdecken. Ihre Mutter saß nur einige Reihen weiter vorn, drehte sich aber nicht um, wahrscheinlich hatte sie kein Wort gehört.

„Die Männersitzung hat darüber beraten, welche Verantwortung sie beim Schutz der Interessen der Bakerkinder zu tragen hat, in Anbetracht des Entschlusses ihres Vaters, seine Sklaven freizulassen und seinen Landbesitz unter sie aufzuteilen. Der Beschluß der Männersitzung ging dahin, daß wir die Meinung der Kinder in dieser Sache einholen sollen, bevor wir uns im Schweigen vereinen, um die göttliche Führung zu erhorchen. Laßt mich also noch einmal darlegen, worum es geht..."

Weitläufig beschrieb er die schweren Konsequenzen, die ihres Vaters Handlungsweise nicht nur für seine Kinder, sondern auch für die Zukunft der Gesellschaft der Freunde und des Landes Pennsylvania haben mußte. Als Becky der Hintersinn dieses Manövers aufging, begann sie vor Empörung zu zittern. Wie durften diese Leute das wagen? Eine rein persönliche Entscheidung in Frage zu stellen, die nach so schweren inneren Kämpfen gefaßt worden war? Und da behaupteten sie noch, es geschehe für sie und Joshua und Abby – lächerlich, sogar ein Kind konnte sehen, daß die Bedrohung ihres Wohlstandes nicht von dem Vater ausging, sondern von ihren eigenen Gewissen. Was die vorhatten, war nur, die Entscheidung von sich abzuwälzen und dem Vater auf Wunsch seiner eigenen Kinder Einhalt zu gebieten. Becky kochte vor Empörung. War es mit dem Quäkertum schon so weit gekommen? Sollte die Stimme Gottes in ihrem Vater und ihr selbst, der sie gehorchten, ohne die Folgen in Betracht zu ziehen, durch diese Versammlung überstimmt werden? Hier ging es nicht um das Innere Licht, sondern um erbärmlichen Eigennutz! Jeden Sonntag machten sie ein Gerede davon, wie sie sich dem Licht unterstellten und Gott baten, sich ihnen kundzutun, sie zu prüfen, aber sie wollten gar nicht geprüft werden, sie wollten nur in Wohlstand leben.

„Wollen die Bakerkinder herauskommen und sich der Versammlung stellen, bitte?" Es wurde ihr bewußt, daß alle sie und Abby anstarren würden. Plötzlich wußte sie, was sie zu tun hatte. Sie sagte zu Abby: „Nimm ihre Hand!", und zog Cleo hoch. Hand in Hand wanderten die drei zur Tribüne.

Becky zitterte, Zweifel und Verwirrung begannen sie zu bedrängen. Wie würde Joshua sich dazu stellen? Und was gab ihr das Recht, über Abby und über Cleo zu entscheiden? Als sie zur Tribüne hinaufgestiegen waren und sich der Menschenmenge im Saal zuwandten, wurde sie von einem Gefühl völliger Hilflosigkeit überwältigt. Sie suchte die Gesichter ihres Vaters und ihrer Mutter in diesem Meer weißer Flecken, aber sie entdeckte keines von beiden. Dann gewahrte sie Joe Woodhouse, der sie von seinem Ecksitz am Mittelgang her anstarrte, und der junge Mensch neben ihm, der sein Gesicht in den Händen vergrub, war Joshua.

Das Gefühl, daß sie einer Brandung von Mißbilligung die Stirn boten, ließ sie die Augen schließen und um Hilfe beten. Sofort fühlte sie eine innere Stille, die jenseits aller Worte war. Und da hörte sie ein Geräusch. Es klang wie eine langsame Bewegung eines Riesenkörpers, eines schlafenden Ungeheuers, das sich auf seinem Lager umdreht. Sie schlug die Augen auf und sah, daß die Versammlung sich erhoben hatte.

Und wie sie so dastand, scheu, verstört, fühlte sie, was in der schweigenden Menge in diesem Augenblick alle fühlten: die unbestimmbare und unverkennbare Gegenwart Gottes.

346

ZWEITES BUCH

1

Schemenhaft zog das Schiff „Margaret Fell", mit den Zielen Kingston, Barbados, Bermuda und London, im sommerlichen Dunst den Delaware River hinunter. Abseits vom Gedränge der Matrosen stand die verlorene Gestalt eines jungen Mannes in schwarzer Kleidung und mit Quäkerhut in trostloser Betrachtung des Ufers. Der Kapitän, der diesen Extrapassagier im letzten Moment einigermaßen unwillig aufgenommen hatte, wollte die Gelegenheit wahrnehmen, seine Unfreundlichkeit gutzumachen, und machte sich mit dem einschmeichelnden Grinsen eines Kneipenwirts an den jungen Mann heran.

„Nun, Mr. Baker, so wären wir also in Fahrt!" begrüßte er ihn mit einer Herzlichkeit, die nicht gut zu seiner vorherigen Mißlaune paßte. In See zu stechen wirkte auf ihn immer so. Er haßte jeden Augenblick dieses langwierigen Unterfangens und geriet in zunehmend menschenfeindliche Stimmung, bis die „Margaret Fell" Cape May passierte. Jetzt lag sein Heim endgültig hinter ihm. Er würde es erst neun Monate später, um ein Baby bereichert, wiedersehen.

Der junge Mann starrte ihn mit der Trübsal eines regendurchnäßten Pferdes an. „Stimmt", sagte er, reichlich schroff, wie der Kapitän fand.

„Jetzt kommen wir bald an der Insel Ihres Vaters vorbei. Verdammt schwierig, wie Sie wissen, bei diesem Nebel hier und mit dem Felsen mitten im Fluß. Für den Seemann ein wahrer Fluch!"

„Das höre ich ungern."

Verdammt, solche Landratten nahmen einem auch schon die harmloseste Bemerkung übel. „Es war nicht meine Absicht, Ihren Besitz herabzusetzen, Mr. Baker", sagte der Kapitän lächelnd, während er hinter dem Rücken seine Hände in verhaltenem Krampf verklammerte. „Muß ein gottgesegneter Platz sein, hier zu leben."

„Ja, das war es", sagte der Junge steif.

Teufel auch, natürlich, der Vater dieses Burschen hatte doch die ganze verfluchte Insel an seine Nigger verschenkt! Wie hatte er das vergessen können? Es war immer dasselbe, beim Wegfahren wurde ihm einfach alles zu viel. „Richtig, ich habe von der edlen Handlung Ihres Vaters gehört. Sehr schön, wirklich sehr schön. An der ganzen Küste wird von nichts anderem geredet. Gibt uns allen ein gutes Beispiel, ja, das tut er. Vorbildlich. Ein scheußliches Geschäft, die Sklaverei. Sie sollten die Schiffe sehen, mit denen die armen Biester verschleppt werden. Da kommt es unsereinem hoch, richtig zum Kotzen, wenn..." Er unterbrach sich gerade noch rechtzeitig: Mit Erinnerungen aus den Tagen, da er selbst Maat eines Sklaventransporters gewesen war, aufzuwarten – das wäre unvorsichtig. Wilde Tage waren das gewesen, und er selber hatte Sachen angestellt, an die man lieber erst dachte, wenn man Cape May passiert hatte und auf hoher See sein eigener Richter war. „Na, dann will ich mich wieder um meine Sachen kümmern, Mr. Baker. Wann immer Sie Lust haben, auf ein Glas Madeira in meine Kajüte zu kommen, lassen Sie mich's wissen. Bin auf Achterdeck." Damit machte der Kapitän kehrt und wanderte, das Fernglas unterm Arm, den Dreispitz in die Stirn gezogen, um seine Augen gegen die grelle Morgensonne zu schützen, nach achtern.

Joshua atmete tief auf. Er ertrug es im Augenblick einfach nicht, mit irgend jemandem zu sprechen. Er starrte den Fluß hinab, auf dem jeden Augenblick das Nordende der Insel in Sicht kommen mußte. All das war viel zu schnell gegangen: dieser Entschluß, auf Weltreise zu gehen, die Anschaffung seiner Ausrüstung, die Instruktionen, die ihm Isaak und Vetter Abe gegeben hatten, der Abschied von seiner Familie. All das war Teil einer turbulenten, chaotischen Flut von Ereignissen gewesen, die jetzt mit einem Schlag zu Ende war. Und da stand er nun, an die Reling gelehnt, würgte seine Tränen hinunter und blickte in eine Zukunft, die sich ihm als völlige Leere darbot. Er hatte sich von seinen Wurzeln losgeschnitten und zog ins Nichts hinaus. In einem gewissen Sinn hatte er Selbstmord verübt, es war ihm nicht anders ergangen als Cuffee und Caleb. Denn der alte Joshua Baker, der Knabe, der auf Eden Island lebte, war für immer tot. Entschwunden die Felder, auf denen er als Kind gespielt, verschwunden der kleine, verwucherte Garten, in dem er seine ersten, tastenden Versuche gemacht hatte, sich Cleo zu nähern. Wenn er zurückkam – sollte er je zurückkommen – wäre von dem alten Joshua nichts mehr übrig, nicht das geringste. Keine nette Familie mit Festivitäten und Zänkereien, keine Truhe mit Kinderkleidern, kein altes Schaukelpferd, kein Dachboden über dem Stall, wo er mit Harry gespielt und vor Vergnügen geschrien hatte, wenn sie einander mit Heuballen bewarfen. Als er auf den Fluß hinausblickte, hoffte er, die Insel wäre im Nebel untergetaucht und das Schiff würde schnell, wie durch eine Wolke ziehend, daran vorbeisegeln.

Als sie aber dann nach einer Flußbiegung wieder in die Strommitte einbogen, war sie da: üppig, grün, das Laub der Kastanienbäume in der Sonne schimmernd, und über den Baumkronen die roten Kamine des Gutshofs. Der Anblick der Kamine gab ihm den Rest. Und als dann gar das Haus mit der Säulenfassade in Sicht kam, der Balkon, die Rasenfläche davor, da wußte er plötzlich, daß das Ganze ein ungeheurer Irrtum gewesen war. Nun kamen sie an Altar Rock vorbei. Einen Moment fühlte Joshua sich versucht, über Bord zu springen und an Land zu schwimmen, aber das ging rasch vorüber. Wäre er an den Strand dieser verführerisch schönen Insel gewatet, so hätte er das Haus in voller Auflösung gefunden, die Möbel irgendwo zusammengestellt, alles für die bevorstehende Versteigerung bestimmt. Er hätte den Anblick nicht ertragen. Er wollte es in Erinnerung behalten, wie es gewesen war, nicht in diesem Zustand. Als die Südspitze der Insel in Sicht kam, gewahrte er die einsame Gestalt einer schwarzen Frau. Er lief zu dem Kapitän, der breitbeinig auf Achterdeck stand, und bat: „Dürfte ich einen Moment Ihr Fernglas benützen?"

„Aber gewiß, Mr. Baker."

Er hob das Teleskop an sein Auge und versuchte, die einsame kleine Gestalt in den Brennpunkt zu bekommen. „Erlauben Sie, daß ich Ihnen helfe, Herr", sagte der Kapitän hinter ihm. Er stellte das Teleskop ein, und plötzlich war es groß und scharf zu sehen: eine Schwarze, die am Strand stand und zu dem Schiff herübersah. Konnte das Cleo sein? Sie war zu weit fort, als daß er sie erkennen konnte. Ein unsägliches Heimweh erfüllte ihn, nicht nur nach ihren Umarmungen sehnte er sich, sondern auch nach den süßen Stunden, die den ersten Liebeserlebnissen gefolgt waren. Damals hatte er sich eine andere Zukunft erträumt – verheiratet, Farmer in der Wildnis, Kinder, deren Leben ein Beweis der Liebe und Menschenwürde in Gottes Gegenwart sein sollten. Ihm war zumute, als müsse er dieser Schwarzen winken, obwohl er nicht wußte, wer es war. Doch in Gegenwart des Kapitäns, der ihn neugierig musterte, beherrschte er sich. So reichte er das Teleskop zurück und sagte: „Nun, Kapitän, du hast da etwas von einem Glas Madeira gesagt. Ich glaube, der Augenblick wäre günstig."

„Wahrhaftig", sagte der Kapitän mit einem breiten, ein wenig leeren Grinsen. „Mr. Robothan, übernehmen Sie bitte! Und rufen Sie mich, wenn Newcastle in Sicht kommt."

„Aye, aye, Sir."

„Kommen Sie, Mr. Baker", sagte der Kapitän und legte einen Arm um Joshuas Schulter. „Nehmen wir unseren ersten Schluck, dem, wie ich hoffe, noch viele folgen mögen. Vorsicht!"

Joshua bückte sich durch die niedrige Tür in die Kapitänskajüte und trat damit in seine Zukunft.

Nach der Sitzung im Komitee für Indianerangelegenheiten war Joe Woodhouse zutiefst beunruhigt. Er hatte von seinem Gespräch mit dem Häuptling Running Bull berichtet, hatte die verzweifelte Situation dargelegt, in der sich die Delawaren, zwischen Irokesen und Kolonisten eingeklemmt, befanden. Er hatte dem Komitee von seinem Versprechen erzählt, daß die Quäker eine Schule für die Kinder stiften würden, wenn die Delawaren zur Vermeidung eines Kriegs in unumstrittenes Gebiet weiterzögen. Dieses Versprechen war es, das ihm die

Niederlage bereitete. Er wurde schroff zurechtgewiesen, man zeigte ihm die kalte Schulter, allerdings auf Quäkerart. Niemand sagte ihm ins Gesicht, daß es ihm nicht zukomme, Verpflichtungen einzugehen, wenn er dazu keinen ausdrücklichen Auftrag habe. Die ganze Angelegenheit wurde auf einen späteren Termin verschoben, bis – wie Onkel Jeremiah sich ausdrückte – eine klare Entscheidung der Versammlung leichter erlangbar sein würde. Joe verließ die Versammlung aufs äußerste erregt, fand aber niemanden, der ihn bedauert hätte. Nicht einmal sein Vater tat es, er hörte nur höflich zu, zeigte sich aber für Joes Empfehlungen unempfänglich, Running Bull einen Kredit einzuräumen. Schließlich würde die Abwanderung des Stammes in die Nordwestgebiete doch bedeuten, daß Altar Rock nicht länger als Indianerheiligtum gelten konnte. Abe war in seiner Antwort aufrichtiger. „Hör einmal, Joe", sagte er, „warum sollten wir dem Mann Geld leihen, wenn er doch sowieso mit seinem Stamm abziehen will?"

Kaltherzigkeit war das. Niemand schien sich darüber Rechenschaft abzulegen, wie verzweifelt wichtig es jetzt war, daß die Quäker ein sichtbares Zeichen ihrer Hilfsbereitschaft gaben. Die Alternative war unabwendbar: Krieg zwischen den Delawaren und den Irokesen. Sah denn niemand ein, daß es nur eine Frage der Zeit war, wann der Stamm sich den Franzosen zuwenden würde? Doch schien das niemanden zu interessieren. Es war, als hätte der damalige heroische Akt, schützend in den Haustoren zu stehen, genügt, und jedem stünde es jetzt frei, seinen eigenen Geschäften nachzugehen. Joe hatte den klaren Eindruck, daß niemand in absehbarer Zeit von Indianern etwas hören wollte.

Demgemäß befand er sich in einer düsteren Gemütsverfassung, als er die Einladung seines Vaters annahm, ihn auf Eden Island zu begleiten und an der Versteigerung des Hausrats teilzunehmen. Als sie zu dem Gasthof gegenüber der Insel gelangten, war er über die große Zahl der Wagen, Kutschen und Karren erstaunt, die in doppelter Reihe das Uferbankett säumten. Der Kutscher der Hendersons, der gerade kartenspielend die Zeit mit seinen Gefährten totschlug, empfahl ihnen, ihren Wagen hierzulassen, weil jene, die ihre Fahrzeuge mit hinübergenommen hätten, wohl lange warten müßten, bis sie eine Überfuhr auf das Festland zurück bekämen: die Fähre konnte immer nur ein Fahrzeug laden. Sie folgten dem Rat des Kutschers und schellten nach der Fähre. Sogleich löste sich das flache, schwerbewegliche Fahrzeug von dem bewaldeten Ufer der Insel und kam näher. Die kleine Gestalt des Sklaven auf der Fähre lief hin und her, mittels eines Holzblocks das Floß an seiner Kette weiterbewegend. Joe starrte den Felsen an. Der war der Grund, warum sein Vater gegenüber Onkel Bonnys Opfer den Standpunkt verändert hatte. Im Augenblick, da die Sklaven Herren von Eden Island wurden, konnte die Familie Woodhouse Altar Rock von ihnen billig kaufen und in die Luft sprengen. Abe würde die sentimentalen Bedenken wegen irgendwelcher Versprechnungen, die William Penn den Indianern gemacht hatte, nicht teilen.

Dieses Bewußtsein gab ihm ein Gefühl des Endgültigen, als ob ein Teil seines Lebens beendet wäre. Becky und er würden einander wahrscheinlich nie wieder sehen, ihr Entschluß, dem Vater in die Wildnis zu folgen, schien unumstößlich. Es war ein schmerzlicher Gedanke: da hatte sie ihn wegen seiner Abhängigkeit von seinem Vater beschimpft, und jetzt konnte sie nicht ohne den ihren leben.

Die Halle war, als sie eintraten, mit Mitgliedern der Andachtsgemeinde gefüllt. Der Auktionator, ein schwatzhafter Quäker namens Hazeman, rief die Anbote in einem melodiösen Singsang aus, der sich zum schrillen Gefistel steigerte, wenn die Zahlen stiegen. Eine Großvaterstanduhr wurde auf den Block gehoben, Joe kannte sie gut. Er sah sich in der Menge um, und so entging ihm die Höhe des bereits Gebotenen. Als er „Neunzehn!" rufen hörte, raubte ihm die Verwunderung fast den Atem. Neunzehn Guineen für den alten Plunder! Der Walze fehlten mindestens fünf Zähne, unmöglich konnte der jämmerliche Kasten richtig die Stunde zeigen, und doch wurde aus der Menge gerufen: „Zwanzig!"

„Zwanzig Guineen, zwanzig Guineen, zwanzig Guineen", sang Freund Hazeman. „Wer bietet mehr? Ein wunderschönes Chronometer, verfertigt in London, mit ungeheuren Kosten von England herübergebracht, ein wirklich wertvolles Erbstück, gibt da niemand einundzwanzig? Wer gibt einundzwanzig?"

„Einundzwanzig!" wurde gerufen.

„Einundzwanzig, ich höre einundzwanzig, wann höre ich endlich zweiundzwanzig?" Mit erhobenen Händen blickte Hazeman in die gespannten Gesichter. „Keiner zweiundzwanzig? Oder doch einer zweiundzwanzig?"

Und da erklang Israel Hendersons gewichtige Stimme: „Zweiundzwanzig!"

Fasziniert folgte Joe dem Vorgang. Schließlich ging der alte Klapperkasten für siebenundzwanzig Guineen weg, und das war mindestens um zwanzig Guineen zu viel. Als schließlich ein zerkratzter, wackeliger Eßtisch mit fünf Stühlen für dreiundzwanzig verkauft wurde, begriff Joe, was da vorging. Jeder wußte, daß Boniface Baker Geld brauchte: Er mußte seine Schulden zahlen, Wagen, Pferde und Gerät kaufen, um eine Farm in der Wildnis einzurichten; dies war ihre Art, ihm zu helfen. Es war sehr rührend. Doch war es auch ein trauriger Vorgang. Joe warf einen Blick auf Becky und sah, daß sie mit ihrer Mutter und Abby abseits saß. Sichtlich fiel es ihr schwer, die Tränen zurückzuhalten, als ihr Hab und Gut versteigert wurde. Als ein kleiner Sekretär zur Auktion kam, verbarg Becky ihr Gesicht in den Händen. Joe begriff, daß dies der Schreibtisch war, in dem die Tagebücher gefunden worden waren. Dies war der Anfang einer Kette von Ereignissen, die schließlich zur Auflösung der Welt Bakers geführt hatte, zur freiwilligen Selbstverbannung eines Mannes, der alles preisgab, um Zeugnis abzulegen. Da saß er, rundlich, Wohlwollen um sich verbreitend, in einem behaglichen, hochrückigen Lehnstuhl im Kreis seiner Familie. Von allen Menschen auf Erden, die Joe kannte, sah Boniface Baker am wenigsten einem Helden ähnlich. Welchen Mut mußte gerade so ein Mensch aufgebracht haben, um zu dieser Entscheidung zu kommen! Vielleicht verdiente nur Tante Beulah noch mehr Bewunderung. Mit zu Stein erstarrtem Gesicht sah sie zu, wie ihre Möbel, ihr Porzellan, ihr Silber, ihre Hauswäsche, all ihr kleiner Krimskrams stückweise verscheuert wurden. Wie mußte ihr zumute sein, wenn nicht ein einziges Stück erhalten blieb, sie an ein Leben voll unermüdlicher Arbeit zu erinnern?

Als er sie so ansah, kam Joe zu dem Schluß, daß sie die eigentliche Heldin des Tages war; dieses Tages, an dem der

Herrenhof von den Aasgeiern heimgesucht wurde, bis von allem, was einst einer Frau Leben gewesen war, nichts übrigblieb als eine leere Hülle.

Als Großmutters Bett zur Versteigerung kam, begriff Beulah Baker erst, warum sie eine so anstößige Heiterkeit empfand, je weiter die Auktion fortschritt. Dies bedeutete nicht, wie die mitleidig herüberschauenden Leute annahmen, das Ende ihres Lebens, sondern nur das Ende eines Lebensabschnittes, und zwar eines sehr unglücklichen. Was hier aufgelöst wurde, war das Zubehör Beulah Bakers – ihr Haus, ihre Möbel, ihr Porzellan, ihre Hauswäsche, ihre Kinder, ihr Ehemann. Was übrig blieb, war Beulah Best, das achtzehnjährige Mädchen, das in einem Samtkleid, mit einem kleinen roten Sonnenschirm in der Hand, auf die Insel gekommen war. Wie bezaubernd dieses Kleid gewesen war! Sie entsann sich noch, wie sie sich darin gefühlt hatte, wie stolz sie war, eine verheiratete Frau zu sein. Und der Sonnenschirm, was für innere Kämpfe hatte es gekostet, bevor sie sich gerade für diesen entschieden hatte! Sie war damit auf die sonnige Straße hinausgetreten, um in dem spiegelnden Schaufenster zu prüfen, ob der rote Widerschein ihrem Gesicht auch tatsächlich so schmeichelte, wie man ihr gesagt hatte. Nach der ersten Begegnung mit der alten Frau, deren Bettstatt jetzt für einen exorbitanten Preis unter den Hammer kam, hatte sie dieses Kleid nie wieder getragen und den kleinen roten Sonnenschirm nie wieder aufgespannt. Viele Jahre später hatte sie ihn zerbrochen im Hinterhof gefunden. Die Kinder hatten damit gespielt, als sie versuchten, auf einem Schwein zu reiten.

Wie sie so unbeweglich dasaß und der Auflösung ihrer Welt zusah, wurde der kleine rote Sonnenschirm zum Symbol ihres Schicksals. Keine von all den Möglichkeiten, welche die junge Beulah Best besessen haben mochte, konnte sich im Schatten der alten Frau entfalten. So war sie jemand anders geworden, eine unfreundliche, unwirsche Frau; und erst jetzt, da sie zerlegt wurde, Stück um Stück, wurde ihr klar, daß sie Beulah Baker nie gemocht, sie sogar zeitweise gehaßt hatte. Aber, Beulah Best! Das unschuldige, großherzige Kind, so voll

Hoffnung und Erwartung, mit einem so unerschöpflichen Vorrat an Liebesfähigkeit! . . . Eine Hand wurde auf die ihre gelegt. Erstaunt sah sie auf.

Es war Jerry. Er sah sie mit so unsagbar tiefem Verständnis an, mit so viel Sorge, daß sie ihm schon zuflüstern wollte: Kränk dich nicht, liebes Herz, ich genieße es, ich genieße jede Minute! Aber dann bezwang sie sich wieder. Er durfte das nicht wissen, er würde es nicht verstehen. Wenn sie jetzt vertraulich mit ihm sprach, würde die Versuchung noch größer werden, ihm zu gestehen, daß sie zwar brav versichert hatte, ihrem Mann und ihren Kindern in die Wildnis nachfolgen, sobald die Farm im Gang war, sie aber keinerlei Lust dazu hatte. Bisher hatte sie sich selbst gesagt, sie hätte Angst vor der Wildnis, aber jetzt, da sie dieser Auktion mit einem wachsenden Gefühl der Befreiung beiwohnte, wußte sie, daß das nicht so war. Sie wollte nicht, denn sie haßte Beulah Baker. Sie wollte heimgehen nach Philadelphia und wieder Beulah Best werden. Sie war immer noch Beulah Best, sie war immer noch das junge Mädchen, das an jenem Sommermorgen vor langer, langer Zeit auf die Insel gekommen war. Das Samtkleid und den Sonnenschirm gab es nicht mehr, aber ihre Liebesfähigkeit war noch unverbraucht, war noch stark wie damals. Da ging das Bett dahin, für siebenunddreißig Guineen. Was würde Israel Henderson damit anfangen? Ein Gastbett? Der Mann hatte gewiß mehr Möbel in seinem Hause als er je gebrauchen konnte. All das war ein Bestechen des Gewissens, ein Versuch, sich die Seelenruhe wieder zu erkaufen, nachdem sie Bonny für eine Überzeugung, die keiner von ihnen nachzuahmen auch nur die leiseste Absicht hatte, im Stich gelassen hatten. Und das war sogar, leider, ein Glück. Schon in dieser kurzen Zeit waren die Sklaven unlenksam geworden. Keiner auf der Insel bequemte sich dazu, auch nur einen Handgriff zu tun, das Haus war seit Wochen nicht gepflegt, sie und die Kinder hatten selber die Möbel in den Versteigerungsraum schleppen müssen. Und diese dumme kleine Schlampe, Cleo, die wie eine Katze den ganzen Tag wegen ihres „heiklen Zustandes" auf dem Diwan lag! Niemand hatte Beulah darüber ein Wörtchen gesagt, aber es war ihr klar, warum man Cleo mitnehmen wollte und warum Joshua so Hals über Kopf davongeschickt worden war. Es ließ sie ganz unberührt. Das alles gehörte zu der Welt Beulah Bakers, die nun zu Ende ging. Ohne eine Träne zu vergießen, hatte sie zugesehen, wie Joshua an Bord ging, ohne ein Wort des Widerspruchs hatte sie eingewilligt, daß Bonny Becky und Abby mitnahm. Mit keinem Wort hatte sie Geld erwähnt, obwohl doch ein Teil des Versteigerungsgutes mit ihrer Mitgift gekauft worden war. Alle diese Leute hier hielten sie für eine Heldin, weil sie mit solchem Gleichmut der Zerstückelung ihres Lebens zusah. Nicht einmal der liebe Jerry begriff auch nur das geringste. Lebe wohl, Ann Traylor, dachte sie, lebe wohl! Ein paar Stunden noch, und ich bin frei von dir für immer!

Sie senkte den Kopf, als fürchtete sie, man müsse ihre Gefühle von ihrem Gesicht ablesen können. Jerry legte seinen Arm um ihre Schultern und flüsterte: „Halt durch, Liebes, Kopf hoch, es ist ja gleich vorüber. Heute abend bist du schon in Philadelphia, ich kauf' dir was Hübsches, um dich zu trösten. Was würde dir Freude machen? Sag's mir, bitte!"

Sie blickte in sein liebes, zärtliches Gesicht: „Ein kleiner roter Sonnenschirm", flüsterte sie.

Sie hatte es scherzhaft gemeint, aber er nahm es ernst. Seine Augen suchten die ihren, als wollte er ganz tief in ihre Seele blicken. Dann nickte er und sagte: „Du sollst ihn haben, Beulah!"

Ob er sich wohl erinnerte? Sie legte ihre Hand auf die seine, und so saßen sie, während das letzte Stück Beulah Bakers unter den Hammer des Auktionators kam.

Boniface Baker und seine Töchter brachen überstürzt auf, nicht nur wegen des drohenden Krieges, sondern auch wegen der Kürze der Jahreszeit, in welcher Reisen in Wagenzügen in das unerschlossene Territorium möglich sind. Wie die Dinge lagen, war es unwahrscheinlich, daß sie ihren Bestimmungsort noch vor Wintereinbruch erreichen würden. Es würde äußerste Anstrengung kosten, ein Blockhaus zu errichten, bevor der erste Schnee fiel. Ihr Winter würde eine Art Winterschlaf werden. Die Wagen waren mit Nahrungsmitteln hinreichend beladen, um bis zum Frühling auszukommen. Es waren zwei Wagen, jeder von einem Vierergespann von Maultieren gezogen, und drei Reitpferde, Herbert, der alte Wallach, zog den flachen, offenen Frachtkarren, der mit einem Einmannboot und einem Pflug beladen war. Für Gulielma Woodhouse war der Wallach eine Verkörperung des Unternehmens. Das fette, einfältige Tier hatte sein ganzes Leben auf der Insel verbracht. Jenseits der Berge, in der Wildnis, würde es völlig nutzlos sein. Nichts in Herberts unkompliziertem, verträumten Dasein hatte ihn auf dies Abenteuer vorbereitet. Ratlos würde er dastehen, wenn ihn ein Berglöwe oder ein Rudel Präriewölfe angingen; gewiß war er nicht einmal vernünftig genug, in Lagernähe zu bleiben, wenn man ihn unangebunden grasen ließ. Gulielma hätte gewettet, daß Herbert eines der ersten Opfer von Bonny Bakers Verrücktheit sein würde – mit Bonny als nächstem Nachfolger. Da ging er in seiner funkelnagelneuen Trapperausrüstung, in Lederhosen, Indianerwams, die Flinte schräg vor die Brust gehängt, am Rücken die eingerollte Decke, und das mit Bärenfett gestrichen volle Rinderhorn vom Sattelknauf baumelnd. Vielleicht hätte er noch überzeugend ausgesehen, wenn er dazu nicht einen grauen Quäkerhut getragen hätte. So sah er wie ein verkleideter Stadtquäker aus, und das war er ja auch. Der Gedanke, daß dieser Mann eine Farm in der Wildnis gründen wollte, war absurd. Offenbar war er von der Gottgefälligkeit seines Verhaltens so überzeugt, daß er es für sicher hielt, Gott werde vorsorgen, wo die Vernunft keine Chance des Überlebens sah.

Diese Gedanken quälten Gulielma, als sie an der Spitze des kleinen Wagenzuges ritt. Ihr wissenschaftlich geschultes Gehirn weigerte sich, diesen Ideen zu glauben. Gute Taten fanden wohl ihren Lohn, aber ausschließlich in der Befriedigung derer, die sie vollbrachten. Ihr Verstand wehrte sich gegen die abscheuliche Anmaßung in George Fox' berüchtigtem „Buch der Vergeltung": jeder Feind der frühen Quäker, wenn ihm ein Dachziegel an den Kopf flog oder wenn er im Treibsand erstickte, wurde dort mit den Worten abgebucht: „Der Herr obsiegt." Bonny Bakers jetziger Glaubensbeweis, mochte er noch so frömmlerisch von der Glaubensgemeinde unterstützt worden sein, war nichts als ein Akt der Torheit und würde einen gefährlicheren Gott in Wut versetzen als jenen, der für George Fox Dachziegel geschleudert hatte. Dieser Mann, der da in die Wildnis zog, hatte keine Ahnung, wie man einen Graben zieht, und sollte er es je versuchen, so war ihm ein Herzschlag sicher. Die Idee, mit zwei reizenden Töchtern, einem Negermädchen und diesem unschuldigen Sancho Pansa, George McHair, eine Farm in der Wildnis zu gründen, war mehr als verrückt.

Und es war nicht nur das frohe Gottvertrauen, mit dem Boniface Baker und seine unglückliche Gefolgschaft in ihr sicheres Verhängnis zogen, was Gulielma bedrückte, sondern die Art, wie die Glaubensgemeinde ihn ermutigt hatte. Die Gemeinde Philadelphia hatte unter ihren Mitgliedern einige der intelligentesten Leute des Landes, gewiß waren Israel Henderson, Jeremiah Best und Gulielmas eigener Bruder Isaak sich der Absurdität des Unternehmens durchaus bewußt. Wenn sie wirklich bemüht waren, Boniface Baker zu seinem Glaubensbeweis zu verhelfen, so ließe sich für seine Fähigkeiten sicher eine passendere Funktion finden, nicht diese Farce. Doch bloß weil er eines der Prinzipien des Quäkertums in die Praxis umsetzte, nahm jedermann frommen Herzens an, der Herr werde ihn unter seine Fittiche nehmen. Gulielma konnte sich nicht erinnern, ihren Bruder jemals so sentimental gesehen zu haben. Er war es gewesen, der dafür sorgte, daß solch exorbitante Summen für den alten Trödel gezahlt wurden, er hatte aus seinem eigenen Warenhaus die Wagen und fast die ganze Fracht besorgt. Jeder, der ihren Bruder nicht so kannte wie sie, mußte glauben, hier habe ein heiliges Vorbild einen Mann über sich selbst hinauswachsen lassen. Wahrscheinlich aber kam es der Wahrheit näher, daß er und die übrigen den armen Bonny nur so rasch wie möglich abfahren sehen wollten, bevor die Krankheit sich als ansteckend erwies. Sie wurde immer zorniger, während der Wagenzug schwerfällig ins offene Land vordrang, wo ihre Ankunft von dem quäkerischen Nachrichtensystem bereits angekündigt wurde. In jeder Siedlung wurden sie von den Vertretern der örtlichen Andachtsgemeinde mit Worten empfangen, die einem Hosianna gleichkamen. Gulielma hatte das Gefühl, daß die Frauen ihnen, hätte sich diese Prozession weiter südlich abgespielt, Palmwedel vor die Füße geworfen hätten. Und diese Leute waren Farmer, die aus eigener Erfahrung wußten, wie hart es war, jungfräulichem

Boden den Lebensunterhalt für eine Familie abzuringen. Wie konnten sie dastehen und Beifall klatschen, die Frauen mit Tränen in den Augen? Manche von ihnen brachten eingesalzenes Schweinefleisch oder Zwieback und Getreide in mäusesicheren Fässern, als opferten sie einem Stammesgott. Sogar George McHair schien nicht zu begreifen, was da geschah. Ohne Hintergedanken hatte er sich bereit erklärt, mit den Bakers für einen Winter westwärts zu ziehen. Er hätte wirklich gescheiter sein sollen, als die Verantwortung für einen Mann, der zu nichts taugte, und seine zwei ebenso unpraktischen Töchter zu übernehmen, eine davon erst zehn Jahre alt! Die einzige in der Reisegesellschaft, der man einigermaßen zutrauen durfte, unbeschadet durchzukommen, war das Negermädchen, das trotz seiner zarten Weiblichkeit wahrscheinlich sehr zähe war.

Gulielma verstand sich nicht auf Neger, aber sie hatte lang genug mit Indianern zu tun gehabt, um zu wissen, daß der größte Fehler, den ein weißer Mann begehen konnte, der war, sich einzubilden, er könne sich mit Menschen anderer Rasse identifizieren; und Cleo war obendrein eine Sklavin. Manches an dem Mädchen störte Gulielma: sie war nicht schwanger und war es nie gewesen, und ihre kalten schwarzen Augen waren blicklos, wie die eines Panthers. Sie nutzte die Freiheit, die sie erhalten hatte, als Bonny seine Sklaven freigab, indem sie nichts tat. Den ganzen Tag über lag sie im Wagen, den sie mit den beiden anderen Mädchen teilte, auf ihrem Strohsack ausgestreckt oder an der Ladeklappe. Als die Karawane in Gebiete vordrang, in denen Sklaverei unbekannt war, galt das Entzücken der örtlichen Gemeinden ebensosehr dem exotischen Geschöpf wie Boniface Baker. Für die Leute hier war diese ganze Sache ein wunderbares, dramatisches Beispiel quäkerischer Gottesbezeugung, und Gulielma hatte allmählich das Gefühl, einem religiösen Wanderzirkus vorzureiten. Niemand schien sich im entferntesten Gedanken darüber zu machen, was daraus werden sollte, wenn man ein so verführerisches schwarzes Mädchen in das gesetzlose Gebiet hinter den Bergen brachte, wo sie die sexuell ausgehungerten Männer verrückt machen würde. Bonny mit seinem grauen Quäkerhut und seinen Präriestiefeln würde über Nacht als Wachhund am

Eingang ihres Wagens liegen müssen, das Gewehr zur Hand. Natürlich hatte Cleo sich vor den Farmern, denen die Augen herausfielen, zur Schau gestellt, hatte sich an der Ladeklappe ihres Wagens breitgemacht, ein schwarzes schlankes Bein baumeln lassen und gelangweilt den Neugierigen Sonnenblumenkernhülsen zugespuckt. Was hatte sie im Sinn? Von welchen Motiven ließ sie sich leiten? Rache? Eroberung? Mit seiner eigenen Heiligkeit voll beschäftigt, war Boniface Baker wahrscheinlich noch gar nicht der Gedanke gekommen, daß sie ein Weib war. Doch Gulielma, die das Mädchen unauffällig beobachtete, merkte, daß sie ihren vormaligen Besitzer ansah, wie eine träge Katze eine gutgenährte weiße Maus. Boniface Baker war mitnichten ein Schürzenjäger, aber schließlich hatte er drei Kinder gezeugt und mußte also seinen Teil der explosiven Kraft haben, die Menschen dazu treibt, sich fortzupflanzen. In den langen Wintermonaten, mit dieser zielstrebigen Delilah in einer Blockhütte zusammengesperrt, ohne jede andere Ablenkung als Figurenschnitzen und Bibellesen, würde er sich bald einer Herausforderung gegenübersehen. So ritt Gulielma an der Spitze dieses Kinderkreuzzugs und dachte: damit, daß sie diesen Zug an sein Ziel führte, machte sie sich zur Mitschuldigen. Es war ein leichtes, sich über die Mitglieder der Andachtsgemeinde in Philadelphia zu mokieren oder die Bewunderung der ländlichen Quäker für diesen Mann und seine symbolische schwarze Tochter zu verhöhnen. Doch wie stand es mit ihr, die diese Lämmlein zur Schlachtbank führte, wissend, was ihnen bevorstend? Wenn ihnen etwas passierte, dann war sie mindestens ebenso schuldig wie diese heuchlerischen Handelsherren, die ihren Seelenfrieden zurückkauften, indem sie bei der Auktion ihre Angebote steigerten. Aufmerksamer als sonst hörte sie sich Joe Woodhouses Jeremiaden an. Er war am vierten Tag auf einer kostbaren Araberstute angeritten gekommen, angeblich um Abschied von Becky zu nehmen, bevor der Aufstieg in die Berge begann, doch lag es ihm offensichtlich nicht an Becky, sondern an einem aufrichtigen Gespräch mit seiner Tante.

Verletzt und empört hockte Becky mit ihrer gelangweilten kleinen Schwester und der schwarzen Dschungelkatze im Wagen, während Joe nach vorn ritt, um seiner Tante sein Herz auszuschütten. Als der Vertreter der Quäker von Philadelphia hatte er Häuptling Running Bull voreilig Quäkerhilfe zugesagt, wenn die Delawaren von einem Krieg abständen und freiwillig das Land verließen. Klar, daß die Versammlung ihn nachher nicht gedeckt hatte. „Überleg doch, Joe", sagte sie, nachdem er ihr die Unglücksgeschichte erzählt hatte, „du kennst doch die Versammlung genau und weißt, was von ihr zu erwarten ist. Nie wird sie für etwas eintreten, ohne vorher in endloser Meditation darüber zu beraten. Echte Teilnahme ist niemals eine gemeinschaftliche Angelegenheit. Alles, was eine Körperschaft tun kann, ist, einer Person oder einer Gruppe von Personen Beifall zu klatschen, allenfalls Geld aufzuwenden. Aber auch in diesem Fall muß die Andachtsgemeinde überzeugt sein, daß sie in der Kraft und Macht des Herrn handelt. Wärest du vor sie hingetreten und hättest gesagt: ‚Freunde, ich bin berufen, da draußen in der Wildnis den Delawaren eine Schule für ihre Kinder einzurichten!‘, dann hättest du mit einem freundlicheren Empfang rechnen können. Sie hätten natürlich nichts getan, wenigstens nicht sofort, aber sie wären auf deiner Seite gestanden. Häuptling Running Bull aber Zuschüsse im Namen der Andachtsgemeinde zu versprechen war ein unquäkerisches Verhalten. Es tut mir leid, daß ich ihnen recht geben muß, denn ich halte sie in allen Indianerangelegenheiten für jämmerliche Stumper, aber im vorliegenden Fall waren sie im Recht."

„Aber ich kann doch nicht einfach von meiner Zusage zurücktreten", rief Joe verdrießlich. „Ich muß etwas tun! Ich muß!"

„Wegen der Indianer oder wegen deiner Selbstachtung?"

Einen Moment lang dachte er ernsthaft nach. „Aus beiden Gründen, nehme ich an. Aber es ist wirklich im Interesse der Indianer, abzuziehen. Oder nicht?"

„Ich bin nicht so sicher. Indianer sind mehr in ihrem Land verwurzelt, als du glaubst."

„Aber wegzuziehen ist doch sicher besser als zu bleiben und niedergemetzelt zu werden?" Darauf antwortete sie nicht. Die Frage der Indianer und die unaufhaltsame Flut weißer Einwanderer war unlösbar. Vieles sprach für Joes Vorschlag an Running Bull, doch war das letztlich eine Kapitulation. Wie lange konnten sich die Indianer vor der anströmenden Flut zurückziehen und dabei ihre Selbstachtung bewahren? „Wie bist du denn mit ihm ausgekommen?" fragte sie.

„Recht gut. Überraschend gut, wenn man bedenkt, daß ich dein Neffe bin. Running Bull scheint einen Groll gegen dich zu haben."

„Und ob!" Sie lachte. „Er war zu seiner Zeit unter allen jungen Indianerhäuptlingen der beliebteste. Er wurde nach England geschickt, er wurde bei Hof vorgestellt, er verkehrte in den Kreisen der Aristokratie. Damals war er noch jung und schlank. Nachdem er dann alle überzeugt hatte, daß er mindestens so zivilisiert war wie sie, kam er heim und versuchte seinen Onkel zu vergiften, der in seiner Abwesenheit seinen Platz usurpiert hatte. Dieser Onkel, ein alter Mann, rief mich zu Hilfe. Ich gab ihm ein Gegenmittel und fuhr dann mit Running Bull in seinem Kanu auf den See hinaus. Als wir außer Hörweite waren, sagte ich ihm, er sollte von solchem Unsinn lassen, sonst würde ich seinem Onkel die Wahrheit sagen. Er hat tatsächlich damit aufgehört, der alte Mann ist allerdings bald nachher bei einem Jagdunfall ums Leben gekommen. Verziehen hat er mir das nie. Hat er gesagt, daß er deinem Rat folgen will?"

„Nicht ausdrücklich. Aber er ließ es mich annehmen."

„Glaube ihm nicht. Vielleicht tut er's zuletzt, aber vorläufig wird er bestimmt warten und zusehen, ob er nicht etwas Geld aus den Quäkern herausholen kann. Vielleicht gelingt es ihm sogar."

„Aber du hast doch selbst eben gesagt . . ."

„Nicht von der Andachtsgemeinde. Aber bevor wir aufbrachen, habe ich mit deinem Vater gesprochen und habe den Eindruck, daß er daran denkt, Running Bull im Austausch für gewisse Handelsprivilegien einen Kredit einzuräumen. Es scheint also, daß deine Anregung, ganz von ihrer moralischen Bedeutung abgesehen, einen nicht unbeträchtlichen geschäftlichen Wert hat."

„Mit mir hat er nie darüber gesprochen!" rief der Junge aus.

„Ich habe immer wieder die Rede darauf bringen wollen, aber er hatte immer so viele andere Sorgen, daß ich es zuletzt bleiben ließ."

Sie sagte spöttisch: „Du solltest ihn eigentlich besser kennen. Ich weiß, was sein träumerischer Blick bedeutet, wenn er vorgibt, er würde überhaupt nicht zuhören. Es sollte mich nicht wundern, wenn du noch einmal zu Running Bull geschickt würdest, diesmal als Vertreter des Geschäftshauses Woodhouse, mit der quäkerischen Botschaft: ‚Wir helfen dir bei der Ansiedlung östlich des Ohio, wenn du uns für die nächsten fünf Jahre ein Alleinrecht auf den Pelzhandel mit deinem Stamm einräumst.‘ Das wäre so die Lösung, die meinem lieben Bruder vorschwebt.“

„Nein, ich weiß, was dahintersteckt. Altar Rock.“

„Du meinst diese Idee, den Felsen wegzusprengen?“

„Abe hatte wenigstens die Ehrlichkeit, zuzugeben, daß er für die Delawaren keinen Groschen ausgeben wolle, nachdem sie sich entschlossen hätten, abzuziehen. Ich versteh' nicht, warum Vater das nicht offen gesagt hat. Warum tun, als ob er nicht wüßte, wovon ich rede?“

„Du würdest das alles verstehen“, sagte sie, „wenn du mit ihm so lange Pinochle gespielt hättest wie ich.“ Ein längeres Schweigen folgte. Der junge Mensch brütete vor sich hin. Schließlich fragte sie nebenhin: „Wie ist das mit dieser Schule? Wäre das nicht etwas für dich und Himsha?“

Er sah sie an, als hätte sie ihn ins Gesicht geschlagen. „Für mich und wen?“

„Na, tu nicht so. Du bist doch in sie verknallt. Und wenn du's wissen willst, es ist gegenseitig.“

„Wirklich?“ fragte er begierig. Ach, die Unschuld der Jugend! Und ihre Grausamkeit! Sie mußte an die arme Becky denken. In der ganzen Familie war es Becky, die das schwerste Opfer für ihres Vaters Glaubensbezeugung gebracht hatte. Sie hatte ihren Verlobten verloren, ihre Stellung in der Gesellschaft von Philadelphia, und war sich zweifellos im klaren darüber, was sie in der Wildnis erwartete. Sie sollte am Abend mit Becky darüber reden, sie zu überreden versuchen, mit Joe nach Philadelphia zurückzukehren, selbst wenn sie wußte, daß sie Joe damit nicht wiedergewann. Eine Frau hatte für so etwas eine Witterung, sogar eine so unerfahrene wie Becky.

An diesem Abend aber, als sie am Fuß des Berges lagerten, wo Gulielma letztesmal mit George und Himsha übernachtet hatte, hörten sie Hufschläge, und im Licht des eben aufflammenden Lagerfeuers erschien die massive Riesengestalt Buffalo McHairs auf seinem Mustang, umringt von seinen Freunden wie Attila von seinen Hunnen. Als Gulielma ihn fragte, was zum Teufel er hier suche, sagte er ihr: „Loudwater wird für dich kein Kindespiel sein, darum hab' ich gemeint, ich begleite dich."

Darauf antwortete sie spöttisch: „Warum begleitest du den Zug nicht den ganzen Weg und läßt mich zu meinen Patienten zurückkehren?"

Zu ihrer Verwunderung sagte er ruhig: „Gut, mach' ich."

Und wenn er etwas sagte, so meinte er es auch. Am nächsten Morgen sah sie nach einem allgemeinen Abschiednehmen die Wagen auf dem Serpentinenweg davonziehen. Sie wartete, bis sie außer Sicht waren, dann wandte sie sich mit ihrer alten Stute und dem Muli, das die Apotheke trug, nach Norden. Es war an der Zeit, nach den Delawaren zu sehen – mochte der alte Tölpel Running Bull davon halten, was er wollte. Je mehr sie darüber nachdachte, desto überzeugter war sie von der Idee des Jungen. Die Irokesen warteten nur darauf, die Delawaren auszurotten, Mann, Weib und Kind, und die Franzosen würden den Delawaren nicht genug trauen, um an einen plötzlichen Gesinnungswandel zu glauben. Es sah so aus, als ob sich Joe zu einem Ebenbild seines Vaters entwickeln würde. Arme Becky! Von dem Augenblick an, da sie es vorzog, ihren Vater zu begleiten, statt im frommen Gebet zu versinken und anschließend wie die alte Beulah bei Vater und Sohn Woodhouse unterzuschlüpfen, hatte sie sich selbst als mögliche Braut abgeschrieben. Sie war „unbeständig", ein Wort, das die Quäker besonders gern gebrauchten. Komisch, keiner konnte sich genugtun, die heiligen Freunde der glorreichen Vergangenheit zu verehren, aber wenn einer auf den Gedanken kam, ihrem Beispiel zu folgen, so war er unbeständig. Gulie erinnerte sich, daß sie mit dem Mädchen ein Gespräch hatte führen wollen, um sie umzustimmen. Aber nach kurzer Überlegung zuckte sie nur die Schultern und setzte ihren Weg fort. Wenn das Leben sie eine Sache gelehrt hatte, dann war es dies: niemand konnte für das Schicksal eines andern wirklich verantwortlich gemacht werden.

Für Abby Baker war der lange Zug durch die Wildnis ein einziges Abenteuer. Zuerst, als sie nur Tante Gulie und Vetter George zur Begleitung hatten, war sie ein wenig ängstlich gewesen. In der Nacht bevor Onkel Buffalo mit seinen Männern auftauchte, hatte sie ernsthaft überlegt, auf einer der Quäkerfarmen Zuflucht zu suchen und die Farmleute zu bitten, sie möchten sie zu ihrer Mutter zurückbringen. Zwar war der Gedanke, zu Tante Grizzle zu ziehen und in die Schule gehen zu müssen, nicht gerade verlockend, aber all das schien immer noch angenehmer, als durch einen dunklen Wald voll Wölfen, Bären und Adlern zu ziehen, nur von Tante Gulies plumpem Indianergewehr geschützt. Abby war überzeugt, daß ihr Vater im Ernstfall unfähig war, sein Gewehr abzufeuern oder damit gar etwas zu treffen. Als aber dann mit furchterregendem Gebrüll und Hufgepolter ihr Lieblingsonkel aus dem Urwald hervorbrach, von seinen freundlich grinsenden Gefährten begleitet, war sie andern Sinnes geworden. Sie hatte Onkel Buffalo bisher nur kurz zu sehen bekommen, aber die ungenierte Respektlosigkeit, mit der er jedermann, außer die alte Tante Hannah, behandelte, hatte sie völlig für ihn eingenommen. Und das Netteste daran war, daß er sie auch zu mögen schien. Kaum hatte er sie erblickt, da schrie er schon: „Also wenn das nicht die kleine Mary ist!", packte sie, hob sie hoch, küßte sie auf beide Wangen, und alles das verschaffte ihr ein wunderbares Gefühl der Geborgenheit. Sie nahm es ihm nicht einmal übel, daß er ihren Vornamen vergessen hatte. „Du und ich, wir zwei werden diesen Jammerverein schon heil in die Prärie bringen", sagte er. „Von Zeit zu Zeit kannst du mit mir vorausreiten, um mich wachzuhalten."

„Sie muß jeden Tag ihre Aufgabe machen", sagte Becky im heiteren Ton, aber mit kalten Augen.

„Aufgabe?" Onkel Buffalos Augen wurden rund vor ironischem Erstaunen. „Welche Aufgaben könnten dem Kind hier draußen von irgendeinem Wert sein? Französisch vielleicht? Glaube mir, um die Franzosen werden wir einen weiten Bogen machen."

„Sie hat ihre Schulbücher mit und muß lernen, sie und auch Cleo." Und als Abby ihr die Zunge herausstreckte, zeigte Becky ihre wahren Gefühle und fuhr sie an: „Sei nicht frech zu mir, du Fratz! Diese paar Tage noch wirst du dich wohl anständig benehmen können!"

„Paar Tage?" Onkel Buffalo schüttelte den Kopf. „Hast du eine Idee, wie weit das noch ist, mein hübsches Kind?"

Aus irgendeinem Grund wurde Becky rot – für Abby ein verblüffender Anblick.

„Zeig mir deinen Wagen, damit ich einen Wachtposten davor aufpflanze", sagte Onkel Buffalo und legte den Arm um Beckys Schulter. „Und nachts schlafe ich bei dir an der Ladeklappe. Gemacht?"

„Ach, das wird wohl nicht nötig sein", sagte Becky, aber überzeugend klang es nicht. Für diesmal hatte Becky ihren Meister gefunden.

Und so erging es auch den anderen. Onkel Buffalo ergriff überall das Kommando, und niemand erhob dagegen Einspruch. Die einzige Person, mit der er nicht zurechtzukommen schien, war Cleo. Er hatte nie Sklaven gehabt und kannte sich daher mit Negern nicht aus. Er versuchte mit Cleo in seiner spaßigen, hänselnden Art zu sprechen, aber damit erreichte er nichts, und Abby hätte ihm das voraussagen können. Cleo war ein ekelhaftes Ding, für Abby die einzige Schattenseite dieses herrlichen Abenteuers. Nicht nur wegen ihres Benehmens, sondern auch wegen des Geruchs, den sie in dem engen Pferch von Wagen verbreitete. Diesen Geruch konnte sie sich nicht einfach abwaschen. Eines Abends, am dritten Tag hinter Loudwater, verschwand Cleo, als sie auf einer kleinen Lichtung in der Nähe eines Baches Lager bezogen hatten. Becky bemerkte ihre Abwesenheit als erste und machte Onkel Buffalo darauf aufmerksam. Er schrie: „Cleo! Cleo!" und jagte damit ein Volk Wachteln auf, das mit knatterndem Flügelschlag davonstob. Jemand rief: „Hier ist sie, Buffalo! Hier! Sie badet im Bach!" Darüber wurde Onkel Buffalo sehr ärgerlich. „Du kommst sofort hierher zurück, Jake, hörst du?" Jake, der keine Zähne hatte und sich sehr selten rasierte, kam auf seinen krummen Beinen durch den Klee gelaufen; er hatte so viel Zeit auf Pferderücken verbracht, daß seine Beine allmählich die Form des Sattels angenommen hatten. „Ooooh!" sagte er, als er zu ihnen trat, „die ist eine wahre Augenweide!"

Aber Onkel Buffalo war nicht in scherzhafter Stimmung:

„Wenn ich dich nochmal dabei erwische, daß du dieser Frau auflauerst, dann gehn wir zwei in den Busch", sagte er. Abby wußte nicht genau, was er damit meinte, aber es ließ Jake mit solcher Empörung seine Unschuld beteuern, daß sich sogar Onkel Buffalo vor so viel Reinheit geschlagen geben mußte. Hinter dem Rücken des großen Mannes zwinkerte Jake ihr zu, und sie zog vorwurfsvoll die Stirn kraus, fühlte sich dabei aber schrecklich erwachsen und wichtig. Am selben Abend begann sie ein neues Tagebuch zu schreiben, mit dem Titel: „Abigail Baker, eine Pionierin von zehndreiviertel Jahren." Die erste Eintragung lautete: „Heute abend ging Cleo nackt in den Bach schwimmen. Jake, einer meiner Freunde, sah sie und sagte, sie sei eine Augenweide. Onkel Buffalo aber mochte nicht, daß einer seiner Männer irgendwen nackt sähe, und wenn es auch nur ein Mädchen wäre, und so plantschte Cleo in dem Bach herum, bis Becky sie herausholte. Da kam sie endlich, und obwohl sie sauber aussah, war ihr . . . ." Soweit kam sie, aber sie konnte ihr Tagebuch nirgends einschließen, und es fiel ihr kein anderes Wort für „Geruch" ein, das Cleo nicht wütend machen würde, sollte sie auf das Tagebuch stoßen. Groß war die Gefahr allerdings nicht; denn obwohl Becky jeden Abend versuchte, Cleo Lesen und Schreiben beizubringen, saß das Negermädchen nur da, kaute Sonnenblumenkerne und spuckte die Schalen auf die Männer, die den Wagen umschlichen. Die einzige Person, vor der Cleo einigen Respekt hatte, war der Vater. Manchmal, wenn Becky sich über Cleos Unaufmerksamkeit ärgerte und bei Papa darüber Klage führte, nahm er Cleo beiseite und ging mit ihr, ernsthaft redend, außer Hörweite auf und ab. Cleo hörte offenbar auf das, was er sagte, und ein paar Tage lang war es, als ob sie etwas von dem lernte, was Becky in ihren blöden Kopf hineinzustopfen versuchte. Doch soweit Abby es beurteilen konnte, wollte Cleo in Wirklichkeit nur an der Ladeklappe sitzen, mit einem baumelnden Bein, sich an der Kette festhaltend, um nicht hinausgeschleudert zu werden, was immer häufiger drohte, je tiefer sie in den Urwald eindrangen.

Von Cleo abgesehen gab es nichts, was Abby die Freude an der Reise verdorben hätte. Einmal fürchtete sie für ihr Leben, als sie bei einer Furt ins schäumende Wasser fiel, doch Onkel Buffalo bekam sie noch zu fassen, bevor sie über die Stromschnelle hinabgeschwemmt wurde, und hob sie auf seine Schultern. Jeder Tag brachte neue Aufregungen. Einmal bekam sie ein junges Erdferkel geschenkt und versuchte es zu zähmen, aber des Nachts riß es aus und war verschwunden. Dann wieder wurde sie von einer Schlange gebissen und schrie, und Becky saugte verzweifelt an dem Biß, bis Onkel Buffalo kam und ihnen sagte, es wäre nur eine Steignatter gewesen, und die hätte zweifellos mehr Angst vor Abby gehabt als Abby vor ihr. Nachts blieb sie lange wach, um zuzuhören, was sich die Männer am Lagerfeuer für Geschichten erzählten, wilde Geschichten über Pferde und Indianer und Büffel und Squaws, Geschichten, die Abby faszinierender fand als alle Legenden der Quäkerheiligen, die Mutter zum Schlafengehen vorgelesen hatte. Trotzdem waren es gerade diese Stunden, wo ihr die Mutter fehlte. Das Essen war ausgezeichnet. Das Aufbrechen der erbeuteten Tiere gleich neben dem Lagerfeuer war zwar abscheulich, doch würde sie nie den Duft des am Spieß gebratenen Fleisches vergessen, der in der kühlen Abendluft durch das Lager schwebte. Der Wald war düster und beängstigend, es gab dunkle, triefnasse Höhlen und Mulden, in denen alles mögliche raschelte, wenn die Wagen darüberholperten. Doch gab es immer jemanden, der zwischen Abby und der Gefahr stand: einer von Onkel Buffalos Reitern und oft genug er selbst. Von Zeit zu Zeit hob er sie aus dem Wagen, der dazu nicht einmal anzuhalten brauchte, und setzte sie vor sich auf das Pferd, legte seinen Arm um sie und ließ sich auf lange Erwachsenengespräche mit ihr ein: wen sie zu heiraten gedenke, wo sie dann leben werde, welche Farbe sie an Blumen am liebsten hätte und was ihr besser schmecke, Wildenten oder wilder Truthahn. Und dann gab es auch Spiele, die sie immer gewann, denn Onkel Buffalo war zwar der netteste Mann, den sie kannte, er war aber ziemlich dumm. Sogar ein so einfaches Spiel wie: „Woran denke ich?" war ihm zu schwer, denn wenn sie etwa sagte: „Mineralien", fragte er: „Haben die Federn?"

Von den Gefahren der Wildnis war nichts zu merken. Als sie sich den französischen Linien näherten, verlangte Onkel Buffalo zwar, daß sie einen Tag lang nur flüsterten, aber zu sehen bekamen sie niemand. Auch die Späher, die er aussandte, waren niemandem begegnet und wenn doch, erfuhr sie nichts davon.

Erst als sie gegen Ende der Fahrt krank wurde, fühlte sie sich unbehaglich. Tagelang lag sie im schwankenden Wagen seekrank auf ihrem Strohsack unter der Plache. Äste kratzten am Dach, Vogelmist fiel mit lautem Klatschen darauf, gelbe und graue Kleckse, die von innen gesehen interessant aussahen, zumal wenn es sonst nichts gab, das man anschauen konnte. Und die ganze Zeit über hockte Cleo an der Ladeklappe, klammerte sich an den Rahmen wie ein Affe, kaute Sonnenblumenkerne und spuckte die Schalen den Pferden des nachfolgenden Wagens an die Köpfe.

Endlich erreichten sie das Ziel ihrer Reise. Der Platz sah nicht viel anders aus als die meisten Plätze, auf denen sie für eine Nacht gelagert hatten; am Fuß eines Hügels, mit Ausblick auf einen See, in dem eine kleine Insel lag. Erst als Abby mit Onkel Buffalo den Hügel erstieg, konnte sie von hier aus die unendliche und grenzenlose Weite der Prärie sehen, ein Meer aus wogendem Gras, unter einem gewaltigen Himmel voll weißer Wolken. An diesem Abend hielt Vater bei der Andacht eine Predigt, sagte, der Ort solle Pendle Hill heißen, zum Andenken an George Fox' Vision eines gewaltigen Volkes, das sich zusammenscharen würde, und bat Gott, er möge alle segnen, die hier hausten.

Am nächsten Tag machten sich Onkel Buffalo und seine Männer ans Werk. Als erstes bauten sie einen Sturmkeller, denn dies hier wäre, sagte Onkel Buffalo, Wirbelwindland. Wann immer sie einer Windhose ansichtig würden, ein Ding, das wie ein riesiger Elefantenrüssel aus dem schwarzen Himmel herunterragte, sollten sie zu dem Keller laufen, so schnell ihre Beine sie nur trügen, und die Tür hinter sich verrammeln. In diesem Keller sollten die Vorräte und auch das Brennholz für die langen Wintermonate lagern. Der Schacht, der auch bei Sturm den Druck im Keller ausgleichen sollte, damit das Tor nicht aus den Angeln gehoben würde, war schräg gegraben, so daß man die Holzblöcke leicht hinunterrollen konnte. Abby bekam die Aufgabe zugeteilt, die Männer mit kühlem Wasser von einer Quelle am Berghang zu versorgen, während sie Bäume fällten, Blöcke sägten und den Keller gruben. Sie tranken das Wasser kübelweise. Abby fand es sehr aufregend, aber auch sehr ermüdend.

Am zweiten Abend in Pendle Hill benützte Abby die wenigen kostbaren Minuten, in denen sie den Wagen für sich hatte – die Männer schwatzten am Lagerfeuer und Becky und Cleo versorgten die Maultiere –, um in ihr Tagebuch einzutragen: „Ich glaube, es gefällt mir hier. Besonders mag ich die Vögel, die auf dem kleinen Eiland singen. Es klingt wie Nachtigallen. Onkel B. sagt, sie heißen Weidentrosseln. Oder Weitendrosseln. Mir ist es nur recht, daß wir nicht mehr weiterziehen, ich will gern wieder mein eigenes Bett haben. Onkel B. hat versprochen, mir eine Figur zu schnitzen, wenn er geeignetes Holz findet. Mir wäre ein Negerpüppchen lieber als eine Figur, aber wir haben ja jetzt keine Sklaven mehr. Mir fehlen sie und Becky erst recht, glaube ich. Jetzt muß sie selber einen Maultierwagen führen, das hat sie davon, daß sie sich wie eine Königin vorgekommen ist, nichts ist ihr davon geblieben als die blaue Haarschleife. Jeden Abend zieht sie sie über dem heißen Dampfkessel glatt. Und Blasen an den Händen hat sie auch. Und riechen tut sie auch schon. Cleo schwimmt noch immer nackt, obwohl der See so kalt ist. Ich habe sie gesehen, sie schaut aus wie ein Fischotter. Gute Nacht. P. S. Gott segne den, der das liest.

Der tiefgespurte Karrenweg zwischen der Hütte und dem Wald, in dem die Männer Bäume fällten und zu Blöcken schnitten, schien von Stunde zu Stunde länger und schwieriger zu werden. Wenigstens hatte Becky diesen Eindruck, während sie vergeblich versuchte, ihr störrisches Maultier in Bewegung zu setzen. Das widerwärtige Vieh hatte ihr von Anfang an Schwierigkeiten gemacht, aber jetzt hatte es sich offenbar in den Kopf gesetzt, für heute sei genug geschehen.

Dies ereignete sich gegen Abend, als Becky die letzte Fuhre des Tages heimbringen sollte. Als sie neben dem Maultier stand und kraftlos auf die staubigen Flanken des tückischen Viehs einschlug, sah sie mit einem Seitenblick den andern Wagen, mit Cleo am Kutschbock, leer vom Hause heraufkommen. Cleos Maultier nahm die Strecke zu der Lichtung buchstäblich im Galopp, als gierte es danach, seine mindestens zwanzigste Fuhre dieses Tages heimzuholen. Beckys Augen füllten sich mit

Tränen des Zorns und der Verzweiflung. Und sie tat etwas, was sie noch nie zuvor getan hatte, sie hob einen schweren Ast auf und begann mit solcher Wut auf das bockbeinige Tier loszudreschen, daß unter den Hieben Wolken von Staub aufstiegen. Nach einem Schlag, der all ihre Kraft in Anspruch nahm, brach der Ast entzwei. Es war, als ob Becky auf einen Baum eingeprügelt hätte. Das Muli lehnte nicht bloß ab, sich zu bewegen, es stand mit geschlossenen Augen regungslos da und nahm von seiner Züchtigung überhaupt keine Notiz. Cleos Wagen kam hüpfend und klappernd vorbei. Cleo saß, heiter und entspannt, dekorativ auf ihrem Sitz und ließ ein Bein über die Armstütze baumeln. Becky hatte die Fäuste geballt und die Augen geschlossen; sie wußte, daß die Tränen, die ihr über das schmutzige Gesicht herabliefen, sie noch verwahrloster aussehen ließen. Wie schön hatte sie sich die Freiheit des Pioniers vorgestellt, den ländlichen Frieden des Farmerlebens! Schinderei war das, schlimmste Knechtschaft; das Schuhleder zersprungen, die Kleider beschmutzt, Blasen und Schwielen an den Händen, Zecken in der Haut, das Haar wie ein Besen, die Nägel schwarz und abgebrochen, und jeden Abend solch einen Muskelkater, daß man stundenlang nicht einschlafen konnte. Und doch hätte sie dieses ganze rückgratbrechende Elend ertragen, wäre nicht diese schwarze Viper, dieses freche, eingebildete Geschöpf gewesen. Becky fand kein Wort, das giftig genug war, um die Gefühle auszudrücken, die sie für Cleo hegte; sie konnte im Augenblick nichts tun, als auf dieses gottverdammte Maultier einzuschlagen und zu schreien: „Zieh! Los! Verfluchtes Vieh! Los!"

Das Maultier nahm dieses armselige Gequäke überhaupt nicht zur Kenntnis, es stand mit geschlossenen Augen da, als wäre es in Andacht versunken. Schluchzend vor Müdigkeit, Selbstmitleid und hilfloser Wut setzte Becky sich nieder. Dann aber wischte sie sich im jähen Entschluß, sich nicht von einem Maultier beherrschen zu lassen, die Augen mit dem Saum ihres Unterrocks trocken und begann einen Armvoll Zweige vom Straßenrand zu holen. Sie häufte die Äste unter das Muli, gerade unter dessen Bauch. Triumphierend holte sie unter dem Wagensitz die Zunderschachtel hervor und setzte den Reisighaufen in Brand. Einen Augenblick sah es aus, als ob das Maultier sich in seine Niederlage schicke. Als die ersten Flammen hochschlugen und Büschel schmutzigen Haars versengten, setzte es sich in Bewegung. Ohne Hast tat es ein paar Schritte, wobei es schlau dem hochlodernden Feuer auszuweichen verstand. Dann blieb es zu Beckys Entsetzen stehen, als der Wagen gerade über dem Feuer war.

„Nein!" schrie sie außer sich. „Bitte, Barry, lieber Barry, tu mir das nicht an! Komm, zieh! Um Gottes willen, zieh!" Doch das Muli hatte bereits wieder die Augen geschlossen und konzentrierte sich mit dem schon erprobten Ausdruck meditativer Versenkung auf sein Innenleben, völlig taub für Beckys verzweifeltes Geschrei.

Barry hörte nicht auf Becky, aber jemand anders tat es. Hufgeklapper war zu hören, Knarren der Federung und loser Bretter, als Cleo zu Hilfe kam. Mit der Anmut einer Katze schwang sie sich vom Kutschbock, trat ruhig an den Kopf des meditierenden Maultiers heran, nahm den Zügel und sagte in ihrem schleppend trägen Ton, ohne die Stimme zu heben: „Vorwärts, Barry, gehen wir." Barry öffnete ein Auge, sah sie, bleckte die Lippen, als wolle es spucken, überlegte es sich aber wieder und zog langsam an. Becky sah offenen Mundes zu, wie der Wagen gerade noch im letzten Moment über das Feuer wegrollte.

Das war zuviel. Sie wußte, daß es kindisch war, aber jetzt war es aus, sie konnte Maultiere, Karren und dieses spöttische Weibsstück einfach nicht mehr ertragen. Sie machte kehrt, lief ans Ufer des Sees und verschwand auf dem schmalen Pfad zwischen Wald und Schilf. Sie lief, so weit sie konnte, und als sie den Weg von einem gestürzten Baum gesperrt fand, ließ sie sich ins Gras fallen und vergrub weinend das Gesicht in den Händen.

Noch nie hatte sie ein Gefühl so völligen Versagens gehabt. Hier in dieser primitiven Welt war sie zu nichts gut, war im Vergleich mit dem Vater ein Versager, ganz zu schweigen von diesem schwarzen, geschmeidigen Tier Cleo, das sich hier so leichtfüßig bewegte, als wäre der Dschungel sein Eigentum. Wahrhaftig, Cleo genoß es wie ein gesundes junges Tier, sie fühlte sich hier zu Hause und in vollkommener Harmonie mit ihrer Umwelt. Becky lag noch immer da, ihrem Elend hingegeben, als das Geräusch knackender Zweige sie den Kopf heben ließ. Cleo mußte das Ausspannen und Anbinden der Tiere Jake überlassen haben, der sich wie gewöhnlich darum riß, ihr gefällig zu sein. Becky wollte aufstehen und ihr entgegentreten, aber sie brachte es nicht fertig; sie wollte sich keinem von Cleos herablassenden Blicken aussetzen. An sich selbst verzweifelnd, duckte sie sich hinter den Stamm des gefallenen Baumes und zerriß dabei noch ihren Rock. Zu spät merkte sie, daß sie jetzt hier in diesem Versteck warten mußte, bis Cleo mit ihrem Bad fertig war. Becky hörte ein Aufklatschen, Geräusche, die dem Schnauben eines im Wasser spielenden Tieres glichen. Geduckt hockte sie hinter dem Baum, und ihre Gedanken kehrten zu dem Rätsel Cleo zurück. Sie war nicht schwanger, war es nie gewesen; und doch war sie mit ihnen gekommen. Sie war sogar in ihrer eigentümlich kühlen Weise begierig gewesen, mitzukommen. Warum? Worauf war sie aus? Was versprach sie sich von diesem beängstigenden, wilden Land? Etwas mußte sie doch hierhergelockt haben, gewiß nicht Treue oder Dankbarkeit oder der Wunsch, ihnen zu helfen.

Sie erinnerte sich, was sie in jener Nacht der Entscheidung gedacht hatte: „Geh das Göttliche in Cleo suchen!" Wie ahnungslos sie doch gewesen war! Sie hatte Cleo der Versammlung vorgestellt, um zu zeigen, daß die Baker-Kinder Taten setzten, nicht nur redeten. Es war durch und durch aufrichtig gewesen, aber immerhin – hatte sie Cleo gefragt, ob es ihr recht war, oder ihr auch nur auseinandergesetzt, was da vorgegangen war?

Nein. Es war unverzeihlich, einen Menschen als Mittel zum Zweck zu benützen. Sie hatte Cleo benützt, um auf die Andachtsgemeinde Eindruck zu machen. Es mochte in guter Absicht geschehen sein, es mochte sogar göttliche Inspiration gewesen sein, aber jetzt sah sie, daß sie nicht als Quäkerin gehandelt hatte, sondern als Tochter eines Sklavenhalters. Und doch waren alle diese Leute dann aufgestanden, und Onkel Jeremiah hatte später hintergründig gesagt: „Nun ja, du hast es getan, und das mag wohl der Anfang vom Ende unserer weißen Vorherrschaft gewesen sein." Sie hatte ihn fragen wollen, was er damit meinte, war aber in diesen hektischen Wochen, die darauf folgten, nie dazugekommen. Doch selbst wenn sich, was sie getan, als höchst bedeutsam herausstellen sollte, so hatte sie doch durch ihre hochherzige Tat die Integrität eines anderen Menschen, einmalig und unersetzlich wie sie selbst, verletzt. Leider – als sie diese einmalige und unersetzliche Person kennenlernte, hatte sie entdecken müssen, daß sie diese Person verabscheute, daß diese Person faul war, hinterhältig, mannstoll, voll unbezähmbaren schwarzen Hasses.

Ein Zweig knackte in der Nähe. Becky spähte in die Richtung und gewahrte ein Paar Beine, die in kniehohen Gamaschen steckten. Der dreckige kleine Jake! Sie war versucht, nach seinen Schienbeinen zu treten, aber dann kam ihr zu Bewußtsein, daß es gescheiter war, still liegen zu bleiben. Was war diese Cleo doch für ein Luder, was für eine elende, berechnende Schlampe! Sie mußte doch wissen, daß sie jeden Abend, wenn sie badete, von den Männern beobachtet wurde, wahrscheinlich war dies sogar der wahre Grund für diesen plötzlichen Trieb zur Sauberkeit, der ihr früher doch offensichtlich abgegangen war. Das Wasser mußte schaurig kalt sein – welch ein Preis dafür, daß man ein paar alte Büffeljäger um den Verstand brachte?! Welche Befriedigung verschaffte ihr das?

Und wieder dieselbe Frage: warum war Cleo mitgekommen?

An einem kühlen Augustmorgen vor Sonnenaufgang brachen Buffalo McHair und seine Leute auf und überließen es den Siedlern, den Winter in ihrer neuerbauten Blockhütte zu überleben. Der durchdringende Duft des Torffeuers gab schon ein Gefühl des bevorstehenden Winters, aber die frühe Morgensonne, die durch das pergamentbespannte Fenster am Fuß des Bettes auftauchte, war wie das Versprechen des Frühlings.

Die Hände unter dem Kopf verschränkt, beobachtete Boniface den Tanz der Sonnenstäubchen in dem Lichtkegel und entschloß sich, aufzustehen, sobald die Sonne ihm in die Augen schiene. Wohlige Trägheit erfüllte ihn mit einem innigen Behagen. Er selbst wunderte sich darüber, daß dieses abenteuerliche Unternehmen zum Ziel geführt hatte, obwohl so viele Leute – er selbst nicht ausgenommen – eine Katastrophe befürchtet hatten. Ein Mann von fünfzig Jahren? Boniface bezweifelte, daß ihm irgend jemand zugetraut hatte, sich anpassen oder überhaupt überleben zu können. Was niemand vorausgesehen hatte, war diese geheimnisvolle, verjüngende Wirkung, die die Natur in der jungfräulichen Wildnis auf den Menschen ausübt.

Die erste Regung davon hatte er wenige Tage nach Überschreiten der Berghöhe verspürt, am Beginn des Trecks auf wirren Indianerpfaden kreuz und quer durch den Hochwald, der sich zwischen den Alleghenies und der Großen Prärie erstreckt. Bis dahin hatte Boniface das Essen verabscheut, die Enge der Nachtlager, das Schwanken auf dem Kutschbock des elenden Wagens. Seine Stiefel hatten ihn gekniffen, das quer umgehängte Gewehr hatte ihn gedrückt, er hatte arg in seinem ledernen Indianerwams geschwitzt. Nach dem ersten Regenschauer, der ihn durchnäßte, war er überzeugt, daß er am Sumpffieber erkranken und in dem muffig finsteren Hochwald sterben werde, der von unheimlichen Stimmen widerhallte, besonders nach Einbruch der Dunkelheit. Die Nächte waren das Schlimmste gewesen. In seinem Wagen auf dem Rücken liegend hatte er den Atem angehalten, zu Tode geängstigt, von Zweifeln geplagt, überzeugt, daß es ein Wahnsinn gewesen sei, sich auf ein solches Abenteuer einzulassen.

Eines Nachts war das dumpfe Gefängnis des Planwagens so voll von Gesichtern mörderischer Indianer gewesen, daß er ins Freie hinauskroch und sich, an die Ladeklappe gelehnt, hinlegte, um in den Himmel hinaufzublicken, einen Streifen dunklen durchsichtigen Blaus zwischen den schwarzen Wänden des Waldes. Gleich Juwelen waren Orion und der Kleine Bär in den Goldstaub der fernen Sterne eingebettet. Die Unermeßlichkeit der Nacht weckte in ihm das Bewußtsein, daß er nicht von Gespenstern und antlitzlosen Greueln umringt war, sondern von einer Welt voller Lebewesen, wie er selbst eines war. Und langsam überkam ihm das Gefühl, selbst ein Teil dieses Waldes, dieses Bodens und dieses Himmels zu sein. Neugierde erwachte in ihm und ein Verlangen, sich diesem Leben in all seiner Vielfalt und Üppigkeit hinzugeben. Am nächsten Tag nahm er alles Unbehagen gelassen hin und begann sich in seiner Trapperausrüstung wohlzufühlen. Eines Abends, nachdem sie auf einer Wiese neben einem Bach ihr Lager aufgeschlagen hatten, war er weggegangen, um das Schweigen und den

Frieden auszukosten. Hoch über ihm zog zwischen den weißen Sommerwolken ein Adler seine Kreise. Ein Eichhörnchen schwätzte in der dunklen Krone einer Indianerkastanie. Er ließ sich an dem Bach nieder und lauschte dem Plätschern und Singen des Wassers zwischen den Steinen, und wieder überkam ihn das Gefühl der Verwandtschaft, der Einheit mit allem Leben ringsum. Jetzt gewahrte er, stromwärts hinter einer jungen Trauerweide, deren Zweige das Wasser netzten, einen glitzernden schwarzen Körper, der sich vergnügt im Wasser bewegte. Es dauerte einen Moment, bis er Cleo erkannte. Sein erster Impuls war, wegzugehen, doch es lag so viel Unschuld und Frohsinn darin, wie sie sich dem Spiel mit dem Wasser hingab, daß er blieb.

An diesem Abend schlug er, wie es seine Gewohnheit war, vor dem Einschlafen seine Bibel auf, und sein Auge fiel auf das Hohe Lied. „Ich bin zwar dunkel, aber lieblich, ihr Töchter Jerusalems. Wie die Zelte Kedars, wie die Zeltdecken Salmas." Bisher war ihm nie zu Bewußtsein gekommen, daß die Geliebte des Königs eine Negerin war. Als er weiterlas, schienen die uralten Worte das Bild von Schönheit und Freude heraufzubeschwören, das er am Abend gesehen. „Ja, du bist schön, meine Freundin, ja, du bist schön! Deine Augen sind Tauben hinter deinem Schleier! Dein Haar gleicht einer Herde von Ziegen, die vom Gileadberge herabkommen, deine Zähne der Herde von frisch geschorenen Schafen, die der Schwemme entsteigen. Deine zwei Brüste sind wie zwei junge Kitzen, wie Zwillinge einer Gazelle, die weiden in der Lilien . . ."

Jetzt glaubte er es. Er und die Wildnis und all ihre Geschöpfe waren eins. Er und Cleo und das Eichhörnchen und der Kastanienbaum, die Weide und der Bach, alle waren sie Teil eines Lebens.

Leben, Leben – dieses Wort schien in seinen Gedanken weiterzusingen während der Tage, die folgten, als sie immer tiefer in den jungfräulichen Wald eindrangen und sich immer mehr entfernten von dem Mann, der er gewesen war: dem engstirnigen Boniface Baker von Eden Island. Als sie endlich an ihren Bestimmungsort gelangten, war diese Verwandlung so weit vorgeschritten, daß sie ihn fast erschreckte. Die Freude, die Kraft, die Lebenslust hatten aus ihm einen neuen Menschen gemacht, mit neuen Werten, neuen Vorstellungen über Gut und Böse. Mit dem Mann, der rund um seine Insel gerudert war, hatte er, der jetzt in seinem Einmannboot durch die nebelverhangene Weite eines Sees in der Wildnis glitt, nichts mehr gemeinsam. Für den Boniface Baker von damals wäre es eine Sünde gewesen, einem badenden Mädchen zuzusehen, für den neuen Boniface, der sich sein Blockhaus mit nacktem Oberkörper selbst gebaut hatte, für den Waldbewohner, der Elche erlegte und ihre Haut zum Trocknen in die Sonne hängte, war das Schauspiel der Badenden nur Freude und Schönheit. Bei ihrem Anblick fühlte er ein Wiedererwachen seiner Jugend, seiner Kraft, doch der Gedanke, dieses Traumbild der Jugend und Schönheit besitzen zu wollen, kam Boniface nicht. Als er daher das erste Mal von ihr träumte, war er völlig überrascht.

In diesem Traum sah er Cleo im See schwimmen, doch war es nicht dieser See hier, sondern ein anderes Gewässer; den Delaware River erkannte er erst, als sie an Land watete. Dabei wurde ihm bewußt, daß er nicht am Ufer saß, sondern in einem Bett lag und in den roten Baldachin eines Kastanienbaums hinaufblickte. Sie lächelte auf ihn herab und setzte einen Fuß auf die Kante seines Bettes. Plötzlich war er von rasender Begierde geschüttelt. Dann merkte er, daß es gar nicht ein Bett war, sondern ein Sarg, und der Baum war eine der Kastanien auf dem Friedhof von Eden Island. Diese Erkenntnis ließ ihn erwachen. Sein Körper war schweißbedeckt. Es dauerte eine Weile, bis der Traum ihn losließ. Übrig blieb nur die Begierde, die er gefühlt hatte, als sie auf ihn herabblickte.

Der Tag brach an, und er lag da, starrte in den Lichtkegel, in dem die Sonnenstäubchen tanzten. In der Freude, die der neue Tag mit sich brachte, schien sich sein Traum harmonisch in die Welt der Natur einzufügen, deren Teil er jetzt war. Fleischliche Begierde war ein natürliches Gefühl, so natürlich wie der Paarungsdrang der Tiere, die im Wald lebten. Er war für seine Träume nicht verantwortlich. Bewußte Gedanken wären wohl sündig gewesen, aber ein Traum nicht. Auf jeden Fall würde ja Beulah jetzt bald nachkommen. Er hatte erwachsene Kinder, die unter demselben Dach wohnten. Er hörte Geräusche hinter der ledernen Trennwand, die ihn von den übrigen Räumen der Hütte trennte. Jemand war offenbar daran, das Frühstück zu bereiten. Man hörte das Klappern des Kessels, dann blies jemand die Torfglut zum Aufflammen. Boniface döste mit geschlossenen Augen vor sich hin und lauschte dem Geräusch des siedenden Wassers. Schritte näherten sich der Türe.

Die Haustüre blieb jedoch zu. Eine der Trennwände wurde aufgehoben, und er sah, daß es Cleo war, die auf ihn zukam, eine weiße Schale in den Händen. Seine Kehle wurde eng und sein Herz pochte. Cleo beugte sich über ihn, um ihm die Schale zu reichen, und in diesem Augenblick wußte er mit unwiderruflicher Sicherheit, daß es ihn nach ihr gelüstete, daß sie ihn mehr erregte als je eine Frau zuvor, und daß, ungeachtet seines Gewissens, seines Glaubens, seiner Liebe zu Weib und Kindern, dieser neue Körper von ihm nicht ruhen würde, bis seine Begierde erfüllt war.

Sein Bedürfnis, mit sich und mit seinem Gott allein zu sein, war so stark, daß er beschloß, nicht wie sonst mit George auf die Jagd zu gehen, um den Tagesproviant herbeizuschaffen. Zu dem Jungen, der schon die Pferde sattelte, sagte er: „George, es wäre mir lieber, wenn du heute allein auf die Jagd gingest. Ich will das Boot nehmen und versuchen, ein paar Fische zu fangen."

„Gut, Onkel Bonny, ich werde schon ein saftiges Wild erwischen. Geh du nur und sieh zu, daß du einen Fisch an den Haken bringst."

Die weiße, grelle Scheibe der Herbstsonne war kaum über die Baumwipfel des Waldes gestiegen und hatte den auf dem See lagernden Nebel noch nicht aufgesogen, als Boniface ausfuhr. Er brauchte nur ein paar Ruderzüge, um weit in die durchsichtige Wolke hineinzugleiten. Doch die Stille und Einsamkeit brachte ihm diesmal nicht die Gegenwart Gottes zum Bewußtsein, sondern die Gegenwart Cleos. Sein Körper verlangte schmerzhaft nach ihrem Leib. Er saß in seinem Boot, den Kopf in den Händen, und dachte an die ewige Verdammnis. Irgendwo im Nebeldickicht stimmten die Nachtigallen der kleinen Insel ihren schmetternden Gesang an. So dicht war der Nebel, daß er die beiden Indianer auf Ponys nicht bemerkte, die am Ufer dahinritten. Der Vogelgesang war lauter als der sanfte

Aufschlag der Ponyhufe. Die beiden erreichten die Lichtung, auf der die Blockhütte stand. Der Rauch aus dem Kamin mischte sich mit dem Morgendunst.

Becky trug einen Kübel Wasser von der Quelle zum Blockhaus, als sie Cleo und Abby Hand in Hand über die Lichtung laufen sah. Zuerst dachte sie, es wäre Spiel, aber dann sah sie Abbys entsetztes Gesicht. Als die Kleine stolperte, zerrte Cleo sie grausam weiter zu dem Sturmkeller und riß dessen Tür auf. Abbys wilder Schrei „Becky, komm!" erstickte, als Cleo sie in die Tiefe zog. Becky sah sich um und erstarrte. Indianer! Zwei nackte braunhäutige Männer, die Körper bemalt, die Pferde ungesattelt. Beide trugen eine Waffe, die sie von sich wegstreckten, als wollten sie zuschlagen. Regungslos wie Statuen standen sie am Rand der Lichtung und blickten zum Eingang des Kellers hinüber. Dann näherten sie sich behutsam dem Blockhaus.

Zu Stein erstarrt stand Becky, den Kübel in der Hand. Ihre Muskeln waren vor Schrecken verkrampft, sie konnte sich nicht bewegen. Einer der Indianer blickte zu ihr herüber. Im gleichen Moment schrie eine Stimme: „Becky! Schnell!" Es war Cleo, die im Eingang des Kellers stand, die Hand am Riegel. Dieser Schrei löste den Bann. Becky ließ den Wasserkübel fallen und rannte mit einer Kraft, die sie sich selbst nie zugetraut hätte, auf die offene Kellertür zu. Doch auch während sie das tat, blieb ihr Denken kühl und berechnend. Sie rannte pfeilgerade ins Verderben. Selbst wenn sie sich in dem Keller verbarrikadierten und das Tor verrammelten, würden die Indianer durch den Schacht steigen können. Daß Cleo vor ihnen in entsetzlicher Angst davongerannt war und Abby mit sich gezerrt hatte, mußte die Indianer denken lassen, daß ihr bloßes Erscheinen Angst und Entsetzen hervorrief. Aber man hatte doch mit diesem Volk zu leben, dessen Land man teilte; es war keine Lösung, feig davonzulaufen, man mußte das Göttliche in ihnen ansprechen, ihnen in der Macht des Herrn entgegentreten.

Erst als sie der Tür nahe kam, gewann ihre Vernunft die Oberhand über ihren Körper. Ihr ganzer Instinkt verlangte danach, in die Dunkelheit des Kellers zu tauchen und die Tür zu verriegeln, doch gelang es ihr, sich zu beherrschen. Sie blieb stehen und drehte sich um. Von hinten kam Cleos verzweifelt drängende Stimme: „Nein, Becky, nein! Hier herein!" Doch war jetzt, obwohl ihr Herz pochte, eine große Ruhe über Becky gekommen. Die Indianer näherten sich langsam auf ihren Pferden, ihre Keulen, oder was das sonst für Waffen waren, auf diese merkwürdige Weise von sich wegstreckend. Stehenzubleiben genügte nicht. Wenn sie die Indianer überzeugen wollte, daß sie keine Angst hatte, mußte sie auf sie zugehen. Es ist, wie wenn ein Hund bellend auf dich zuläuft, dachte sie entschlossen. Du mußt ihnen zeigen, daß du keine Angst vor ihnen hast. Zeige es ihnen . . .

Sie tat einige Schritte auf die Indianer zu. Die seltsame, kühle Ruhe erfüllte sie immer mehr. „Willkommen, Freunde", sagte sie herzlich. „Wir freuen uns, daß ihr gekommen seid. Wir sind Quäker. Wir sind eure Freunde." Sie hoffte, daß die beiden nicht merkten, wie unnatürlich ihre Stimme klang. Doch ob die wohl Englisch verstanden? Ein kleines Panikgefühl stieg aus ihrer Magengrube auf, und sie betete, Gott möge ihr helfen, das Einmalige und Unersetzliche in diesen Menschen ansprechen zu können, das hinter ihrer grotesken Bemalung, ihren ausdruckslosen, verschlossenen Gesichtern und starren schwarzen Augen verborgen war.

„Wollt ihr nicht absteigen, bis mein Vater und seine Leute zurückkommen?" fragte sie, und ihre Stimme war schrill, weil unter ihren prüfenden Blicken das Panikgefühl in ihrer Magengrube immer mehr wuchs. „Sie sind ganz in der Nähe und müssen jeden Augenblick kommen. Willkommen, Freunde. Kommt, setzt euch . . ."

Sie hatte zu stottern begonnen, sie wußte nicht mehr, was sie sagte. Etwas, ein Geräusch hinter ihrem Rücken, hatte ihr die Nervenkraft geraubt. Es dauerte Sekunden, bis sie begriff, daß es der Balken innen an der Kellertür war. Die beiden Indianer glitten mit einer raschen, unerwarteten Bewegung, die Becky zusammenzucken ließ, von ihren Pferden. Sie fühlte den Drang, zu laufen, doch war noch immer diese Ruhe da, die ihr Tun unter Kontrolle hielt. Die Indianer kamen zu Fuß auf sie zu. Als Becky von einem zum andern blickte, wurde ihr klar, daß sie nicht hoffen durfte, das Göttliche in beiden gleichzeitig zu erreichen. Sie mußte sich auf den konzentrieren, der am ehesten so aussah, daß er darauf reagieren würde. Sie lächelte mit bebenden Lippen dem einen zur Linken zu, denn er hatte seine Waffe gesenkt, als ob er sich sicher fühle. Es war eine primitive Axt, die an einem um seine Hüften gebundenen Strick hing und jetzt herabbaumelte. Seine Hände, klein und fremdartig wie die eines Affen, hingen schlaff herab, als er näher kam. Die Bemalung seines Gesichts machte es schwierig, sich auf seine Augen zu konzentrieren, aber sie tat es tapfer. Sie lächelte und sagte: „Willkommen, Freund, willkommen! Wir sind Quäker. Wir sind eure Freunde. Wollt ihr euch nicht setzen?"

Die Augen, die aus gelben gemalten Kreisen hervorstarrten, antworteten nicht. Es war, so schien es Becky, keine Tiefe in ihnen; sie waren mit der idiotischen Leere von Ziegenaugen auf sie gerichtet. Beckys Blick hatte auf diese kleinen schwarzen Tore gezielt, hinter denen sich das Göttliche in diesem Menschen verbarg. Und dann wußte sie: Es war falsch. Ich hätte mich auf Cleo verlassen sollen. Cleo versteht die Wildnis, ich nicht. Jetzt steht die Wildnis vor mir.

Sie wußte, was geschehen würde, bevor er seine Hand hob. Es war nicht sie, die es wußte, sondern ihr Körper, der jetzt ein eigenes Wissen zu besitzen schien. Sie flüsterte: „Nein, nein, bitte nein . . ." Ein Finger hakte sich in den Brustausschnitt ihres Kleides, und sie schrie auf. Ihr Kleid wurde mit plötzlicher, brutaler Gewalt aufgerissen, und sie schrie: „Vater! Vater! Hilfe!"

Und plötzlich fiel die Gelassenheit von ihr ab. Sie wehrte sich verzweifelt und schrie, schrie, während die Wildnis sich ihrer bemächtigte.

Bei dem ersten Schrei wollte Abby auf die Tür zuspringen, doch Cleo riß sie in die Dunkelheit zurück und hielt sie fest. Draußen steigerte sich das gräßliche Schreien zu so verzweifelter Schrille, daß Abby schluchzend in die Knie sank und ihre Ohren mit den Händen bedeckte.

Doch auch so konnte sie sich nicht taub machen. Sie versuchte, für Becky zu beten, Gottes Hilfe für sie herabzuflehen. Dann plötzlich hörten die Schreie auf, es war nichts mehr zu hören, auch wenn sie die Hände von den Ohren nahm und horchte. Mit einem letzten, verzweifelten Entschluß, irgend etwas zu tun, warf sie sich gegen das Tor, um ihrer Schwester zu Hilfe zu kommen, statt hier zu sitzen, die Hände vor den Ohren, und Gebete zu plappern. Doch wieder packte Cleo sie und riß sie zurück, und als sie laut dagegen aufbegehrte, preßte Cleo ihr die Hand vor den Mund, eine kalte Hand, die sie fast erstickt hätte. Abby wollte sich freikämpfen, aber Cleo hielt sie umklammert und flüsterte ihr ins Ohr: „Still! Wenn die uns hören, kommen sie über uns!"

Über sie kommen? Wie konnten die das? Das Tor war doch verbarrikadiert, Onkel Buffalo hatte versichert, selbst der schwerste Sturm könne es nicht öffnen. Wer waren die überhaupt? Abby hatte nur einen flüchtigen Blick auf zwei Pferde getan, dann hatte Cleo sie gepackt und zum Keller gezerrt. Franzosen? Indianer? Räuber? Sie wußte nur, daß es Männer waren. Aber warum war Becky jetzt still? Hatten sie sie verschleppt? Sie versuchte wieder, sich loszureißen, aber Cleo verstärkte den Griff und flüsterte: „Still, da kommen sie!"

Aus irgendeinem Grund gab Cleo sie in diesem Augenblick frei, Abby verstand nicht warum. Dann sah sie im schwachen Licht, das durch die Falltür des Schachts kam, daß Cleo etwas im Winkel des Kellers aufhob – die Axt, mit der man die Holzblöcke spaltete. Jetzt hörte sie Stimmen unheimlich nahe. Es klang wie ein Kichern. Dann wurde an der Tür gerüttelt. Cleo hob die Axt, und Abby erstarrte vor Entsetzen. Wollte Cleo mit der Axt zuschlagen, wenn die hereinkamen? Und was würden die Indianer tun, wenn Cleo sie nicht traf? Das Rütteln an der Tür ließ nach. Die Stimmen entfernten sich. Abby hockte noch neben der Tür, als es im Keller plötzlich dunkel wurde.

Zuerst wußte sie nicht, warum, dann wurde ihr zu ihrem Entsetzen klar, daß die den Eingang des Schachts gefunden haben mußten. Jemand beugte sich darüber und versuchte herunterzuspähen. Dann folgte ein schlitterndes Geräusch, als ob ein schwerer Stamm durch den Schacht herabgelassen würde, doch kam das Herabgleitende nur langsam, hielt mehrmals an.

Jemand kam durch den Schacht heruntergerutscht, um sie zu

holen! Abby erstickte einen Aufschrei und schloß entsetzt die Augen. Sie hörte einen Laut, und es klang wie ein knirschender dumpfer Schlag. In die Stille, die plötzlich eintrat, folgte ein rhythmisches Plätschern.

Dieses Plätschern ließ Abby die Augen öffnen. Unvermittelt wurde es wieder hell, und sie sah Cleo, die etwas vom Ausgang des Schachts wegschleppte, einen Körper mit Beinen, die bemalt waren. Und da wurde es wieder finster.

Eine Stimme vom oberen Eingang des Schachts ließ eine Frage hören, die Worte waren nicht zu verstehen. Vermutlich rief der andere Indianer den ersten an. Dann folgte das gleiche Geräusch wie vorher, wie ein Holzstamm, der langsam, stokkend, herunterglitt. Abby preßte ihre Hände an den Mund und betete: „Gott, hilf mir, Gott, rette mich, rette mich . . ." Dann wieder ein Krachen und gleich darauf diese rhythmischen Geräusche, als würde Wasser verschüttet.

Als Cleo den Körper vom unteren Ausgang des Schachts wegzog, wurde es hell, und Abby sah die Leiche quer über der ersten liegen. „Was hast du ihnen getan?" flüsterte sie. Und da gewahrte sie im Lichtkegel, der durch den Schacht hereinfiel, etwas, was am Gürtel des zweiten Toten hing, einen blonden Haarschopf mit etwas Blauem daran, einer Schleife. Beckys Schleife.

Sie war nicht mehr bei Bewußtsein, als sie auf den Boden aufschlug.

George McHair war in bester Stimmung. Er hatte eine kleine Herde Elche angepirscht, offenbar die erste, die auf der Flucht vor dem Winter aus dem Norden zugewandert war. Die Tiere hatten anscheinend keine Erfahrung mit Menschen, denn er hatte bei Gegenwind ziemlich nahe an sie herankommen können. Einen jungen Elch hatte er mit einem sauberen Schuß erlegt. Der Heimritt dann war etwas unbequem, denn der schwere Körper des Elchs nahm fast den ganzen Raum auf dem Pferderücken ein.

Zu seiner Verblüffung sah George McHair zwei Pferde aufgeregt umherjagen und bei seiner Annäherung im Galopp im Wald verschwinden. Es mußten wilde Mustangs sein. In einer übermütigen Anwandlung wollte George ihnen nachjagen, um eines mit dem Lasso einzufangen. Er gab seinem armen Reittier die Sporen, das unter der schweren Last beinahe in die Knie ging. Als er auf die Lichtung hinausgelangte, ließ er den Elch vor der Hüttentür herabgleiten und wendete das Pferd noch einmal, den Mustangs nach. In diesem Augenblick gewahrte er Boniface Baker. Boniface hockte vor dem Eingang zum Keller, etwas in den Armen wiegend. George sprang ab, lief heran, sah Onkel Bonnys kalkweißes Gesicht und warf dann einen Blick auf Beckys Körper. Der Anblick des grauenvoll abgehäuteten Schädels, des blutüberströmten Gesichts, des zerfetzten Kleides und der geschändeten Nacktheit ließ ihn mit einem Aufstöhnen des Entsetzens wegblicken. Wo waren die andern? Was war mit Abby und Cleo geschehen?

Gleichsam als Antwort öffnete sich die Kellertür, und Cleo kam, eine Axt in der Hand, heraus. Sie sah verstört aus wie Onkel Bonny, die Axt war blutbesprengt. War sie wahnsinnig geworden? Und wo war Abby? George riß Cleo die Axt aus der Hand, schob das Mädchen zur Seite und stürzte in den Keller.

Zuerst konnte er nicht die Hand vor den Augen sehen. Als er sich dann aber bückte, um die Axt wegzulegen, streifte ein Lichtschimmer Abbys kindliche Beine und ihr in Unordnung geratenes Kleid. Sie lag auf der Seite. Entsetzt beugte er sich über sie, hob sie hoch: Gottlob, sie war nicht skalpiert. Er schleppte sie aus dem Keller und legte sie behutsam ins Gras, den Rücken gegen Onkel Bonny, als wollte er dem die Sicht verstellen. Das Mädchen stöhnte, die Lippen bewegten sich, sie öffnete die Augen, Tränen traten hervor. Da wandte er sich um und rief: „Onkel Bonny! Sie lebt! Keine Sorge! Alles ist in Ordnung! Sie lebt!"

Onkel Bonny wandte langsam den Kopf um, sah ihn an und nickte. Dann senkte er den Blick wieder auf Beckys grauenvoll entstellten Schädel.

George schämte sich. Wie hatte er „Alles in Ordnung!" rufen können? Plötzlich fühlte er Arme, die sich um seinen Hals schlangen, und er sah Abbys Gesicht, ihre Lippen lösten sich, obwohl ihre Augen noch halb geschlossen waren. „Sie ist tot!" flüsterte sie, zog sich hoch, küßte ihn auf den Mund und fiel wieder in Ohnmacht.

Er war so verwirrt, daß er sich die Hände abrieb, als müsse er sie säubern. Er stand auf, sah sich nach Cleo um und fand sie etwas abseits sitzen und in den Keller hinabstarren. Vielleicht sollte er noch einmal hinuntersehen.

Er fand die beiden Toten und sah, daß es Indianer waren. Erst nachdem er den ersten ins Freie geschleppt hatte, entdeckte er, daß ihm der Kopf fehlte. Entsetzt starrte er ihn an, dann kehrte er zu dem andern zurück und fand auch den enthauptet. So ging er ein drittes Mal in den Keller und kam mit den beiden Köpfen, die er am Haar hielt, zurück. Er hörte einen Schrei.

Abby saß aufrecht im Gras, an der Stelle, wo er sie eben erst bewußtlos zurückgelassen hatte. Ihre Augen waren voll Entsetzen auf die Köpfe gerichtet. Er versuchte, die Köpfe hinter seinem Rücken zu verbergen, denn er fürchtete, sie würde wieder ohnmächtig werden, aber sie ließ ihre Hände sinken, ihr Körper neigte sich müde vor, und sie sagte: „Ich habe es gesehen . . .“

„Ja. Es tut mir leid“, murmelte er albern, immer noch in der Hoffnung, sie würde wieder wegschauen, damit er sich der Köpfe entledigen könnte.

„Damals, in der Nacht, als du über den Rasen kamst“, sagte sie.

„Was . . . welchen Rasen?“

„Wie du über den Fluß geschwommen bist.“ Sie verdeckte ihr Gesicht mit den Händen.

Er wandte sich um, wollte einen Platz finden, wo er die Köpfe hinlegen könnte, und sah Cleo, die eine Decke über Becky geworfen hatte und jetzt ein Tuch um den Schädel schlang. Onkel Bonny schien von allem, was sie tat, nichts zu merken, er starrte immer noch in Beckys Gesicht und hielt ihre Hand.

Die Art, wie die Schwarze Beckys Kopf bandagierte, oder vielleicht die Tatsache, daß sie es tat, erfüllte George mit tiefer Dankbarkeit. Und da erst kam ihm zu Bewußtsein, daß sie es gewesen sein mußte, die den beiden Indianern die Köpfe abgehackt hatte. Das stand in einem so krassen Gegensatz zu der Behutsamkeit, mit der sie jetzt Becky behandelte, daß er plötzlich ein Gefühl hatte, alles das nur zu träumen. Völlig verwirrt stand er da, als Cleo sich erhob und in den Keller ging.

Er hörte ein Klirren von Metall, dann kam sie heraus, eine Schaufel in der Hand. Immer noch wie im Traum nahm er die Schaufel, die sie ihm hinhielt. Als er die Hand hob, entfiel ihm dabei einer der beiden Köpfe. Sie wandte sich ab und winkte ihm. Er ging ihr nach, denn sie schien genau zu wissen, wohin sie wollte.

Erst als sie das Maß der Toten nahm, begriff er, daß er die Gräber ausheben sollte.

Am selben Nachmittag, als die Beerdigung stattfinden sollte, kam Buffalo McHair mit seinen Leuten zurück. Ihr Eintreffen war völlig unerwartet. Die Männer waren umgekehrt, weil ihre Späher Indianer gesichtet hatten und weil sie Schlimmes vermuteten. Tränen liefen dem alten Buffalo in den Bart, als er vor Beckys Leichnam stand. Dann riß er sich zusammen und wies seine Leute an, sich hinter Boniface Baker als Trauergäste neben Abby und George aufzureihen. Gemeinsam begingen sie die Trauerfeier des Schweigens.

Boniface Baker bedeutete ihre Rückkehr kaum etwas. Allem, was er tat, betäubt und sprachlos, haftete ein erschütternder Gleichmut an. Die Wirklichkeit war ihm noch nicht wieder bewußt; eine Art Schutz hatte, als er die tote Becky auffand, sein Bewußtsein eingedämmt. Gelassen, scheinbar völlig ruhig, hatte er die Anordnung zu dieser Beerdigung getroffen, hatte Weisung gegeben, die Indianer zu beiden Seiten Beckys zu bestatten; er selbst hatte ihre Haube auf den in eine Decke gehüllten Leichnam gelegt. Nun lag Schweigen über den Trauernden. Plötzlich, als sie so vor den Toten standen, brauste ein Schwarm berittener Indianer aus dem Walde mit dröhnendem Hufschlag heran und ergoß sich auf die Lichtung; eine Stimme hinter Boniface rief: „Zu Boden!", und das Klappern von Gewehrschlössern war zu vernehmen. In diesem Augenblick fühlte er, wie die Macht des Herrn ihn überströmte. Er wendete sich um, warf seine Arme hoch und rief mit einer Stimme, die alles übertönte:

„Haltet ein!"

Als hätte sein Ruf ihnen allen gegolten, erstarrten sie im selben Augenblick, die Indianer, Buffalo McHair und seine

Männer; nur die Pferde schnaubten und scharrten mit den Hufen. Nun kam ein riesenhafter Indianer zu der die Gräber umstehenden Gruppe herangeritten, stieg ab und hob zuerst die Decke, die einen der Indianer bedeckte, dann die Beckys und zuletzt die des andern Indianers. Er wandte sich nach seinem Pferd um und berührte es mit einem Schlag; es galoppierte in der Richtung zum See davon. Er selbst aber kam schwerfällig, den Riesenbauch auf den zwei Beinen schwingend, an Boniface heran, doch trat er nicht auf ihn zu, sondern stellte sich an seine Seite. Dann gab er seinen Indianern einen Wink. Ein Geräusch ließ erraten, daß sie abstiegen, dann das Dröhnen der Hufe, daß die Pferde davonstoben. Nun lag wieder Stille über der Lichtung. Erschüttert begriff Boniface, daß nun alle Menschen, die auf dieser Waldeslichtung beisammenstanden, in der Andacht vereint waren.

Noch immer war diese Leere um ihn. Auch als Buffalo und George sich anschickten, die Toten in die Gräber zu senken, regte sich nichts in ihm. Wie von sich selbst abgelöst sah er, wie Buffalo und George Beckys Leichnam unbeholfen in das Grab hinabließen. Als sie dann Spaten ergriffen und Erde zu schaufeln begannen, traten einige Indianer vor mit den beiden andern Toten, senkten sie in die Gräber und schaufelten mit ihren nackten Händen Erde darüber. Als Buffalo und George fertig waren, gaben sie die Spaten den Indianern.

Nach der Bestattung der drei Leichname reichte man Boniface Beckys Haube, und noch einmal standen sie in stiller Versunkenheit. Vögel sangen, vom Seeufer herauf drang das Wiehern der Pferde, die abendliche Brise begann in den Baumkronen zu rauschen. Der Führer der Indianer hob die Andacht auf, indem er seine Hand zum Griff bot. Boniface nahm sie und wunderte sich, woher der Indianerhäuptling wußte, daß dies die Art der Quäker war, eine Andacht zu beenden. Buffalo McHair sagte: „Woher des Wegs, Running Bull?"

Der fette Indianer deutete auf die neugebaute Blockhütte: „Ist das die Schule, die man uns versprochen hat?"

Buffalo antwortete auf diese Frage nicht. „Du schickst also jetzt deine Krieger aus, um unschuldige junge Mädchen zu schlachten?"

„Das sind nicht meine Krieger, das waren Miamis!" erwiderte der Häuptling. „Ihr habt recht getan, sie ohne Köpfe in die andere Welt zu schicken. Sie sind Wilde, wahnsinnige Coyoten. Wir haben sie vernichtet. Diese zwei müssen die letzten Überlebenden gewesen sein." Damit wandte er sich Boniface Baker zu. „Ich bin Running Bull, der Häuptling der Unami. Wir wollen hier an diesem See siedeln und unsere Kinder in deine Schule schicken. War die tote Frau eine der Lehrerinnen?"

Bevor Boniface antworten konnte, sagte Buffalo rasch: „Ja. Sie war seine Tochter." Dann nahm er Bonnys Arm und führte ihn zum See, wo die Pferde der Indianer grasten. Erst als sie am Ufer standen und über das Wasser hinblickten, sagte er: „Tut mir leid, daß ich gelogen habe. Aber ich kenne Running Bull, er ist tückisch wie eine Klapperschlange. Sag vorläufig zu allem, was er sagt, ja. Morgen brechen wir nach Philadelphia auf."

„Ich gehe nicht weg von hier", sagte Bonny.

„Du willst doch nicht hier bei den Indianern bleiben?"

„Ich kann Becky nicht verlassen."

„Gut", sagte Buffalo, „aber ist dir klar, daß du, wenn du hier bleibst, für die Indianerkinder die versprochene Schule bauen mußt?"

Boniface antwortete nicht gleich. Er blickte zu der kleinen Insel hinüber, die, ein Bild tiefster Ruhe, im See lag. „Hör zu", fuhr Buffalo fort. „Ich lasse ein paar meiner Leute hier. Ich komme zurück, sobald ich die Mädchen in Philadelphia abgeliefert habe. Du willst doch nicht die Mädchen hierbehalten? Laß auf keinen Fall zu, daß die Indianer in der Nähe deines Hauses siedeln. Mögen sie sich drüben auf der andern Seite des Sees niederlassen. Sag ihnen, daß du den Platz hier für eine Quäkersiedlung brauchst, mit Wohnhütten für die Lehrer und einem Magazin und einem Andachtshaus. Running Bull wird damit einverstanden sein, solange er überzeugt ist, daß diese Siedlung für sein Volk von Nutzen ist. Bist du damit einverstanden? Wenn nicht, Freund, dann wirst du bald bei den dreien sein, die wir da eben begraben haben."

Boniface schwieg.

Buffalo legte einen Arm um seine Schultern. „Hör mich an, Bonny. Als du uns verbotest, auf die Indianer zu feuern, standest du wirklich in der Macht des Herrn. Darüber möchte ich mit dir reden. Ich habe dir einen Vorschlag zu machen."

Boniface starrte auf die kleine Insel.

„Ich habe seit Jahren in Philadelphia gedrängt, sie möchten uns einen Prediger schicken, nicht eine von diesen zahmen Krähen ohne Feuer, sondern einen Gottesmann, der uns allen ein Vorbild sein kann. Willst du unser Prediger hier werden, Bonny?"

Boniface schloß die Augen und flüsterte: „Verzeih mir, ich möchte einen Augenblick allein sein."

„Ich verstehe. Ich will dich nicht drängen." Er nahm seinen Arm von Bonifaces Schultern. „Ich glaube, George und ich sollten bald aufbrechen. Wäre es dir recht, wenn wir heute abend fortreiten? Lang sollten wir hier nicht bleiben mit diesen beiden Mädchen."

Boniface nickte. Nachdem der andere gegangen war, trat er zu seinem Boot, schob es ins Wasser, stieg hinein und ruderte auf den See hinaus. Als von den Pferden und Menschen kaum mehr etwas zu hören war, vernahm er von der Insel her bereits den Gesang der Weidendrosseln. Er blickte zum Himmel auf, die ersten Sterne schimmerten im Grün des Abends. Da legte er die Ruder ein, faltete die Hände und bekannte sich zu seiner Schuld.

Er war es, der Becky hierhergebracht hatte. Sein Verlangen nach Cleo hatte ihn verführt, die Kinder heute morgen alleinzulassen und zu der Insel zu rudern, um zu träumen. Er war es, der Becky ermordet hatte. Für seine Sünde gab es keine Verzeihung.

Jetzt hörte er vom Ufer her fröhliche Rufe. Als er hinüberblickte, sah er nackte Indianer lachend und jubelnd ins Wasser springen. Sie bespritzten einander, schrien, das Echo ihrer Stimmen kam geisterhaft vom Wald zurück. Erst als sie begannen, sich zu waschen, ihre Körper, Arme und Gesichter zu reiben, begriff er, was da geschah. Die Bemalung wurde abgewaschen.

Es war Friede.

Er ruderte zum Ufer zurück. Scherzhaft bespritzten sie ihn, als sein Boot mitten durch das Gedränge zum Ufer glitt. Eine Stunde später nahm er Abschied von Abby, George und Cleo, die davonritten. Als er schließlich im Bett lag, war er so erschöpft, daß er sofort einschlief.

Mitten in der Nacht erwachte er. Er hatte sich, seit er die Augen schloß, nicht bewegt. Was hatte ihn nur geweckt? Jetzt hörte er es wieder, ganz nahe, ein leises Wiehern. Atemlos lauschte er. Die Tür scharrte. Er griff nach der Zunderschachtel und zündete die Kerze an.

„Wer ist da?"

Er hörte sein Herz laut klopfen, während er lauschte. Dann wurde der Vorhang seines Bettes sacht beiseitegezogen.

„O mein Gott!" sagte er.

Es war Cleo.

2

Draußen vor den hohen Fenstern des Andachtshauses in Philadelphia fiel der erste Schnee, hüllte den Hof und die Grabsteine in einen weißen Mantel des Schweigens. Im Klassenzimmer der Sonntagsschule herrschte tiefe Stille. Vierzehn Leute saßen eher unbequem in den engen Bänken, die für Kinder bestimmt waren. Es waren Leute der verschiedensten Altersklassen und verschiedensten Herkunft, keine Quäker. Das einzige, was sie gemeinsam hatten, war, daß sie taubstumm waren.

Gespannt sahen sie auf ihre Lehrerin, Beulah Baker, die in ihrer Quäkertracht würdevoll an der Tafel stand. Auf die Tafel hatte sie die fünf ersten Buchstaben des Alphabets und die ihnen entsprechenden Fingerhaltungen der Zeichensprache aufgezeichnet. Langsam, mit feierlichen Gesten, als spräche sie einen Segen über ihre Schüler, zeigte sie eine Reihe von Wörtern, die den aufgezeichneten Lettern entsprachen, und wartete, bis jeder einzelne der Schüler sie wiederholt hatte.

DA – ADA – ADE – BAD . . .

Eine alte Deutsche aus der Siedlung Frankford war die schwerfälligste, ein Judenjunge der flinkste. Beulah war dem Jungen sehr wohlgesinnt, sein Blick ruhte mit solcher Begeisterung auf ihr, seine Freude war so groß, die Welt des Lebendigen entschlüsselt zu bekommen. Auch an diesem Morgen war Beulah in Versuchung gewesen, mit ihm den andern vorauszueilen, die bedrückt dasaßen, mit hochgezogenen Brauen, verzweifelt bemüht, die Worte mit ihren Lippen zu formen, die sie nicht nach dem Gehör sprechen konnten. Schließlich gab sie der Versuchung nach und bedeutete dem jungen Abraham mit einer Geste, aus den Wörtern, die auf der Tafel standen, einen Satz zu bilden. Da stand der Junge in seinem langen Kaftan und Schläfenlocken, und seine langen, anmutigen Finger formten ohne Zögern die Worte: ADE ADA ...

Sie berührte seine Schulter und bedeutete ihm mit einem Wink, sich Zeit zu lassen.

Ein Lächeln in seinen Augen, gestikulierte er jetzt langsam: ADA, AB ins BAD.

Sie mußte sich abwenden, damit er ihr Lächeln nicht sähe. Die Klasse folgte dem Vorgang mit verständnislosen Blicken, offenbar hatte sie den Sinn des Satzes nicht erfaßt. Es war unschicklich, aber dieser Schnee da draußen, die Hoffnung, die fast greifbar von diesen armen, behinderten Geschöpfen ausstrahlte, der Spaß des jungen Abraham, all das vereinte sich in ihr zu einem Gefühl glückhafter Erfüllung. Sie war eben daran, ihren Lieblingsschüler auszuschelten, als sie in der Glastür, die zu dem Gang führte, Jeremiahs Gesicht gewahrte. War es schon so weit? Und ihr war es gewesen, als hätte der Unterricht eben erst begonnen. Aber Jeremiah war da und winkte ihr, also lud sie die Schüler mit einer Gebärde ein, die Hände im Schoß zu falten und gesenkten Kopfes die üblichen Schweigeminuten zu verbringen, mit denen die Lektionen begannen und endeten. Es war erfreulich, wie schnell die Fremdlinge sich die Quäkergewohnheit zu eigen gemacht hatten; alle waren sichtlich gern bereit, sich mit ihr in dem lautlosen Dankgebet zu vereinigen. Der Gedanke war ihr früher nie gekommen, daß diese schweigende Andacht die einzige Art von Gottesdienst war, an der Taubstumme voll teilnehmen konnten.

Sie nahm Abrahams Hand, die zart und gebrechlich war wie ein Vogel. Ich danke dir, Gott, dachte sie, daß ich meinen Fluch in einen Segen für andere verwandeln darf. Sie lächelte ihren Schülern zu, und sie erwiderten das Lächeln. Dann überließ sie es Abraham, die Wörter von der Tafel zu wischen und die Bänke für die morgige Sonntagsschule zurechtzurücken, und wandte sich Jeremiah zu. Sie trat aus dem hellen Raum in das Dämmerlicht des Ganges, begierig, Jeremiah von Abrahams Scherz zu erzählen, als er aber ihren Arm nahm, wußte sie, daß ihn etwas bedrückte. Mit der Empfindsamkeit für die Stimmungen anderer Menschen, die sie infolge ihres Gebrechens im Lauf der Jahre entwickelt hatte, spürte sie, es mußte etwas Böses geschehen sein. Was mochte es sein? Der Krieg? Bonny? Die Kinder? Grizzle? Oder hatte die Verwaltung beschlossen, die Schule abzuschaffen? Zu ihrer Überraschung geleitete er sie nicht in den Hof, sondern in die große Versammlungshalle. Sie war leer, die Trennwand hochgezogen. Der weiße Schimmer des Schnees draußen ließ die leeren Bankreihen steifer, die geweißten Wände bleicher erscheinen. Sie wandte sich Jeremiah zu. „Bitte, was ist es?"

Er führte sie zur ersten Reihe der Bänke, ließ sie sich setzen, blickte noch einmal um sich, ob sie allein wären, dann nahm er ihre beiden Hände und sagte langsam und deutlich: „Du mußt tapfer sein, liebes Herz. Becky ist tot."

„Becky?"

Er nickte und hielt ihre Hände. „Sie ist an einer Krankheit plötzlich gestorben. Vor einem Monat. Sie hat nicht gelitten." Er beugte sich über ihre Hand und küßte sie. Als er aufblickte, liefen Tränen über seine Wangen. Er nahm Beulah in die Arme und preßte sie an sich.

Etwas trieb sie dazu, sich von seiner bedrückenden Nähe zu entfernen, von diesem schrecklichen Kummer, den er empfand. Es bedrückte sie, daß er viel tiefer betroffen war als sie. Sie selbst fühlte nichts, überhaupt nichts. Sie mußte ihn abschütteln, mußte allein sein, sich allein mit dieser Tatsache abfinden. Sie löste sich behutsam aus seiner Umarmung. „Laß mich bitte einen Augenblick allein, Jerry. Ich komm dann zu dir. Laß mich hier. Nur einen Moment."

„O Gott!" stammelte er, „wenn ich dir das doch abnehmen könnte, wenn ich doch . . ."

Sein wilder Schmerz erzürnte sie. Konnte er denn nicht sehen, daß sie mehr davon nicht ertrug? Konnte er sie nicht alleinlassen? Doch sie beherrschte sich, es gelang ihr, ihm lächelnd zuzunicken, um ihm ihre Dankbarkeit – oder was er sonst von ihr erwartete – auszudrücken, bis er aufstand und in den Mittelgang trat.

Als er gegangen war, saß sie an ihrem Platz und wartete, daß der Schmerz sie überkäme, der Schmerz, der jede normale

Mutter überwältigen müßte. Becky tot. Vor einem Monat in der Wildnis gestorben. Sie hatte nicht gelitten. Nun, das war ein Glück. Beulah war dankbar dafür, daß Becky nicht gelitten hatte. War das die richtige Art zu reagieren? Sie verstand sich selber nicht. Was fühlte sie eigentlich? Sie sah sich um, betrachtete die leeren Bänke, die hohen Fenster, den Schnee draußen. Becky tot. Die kleine Becky, ihr Kind, vor einem Monat gestorben. Während sie hier Taubstumme in der Zeichensprache unterwies und eine Erfüllung darin fand, wie sie nie eine gekannt hatte, war ihr Kind in der Wildnis gestorben, man hatte es in einer dunklen Erdhöhle begraben, dort wurde es Teil des feuchten Waldbodens. Sie versuchte sich Becky vorzustellen, ihre Becky, wie sie dort lag. In der Erde. Würmer . . . Sie verhüllte ihr Gesicht und schreckte vor dem Bild zurück. Es gelang ihr, das Bild wegzuscheuchen, und wieder war diese Gleichgültigkeit in ihr, diese Ruhe. Die Auktion kam ihr in den Sinn: alles fort, das Haus, die vertraute Einrichtung, der Mann, die Kinder. Es war Monate her, seit die Kinder sie verlassen hatten. Auch Joshua konnte tot sein und Abby, so wenig wußte sie von ihnen. Vielleicht hatte Jeremiah nur nicht gewagt, ihr alles zu sagen. Vielleicht war auch Abby tot.

Sie empfand keinen Kummer. Vielleicht lag ihr der junge Abraham jetzt mehr am Herzen als ihre Kinder. Abraham war in Reichweite, Abraham war von ihr abhängig, Abraham lernte von ihr sprechen. Es brachte ihr mehr Erfüllung als seinerzeit der Unterricht ihrer eigenen Kinder. Sie erinnerte sich an Beckys erste Worte. Babababa. Sie beschwor das Bild des Kleinkindes herauf, das auf sie zutorkelte und sagte: „Babababa." Ein Baby in schmutzigen Windeln. Becky tot. Ein Kind, das sie unter dem Herzen getragen hatte. Wie traurig. Jeden Augenblick würde sie jetzt zu schluchzen beginnen, drauflosweinen, aber jetzt empfand sie noch keine Trauer um dieses Kind, das sie verlassen hatte. Welch ungeheuerlicher Gedanke für eine Mutter! Niemand hatte irgendwen verlassen. Becky wäre ja bei ihr geblieben, wenn sie, Beulah, fähig gewesen wäre, sie festzuhalten. Statt dessen war das Mädchen mit dem Vater gegangen. Keine Träne war vergossen worden, als man sie, Beulah, zurückließ. Der junge Abraham würde verzweifelt sein, wenn sie ihn jetzt in Stich ließe.

Lieber Gott, war es möglich, daß sie den jungen Juden mit seinen Schläfenlocken mehr liebte als ihr eigenes Fleisch und Blut? Und war es falsch? Wahrscheinlich war es falsch, doch mußte sie sich damit abfinden, denn sie konnte nichts dagegen tun. Sie konnte anderen Gefühle vortäuschen, aber Gott täuschen, das konnte sie nicht. Sie sah nach den Fenstern, sie sah den Schnee fallen, und ihr wurde bewußt, daß sie sogar Gottes Verdammnis mit Gleichmut ertragen würde, solange ihr Gott nicht verwehrte, ihre Taubstummen zu unterrichten.

Sie stand auf und ging im Mittelgang auf und ab. Sie fühlte sich unsicher, vielleicht hatte ihr Körper den Schock verspürt, während ihre Gefühle unberührt blieben. Sie mußte sich im Gehen von Bank zu Bank stützen, ein wenig erschrocken, denn es ging etwas in ihr vor, was sie nicht verstand. Als sie aus der Tür trat, kam Jerry auf sie zu, und sie war dankbar, daß er sie stützte. Einen Moment lang standen sie aneinandergelehnt allein in der leeren Vorhalle. Sie blickte in sein trauriges Gesicht, seine unglücklichen Augen, aber jetzt glaubte sie in ihnen eine Zurückhaltung zu fühlen, ein Ausweichen. Als er das Tor in die weiße Welt hinaus öffnete, fragte sie: „Sag mir bitte die Wahrheit, Jerry, ist noch mehr geschehen? Ist Abby . . .?"

„Nein", erwiderte er hastig. „Abby ist wohlauf. Das wenigstens ist eine gute Nachricht. Und sie ist hier."

„Hier?"

„Ja. Zu Hause. George McHair hat sie gebracht. Sie wollte mitkommen, aber ich hielt es für besser . . ."

Der Gedanke, daß Abby hier war, erfüllte sie mit einem intensiven Verlangen, sie in den Armen zu halten, ihren lebendigen Körper zu fühlen. Abby war also zurück, Abby war da! Sie löste sich von ihm und ging auf den Wagen zu, der im Schneegestöber nur verschwommen zu sehen war.

Erst als Abby sich im Vorraum von Grizzles Haus ihr entgegenwarf, erst als sie den zitternden kleinen Körper des Kindes in den Armen hielt, spürte sie den ersten Schock der Wirklichkeit. Becky war tot. Niemals mehr würde sie sie in die Arme schließen, so wie sie jetzt das schluchzende Kind hielt. „O Mama, Mama", wimmerte Abby, und ihre kindliche Stimme war heiser vor Gram. „Mama . . . ." Dieses „Mama" verriet alles. Beulah wußte plötzlich, daß Becky nicht an einer

Krankheit gestorben war. Sie wußte es, bevor Abby ihr in dieser Nacht im Bett, dicht an sie gedrängt, die Wahrheit erzählte. Als Abby dann in ihren Armen einschlief, wurde ihr die ganze Wirklichkeit bewußt. Ihre Tränen blinkten im Kerzenlicht, während sie zur Decke starrte und stammelte: „Liebes, du mein kleiner Liebling, was haben sie dir nur getan?"

Joe Woodhouse kam an diesem Abend spät aus dem Lagerhaus zurück und war erschüttert, als er hörte, daß Becky an Fieber gestorben sei. Die ganze Nacht wälzte er sich im Bett, von diesem Bild verfolgt – zum ersten Mal hatte der Tod jemanden getroffen, der ihm nahestand. Erst gegen Morgen fiel er endlich in unruhigen Schlaf.

Zum Frühstück war eine düstere Trauergesellschaft vereint. Schließlich sagte die Mutter: „Joe, ich glaube, du solltest hinübergehen und Tante Beulah und der kleinen Abby kondolieren. Schließlich standest du ihnen sehr nahe."

„Ja, Mutter", sagte er pflichtbewußt; doch gerade das war es, wovor er sich fürchtete. Beileidsbezeigungen allein schon waren schwierig, sie jemandem ins Ohr zu brüllen war grotesk, und die Vorstellung, daß Tante Beulah dabei zu schluchzen beginnen würde, jagte ihm Schrecken ein. Doch begab er sich pflichtbewußt ins Nebenhaus, als das Frühstück vorüber war.

Er wurde von Tante Grizzle, die ihm öffnete, feucht auf beide Wangen geküßt. „Ach du armer, armer Junge!" Sie drückte ihn an sich und rieb ihr nasses Gesicht an dem seinen. „Welch schmerzliches Unglück für dich!" Joe war von der Peinlichkeit der Situation überwältigt. Sie nahm seinen Arm und zog ihn durch das Vorzimmer weiter. „Die arme Beulah liegt noch zu Bett, Doktor Moremen war hier und hat ihr eine Arznei verschrieben, aber Abby kannst du sehen, das arme Ding, das arme, gequälte kleine Wesen!" Fast stolz, als gälte es ein neuerstandenes Möbelstück zu zeigen, öffnete sie die Tür zum Wohnzimmer. „Ich lasse euch beide allein", flüsterte sie, „ich möchte euch nicht stören." Eilfertig verschwand sie.

Joe betrat das Eßzimmer mit der feierlichen Trauermiene, die der Anlaß erforderte. Das Kind saß allein im Eßzimmer, mit vollen Backen kauend. Sie musterte ihn kühl, als er auf sie zukam, dann sagte sie mit vollem Mund: „Hallo."

„Ich . . . ich bin gekommen, um dir mein Beileid zum Tode deiner Schwester . . ." Es klang lächerlich formell.

„Danke", sagte sie gleichmütig und streute Schokoladestreusel mit dem Löffel auf ihren Teller. Unter normalen Umständen, das war Joe klar, hätte Tante Grizzle ob solcher Vergeudung die Hände zum Himmel erhoben. Offenbar holte das kleine Ungeheuer aus dem traurigen Anlaß heraus, was nur möglich war.

„Es muß . . . es muß für dich ein großer Schock gewesen sein", sagte er kühl.

„Ja." Sie erhob sich von ihrem Stuhl, griff über den Tisch, bekam ein weiteres Stück Brot zu fassen und butterte es, als striche sie mit der Spachtel Mörtel auf einen Ziegel.

„Warst du zugegen, als sie starb?"

„Nein, aber ich habe ihre Schreie gehört."

„Schreie?" Er hatte es nicht gewußt, daß ihr Sterben mit einem Todeskampf verbunden war. Die Vorstellung war beunruhigend. Er hatte sich vorgestellt, Becky sei im Schlaf hinübergegangen, blaß, abgezehrt und von Schweigen umgeben.

„Ja", sagte das Kind und bestreute das Butterbrot mit Schokolade. „Es ist dicht vor der Kellertür geschehen. Ich wollte zu ihr hinaus, aber Cleo hat es nicht erlaubt. Natürlich hat sie recht gehabt. Hätte ich die Tür geöffnet, wären die Indianer auch über uns gekommen."

Ihm wurde kalt. „Indianer?"

Sie zog die Brauen hoch. „Hat man es dir nicht gesagt?"

„Aber sie ist doch an Fieber gestorben!"

„Keine Spur." Sie biß in das Butterbrot, verstreute dabei etwas von der Schokolade. Sie versuchte, sie mit der hohlen Hand aufzufangen, aber das meiste fiel auf den Teller und das Tischtuch.

„Wie war es also?" schrie er. „Was ist geschehen?"

Sie hob einen Finger, deutete auf ihren vollen Mund. Es gelang ihr, das meiste in die Wange zu drücken, und sie brachte hervor: „Skalpiert . . . von Miamis."

Er stand auf. „Erzähl diese Geschichte sonst niemandem!" sagte er, in einer Mischung vor Entsetzen und Wut.

„Es stimmt aber!" rief sie. „Frag George! Er hat alles gesehen! Ihr Kopf . . ."

„George war vernünftig genug, bei der Version zu bleiben, daß deine Schwester an Fieber gestorben ist." Er schob seinen Stuhl an den Tisch. „Wenn ich jemals höre, daß du diese Geschichte jemand anders erzählt hast, dann dreh' ich dir den Hals um!"

„Pah!" sagte sie, aber er hatte doch das Gefühl, sie eingeschüchtert zu haben.

Er ging hinaus. Tante Grizzle erwartete ihn auf dem Gang. Er setzte rasch die Trauermiene auf. „Wie findest du sie?" flüsterte sie fast gierig.

„Sie scheint sich zu erholen", erwiderte er.

„O Gott!" schluchzte Tante Grizzle, „ich tue wahrhaftig alles, um das Kind vergessen zu lassen . . ." Tränen traten ihr in die Augen.

Mehr hätte er nicht ertragen. „Du entschuldigst mich", murmelte er und eilte mit unziemlicher Hast zum Tor.

Das halb gegessene Butterbrot in der Hand saß Abby da und sah den bösen Traum wieder: den braunen Körper, dem der Kopf abgehackt worden war, Bettys Skalp an seinem Gürtel, das blonde Haar mit dem blauen Band. Sie hatte schon geglaubt, sie könne wieder darüber sprechen, ohne zusammenzubrechen. Joes Wut hatte ihr noch schwaches Selbstvertrauen vernichtet. Weinend sank sie zusammen, den Kopf in den Armen. Die Tür ging auf, Röcke rauschten, schützende Arme legten sich um sie, und Tante Grizzles Stimme flüsterte ihr zu: „Liebling, Abby, was hast du denn? Was ist denn, Kind, mein Baby, Kleines, was ist es denn?"

Mutter hatte nie so zu ihr gesprochen. Abby hob ihr tränenüberströmtes Gesicht und blickte in die feuchten grauen Augen. Stammelnd versuchte sie zu sprechen. „Still, Baby, still, sprich nicht, alles ist gut, Tante Grizzle ist bei dir! Alles ist gut!"

Sie fühlte sich gegen Tante Grizzles unvertrauten Busen gedrückt, eine beschwichtigende Hand hatte schon eine Weile ihre Schulter getätschelt. Endlich brachte Abby hervor: „Ach,

Tante Grizzle, es tut mir so leid, ich hab' Schokolade über das Tischtuch verstreut." Sie versuchte gar nicht, ihr wildes Schluchzen zu dämmen, nur war dieses Schluchzen jetzt ganz anders. „Macht doch nichts, Liebling." Tante Grizzle küßte sie auf den Scheitel. „Iß davon so viel du magst, ich hab' dich lieb, ich hab' dich doch lieb, ich kann dir doch nicht böse sein . . ." Ihre Arme dicht verschlungen, vergingen sie in Tränen.

Joe trat in die Helle der verschneiten Straße hinaus und wandte sich nach rechts, um nach Hause zu gehen. Aber als er an dem ersten Fenster seines Hauses vorbeikam, sah er neben dem Vorhang ein Gesicht. Er ertrug jetzt keine Begegnung, noch nicht, er mußte erst damit fertigwerden, was Abby ihm gesagt hatte. Daß es die Wahrheit war, bezweifelte er nicht. Das erklärte die ausweichende Art, wie George McHair am Abend vorher von Beckys Krankheit gesprochen hatte.

Das ganze Grauen überfiel ihn jäh. Er sah, wie Becky sich, das Kleid in Fetzen gerissen, des nackten Indianers erwehren wollte, der sie niedergepreßt hielt, während der andere . . . Gott! Lieber Gott! Die Vorstellung ließ ihn die Schritte beschleunigen, jagte ihn durch den weichen Pulverschnee. Nicht abzuschütteln das Bild, nicht zu entkommen den Schreien! Furchtbar die Vision dieses Kampfes, der Gedanke, daß dieses wunderschöne blonde Haar . . .

Jetzt blickte er um sich und fand sich am Ufer des Delaware stehen. Die schneebedeckten Kaimauern mit den schwarzen Baumskeletten waren verlassen, nichts war zu sehen als eine Frau, die im Schnee die Sperlinge fütterte. Er nahm Richtung auf den fernen Wald der Schiffsmaste. Nicht auszudenken, daß dieses sanfte, freundliche, überempfindliche Mädchen, so stolz auf sein schönes Haar . . .

Mein Gott! Wieder begann er zu laufen, erinnerte sich aber der Frau an der Straßenecke. Er mäßigte seinen Schritt und gelangte zum Andachtshaus: panische Flucht zu Gott. Er zog die Gittertür auf. Die strenge Fassade der hohen Fenster blickte so abweisend auf ihn herab, daß er sich zur Seite wandte und an den Grabsteinen entlangging. Er strich den Schnee von einer der Bänke und setzte sich, den Kopf in den Händen vergraben, den Blick auf die Füße gerichtet, die im Schnee staken. Er hörte das Gittertor gehen und sah jemand hereinkommen, es war dieselbe Frau, deren Anwesenheit ihn vorher verscheucht hatte. Hol sie der Teufel! Er wollte gerade eine tragische Pose annehmen, die das aufdringliche Geschöpf abschrecken mochte, aber da erkannte er die schlanke Silhouette. „Himsha", rief er, und etwas in seinem Innern schien zu zerbrechen.

Sie kam auf ihn zu, ein Bild zärtlichen Mitgefühls. Als sie an seiner Seite stand und er den Blick ihrer schwarzen Augen auf sich fühlte, ergriff er ihre Hand und rief: „Himsha, ach Himsha! Gott sei Dank!"

Er brach in Tränen aus, barg seinen Kopf in ihrem Schoß; sein Hut fiel in den Schnee.

Himsha saß auf der Bank und strich über Joes Haar. Sein Gesicht war in ihrem Schoß vergraben, hilflos wie ein Kind überließ er sich unbeherrschtem Schmerz. Doch sie konnte ihm nicht helfen, es war ihr Fluch, daß Zweifel und Argwohn zu tief in ihr wurzelten. Ihre ganze Liebe, ihre ganze Zärtlichkeit strömten ihm zu, und doch wurden gleichzeitig Gedanken in ihr wach, die sie nicht unterdrücken konnte: Ich möchte wissen, ob er mich vorhin gesehen hat – und ich frage mich, ob er je sein Gesicht in ihrem Schoß so vergraben hat. Wie konnte sie in diesem Augenblick so von dem toten Mädchen denken? Wenn sie doch der Versuchung widerstanden hätte, hinter ihm herzulaufen, nachdem sie sein verstörtes Gesicht vom Fenster aus gesehen hatte! Es war unschicklich, hinter einem Jungen herzulaufen, selbst wenn man es tat, um ihn zu trösten. Es war etwas so Sonderbares in seinen Augen gewesen, als er zum Fenster heraufgeblickt hatte. Sie hatte schon gestern abend von Beckys Tod erfahren. „Sag mir, Joe", bat sie zärtlich, „was hat dich so aus der Fassung gebracht? Was ist geschehen?"

„Ich kann es dir nicht sagen", murmelte er, ohne den Kopf zu heben.

In einem neuen Aufwallen des Gefühls, das sie bewogen hatte, ihm nachzulaufen, drängte sie: „Versuch es doch, Joe. Ich will dir helfen!"

Er schwieg so lange, daß ihre Sicherheit schwand. Plötzlich

sagte er: „Becky ist von Indianern getötet worden und . . . und skalpiert. Abby hat ihre Schreie gehört."

Sie saß regungslos, auf seinen Kopf hinabblickend, und da stiegen Erinnerungen in ihr auf. Sie saß, ein kleines Kind, mitten unter Toten. Alle waren tot, sogar ihr kleines Hündchen. Die Wigwams brannten. Sie konnte sich nicht rühren, ihr Blick war starr auf ihre Mutter und ihre Schwestern gerichtet. Sie hörte die Schreie der rundum tanzenden Weißen, die lange, schwarze Haarbälge schwenkten, Blut verspritzend.

Er hob den Kopf und sah sie an. „Himsha?"

Etwas in ihr rief nach ihm, ein verzweifeltes Verlangen nach Hilfe, aber der andere Teil, gerade der Teil, auf den sie sich verließ, hatte sich zurückgezogen, war sogar aus ihrem Körper gewichen wie damals, als Petesey sich über sie warf. „Himsha?"

Sie sah in seine Augen und las die Unschuld darin.

„Was hast du, Himsha?"

Er durfte es nicht wissen. „Ich sah, wie es anderen geschah", flüsterte sie. Auch das kostete sie eine große Anstrengung.

„Ach, Liebste . . ." Er setzte sich auf, nahm ihre Hände und blickte sie so liebevoll an, daß sie sich von den Bildern ihrer Erinnerung weg ihm zuwandte. „Es tut mir so leid . . . ."

Seine Freundlichkeit gab ihr ein Gefühl, als ob sie zu ihm flüchte vor den brennenden Wigwams, den brüllenden Männern, den schaurigen Puppen mit den roten, kahlen Köpfen. Sie wollte den Schrei aufhalten, der in ihr hochdrängte, und in diesem Augenblick hörte sie ihn sagen: „Liebste . . . ."

„Joe! Joe!" rief sie und sank in seine Arme.

„Nun, Kollege?" fragte Gulielma Woodhouse lächelnd, während sie sich bemühte, die Knöpfe ihres städtischen Kleides zu schließen, „wie lautet dein Urteil?"

Doktor Moremen erwiderte ihr Lächeln mit einem Blick voll höflicher Zurückhaltung. Sie wußte, wie die Antwort lauten mußte, hatte es seit Monaten gewußt. Während sie an den ungewohnten Knöpfen, mit denen ihre Manschetten besetzt waren, fingerte, fragte sie sich, warum sie sich nicht mit ihrer eigenen Diagnose zufriedengegeben hatte. Hatte sie heimlich doch erwartet, daß er ihr einen Irrtum nachweisen werde? An den anderen Ärzten Philadelphias gemessen, war er ein guter Arzt, aber von dieser Sache verstand er weniger als sie selbst.

„Nun?" fragte er vorsichtig, „und wie lautet deine eigene Diagnose, Freundin Gulielma?"

Sie fühlte, wie ihr Lächeln erfror, doch gleich darauf wurde ihr klar, daß sie diesen Mann nicht zum Sündenbock ihrer Angst machen durfte. „Sprechen wir nicht weiter darüber", sagte sie, „gewiß sind wir derselben Meinung." Warum wollte sie nicht aussprechen, was sie wußte? Offenbar aus demselben Grund wie er: um die Gefühle der Patientin zu schonen. Warum auch nicht? Warum sollte sie immer nur auf andere Rücksicht nehmen und nicht auf sich selbst? Keiner konnte sie dazu zwingen, darüber zu reden.

„Könntest du mir bitte mit diesen verdammten Knöpfen helfen, Freund?" fragte sie und hielt ihm den Arm hin.

Es war ihm eine willkommene Ablenkung. Mit Eifer widmete er sich den Knöpfen, als könnte er damit das gefällte Todesurteil ausgleichen.

„Ich habe im Westen einige wichtige Sachen zu erledigen", sagte sie. „Ursprünglich wollte ich bis zum Frühjahr hier in der Stadt bleiben. Würdest du mir empfehlen, schon früher aufzubrechen?"

„Das würde ich", sagte er, mit den Knöpfen beschäftigt.

„Je eher, je besser?"

„Ja." Er tätschelte ihren Arm. „So, das wäre geschafft."

„Ich danke dir." Mit einer gewohnheitsmäßigen Geste ordnete sie ihre Frisur, soweit ihr noch eine verblieben war. Nun, ein Gutes hatte die Sache. Angst vor dem Kahlwerden brauchte sie nun nicht mehr zu haben. „Sind deiner Ansicht nach die Anstrengungen einer Reise zu Pferd mitten im Winter eines . . . einem Aufschub vorzuziehen?"

Er war von dieser unmittelbaren Frage etwas verwirrt. Kein Wunder. Aber wozu dieses verdammte Zartgefühl? Am liebsten hätte sie gesagt: „Gehen wir doch nicht so um den heißen Brei herum!", aber sie brachte es nicht zuwege.

„Nun ja, ich glaube doch", sagte er vage.

„Egal, was ich damit meine?"

Der arme Mensch, jetzt hatte sie ihn ganz aus der Fassung gebracht. Sie sollte dieses kindische Spiel beenden.

„Eine traurige Geschichte mit der armen Becky Baker", sagte er, das Thema wechselnd. „Soll jetzt im Grenzgebiet grassieren, höre ich. Hoffentlich schleppen sie es uns nicht hier in die Stadt ein."

Offenbar teilte er die allgemeine Überzeugung, Becky Baker sei am Sumpffieber gestorben. „Ich bezweifle es", sagte sie. „Es kommt hauptsächlich in entlegenen Gebieten vor, meist auf einsam gelegenen Höfen."

„Woran liegt das deiner Meinung nach? Die Ernährung? Oder Dämpfe?"

Sie überlegte ein wenig, dann sagte sie mit unergründlicher Miene: „Die Ernährung, wahrscheinlich. Zu viel Fleisch und zu viel davon geräuchert."

„Ach", sagte er und wurde ganz munter. „Das könnte eine interessante Vorlesung abgeben. Die Gesellschaft der Quäker-Ärzte hält zwischen Weihnachten und Neujahr ihre Sitzung ab; wärest du bereit, über dieses Thema zu sprechen?"

„Ich hätte es gern getan, wenn du mir nicht eben geraten hättest, sofort zu verschwinden", antwortete sie lieblos.

„Ach ja . . ." Verlegen beschäftigte er sich mit seinen Geräten. Sie fragte sich, wie er sich wohl sonst bei schlimmen Diagnosen benahm. Sie selbst hatte in ihrer Praxis kaum Gelegenheit gehabt, gute Krankenbettmanieren zu entwickeln; Ein Glück, daß man sie mit ihren Hinterwäldlergewohnheiten nicht als Ärztin auf diese überempfindliche, kultivierte Gemeinde hier losgelassen hatte. „Schön", sagte sie und unterdrückte noch im letzten Augenblick eine Regung, sich vor dem Aufstehen auf die Knie zu klatschen. „Höchste Zeit, daß ich gehe. Ich danke dir, Freund Moremen, für deine taktvoll gestellte Diagnose."

Verschämt sagte er: „Laß doch, liebe Kollegin! Ich begreife nicht, warum du es für notwendig gehalten hast, mich zu konsultieren."

Sie sagte nicht „Ich auch nicht", sondern hielt ihm die Hand hin, und er beugte sich darüber, um sie zu küssen. Erst als er sie aus der Nähe sah, zog er es vor, sie herzlich zu schütteln.

„Daß wir uns wiedersehen, ist wohl kaum zu erwarten", sagte sie theatralisch. „Ich wünsche dir ein glückliches und friedvolles Leben."

„Danke dir", sagte er ungerührt. Ihr Pathos hatte ihm offenbar aus der Verlegenheit geholfen.

Als sie ins Freie trat, war über die eingeschneite, weihnachtlich geschmückte Stadt die Abenddämmerung herabgesunken. Schlitten voll fröhlicher, rotwangiger Leute, in Pelze und Decken gehüllt, jagten vorbei, der Hufschlag der Pferde war vom Schnee gedämpft. Ein Lampenanzünder lehnte seine Leiter an einen Laternenpfahl. Hinter ihm wies eine Perlenschnur von Lampen zum Delaware, der sich wie eine dunkle Höhle unter dem blauen Abendhimmel weitete. Über den Wäldern von New Jersey ging ein türkischer Halbmond auf. Sie wandte ihm den Rücken und wanderte gesenkten Hauptes zu dem Haus ihres Bruders. Das letzte, was sie wollte, war, sich melancholischen Gedanken über die Schönheit der Erde hinzugeben. Sie sollte, so schnell sie nur konnte, zu den Huni-Indianern eilen. Wer weiß, vielleicht hatten die doch einen Zaubertrank für sie bereit, der sie heilte. Niemand konnte daran zweifeln, daß die Schamanen der Indianer über ein unheimliches Wissen verfügten. Ihnen war noch klar, daß es die Seele war, die den Körper lenkte. Trotz seiner quäkerischen Frömmigkeit würde Freund Moremen die Idee, körperliche Krankheiten könnten durch seelische Leiden entstehen, verhöhnen. Für ihn und seine Ärztegesellschaft war der Mensch eine aus verschiedenen Teilen zusammengesetzte Maschine; einige dieser Teile konnte man, wenn sie kaputtgingen, flicken; konnte man das nicht, so war der ganze Apparat zum Teufel.

Isaaks Haus war mit heidnischen Girlanden, die neuerdings auch bei den Quäkern in Mode gekommen waren, geschmückt; dazu kam noch das weiß-blaue Flaggentuch, das die bevorstehende Heirat ankündigte, und daß Braut und Bräutigam bereits unter diesem Dach lebten. Bei Andersgläubigen wäre das für unschicklich gehalten worden: der Bräutigam zog aus, sobald eine Verlobung angekündigt wurde. Quäker aber waren geneigt, der Keuschheit ihrer jungen Leute mehr zuzutrauen als die Anglikaner. Gulielma allerdings vermutete, daß in Isaaks gesetztem Heim unter dem Schutz der Nacht einiges vor sich ging. Joe konnte von Glück sagen, daß er ein so bezauberndes Geschöpf für sich gewonnen hatte; verglichen mit Becky war Himsha McHair ein Schwan gegen eine Gans. Arme Becky!

Gulielma fragte sich, ob Becky wirklich umgebracht worden oder aus purer Angst gestorben war. Indianer brachten die Frauen, die sie vergewaltigten, nur selten um, und skalpiert wurden nur die Blonden. Von blondem Haar wurden sie angezogen wie die Elstern von etwas Glitzerndem; wenn sie einmal lange blonde Haare in die Finger bekamen, konnten sie der Versuchung einfach nicht widerstehen, sie an ihren Gürtel zu hängen. Möglich, daß das Mädchen an einem Herzschlag gestorben war, immer hatte sie danach ausgesehen, mit ihren hervortretenden Augen, ihrer fast bläulichen Blässe und ihrem raschen und leichten Erröten. Wahrscheinlich hatte der doppelte Schock des sexuellen Angriffs und der Skalpierung das Herz aussetzen lassen. Immerhin, in gewissem Sinn war es für sie ein Glück.

Nach dem Abendessen versammelte sich die Nachbarschaft im kerzenerleuchteten Wohnzimmer der Woodhouses. Abes kleine Töchter kamen, Prudence und Charity; zusammen mit ihrer jungen Tante Caroline sangen sie Weihnachtslieder und auch ein paar Volksweisen, die in weniger aufgeklärten Kreisen als allzu weltlich gegolten hätten. Es war ein glücklicher Abend, er stimmte sie weich, und da Gulielma solche Gefühle nicht aufkommen lassen wollte, verlegte sie sich darauf, die Leute zu beobachten. Hinter dem Brautpaar Joe und Himsha saß noch ein zweites Paar, Hand in Hand, offenbar in zärtlichen Gefühlen verbunden: Jeremiah Best und seine Schwester Beulah. Gulielma fragte sich, ob die beiden sich je über die wirkliche Natur ihrer lebenslänglichen Zuneigung im klaren gewesen waren; seltsam war es jedenfalls, daß sie in ihrem Alter noch so unschuldig Händchen halten konnten. Gott in seiner Gnade hatte es so eingerichtet, daß Grizzle Best so völlig der Sucht verfallen war, andere zu bespitzeln, daß sie nie bemerkte, was sich unter ihrer Nase abspielte.

Später, als Gulielma eben in Begriff war, die Tür zu ihrem Schlafzimmer zu öffnen, trat Beulah in dem dunklen Korridor an sie heran. Sie mußte hier auf Gulielma gewartet haben. „Gulielma", sagte sie, „ist es möglich, daß du auf deinem Weg ins Territorium durch Pendle Hill kommst?"

„Pendle Hill? Ach, Bonny? Doch, das wäre wohl möglich. Warum?" Sie achtete darauf, laut zu sprechen.

Beulah schluckte, ihre Lippen zitterten. „Es wäre mir lieb, wenn du einen Brief an ihn mitnehmen würdest", sagte sie schließlich.

„Gewiß, gerne." Das schien für den Moment alles zu sein, doch war Beulahs Gesicht so gequält, daß Gulielma nicht umhin konnte, zu fragen: „Ist etwas nicht in Ordnung?" Es war wirklich ein Jammer, daß sie so laut sprechen mußte. Hoffentlich lag niemandem etwas daran, zuzuhören.

Einen Augenblick lang sah es aus, als ob Beulah sich, was da so offensichtlich auf ihr lastete, von der Seele reden würde. Aber gleich darauf hatte sie sich wieder in der Hand; sie war, auf ihre Weise, eine sehr würdevolle Frau. „Leider muß ich ihm schreiben, daß ich in diesem Frühling noch nicht nachkommen kann. So gerne ich es täte, mein Platz ist bei Abby und . . . bei meinen Schülern."

Ach ja, ihre Schüler! Gulielma hatte davon gehört, was Beulah und ihr Bruder Jeremiah für die Taubstummen taten. „Er wird bestimmt enttäuscht sein!" schrie Gulielma.

„Er wird verzweifelt sein", antwortete Beulah Baker gelassen. „Aber nach Wochen inneren Kampfes weiß ich jetzt, was meine Pflicht ist. Und Jeremiah gibt mir recht."

Gulielma sah sie prüfend an. „Davon bin ich überzeugt." Und noch lauter. „Ich auch."

„Ich danke dir. Den Brief schicke ich dir morgen hinüber." Beulahs Lächeln war seltsam herablassend, als sie sich umwandte und davonging.

Etwas später in dieser Nacht brach Gulielmas stoische Gelassenheit zusammen. In ihrem Schlafzimmer auf und abgehend, von dem Schatten begleitet, den die Kerze an der Wand schwellen und schrumpfen ließ, durchlief sie alle Phasen der Verzweiflung und der unerträglichen Einsamkeit. Wenn wenigstens Buffalo hiergewesen wäre oder auch nur Boniface Baker, irgendein Mensch, der mit ihr das Wissen vom wirklichen Leben in der Wildnis teilte. Die Qual war so groß, daß sie sogar daran dachte, sich an Isaac zu wenden, der doch schließlich ihr Bruder war, aber der würde ihr nur zureden, hierzubleiben, sich pflegen zu lassen und ein Krüppel zu werden, eine Last. Gewiß war er unfähig zu verstehen, daß sie sich wie ein altes, krankes Tier danach sehnte, in der Stille des Hochwaldes zu sterben. In Philadelphia wartete auf sie für den Rest ihrer Tage nur Furcht und Elend. Dort draußen aber würde sie aktiv bleiben und trotz aller Schmerzen ein annähernd normales Leben führen. Die Frage war bloß, wie lange sie fähig sein würde, Nahrung zu behalten – danach würde sie einfach verhungern. Während sie so in ihrem Zimmer wie in einem Käfig auf und ab lief, erschien diese Aussicht unerträglich und doch auch verführerisch: Im tiefverschneiten Hochwald Hungers zu sterben, allein am Fuße eines Baumes liegend, durch die Zweige zu den Sternen aufzublicken, ihr Maultier und ihre alte Stute dicht in der Nähe. Was sollte aus den Tieren werden, wenn sie sich im Winter in der Wildnis selbst durchbringen mußten?

Nein, das ging zu weit. Ihr blieb immer noch eine Menge Zeit. Sie zog sich aus und kroch in das ungesund weiche, federnde Bett. Sie vergaß die Wärmepfanne und verbrannte sich aufquietschend die Füße. Sie warf den Bettofen aus dem Bett, unterdrückte eine Regung, sich dazu auf den Boden zu legen, und knurrte einen Fluch auf die überladene Einrichtung und das Bildnis George Fox', der verdrießlich auf sie herabblickte. Sie stand auf, trug es in eine Ecke des Zimmers und stieß dabei auf ihre Muskete.

Es war, als würde sie in einer fremden Stadt um eine Straßenecke biegen und einem Freund gegenüberstehen. Sie nahm die alte Donnerbüchse in ihre Hände und streichelte den Schießprügel mit weinerlicher Sentimentalität. Er stand für die Hunis, für Freiheit, Seelenfrieden, für den Mut, seinem Ende in Heiterkeit entgegenzublicken. Ja, sie würde zu den Hunis heimkehren, um dort zu sterben, wie sie ihnen versprochen hatte, würde Peyote rauchen, und alle Schmerzen und alle Angst würden von ihr weichen. Sie würde in den Himmel entschweben, als ob sie in einen tiefblauen See tauchte, bewacht von ihren Steinzeitmenschen, denen Geburt, Tod und Ewigkeit höchst natürliche Dinge waren. Den Huni war Unsterblichkeit bloß die Fortsetzung des Lebens. Am Tage, bevor die Menschheit unterging, würde eine weiße Wolke am Himmel erscheinen und über die verschneiten Gipfel der Berge ziehen: bis zu diesem Tag waren die Kinder ihre Unsterblichkeit.

Wenn sie nur ein Kind gehabt hätte! Sie mußte den Gedanken

verscheuchen und das Selbstbedauern, das er mit sich brachte. Doch plötzlich hatte sie eine Idee. Am nächsten Morgen, bevor sie ausging, um Tonpfeifen, Perlen, Geschirr und sonst allerlei Ware einzukaufen, die der Hunihäuptling bei ihrem letzten Abschied für sie auf einen Fledermausflügel notiert hatte, rief sie Joe und Himsha in ihr Zimmer. Die Hochzeitsfeier noch abzuwarten sei ihr leider nicht möglich, sagte sie ihnen, und darum wolle sie ihnen ihr Geschenk schon jetzt geben, ein altes Schießgewehr aus dem Besitz eines spanischen Konquistadors, das ihr einmal ein Indianerhäuptling aus den Bergen Mexikos geschenkt hatte. Dieses Gewehr würde ihr Paß sein in ein geheimnisvolles Land, in das noch kein weißer Mann lebendig hatte eindringen können. Sie kannte Joes Pläne bezüglich einer Schule in Pendle Hill, die sein Vater dort errichten wollte, als Gegenleistung für irgendwelche Handelsprivilegien; das wäre ein guter Plan, und mit ihrer beider Hilfe könne es eine gute Schule werden. „Aber die wirkliche Not ist nicht bei den Delawaren! Boniface Baker wird diese Schule allein betreiben können, wenn ihr sie erst aufgebaut habt. Aber meine Huni! Da steht die Sache anders. Für die Hunikinder eine Quäkerschule zu errichten, das wäre ein wirklich lohnendes Werk, und dieses Gewehr wird für euch der Schlüssel in ihr Reich sein. Gott segne euch, bis wir einander wieder begegnen."

Es war ein feierlicher Moment. Die beiden unschuldigen jungen Leute waren tief beeindruckt. Sie ahnten nicht, daß dieser Plan der verzweifelte Versuch einer kinderlosen Frau war, sich die Illusion der Unsterblichkeit zu verschaffen.

Danach blieb ihr nichts mehr zu tun, als die Waren zu besorgen und ein zweites Muli zu erstehen, das diese Fracht tragen sollte. Dann nahm sie von allen Abschied. Am 15. Dezember 1754, während eines Blizzards, ritt Gulielma Woodhouse gegen Westen. Sie saß zusammengekauert auf dem Sattel einer mageren grauen Stute, zwei Maultiere hinter sich herziehend. Eines davon hatte einen viereckigen Aufbau auf dem Rücken, das andere war mit Töpfen, Pfannen, Schaufeln, Äxten, Bündeln und Schachteln beladen. Die wenigen Fußgänger, die an ihr, vom Schnee geblendet, vorbeieilten, hielten sie für einen Wanderhändler, der zum Weihnachtsfest nach Hause zog.

410

3

Als Joe Woodhouse in das Büro seines Vaters zu einer
dringenden Besprechung mit diesem und seinem Bruder Abe
berufen wurde, war er keineswegs begeistert. In früheren Zeiten
hätte er es als Ehre empfunden, in den Familienrat einbezogen
zu werden. Doch der Ruf kam genau in dem Augenblick, in
dem er mit Himsha und seiner Schwester Carrie zu einem
geheimen Besuch bei Obadiah Best aufbrechen wollte, um die
Expedition zur Schulgründung zu erörtern.

Er fand seinen Vater und Abe in das Arbeitszimmer eingeschlossen. Aus der Miene des Vaters war leicht zu schließen,
daß seine Laune durch Abes Mitteilung, was immer sie auch
enthalten mochte, nicht gerade verbessert worden war.

In Angelegenheiten der Firma Woodhouse und einiger
anderer Interessenten hatte Abe Eden Island aufgesucht, um
den Kauf von Altar Rock mit den neuen Eigentümern zu
besprechen. „Ich habe natürlich nicht erwartet, einen gutge-
führten Betrieb vorzufinden; das war Eden Island nie, auch
unter den Bakers nicht. Aber auf etwas dergleichen war ich
nicht gefaßt." Er lächelte. Joe kannte dieses Lächeln; es
bedeutete immer, daß Abe Böses im Schild führte. „Um die
Sache kurz zu machen: auf der Insel herrscht das komplette
Chaos. Ich verlangte, zu dem Leiter des Betriebs geführt zu
werden. Es war Medea."

„Medea?" fragte Joe.

„Die fette alte Haussklavin, die immer in der Küche herum-
lungerte."

„Ach, Mammy! Hat sie einen Preis für den Felsen genannt?"

„Natürlich", antwortete Abe höhnisch. „Sie fragte mich, was wir bieten wollen, und als ich es ihr sagte, erwiderte sie: ‚Multiplizieren Sie das mit zehn, dann können wir darüber reden.'"

„Was hast du ihr denn angeboten?"

„Fünfhundert."

„Nicht gerade großzügig, wie?"

„Für ein Stück Felsen, das niemandem von Nutzen ist? Wenn ich gefragt würde, ich hätte denen gar nichts geboten. Wäre hingegangen und hätte den Felsen in die Luft gesprengt. Und wenn es ihnen nicht gepaßt hätte, hätten sie mich ja klagen können."

„Ich brauche wohl nicht zu sagen", warf der Vater ein, „daß ich mit dieser Lösung nicht einverstanden war."

„Nein, das warst du nicht." Wieder das unangenehme Lächeln. „Jetzt siehst du ja, wohin wir damit gekommen sind."

„Sind sie denn bereit, zu verhandeln?" fragte Joe.

„Ich bezweifle es. Meiner Ansicht nach ist das eine Art Rache. Ich glaube nicht, daß ihnen an dem Felsen etwas liegt. Ich bin überzeugt, daß sie irgendeinen andern Weg suchen würden, das Projekt zu sabotieren, selbst wenn wir auf ihren Preis eingingen. Ich für meinen Teil halte das Ganze für Zeitverschwendung. Lassen wir sie doch auf der Insel vermodern."

Seine stille Bösartigkeit ließ Joe erschauern. „Und was ist mit der Ernte?" fragte er. „Hast du darüber gesprochen?"

Abe zuckte die Achseln. „Ich habe mit einigen benachbarten Pflanzern gesprochen, die ich in dem Gasthof traf."

„Ich verstehe nicht", sagte Joe. „Was hast du mit ihnen geredet?"

„Nun, über die Ernte." Joes Hartnäckigkeit schien Abe zu reizen. „Alle sind sich darin einig, daß die keine Indigoernte einbringen, und wenn sie eine einbringen, dann wird die Qualität bestimmt jämmerlich sein. Wie ich Vater schon gesagt habe, ist es an der Zeit, daß wir uns um eine andere Indigoquelle umschauen, sonst wird man uns aus dem Markt drängen."

„Mit anderen Worten, es ist geplant, ihre Ernte zu boykottieren."

412

„Das hab ich nicht gesagt."

„Wer ist da noch im Bunde?"

Abe warf ihm einen feindseligen Blick zu. „Spiel du mir nicht auch noch den Quäker vor", sagte er unfreundlich.

„Was sagst du dazu, Vater?"

Der Vater sah nicht glücklich aus. „Mir gefällt das alles nicht, das habe ich auch Abe gesagt. Darum wollte ich ja diesen Familienrat. Meinem Gefühl nach . . ."

Abe ließ ihn nicht aussprechen. „Hört mir einmal beide zu", sagte er grob. „Bevor wir weiterreden, wollen wir zunächst eine Sache klarstellen: wir können ein Geschäft von der Größe des unseren nicht nach religiösen Prinzipien führen. Da Vater sich von allem zurückgezogen hat, liegen die Entscheidungen bei mir, und es ist meine wohlerwogene Absicht . . ."

„Erstens einmal habe ich mich noch nicht zurückgezogen", sagte der Vater ärgerlich, „und Joe ist ein vollgültiger Partner."

„Joe ist im Begriff, ins Nordwest-Territorium zu gehen, um dort einen Handelsposten einzurichten. Ich bin es, der hier bleibt, also habe ich die Entscheidungen zu treffen. Ich möchte festhalten, daß in der Sache Eden Island jeder Handelsherr in der Stadt, mit dem ich gesprochen habe, meine Meinung teilt. Wir kaufen denen ihre Ernte nicht ab, wenn sie sich nicht bereit finden, den Felsen zu einem vernünftigen Preis herzugeben. Wir denken nicht daran, einem Rudel Nigger, die sich einbilden, sie könnten die Stadt erpressen, Lösegeld zu zahlen. Mir ist ganz egal, was dieser Familienrat beschließt – wir müssen mit diesen unrealistischen Vorstellungen Schluß machen, oder wir werden demnächst keinen Penny auf dem Konto haben. Solange ich dieses Geschäft führe, wird das nicht passieren."

Ein unbehagliches Schweigen folgte. Dann sagte der Vater: „Abraham, die Erfahrung eines langen Lebens hat mich gelehrt, daß die Quäkerprinzipien nicht nur in geistiger Beziehung richtig sind, sondern . . ."

„Ach Vater, das haben wir hundertmal breitgetreten."

„Ich weiß, jetzt werden wir es eben noch einmal durchsprechen. Du und deine Kumpane halten nichts von der Glaubensbezeugung, ihr wollt nicht einsehen, daß jeder zuletzt besser fährt, wenn er sich an sie hält. Diese Neger jetzt durch einen Boykott in die Knie zu zwingen, geht gegen alle Prinzipien, wofür wir Quäker standen, seitdem wir an diesem Ufer gelandet sind. Ihr werdet nicht nur eure Integrität verlieren, sondern auch euer Geld."

„Das ist endlich ein ehrliches Wort", sagte Abe. „Bisher hast du noch nie offen einbekannt, daß du den Prinzipien aus kommerziellen Erwägungen anhängst."

Wenn er es darauf abgesehen hatte, seinen Vater zu provozieren, so war es ihm nicht gelungen. Der alte Mann sagte mit ruhiger Würde: „Die Freunde haben niemals nur solche Prinzipien für tugendhaft gehalten, die sich als profitabel erwiesen hatten."

Abe seufzte. „Gut, Vater, überleg es dir und laß es mich wissen, wenn du eine bessere Lösung gefunden hast." Damit stand er auf, winkte dem jüngeren Bruder zu und ging hinaus.

Joe und sein Vater blieben betreten zurück. Der alte Mann sagte klagend: „Es ist sehr schade. Wenn er nur nicht so ungeduldig wäre!"

Joe war von Mutlosigkeit ergriffen. Ein sicheres Gefühl sagte ihm, daß der Vater bei aller zur Schau gestellten Selbstsicherheit keinen Gegenvorschlag zu bieten hatte. „Was wirst du also tun?" fragte er.

Müde zuckte der alte Mann die Schultern. „Ich weiß es noch nicht. Ich muß es überdenken. Es wird sich ein Weg finden."

„Und wie wäre es mit der Gemeinde?"

„Der Andachtsgemeinde?"

„Ist sie nicht für die Neger von Eden Island verantwortlich?"

„Wieso?"

„Hat die Andachtsgemeinde nicht Boniface Bakers Glaubensbezeugung unterstützt? Die Neger werden jetzt in die Hände der andern Sklavenhalter fallen, die nur darauf warten, sie als billige Beute einzufangen, wenn die ihre Ernte nicht verkaufen können. Ist die Andachtsgemeinde also nicht für sie verantwortlich, jetzt, da Onkel Bonny nicht mehr hier ist?"

Sein Vater hatte die Augen zusammengekniffen. Joe hatte das Gefühl, daß der alte Mann verwirrt war. Schließlich hielt er den fragenden Blick nicht länger aus und sagte: „Du siehst mich an, als ob ich Unsinn geredet hätte."

„Aber nein, durchaus nicht." Der alte Mann wandte sich ab und trat an das Fenster. „Laß es mich überlegen."

„Ja, Vater." Joe stand auf. „Noch etwas?"

„Nein, im Augenblick nichts."

Joe verließ den Raum mit dem Gefühl, versagt zu haben.

„Aber was soll ich denn tun?" fragte Peleg Martin mißmutig.

Isaak Woodhouse klopfte ihm auf die Schulter. „Geh hin und schau es dir an. Wenn du glaubst, daß ein Eingreifen der Glaubensgemeinde nötig ist, dann wollen wir den Antrag stellen."

Hinter ihnen gurrten und flatterten die Tauben, die Peleg gerade in dem kleinen, glasgeschützten Balkon gefüttert hatte. Isaak blickte durch die verstaubten Fenster auf den winterlichen Garten hinaus, der im Schnee flimmerte.

„Was hält dich denn zurück?" fragte Peleg.

„Wovor zurück?"

„Dem jungen Narren zu sagen, daß die Glaubensgemeinde sie ausschließt, wenn sie diese Ernte boykottieren. Ich brauche dir nicht zu erklären, daß die Firma Woodhouse außerhalb der Glaubensgemeinde es schwer haben wird, weiterzubestehen."

„Es ist nicht meine Absicht, diesen Boykott zuzulassen, aber ich möchte auch nicht den Eindruck erwecken, daß ich Druck auf ihn ausübe."

„Also gut", schnaufte Peleg. „Wenn er mein Sohn wäre . . ."

„Er ist es nicht", sagte Isaak bissig.

Ein Schweigen folgte. Die Tauben gurrten zufrieden.

„Nun gut, ich gehe hin und schau' mir das an." Peleg zog eine Handvoll Vogelfutter aus dem Sack. Isaak sah ihm zu, wie er die Tür des Käfigs öffnete und die Hand über dem Futterkasten öffnete. Die Tauben, die in dem diffusen Licht grau und silbern glänzten, kamen angeflattert, drängelten heran und begannen gierig zu picken. Isaak berührte Pelegs Schultern. „Nimm meinen Schlitten", sagte er, „ich habe ihn vorfahren lassen." Damit wandte er sich ab und ging.

Peleg Martin war überrascht, die Schankstube in dem Gasthof gegenüber der Insel mit jungen Leuten überfüllt zu finden, die schreiend und lachend den Schanktisch umstanden. Eine Reihe

415

Musketen war gegen den Spieltisch gelehnt, am anderen Ende des Raums toste ein Feuer im Kamin. Die Luft war raucherfüllt. Als der Wirt ihn eintreten sah, kam er hinter dem Schanktisch hervor.

„Willkommen, Herr, willkommen! Wir haben Sie erwartet! Hat Jakob Ihr Pferd in Obhut genommen, Herr?"

„Ich habe niemanden gesehen", knurrte Peleg, blies in seine erfrorenen Hände und fragte sich, für wen der Mann ihn wohl hielt.

„Ach, der verdammte Nigger!" rief der Wirt. „Ich werde selbst nachschauen."

„Wahrscheinlich ist er drüben auf der Insel und bearbeitet eines der Mädchen!" schrie einer der Jungen am Schanktisch. Brüllendes Gelächter antwortete.

„Es ist wirklich ein Fluch", brummte der Wirt. An der Tür schlüpfte er aus seinen Pantoffeln und stampfte seine Füße in Schneeschuhe. „Setzen Sie sich, Herr", sagte er zu Peleg, „nehmen Sie Platz. Ich bin gleich wieder da und serviere Ihnen einen heißen Grog. Sie sehen so aus, als ob Sie einen nötig hätten."

Peleg setzte sich an den Tisch. Die Hitze im Raum machte ihn schwindlig. Als er losgefahren war, hatte er nicht geahnt, wie kalt es in dem offenen Schlitten sein würde, wenn er erst aus der Stadt heraus war. Die jungen Leute, die am Schanktisch scherzten und schrien, beachtete er kaum. Langsam drang die Wärme in seine Knochen. Als der Gastwirt zurückkam, den Koffer in der Hand, fühlte er sich besser. Er trank die heiße, süße Flüssigkeit, die ihm serviert wurde. Der Wirt setzte sich zu ihm und begann zu schwatzen. Es dauerte eine ganze Weile, bis er bemerkte, daß im Schankraum Stille eingetreten war und daß die jungen Leute gespannt zuhörten. Der Wirt erging sich über die Schwierigkeiten, die er zu bestehen hatte, seit die Nigger die Insel in Besitz genommen hatten. Einer der jungen Leute höhnte: „Vorsicht, Larry, so redet man nicht über seinen Gutsherrn!"

Doch die Klage des Wirts fand kein Ende. Wie ein Sturzbach kam es aus ihm heraus; die Angst, der Haß gegen die Nigger, die eine der schönsten und fruchtbarsten Pflanzungen in einen Dschungel verwandelt hatten, in dem nachts bei Mondlicht

Teufelsriten vollzogen wurden, mit rasselnden Trommeln und Geschrei und Schüssen in die Luft.

„Schüsse in die Luft?" fragte einer der Jungen am Schanktisch beißend. „Die schießen aufeinander!"

„Halt doch den Mund!" rief ein anderer. „Laß Larry erzählen! Der Steuereinheber soll wissen, was er zu erwarten hat, wenn er morgen hinüberfährt. Los, Larry, sag ihm nur alles!"

Der Gastwirt fuhr in seiner Schilderung der Vorgänge auf der Insel fort, und jetzt erst wurde Peleg klar, daß der Mann ihn nicht als Quäker erkannt hatte; der Hut war draußen im Schlitten geblieben. Die jungen Leute waren offenbar Söhne von Pflanzern der Umgebung und deren Freunde, Angehörige einer selbstbestellten Miliz, die die Insel unter Beobachtung hielt. Sie warteten nur darauf, einen Kampf mit den Negern vom Zaun zu brechen. Wieder strömte ein Dutzend Jugendlicher herein, alle mit Musketen bewaffnet. Nichts gehe drüben vor, meldeten sie, alles scheine ruhig. Dann drängten sie sich um den Schanktisch, holten sich heißen Grog und Tabakspfeifen und gingen an den Kamin, um ihre Beine aufzutauen.

Schließlich führte der Gastwirt ihn hinauf in sein Zimmer. Kaum waren sie eingetreten, als der Mann noch einen Augenblick an der Tür lauschte und dann flüsterte: „Tut mir leid, Herr, daß ich diese kleine Komödie habe aufführen müssen. Ich weiß recht gut, daß Sie kein Steuereinheber sind, aber ich weiß nicht, was die angestellt hätten, Herr, wenn die erkannt hätten, wer Sie sind. Quäker sind hier gerade jetzt nicht sehr beliebt, seit sie die Insel den Niggern ausgeliefert haben. Und ich verstehe auch, warum die jungen Leute so empfinden. Es ist unerträglich, Herr. Sie sind doch auf dem Weg da hinüber, nicht wahr?"

„Ja."

„Darf ich fragen, Herr, sind Sie ein Vertreter der Andachtsgemeinde?"

„Warum?"

„Ich glaube, die Quäker sollten Bescheid darüber wissen. So kann das nicht weitergehen, Herr, das endet mit einem Blutbad." Die ganze Zeit über sprach er im Flüsterton, und immer wieder blickte er nervös nach der Tür.

„Diese Burschen werden keine Ruhe geben, bis sie die Nigger provoziert haben, auf sie zu schießen, Herr. Ich sehe es kommen, Herr, ich höre die Kerle reden, es wird von Tag zu Tag schlimmer. Wenn ich nachts aufwache, höre ich Musketenfeuer und Geschrei."

„Aber ihre Väter werden doch vernünftiger sein? Die Neger sind jetzt die Eigentümer der Insel."

„Ich weiß, Herr, ich weiß . . ." Wieder blickte der Mann nach der Tür. „Aber es geht nicht darum, was gesetzlich ist, Herr, es geht darum, was diesen Leuten wichtig ist. Sie müssen ihren Gesichtspunkt verstehen, Herr. Das sind Pflanzer, sie haben selbst Pflanzungen voll Sklaven. Es fällt ihnen schwer, ihre Sklaven in Ordnung zu halten, wenn eine Insel voll Freigelassener . . . Herr, schon jetzt flüchten die Sklaven scharenweise auf die Insel . . . zumindest erzählt man sich das."

„Und du glaubst diese Geschichte?"

„Ich weiß nicht, Herr, auf mein Wort, ich weiß es nicht. Es spielt auch keine Rolle, ob es wahr ist, es wird für diese Burschen ein Vorwand sein, um über die Insel herzufallen. Was sie brauchen, sind nur ein paar Zeugen, die beschwören, daß sie entlaufene Sklaven über den Fluß auf die Insel zu schwimmen gesehen haben. Dann wird eine Streife hinübergeschickt, und dann ist der Teufel los. Die Nigger haben Posten in die Bäume gesetzt, das ganze Ufer entlang. Die Posten sind mit Gewehren bewaffnet. Sobald sich der Nebel hebt, können Sie sie mit dem Fernglas sehen. Was glauben Sie, geschieht, wenn ein Haufen bewaffneter Leute mit ihren Bluthunden auf der Insel landen will? Wer wird den ersten Schuß abgeben? Es ist völlig gleich, wer es tut, auf jeden Fall endet es mit einem Blutbad. Die Sklavenhalter werden keine Ruhe geben, Herr, bis sie alle da drüben ausgerottet haben. Und niemand kümmert sich darum, was die Regierung davon hält oder was das Gesetz befiehlt."

„Danke dir", sagte Peleg müde.

„Ich danke Ihnen, Herr. Und bitte, Herr, sagen Sie das den Quäkern. Vielleicht können die etwas tun, um das Schlimmste zu verhindern. Mr. Baker war ein feiner Herr, was er getan hat, war sehr christlich, aber praktisch war es nicht, Herr. Was er wirklich getan hat, war, ein Blutbad vorzubereiten. Und was denen geschieht, die es überleben – darüber rede ich lieber nicht, Herr. Die werden zusammengetrieben und wieder in die Sklaverei verkauft."

„Ich glaube, daß du recht hast."

„Ja, Herr. Ich danke Ihnen, Herr." Er zündete die Kerze auf dem Nachttisch an. „Gute Nacht, Herr. Und verzeihen Sie mir den kleinen Schwindel da unten. Es war zu Ihrem Besten, Herr, ich wollte keinen Krach. Leben und leben lassen, das ist mein Motto, Herr."

Der Mann ging, und Peleg zog sich aus, tief in Gedanken versunken. Als er endlich im Bett lag, den Blick auf die flackernden Schatten an der Decke gerichtet, hatte er das Gefühl einer drohenden Katastrophe. Wie war es nur möglich, daß keiner in der ganzen Ratsversammlung der Andachtsgemeinde begriffen hatte, daß die umwohnenden Landeigner das nicht hinnehmen würden? Jetzt wollten sie ein Exempel statuieren, und jeder mußte einsehen, daß die Neger dabei keine Chance hatten. Aber was konnte die Andachtsgemeinde tun? Wie konnte man die Neger auf der Insel beschützen? Er sah keinen Ausweg. Die Drohung des bevorstehenden Blutbades war so bedrückend, daß er die Hände faltete und Gott um Rat und Führung anflehte.

Das Gebet blieb unbeantwortet, doch brachte es eine zeitweilige Befriedung, in der er einschlief. Als er erwachte, war die Kerze heruntergebrannt und im Fenster zeigte sich die erste Andeutung der Morgendämmerung. Peleg stand auf, um hinauszublicken. Blauer Nebel verhüllte die Sicht auf den Fluß. Er konnte nur die dürren Zweige eines Baums sehen und langsam vorbeiziehende Nebelschwaden. Er kleidete sich an und stieg die Treppe hinab. Als er in die Schankstube hinaustrat, war sie leer. Das einzig Lebendige im Raum war das Feuer im Kamin, das ihn mit orangefarbenen Augen anblinkte. Er klappte den Rockkragen hoch, zog sich die Wollhaube über die Ohren und trat in den Hof hinaus.

Es war wärmer, als er erwartet hatte. Der Nebel roch nach Rauch von verbranntem Laub, und es regnete leise. Er überlegte, ob plötzlich Tauwetter eingesetzt hätte, dann erinnerte er sich der warmen Quellen um die Insel herum, die dieses milde Klima hervorriefen. Am Landeplatz schellte er nach der Fähre. Der Schall der Glocke durchdrang den Nebel. Eine Weile stand er und lauschte diesem Ton, bevor ein Geräusch zu seinen Füßen seine Aufmerksamkeit erregte. Er blickte hinab und gewahrte die Kette, die an den Bohlen des Brettersteges scharrte. Die Fähre hatte sich vom Ufer an der andern Seite gelöst und kam auf ihn zu.

Eine Stimme klang über das Wasser herüber: „Wer dort?"

„Peleg Martin."

„Und was wollen Sie hier?" Die Stimme klang feindlich.

„Ich bin Caleb Martins Vater. Ich will das Grab meines Sohnes besuchen und mit Medea sprechen."

Die Stille darauf dauerte so lange, daß Peleg, als die Kette zu seinen Füßen wieder zu ächzen begann, annahm, die Fähre laufe zur Insel zurück. Aber da hallte die Stimme, jetzt schon viel näher, herüber: „Sind Sie allein?"

„Ja."

Die Kette ächzte, der Brettersteg knarrte, plötzlich tauchte die Fähre schwarz und schwerfällig aus dem Nebel auf. Er sah, daß sie dicht mit Leuten besetzt war, die Gewehre trugen.

Der Bug des unbeholfenen Fahrzeugs stieß gegen den Landungssteg. „Rasch!" befahl die Stimme.

Hastig trat er an Bord, griff nach einer Stütze. Kaum stand er, sich am Geländer der Fähre haltend, als das Boot abstieß, und einen Moment später verschwand das Ufer im Nebel. Niemand sprach, niemand rührte sich, Peleg war von Feindseligkeit umgeben. Es waren lauter junge, kräftige Neger, in grellbunte, hausgemachte Umhänge gehüllt, ein exotisches Bild, als wäre er auf dem Wege in ein fernes Land. Langsam tastete die Fähre sich weiter, vom Strom geschoben, dann kam ein brodelndes Geräusch näher, der massive Schatten von Altar Rock, von strudelndem Wasser umgürtet, schwebte vorbei. Es folgte eine längere, lautlose Strecke, dann stieß die Fähre mit einem knirschenden Geräusch ans Ufer.

Eine Stimme sagte ganz nahe: „Folgen Sie mir."

Der Sprecher war einer der jungen Männer, die sich jetzt um Peleg scharten. Gefügig stieg er an Land. Aus dem Nebel kam ein Rudel Hunde angestürmt, klapperdürre, kläffende Köter, sie wurden aber von den jungen Männern zurückgetrieben.

Die Schritte knirschten leise auf dem Kies, der würzige, exotische Geruch der Sklavenküche lag in der Luft. Offenbar

420

war man dem Hause bereits nahe. Ebenso plötzlich, wie vordem die Hunde aufgetaucht waren, ertönte jetzt ein zorniges vielstimmiges Gemecker; man hatte wohl eine Herde weidender Schafe aufgeschreckt. Und da war schon das Haus, mit den hohen Säulen der Fassade sah es im Nebel wie ein heidnischer Tempel aus. Jetzt begriff er, daß das Blöken aus dem Innern des Hauses kam. Einer der jungen Neger öffnete die Tür, der Lärm wurde stärker, und einige vierbeinige Gestalten jagten heraus in den Nebel.

Fassungslos blickte Peleg, als er eingetreten war, um sich. Im spärlichen Dämmerlicht erkannte er, daß das Erdgeschoß des Herrenhauses in einen Stall verwandelt worden war. Die schwarzen und weißen Marmorfliesen waren mit Stroh bedeckt, Ziegen wimmelten überall umher, verschwanden in den Zimmern oder kamen heraus, liefen treppauf, treppab, blickten von den Treppenabsätzen herunter und meckerten mit geisterhaften, fast menschlichen Stimmen.

„Hier herauf." Ein junger Neger, der einen roten Mantel trug, trat vor ihm auf eine der Treppen, im Hinaufsteigen die Ziegen zur Seite drängend. Durch einen leeren Gang führte er den Gast zu einer offenen Tür. Peleg erkannte Ann Traylors Zimmer, an der Nordostecke gelegen, den Raum, der den ganzen Fluß überschaute. Die hohen, kahlen Fenster wirkten im Nebel blind. Der Boden war mit Fellen bedeckt. Auf einer niedrigen, thronartigen Estrade hockte Medea, mit gekreuzten Beinen, den riesigen schwarzen Leib in ein weißes Hemd gehüllt. Sie wirkte wie eine heidnische Priesterin. Sie lächelte ihm zu und sagte: „Willkommen, Peleg Martin! Setz dich! Mach es dir bequem!" Mit einem Wink deutete sie auf die Felle auf dem Boden.

Er zögerte, dann ließ er sich nicht ohne Schwierigkeiten nieder. Behaglich war es nicht, so auf dem Boden zu sitzen, von dieser riesigen Gestalt überragt. Der junge Neger in dem roten Mantel sagte ihr etwas in einer fremden Sprache. Peleg hatte nicht gewußt, daß sie immer noch eine eigene Sprache besaßen. Die Strafe, die auf dem Gebrauch von Eingeborenensprachen stand, war so streng, daß er gedacht hatte, sie wären längst ausgestorben. Irgendwie verstärkte es sein Gefühl der drohenden Katastrophe.

Jemand trat durch die Tür hinter Peleg in den Raum. Peleg wandte sich um und sah einen hochgewachsenen Neger, der nur ein Ohr hatte. Auch er trug einen dieser bunten Umhänge. Es war der Sklavenaufseher, der Caleb wie ein Schatten gefolgt war. Medea sagte: „Du kennst doch Scipio, nicht wahr, Peleg?"

„Ach ja . . . gewiß." In seiner Verwirrung wollte er aufstehen.

„Bemühen Sie sich nicht", sagte der Neger, dann sprach er auf Medea in ihrer eigenen Sprache ein.

Was er sagte, schien sie zu amüsieren. „Natürlich nicht", antwortete sie englisch, dann sah sie Peleg an und grinste. „Du bist doch nicht gekommen, um Calebs Grab zu besuchen. Oder doch?"

Er hielt einen Moment lang ihren Blick fest, dann sagte er: „Nein."

„Warum sind Sie dann gekommen?" fragte der Negerriese grob.

Wieder erklang Medeas Stimme, hoch und melodiös, in der unverständlichen Sprache. Es folgte eine zornige Antwort des Riesen, aber nach einem kurzen Hin und Her, in dem Medea auf eine sogar für den Fremden hörbare Weise ihre Autorität durchsetzte, verließen Scipio und der junge Neger in dem roten Mantel das Zimmer. Als sie gegangen waren, sah Medea Peleg mit einem schlauen Schmunzeln an und sagte: „Dir ist kalt, das seh' ich dir an, Peleg. Möchtest du nicht ein Glas Branntwein?"

„Ich bin gekommen, um dich zu warnen, Medea", erwiderte er. Sie lachte, daß ihr riesiger Fettleib schwabbelte. „Peleg, Peleg", sagte sie, und der Schmelz ihrer Stimme ließ ihn vierzig Jahre seines Lebens vergessen. „Du bist unbezahlbar!"

Die Welt war wirklich verändert. Wenn er bei ihr etwas erreichen wollte, mußte er es auf der Basis der Gleichberechtigung tun, und das war nach vierzig Jahren nicht leicht. „Es geht um diesen Felsen. Abe Woodhouse ist hiergewesen, um deinen Preis zu hören . . ."

„Er ist hierhergekommen, um mir *seinen* Preis zu nennen", berichtigte sie, und ihre schlauen Augen waren spöttisch auf ihn gerichtet. So hatte sie ihn angesehen, wenn er zu ihr kam, um ihr die unbezahlbare Gnade und das Geschenk seiner weißen Männlichkeit zu bieten. Damals war sie anmutig gewesen, wendig, verführerisch; was davon übriggeblieben war, das waren ihre Augen und ihre Stimme.

„Wir müssen ein ernstes . . ." begann er, aber sie unterbrach ihn, indem sie in die Hände klatschte. Ein junges Mädchen kam herein: auf einem Tablett brachte sie eine große Schüssel voll gebratenem Fleisch und Maisklößen. Das Mädchen knickste vor Medea, die die Schüssel nahm und neben sich auf den Boden stellte. Dann bedeutete sie der demütig bereitstehenden Dienerin mit einer Handbewegung, sie solle verschwinden.

„Wer schickt dich?" Sie schob einen Maiskloß in den Mund und begann gierig zu kauen.

„Niemand. Isaak Woodhouse hat es mir erzählt, und da habe ich mir gedacht, ich müßte kommen und die Sache mit dir durchsprechen. Fünftausend Pfund sind eine Unverschämtheit. Wenn du auf diesem Preis bestehst, wirst du die Sympathie aller verlieren, die jetzt auf deiner Seite sind. Du kannst nicht eine ganze Stadt erpressen, bloß aus einem Geist der Rebellion heraus oder aus Rache oder was es sonst ist."

„Ich verliere ihre Sympathie?" fragte sie. „Das wäre ja schrecklich."

„Medea! Täusche dich nicht! Es ist ernst!"

Plötzlich änderte sich ihre Stimmung. Ihre lächelnde, muntere Rundlichkeit spannte sich zur sehnigen Kraft, mit der sie ihm als junges Mädchen wie ein sprungbereiter Panther entgegengetreten war. „Wofür hältst du uns eigentlich?" fragte sie rauh. „Wozu, glaubst du, haben wir Posten rund um die Insel aufgestellt? Was wollen, meinst du, diese weißen Burschen am andern Ufer mit ihren Gewehren und Bluthunden? Wie lang wird es dauern, bis sie uns überfallen? Und da kommst du hierher und sagst mit erhobenem Zeigefinger, daß ich die Sympathie dieser Leute verlieren werde?"

„Du wirst mehr verlieren als bloß Sympathie", sagte er kalt. „Abe Woodhouse und die anderen Kaufleute wollen eure nächste Ernte boykottieren."

Sie runzelte die Stirn. Offenbar hatte sie ihn noch nicht verstanden.

„Die sind sich einig, deinen Indigo nicht zu kaufen."

Sie zuckte die Schultern. „Dann verkauf' ich ihn eben einem andern."

„Du wirst ihn niemandem verkaufen können. Jeder Kaufmann an der atlantischen Küste wird diesen Boykott respektieren."

„Also?" fragte sie.

„Mein Rat wäre, nicht nur den Felsen, sondern die ganze Insel zu verkaufen, solange es Zeit ist."

„Für fünfhundert Pfund?"

„Keineswegs. Ich würde der Andachtsgemeinde vorschlagen, die Insel in ihren Schutz zu nehmen, diesen schießwütigen Burschen da drüben am andern Ufer damit eine Warnung zugehen zu lassen und dann ein Komitee zu bilden, das den Kaufwert taxiert."

„Und wer soll der Käufer sein? Abe Woodhouse?"

„Ich weiß es nicht. Irgendwer. Gutsbesitzer gibt es genug, einer wird einen anständigen Preis bieten."

„Und dann?"

„Das Geld müßte unter euch so aufgeteilt werden, daß ihr irgendwo Boden kaufen könnt, außer Reichweite."

Sie nahm wieder einen Kloß und stopfte ihn in den Mund. „Peleg, Peleg, wie wenig kennst du doch deine eigene Rasse!"

„Aber ich versichere dir . . ."

„Für uns gibt's kein Land zu kaufen, niemand wird einem Nigger Land verkaufen. Unser Geld werden sie nehmen, das ja, aber dann werden sie sich umwenden und fragen: ,Wer sind Sie eigentlich? Sie hab' ich doch noch nie gesehen!' Das weißt du doch selber, oder?"

„Nicht wenn es Quäker sind . . ."

„Ich werde dir sagen, was Quäker tun werden. Die werden uns in Dienst nehmen als Gärtner, als Stallburschen, sie werden uns ein wenig zahlen und werden eine Sklaverei einführen, die nicht Sklaverei heißt. Nein, Peleg. Es gibt nur einen Quäker, dem ich trauen würde, und das ist Boniface Baker. Aber der ist fort. Und was euch andere betrifft . . ." Sie grinste.

Er begriff, daß es hoffnungslos war. Nicht wegen ihrer Hartnäckigkeit, sondern weil sie recht hatte. Mary Woodhouse hatte ihn bereits gebeten herauszufinden, ob Medea vielleicht bereit sein würde, bei ihr in Dienst zu treten, wenn die Insel verkauft wäre. Verbissen fragte er: „Welchen Gegenvorschlag hättest du?"

„Die Regierung könnte ja Truppen schicken, uns zu schützen!"

Er schüttelte den Kopf. „Der Gouverneur hat nicht einmal Truppen geschickt, um die Indianer zu schützen, die um Hilfe zu uns kamen. Du glaubst doch nicht, daß er . . ."

Eine Ziege sah zur Tür herein und zog sich wieder zurück.

„Wenn ihr darauf beharrt, hierzubleiben, kommt das einem Selbstmord gleich", sagte er.

„Gewiß", antwortete sie ruhig. „Aber was können wir sonst tun? Freiwillig in die Sklaverei zurückgehen?"

Mühsam kam er auf die Füße. „An die Glaubensgemeinde appellieren, daß sie die Insel für euch um einen anständigen Preis verkauft, und von hier wegziehen, solange es noch geht. Ihr werdet schnell handeln müssen."

„Ich danke dir, Peleg, ich werde es mir überlegen." Sie klatschte in die Hände, diesmal kam der junge Neger im roten Mantel herein. Sie sprach mit ihrer melodiösen Stimme auf ihn ein. Der Junge nickte und ging wieder. Jetzt hielt sie Peleg die Hand entgegen und sagte: „Du wirst mir aufhelfen müssen, Peleg, so geschmeidig wie seinerzeit bin ich nicht mehr."

Mühsam brachte er sie hoch, denn sie war sehr schwer.

Als sie auf den Treppenabsatz hinaustraten, kamen einige Tiere meckernd angelaufen und blickten sie an. Von unten rannten die Hunde herbei, knurrend, die Zähne entblößt. Die Palastgarde jagte sie davon.

Draußen wartete der alte Wagen im Nebel, der junge Mann im roten Mantel saß auf dem Kutschbock. Zu Pelegs Überraschung kletterte Medea unbeholfen in die Chaise, von dem jungen Neger hinaufgehievt. Peleg stieg dazu, in der Erwartung, zur Fähre gebracht zu werden; erst als der junge Neger den Wagen umkehren ließ, wurde ihm klar, daß sie zum Friedhof fuhren.

Während der Fahrt wurde nicht geredet. Man saß eng beisammen, der Riesenkörper prallte jedes Mal gegen ihn und drängte ihn an den Rand, sooft der Wagen schwankte. Schließlich tauchten die Bäume des Friedhofs auf, vage und ungewiß im Nebel. Der junge Neger half ihnen aussteigen. Als sie nebeneinander standen, nahm sie seinen Arm und sagte: „Hier entlang."

Der Nebel war sehr dicht. Kleine, niedrige Grabsteine tauchten auf und verschwanden, als man an ihnen vorbeikam. Schließlich sagte sie: „Hier ist es."

Es war ein Grabstein wie die anderen, die Inschrift war nicht zu erkennen. Neben dem Grab stand eine Bank. Medea schob den Schnee hinunter, ließ sich auf der Bank ächzend nieder und sagte dann: „Komm, setz dich auch", mit der schwarzen Hand auf den Sitz deutend. Er gehorchte.

Nichts war zu hören als ihr schwerer Atem. Als der allmählich leiser wurde, hörte er dicht in der Nähe den Aufprall leichter Wellen im Schilf. So saßen sie Seite an Seite, dem Ende ihres Lebens nahe, und blickten auf das Grab ihres Sohnes. Der arme Caleb, ihm ging es besser dort. Welche Zukunft hätte er hier zu erwarten gehabt?

Er stellte sich vor, Caleb fragte ihn: „Vater, was muß ich tun?" Welchen Rat hätte er ihm geben können? Welcher Rat war da zu geben? Eins hätte er wohl tun können, statt sich von den Niggerjägern umbringen zu lassen: in der Wildnis untertauchen und ein neues Leben beginnen. Aber wo? Allein hätte er doch nicht gehen können. Es hätte also andere geben müssen, mit denen er das neue Leben hätte teilen können. Boniface Baker. Natürlich! Das hätte er Caleb geraten. „Caleb, geh und schließe dich Boniface Baker an. Jetzt, bevor es zu spät ist . . ."

Er legte seine Hand auf die ihre. „Medea", sagte er, „ich glaube, Gott hat mir geantwortet."

Als die Gemeinde in tiefer Stille der trockenen, krächzenden Stimme des alten Peleg Martin lauschte, war Joe Woodhouse von Ehrfurcht ergriffen und mit ihm die paar hundert Leute in dunklen Gewändern, die in dem hochräumigen Saal versammelt waren.

Nun setzte sich Peleg. Einen Augenblick später sagte Jeremiah Best bedachtsam: „Der Vorschlag geht also dahin, die Andachtsgemeinde solle die Bewohner von Eden Island unter ihren Schutz nehmen, den Verkauf des Gebietes überwachen und jenen, die es wünschen, behilflich sein, sich der Expedition ins Nordwest-Territorium anzuschließen, die gerade vom Schulkomitee vorbereitet wird."

Das Schweigen im Saal vertiefte sich. Joe begriff, daß sich alle in Andacht versenkt hatten. Reglos saßen sie da, die Zeit schien sich fast unerträglich lange hinzudehnen. Endlich ertönte Onkel Jeremiahs ruhige Stimme: „Kann ich zur Abstimmung schreiten?"

Joe konnte nicht anders, er empfand plötzlich eine solche Angst, die Versammlung könnte an diesem schicksalhaften Kreuzwege vor einem Entschluß zurückschrecken, daß er aufsprang und mit schriller Stimme schrie: „Ich stimme dafür!" Hochrot im Gesicht setzte er sich wieder. Jetzt stand einige Bänke entfernt jemand auf: es war Israel Henderson. „Nach dem leidenschaftlichen Zuruf unseres jungen Freundes drängt es mich zu sagen, daß dies vielleicht für uns Ältere der Augenblick ist, die Stimme der Zukunft zu erkennen. Wenn die junge Generation das Gefühl hat, daß wir zu solcher Bezeugung aufgerufen sind, dann kann ich nur sagen: möge es so sein." Gewichtig setzte er sich wieder.

„Ich schließe mich Freund Israel an", rief eine Stimme von weiter hinten. Joe wandte sich um, wie die andern auch, und sah, daß es Obadiah Best war, spindeldürr und voll Befangenheit. Es war das erste Mal, daß er hier das Wort ergriff. „Ich habe das Gefühl, daß diese Entscheidung . . . sie entspricht dem, was ich gefühlt hatte, und ich mache mich erbötig, dem Durchführungskomitee oder auch jedem anderen Komitee beizutreten . . . oder . . . also ja!" Verlegen setzte er sich wieder.

Wieder folgte ein Schweigen, dann fragte Onkel Jeremiah: „Wünscht einer der Freunde etwas hinzuzufügen oder eine Empfehlung vorzubringen?" Und da keine Stimme laut wurde, schloß er: „Die Versammlung nimmt einstimmig den Antrag Peleg Martins an. Philip Howgill, willst du in diesem Sinne ein Protokoll aufsetzen?"

Schweigend wartete die Versammlung, bis der Schriftführer damit zu Ende gekommen war. Schließlich verlas er mit seiner präzisen, pedantisch exakten Stimme den Text: „Protokoll Nr. 53. Peleg Martin berichtet über die Einkreisung und Belagerung, welcher die Bewohner von Eden Island, vormals Sklaven Boniface Bakers, ausgesetzt sind. Angesichts der drohenden Gewalttätigkeit schlägt Peleg Martin vor, die Glaubensgemeinschaft möge die Einwohner der Insel in ihren Schutz nehmen und dafür Sorge tragen, daß das Eigentum zu einem von der Versammlung gebilligten Preis verkauft und der Ertrag unter die Einwohner zu gleichen Teilen verteilt werden soll. Einige von ihnen haben den Wunsch geäußert, sich der Schulexpedition nach Pendle Hill anzuschließen. Die Versammlung ist bereit, ihnen dabei Hilfe zu leisten."

„Ist dieser Text gebilligt?" fragte Onkel Jeremiah. Einige Stimmen riefen: „Gebilligt!" Darauf fuhr er fort: „Darf ich dann Vorschläge erbitten, welchem Komitee diese Angelegenheit zugewiesen werden soll?"

Als die Versammlung endlich auseinanderging, trat auch Joe Woodhouse in das Licht des schneehellen Wintertages. Er ging zu seinem Bruder, begierig, die neue Entwicklung zu besprechen. Zu seinem Mißbehagen sagte Abe höhnisch: „Es ist ja leicht, solche Dinge im Zustand religiöser Trunkenheit zu entscheiden, aber vielleicht wäre es doch schicklicher gewesen, Boniface Baker zu fragen, ob ihm solche neue Nachbarschaft auch recht ist. Wäre ich an seiner Stelle und sähe ich diese Menschenmasse durch die Wildnis auf mich zustürmen, würde ich die Flucht ergreifen."

4

Es war eine harte Reise, schlimmer, als Gulielma vorausgesehen hatte. Nicht der Schnee und der Frost machten ihr zu schaffen, an ihnen hatte sie sogar ihr Vergnügen, nachdem der Blizzard vorbei war. Im tiefen Frieden lag die glitzernde Welt vor ihr, sie fühlte keinen Abschiedsschmerz, keine Melancholie, keine Wehmut. Je weiter sie in die stille weiße Wildnis westlich von Philadelphia eindrang, um so mehr war sie von Heiterkeit und dem Gefühl des Friedens erfüllt.

Doch sie hatte den Krieg vergessen. Zwar hatten Schnee und Frost den Feindseligkeiten zwischen Indianern und Siedlern vorläufig Einhalt geboten, aber die Spuren des Kampfes waren da. Als Gulielma in das Gebiet hinter Loudwater gelangte, sah sie die schaurige Ernte der Gewalt. In den Bergen hatte der Frost die Toten in unheimlichen Posen der Qual und des Todeskampfes steifgefroren. Berittene samt ihren Reittieren, im hohen Farnkraut liegend, zerbrochene Karren, deren Fracht, mit Schnee überschüttet, auf dem Saumpfad verstreut lag, Hufe und Hände, die aus dem jungfräulichen reinen Weiß hervorstachen, der nackte Unterleib einer vergewaltigten Frau, obszön die Beine gespreizt, Kopf und Rumpf im Schnee vergraben. Im Tal die Leichname gelynchter Indianer, von Baum zu Baum im Wind schwingend, der weiße Schleier von Pulverschnee um die Toten schlang.

Sie kam durch Indianerdörfer, kleine Anhäufungen von Tipis, aus denen Rauch aufstieg und in denen die Miamis und Potawatamis unter Pelzen aneinandergeschmiegt überwinterten, während die kinderlosen Witwen draußen umherirrten. Sie kannte diese grausame urzeitliche Gepflogenheit aller nomadisierenden Indianerstämme, das Tipi einer Witwe zu zerstören, wenn sie ihren letzten Sohn verloren hatte, und sie dem Tod im offenen Land auszuliefern. Als junge Ärztin hatte sie versucht, solche alten Weiber, die jammernd um die Dörfer irrten, zu retten. Doch die wünschten gar nicht gerettet zu werden. Den Indianern und sich selbst galten sie bereits für tot. Ihr geisterhaftes Jammern, schwach wie Schilfrohrrauschen in frostigen Nächten, war bereits Teil der Geisterwelt, wie das Pfeifen des Windes in den Bäumen, das leise Klirren fallender Eiszapfen, der ferne Donner einer Lawine, die von einem Berg abging. Diesmal aber waren es nicht vereinzelte Seelen, die ihre Totenklage in die frostige Nacht hinausriefen: jetzt kam Gulielma an ganzen Gruppen solcher Frauen vorbei, die sich im Freien aneinanderkuschelten. Wenn Gulielma vorbeiritt, streckten sie flehend die Hände nach ihr aus, riefen: „Ajee! Ajee!" – der Laut hatte nichts Menschliches mehr.

Alle Kämpfer, denen Gulielma begegnete, waren auf dem Kriegspfad, aber zwischen dem Delaware und dem Pecos kannte sie jeder. Sie verteilte die üblichen Pulver und Tränklein, immer streng darauf bedacht, nicht den Medizinmännern ins Gehege zu kommen, denen sie in kollegialer Vertraulichkeit Branntwein aufwartete. Wohin sie kam, überall war es dieselbe Geschichte: jeder Stamm war im Krieg, mit den Briten und mit den anderen Stämmen. Man erzählte sich, daß nur der Unami-Stamm der Delawaren unter seinem Häuptling Running Bull quer durch das Gebiet der Miamis westwärts gewandert war. Sie hatten auf dem Wege ganze Dörfer dem Erdboden gleichgemacht, Weiber vergewaltigt, Gefangene gemartert, bis sie ohnmächtig wurden, und dann mit ausgestochenen Augen liegen lassen. Diese armen blinden Krüppel bedauerte Gulielma am meisten. In einigen von ihnen versuchte sie den Lebenswillen neu zu erwecken, aber gleich den Witwen, deren gespenstische Klagen durch die Nächte hallten, hatten sich die Geblendeten ihrem Schicksal ergeben. Selbstmord war den Indianern unbekannt, doch konnten sie sich zu Tode wünschen, reglos in ihren Tipis hockend, während um sie in den weichen Fellen unter Gekose und Gekicher neues Leben gesät wurde.

Die tiefe Melancholie der vom Krieg verheerten Indianerdörfer wurde so bedrückend, daß Gulielma den Siedlungen auswich und lieber die Sommerpfade quer durch den Wald wählte, die jetzt vom Schnee verweht waren. Doch sie fand diese Pfade trotzdem. Seit vierzig Jahren durchzog sie diese Wildnis zu allen Jahreszeiten.

Sie brauchte doppelt so lang wie sonst, um den Nachtigallensee zu erreichen, östlich des Wabash River, wo Boniface Baker sich auf Pende Hill angesiedelt hatte. Sie wußte von George, daß Running Bull und sein Stamm und auch Buffalo mit seinen Jägern dort das Winterlager bezogen hatten. Trotzdem setzte ihr Herz vor Schreck fast aus, als ihr auf dem Pfade ein riesenhaftes, haariges Wesen auf einem zwerghaften Pferd entgegenkam und brüllte: „Gulielma! Heilige Jungfrau! Von wo, zum Teufel, kommst du denn her?"

„Wenn das nicht Buffalo McHair ist!" Sie versuchte Gelassenheit vorzutäuschen, aber nach all diesen einsamen Tagen und Nächten krächzte ihre Stimme wie die einer alten Squaw.

„Was treibt dich her?" Mit seinem Riesenbart und seiner Mähne kaum mehr von seinem Pferd zu unterscheiden – beide dampften vor Anstrengung –, sah er wie ein mythologisches Ungeheuer aus. Jetzt trieb er seinen zwergenhaften Mustang an sie heran, daß ringsum Schnee aufstob, schlang seinen Arm um sie, zog sie an sich und küßte sie auf die Wangen. Sie verlor fast das Gleichgewicht und schrie ihn zornig an, doch war sie von Freude erfüllt. Er roch nach Rum, altem Schweiß und hatte den üblen Mundgeruch der Winterdiät. „Buffalo McHair, du stinkst auf eine Meile gegen den Wind!" rief sie giftig. „Wenn du nächstes Mal eine Frau küßt, nimm vorher ein Bad!"

Doch trübte das seine gute Laune nicht. „Ach, Gulie, du Wildkatze!" rief er entzückt. „Wo kommst du denn zu dieser Jahreszeit her? Bin ich dir im Traum erschienen?"

„Oh, scher dich doch zum Teufel!" Und doch konnte sie ihr Entzücken nicht verheimlichen. „Wie geht es Boniface Baker?"

„Aha, ihn willst du also besuchen!"

Trotz der Neckerei spürte sie, daß etwas nicht stimmte. „Wie geht es ihm?" wiederholte sie.

„Er hat sich vom Tod seiner Tochter noch nicht erholt."

„Hätt' ich auch nicht gedacht. Wie lang ist es her? Drei Monate? Der ist nicht wie du! Und er hat nur zwei gehabt, nicht hundert, über das ganze Gebiet verstreut."

„Gulie, hör mich an." Er nahm ihre Hand in die seine, während er neben ihr herritt. „Der Mann hat es schwer, ihm geht es nicht gut, ich weiß nicht, was ich mit ihm anfangen soll. Ich hab's mit Geschichtenerzählen versucht, ich habe ihn mit Schnaps vollaufen lassen, ich habe ihn auf die Jagd mitgeschleppt, ich bin sogar darauf verfallen, ihn zu unserem Prediger zu machen. Aber nichts davon hat gewirkt."

„Prediger? Ein bezahlter Priester, meinst du? Da wundert's mich nicht, daß ihn das nicht in Stimmung gebracht hat! Das heißt ja, ihn der Verdammnis ausliefern!"

„Quatsch! In Philadelphia mag das so sein, hier draußen bekommt einer, der seinen Freunden von Jesus und vom innern Licht erzählt, dafür sein Futter. Er besorgt das Reden, wir besorgen das Jagen. Was ist da unrecht daran?"

„Freund, die Verdammnis ist eine Privatangelegenheit, wie du wohl weißt. Wenn Boniface Baker sich verdammt fühlt, dann ist er es."

Er ließ ihre Hand los, um sein Pferd an einem Baumstrunk, der aus dem Schnee hervorragte, vorbeizulenken. „Also verdammt fühlt er sich, das ist sicher. Aber nicht weil ich aus ihm einen Prediger machen wollte. Er sitzt einfach nur da und betet und sieht aus wie sieben Tage Regenwetter. Ein aufmunternder Anblick ist das nicht, aber meine Leute fallen darauf herein, sie halten das für Religion."

„Schön", sagte sie, „ich werde ihn mir ansehen."

„Vielleicht hast du etwas in deinem Ärztekasten, was ihn wieder munter macht."

„Wenn er munter werden wollte, dann würde auch Pfefferminztee genügen. Das ist wie mit der Verdammnis."

„Wenn Pfefferminztee das Richtige wäre, dann würde er längst Bäume ausreißen, denn damit versorgt ihn sein schwarzes Flittchen reichlich. Wenn er laut betet, was er allerdings nicht oft tut, dann kannst du die Minze meilenweit riechen."

Sie hatte das Negermädchen nicht bedacht. Vielleicht hatte Bonnys Verdammnis etwas damit zu tun. Diese Frage beantwortete sich, kaum daß sie in das Blockhaus getreten war. Das erste, was sie wahrnahm, war der Geruch. So roch es in den Sklavenquartieren: eine Mischung von Negerküche, Schweiß und anderen unbestimmten Dingen. Kein Zweifel: dies hier war das Revier des schwarzen Mädchens, das sich bei ihrem Eintritt erhob, und nicht das des verdrossenen Mannes, der, hinter einem Vorhang von Fellen, bekleidet auf seinem Bett lag, einen Krug auf dem Stuhl neben sich.

„Guten Morgen, Bonny, wie geht es dir?" fragte sie ruhig.

Falls ihre Ankunft ihn verwunderte, so zeigte er es nicht. Er schlug die Augen auf und sah sie an. Es war ein Blick so voll von Schwermut, daß ihr das Herz sank. Dieser Mensch war sehr krank.

„Ich bringe dir Grüße von deiner Familie und allen Freunden in Philadelphia", sagte sie und setzte sich auf die Bettkante. Sie nahm seine Hand, sie war heiß und feucht. Während sie weitersprach, zählte sie seinen Puls.

„Du wirst gewiß gern hören, daß die Andachtsgemeinde von deinem Plan vernommen hat, hier eine Schule für Indianerkinder zu errichten, und daß sie diesen Plan zu ihrer Angelegenheit machen will. Im Frühling wird ein Wagenzug von Philadelphia herkommen, der alles Nötige mitbringt, um ein Schulhaus und einen Handelsposten zu errichten. Joe Woodhouse und Himsha McHair haben geheiratet, sie wollen als Lehrer hierherkommen. Nun, wie gefällt dir das?" Sein Puls ging rasch und unregelmäßig. Sie blickte in seine Augen. Die Weitung der Pupillen war unverkennbar.

„Und Beulah?"

„Es geht ihr sehr gut. Sie leitet eine Klasse für Taubstumme im Andachtshaus. Zusammen mit Jeremiah hat sie eine Zeichensprache erfunden – sehr gescheit ausgedacht, und für diese armen Leute eine große Hilfe. Für dich hat sie mir einen Brief mitgegeben. Möchtest du ihn gleich haben?"

Sie holte den Brief aus ihrem Brotbeutel hervor. Sie hatte die beklagenswerte Indiskretion begangen, das Schreiben vorher zu lesen. Beulah teilte ihm darin mit, daß sie noch nicht kommen könne. Sie zählte alle möglichen Gründe dafür auf – außer den einen, wahren, daß sie endlich mit ihrem Bruder zusammen war, ihrem Bruder, den sie von Kindheit an geliebt hatte.

Er entfaltete das Blatt mit einem lauten Geraschel und begann zu lesen. Eigentlich hätte sie wegschauen müssen, aber sie blieb sitzen, wo sie war. Seine Reaktion bei der Lektüre war verwirrend. Seine Augen füllten sich mit Tränen, sein Gesicht wurde hilflos wie das eines verängstigten Schuljungen; als er fertiggelesen hatte, stammelte er schluchzend: „Oh, mein Gott!", bedeckte sein Gesicht mit den Händen, seine Schultern zuckten. Sie hatte ein mildes Beruhigungsmittel in ihrer Apotheke, das ihm über die Erregung hinweghelfen würde. Als sie aufstand und den Pelzvorhang wegschob, bemerkte sie eine Bewegung im Nebenraum. Das Negermädchen setzte sich wieder auf einen Stapel von Fellen dem Feuer gegenüber. Etwas an ihrer geheimniskrämerischen Art war verwirrend. Gulielma dachte darüber nach, während sie das Medikament holte und damit in die Blockhütte zurückkehrte. Sie setzte sich wieder an Bonnys Bett, hob den Krug vom Stuhl und schnupperte daran. Es war Pfefferminztee, aber auch noch etwas anderes, was sie im Moment nicht bestimmen konnte.

„Hier", sagte sie freundlich, „nimm dieses Pulver mit einem Schluck Wasser, das wird dich beruhigen." Sie ging ein Glas Wasser holen. Als sie zurückkam, hatte er die Hände vors Gesicht geschlagen und jammerte: „Ich bin verloren, jetzt bin ich wirklich verloren . . . !"

„Da, nimm!" sagte sie munter. „Wenn du das geschluckt hast, siehst du gleich klarer."

Er brachte einen tiefen Seufzer hervor. „Verdammt bin ich, verdammt!" Seine Stimme brach. Es war trotz dem Pathos nichts Theatralisches daran, und wenn Gulielma sich einen Mann in der Hölle vorstellen konnte, dann war er es.

Sie legte ihren Arm um seine Schultern, zwang ihn, sich aufzusetzen und drängte ihm den Trunk auf. Er schluckte das Medikament, seufzte noch einmal tief auf und sagte, diesmal mit der Stimme des alten Boniface Baker auf Eden Island: „Ich bin an Beckys Tod schuld. Jetzt hat Beulah mich in Stich gelassen, jetzt bin ich verloren."

„Wieso, Bonny?" Sie fragte es leichthin, beobachtete ihn aber scharf. Was war mit diesem Mann los? Körperlich war er in besserer Verfassung als jemals, seit sie ihn kannte. Er hatte keinen Bauch mehr, sein Gesicht war nicht mehr aufgeschwemmt und schlaff, seine Muskulatur war die eines weit jüngeren Mannes. Warum also diese Schwermut? Der rasche Puls? Die Weitung der Pupillen? Rauchte er Pejote? Unmöglich, davon wußten nur die Huni. Und doch ließen sich diese Symptome nur aus einem künstlichen Erregungszustand erklären, aus Pejoterauchen oder Indianerschnupftabak, einem Gift – Gift! Sie warf einen Blick auf den Krug, der neben dem Bett stand. *Wenn es Pfefferminztee wäre, dann würde er jetzt längst Bäume ausreißen, denn damit versorgt ihn sein schwarzes Flittchen reichlich.*

„Sage mir, Bonny, warum bist du ohne Beulah verloren?"

Er öffnete die Augen, die vergrößerten Pupillen starrten sie an: „Weil ich von fleischlicher Begierde verzehrt werde." Er schloß die Augen, sein Gesicht wurde wieder zu einer Maske des Gleichmuts.

Sie stand auf und hob den Vorhang. Diesmal nahm sich das Mädchen nicht einmal die Mühe, in die Ecke zu fliehen. „Wärest du so freundlich, mein Pferd und meine Maultiere abzuladen und in den Stall zu bringen?" fragte Gulielma. „Ich muß mich eine Weile mit Boniface Baker beschäftigen."

Das Mädchen sah sie mit einer Selbstbeherrschung an, die angesichts der Situation bewunderungswürdig war. Einen Augenblick lang war es, als wolle sie die Bitte abweisen. Dann wandte sie sich ab und ging hinaus.

Gulielma kehrte zu Bonny zurück. Er hatte sich aufgesetzt, die Hände im Schoß gefaltet, die Augen geschlossen, zu Reglosigkeit erstarrt.

„Schön", sagte sie. „Das Mädchen ist gegangen, meine Tiere zu versorgen. Wir können jetzt ungestört reden, wenn es dir recht ist. Es handelt sich um sie, nicht wahr?"

Er schlug die Augen auf und starrte Gulie mit seinen geweiteten Pupillen an. „Es handelt sich nicht um sie, es handelt sich um mich. Ich kann Gottes Willen nicht ergründen. Ich habe mich zurückhalten können, solange sein Wille mir klar schien. Alle diese Monate habe ich dem Teufel in mir widerstehen können, weil noch Hoffnung da war, eine Zukunft, wofür ich leben konnte, Beulahs Herkommen. Jetzt gibt es keine Zukunft mehr. Jetzt hab' ich nichts mehr, woran ich mich halten kann."

„Kannst du mir etwas von den Symptomen beschreiben, Boniface? Vergiß nicht, ich bin Ärztin."

„Symptome?"

„Wie macht dein Begehren sich bemerklich? Träume im Schlaf? Wachträume?"

Ein klägliches Lächeln erschien auf seinem Gesicht. „Träume bei Tag und Träume bei Nacht. Selbst wenn meine Gedanken sich einen Augenblick lang von ihr abwenden, ist mein Körper bei ihr."

Plötzlich ordneten sich die Dinge zu einem klaren Bild. Der Himmel mochte wissen, was Cleo ihm in den so reichlich gebotenen Pfefferminztee tat, aber gewiß war es ein Aphrodisiakum. Was verwendete das Mädchen wohl? Irgendeine Pflanze oder Wurzel. Sehr interessant. Er seufzte müde auf. Kein Wunder. Es war erstaunlich, daß er immer noch verhältnismäßig zurechnungsfähig war und gesund. Wie hatte er es wohl geschafft, sich nichts Ärgeres einzuhandeln als einen beschleunigten Puls, geweitete Pupillen und Schweißausbrüche?

„Ich habe alles versucht", sagte er wieder mit seiner traurigen Stimme. „Ich habe mich im Schnee gerollt, habe mir ein Loch in das Eis geschlagen und darin gebadet, ich bin meilenweit durch den Wald gelaufen, aber nichts, nichts treibt den Teufel aus mir!"

Sie mußte einem Impuls, „Großartig!" zu rufen, widerstehen. Kein Wunder, daß er in so guter Verfassung war. Das Ganze schien ihr jetzt etwas weniger tragisch. Sie durfte jetzt nicht der Versuchung nachgeben, die Sache auf die leichte Schulter zu nehmen. „Paß auf, Boniface", sagte sie ernst. „Ich kann dir Pulver geben, die dir einen ungestörten Schlaf sichern, und ich kann dich von deinem körperlichen Unbehagen befreien, aber das wirkliche Problem ist dein Gemütszustand. So sehr ich deine Auffassung über die Sünde respektiere, gibt es doch einen Punkt, an dem diese Ideen krankhaft werden können. Meiner Ansicht nach hast du diesen Punkt bereits überschritten."

Das riß ihn aus seiner Apathie. „Du weißt nicht, wovon du redest, Gulielma. Du bist nicht am Tod deines Kindes schuldig."

„Wie ich hörte, warst du gar nicht hier, als es geschah."

„Ich war nicht hier, weil ich allein sein wollte."

„Und was ist daran falsch?"

„Ich wollte allein sein, um mich meinen lüsternen Wachträumen zu überlassen", fügte er grimmig hinzu.

Es war etwas Ungesundes in dieser Selbstverdammung. Offenbar bereitete es ihm Vergnügen, sich selbst zu bestrafen. „Ist dir niemals der Gedanke gekommen, Boniface, daß du mit all deinem Schuldgefühl dich nicht etwas gehenläßt?"

Er runzelte die Stirn.

„Du magst dir einreden, du habest seit Monaten einen heroischen Kampf gegen die Verdammnis gekämpft, in Wirklichkeit bist du zum Denkmal deiner kleinen Selbstsucht geworden."

Verständnislos sah er sie an.

„Was hast du denn damit erreicht, daß du dich in deinem Schuldgefühl suhlst? Hast du etwa eine Indianerschule gegründet? Oder dich um Buffalo und seine Leute gekümmert, die das Wort Gottes hören wollen? Nein, du bist durch den Wald gelaufen, in ein Eisloch getaucht oder auf deinem Bett gelegen und hast über Boniface Baker, den unseligen Verdammten, nachgedacht. Und was macht es schon, wenn du verdammt bist? Wenn deine Seele in alle Ewigkeit in der Hölle braten wird? Du solltest einmal deine Seele vergessen und versuchen, dem Tod Beckys einen Sinn zu geben. Und wie wäre es, wenn du sie lieben würdest, statt sie zu hassen?"

„Becky hassen? Wie kannst du so etwas sagen?"

„Wenn du wegen dieses Schuldgefühls dein Leben vergeudest, dann mußt du sie doch wohl hassen! Haß ist der Tod. Wende dich dem Leben zu."

„Aber wie?"

„Indem du die Kinder lehrst und den Männern predigst. Indem du Cleo liebst, wenn du wirklich Liebe zu ihr empfindest."

Jetzt war sie zu weit gegangen. Sie hätte es besser wissen müssen. Er brauchte ihr gar nicht erst zu sagen: „Danke dir, Gulielma, ich werde es mir durch den Kopf gehen lassen", sie wußte, daß sie alles verpfuscht hatte. „Bonny", sagte sie, „es tut mir leid, ich bin nicht aufrichtig mit dir gewesen. Ich glaube, du

437

solltest wissen, was die Ursache deiner fleischlichen Erregung ist oder zumindest sie steigert. Cleo gibt dir etwas in deinen Tee. Ich weiß noch nicht genau, was es ist und wo sie es her hat, aber eines steht fest; es ist ein Aphrodisiakum."

Er sah sie aus seinen hellen, ein wenig vorquellenden Augen an, sagte aber nichts.

„Ich weiß nicht, was du vorhast", fuhr sie fort, „aber vergiß nicht, daß du es mit einer fremden Rasse zu tun hast, einer fremden Mentalität. Glaubst du nicht, daß du für deine Sklaven schon genug getan hast? Laß sie jetzt selbst ihr Seelenheil finden."

„Ich versteh' nicht, wovon du sprichst", sagte er. „Gulie, ich versuche ja nichts anderes, als am Leben zu bleiben und mich von der Sünde frei zu machen."

„Schön." Sie seufzte und stand auf. „Ich gebe dir jetzt eine Medizin. Nimm zwei von diesen Pulvern täglich, eines beim Aufstehen, eines bevor du zu Bett gehst. Und nimm sie in reinem Quellwasser, berühre keinen Tee und keine Suppe und überhaupt nichts, das Cleo dir bereitet."

„Gut", sagte er steif.

Ein sonderbarer kleiner Mann – war es möglich, daß er gar nicht wußte, was er tat? Während sie sich umwandte, um den Vorhang zu heben, fügte sie hinzu: „Nebenbei bemerkt, für länger als zwei Wochen reicht mein Vorrat nicht – du wirst dein Problem lösen müssen, bevor die Pulver ausgehen."

Er sah sie so verdrossen an, daß sie ihn mit dem Gefühl verließ, versagt zu haben. Draußen wartete Buffalo McHair auf sie. „Nun?" fragte er, „wie steht es mit ihm?"

„Ich muß mit dir reden." Sie nahm ihn am Arm und führte ihn zum See. Dort fegten sie den Schnee von einem kieloben liegenden Boot und setzten sich.

„Er steht unter Drogeneinwirkung", sagte sie sachlich. „Cleo gibt ihm irgend etwas in den Tee, ein Mittel, das seine Brunft weckt."

„Du lieber Gott!" sagte er mit fühlbarem Mangel an Mitleid.

„Das soll dich jetzt nicht auf Ideen bringen, mein Freund. Die Wirkung ist keineswegs angenehm. Außerdem hast du es nicht nötig."

Er grunzte vergnügt.

438

„Ich gebe ihm als Gegenmittel ein Beruhigungspulver, aber damit ist natürlich das Problem nicht gelöst. Die Wurzeln liegen viel tiefer. Vielleicht werden Sklaven durch Freilassung noch keine freien Menschen. Vielleicht wird sich Cleo erst frei fühlen, wenn sie ihn zu ihrem Liebhaber gemacht hat."

„Frei, weil sie sich ihrem Herrn unterwirft?"

„Er würde sich ihr unterwerfen, nicht sie ihm."

„Also, wenn's ihm Spaß macht . . ."

„Das ist ja der springende Punkt", sagte sie. „Es macht ihm keinen Spaß. Er möchte . . . ja, ich weiß selber nicht, was er wirklich möchte, oder was sein eigentliches Problem ist. Ich kenne mich mit ihm nicht aus. Aber ich habe niemals Sklaven freigelassen oder meinen Besitz verteilt. Alles, was ich in meinem Leben getan habe, war, Menschen und ihre Torheiten mit wissenschaftlicher Objektivität zu beobachten." Ihr Blick war auf den zugefrorenen See und die vereinsamte kleine Insel gerichtet. Dann merkte sie, daß er sie auf eine eigentümliche Weise ansah. „Was gibt's?"

„Du bist verändert, Gulie", sagte er sanft. „Geht es dir nicht gut?"

Sie blickte ihn an, ihre Augen waren klug und durchdringend. Sie konnte diesem Mann nichts verheimlichen. „Ich bin auf dem Weg zu meinen Huni", sagte sie so beiläufig wie möglich.

„Zu dieser Jahreszeit? Warum?"

„Weil ich sterbe."

Jetzt, da es heraus war, bedauerte sie, gesprochen zu haben. Sie hatte das Gefühl, etwas aus der Hand gegeben zu haben, das sie nur unter Kontrolle halten konnte, solange sie es allein besaß. Doch das war lächerlich; wenn Doktor Moremen es wissen durfte, warum nicht auch er?

„Woran stirbst du?" Seine Frage war freundlich, aber nicht mitleidig. Irgendwie war es ihm gelungen, gerade den richtigen Ton zu finden, Gott segne ihn dafür. Er war der taktvollste Mensch, den sie kannte. Doch etwas in ihr verlangte jetzt nach mehr.

„An einem bösen Geschwür im Magen." Sie suchte ihr plötzliches verzweifeltes Verlangen nach Teilnahme zu beherrschen. Wenn sie sich jetzt gehenließ, konnte nur Unheil daraus entstehen. „Ich muß jetzt weiter", sagte sie, stand auf und klopfte sich den Schnee vom Hosenboden. „Ich möchte so bald wie möglich hinkommen."

„Ich verstehe." Er stand auf und bot ihr die Hand. „Viel Glück, Gulie. Paß auf dich auf."

Am liebsten hätte sie weinend gerufen: „Hilf mir um Gottes willen, halt mich fest, beschütz mich doch!", denn plötzlich war die Zukunft voll Drohung. Sie mußte auf einer Pilgerfahrt zu diesem Mann gewesen sein, auch wenn ihr das nicht bewußt geworden war.

„Leb wohl, Buffalo", sagte sie. „Du bist ein echter Freund gewesen. Eigentlich mein einziger." Sie wandte sich ab. Immer diese Leidenschaft für Schauspielerei, diese Freude am Dramatisieren! Je rascher sie von hier fortkam, desto besser. Sie sollte eine Ruhepause einlegen, schon der Tiere wegen, doch wollte sie dies erst in einiger Entfernung tun.

Einer von Buffalos Burschen kam auf sie zugehumpelt, als sie dabei war, ihre Tiere reisefertig zu machen. „Gulie Woodhouse!" rief er, „ich hab' mir den Fuß verstaucht! Kannst du mir einen Verband anlegen?"

„Nein", sagte sie, „Verbinden macht die Sache nur schlimmer. Steck den Fuß in den Schnee oder in den See, bis er vor Kälte starr ist, und dann leg dich auf den Rücken und hänge das Bein in eine Schlinge. Aber lieg allein, sonst zerrst du dir noch was anderes als deinen Fuß." Sie wollte eben in den Sattel steigen, als sie sich der Medizin für Bonny entsann. „Aber vorher bring noch diese Arznei zu Boniface Baker. Zwei Pulver täglich, wie verschrieben, und gib ihm einen Kuß von mir." Sie holte die Pulver aus einem Fach ihres Medizinkastens. „Da, verschütte es nicht, und Friede sei mit dir."

„Du verläßt uns wieder?"

„Ich habe etwas zu erledigen." Sie schwang sich in den Sattel. „Könntest du mir bitte die Gattertür öffnen?"

Der Mann gehorchte, betont hinkend. Auch ein Komödiant. Wie Gott das aushielt, immerfort dieser Schauspielerei zuzuschauen. Er mußte wahrlich die Liebe selbst sein.

Liebe. Da stand sie am Gatter, die schwarze Verführerin. Wirklich ein Prachtstück. „Leb wohl, Cleo. Laß doch den Mann in Ruh, sei ein braves Mädchen."

Ohne Wimpernzucken hielt Cleo den Blick aus. Leidenschaftslos und ohne Verständnis starrten die schwarzen Augen sie an. Mit einem Seufzer lenkte Gulielma ihre ermüdeten Tiere ins Freie. Ein im Schnee kaum erkennbarer Pfad führte in den Wald, stieß dort auf den Reitweg zum Wabash, dort gab es einen guten Lagerplatz. Unter den günstigsten Umständen konnte sie den Wabash in zweitägigem Ritt erreichen. Wie die Dinge jetzt lagen, würde sie doppelt so lange brauchen. Sie hätte die Nacht lieber in der Siedlung verbringen und am Morgen losreiten sollen, aber sie konnte Buffalos Anblick nicht mehr ertragen.

Sie zwang sich, nicht an ihn zu denken, sondern an Bonny Baker und seine Verdammnis. Ein Jammer, daß sie für ihn nichts hatte tun können. Hatte sie das Problem von der falschen Seite her angepackt? Vielleicht hätte sie sich lieber das Mädchen vornehmen und in ihr das Göttliche suchen sollen. Es mußte doch da sein, hinter diesen schwarzen Augen, hinter diesem erbarmungslosen Haß. Und wenn es da war, dann mußte es auch erreichbar sein.

Sie hatte ihre wahrscheinlich letzte ärztliche Aufgabe verpfuscht. Das kränkte ihren Stolz, und es tat ihr um Bonny leid. Wenn jetzt seine Frau nicht mehr zu ihm zurückkam, würde er aller Wahrscheinlichkeit nach in den Armen der Schwarzen enden. Und wie die geblendeten Indianerkämpfer, so würde auch er an seiner Schande sterben.

Sie bückte sich, um einem Ast auszuweichen, der über den Pfad hing, und sie wünschte, Gott hätte ihr diesen kleinen letzten Triumph gewährt, bevor er sie zu sich rief.

Als Boniface Baker Stunden später aus tiefem, traumlosen Schlaf erwachte, war es Nacht, und der Pelzvorhang war hochgezogen. Cleo hockte auf ihrem Lager, nähte im Flackerlicht des Herdfeuers und sah in ihrer grauen Quäkerkleidung brav und hausbacken aus. Tiefe Ruhe lag über der Szene, die brennenden Scheite knisterten im Kamin. Zum ersten Mal seit Monaten fühlte Boniface Frieden in sich. Und zum ersten Mal wurde seine Kehle nicht enger, wenn er sie ansah. Es war, als wäre er einen bösen Doppelgänger los, der mit der fleischlichen

Begierde alles abwürgte, was freundlich und barmherzig in ihm war. Jetzt war er gewiß, daß sie ihm etwas in den Tee getan hatte. Er mußte sich noch mit dieser Erkenntnis auseinandersetzen.

Er stand auf, um zu ihr zu treten. Sie sah zu ihm auf. Ihre schwarzen Augen, in denen der Widerschein des Feuers flackerte, waren prüfend auf ihn gerichtet. Er kannte diesen Blick, dieses Abwarten. Jetzt wußte er auch, worauf sie gewartet hatte.

„Du hast gut geschlafen", sagte sie.

„Ja. Ich weiß nicht, was Gulielma mir gegeben hat, aber gewirkt hat es."

„Möchtest du etwas essen?"

„Nein, danke, ich bin nicht hungrig. Hast du gegessen?"

„Ja. Soll ich dir Tee bereiten?"

„Das ist gegen die ärztliche Vorschrift." Er sagte es beiläufig, beobachtete sie aber scharf. Sie erwiderte seinen prüfenden Blick.

„Hat die Ärztin gesagt, daß du keinen Tee trinken sollst?" fragte sie.

„Sie hat gesagt, daß ich reines Wasser trinken soll, solange ich diese Medizin nehme."

„Und wirst du sie lange nehmen müssen?"

„Zwei Wochen." Er ließ sich neben dem Kamin auf den Boden nieder. Sie nahm ihre Näharbeit wieder auf. Trotz der friedvollen Szene lag Spannung in der Luft.

„Was tust du da?" fragte er.

„Strümpfe stopfen."

„Was ist da drinnen?"

„Ein Stopfpilz. Hast du noch nie eine Frau Strümpfe stopfen gesehen?"

„Doch." Er verstand sie nicht, ihre Gelassenheit paßte nicht zu dem, was er von ihr wußte. Konnte Gulielma sich geirrt haben? Es schien undenkbar, daß dieses sanfte Geschöpf es darauf abgesehen haben sollte, ihn planmäßig verrückt zu machen.

Was für ein Mensch war sie überhaupt? Ein Sklavenmädchen, das Caleb von einem Fremden vergewaltigen lassen wollte, um seinen Eigenwillen zu brechen. Hier war sie nun mit ihrem

442

früheren Besitzer allein in der Wildnis und stopfte seine Strümpfe. Was hatte sie hierhergebracht? Sie hatte behauptet, schwanger zu sein, um ihn dazu zu bringen, daß er sie mitnahm. Aber warum? Er fand keinen Schlüssel zu diesem Geheimnis. Es gehörte einer andern Welt an, der Welt der Sklaverei. Er erinnerte sich noch gut, wie sie vor ihn getreten war, als Caleb sie beschuldigte, sie wolle Joshua verführen: trotzig, stumpf, mit herabhängenden Armen und offenem Mund – offenbar hatte sie es damals darauf angelegt, häßlich und dumm zu wirken. Er entsann sich, wie er sie das nächstemal gesehen hatte, auf dem Fußboden in Calebs Haus, ihre schwarzen Arme und Beine um Joshuas weißen Leib geschlungen. Das war der Augenblick gewesen, in dem er endlich begriffen hatte, daß Sklaverei das Böse schlechthin war. Dann erinnerte er sich ihres schwarzen, nackten Körpers im Bach, am Tag, an dem sie die Alleghenies überschritten hatten. Ob sie ihm damals schon ihren Trank gegeben hatte? Oder wurde seine Sinnlichkeit allein durch den Anblick ihres Körpers geweckt?

Ein tiefes Unbehagen ergriff ihn. Er schloß die Augen und betete, denn ihm war plötzlich bewußt, wie leicht er sich verlieren könnte, hoffnungslos verlieren in seiner eigenen Begehrlichkeit, die Gulielmas Pulver nur für kurze Zeit zu mildern vermochten. „Erbarmen, Herr", dachte er, „Herr, erbarme dich ihrer." Er selbst begriff den Sinn dieses Gebets nicht, er war es doch, der Gottes Barmherzigkeit nötig hatte. Er schlug die Augen auf und erblickte ihr schwarzes Gesicht, den Socken, den ihre Hände hielten, mit dem Pilz darin, und plötzlich war er zutiefst ergriffen, denn er hatte an ihr etwas gewahrt, was ihm bisher entgangen war: eine schreckliche Einsamkeit. Da war sie, hunderte Meilen von ihren Leuten entfernt, wahrscheinlich die einzige Negerin im Nordwest-Territorium. Neger änderten ihre Wohnsitze immer in Gruppen oder paarweise, nie allein. Welche geheimnisvolle Macht befähigte sie, dies allein zu tun? Eine Macht gab es, die sie schon als Sklavin hatte: die Macht, Männer verrückt zu machen. War es möglich, daß sie ihn verführen wollte, weil das die einzige Karte war, die sie in der Hand hielt? Aber warum gerade ihn, der ihr die Freiheit geschenkt hatte? Es mußte da etwas geben, wonach sie verlangte, ein Ziel, nach dem sie strebte; um es zu erreichen, hatte sie diese einzige Macht, die sie besaß, gegen ihn wirken lassen. Aber was konnte sie wünschen? Frei war sie doch jetzt. Oder gab es etwas, was ihr mehr bedeutete als Freiheit? Sollte er mehr für sie tun? Was? Ihr Bildung geben, sie nicht nur an seinem Alltag, sondern auch an der Welt des Geistes, in der er lebte, teilhaben lassen? Sollte er versuchen, ihr Menschlichkeit zu geben? Aber die Annahme, daß er Menschlichkeit an jemanden zu vergeben habe, war das nicht eine ungeheuerliche Anmaßung? Trotz der Opfer, die er gebracht, war er offenbar in seinem Inneren noch Sklavenhalter. Um Freiheit geben zu können, mußte er selbst sich erst freimachen von der Anmaßung, ein Auserwählter zu sein, der Gott näher war als sie. Er mußte seine weiße Haut ausziehen, seinen weißen Gott abtun, diese Vorstellung überwinden, es gäbe eine exklusiv dem Weißen vorbehaltene Offenbarung.

„Wie wäre es, wenn wir schon jetzt die Schule für Indianerkinder eröffneten, du und ich?" fragte er.

Verwundert sah sie ihn an.

„Du kannst doch lesen und schreiben, nicht wahr?"

Sie zuckte die Schultern und wich seinem Blick aus.

„Cleo, jeder kann Lehrer sein, wenn er seiner Klasse um eine Lesebuchseite voraus ist. Wieviel hast du gelernt?"

„Nichts", sagte sie und nahm ihre Stopfarbeit wieder auf.

„Nichts? Aber du bist doch in die Schule gegangen! Hat meine Frau dich nicht, als du noch klein warst, Lesen und Schreiben gelehrt?"

„Nein", sagte sie trocken.

„Also das verstehe ich nicht ..." Gerade darauf war er so stolz gewesen: andere Sklavenhalter ließen ihre Sklaven gar nichts lernen, hielten Lesen und Schreiben für gefährlich oder für verlorene Zeit. Die Quäker lehrten die Kinder ihrer Sklaven Lesen und Schreiben. „Ich weiß, daß du in die Schule gegangen bist! Du mußt gegangen sein!"

„Bin ich ja."

„Wieso hast du dann überhaupt nichts gelernt?"

„Ich wollte nicht."

„Du wolltest nicht lernen?" Fassungslos sah er sie an. Da saß sie heiter und entspannt und stellte ruhig fest, daß sie das Geschenk der Schulbildung zurückgewiesen hatte. „Ja warum denn nicht? Es mußte doch einen Grund geben, warum du es nicht wolltest!"

Sie zog den Stopfpilz aus dem Strumpf.

„Warum, Cleo?"

Sie schob den Stopfpilz in einen anderen Strumpf, spulte einen Wollfaden vom Knäuel, biß ihn ab und fädelte ein.

Seine Gedanken waren in wildem Aufruhr. Die Wehrlosigkeit der Sklaven! Belehrung abzuweisen, mochte ein Akt der Unabhängigkeit gewesen sein. „Aber jetzt? Warum soll ich dich jetzt nicht Lesen und Schreiben lehren?"

Sie schaute auf, der unerforschliche Blick ihrer schwarzen Augen ruhte auf ihm. „Wozu?" fragte sie.

„Damit du es die Indianerkinder lehren kannst."

„Warum ich?"

„Weil du hier bist. Die haben nur dich." Er stand auf, trat an das Regal, in dem er seine wenigen Bücher aufgestellt hatte, und suchte die Fibel hervor, die er aus Philadelphia mitgebracht hatte. Sie war nicht da, jetzt erinnerte er sich, daß Abby sie wieder mitgenommen hatte. Was sollte er statt dessen benützen? Seine Hand tastete bereits nach der Bibel, da kam ihm der Gedanke, das erste Heft von Ann Traylors Tagebüchern zu nehmen. Wenn er sich recht erinnerte, hatte er darin gegen Ende eine Kinderschrift gesehen.

Er nahm das Heft vom Regal und öffnete es. „Ich glaube, sie ist endlich eingeschlafen, die arme Frau." Er drehte das Heft um, schlug es von der anderen Seite auf. Da war es! „Adam aß von dem Apfel, den Eva für ihn gepflückt hatte . . ." Richtig! Das war doch ursprünglich ein Schulheft gewesen!

„Komm, setz dich zu mir." Er zeigte auf den Platz neben sich. „Für den Anfang können wir das benützen. Morgen mach' ich dir eine Fibel. Komm."

Sie zögerte einen Moment, dann legte sie ihre Stopfarbeit weg, kroch zu ihm herüber und setzte sich an seine Seite.

„Du weißt doch, wozu Buchstaben da sind? Jeder Buchstabe ist ein Zeichen für einen Laut. A – Adam. Verstehst du das?"

Langsam wandte sie ihm den Kopf zu. Ihre schwarzen, goldgesprenkelten Augen, die er noch nie so nahe gesehen hatte, waren auf seinen Mund gerichtet. Dann sagte sie ruhig: „Ja."

Einen Augenblick lang schwankte er in seinem Entschluß; ihr Blick erweckte wieder das Begehren seines Körpers. Doch etwas kam ihm zu Hilfe: die Erkenntnis, daß sie ihn nur mit dieser einzigen Waffe angreifen konnte. Er mußte sich und sie durch diesen Morast fleischlicher Gelüste hindurchführen, bis sie mit Gottes Hilfe an das andere Ufer gelangten, wo Cleo frei sein würde.

„Cleo", sagte er streng, „hör auf, mich anzuschauen wie eine Löwin ein Lamm. Leute, die etwas lernen wollen, fressen ihre Lehrer nicht." Er wußte nicht, ob sie Sinn für Humor hatte, nichts wußte er über sie. Offenbar hatte sie keinen. Nach einem kalten Blick aus ihren goldgesprenkelten Augen beugte sie sich über das Heft. „A", sagte sie. „A kenne ich jetzt."

„Fein", sagte er, jetzt schon ganz im Schulmeisterton. „Das ist schon ein Anfang. Gehen wir weiter." Und er buchstabierte langsam: „A – D – A – M."

Flammen zischten aus dem Kamin. Draußen rief ein Eistaucher klagend vom zugefrorenen See herüber. Im Wald antwortete eine Schnee-Eule. Es war kalte, dunkle Nacht.

Am nächsten Morgen zog Gulielma langsam auf ihrer asthmatischen alten Stute in die Prärie hinab, die zwei Maultiere trotteten mürrisch schnaufend hinterdrein. Es tat wohl, den Hochwald hinter sich zu lassen. Das Grasmeer, weiß und grau bereift, sah aus, als hätte es sich in Rauschsilber verwandelt, und gab ihr ein Gefühl der Unermeßlichkeit. Doch als der Tag vorschritt, gewann die Einsamkeit wieder Oberhand, und kurz vor Nachteinbruch begann sie sich zu fürchten. Noch nie zuvor hatte sie in der Wildnis Angst empfunden. Sie wußte, daß die Wolfsrudel, die im Winter durch die frostigen Weiten streiften, nur die Schwachen, die Kranken, die Sterbenden anfielen. Die Indianer kannten sie, sie war ein weiblicher Medizinmann und führte weder Geld noch sonstige Wertgegenstände mit sich, bloß Gift in den kleinen Fächern ihrer Wanderapotheke. Möglicherweise würden sie ihr ein paar Töpfe und Pfannen abnehmen, aber das hatte sie bereits in Rechnung gestellt. Die einzige wirkliche Gefahr, die sie vielleicht zu bestehen hatte, war ihre eigene, zunehmende Schwäche. Sie konnte ihre

Nahrung noch behalten, sie verspürte bloß keinen Hunger mehr. Sie brachte nicht mehr als ein paar Bissen täglich hinunter, und sogar dazu mußte sie sich zwingen. Es würde nicht mehr lange dauern, bis sie der Wahrheit ins Auge sehen mußte. Doch dieses seltsame Gefühl, das sie jetzt in der Dämmerstunde beschlich, kam nicht aus ihrem Innern. Es war ein uralter Instinkt, der sie warnte: Sie wurde beobachtet.

Waren Indianer in der Nähe – hier draußen? Sie wußte, daß ihr Weg durch die Wälder ununterbrochen überwacht wurde. Es störte sie nicht, im Gegenteil: es war angenehm, nicht allein zu sein. Wenigstens würde sie, wenn ihr Pferd sie abwarf oder wenn sie im Sattel einschlief und hinunterfiel, aufgehoben werden – wenn auch nur, weil Indianer so schrecklich neugierig waren. Aber hier draußen in der gefrorenen Prärie?

Gähnende Leere dehnte sich ringsum. Ein Indianerkrieger, mochte er noch so geschickt sein, würde auf die Dauer nicht ungesehen bleiben können. Nur ein so berühmter Späher, wie Lonely Eagle es gewesen war, war dazu imstande, und solche Späher waren so selten, daß sie sie nach vierzig Jahren Wanderschaft an den Fingern einer Hand aufzählen konnte. Außerdem: warum sollte man einen Späher auf sie ansetzen? Auf die alte Piß-Gulie, die Mann-Frau mit der Donnerbüchse und den Roßpillen? Nein, kein Indianer würde einer solchen Beute nachpirschen.

Sie blickte zum Himmel. Hühnerbussarde kreisten hoch über ihr. Seit Stunden waren sie ihr gefolgt, warteten darauf, daß sie sich für das Abendessen irgendein Wild schösse und ihnen die Reste überließ. Sie zügelte ihr Pferd; das blöde neue Maultier prallte in die Stute, wahrscheinlich hatte es auf seinen Beinen geschlafen. „Ruhig, Annie, mach dir nichts daraus", sagte Gulielma und tätschelte den Hals ihres beleidigten alten Pferdes. „Die dumme Patsy hat es nicht absichtlich getan." Ihren Hut in die Stirn gerückt, um die Augen gegen die untergehende Sonne zu schirmen, überblickte sie den Horizont. Weit und breit war nichts zu sehen, nur die Prärie, weiß und endlos, und die Bussarde. Eine Schnee-Eule kam aus einem Gesträuch hervor und flatterte davon. Offenbar gab es in der Nähe eine Höhlensiedlung von Präriehunden, in der die Kleinen überwinterten. Schnee-Eulen können immer nur schwer begreifen, daß ihre saftigen kleinen Freunde den ganzen Winter verschlafen. Langsam suchten ihre Augen den Horizont ab und entdeckten etwas. Es war winzig klein, nicht mehr als ein Punkt am Himmel. Sie behielt den Punkt im Auge, sah noch einen und noch einen: kreisende Bussarde. Das bedeutete entweder ein Tier im Todeskampf oder einsame Reiter wie sie.

Sie entlud die Maultiere, sattelte das Pferd ab und ließ den Tieren freien Auslauf. Ihr Schutzdach baute sie neben dem Gesträuch auf, aus dem die Eule gekommen war. Der Vogel würde verärgert sein, aber der Windschutz hier war unschätzbar; gegen Morgen würde es bitter kalt werden. Seit ihr Appetit so gering war, hatte ihre Widerstandskraft gegen Kälte sehr nachgelassen. Und doch mußte sie zugeben, daß sie sich in ihrem Leben selten so wohlgefühlt hatte wie in diesen Tagen. Sie begann ihr Abendessen zu kochen.

Sie beschäftigte sich so eifrig damit wie ein Kind, das mit einer Puppenküche spielt, konnte aber dann, so lecker die kleine Mahlzeit auch war, kaum ein paar Bissen hinunterbringen. Das Feuer, neben dem großen Brand des Sonnenuntergangs zunächst kaum sichtbar, wurde eine Quelle tröstlicher Wärme, als es zu dunkeln begann. Allein schon so dazusitzen, in Decken gewickelt, und in das Feuer zu starren, war eine Freude. Einer der Vorteile des Greisenalters war, daß die Dinge in die richtige Perspektive gerückt wurden. Bonnys verzweifelte Gewissensqualen waren lächerlich. In Liebesdingen gab es nur eine einzige Sünde: Lieblosigkeit. Sie lächelte in das Feuer; für eine alte Jungfer war das, milde gesagt, eine ziemlich abstrakte Feststellung. Armer Bonny! Wenn er nur kein Quäker gewesen wäre! Die quäkerische Vorstellung von der Beziehung zwischen Gott und Mensch war für den einzelnen ziemlich anstrengend. Bonny war dazu verurteilt, die Verantwortung für seine eigene Seele auf seinen Schultern zu tragen. Wäre er Anglikaner, Methodist oder Katholik gewesen, dann hätte er seine Verfehlungen als natürliche Folge der Erbsünde empfunden, hätte seine Hoffnung auf Christi Erlösungstod gesetzt, hätte es mit seinem schwarzen Mädchen so lange getrieben, bis ihm die Erschöpfung eine kurze Pause nüchterner Betrachtungen aufzwang – danach konnte es dann wieder losgehen, immer im Vertrauen auf die Barmherzigkeit des

Menschensohns. Wie einfach und wie praktisch! Doch weil er dachte, Gott und den Teufel in sich zu tragen und frei zwischen ihnen wählen zu können, wälzte er sich im Schnee, versuchte seine sündhaften Körperteile in Eislöchern abfrieren zu lassen, und galoppierte meilenweit durch den Wald. Ihm vorzuschlagen, er solle seine hohen Ziele etwas herabstecken, war ein vergebliches Unterfangen. Seine einzige Hoffnung, Cleo von ihrem kaltblütigen Entschluß abzubringen, war, sie durch Liebe zu entwaffnen. Doch war es ihr, die in ihrem kurzen Leben schon so oft hart angefaßt worden war, überhaupt noch möglich, einen Mann – noch dazu einen Weißen – zu lieben? Sollte sie allerdings ein Kind haben . . .

Ein Pferd wieherte. Sie lauschte atemlos, aber sie vernahm nichts. Ein kurzes, nervöses Wiehern, das war alles. War das Annie? Annie hätte nur gewiehert, wenn sie den Geruch eines andern Pferdes witterte. War es der Mustang eines Indianers, so würde das andere Pferd nicht antworten.

Was immer aber es war, sie konnte doch nichts dagegen unternehmen. Sie hatte ihre Donnerbüchse nicht mehr bei sich, nur eine leichte Jagdflinte, die als Drohung viel weniger wirksam war. Nun, bald genug würde sie ja Bescheid wissen. Die ärgste Möglichkeit war, daß es sich um einen aus seinem Stamm vertriebenen Indianer handelte. Indianer verhängten Verbannung als Strafe für nicht todeswürdige Verbrechen. Dem verurteilten Mann ließen sie sein Pferd, seinen Bogen und einen Köcher voll Pfeile, so trieben sie ihn in die Prärie hinaus, mochte er sich durchschlagen, wie er konnte. Es war eine grausame Strafe, die meisten brachten nicht genug Intelligenz auf, um zu überleben. Gewöhnlich waren die Verbannten Frauen- und Kinderschänder. Ein beunruhigender Gedanke.

Sie legte sich nieder, die Füße der Glut zugewandt, rollte sich fester in ihre Decke und dachte darüber nach, wie es wohl war, vergewaltigt zu werden. Nach den Fällen zu schließen, die ihr untergekommen waren, hing es sehr von der betreffenden Person ab. Becky war daran zugrunde gegangen, bei anderen aber hatte Gulielma trotz ihrer Wehklagen den Eindruck gehabt, es wäre keine gar so tragische Heimsuchung gewesen. Skalpieren natürlich war etwas anderes, aber in der Beziehung konnte sie beruhigt sein. Nur ein Wahnsinniger konnte beim

Anblick ihres mausigen, mottenzerfressenen Haarwuchses auf solche Gedanken kommen.

Es gelang ihr, ein- oder zweimal kurz einzunicken, aber sie blieb immer auf der Hut. Das leiseste Knistern im Feuer, das schwächste Knacken eines Zweigs im Frost ließ sie hellwach werden. Einmal war sie ganz sicher, daß jemand sie beobachtete, aber kein Mann stürzte sich aus der Dunkelheit auf sie, nicht einmal ein Coyote interessierte sich für das sonderbare alte Wesen, das sich da zu Füßen eines Wacholderbusches zusammengerollt hatte. Als die Sonne aufging, war sie immer noch nicht vergewaltigt worden, nur etwas ärgerlich über ihre nächtlichen Phantasien. Das einzige Ergebnis der langen Nacht waren kalte Füße, die sie nicht warm bekommen konnte, auch als sie sie im Sattel sitzend an Annie rieb, die in der rollenden Gangart eines Fischerboots ihren Kurs hielt, längst in die Unbegreiflichkeit des Schicksals ergeben.

Es kostete Gulielma drei Tage, zum Wabash zu gelangen, und die ganze Zeit über fühlte sie sich beobachtet. In der zweiten Nacht entschied sie, daß mit einem Angriff nicht zu rechnen sei, sonst hätte man es schon bisher versucht. In der dritten Nacht wünschte sie sich von Herzen, der geheimnisvolle Schatten möge an ihr Feuer kommen und sich für einen Schwatz zu ihr setzen. Es war bitter kalt. Sie konnte nur hoffen, von einem Blizzard verschont zu bleiben, denn sie glaubte kaum, daß sie ihm noch widerstehen könnte. Ihre Füße wollten nicht mehr warm werden; sie massierte sie und sprach ihnen zu, wie widerspenstigen Kindern, doch es nützte nicht viel.

Ihre Gefühle waren gemischt, als sie den Wabash erreichte und auf ein Lager französischer Reisender stieß. Es waren sechs Leute, alle untersetzt, dicht behaart und redselig. Sie hatten ein mit Pelzen beladenes Flachboot an vier Eisenstangen, die in den vereisten Grund getrieben waren, verankert. Jetzt waren sie gerade dabei, die Keulen eines Elchs am Rost zu braten, als Gulielma auftauchte: „Guten Abend, meine Herren!"

Die erste instinktive Reaktion der Männer war, einen Seitenblick auf ihre Flinten zu werfen, bevor sie Gulielma begrüßten und einluden, an ihrer Mahlzeit teilzunehmen. Sie begann wie gewöhnlich mit der Eröffnung „Ich bin Ärztin, braucht einer von euch meine Hilfe?" Ohne die Antwort abzuwarten, klatschte sie Annie und die Maultiere auf die Kruppe und ließ sie laufen. Abladen und trockenreiben konnte sie sie später. Franzosen war sogar zuzutrauen, daß sie es für sie besorgten. Sie waren unheilbar galant und behandelten sogar eine Vogelscheuche wie sie, als wäre sie eine schöne, reiche Witwe.

Sie verbrachte einen vergnüglichen Abend, verarztete erst ihre Blessuren und ließ sich dann den lokalen Klatsch erzählen. Ihr Französisch war schauderhaft, aber das Englisch der anderen war nicht viel besser. Im Wesentlichen verstand man sich. Es gab die üblichen Geschichten von dem Büffel, der mit einem einzigen Schuß niedergestreckt wurde, von der unbezwinglichen Häuptlingstochter, die nach dem ersten Kuß hinsank. Die Leute hatten die prahlerische Unschuld der jungen Männer in der Wildnis. Es gab die üblichen höhnischen Bemerkungen über unerfahrene Neuzuwanderer, die auf ihren schwerfälligen Wagen in den Westen zogen, ohne zu ahnen, was sie zu erwarten hatten. Früher waren sie zumeist herdenweise angerückt gekommen, jetzt gab es aber auch einen Zulauf abgesplitterter Einzelfamilien, die der Krieg versprengt hatte. Eine Meile weiter oben am Fluß lagerte auch ein solcher Wagen mit einem Mann, einer Frau, die beide deutsch sprachen, und einem schwangeren Mädchen. Wie sollte ein Kleinkind hier draußen einen Winter überleben? Wohin wollten die überhaupt? Hatten keine Ahnung, wie sie über den Wabash kommen sollten? Was würden die beginnen? Hier den ganzen Winter kampieren? Des fous furieux! Die Reisenden waren verärgert, denn sie hatten im Vorbeikommen den einsamen Wagen freundlich begrüßt, und die Antwort war eine volle Ladung grober Schrot und ein Schwall deutscher Flüche gewesen. Warum solche Leute glaubten, eine zweihundert Pfund schwere Tochter mit einem Schnurrbart und obendrein im achten Monat schwanger gegen sechs höfliche, zivilisierte Männer verteidigen zu müssen, das ging über alles Verständnis.

Gulielma schlief in dieser Nacht besser als je seit ihrer Abreise aus Philadelphia und war zuerst ziemlich wütend, als sie vor Sonnenaufgang von einem aufgeregten kleinen Franzosen wachgerüttelt wurde. Erst nachdem ein anderer, nicht

451

minder aufgeregter Franzose mit seinen englischen Kenntnissen zu Hilfe gekommen war, verstand sie, daß von dem Wagen weiter oben am Fluß die Rede war. Der eine Franzose hatte laute Schreie einer Frau gehört, sie hatten gräßlich geklungen, er hatte geglaubt, eine der Frauen werde gerade ermordet. Als er zum Wagen gelaufen kam, war die Wagenklappe aufgegangen und ein Mann torkelte heraus. Mit einem Blick hatte der Franzose erfaßt, worum es da ging: die Tochter lag in Geburtswehen. Der Franzose hielt es für seine Christenpflicht, ihr, der Ärztin, davon Nachricht zu geben, obwohl es wahrscheinlich barmherziger wäre, Mutter und Kind sterben zu lassen, bevor sie von Wölfen oder Indianern umgebracht würden.

Gulielma erreichte den Wagen zehn Minuten später, von allen sechs Händlern begleitet, die diskret außer Sicht blieben. Die Schreie waren tatsächlich entsetzlich. Drinnen im Wagen brannte eine Laterne, groteske Schatten wurden auf die Wagenplache geworfen. Gulielma stieg ab, trat an den Wagen heran und klopfte an die Ladeklappe. Sie mußte mit den Fäusten dagegen trommeln, bis die Klappe aufging und die Silhouette eines bärtigen Mannes im hufeisenförmigen Lichtausschnitt auftauchte. „Weg! Verschwinde!" brüllte er, und sein Geschrei wurde aus dem Wageninneren noch schriller übertönt. Als er Anstalten machte, sich auf sie zu stürzen, nahm sie ihren Hut ab und sagte auf deutsch: „Beruhige dich, Freund, ich bin Ärztin. Lasse mich nach der Frau sehen."

„Ärztin?" schrie er. „Wir brauchen keinen Doktor, Sie zudringliche alte Hexe!"

Und aus dem Innern des Wagens schrillte die Stimme: „Vater, komm doch! Komm schnell!"

Der Mann wandte sich ab. Gulielma wußte, daß sie ihr Leben aufs Spiel setzte, aber sie stemmte sich an der Ladeklappe hoch und zwängte sich geduckt in den Wagen.

Eine junge Frau, deren riesiger weißer Bauch von Krämpfen geschüttelt wurde, lag auf einer durchbluteten Matratze. Eine ältere Frau, offenbar die Mutter, versuchte, die Schultern des Mädchens niederzudrücken, während sich diese in den Wehen wand. Den schrecklichsten Anblick aber bot der Kopf des armen Mädchens; der Schädel war kahl, und die rosa heilende Haut war stellenweise aufgeplatzt.

„Lassen Sie mich zu ihr", sagte Gulielma deutsch und drängte den Mann zur Seite.

„Raus! Raus!" brüllte er. Seine Augen waren glasig vor Angst. Das einzige Mittel, mit Leuten, besonders mit Männern in dieser Verfassung fertigzuwerden, war, sie zu ignorieren.

„Ich bin Ärztin!" schrie sie der Frau zu, so laut, daß sie das Ächzen und Kreischen des Mädchens übertönte. „Laß mich ihr helfen!"

Die Frau antwortete nicht, das Mädchen niederzuhalten nahm offensichtlich ihre Kraft in Anspruch. Der Mann war jetzt völlig zusammengebrochen und hockte, vor sich hinbrummend, in einer Ecke. Gulielma krempelte die Ärmel auf, wusch sich die Hände in einem Eimer, hieß die Frau Wasser heiß machen und ging kundig ans Werk, mit der Geschicklichkeit, die sie in vierzig Jahren Geburtshilfe in Wigwams und Blockhäusern erworben hatte. Es war eine Steißgeburt, doch Gulielma war jedesmal von neuem erstaunt, wie die Natur ihre Irrtümer ausglich, wenn es darum ging, neues Leben hervorzubringen. Es war eine blutige, schmerzliche Sache, doch am Ende wurde das schlüpfrige kleine Ding in die Welt gezerrt, während die junge Mutter einen Schrei der äußersten Qual ausstieß. Es war ein kräftiger Knabe, und nachdem er sein erstes vogelartiges Piepsen hören ließ, reichte sie ihn der alten Frau hinüber, denn die Mutter war bewußtlos geworden. Als Gulielma sich über sie beugte, hörte sie von hinten einen Schrei. „Nein! Nicht!" Es war die Frau. Gulielma sah, wie der Mann mit dem Neugeborenen aus dem Wagen in die Nacht hinaussprang.

Mit dem Instinkt, der neuem Leben vor dem alten den Vorzug gibt, jagte sie ihm nach, schrie: „Halt! Aufhalten! Aufhalten!" Der Mann, der jetzt wie ein wütender Stier brüllte, lief dem Ufer zu. Plötzlich machte er jäh kehrt und nahm Richtung auf einen Baum, der in der Dunkelheit undeutlich sichtbar war. Er schwang das Kind an den Füßen und wollte es gegen den Baum schmettern. Gulielma wußte nachher nicht, wie sie es zuwege gebracht hatte, aber irgendwie stand sie plötzlich zwischen dem Baum und dem kleinen Körper, genau in dem Moment des Aufprallens. Er traf Gulielma damit gegen den Magen, es war ein Schlag, der sie zum Wanken brachte, aber es gelang ihr, das Kind zu packen. Sie wußte, daß sie den

Kampf nicht bestehen konnte, denn der Mann hatte die Kraft eines Wahnsinnigen. Doch in diesem Augenblick sprangen ihn aus der Dunkelheit zwei, drei, sechs Angreifer an. Er brüllte, aber er ließ von dem Kind ab, um sich ihrer zu erwehren.

Es war ein ungleicher Kampf. Der Berserker schleuderte seine Angreifer, einen nach dem andern, als wären sie Mehlsäcke, in die Dunkelheit zurück. Schon sah sie ihn wieder auf sich zukommen, rief einem vagen Schatten, der in der Nähe auftauchte, „Auffangen!" zu und warf das Kind. Es war gewiß sehr leichtsinnig von ihr, aber sie hatte keine andere Wahl, denn schon stand der tobsüchtige Riese vor ihr und brüllte: „Hin muß es werden! Hin!", und schüttelte sie erbarmungslos, während sie sich an den Baum klammerte. Es war ein seltsames, körperloses Erlebnis, sie spürte die Stöße nicht, sie fühlte sich von einer schwebenden Heiterkeit durchdrungen, von einer glückhaften Freude. Sie selbst wunderte sich darüber, wie leicht ihre letzten Augenblicke waren. Sie empfand nicht Schrecken, nur eine leichte Verwunderung.

Zu vollem Bewußtsein kam sie, als sie die dünnen, verzweifelten Schreie eines Kindes hörte. Da lag sie neben dem Lagerfeuer auf dem Boden, und die französischen Händler knieten rings um sie. „Wo ist der Kleine?" fragte sie.

„Ah, der verrückte Stier? Er hat Fonfon und Pierrot niedergeschlagen, aber dann hat seine Frau ihm den Rest gegeben. Mit einem Axtstiel!"

„Aber das Kind! Wo ist das Kind?!"

„Le voilà!" Ein quäkendes kleines Bündel, in irgend jemandes Lederjoppe gewickelt, wurde ihr gereicht. Das Kind sah schmutzig und verzweifelt aus, kein Wunder. Ein Wunder war, daß es die Prozedur überlebt hatte.

„Ich . . . ich werde zurückgehen und nach der Mutter sehen, das muß ich wohl . . ."

Sie gab das Baby zurück und versuchte, sich zu erheben, denn sie entsann sich des kalkweißen Gesichts der verstörten Wöchnerin. Die Reisenden versuchten, es ihr auszureden, aber sie kam doch noch auf die Füße. „Haltet das Kind solange warm, ich bin bald zurück", sagte sie und versuchte, sich in den Sattel zu schwingen. Doch vermochte sie es nicht, die Schmerzen im Magen waren zu stark. Ein Dutzend Hände halfen ihr aufsteigen. Als sie zu dem Wagen der Deutschen losritt, hatte sie es schwer, die Richtung einzuhalten, doch war auch das nicht nötig, denn sie wurde wieder eskortiert. Zwei der Franzosen führten Annie an der Kandare.

Als sie den Wagen erreicht hatte, half man ihr vom Pferd und führte sie zu der Ladeklappe; doch weiter ging die Ritterlichkeit nicht. Auf das erste Knurren des Ungeheuers hin, dessen Stiefel unter der Plache hervorstanden, lösten sich die Begleiter in Nebel und Dunkelheit auf.

Das Mädchen hatte sich erholt. Zumindest standen ihre Augen offen und sie blickte umher. Gleich ihrem Baby mußte sie aus dauerhaftem Material gemacht sein. Sogar die Alte, so gebrechlich sie aussah, stand ihnen da nicht nach. Einen tobenden Mann mit dem Stiel einer Axt unterzukriegen, erforderte beachtliche Kraft. Trotz der qualvollen Magenschmerzen half Gulielma dem Mädchen, sich der Nachgeburt zu entledigen. Sie hätte wohl auch noch den Riß vernähen sollen, aber genug war genug; auch ging der Riß nicht weit genug, um die Stiche wirklich notwendig zu machen. Zu allem Übel wachte nun auch der Vater noch aus seiner Betäubung auf und begann sich zu einer Reprise bereitzumachen. Gulielma fragte: „Und was geschieht mit dem Kind?"

„Nein, nein!" flüsterte die Frau aufgeregt, „das Kind wollen wir nicht, behalten Sie es!"

„Vielen Dank, aber das geht nicht. Es ist das Kind deiner Tochter, sie wird bald nach ihm verlangen."

„O nein, das wird sie nicht. Fragen Sie sie nur selbst!"

Aus dem Hintergrund wurde das Knurren des Mannes hörbar. Gulielma wandte sich an das traurige skalpierte Mädchen. „Möchtest du deinen Sohn sehen?"

Das Mädchen schüttelte den Kopf, schwach, aber entschlossen.

„Es ist ein hübscher kleiner Junge . . ."

„Nein, nein", wehrte sie mit heiserer Stimme ab. Ihre Lippen waren blaß, sie hatte Blut im Mund; vermutlich hatte sie sich in die Zunge gebissen.

„Du kannst dich nicht von deinem eigenen Kind abwenden, Mädchen", beharrte Gulielma. „Der Kleine ist dein Fleisch und Blut . . ."

„Nein!" rief die Frau. „Der Teufel hat ihn gezeugt, der Teufel! Man sollte ihn ersäufen, zum Schutz der Menschheit!"

„War es Vergewaltigung?" fragte Gulielma sachlich.

„Ja!" rief die Mutter. „Vergewaltigt haben sie sie! Die Indianer! Siebzehnmal!"

Trotz des Entsetzens in der Stimme der Frau konnte Gulielma nicht umhin, die unmenschliche Exaktheit in der Zahlangabe zu bestaunen. Auch schien die Sache nicht glaubhaft. Die Geburt war schwer gewesen, aber nicht verfrüht; und vor neun Monaten hatte man mit den Indianern in Frieden gelebt. „Wer ist der Vater?" fragte sie.

„Der Teufel!" kreischte die Frau, jetzt so wahnsinnig wie zuvor ihr Mann. „Ersäufen soll man ihn! In den Wabash werfen!"

Im Hintergrund wurde ein häßliches Gesicht erkennbar, und eine Stimme bellte: „Raus! Raus mit der!"

Gulielma machte einen letzten Versuch, bevor der Mann sich auf sie stürzen konnte. Sie nahm die kalte, schlaffe Hand des Mädchens und fragte: „Willst du wirklich dein eigenes Kind nicht haben?"

Das Mädchen sah sie aus seinen großen blauen Augen an. Trotz allem, was geschehen sein mochte, stand eine ergreifende Unschuld darin. „Nein", flüsterte sie, wieder unbeholfen wegen der geschwollenen Zunge. „Lassen Sie es sterben. Es ist schlecht, es kann nur schlecht sein, sehr schlecht." Plötzlich verzog sich ihr Gesicht, und sie brach in Tränen aus.

„Raus!" brüllte der Wahnsinnige wieder und griff nach Gulielmas Kragen. Gulielma vermochte ihn abzuschütteln und trotz ihrer jämmerlichen Verfassung den Wagen mit einem Sprung zu verlassen, der bei jedem anderen ihre staunende Bewunderung erregt hätte. Im Wageninneren konnte man den Berserker toben hören. Gulielma bewegte sich auf unsicheren Beinen in die Nacht hinaus, hilfreiche Hände waren nah, griffen nach ihr und führten sie zu dem Pferd.

Als sie wieder an dem Lagerfeuer saß, das wimmernde Bündel auf den Knien, wurde ihr klar, daß sie jetzt ein Kind hatte. Fast ärgerlich betrachtete sie das kleine Geschöpf, aber der Anblick des verhutzelten Gesichts und der winzigen Fäustchen, die kläglich um sich schlugen, stimmte sie so mild, daß sie den Kleinen streichelte. Sie blickte sich im Kreis um und fragte: „Will einer von euch vielleicht ein Baby?"

Französische Stimmen brachten ein sentimentales „Ooooh!" hervor, aber Angebote wurden nicht gemacht.

„Seht", redete sie ihnen vernünftig zu, „ich kann das Kind nicht bei mir haben. Ich bin auf dem Weg nach Mexiko und habe einen Ritt von zwei Monaten durch die Wüste vor mir. Das arme kleine Würmchen wäre in einer Woche tot."

Wieder war dasselbe gedehnte „Ooooh!" zu hören, aber keine freiwillige Meldung. Diese Männer hatten eine höchst melodiöse Art, ihre Bitte abzuweisen.

„Also gut", sagte sie mit einem Seufzer. „Ich werde ihm zunächst irgend etwas geben, damit er still wird, sonst plärrt er sich zu Tode. Wißt ihr, wo meine Apotheke ist? Das Ding mit den vielen Laden auf meinem ersten Muli?"

Die Gesichter nickten.

„Bringt mir eines der Fläschchen aus der Schublade Nummer siebzehn. Merkt ihr euch die Zahl? Siebzehn. Ein Fläschchen."

Einer der Männer eilte hilfsbereit davon. Gulielma gedachte der siebzehn Male, die die Indianer das Mädchen vergewaltigt hatten. Körperlich hatte sie den Schock ausgehalten, aber psychisch? Welche Zukunft winkte einem deutschen Bauernmädchen mit unschuldigen blauen Augen und skalpiertem Schädel, dessen Liebeserfahrung aus einer Gruppenvergewaltigung durch siebzehn Indianer bestand? Welch greuliche Degradierung alles dessen, was Menschen menschlich machte! Und dieses kleine Wesen war vor die Aufgabe gestellt, zu einem Menschen zu werden! Das würde in den kommenden Zeiten unendlich schwerer sein, als es in den guten Jahren des Heiligen Experiments gewesen war. Sie betrachtete das kleine Geschöpf in ihrem Schoß, die flatternden kleinen Fäuste, den vor Hunger klaffenden roten Mund. Lieber Gott, was bedeutet das alles?

Da war der Franzose mit dem Fläschchen zurück. Sie versuchte, die Aufschrift zu lesen, vermochte sie aber in dem flackernden Licht des Lagerfeuers nicht zu entziffern. Sie zog den Korken heraus und schnupperte. „Ja, das ist das richtige. Und jetzt brauch' ich ein Stück Linnen – ein sauberes, wenn ihr eines habt."

„Wäre das geeignet?" Man reichte ihr ein Taschentuch.

„Ausgezeichnet. Macht es dir etwas, wenn ich es zerreiße?" Sie wartete die Antwort nicht ab. Das war wirklich das Geringste, was die zur Wohlfahrt des Kindes beitragen konnten. Sie drehte einen plumpen Schnuller aus dem Tuch und tauchte das Ende in die süße Flüssigkeit, ein mit Sirup vermischtes Beruhigungsmittel, das sie speziell für Babys mit sich führte. Indianerinnen rieben sich damit die Brustwarzen ein, um greinende Kinder zu beschwichtigen. Nährwert hatte der Sirup wohl nicht, aber das schien selbst das hungrigste Kind nicht zu stören.

Hier hatte sie einen Neuankömmling vor sich, der mehr Verstand zeigte. Der Schnuller wurde mit wilder Wut abgewiesen. Die Ungebärdigkeit, mit der das Baby den Schnuller wegstieß, brachte sie auf den Gedanken, der Wüterich im Wagen könne selbst der Vater sein. Seine zur Schau gestellte Wut mochte ein wohldurchdachtes Schauspiel sein, mit bäuerlicher Schläue darauf berechnet, die Wahrheit vor seiner Frau zu verheimlichen. „Schluß damit", dachte Gulielma. „Du bist ein altes Weib mit einer schmutzigen Phantasie."

Alt oder nicht, ein Weib war sie jedenfalls. Als der Kleine nicht eingelullt sein wollte und Zeichen eines bevorstehenden Anfalls von sich gab, blieb kein anderer Ausweg übrig. „Meine Herren", sagte sie, „tun Sie mir bitte den Gefallen, sich abzuwenden, ich muß dieses Baby füttern."

Die Händler begriffen nicht, nicht einmal als Gulielma ihr Wams über den Kopf zu ziehen begann. Sie tat es mit einer Selbstverständlichkeit, die überzeugend gewesen wäre, wenn sie nicht auf ihren Hut vergessen hätte. Er landete auf dem Kopf des Babys. Es tat sicher weniger weh, als wie eine Keule herumgeschleudert zu werden, doch der Kleine schrie wie ein abgestochenes Schwein. Erst als sie eine ihrer reizlosen Brüste entblößte, begriffen die zusehenden Männer, warum sie erst gebeten hatte, sie möchten sich abwenden; noch einmal zeigten sie ihren Zaubertrick, sich in Dunkelheit und Nebel aufzulösen. Und als Gulielma dann ihre Brustwarze mit Sirup beträufelte, war kein Franzose mehr in Sicht. „Da, alter Junge", sagte sie zu dem strampelnden Kleinen, „nun laß uns sehen, ob du vielleicht darauf hereinfällst."

Er tat es. In dem Augenblick, in dem sie den kleinen Körper

an sich nahm und sein Mäulchen an ihre Brustwarze legte, wich das Zittern. Die kleinen Fäuste begannen ihre Brust zu kneten wie ein kleines, saugendes Kätzchen. Gulielma stieß einen Schmerzenslaut aus, denn der Junge hatte die Saugkraft einer Pumpe. Fasziniert und ein wenig angewidert beobachtete sie das kleine Tier; Berufsstolz mischte sich in die Freude über den Erfolg ihrer List.

In dieser Nacht schlief sie nicht viel. Das Baby ruhte sich aus, sie nicht. Was sollte sie mit dem Kind tun? Wer würde das unselige kleine Wesen nehmen und füttern? Das Kind brauchte Muttermilch. Mit dem Indianersirup konnte sie es höchstens ein oder zwei Tage lang am Leben halten. Wenn sie ihm keine Amme fand, würde es sterben. Wo sollte man hier eine solche Person auftreiben? Gulielma blickte in das erlöschende Feuer, das Baby auf dem Schoß, und war voll Zorn gegen die verrückte Familie in dem Wagen. Gewiß strotzte das Mädchen vor Milch, hatte womöglich Mühe, den Strom einzudämmen, und hier war ihr Kind, ihr eigenes Fleisch und Blut, und starb vor Hunger. Warum? Je mehr sie darüber nachdachte, um so fester wurde ihre Überzeugung, daß das bärtige Scheusal der Vater war. Das Kind zurückzubringen und denen aufzunötigen, wäre sein sicherer Tod, sobald sie den Rücken gewandt hatte. Wo konnte sie den Knaben hinbringen? Zu einem Indianerstamm? Der nächste von hier war Running Bull mit seinen Unami, dazu hätte sie nach Pendle Hill zurückmüssen. Eine Amme hätte man dort vielleicht aufgetrieben, aber das Kind durfte nicht Indianern übergeben werden. Von allen unglücklichen, heimatlosen Kindern waren die traurigsten die weißen Kinder, die Indianern in die Hände gefallen waren oder von ihnen adoptiert wurden. Von dem Stamm, bei dem sie aufwuchsen, wurden sie nie für voll genommen, immer sehnten sie sich nach ihrer eigenen Rasse, aber wenn es ihnen gelang, in die Gesellschaft der Weißen zurückzukehren, so waren sie dort verfemt, ausgeschlossen, und mußten sich ihren Lebensunterhalt als Pfadfinder, kleine Hausierer, Waffen- oder Rumschmuggler verdienen. Die Mädchen endeten meist als Huren in den Forts an der Grenze.

Doch welche andere Möglichkeit bot sich ihr? Ratlos blickte sie auf das Baby hinab. Plötzlich setzte sie sich so jäh auf, daß der Kleine unfreundlich grunzte. Cleo! Margaret Fell hatte in Lancaster Castle geschrieben: „Der Weg zum Göttlichen in jeder Frau, sogar in der verhärtetsten und mißbrauchtesten, führt über ein hilfloses, leidendes Kind." Warum also nicht das hilflose, mutterlose Kind dem schwarzen Panther in Pendle Hill in den Schoß legen? Und dann alles weitere dem Göttlichen in Cleo überlassen? Es war wohl für Gulielma Woodhouse an der Zeit, zur Abwechslung einmal ihr Vertrauen in Gott zu setzen, nicht in ihre eigene Intelligenz.

Am nächsten Morgen verabschiedete sie sich wortreich von den Franzosen. Um zeitig genug nach Pendle Hill zu kommen, damit das Leben des Kindes gerettet werden konnte, war ein scharfer Ritt vonnöten. Die alte Annie aber und die beiden Mulis waren müde. Der einzige Weg, der alten Stute eine Sonderleistung zu entlocken, war, ihr glaubhaft zu machen, daß es heimwärts ging. Ob man nun Kurs nach Westen, Norden oder Süden nahm, Annie war immer langsam und störrisch, nur der Kurs nach Osten weckte in ihr ungeahnten Eifer. Irgendwo in dem Hirn des Tiers war Osten gleichbedeutend mit Stall.

Es wirkte auch diesmal. Annie übertraf sich selbst, entsagte ihrer sonstigen querköpfigen Unberechenbarkeit, als sie Ziel nach Osten nehmen und wieder die Unendlichkeit des Grasmeers durchmessen mußte. Nach den ersten Frostnächten kam jäher Wind auf, und da erschien die Landschaft noch trostloser und unwirtlicher. Der Wind hatte breite Löcher in den Schnee geblasen, in denen riesige Büschel von abgestorbenem Gras wallten. Die Büsche und Sträucher, die vordem weiß in der Sonne geglitzert hatten, boten sich jetzt als tote, abgefrorene Skelette dar. Wieder kreisten geduldig die Bussarde am frostklaren Horizont.

An diesem Abend hatte sie, nachdem sie das Feuerholz in Brand gesetzt hatte, wieder das unbehagliche Gefühl, aus nächster Nähe beobachtet zu werden. Doch machte es ihr jetzt nichts aus. Irgendwie schien die Gegenwart des Kindes sie gegen alles, was sich da nachts lautlos heranpirschte und sie belauerte, zu schützen. Vermutlich war es einer von Running Bulls Spähern. Die Unami waren offenbar auf der Suche nach einem geeigneten neuen Gebiet, und dazu waren Exkursionen in alle Richtungen nötig. Sie saß, die Beine weit von sich gestreckt, gegen ihren Sattel gelehnt, dem Feuer so nahe wie möglich, und fütterte das Baby. Der arme Junge hatte noch keine Erfahrung. Obwohl auch seine heftigsten Versuche, Nahrung aus ihr zu ziehen, fehlschlugen, verschmähte er ihre trockenen Brüste nicht und wandte sich nicht von ihr ab. Der Indianersirup erzeugte nicht nur die Illusion, genährt zu werden, sondern wirkte auch als Beruhigungsmittel; nach etwa zehn Minuten wurde der Kleine immer schläfrig, und das war der richtige Moment, ihm etwas Wasser einzugeben, um einer Austrocknung vorzubeugen. Spaß machte ihm das keinen, aber er war in diesem Moment schon zu sehr abgestumpft, um laut zu protestieren. Die Illusion, genährt zu werden, wurde dadurch verstärkt, daß sie ihn von einer Brust zur andern wechseln ließ; hatte er sein Quantum genossen, so nahm sie ihn ab und klopfte ihm auf den Rücken, um ihn aufstoßen zu lassen. Da das arme Geschöpf kaum mehr als Luft zu schlucken bekam, rülpste es mit lautem Schall. Sie saß da, wiegte ihn und küßte ihn, um in ihm ein Gefühl der Sicherheit zu wecken, und mußte an Margaret Fell denken und an das, was sie über das Göttliche in Frauen gesagt hatte. Wenn es wirklich das von Gott war, was dieses Baby in ihr wachrief, dann war Gott anders, als sie sich ihn ihr ganzes Leben lang vorgestellt hatte, viel irdischer und fröhlicher. Ach, wenn er wirklich in einem so irdischen Sinn ein Gott der Liebe gewesen wäre, dann wäre sie ihm in all diesen langen, unfruchtbaren Jahren viel nähergekommen.

In den verträumten Stunden am Lagerfeuer erfüllte sie der Gedanke, sich demnächst von ihrem kleinen Begleiter trennen zu müssen, mit Bedauern. Tagsüber war das leichter, da baumelte der Kleine in seiner Schlinge an ihrem Rücken und verdämmerte die Stunden, bis das Pferd die Gangart für die Rast verlangsamte. Dann erst schrie er wie ein Vogel in die Unendlichkeit der frostigen Prärie hinaus. Nach kurzer Rast wurde er dann gefüttert, das ganze Theater mit Brustwechsel, Gerülpse und Windelwechseln wurde wiederholt. Die Windeln wurden allerdings immer trockener. Die Notwendigkeit wirklicher Nahrung war jetzt verzweifelt. Zwei Tage brauchte sie noch bis Pendle Hill, wenn alles gut ging und wenn die beiden Mulis, Henry und sein Kollege, auf Annies beständiges Drängen und Zerren eingingen.

Am zweiten Tag aber fand Henry, jetzt hätte er genug. Plötzlich blieb er stehen, zerrte damit die alte Annie zurück und hätte beinahe Gulielma, die im Halbschlaf dahinritt, aus dem Sattel gerissen. Dies war eine alte Gewohnheit von ihm, und Gulielma kalkulierte diese Möglichkeit immer beim Festschnallen der Apotheke ein. Alle Maultiere haben persönliche Charakterzüge; zu Henrys Eigenheiten gehörte, daß er mehr auf die Größe einer Fracht reagierte als auf ihr Gewicht. Wenn er sich einbildete, die Last auf seinem Rücken wäre verringert, war er zu einem weiteren Stück Wegs zu haben. Gulielma hatte den Apothekerkasten von einem bestürzten, aber gehorsamen Tischler in Philadelphia in zwei Hälften sägen lassen. Die beiden Hälften, Überbau und Unterbau, konnten auch hintereinander vergurtet werden. Dabei änderte sich nichts am Gewicht der Last, sie wurde sogar womöglich noch drückender, aber das Profil des Aufbaus wurde niedriger und weckte dadurch in Henrys Maultiergehirn die Illusion, er trage jetzt weniger. Resigniert stieg Gulielma vom Pferd, ging zu Henry hinüber, klopfte seinen Hals und sagte: „Du hast vollkommen recht, mein armer Junge, für ein Muli, das etwas auf sich hält, wird dir viel zuviel zugemutet. Ich nehme dir die Hälfte ab." Sie schnallte die Apotheke anders, so wie sie das unzählige Male getan, trat wieder zum Kopf Henrys und drehte ihn zurück: „Na, wie ist das? Besser, was? Die halbe Ladung ist weg, schau einmal!"

Henry streifte das vierschrötige Gebilde auf seinem Rücken mit einem traurigen Blick, ging aber auf den Schwindel ein. Er setzte sich wieder in Bewegung, wenn nicht mit erneuter Kraft, so wenigstens in mürrischer Resignation.

Ihre Gedanken hatten sich so ausschließlich um die stets schlechtere Verfassung des Kindes gedreht, daß, als der dunkle, bewaldete Berg von Pendle Hill in Sicht kam, sie noch keinen Plan hatte, wie sie das Kind bei Bonny Baker lassen konnte, ohne den Argwohn der Negerin zu erregen, daß es sich nur um einen gutausgetüftelten Trick handelte, Bonny aus ihren Klauen zu retten. Aber das hatte Zeit. Gulielma gedachte auf jeden Fall zuerst zu Running Bull zu gehen und sich bei ihm nach einer Amme umzusehen.

Die Vorstellung war keineswegs angenehm. Running Bull

war unfreundlich, tückisch, und er haßte sie. Aber vielleicht würde er auf ihre Wünsche eingehen, wenn er dachte, es könne der Errichtung seiner Schule förderlich sein. Es war wirklich ergreifend, mit welcher Zähigkeit er an dieser Schule hing. Er war der kultivierteste und durchtriebenste Indianer, den sie kannte, doch auch er hatte einen Zug in das Kindische, das Primitive. Der Wunsch nach einer Schule hatte nichts mit dem Verlangen zu tun, den Kindern seines Stammes eine Erziehung zu geben; ihm kam es nur darauf an, etwas zu besitzen, was kein anderer Stamm besaß. Seine Krieger hatten die Miamis auf eine wahrscheinlich scheußliche und grausame Weise niedergeworfen; jetzt galt es, die Demütigung dieser Feinde zu vollenden, indem auf ihrem ehemaligen Gebiet eine Schule mit weißen Lehrern eingerichtet wurde, Sklaven seines Stammes. Es war ein Glück, daß auf der Jahresversammlung in Philadelphia keiner der Quäker sich eine Vorstellung davon machte, welche Deutung die Indianer der Schule geben würden, mit der sie da gesegnet wurden. Der einzige, der Running Bull gewachsen war, würde ihr Bruder Isaak sein, der seinerseits in der Schule nur ein Mittel sah, von den Unami ein Pelzhandelsmonopol zu bekommen.

Sie ritt also mit einiger Besorgnis in Running Bulls neuerbaute Siedlung an der andern Seite des Nachtigallensees. Die ersten Hochwaldwölfe ließen aus den Tiefen des dunklen Forstes ihre klagenden Stimmen hören. Menschen waren kaum unterwegs. Es war kalt, von den Spitzen der Wigwams ringelte sich dünner Rauch in den grünlichen Himmel. Außerhalb des Häuptlingstipis saßen zwei Wachtposten in Pelze gewickelt, dicken Vögeln ähnlich, die sich für die Nacht niedergelassen haben. Einer ging gleichmütig ins Haus, sie anzumelden. Gulielma hatte nicht erwartet, daß ihre Ankunft Aufsehen erregen würde: alle kannten sie, sie galt für harmlos. Doch jetzt war sie überzeugt, daß die geheimnisvolle Gefolgschaft am Horizont aus Spähern Running Bulls bestanden hatte. Jetzt streckte der Posten seinen Kopf aus dem dreieckigen Eingang und bedeutete ihr mit einem Wink, einzutreten. Sie stieg ab und band die alte Annie an einen Pfosten.

„Danke, Freund." Sie brückte sich, um einzutreten, vergaß aber, daß sie das Baby am Rücken trug; brüsk drückte der

Mann sie nieder. Ein Glück, daß er es tat; er mußte ihr angemerkt haben, daß sie keine Erfahrung in der Mutterschaft hatte. „Ich begrüße dich, mächtiger Freund", sagte sie.

Running Bull, riesig unf formlos wie ein gestrandeter Wal, lag zur Seite geneigt auf einem Stapel von Fellen, nur bekleidet mit einem perlenbestickten Schurz, der seine Nacktheit unterstrich. Die Temperatur im Zelt war atemraubend; eine Pfanne, mit glühender Holzkohle gefüllt, groß genug für eine ganze Halle, stand in der Mitte des Zelts, ihre Hitze schlug Gulielma entgegen wie der heiße Hauch eines Schmelzofens.

„Schon gut", sagte der Mann spöttisch grinsend. Er sagte es in seiner Fistelstimme, die immer bedeutete, daß er unfreundlich zu sein gedachte. Als Päderast haßte er nicht nur sie, sondern überhaupt alle Frauen. Sie bezweifelte, daß das Kind ihn rühren würde. „Was verschafft uns das Vergnügen Ihres Besuchs?" quiekte er. „Ich dachte, Sie wären auf dem Wege nach dem Westen."

„Das war ich auch", antwortete sie und setzte sich auf einen Stapel Wildfelle. Vergeblich hoffte sie, er würde ihr den Glutofen aus der Nähe rücken lassen. „Ein dringender Anlaß zwang mich, zurückzukehren, und darüber wollte ich mit dir sprechen."

„Mit mir?" Die boshaften kleinen Augen in dem schwitzenden Mondgesicht wurden schmal. Wie der Häuptling so vor ihr lag, die Massen seiner Fettpolster seitlich herunterhängend, wirkte er seltsam verzerrt; sein Bauch lag vor ihm, als wäre er etwas Selbständiges, ein Riesenei, von einem mythologischen Ungeheuer gelegt. Sie erinnerte sich, wie Running Bull ausgesehen hatte, als sie ihm zum ersten Mal begegnete. Jung, schlank, weibisch, empfindsam. Er war ein hübscher Junge gewesen. Schade, daß seine Veranlagung ihn hinderte, während seines Aufenthalts in London mit den Damen zu flirten. In mancher Beziehung war die englische Hofgesellschaft primitiver als seine eigene: ein Matriarchat, wenn es je eines gegeben hatte, und das einzige, was Frauen an einem Mann respektierten, war Männlichkeit. Kein Wunder, daß Running Bull voll Haß zurückgekehrt und seither fett und abstoßend geworden war: der Hof von St. James war nicht das richtige gewesen für einen zimperlichen indianischen Päderasten.

„Ja", sagte sie und löste die Schlinge, in der sie das Baby getragen hatte. „Über dieses Kind will ich mit dir reden." Sie nahm das Baby auf ihren Schoß, lehnte es gegen ihren Magen. Vom Hunger geschwächt, wie das Kind war, rutschte ihm sein kleiner Kopf zur Seite.

„Was ist das?" fragte Running Bull gemein.

„Ein Baby. Ein Junge."

„Ihres, Piß-Gulie?"

„Das ist ein armseliger Scherz, sogar für dich, Freund", sagte sie gelassen. „Ich hab' ihn vor seiner Familie gerettet. Man wollte ihn gerade im Wabash ersäufen."

„Soviel ich sehen kann, wäre das eine recht vernünftige Idee gewesen." Sein Haß schien den ganzen überhitzten kleinen Raum zu erfüllen. Er hatte Zeit, unermeßlich Zeit, der Fliege die Flügel auszureißen.

„Hör zu", sagte sie sachlich, „ich möchte, daß dieses Kind von Boniface Baker und dem schwarzen Mädchen aufgenommen wird. Um das zu erreichen, muß ich ihnen ein bißchen was vorschwindeln. Sie dürfen nicht wissen, daß ich es bin, die ihnen dieses Kind andreht. Der Kleine muß ein Findelkind sein, das die Miamis vor ihre Türe legten."

Sein Riesenleib schien zu erstarren. Aus engen Schlitzen blickte er sie mit seinen schwarzen Kieselsteinaugen an, ohne zu verraten, was er dachte. „Warum?" Er hatte die Frage mit seiner unverfälschten Stimme gestellt, also begann er die Sache ernst zu nehmen.

„Die Lage im Baker-Haus brauche ich dir nicht zu erklären", sagte sie. „Ich will mich da nicht auf Einzelheiten einlassen, aber ich habe nicht den Eindruck, daß Boniface Baker sich besonders gedrängt fühlt, deine Schule in Betrieb zu setzen."

Der fette Riese kicherte. Das Kichern klang nicht angenehm, es hatte nichts mit guter Laune zu tun. „Ich habe mich entschlossen, den Quäkern noch einen Monat Zeit zu lassen." Es klang, als ob er diesen Satz vorher mehrfach geprobt hätte. „So lange haben sie noch Zeit, ihren Vertrag zu erfüllen. Ist bis dahin nichts geschehen, dann werden Boniface Baker und seine Squaw im Lande der Unami nicht mehr willkommen sein."

Das war eine Verzerrung der Tatsachen. Es gab keinen Vertrag zwischen den Quäkern und Running Bull, nur das

465

voreilige Versprechen eines unerfahrenen jungen Mannes. Doch sie erkannte ihre Chance. „Das wäre verständlich", erwiderte sie, „aber nicht klug. Damit erreichst du nur, daß du die Quäker aus deinem Gebiet austreibst und damit die Hoffnung auf diese Schule begräbst. Andernfalls bin ich überzeugt, daß sie die Schule vor Frühling eröffnen werden, wenn sie dieses Kind als eigenes angenommen haben."

„Wieso?"

„Ich sehe sogar voraus", fuhr sie fort, ohne auf seine Frage einzugehen, „daß noch mehr Lehrer aus Philadelphia herkommen." Unschuldig sah sie ihn an. Hoffentlich hatten seine Späher ihm noch nicht gesagt, daß der Treck bereits in Vorbereitung war.

„Du scheinst viele Dinge voraussehen zu können", sagte er teilnahmslos, war aber vom Sie auf das Du übergegangen.

„Der Versuch würde lohnen, glaube ich. Klappt er nicht, kannst du sie immer noch hinausschmeißen, alle drei."

Träge, als begriffe er nur langsam, glotzte er sie an. Dann brachte er ein Lächeln zuwege, ein flüchtiges Zucken seiner feuchten Lippen. „Was schlägst du also vor? Soll ich eine Miamisquaw fangen lassen, die das Kind ihnen übergibt?"

Er würde also mitmachen. „Nicht ganz", erwiderte sie und blinzelte, denn der Schweiß rann ihr in die Augen. „Es genügt, wenn eine deiner Squaws das Kind nachts auf Bonnys Türstufe legt. Wir können Dinge in das Körbchen legen, die auf die Miami hinweisen."

„Und meine Krieger hätten nichts bemerkt, wenn Miami sich hier herumtreiben?" Er mimte Verärgerung.

„Ich dachte, du hättest sie hinreichend gedemütigt, um ihren Frauen zu gestatten, hier Feuerholz zu sammeln, ohne getötet zu werden."

Er schien darüber nachzudenken, in Wirklichkeit aber beobachtete er sie lauernd. „Und was für Dinge hattest du im Sinn? Einen Brief: Wir, die Miami, schenken dir dieses Baby mit den besten Empfehlungen?"

„Ja, dem Sinne nach etwa so."

„Die Miami, liebe Freundin, sind blöde Wilde, die können weder lesen noch schreiben. Das einzige, was sie von Coyoten unterscheidet, ist, daß sie Feuer machen können."

„Das ist es ja, warum ich deinen Rat brauche", sagte sie, entschlossen, jetzt dick aufzutragen. „Ich dachte, du hättest vielleicht eine bessere Idee."

Er schürzte die Lippen. Schöner wurde er dadurch nicht. „Leg etwas hinein, das niemand lesen kann", sagte er schließlich. „Etwas Geheimnisvolles. Damit sie nicht sofort sagen: das haben die Miami getan. Sollen sie doch zu dir kommen und dich fragen, woher dieses Baby kommen mag."

„Ich werde ja nicht hier sein. Gleich nachdem ich dieses Kind dir übergeben habe, ziehe ich wieder nach Westen."

„Dann werden sie zu mir kommen, und ich werde es ihnen sagen." Nachdenklich runzelte er die Stirn. Sie atmete auf. Irgendwo in dieser widerwärtigen Masse von Fett und schlaffen Muskeln steckte ein Kind, das Spiele gern hatte. „Ich werde eine meiner Squaws mit dem Korb hinschicken, die Posten werden sie sehen und solchen Lärm schlagen, daß deine Freunde zur Tür stürzen und das Baby finden."

„Herrlich."

„Und in das Körbchen legen wir irgendein Rätsel. Steine mit fremden Zeichen. Ein hier unübliches Totem. Perlen. Vielleicht eine tote Maus."

„Wozu eine tote Maus? Bedeutet das irgend etwas?"

„Nein. Bloß eben eine tote Maus. Ein Geheimnis."

„Ich verstehe." Plötzlich fiel ihr etwas ein. „Wie wär's mit einem Fledermausflügel mit irgendwelchen Indianerzeichen darauf?"

„Ich hab' keinen Fledermausflügel", antwortete er geringschätzig.

„Ich hab' einen, sogar beschriftet . . ." Sie wühlte in ihrem Proviantsack und holte die lederige Haut mit den langen Zehenkrallen hervor, auf die der Häuptling der Huni ihr notiert hatte, was sie ihm mitbringen sollte. Dann zeigte sie ihm noch einen Anhänger aus Stein, zweifarbig, orange und blau, den sie einmal mitgenommen hatte, weil die Farben sie an die Wohntürme der Huni erinnerten.

„Wo hast du denn die her?"

„Ach, ich heb' dies und das auf, wo ich's finde." Bevor er weiterfragen konnte, fuhr sie fort: „Wir brauchen einen Korb für den Kleinen und obendrein eine Amme. Dieses Kind hat,

467

seit es vor vier Tagen geboren wurde, keine Nahrung bekommen."

Sein Gesicht drückte Langweile aus. „Ich werde eine finden. Zeig mir noch einmal diese Dinge."

Sie kam auf die Füße, unbeholfen, wegen des Kindes, umging das höllische Kohlenbecken und händigte ihm den Fledermausflügel und den farbigen Stein aus. Dann kehrte sie zu ihrem Sitz zurück, während er die Gegenstände neugierig betrachtete, besonders den Fledermausflügel. Er versuchte die Hieroglyphen zu entziffern. „Was bedeutet es?"

„Was willst du, daß es bedeutet?" Sie dachte nicht daran, es ihm zu verraten, wenn es sich vermeiden ließ. Je weniger er über die Huni wußte, desto besser. Sie lebten hunderte Meilen von hier entfernt, aber wenn sie sein Interesse erweckten, war ihm zuzutrauen, daß er hinging um nachzuschauen. Einen Besuch Running Bulls und seiner blutdürstigen Krieger wollte sie den Huni lieber ersparen.

Er sagte: „Vermutlich bedeutet es etwas wie ,Wir schenken dir dieses Kind als Entschädigung für die Tochter, die wir dir getötet haben.' Oder etwas dergleichen, wie?"

„Sehr gut. Aber wie wär's, wenn wir den Text noch etwas rührender machten? Zum Beispiel: ,Wir haben dieses Baby auf deiner Türstufe liegen gelassen, weil es nur in diesem Hause Liebe zu erwarten hat.' "

Er lächelte eine Spur anzüglich, äußerte aber nichts. Dann legte er den Fledermausflügel vor seinem schweißglitzernden Bauch nieder und sagte: „Schön, so machen wir es. Leb wohl."

„Ich hätte ihn gerne selbst in den Korb gelegt. Könntest du einen bringen lassen?" Es war nicht nur Vorsicht, die sie diese Bitte aussprechen ließ: Ganz unerwartet bereitete ihr die Trennung von dem kleinen Wesen Kummer. Der Häuptling klatschte dreimal auf seinen Schenkel. Einer der Posten steckte den Kopf herein. Die Zähne des Mannes klapperten, es mußte draußen bitter kalt sein. Running Bull gab einen kurzen Befehl, der Kopf des Posten verschwand wieder.

Wortlos warteten sie auf das Wiederkommen des Mannes. Es war nicht Running Bulls Art, ein Schweigen durch Geschwätz behaglicher zu machen. Das Baby, dem Schweißperlen auf der wächsernen Stirn standen, wimmerte schwach. Sie nahm es in die Arme, schaukelte es und flüsterte ihm Worte ins Ohr, ohne daran zu denken, daß der feiste Indianer sie fasziniert beobachtete. Als ihre Augen einander wieder begegneten, fragte er boshaft: „Warum behältst du es nicht selbst, Piß-Gulie? In deinem Alter könntest du ein Schoßhündchen brauchen!"

„Ach", sagte sie gleichmütig, „wo der herkommt, gibt es noch viele andere."

Aus irgendeinem Grund schien ihm diese Antwort Spaß zu machen. Seine widerwärtige Körpermasse wabbelte vor Vergnügen. Dann kam der Mann mit dem Korb zurück.

Es war ein Korb, wie ihn Indianerinnen für das Einsammeln von Wurzeln und Beeren benützen; irgendwie sah er seltsam unfertig aus. Als sie das Kind behutsam hineinlegte, hatte sie plötzlich das Gefühl, am Ende ihrer Kraft zu sein. Sie stand auf und sagte: „Friede sei mit dir, Running Bull! Bitte vergiß nicht die Amme!"

„Aber werden deine Freunde denn eine wollen? Woher sollen sie wissen, daß eine Amme gebraucht wird?"

„Verlaß dich auf das Mädchen", sagte sie, „die wird es wissen. Ich glaube nicht, daß es im ganzen Land eine einzige Pflanzung gibt, auf der die Dame des Hauses ihre Kinder selbst nährt. Es verdirbt die Form der Brust."

Sie wandte sich zum Gehen, Das Kind wußte sie jetzt in Sicherheit, denn Running Bull war, wie immer sonst sein Charakter sein mochte, ein Indianer. Einem hilflosen Kind würde er nichts tun, solange er nicht in den Wahn des Krieges verstrickt war.

Boniface Baker erwachte aus tiefem, schweren Schlaf, durch Schüsse, Geschrei, Getrappel davonlaufender Füße und das schrille Quieken eines verletzten Tieres. Er schwang seine Beine aus dem Bett und taumelte zur Tür. Draußen breitete sich die Schneedecke flimmernd im Mondlicht. Schwarze Gestalten, die auf der Lichtung dem Waldrand zuliefen, waren in der Ferne wahrzunehmen: Das quiekende kleine Tier lag zu seinen Füßen auf der Türschwelle. Er beugte sich darüber, fand den Korb und begriff, daß es ein Kleinkind war. Kerzenlicht kam aus dem Hintergrund des Blockhauses näher. Es war Cleo. Als sie zu

Boden blickte und den primitiv geflochtenen Korb sah, schien sie zurückzuschrecken.

„Es ist . . . es ist ein Kind", sagte er, von ihrer Reaktion betroffen. Doch sie schien ihn nicht zu hören. Ihre Augen, wie sie auf das in seinem Körbchen jammernde Kind blickte, waren so wild, daß er sich erschrocken abwendete. Sie sah aus wie ein Jaguar, der zum Sprung ansetzt. Er beugte sich vor und wollte den Korb aufnehmen, aber sie hielt ihn zurück.

„Cleo . . ."

Sie reichte ihm die Kerze, ohne die Augen von dem Kind zu lösen. Dann kniete sie nieder und nahm es auf. Sein dünnes Quieken wurde dumpf, als sie es an die Brust drückte. Sie stand auf und trug das Kind hinein. „Schließ die Tür!" sagte sie zu ihm.

Er nahm den Korb hinein und beobachtete sie, als sie das Baby vor dem Kamin auf einen Stapel Häute legte. Sie blickte auf das Kind hinab, das mit seinen winzigen Armen wedelte. Die dunkle Gewalttätigkeit schien aus ihren Augen gewichen. Sie streckte die Hände aus und löste das Kind aus den Tüchern, in die es gehüllt war.

Aus dem Bündel befreit, wirkte das Kind sehr klein und sehr weiß. Der Kopf schien außergewöhnlich groß und knochig, die Wangen waren eingefallen, die Augen lagen tief in den Höhlen, der große breite Mund, der in Schmerzensschreien aufgerissen war, sah alt und zerquält aus. Es war ein Junge. Sie hob ihn auf, eine Hand unter dem schwankenden, totenschädelartigen Kopf, und lehnte ihn an ihre Brust.

„Das Kind stirbt", sagte sie, „es ist am Verhungern. Geh ins Indianerdorf und suche nach einer Frau, die vor kurzem ein Kind geboren hat. Bitte sie, hierherzukommen, schnell."

„Aber was . . .?"

Sie wandte sich ab, knöpfte den Oberteil ihres Kleides auf, nahm eine Brust heraus und preßte das Kind dagegen.

Das waren die Brüste, die ihn bis in seine Träume verfolgt hatten. Er war von einem Gefühl tiefster Verlassenheit ergriffen. „Schnell", sagte sie über die Schulter zu ihm, „verstehst du mich nicht?"

Auf dem Weg zur Tür stolperte er über den Korb und merkte, daß er barfuß war. So konnte er nicht ins Indianerdorf laufen, er mußte sich anziehen. Er trat hinter den Vorhang. Während er sich hastig ankleidete, hörte er das verzweifelte Saugen des Kindes, es klang laut in die Stille. Als er hinter dem Vorhang hervorkam und in seine Stiefel schlüpfte, blickte Cleo auf. „Schnell!" sagte sie.

„Ich lauf' ja schon . . ."

Draußen schimmerte der Schnee blau im Mondlicht. Die eisige Luft spannte seine Haut im Gesicht. Gott, dachte er, dein Wille geschehe.

Er lief zum Dorf, seine Schritte waren weich im Schnee.

5

Ach, dachte Beulah Baker, wenn doch die Fragen der Moral so eindeutig gestellt wären, wie sie als junges Mädchen geglaubt hatte! Wenn doch die menschlichen Triebe schwarz oder weiß wären, gut oder böse!

Da war zum Beispiel die Sache mit den Sklaven von Eden Island. Die Andachtsgemeinde hatte sie unter ihre Obhut genommen, hatte die Insel zu einem günstigen Preis für sie verkauft und den Ertrag unter sie aufgeteilt. Konnte etwas moralisch einwandfreier sein? Und doch waren die Ergebnisse, zumindest in einigen Fällen, eindeutig schlecht. In dem Augenblick, in dem diesen armen Negern eine Geldsumme ausgehändigt wurde, die ihnen aufregend groß schien, hatten viele von ihnen binnen einer wüsten Woche in den Hafenspelunken alles versoffen, mit dem Ergebnis, daß sie aus der Gosse aufgelesen und in die Sklaverei zurückverkauft wurden. Andere hatten sich ratlos und voller Unsicherheit an die Andachtsgemeinde gewandt mit der Bitte, man möchte sie doch auf die Insel zurückbringen, sie wären bereit, bei dem neuen Eigentümer zu dienen. Die meisten hatten sich nach einigen Wochen Mitgliedern der Andachtsgemeinde als Hausbedienstete oder Gärtner angetragen, zu Löhnen, die man nur symbolisch nehmen konnte, einfach, weil sie Schutz suchten. Viele wohlhabende Freunde, die bislang gezögert hatten, Neger als Hausbedienstete zu verpflichten, sahen sich jetzt in einer verzwickten Lage. Niemand fragte Beulah um Rat, wen man in Dienst nehmen sollte oder nicht; niemand schien sich der Tatsache zu erinnern, daß sie einmal die Besitzerin dieser Leute gewesen war und sie daher alle kannte. Sogar Jeremiah hätte Scipio in Dienst genommen, wenn sie es ihm nicht im letzten Moment ausgeredet hätte. Jede Quäkerfamilie in der Stadt, die es sich leisten konnte, nahm mit Begeisterung das Trojanische Pferd in ihre Mauern auf, niemand war sich darüber im klaren, daß er sich damit Faulpelze auf den·Hals lud, die jetzt genug Geld besaßen, um nur zu arbeiten, wenn sie Lust dazu hatten, und deren einziges Anliegen es war, auf diese Weise Schutz vor den Sklavenjägern zu bekommen.

Die einzigen, die aus ihrer so plötzlich gefundenen Freiheit einigen Nutzen zogen, waren jene, die sich der Schulexpedition anschlossen, um in der Wildnis des Nordwest-Territoriums Heimstätten zu gründen. Es waren die Fleißigen und Besonnen, mit Ausnahme der fetten alten Mammy, die sich aus irgendeinem Grund entschlossen hatte, diese Gruppe zu begleiten. Doch was konnten selbst diese Leute erwarten, wenn sie an ihren Bestimmungsort gelangt waren? Wie lang würde es dauern, bis weiße Siedler sie überwältigten und sie von ihrem mühselig erarbeiteten Besitz vertrieben? Schon hatte sich eine erstaunliche Menge von Mitgliedern der Andachtsgemeinde der Expedition angeschlossen, hauptsächlich junge Leute, die sich ihren eigenen Platz in der Welt schaffen wollten, wie Joseph Woodhouse und seine Himsha, George McHair, der der Abgott von Beulahs Tochter Abby war, Ezekiel Henderson, Nathaniel Norris. Was war über diese jungen Leute gekommen, daß sie ihre Privilegien und die gesicherte Existenz aufgaben, die ihrer als Nachkommen der führenden Familien in der Stadt harrte? Was brachte sie auf den Gedanken, sie müßten sich in der Wildnis eine ganz neue Zukunft aufbauen? War ihnen Becky keine Warnung, war sie unnütz gestorben? Es war eine verrückte Modetorheit, sich dieser Expedition anzuschließen, um dort eine jämmerliche Schule zu gründen, um bäuerliche Betriebe auf die Beine zu stellen, Schmieden, Bautischlereien, Handelsposten. Narrheit war das, weiter nichts, jugendliche Narrheit. Jetzt schon tobten wilde Abschiedsfeiern, die in wüsten Schlittenfahrten zu entlegenen Jagdhütten im Wald endeten. Die Eltern blieben zutiefst verstört in einer Stadt zurück, die plötzlich keine Jugend mehr hatte, als ob eine

Seuche die jungen Menschen fortgerafft hätte. Alles, mochte es noch so weit hergeholt sein, diente als Vorwand für eine Festveranstaltung: die letzte war die Sprengung von Altar Rock an diesem Morgen. Rudel von jungen Leuten hatten sich gestern abend auf den Weg gemacht, um die Nacht in dem Gasthof am Ufer zu verbringen, ein klingelnder Festzug von Schlitten und Kutschen, Trabrennwagen und Phaetons. Sie waren vollgestopft mit rotbackigen, strahlenden jungen Burschen und Mädchen in Pelzen und Schals, jedes Pferd war ein Vermögen wert, jedes Fahrzeug der Ertrag langjähriger, harter Arbeit ihrer Eltern. Keiner von ihnen schien sich darüber klar zu sein, daß diese prahlerische Auffahrt nichts weiter bewies als ihre Ahnungslosigkeit, wie wenig sie durch Temperament und Erziehung auf ein hartes Pionierleben in der Wildnis vorbereitet waren. Wie sollten ihnen Kinder geboren werden, wo keine Hebammen zu Gebot standen? Was hatten so gebrechliche Geschöpfe wie Himsha Woodhouse dort zu erwarten? Oder Agnes Norris, die von Kindesbeinen an zart gewesen war und deren gequältes Hüsteln die Stille der Frauenandachten störte? Narrheit war das alles, und die Krönung davon war dieser Knall, der heute morgen alle Fenster von Philadelphia erklirren ließ – die Sprengung von Altar Rock. Bald würden die Teilnehmer der Veranstaltung mit Krach und Geklingel heimkommen, voll aufregender Erzählungen, die Beulah ihnen doch nicht glaubte, denn Beulah war fest überzeugt, daß nichts, was in der letzten Nacht in diesem Gasthof geschehen war, irgend etwas mit der Sprengung des Felsens zu tun hatte. Laut würde sie das natürlich nicht sagen, denn schließlich waren es ja ihre Sklaven, die diese Saat der Unmoral, der Widerspenstigkeit und Verantwortungslosigkeit in die ganze Stadt ausgestreut hatten.

Hätte sie sich der Expedition in die Wildnis anschließen sollen? Zum tausendsten Mal stellte sie sich diese Frage, als sie nach ihrem Schulunterricht nach Hause ging. Die bloße Vorstellung, an diesem Wahnsinn teilzunehmen, war ihr unerträglich. Und trotzdem würde sie einmal dorthin ziehen müssen, wo ihr Gatte war. Wenn sie nicht das letzte Band, das sie an ihn fesselte, zerschneiden wollte, mußte sie ihre Pflicht erfüllen. Abbys Schulbesuch ließ sich nicht länger als Ausrede gebrauchen, denn eine Schulgründung war ja das eigentliche Vorhaben der Expedition. Auch daß sie den Strapazen nicht gewachsen wäre, war kein Argument mehr, seit diese halbirren alten Weiber wie Bathsheba Moremen und Millie Clutterbuck sich entschlossen hatten, mitzukommen. Sie hatte alle Möglichkeiten durchdacht, aber es gab einfach keinen Ausweg: sie würde sich dem allgemeinen Wahnsinn unterwerfen müssen und alles hinter sich lassen, was ihrem Leben Sinn und Richtung gegeben hatte. Abschied würde sie für immer nehmen müssen von dem kleinen Abraham, von Jerry, und dieser Gedanke allein schon bewirkte, daß sie ihren Schritt beschleunigte und den Rest des Weges in unschicklicher, atemloser, ängstlicher Hast zurücklegte.

Es war ihr jetzt unmöglich, Grizzle oder auch nur Jerry gegenüberzusitzen. Unter dem Vorwand, sie habe Kopfschmerzen, blieb sie dem Abendessen fern. In ihr Zimmer eingeschlossen, sank sie in die Knie und betete zu Gott, er möge diesen Kelch an ihr vorübergehen lassen, und dabei wußte sie doch die ganze Zeit genau, daß ihre Pflicht außer Zweifel und unverkennbar Gottes Wille war. Von Rechts wegen hätte sie Ihn nur um Kraft bitten dürfen, ihre Pflicht mit Würde und Ergebung ins Unvermeidliche zu tun.

Und doch war es, als sie so weinend im Gebet neben ihrem Bett kniete, als überkäme sie eine erste vage Sicherheit, ein Aufflackern von Hoffnung. Mit Vernunft hatte das nichts zu tun; es gab keinen Grund, ihre Pflichtvergessenheit zu rechtfertigen. Und dennoch, vielleicht weil sie so leidenschaftlich gebetet hatte, schien sich ein Versprechen in ihr zu formen, eine Hoffnung, die eindeutig von Gott kam.

Taub, wie sie war, hörte sie das Klingeln der Schlittenglocken nicht, das Geschrei und Gelächter der jungen Leute, die von der Sprengung des Altar Rock zurückkamen. Sie kniete noch immer neben ihrem Bett, auf dieses schwache Aufleuchten einer Hoffnung konzentriert, das in ihr wuchs. Es dauerte geraume Zeit, bis ihr bewußt wurde, daß jemand an ihrer Tür klopfte, am Türknauf rüttelte, und daß eine Stimme rief: „Beulah, Beulah, bist du da? Beulah!" Es war nicht die Lautstärke dieser Stimme, die zu ihr durchdrang, sondern die Verzweiflung, die aus ihr sprach.

Es war Jerry. Sie lief zur Tür und öffnete. Er stand draußen auf dem Gang, und sein Gesicht spiegelte fassungsloses Entsetzen.

Ihr erster Gedanke war, es wäre etwas passiert, jemand wäre tot. Abby? War Abby etwas passiert?

„Obadiah! Obadiah!" stammelte er tränenüberströmt. Sie schlang ihre Arme um ihn und fragte, was geschehen sei.

„Obadiah, Obadiah . . . heiratet Carrie Woodhouse! Er tritt aus dem Geschäft aus! Er will in den Westen ziehen! Mit der Schulexpedition!" Schluchzend barg er seinen Kopf an ihrer Schulter.

Sie nahm ihn in ihre Arme, strich ihm übers Haar, sprach ihm zu. Plötzlich erstrahlte ein schwaches Licht in ihr wie Sonnenaufgang. Das war die Lösung! Er brauchte sie! Er brauchte sie weit mehr als Bonny! Wenn Obadiah fortging, mußte er wieder die Reederei führen, ganz allein. Unmöglich konnte sie ihn im Stich lassen!

Erst zu später Stunde wurden im Wohnzimmer der Woodhouses die Kerzen gelöscht. Die ältere Generation der beiden Familien hatte sich dort versammelt, um über das Unheil zu beraten. Grizzle in Tränen, Mary Woodhouse entrüstet, Isaak mürrisch-streitsüchtig, Jeremiah resignierend, sich ins Unvermeidliche schickend. Vergeblich hatten sie auf Obadiah, diesen unmöglichen Einfaltspinsel, eingeredet, der trotz seinen fünfunddreißig Jahren wie ein Kind stammelte, und gar erst auf die trotzige Carrie, der man noch nicht einmal ihre achtzehn Jahre ansah. Und dieser ungesunde, kahle Tollpatsch wollte mit dem zarten, verwöhnten Geschöpf losziehen! Das war noch unverantwortlicher, als dem alten Vater die ganze Last des Schiffbauplatzes aufzuladen.

Beulah und Grizzle schickten Jerry zu Bett wie einen Patienten; dann überließ es Beulah den beiden, sich über die öde Nacht allein hinwegzuhelfen. Sie kehrte in ihr Zimmer zurück, wo sie zunächst in unsagbarer Dankbarkeit ein Gebet sprach und sich dann an den Tisch setzte, um ihrem Gatten zu schreiben. Zeit hatte sie dazu genug zu Gebot, denn die Expedition sollte erst im nächsten Monat aufbrechen, doch wollte sie ihre Gedanken sorgfältig formulieren. Es sollte ein

477

liebevoller, persönlicher Brief werden, doch zu ihrer Überraschung und ihrem Unbehagen fand sie, daß er klang, als trage sie ihm etwas nach. Sie habe die Frage wirklich ernsthaft durchdacht und in vielen Gebeten vor Gott getragen, schrieb sie, und dabei sei sie zu dem Schluß gelangt, daß es ihrem Wesen und ihrer Veranlagung nicht entspräche, sich selbst in der Wildnis zu begraben und mit ihren Sklaven auf dem Fuß der Gleichberechtigung zu stehen. Die Sklaven freizulassen, mit allem, was dazugehörte, sei seine Glaubensbezeugung gewesen, und sie könne sich nicht aus purem Pflichtgefühl an einer solchen Bezeugung beteiligen, wenn das gegen ihre eigene Überzeugung ging. Das würde ihre Seele ebenso verletzen, wie es seine Seele verletzt hatte, Sklaven zu halten und ein zivilisiertes Leben zu führen. Sie sei trotz ehelicher Pflichten ein Mensch eigenen Rechts. In der Wildnis in Männerkleidern umherzuziehen, mit den Indianern Umgang zu pflegen, mochte dem Geschmack verdrehter Weiber wie Gulielma Woodhouse entsprechen . . .

Erschrocken hielt sie inne. Das war es doch gar nicht, was sie fühlte, das hatte mit dem, was sie ihm hatte sagen wollen, gar nichts zu tun. Ach, wenn doch die moralischen Probleme so eindeutig und klar wären, wie sie als junges Mädchen angenommen hatte . . .

Gulielma bezog in der offenen Prärie Nachtlager. Erst nachdem sie die Maultiere abgeladen, ihre alte Stute abgesattelt hatte und danach auf ihrer Decke, gegen den Sattel gelehnt, saß und in das Feuer blickte, wurde ihr bewußt, wie erschöpft sie war. So müde war sie, daß sie sich nicht aufraffen konnte, das Elchfell aus ihrem Gepäck zu holen, obwohl sie dazu nur ein paar Schritte gebraucht hätte. Sie konnte kaum ihren Kopf heben, der ihr immer wieder auf die Brust herabfiel. Zu dumm war das; es war zwar noch nicht kalt genug, um sich zu Tode zu frieren, aber wenn sie so ohne Decke dasaß, würde sie am Morgen steif sein wie ein Brett. Mit letzter Willensanstrengung riß sie sich hoch, taumelte zu dem Gepäck, zerrte das schwere Fell heraus und schleppte sich zu der Decke und dem Sattel zurück. Sie zog das eiskalte Fell ganz über sich und legte sich nieder.

Sie hätte nicht sagen können, ob sie wirklich geschlafen hatte, aber es mußte wohl so gewesen sein, denn es war plötzlich die Morgendämmerung da. Gulielma fühlte sich unausgeruht, sie mußte eben noch müder gewesen sein, als ihr bewußt gewesen war. Die Maultiere wieder zu beladen schien ihr ein unüberwindbares Hindernis, aber zuletzt war doch wieder alles auf den Rücken der Tiere verstaut und Annie gesattelt und bereit, ihre Pantomime eines sterbenden Kamels aufzuführen. Als Gulielma sich in den Sattel hochstemmen wollte, hatte sie nicht mehr die Kraft dazu; zehn Minuten brauchte sie, bis sie schließlich doch jämmerlich lahm im Sattel saß. Ihre Erschöpfung war sicher nicht annähernd so tragisch, als sie sich selbst vorspielte, aber dieser Drang, sich etwas vorzumachen, behielt die Oberhand. „Ach mein Gott", stöhnte sie, „ich schaff's nicht, Gott, mein Gott, ich bring's nicht mehr zuwege." Und all dies, obwohl weit und breit kein Zuschauer in Sicht war, nicht einmal die Maultiere interessierten sich dafür, denn die waren zu sehr mit ihrem eigenen Theater beschäftigt, um für anderer Leute Rollen Augen zu haben. Mit herabhängenden Köpfen und geschlossenen Augen standen sie da, seufzten laut und stießen wie Drachen Dampfwolken aus den Nüstern. Einziger Zeuge von Gulielmas Schauspiel war Annie, die ihr Bestes tat, der Aufgabe gewachsen zu sein. Zusammen feierten sie eine Orgie von Husten und Pusten, Ächzen und Krächzen, bevor Gulielma einigermaßen aufrecht im Sattel saß und die Zügel nahm. „So, altes Gestell", sagte sie zu dem Pferd. „Das wäre vorläufig genug. Los!"

Doch das alte Pferd war es leid, sich so schnell aus einer so befriedigenden Darbietung drängen zu lassen. Annie setzte einen wackeligen Fuß vor den andern, blieb erschrocken wieder stehen, als könne sie sich nicht von früher her erinnern, wie so etwas dann weiterginge, und wollte dann eine effektvolle Schlußpointe setzen, indem sie versuchte, niederzuknien.

„Los! Geh!"

Widerstrebend trat Annie von der Bühne ab und setzte sich in Gang, die mürrischen, schicksalsergebenen Maultiere im Schlepptau.

Es wurde ein sonderbarer Tag. Einerseits fühlte Gulielma sich seltsam gelöst und beinahe hochgemut; andererseits war sie unwiderstehlich versucht, aus purer Langeweile zu dramatisieren. „O Gott . . ." seufzte sie immer wieder, im Sattel schwankend. „Ich kann nicht mehr, o Gott, ich kann nicht weiter . . ." Aus irgendeinem Grund brachte das Erleichterung; bisher hatte sie es sich immer verkniffen, laut mit sich selbst zu sprechen, hatte es für ein Zeichen der Senilität gehalten, jetzt aber entdeckte sie, warum so viele einsame Leute es gerne tun. Es verschaffte in der Tat Befriedigung. „Haha!" rief sie in einem jähen Stimmungswechsel, den geheimnisvollen Mitwanderer am Horizont ansprechend; „versteck dich nicht, du dort hinten! Komm doch, komm, leiste mir Gesellschaft, willst du nicht?" Es war aber nichts zu sehen als diese fernen Punkte am Horizont, die kreisenden Bussarde. „Juhuhu!" ließ sie den spottenden Eulenruf hören. „Wo bist du denn, alter Freund? Komm, zeig dich! Sei ein bißchen umgänglich!" Es tat wirklich wohl, mit voller Kraft seiner Lungen zu schreien und den Vögeln da oben zuzuwinken. „Na kommt doch, plaudern wir ein bißchen! Seid doch – hoppla!" Ihr war zu schwindlig, um zu Pferd zu sitzen und gleichzeitig in den Himmel zu schauen, fast hätte sie einen Purzelbaum geschlagen.

Sie hatte einen Riesenspaß, während die drei Tiere angewidert im Schneckentempo weiterzogen. Doch immerhin bewegten sie sich weiter. Vor Sonnenuntergang erkannte Gulie den Wacholderbusch, bei dem sie schon einmal gelagert hatte. Sie zügelte die Stute, glitt aus dem Sattel, verlor das Gleichgewicht und kollerte der Länge nach in den Schnee. Sie hatte sich nicht verletzt, aber sie war erschrocken. So etwas war ihr nicht mehr passiert, seit sie ihr erstes Pferd gezähmt hatte. Apache hatte es geheißen, ein schöner, kastanienbrauner Mustang. Apache, mein Gott, war das lange her! Es gelang ihr, sich an dem Steigbügel hochzuziehen, sie bekam die Zügel zu fassen und lenkte Annie dahin, wo sie zu lagern gedachte. Zu ihrem Erstaunen war ihr Wacholderbusch verschwunden.

Idiotisch. Wo war denn der Busch? Sie sah sich um. Weit und breit leere Prärie, nicht ein Zweig in Sicht. Wie war denn das passiert? Jetzt fiel ihr Blick auf einen halb im Schnee vergrabenen Fels, der wie ein Amboß geformt war. Sie kannte diesen Fels, von hier bis zu dem Wacholderbusch waren es mindestens drei Reitstunden. Wie hatte ihr nur ein solches Mißverständnis unterlaufen können? Hatte sie Halluzinationen?. Drei Stunden waren zu lang, die Sonne stand schon tief, bald würde der einsetzende Abendwind ihr Pulverschnee in die Augen treiben. Da war es schon gescheiter, hier zu lagern, obwohl sie etwas mehr Windschutz vorgezogen hätte. Holz zur Feuerung gab es hier auch nicht, nur trockenes Gras; aber es war zu anstrengend, es einzusammeln. Wozu überhaupt ein Feuer? Sie wollte ja gar nichts kochen, hatte keinen Hunger. Ein Stück Trockenfleisch würde genügen.

Jetzt kam ihr zu Bewußtsein, daß sie seit Tagen nichts gegessen hatte. Sie hatte es einfach vergessen, das Baby hatte ihre Aufmerksamkeit ganz in Anspruch genommen. Wahrscheinlich war das der Grund, warum sie einen so leichten Kopf hatte und den ganzen Tag über von diesen schauspielerischen Anwandlungen befallen wurde. Es war doch besser, irgend etwas zu essen, sonst würde sie sich morgen gar nicht mehr in der Hand haben. Ja, das war es gewesen, natürlich: Euphorie des Verhungerns. Faszinierend. Gar nicht unangenehm. Wenn die Menschen das ahnten, würden sie bei weitem nicht so viel fressen.

Sie brachte die Maultiere dazu, sich niederzulegen, so daß es leichterfiel, ihnen ihre Last abzunehmen. Der Platz eignete sich wenig zum Grasen, die Tiere konnten ebensogut gleich liegenbleiben. Wenn man sie zudeckte, gaben sie zusammen einen ganz hübschen Windschutz ab. Das hieß zwar, daß sie selbst auf eine Decke als Unterlage verzichten mußte, aber das Elenfell war ja groß genug, um sich einzuwickeln. Als sie endlich lag, fühlte sie sich so leicht und angenehm beschwipst, daß es wirklich eine Zumutung gewesen wäre, noch ein Stück Trockenfleisch zu suchen. Ganz von der Plage abgesehen, das Zeug zu kauen. Morgen würde sie essen. Ehrenwort? Ehrenwort. Erste Sache morgen früh: Essen. Gute Nacht, altes Mädchen. Weck mich, wenn etwas Interessantes los ist. Kichernd schlief sie ein.

Diesmal schlief sie wirklich. Sie träumte sogar, angenehme, vorbeihuschende Träume, inhaltslos, luftig, verspielter Unsinn, über den sie sogar im Schlaf lachen mußte. Die Sonne weckte sie, sie schien ihr geradewegs in die Augen. Sie hatte keine Ahnung, wie spät es war. Wenn sie den nächsten geschützten

Platz nach dem Wacholderbusch erreichen wollte, das Gebüsch, in dem die Schnee-Eule wohnte, in der Nähe der Höhlensiedlung der Präriehunde, dann mußte sie sich heute rascher weiterbewegen als gestern. Sie fühlte sich erfrischt und wohlgemut, die lange, durchschlafene Nacht hatte ihr sehr geholfen. Etwas schwankend stand sie auf. Patsy, das gute alte Maultier, hatte sich die ganze Nacht über nicht vom Platz gerührt, doch Henry hatte es natürlich getan. Er stand in der Nähe und schnitt ein Gesicht, als täte er sich selber leid. „Vorwärts, Mädchen, weiter geht's, auf, Patsy!" Sie tätschelte die rauhe Flanke des Maultiers, dessen Körper ihr die ganze Nacht über als Windfang gedient hatte. Als das Tier sich auch jetzt nicht rührte, klatschte sie ihm auf den Schenkel. Erst als sie in die verglasten, in den Himmel starrenden Augen geblickt hatte, begriff sie, daß das Muli tot war.

Tot? Verblüfft starrte sie das leblose Tier an. Hatte sie ihm zu viel zugemutet? Möglich. Wahrscheinlicher war es, daß Patsy einfach zu dem Schluß gekommen war, sie wolle nicht den ganzen Weg noch einmal laufen. Die Mulis hatten das mit den Indianern gemeinsam: wenn sie es sich einmal in den Kopf gesetzt hatten, zu sterben, dann starben sie. Es tat Gulielma leid. Patsy war nett gewesen, obwohl sie beide in all der Plage nie recht Zeit gehabt hatten, einander wirklich kennenzulernen. Sollten Maultiere in den Himmel kommen, dann werde ich bald genug sehen, wie es dir da oben geht. Mögen mittlerweile die Engel dich mit Engelsgeblöke in den Schlaf singen.

Sie war mit ihrer Grabrede sehr zufrieden. Es war ihr sogar gelungen, ein paar Tränen in die Augen zu quetschen, was bei ihrem Zustand eine ganz hübsche Amateurleistung war. Sie fühlte sich so gehoben, daß sie zunächst gar nicht realisierte, sie müßte die Hälfte ihrer Fracht zurücklassen. Sie begriff das erst, als sie vor all den Paketen, Töpfen Pfannen und den beiden Hälften ihrer Apotheke stand, die im Schnee übereinandergeschoben waren. Es blieb ihr keine Wahl. Medizin würde sie ja doch nicht mehr praktizieren, von jetzt ab war sie Privatperson, ein Mitglied des Hunistamms auf dem Weg nach Hause, da waren die Geschenke für die Familie wichtiger. Sie pfiff Henry, der aber nicht daran dachte, heranzukommen. Sie mußte gehen, ihn zu holen, und als er nicht folgen wollte, bekam er eine auf die Schnauze. Er knurrte wie ein Hund und sagte etwas, aber sie hatte dafür nur ein „Halt's Maul!" übrig.

Jetzt begriff er, daß es ernst gemeint war, und kam. Sie belud ihn mit den Packen, den Töpfen, Pfannen und dem anderen Plunder, den die selige Patsy so treu geschleppt hatte. Er hatte Glück, diese Fracht war leichter als der Apothekerladen. Als er trotz dieser angenehmen Überraschung nicht gehen wollte, betrachtete sie seine Fracht wieder und stellte fest, daß sie höher war als die beiden halben Apothekenschränke. „O du lieber Himmel!" murmelte sie. „Es ist schwer, mit Maultieren zu leben!"

Sie packte die Ladung nach seinem Geschmack um und hängte die Gebrauchsgegenstände an seinen Bauch. Nachdem er sich mit einem Blick nach hinten zufriedengestellt gefunden hatte, geruhte er, sich in Bewegung zu setzen. Bei dem beständigen Klirren der Töpfe und Pfannen wirkte er wie ein wandernder Kesselflicker. Was ihnen da in Schußweite käme, würde auf eine gute Meile weit gewarnt sein. Nun, aufs Jagen war sie nicht mehr aus. Trockenfleisch hatte sie genug, um bis zum Mississippi auszukommen. Sie ritt los, es ging nur langsam vorwärts, schneller konnten die armen Tiere aber nicht laufen. Sie war jetzt nicht mehr in frivoler Stimmung, aber noch immer gelöst und wohlgelaunt. An ihr unmittelbar bevorstehendes Hinscheiden – das war der Ausdruck, den sie von nun an für ihren Tod gebrauchte – konnte sie jetzt mit Gleichmut denken. Übrigens stand das gar nicht so unmittelbar bevor, wie sie gedacht hatte. Sie hatte das Gefühl, so wie jetzt, friedvoll dem Ziel zuschwebend, könne sie auf ewig weiterreiten. Da sie kaum Energie verbrauchte, bedurfte sie auch keiner Nahrung; sie ließ sich bloß vom Nachtigallensee zu den Bergen der Huni tragen. Es schien so weit wie der Mond.

Doch das gleiche ließ sich auch von dem Gesträuch nahe der Höhlensiedlung der Präriehunde sagen; selbst dieses nahe Ziel war fast unerreichbar. Immerhin mußten die Bussarde da oben es jetzt schon in Sicht haben. „Hallo, ihr da oben", schrie sie und lehnte sich zurück, „wie geht's denn heute mit . . ."

Minuten später, es konnte auch eine halbe Stunde sein, vielleicht eine Stunde, kam sie langsam wieder zu sich. Sie lag im Schnee auf dem Rücken, betäubt, verschreckt, ohne die geringste Idee, was eigentlich passiert war. Dann sah sie Annie und Henry in der Nähe grasen und begriff, daß sie vom Pferd gefallen sein mußte. Plötzlich war sie von einer wilden, krankhaften Furcht befallen. Hatte sie sich etwas gebrochen oder geprellt? Vorsichtig stützte sie sich auf den Ellbogen, erwartete schmerzhafte Stiche in den Beinen oder im Rücken. Aber sie spürte nichts, sondern hatte nur den eklen Nachgeschmack der Angst im Munde. Sie konnte sich nicht erinnern, gestürzt zu sein, sie erinnerte sich nur, daß sie nach den Bussarden ausgeschaut und etwas hinaufgerufen hatte. Wankend stand sie auf und taumelte zu Annie. Zu ihrer Überraschung fühlte sich der Sattel warm an. Die Sonne war zu schwach, sie konnte den Sattel nicht erwärmt haben; Zügel und Zaumzeug waren kalt. Es gab nur eine Erklärung: ihr Hinterteil konnte nicht länger als dreißig Sekunden, wenn überhaupt so lange, von dem Sattel ferngewesen sein. Ein Rätsel.

Es fiel ihr nicht ganz leicht aufzusteigen, aber sie brachte es zustande. Jetzt war sie wieder im Lot. Doch etwas war in diesen wenigen Sekunden ihrer Bewußtlosigkeit passiert. Fort war die Hochstimmung, der Gleichmut, das Selbstvertrauen. An ihrer Stelle hatte sie jetzt in der Magengrube die Angst sitzen, eine kleine, noch nicht zielgerichtete Angst. Klare Gedanken hatte sie nicht im Kopf, nur gestaltlose Angst – bis sie das Haus sah.

Es war eine solche Überraschung, daß sie ihr Pferd zügelte und offenen Mundes hinblickte. Sie hatte nicht geahnt, daß es hier irgendwo in der Gegend ein Haus gab, westlich des Hochwaldes lebten doch nur die nomadisierenden Indianer. Und obendrein war es nicht etwa ein Blockhaus oder eine aus Lehm gebaute Hütte, sondern ein richtiges Haus aus Steinen, mit geweißten Wänden; es hatte Fenster mit grünen Läden und ein Dach aus dunklen Dachziegeln. Wie hatten sie es nur geschafft, all dieses Baumaterial durch die Prärie zu schleppen? „Hallo!" schrie sie mit krächzender Stimme, die Fremden nicht gerade gewinnend klingen konnte. „Ist da jemand zu Hause?"

Ihre Stimme wurde von der weißen Fassade als Echo zurückgeworfen, und plötzlich flog aus einem der Fenster ein riesiger, weißer Vogel, der mit einem heulenden Aufschrei davonflatterte. Die Schnee-Eule! Vor ihr stand der Wacholderstrauch, an dem sie schon zweimal gelagert hatte.

Laut und durchaus gefaßt sagte sie: „Gulielma, alte Freundin, du hast Halluzinationen. Sieh zu, daß du von diesem Pferd herunterkommst, und überdenke einmal gründlich die Lage. Gut ist sie nicht. Beileibe nicht. Ganz und gar nicht." Der Tag war noch nicht ganz vorüber, aber es war wohl besser, jetzt zu rasten. Sie stieg ab, befreite die alte Annie von ihren Sachen und Henry von seiner klirrenden Last und schickte die beiden mit Klapsen auf die Weide. Doch sie wollten nicht gehen, hatten wohl auch keinen Hunger. „Annie, altes Mädchen", sagte sie mahnend, „fange nicht auch du an zu hungern – du siehst, wie es denen ergeht, die das tun." Sie fragte sich, ob Pferde auch Halluzinationen hätten; aus irgendeinem Grund war sie fest überzeugt, daß es für Maultiere nicht in Betracht käme.

Die Angst in der Magengrube saß fest. Von jetzt ab würde sie jedes Ding, das sie sah oder zu sehen glaubte, auf seine Echtheit prüfen müssen. Wenn sie nicht etwas Eßbares in den Magen bekam, würden die Halluzinationen intensiver werden. Bald würde ihre Welt mit Monstren bevölkert sein, sie würde mit Steinen schwatzen, den Himmel anschreien und immer wieder vom Pferd fallen. Statt die Donnerbüchse Joe und Himsha zu schenken, hätte sie sich lieber damit einen Schuß ins Gehirn jagen sollen. Wie hatte sie nur auf die Idee kommen können, sie hätte noch die Kraft, über die Berge zu ziehen? Sie war doch eine tüchtige Ärztin, sie hätte das besser wissen müssen. Sie hatte keine Spur einer Chance, jemals den Mississippi zu erreichen. Und ein angenehmer Tod würde es nicht sein, sofern ein Tod überhaupt angenehm sein konnte. Wenn sie nur diese Furcht in Schach halten konnte, würde sie immer leichter im Kopf werden, würde so weiter wanken, quer durch die Prärie, würde sich irgendwo in ihr Elenfell wickeln und einschlafen. Und die nächste Station, in der sie dann aufwachte, wäre schon die andere Welt. Oder gar nichts. Welches auch immer, sie war darauf gefaßt.

War sie darauf gefaßt? War es irgendwer jemals gewesen? Und diese Angst in der Magengrube? Schluß jetzt, alte Komödiantin, sei einmal aufrichtig mit dir selbst. Du hast eine solche Angst, daß du deinen Verstand nicht mehr beisammen halten kannst. Plötzlich, ungewarnt, fand sie sich auf den Knien, das Gesicht in den Händen vergraben, und sie flüsterte: „Gott, hilf mir, Gott, um Jesu willen, hilf mir, bitte, Gott, Gott, bitte, bitte, bitte . . ."

Doch sofern Gott nur einigermaßen bei Verstand war, mußte er auch diese Schauspielerei durchschauen, Sie tat es ja selbst auch. Gewiß, sie war verzweifelt, aber sie kam von diesem Dramatisieren nicht los, war immer wieder in der Versuchung, aus allem eine Darbietung zu machen. Mit einem Seufzer stand sie auf und ging daran, sich aus dem Inneren des Busches ein paar Zweige zu knacken, dort waren sie trocken. Sie machte ein Feuer an, breitete auf dem Boden die Decke aus, schleppte Sattel und Fell zum Lager, hockte nieder, das Kinn auf den Knien, und starrte in das armselige kleine Feuer, das die frostigen Zweige hergaben. Während sie so dasaß, nichts als die Flammen vor Augen, hatte sie plötzlich wieder dieses intensive Gefühl, beobachtet zu werden. Sie blickte um sich, so weit sie nur konnte, ohne den Kopf zu bewegen. Nichts war zu sehen, niemand außer den fernen Punkten am Himmel, den Bussarden, die über ihrem heimlichen Begleiter kreisten. Wer konnte es nur sein? Running Bull hatte nicht sehr viel Interesse an ihren weiteren Wegen gezeigt. Natürlich hatte er gewußt, woher sie kam. Es wäre eine arge Schande gewesen, wenn seine Späher ihn nicht mindestens einen halben Tag vor ihrer Ankunft informiert hätten, daß sie nahe war. Aber hier, so weit draußen? War es möglich, daß sie wieder Halluzinationen hatte, daß es diese Bussarde am Horizont gar nicht gab und nie gegeben hatte? Prüfend besah sie den Horizont. Nichts. Die einzigen Bussarde kreisten über ihr, es waren die, um derentwillen sie das Gleichgewicht verloren hatte.

Sie legte sich auf den Rücken und betrachtete die Vögel gelassen. „Freunde", sagte sie, „keine Sorge, ihr bekommt bald etwas zu Fressen. O nein, nicht mich! Ich werde so zäh und ledern sein wie dieses Elenfell. Aber Henry, der wird ein saftiger Bissen sein. Schluß damit", sagte sie, „halt endlich den Mund, du hysterisches Luder!"

Sie richtete sich auf und blickte in das Feuer, durchaus darauf gefaßt, zu sehen, wie es sich in einen Palast voll weißer Mäuse verwandelte. Sie war neugierig, was das für eine Nacht werden würde, die da vor ihr lag.

Es stand schlimm. Die Furcht wand und krümmte sich in ihr,

bis sie sich nicht länger unbeteiligt stellen konnte. Dunkelheit schloß sich um sie und wurde so würgend, daß sie sich mit einem Fluch aufrichtete, doch brachte das keine Abhilfe. Sie begann im Schnee auf und ab zu laufen, so wie im Gästezimmer in Isaaks Haus, nachdem sie mit Moremen gesprochen hatte: Dasselbe Grauen, dieselbe Angst vor der Einsamkeit, nur ließen sie sich diesmal nicht abschütteln. Es war ihr klar, daß sie einer Halluzination erlag, als sie jemanden näherkommen sah; vage ihres eigenen Komödienspiels bewußt, rief sie: „Ich kenn' dich doch! Natürlich kenn' ich dich! Ich hab' doch gewußt, daß du die ganze Zeit in der Nähe warst! Komm her! Zeig dich! Ich warte auf dich!"

Keine Antwort. Ihre Stimme, schrill und hysterisch, verzitterte im Schweigen der Prärie.

„Tod!" schrie sie in die Richtung, in der die Bussarde waren, „Tod, komm und setz dich zu mir! Komm schon, länger halte ich's nicht aus! Ich bin allein, ich hab' Angst! Hörst du mich? O Gott, o Gott!" stöhnte sie und bedeckte ihr Gesicht mit den Händen, „was ist nur aus mir geworden!" Es war ein Aufschrei erniedrigenden Selbstbedauerns, aber es war echt. Sie vermochte nichts dagegen, daß ihre Seele in den Körper einer Frau eingekerkert war.

„Hallo, Gulie!"

Die Stimme klang so real, daß sie erstarrte. Das war das Grauenvolle an Halluzinationen – über kurz oder lang würde sie ihnen ganz erliegen.

„Ich bin froh, daß du gerufen hast", sagte die Stimme, „es war nicht ganz leicht, dich zu finden, dein Feuer war so ziemlich heruntergebrannt."

Annie wieherte. Das gehörte nicht in eine Halluzination. Das war wirklich. Sie löste die Hände behutsam von ihrem Gesicht und blickte auf.

Da stand er am Rande der Nacht, und sein Pferd war hinter ihm. „Ist dir nicht gut, Gulie?" Es war Buffalo McHair.

Einen Moment lang wollte sie ihren Augen nicht trauen; dann sah sie Annie zu dem andern Pferd wandern. „Wo zum Teufel kommst du her?" fragte sie schlotternd.

„Sie haben mich geschickt, dich zu suchen", sagte er und trat näher. „Bonny Baker möchte, daß du ihm das übersetzt. Sie haben ihm ein Findelkind auf die Schwelle gelegt, und das da war dabei." Es war der Fledermausflügel.

„Na, sowas", sagte sie und schluckte vor Erregung. „Willkommen in meinem Empfangszimmer." Sie wandte sich ab und versuchte ihre Fassung wiederzugewinnen. Ganz klar war ihr nicht, was sie fühlte, aber eines war sicher: die Furcht war weg. Plötzlich war sie verlegen. Wenn er sie gehört hatte? Mein Gott, welche jämmerliche Schaustellung! Welche Selbstentblößung! Und er mußte sie gehört haben, er war längst in Reichweite, sonst wäre er nicht eine Sekunde später wie ein Indianer aus dem Nichts aufgetaucht.

Indianer . . . „Warst du das?" fragte sie scharf.

„Wie bitte?" Seine harmlose, blauäugige Unschuld verriet alles. Keine Jungfrau konnte so unschuldig aussehen wie Buffalo McHair, wenn er ein schlechtes Gewissen hatte.

„Bist du mir die ganze Woche über gefolgt?"

Er schien sich aus einem schuldbewußten Knaben in den Mann zu verwandeln, der sie in der Nacht, in der Bonny Baker seine Sklaven freiließ, aus dem dahinjagenden Wagen geholt hatte. „Ja", sagte er und ließ sich gemütlich, die Beine gekreuzt, am Feuer nieder.

„Warum?"

„Paß auf, Gulie. In dieser Sache wirst du mir keine Dummheiten einreden, verstehst du? Du bist krank, du hast es mir selber gesagt. Und ich bin nicht einer, der einen kranken Freund hier draußen in der Prärie, ganz auf sich selbst angewiesen, verkommen läßt."

„Aha", höhnte sie, „ich verstehe. Und da hast du dir in deinen blöden Kopf gesetzt, daß du mich zurückholen kannst."

„Ich will dich gar nicht zurückholen. Ich weiß, was es dir bedeutet, zu deinen Indianern zu kommen. Ich werde dich zu ihnen bringen."

„Mich was?"

„Dich dorthin bringen. Du weißt selber recht gut, daß du es allein nicht mehr schaffst. Eines deiner Maultiere hast du schon verloren. Wie weit, dachtest du, würdest du eigentlich kommen mit diesen beiden elenden alten Kleppern und dem ganzen Plunder, den du mitschleppst? Aber jetzt kannst du mir alles überlassen."

488

Sie starrte ihn an, und wieder war ihr so zumute wie damals, als sie im Wagen in seinen Armen ohnmächtig wurde; doch sie raffte sich zusammen und sagte: „Buffalo McHair, du weißt nicht, was du da redest. Ich bin sehr krank. Ich glaube nicht, daß ich es noch schaffe. Es wird ein Wunder sein, wenn ich bis an den Mississippi komme. Machen wir Schluß mit dieser Narrheit. Bring mich zurück nach Pendle Hill, gib mir ein Bett in einer deiner Hütten, laß mich dort auf anständige Weise sterben. Du kannst an meinem Bett sitzen, wenn ich abschiebe."

„Nein, Gulie", antwortete er freundlich, aber mit Autorität, „das ist keine Narrheit. Es ist genau das, was du mit deinem Leben machen willst. Satteln wir wieder auf und tun wir, was zu tun ist. Vorerst aber müssen wir essen."

„Ich kann nicht essen", sagte sie und fühlte, wie sie schwach wurde. „Ich kann keine Nahrung mehr bei mir behalten. Das ist ja der Grund, warum ich Halluzinationen habe."

Er sah sie fragend an.

„Sinnestäuschungen. Dinge sehen, die nicht wirklich da sind. Ich habe heute schon am Nachmittag hier Lager bezogen, weil ich diesen verdammten Busch hier für ein Landhaus mit grünen Fensterläden hielt. Bis dann eine Schnee-Eule aus einem der Fenster hervorflog."

„Wie wär's mit einem Schluck davon?" Er schob die Hand in sein Wams und brachte die flache Flasche ans Licht. Sie entsann sich der köstlichen Wärme, die das Feuerwasser nach dem ersten Schock in ihrem ganzen Körper verbreitet hatte.

„Wenn ich davon trinke, werde ich widerspenstig sein." Sie war noch nicht ganz bei sich, sie wußte noch nicht, was sie von seinem Angebot, von der ganzen stillen Überwachung all die Zeit über halten sollte. Wären die Bussarde nicht gewesen, so hätte sie nie etwas davon bemerkt.

„Ich werde schon mit dir fertig", sagte er und hielt ihr die Flasche hin. Sie griff danach. Die Flasche war noch warm von seinem Körper. „Hör mich an, Buffalo", sagte sie, „ich meine das ernst. Gott weiß, in was für einen Zustand ich noch gerate, bevor es mit mir aus ist. Bringe mich nicht in Verlegenheit, mach dich nicht zum Pfleger einer Verrückten; es würde mich in meinen hellen Momenten kränken."

„Nein", sagte er fühllos. „Ich habe mein ganzes Leben mit Weibern zu tun gehabt. Was du auch anstellst, ich werde keinen Anstoß daran nehmen."

„Du bist ein alter Narr", sagte sie. „Ersäufen wir also unsere Sorgen!" Sie hob die Flasche und wollte sie an die Lippen setzen, zögerte aber. „In Wirklichkeit sollten wir lieber eine Andacht halten", sagte sie.

Er grinste. „Du siehst mir ganz aus, als ob du jetzt etwas anderes brauchtest als ein Gebet."

„Auf deine Verantwortung!" Sie nahm die Flasche und tat einen kräftigen Zug. Es brannte in der Kehle; als sie schluckte, fühlte sie, wie die Hitze sich tiefer hinabsenkte, dann gelangte die Flüssigkeit in ihren Magen und schien dort zu explodieren, der Schmerz war gräßlich. Fast geblendet, von Grauen geschüttelt, die Hände gegen den Magen gepreßt, rollte sie zu Boden. „Hilfe! Hilfe! Buffalo! Mein Gott, Hilfe!" Dann waren seine Arme um sie, er hob sie hoch, wiegte sie, sprach ihr zu: „Ist schon wieder gut, Gulie, ist ja in Ordnung, nimm mir's nicht krumm, Gulie, ich bin ein rechter Tölpel, hab's falsch gemacht, aber jetzt ist es wieder gut, Gulie, gleich ist es vorüber, gleich . . ."

Trotz dem Schmerz, trotz diesem letzten Beweis, daß ihre Diagnose richtig war und daß es keine Hilfe für sie gab, war seine Nähe unsagbar tröstlich. Dieser plumpe Riesenkörper strahlte eine solche Kraft und Sicherheit aus, daß sie sich schamlos mit weiblichem Aufschluchzen der Qual und der Angst hingab.

Er wiegte sie, bis sie einschlief. Nebenan, noch im Licht des Feuers, beschnupperte die alte Stute den kleinen Mustang. Weiter abseits, am Rande der Dunkelheit, stand Henry, das Maultier, und schlief allein.

Buffalo bewachte sie, während sie in unruhigem Schlaf lag. Es schien ihm sicher, daß sie keine Woche mehr zu leben habe. Doch zu seinem Erstaunen erhob sich im ersten Morgendämmern vom Elchfell die Gulielma, die er Zeit seines Lebens gekannt hatte – zäh, gescheit und energiegeladen.

Seite an Seite ritten sie übers Land, das mürrische Maultier mit den klirrenden Töpfen und Pfannen hinterdrein. Den ganzen Weg lang scherzten und schwatzten sie. Erst als Gulielma zur Rast abstieg, verriet sich ihr wirklicher Zustand. Sie war so schwach, daß sie umsank, als sie aus dem Sattel geglitten war. Er sprang hinzu, um ihr zu helfen, aber sie stieß ihn ärgerlich schimpfend zurück und kämpfte sich selbst mühselig auf die Beine.

Nachts am Lagerfeuer erzählte sie lustige Geschichten, bis ihr die Lachtränen über die Backen liefen. So jung, so fröhlich sah sie im Widerschein des Lagerfeuers unter dem weiten, eisigen Gewölbe des Winterhimmels aus, daß er sich fragte, ob da nicht doch eine Wendung zum Besseren eingetreten sei. Sie übersetzte ihm die Mitteilung, die auf den Fledermausflügel gekritzelt war, und er erriet, daß sie diese Nachricht selbst zu dem Baby in den Korb gelegt haben mußte, denn er hatte ja gesehen, daß sie das Kind nach Pendle Hill gebracht hatte. Doch obwohl er wußte, daß sie das wußte, spielte er seine Rolle weiter, weil es ihr offenbar so recht war. Er versprach, den Fledermausflügel und die Übersetzung den Bakers zurückzubringen. Dann suchte er ihr etwas Nahrung aufzudrängen, indem er aus Kräutern und zartem Kaninchenfleisch ein Ragout bereitete, das selbst dem empfindlichsten Magen schmeichelte. Sie versuchte, davon zu essen, aber schon nach ein paar Mundvoll davon sah er sie plötzlich vor seinen Augen alt werden. Einen Moment vorher war sie heiter, wohlgemut und zu Scherzen aufgelegt gewesen; nach den ersten Löffeln seines Breis wurde ihr Gesicht hager, die Runzeln vertieften sich, und sie sank, die Hände gegen den Magen gepreßt, gegen den Sattel, eine skelettdürre alte Frau. Er ließ sich neben ihr nieder, legte den Arm um ihre Schultern und fühlte ihr Schauern. Auch als er das Elchfell über sie gezogen hatte, zitterte sie noch jämmerlich. Erst Stunden später erholte sie sich, schlief an ihn gelehnt ein, und ihr struppiges altes Haar wurde vom Reif seines Atems weiß.

Lange konnte es mit ihr nicht mehr so weitergehen. Länger als zehn Tage lebte kein Mensch ohne Nahrung, und Gott allein wußte, wann sie das letzte Mal gegessen hatte. Doch das Wunder vom Vortag wiederholte sich am nächsten Morgen: zäh und fröhlich, voll geheimnisvoller Energie stand sie auf. Er hatte lange genug mit wilden Tieren zu tun gehabt, um zu wissen, daß in allen lebendigen Geschöpfen Energiereserven gespeichert sind, die allen vernünftigen Argumenten Trotz boten. Einmal hatte er einen lahmen Elchbullen, den er schon abschießen wollte, aus Mitleid seinem natürlichen Tod überlassen; sechs Monate später und vierhundert Meilen weiter hatte er denselben Krüppel wieder aufgespürt, immer noch auf der Wanderung. Was hatte den lahmen Elch am Leben gehalten? Wie hatte er sich der Wölfe, der Coyoten und der bösartigen Jungelche erwehrt? Es schien unmöglich, und doch war es so: das Tier schleppte sich einem geheimnisvollen Ziel zu. Hier stand er vor demselben Rätsel: etwas in dem auf Haut und Knochen abgemagerten, zerquälten Körper dieser Frau gab ihr die Kraft zu überleben, weil es ein Ziel gab, das sie sich gesetzt hatte. Doch begann er sich wegen der Strecke, die noch vor ihnen lag, Sorgen zu machen. Er selbst war nie über den Missouri gegangen, denn jenseits des Missouri lebten die Osagen vom Stamme der Sioux, deren Sprache er nicht sprach und die zu wild waren, um mit ihnen zu spaßen. Das Gebiet zwischen den Alleghenies und dem Missouri war allein eine halbe Welt weit, weiter zu ziehen hatte er sich nie gedrängt gefühlt. Jetzt aber hatten sie nicht nur das Gebiet der Osagen zu durchqueren, sondern auch noch das weiterer Stämme, von denen er nur die Namen wußte: Cheyenne, Kiowa, Komantschen und Apachen. Sie würden Flüsse zu überqueren haben, die er nicht kannte, und würden die Wüste Llano Estacado durchziehen, von der er sein Leben lang schreckliche Geschichten gehört hatte. Selbst wenn diese Geschichten übertrieben und die Osagen freundlich waren, würde diese Reise selbst für ihn hart und abenteuerlich werden; sich einer solchen Kraftprobe in Begleitung einer sterbenden Frau auszusetzen, war Irrsinn. Jeden Abend schien sie erschöpfter, und jeden Morgen war sie als erste auf und weckte ihn, bevor die ersten Sonnenstrahlen den Horizont aufhellten. Sie bewegten sich in dem unbehaglichen Trab, in dem Gulielma jahrelang die Wildnis durchzogen hatte: sie hopste fortwährend im Sattel auf und ab, ihr Steißbein mußte eisengepanzert und ihre Hinterbacken zäh sein wie eine Maultierhaut. Ihm war diese Hast anstrengender als ein leichter Galopp. Das Klirren der Töpfe und Pfannen begann an seinen Nerven zu zerren, das Schnauben und Husten der alten Mähre, die sie ritt, wirkte auf ihn bedrückend.

Doch mit der Zeit begann er ihren Zustand hinzunehmen. In der ersten Woche, bevor sie den Mississippi erreichten, ritt er beständig neben ihr her, weil er Angst hatte, sie könne jeden Augenblick vom Pferd fallen. Doch nach einer Woche ihrer wundersamen morgendlichen Erneuerungen gab er es auf, mit einem jähen Kollaps zu rechnen; dagegen begann ihm die unvertraute Umgebung Sorgen zu machen.

Zehn Tage später erreichten sie den Missouri an Pierre Louchants Überfahrtstelle. Der schielende Franzose, der die Fähre betrieb, warnte sie vor der Strecke, denn die Kansas und die Osagen lägen im Kriege. Wer sich in ihre Gebiete vorwage, habe unvermeidlich mit Schwierigkeiten zu rechnen. Sie entschlossen sich, erst am nächsten Morgen die Fähre zu benützen; am Abend erörterte Buffalo mit ihr die Lage. Er versuchte nicht, sie von der Fortsetzung der Reise abzubringen, konnte aber nicht umhin, seine Besorgnisse zu zeigen.

„Keine Bedenken, Buffalo", sagte sie und sah ihn mit diesen zwinkernden Blauaugen an, denen kein Geheimnis eines Mannes verschlossen blieb. „Ich kenne diese Indianer, habe mich vierzig Jahre lang unter ihnen herumgetrieben. Sie können gemein sein, und wenn sie auf dem Kriegspfad sind, ist ihnen noch mehr Gemeinheit als sonst zuzutrauen, aber sie werden uns durchlassen, denn sie kennen mich. Sobald sie sehen, wer wir sind, werden sie Ruhe geben." Sie sagte das ohne Eitelkeit, es war nur eine Feststellung. Sie war eine wundervolle Frau, und das Leben würde, wenn sie nicht mehr war, um einiges trübseliger sein. Sie verstand es, ihre Lage besser und hoffnungsvoller erscheinen zu lassen, als es wirklich war. Warum mußten Leute wie sie so sterben? Wenn er zusah, welche Torturen sie ausstand, sooft sie eine Kleinigkeit zu essen versuchte, stellte er sich die Frage, was das wohl für ein Gott sei, der es so fügte. War Er wirklich ein Gott der Liebe, voll Erbarmen und Gnaden, wie es die Stadtquäker behaupteten? Wenn er Gulielmas zuckenden, gemarterten Körper in seinen Armen hielt, bis sie vor Erschöpfung reglos wurde, dann fragte er sich, ob nicht ihre Art Liebe und Frohsinn und Hoffnung die einzig wahre Göttlichkeit auf dieser grausamen Welt sei. Wenn er dereinst irgendwo in der Prärie im Sterben läge, dann würde er an Gulie denken. Nicht zu dem Schöpfer dieser schneebedeckten Weiten, auf denen ferne Büffelherden mit Donnerrollen dahinstoben, würde er beten, sondern ihrer Zärtlichkeit, ihres Erbarmens, ihres Verständnisses würde er eingedenk sein. Und wohin würde ihre Seele sich wenden, wenn Gulie tot war? Wohin würde dieses Wunder menschlicher Güte sich wenden, wenn das Licht in diesen klugen und schelmischen Augen erloschen war? Würde es sich einfach in der frostigen Prärienacht auflösen? Welch eine Vergeudung, welch ein schrecklicher Verlust nicht nur für die Indianer und ihn und Leute wie Boniface Baker, sondern auch für Schufte wie den schielenden Fährmann Pete, der sie am nächsten Morgen zu einem halsabschneiderischen Tarif und zu einer zusätzlichen „Gefahrtaxe" übersetzte. Sie bezahlte lächelnd, klopfte dem Franzosen auf die Schulter und sagte: „Freund Pete, du bist der feinste Schwindler, den ich kenne. Ich rechne es dir hoch an, daß du mich aus Prinzip ausraubst und nicht aus ordinärer Habgier. Gott segne dich, und möge deine Verrücktheit dir Glück bringen." Der Schielende sah sie offenen Mundes an, und plötzlich wurde etwas in seinem Gesicht fast menschlich. Dann sagte er: „Au revoir, Gulie Pissante! Bon voyage, et bonne chance."

Wie sie vorausgesagt hatte, fügten ihnen weder die Osagen noch die Kansas irgendwelchen Schaden zu. Einen unangenehmen Augenblick gab es, als gegen Ende des zweiten Tages plötzlich ein Schwarm wild schreiender Indianer auf rasenden Mustangs mit Donnergepolter einen Berghang herunterkam, eine Woge brutaler Gewalt, die jedes Herz zum Stehen bringen mußte. Gulie legte eine Hand auf Buffalos Arm, damit er nicht nach seinem Gewehr greife. Regungslos blieben sie auf ihren Pferden sitzen, bis sie eingekreist waren. Gegen seinen Willen schloß er, als die Indianer herankamen, seine Augen. Das Getöse war ohrenbetäubend, der Gestank, als sie die beiden schreiend umringten, atemraubend. Die kleinen Pferdchen spritzten ihnen den Schnee in die Augen. Plötzlich war dann Stille, nur das nervöse Keuchen der Pferde verriet ihre Anwesenheit. Buffalo öffnete die Augen, und da waren sie: die

Gesichter bemalt, die Tomahawks blutbesudelt, frische Skalps an den Gürteln hängend, stinkend von Verwesung und Metzgerei. Gulielma sprach mit ihnen in ihrer Sprache, ihre Stimme war ruhig. Offenbar stellte sie eine Frage, die die Neugierde der Wilden erregte. Dann lüpfte sie ihr Wams, zog das Unterhemd hoch, zeigte ihnen den nackten Bauch und wies wimmernd darauf. Buffalo hatte keine Ahnung, was das alles sollte, aber der Führer der Indianer stieß einen Schrei aus, die Berittenen machten kehrt und jagten mit Donnergepolter davon, um hinter dem Berghügel zu verschwinden.

„Was zum Teufel sollte das?" fragte er.

Sie schob das Hemd wieder in die Hosen und antwortete: „Ich habe ihnen erklärt, daß ich krank bin und einen Kollegen zu konsultieren beabsichtige."

Er kannte sie gut genug, um nicht weiter in sie zu dringen. Doch wurden am selben Abend, nachdem sie um ein Feuer Lager bezogen hatten, die Pferde und das Maultier unruhig, und plötzlich, ohne Vorwarnung, sahen sie sich von einer Menge Indianer umringt, weit mehr als am Morgen. Sie kamen jetzt nicht mit Kriegsgeschrei auf wildgewordenen Ponys angebraust, sondern umringten das Lager gespenstisch still, als hätten sie sich aus der dünnen Luft herbeigezaubert. Eine groteske Gestalt kam aus ihrer Mitte an das Lagerfeuer heran, ein uralter Indianer, unter dem Gewicht einer Büffelmaske gebückt, Hörner am Kopf, Amulette in den Ohren und an der Hand ein Katzenpfotentotem, ein paar tote Eidechsen und den getrockneten Kopf eines Bibers. Als der Zauberer näher kam, stand Buffalo auf. Etwas an den Augen des Mannes, so fremdartig sie auch waren, erinnerte ihn an Gulie.

Gulie selbst stand nicht auf. Sie saß mit gekreuzten Beinen auf ihrer Decke, die Elchhaut über ihre Knie gezogen. Es war gerade die Stunde ihrer schlimmsten Qualen, und sie war zu schwach und litt zu sehr, um aufzustehen. Der Schamane trat vor sie hin, schlug mit seinem Totem ein Zeichen über sie, das einem Kreuzzeichen nicht unähnlich war, kniete dann neben ihr nieder, ergriff ihre Hand, öffnete weit klaffend seinen Mund, steckte ihre Finger hinein und biß zu. Sie schrie auf. Buffalo konnte nicht umhin, erschrocken zu fragen: „Was in Dreiteufelsnamen treibt der Kerl?"

Noch ein wenig mitgenommen, antwortete sie: „Frag mich nicht, er ist der Spezialist! Vielleicht will er auf diese Weise herausbringen, ob ich überhaupt noch lebe." Trotz des Scherzes schien sie nervös zu sein.

Der alte Indianer schob die Hand unter seinen Mantel, brachte ein Rinderhorn hervor, trat an das Feuer und leerte den Inhalt in die Flammen. Sie flackerten auf, weiß mit einem bläulichen Schimmer darin, und als hätte dieses Zeichen ihnen gegolten, glitten alle Indianer ringsum plötzlich von ihren Ponys, knieten im Kreise in den Schnee und sahen gespannt auf die Patientin. Der Schamane stimmte einen Gesang an. Sein Totem mit den Amuletten schwingend, tanzte er in einem lahmen Trott heulend und jammernd um sie, bis er einen Kreis im Schnee um sie gezogen hatte. Sie hatte sich zurückgelegt und hatte die Augen geschlossen, ihre Miene war ruhig und traurig. Die Indianer starrten herüber, nichts war zu hören als der unheimliche Gesang und aus dem Hintergrund das Schnauben der Pferde. Sein Gesang oder Geheul schien stundenlang zu dauern. Schließlich goß er wieder ein Hornvoll Pulver in das Feuer, das jetzt dicke Wolken roten Rauchs hervorbrachte. Dann kniete er neben ihr nieder und nahm ihre Hand. Doch biß er sie diesmal nicht in die Finger, sondern half ihr auf die Füße. Mühsam stand sie auf. Es war überraschend, daß es ihr gelang. Sie verneigte sich vor dem Schamanen, der verneigte sich seinerseits. Sie schüttelten einander die Hände, erst ihre rechte, dann ihre linke. Sie flüsterte ihm etwas zu, worauf er gespannt hinhörte, dann verneigte er sich wieder, machte kehrt und hüpfte tanzend auf die andere Seite des Lagerfeuers. Wieder schlug er mit seinen Amuletten das Zeichen des Kreuzes über sie, dann zog er sich mit neuerlichen Verbeugungen rücklings durch eine Lücke in dem geschlossenen Wall der spähenden Gesichter zurück. Er schüttelte den Kopf, schnaubte, schien sich dabei in einen Büffel zu verwandeln. Als er verschwand, war die Illusion vollständig; es war, als wäre bei ihnen ein übernatürliches Wesen, halb Gott, halb Bison, zu Gast gewesen. Die Indianer zogen sich so lautlos zurück, wie sie gekommen waren; ein kurzes Wiehern und Trappeln der Ponys in der Dunkelheit, dann war alles verschwunden. Nachdem das Geräusch in der tiefen Stille der Prärie verhallt war, fragte er:

„Nun, hat es dir genützt?"

Sie hatte den Kopf auf die Knie gestützt, die Arme um die Beine geschlungen. Ohne aufzublicken sagte sie: „Natürlich nicht."

„Das tut mir leid."

Mehr wußte er nicht zu sagen.

Sie hob den Kopf, ihre Augen blickten verschwommen, es war, als sähen sie ihn nur mehr als vagen Umriß im nächtlichen Dunkel. Ihre Stimme aber klang unverändert, als sie sagte: „Es war in Wirklichkeit eine Zeremonie des Abschiednehmens für uns beide. Ich kenne ihn seit vielen Jahren, er versteht von seinem Fach viel mehr als ich, aber es hat keinen Sinn, den lieben Gott zu bitten, daß er zu meinem Gunsten die Naturgesetze aufhebt. Warum gerade ich? ist eine sinnlose Frage, denn die logische Antwort lautet: Warum nicht?"

„Aber hat er dir denn irgendwie geholfen?"

„Das hat er." Sie lächelte, und in ihren Augen stand die alte Schalkhaftigkeit. „Er gab mir ein Gefühl der Zärtlichkeit."

„Indem er in deine Finger biß?"

„Nein, indem er kein Honorar für seine Konsultation verlangte. Er ist auf dieser Seite des Llano Estacado einer der teuersten Spezialisten. Sein normales Honorar in einem Fall wie dem meinen würde mindestens zwanzig Louis betragen."

„Er verlangt Geld?"

„Natürlich verlangt er Geld. Er ist viel zu gerissen, um sich Pelze oder Muschelschnüre andrehen zu lassen. Er verlangt Geld und gibt auch Geld aus."

„Wofür?"

„Gerüchte behaupten, daß er alljährlich einmal nach New Orleans geht, europäisch gekleidet, um dort die Bordelle zu besuchen." Plötzlich sah sie ihn mit dem merkwürdigen, verschwommenen Blick an, als sehe sie etwas hinter ihm. „Buffalo, dies ist der richtige Moment, um einige grundsätzliche Dinge zu regeln. Ich weiß nicht, wieso ich noch immer lebe. Wissenschaftlich gesehen bin ich mindestens seit einer Woche tot. Aber ich bin noch da, und ehrlich gesagt habe ich nichts dagegen. Aber wie die Chancen stehen, kann es jeden Moment mit mir aus sein. Ich möchte, daß du weißt, was du tun sollst, wenn es geschieht."

497

Er suchte nach Worten, fand aber keine.

„Als erstes sollst du die alte Annie erschießen. Sie ist in ziemlich jämmerlichem Zustand, ich möchte nicht, daß sie noch mehr leidet. Sie ist nicht wie wir, sie versüßt sich nicht die bittere Pille, indem sie sich einredet, es läge irgendein Sinn darin, zu existieren."

„Gut. Was noch?"

„Die Waren, die ich den Huni versprochen habe. Mir liegt mehr daran, daß sie diese Töpfe und Pfannen bekommen als meine sterblichen Überreste. Das wirst du doch verstehen." Ihre Augen hatten wieder das schelmische Zwinkern. Sie sah quicklebendig aus. „Laß dir nicht einfallen, meinen Leichnam aus irgendwelchen sentimentalen Gründen herumzuschleppen. Das könnte recht unappetitlich werden, besonders wenn wir zum Llano Estacado kommen. Grab mir eine Grube und leg mich hinein, auf den Rücken. Aber die Waren schaff zu den Huni, ich hab sie ihnen versprochen."

„Gut." Er wandte sich ab und schürte das Feuer. Das Gespräch war ihm fast unerträglich. „Und wie finde ich hin? Ich bin nie so weit gekommen."

„Es ist ganz einfach, reite einfach der Sonne nach, wie man so sagt." Sie streckte ihre Hand aus und berührte die seine. „Mach dir keine Sorgen, alter Freund, sobald ich tot bin, wirst du einen Führer haben."

„Einen Indianer?"

„Möglicherweise mehrere Indianer. Es hängt davon ab, wo wir dann gerade sind. Von jetzt an lassen sie uns nicht mehr aus den Augen. Keine Sorge, die wissen es beizeiten. Und ich habe dem alten Medizinmann gesagt, wer du bist und wohin wir ziehen. Die werden schon dafür sorgen, daß du ans Ziel kommst."

„Schön. Und wie wär's jetzt mit einer Rast?"

„Ich möchte erst etwas essen."

Das hatte er nicht erwartet.

„Gönn dir heute einen langen Schlaf."

Sie sah ihn mit trauriger Herzlichkeit an. „Buffalo, du und ich, wir hätten vor langer Zeit heiraten sollen."

Lächelnd nickte er ihr zu. „Wenn du nur jemals irgendwo lang genug geblieben wärst!"

„Schade", sagte sie und wandte das Gesicht dem Lagerfeuer zu.

„Ja, schade", sagte er. „Laß uns Andacht halten."

Sie schlossen die Augen und senkten die Köpfe.

Erst als sie den Llano Estacado erreichten, begann Buffalo zu erfassen, welche unvorstellbaren Entfernungen diese Frau in den vierzig Jahren ihrer ärztlichen Praxis zurückgelegt hatte. Allein die Entfernung, die sie seit der Überquerung des Missouri hinter sich gebracht hatten, war enorm. Er hatte aufgehört, die Tage zu zählen, jeder glich dem vorigen und die Landschaft wechselte nie, Tag um Tag zogen sie durch die graue, dürre Ebene, auf der das geschmacklose Gras wuchs, das die Tiere nur mit Widerwillen fraßen.

Allmählich begann Gulielma auch tagsüber größere Strecken zu verdösen. Das war kein Anlaß zu Besorgnis, im Gegenteil, es war eher ein gutes Zeichen. Daß sie vom Pferd fiel, stand nicht zu befürchten, gleich ihm konnte sie im Reiten schlafen, ihr Körper war an den regelmäßigen Gang der alten Stute gewöhnt. Jede Nacht litt sie gräßliche Schmerzen, die sie kaum mehr vor ihm verbergen konnte. Doch langsam verlor sie den Kontakt mit der Wirklichkeit. Ihr Humor blühte seltener auf, der sonderbare, verschwommene Blick ihrer Augen wurde häufiger. Manchmal sah sie, während sie Seite an Seite ritten, mit einem leichten Lächeln zu ihm hinüber, und in ihren Augen war ein Blick, als sähe sie etwas am Horizont. „Gulie?" fragte er dann, aber sie sprach mit jemandem hinter ihm: „Bist du es, Maggie?", und die Suggestion eines unsichtbaren Gefährten war so zwingend, daß er sich umwenden mußte, um nachzusehen, ob nicht doch jemand da wäre.

Auch er begann seltsame Dinge zu sehen, Luftspiegelungen, Fata Morganas. Plötzlich war schimmerndes Wasser am Horizont, er glaubte einen See vor sich zu haben. Ein Paar Sekunden später war alles fort, nur kahle Hügel, die endlos tote Ebene. Im Sommer war die Prärie eine üppige Wiese, strotzend von Leben, Farbe, Bewegung, ein riesiger Garten, in dem die Bienen trunken von Blume zu Blume taumelten und die Vögel in Schwärmen wie Wolken dahinzogen. Gegen Herbst zu wurde das Riedgras zu einem wogenden Meer stets wechselnder Farben, majestätisch, imposant, ehrfurchterweckend. Doch diese endlose Wüste war ohne Leben oder Bewegung, nur die gewichtlosen Samenkugeln des Amaranth zogen durch die Luft und die Staubspiralen, die plötzlich aus dem Nichts aufwirbelten und dann verschwanden, wie die vorgespiegelten Seen und Gebirgszüge. Für Gulie waren das vertraute Bilder. „Aha", sagte sie und blickte auf ein kleines Hügelchen, das sich nicht von tausend anderen unterschied, an denen sie vorbeigekommen waren, „das ist Hanioros Grab." Sie betrachtete es voll Zärtlichkeit, während sie, im Sattel hängend, langsam vorbeizog. „Leb wohl, Hanioro, kleiner Freund, ich glaube, wir sehen uns bald." Sie wandte sich Buffalo zu und sagte: „Armer kleiner Kerl. War nur fünf Jahre alt." Zuzeiten schien sie auch ganz vergessen zu haben, daß er neben ihr herritt, und gewahrte nur die geisterhaften Gestalten, die allein sie sah. Nachts aber, am Lagerfeuer, konnte sie eine Stunde lang den Flämmchen zuschauen, die hier rastloser aufbrannten und verzischten als in der Prärie, und es war, als wären sie von derselben fieberhaften Energie getrieben wie sie.

„Buffalo", sagte sie eines Nachts, ins Feuer blickend, „du mußt mein Getue nicht zu ernst nehmen. Ich würde mir all diese Schauspielerei nicht leisten, wenn ich mich nicht in deiner Nähe sicher fühlte."

Verwundert sah er sie an, sagte aber gleichmütig: „Ich weiß nicht, wovon du redest."

Sie lächelte in das Feuer. „Natürlich weißt du es."

Er fragte sich, ob sie sich dessen, was sie tat, völlig bewußt war, oder ob sie in lichten Momenten wie diesem wußte, daß sie Halluzinationen hatte, oder ob sie ihn bloß beruhigen wollte.

Zweifellos wurde sie immer schwächer. Sie nahm so gut wie nichts zu sich, konnte nicht einmal einen Löffel Brühe bei sich behalten. Immer länger wurden die Strecken, in denen sie auf ihrem Pferd dahindöste, abends schlief sie sofort ein, wenn er die Decke ausbreitete und das Fell über sie zog, besonders wenn er neben ihr lag und wenn sie ihren Kopf auf seine Schulter legen konnte.

Eines Morgens konnte er sie nicht wachbekommen. Sie war wie betäubt, er mußte sie in den Sattel heben. Er erschrak über ihr Gewicht; sie war leicht wie ein Kind. Die langen Schatten, die vor ihnen herliefen, wurden in der steigenden Sonne allmählich kürzer. Sie ritten nebeneinander, und er stützte sie. Doch war das gar nicht notwendig: selbst wenn sie bewußtlos war, blieb ihr Körper auf der hageren alten Mähre hin- und herschwankend im Gleichgewicht.

Sie waren jetzt nicht mehr allein. Kleine Reitertrupps von drei oder vier Indianern, die in einigem Abstand auf dem Kamm einer Düne dahinritten, wurden für kurze Momente sichtbar. Als ob die Indianer wüßten, wie weit die Sehkraft Gulielmas noch reichte, kamen sie allmählich näher. Als die Tage vergingen, ohne daß Gulielma ihre Umgebung wahrzunehmen schien, kamen sie für Minuten fast auf Rufweite heran.

Eines Abends wachte sie auf, als er ihr Pferd anhielt. „Wo sind wir?" fragte sie verwirrt.

„Zeit zu rasten, komm, ich helf' dir absteigen." Doch als er herantrat, um sie aus dem Sattel zu heben, winkte sie ab und sagte: „Weiterreiten!"

„Aber Gulie, es wird gleich dunkel sein! Und die Pferde . . ."

„Reite weiter, Buffalo", sagte sie, die Augen geschlossen. „Wir sind schon fast dort." Und sofort nickte sie wieder ein.

Er zögerte. Der Landstrich war öde. Die untergehende Sonne blendete ihn. Die Spur, der sie folgten, erstreckte sich, schien es, ins Endlose. Bald würde der Mond aufgehen. Wenn Gulielma es so wollte, konnten sie auch nach Einbruch der Nacht ein paar Stunden weiterreiten. Er stieg wieder in den Sattel, erklärte seinem kleinen Mustang Fury, daß es später eine lange Rast geben würde, und sie zogen weiter entlang der Spur. Gulie schlief im Sattel. Die Sonne ging hinter einer Wolkenbank unter. Der Mond stieg auf. In ihrer Schattenlosigkeit schien die Landschaft anders, voll geisterhaften Lebens. Nach einer Weile verlor er seinen Orientierungssinn. Er wollte eben anhalten und lagern, als er ein schwaches Wiehern hörte. Im Mondlicht tauchten fünf berittene Indianer einen Steinwurf entfernt zur Linken auf. Als sie merkten, daß er sie gesehen hatte, zogen sie weiter, langsam voraus, Seite an Seite.

Nach Indianerart führten sie ihn, indem sie seitlich Abstand hielten. Er hatte das Gefühl, durch eine Welt geleitet zu werden, die er nicht begriff. Etwa nach einer Stunde hielten sie an, ohne besonderen Grund, wie ihm schien. Er tätschelte Furys kalten, feuchten Hals, und als er wieder aufblickte, waren sie verschwunden. Er stieg ab und wollte ihr vom Pferd helfen. Ihre Hand war, als er sie berührte, kalt, und er war überzeugt, eine Tote wäre neben ihm hergeritten. Aber sie wachte wieder auf. „Gott!" sagte sie. Mehr nicht.

Er hob sie aus dem Sattel und setzte sie behutsam auf den Boden. Er entrollte die Decke, aber als er an sie herantrat, um sie auf die Decke zu heben, war sie schon wieder eingeschlafen. Da er sehr müde war, und die Pferde auch, machte er sich nicht die Mühe, ein Feuer anzuzünden. Er rieb nur Fury trocken, der schweißnaß war. Die beiden andern Tiere waren trocken, standen aber vor Erschöpfung kaum mehr auf den Füßen, besonders Annie. Er befreite sie von ihrem Sattel und Henry von seiner Last. Dann klatschte er sie auf die Flanken, um sie weiden zu schicken. Sie taten ein paar Schritte, blieben stehen und schliefen sofort ein, jedes nach einer andern Richtung den Kopf hängen lassend. Er trat zu Gulielma zurück, ließ sich neben ihr nieder, zog die Felldecke über sie beide und schob seinen Arm unter Gulies Kopf.

So lagen sie bis zum Morgengrauen. Er war sehr müde, konnte aber nicht einschlafen. Ihren Kopf auf seiner Schulter, blickte er zu den Sternen auf und dachte über Gott nach und wohin die Seelen derer wohl kämen, die gestorben waren. Als der Morgen dämmerte, empfand er keine Erfrischung wie sonst. Er löste sich behutsam von Gulie, um sie nicht zu wecken. Als er auf die Füße kam und nach den Pferden ausschaute, bot sich ihm ein unglaublicher Anblick.

Westwärts, wo die Nacht noch tief über der Wüste hing, ragten helle, orangefarbene Gipfel eines Gebirges aus dem Dunkel auf, von den ersten Strahlen der aufgehenden Sonne berührt. Der Himmel darüber war kobaltblau; die orangefarbenen Gipfel sahen wie Türme und Burgen aus, erbaut von einer Rasse von Riesen. Jetzt wußte er, warum sie am vorigen Abend darauf bestanden hatte, weiterzureiten. Sie hatte diese Berge im Sonnenaufgang sehen wollen. „Gulie!" rief er und beugte sich über sie, „Gulie! Schau doch! Schau!"

Sie wachte nicht auf. Er kniete neben ihr nieder, rüttelte sie behutsam. „Gulie . . ."

Sie rollte sacht auf den Rücken. Als er aufblickte, sah er die fünf Berittenen nur wenige Schritte entfernt.

Sie war tot. Obwohl er es seit Wochen erwartet hatte, stand er da, starrte sie an und konnte es nicht glauben. Es war unmöglich, daß diese Frau, die er so gut gekannt hatte, die so lebendig gewesen war, plötzlich nicht mehr existierte.

Trotz allem, was sie ihm aufgetragen hatte, konnte er sie nicht hier begraben, so ganz allein in der leeren Ebene. Auf das Pferd konnte er sie nicht setzen, ohne sie quer über den Sattel festzubinden, und das war ihm unmöglich; so nahm er sie vor sich auf Fury. Ihr Kopf lag auf seiner Schulter, wie in den letzten Nächten, wenn sie schlief. So ritten sie auf die Berge zu.

Zu seiner Überraschung war es nicht ein Tag der Trauer oder der Einsamkeit. Bei jeder Bodenwelle stießen zu den fünf Indianern viele weitere. Gegen Mittag waren es Hunderte, sie ritten an beiden Seiten in einer geraden Reihe, weit über die Wüste aufgefächert. Es war der eindrucksvollste Abschied, den er jemals gesehen hatte. Wie er so auf die Berge zuritt im gedämpften Widerhall von tausenden Hufen, begann er zu schluchzen.

Als die Sonne sich hinter den orangefarbenen Türmen, die jetzt dicht über ihnen lagen, senkte, hielten die Indianer wie auf ein Signal. In der Ferne, auf der Höhe eines Hanges, auf den der Pfad sich hinaufzog, stand eine kleine Gestalt mit einem Schirm oder einer Flagge. Gulie an sich drückend, ritt Buffalo langsam auf sie zu. Als er näherkam, erkannte er, daß der Schirm ein Baldachin aus orangefarbenem Tuch war; darunter stand ein Indianer mittleren Alters, ohne Kopfschmuck, in einen kurzen, weißen Mantel gehüllt. Etwas an ihm drückte Macht und Autorität aus. Es mußte der Häuptling sein, der Blutsbruder, von dem Gulie gesprochen hatte. Die Gesichtszüge des Indianers waren anders als bei den Stämmen, die Buffalo kannte. Die Backenknochen waren breiter, die Stirn war schmäler.

Auf der Höhe des Hanges machte Buffalo halt. In diesem Augenblick tauchten über dem Fels und dahinter, den Pfad entlang, unzählige Gestalten auf. Der ganze Hang war voller Menschen. Buffalo glitt aus dem Sattel, Gulie in den Armen.

Einen Augenblick stand er verwirrt da, dann tauchten auf eine Gebärde des Häuptlings hin einige Männer, die hinter dem Felsen gestanden hatten, auf und gingen auf das Maultier Henry zu. Sie nahmen ihm seine Last ab, und einer warf eine Decke über den Rücken des Tieres. Die Decke war weiß und rot, mit schwarzen Figuren bestickt. Jetzt kam der Häuptling auf ihn zu und breitete seine Arme aus, Gulie in Empfang zu nehmen.

Buffalo wollte sie nicht loslassen. Er traute denen nicht. Plötzlich wünschte er, er hätte sie an diesem Morgen begraben. Doch war dies das Ziel, dem ihre Reise gegolten, die Endstation ihrer Pilgerschaft; er durfte sie ihr nicht vorenthalten. So legte er den Körper in die Arme des anderen.

Der Häuptling trug sie zu dem Maultier, seine Männer halfen ihm auf den Rücken des Tieres. Dann wurde der Baldachin über sie gehoben, und der Indianer, der das Maultier hielt, zog an dem Seil. Doch Henry wollte sich nicht bewegen. Der Indianer zog stärker; das Tier stand wie ein Fels. Buffalo begriff, was mit ihm los war: dieser Baldachin war ihm zu hoch. So trat er heran und senkte ihn; der Häuptling blickte drohend herüber, als hätte er die Tote beleidigt, aber das Maultier setzte sich in Bewegung. Langsam, in derselben Gangart, in der er sein ganzes Leben verharrt hatte, schritt Henry den Pfad hinan und verschwand hinter dem Höhenkamm. Die Indianer, die den orangefarbenen Himmel trugen, liefen nebenher; Buffalo sah, wie der Baldachin hinter dem Fels verschwand, einer Blume im Winde gleich schwankend.

Er wartete, bis er ihn wieder auftauchen sah, den Pfad hinan, vorbei an den Menschen, die schweigend standen. Er sah zu, wie er kleiner und kleiner wurde, ein heller Punkt in der Ferne, der sich schließlich auflöste. Da machte Buffalo kehrt; als er zu den Pferden zurückging, begegnete er einer kleinen Gruppe von Indianern, die Töpfe und Pfannen trugen.

Fury und Annie standen wartend bereit. Die alte Stute war zu Tode erschöpft. Als er sich auf Fury in den Sattel geschwungen hatte und versuchte, sie neben sich herzuziehen, schwankte und stolperte sie. Sie war am Ende ihres Weges angelangt. Er stieg ab, nahm seine Flinte und lenkte das Pferd sanft zu der Stelle, wo er Lager bezogen hätte, wäre er geblieben. Er tätschelte ihren Hals, strich ihr über die Stirn, kraulte sie hinter dem Ohr und flüsterte ihr alles zu, was Gulie ihr vorzusagen gewohnt war. Dann trat er zurück, senkte den Kopf, die Flinte unter dem Arm, und schloß die Augen zur Andacht. So stand er eine ganze Weile, dem Pferd gegenüber, das müde auf seinen Beinen schwankte und den Kopf hängen ließ. Dann hob er behutsam die Flinte und schoß Annie durch den Kopf.

Sie fiel, die Steigbügel klirrten, und der schwere Körper schlug dumpf auf dem Boden auf. Annie tat einen tiefen Seufzer, doch war es gewiß nur die Luft, die aus den Lungen frei wurde. Das Tier war schon tot, als es fiel.

Er trat zu Fury zurück, der verstört dastand, von dem Schuß erschreckt. „Schon gut, Alter", sagte er und tätschelte den Hals des Mustangs. „Es ist alles in Ordnung. Es war ihr Wunsch so."

Dann ritt er zurück in den Llano Estacado.

6

„Still!" flüsterte Boniface Baker, „pssst, Moses! Still!"

Das Baby starrte mit Interesse auf Bonnys Mund, streckte eine kleine Faust aus und berührte seine Lippen. „Uk!" sagte es. „Hawa!"

Wieder flüsterte Boniface: „Still!" Die Lippenbewegung faszinierte das Kind offenbar, denn es schrie auf, diesmal durchdringend, und brachte die beiden Indianermädchen, die in der Nähe standen, zu einem kecken Heiterkeitsausbruch. Cleo, die im Mittelpunkt eines Halbkreises von Kindern saß, bewahrte Ruhe. Streng blickte sie die beiden Mädchen an und sagte: „Lark Eye! Little Deer! Schluß mit den Albernheiten! Man möchte rein glauben, ihr Mädchen habt noch nie ein Baby gesehen!"

Zerknirscht schwiegen die Kinder.

„So, und jetzt," fuhr Cleo fort, „wollen wir hören, wie ihr die Bücher des Neuen Testaments aufzählt, jedes von euch der Reihe nach. Lark Eye, du beginnst."

„Apostelgeschichte," sagte das kleine Mädchen mit hoher, klarer Stimme.

„Unsinn. Was kommt zuerst, Little Deer?"

„Matthäus!" zwitscherte das Stimmchen.

„Sehr gut. Lark Eye, wie geht es weiter?"

„Markus."

Die Mädchen fuhren fort, die Bücher des Neuen Testaments aufzuzählen. Seitdem er die Freilichtschule eröffnet hatte, wurde Boniface nicht müde, den Eifer dieser Indianerkinder zu bestaunen. Auch Cleos Haltung setzte ihn in Verwunderung. Niemand, der sie da sitzen sah, ihrer kleinen Klasse gegenüber, hätte im entferntesten angenommen, daß sie noch vor drei Monaten der Buchstaben ebenso unkundig gewesen war wie ihre Schutzbefohlenen. Die Kinder waren wie kleine Tiere, voll Lebenskraft und unbezwinglicher Schwatzhaftigkeit. Gleich den Vögeln, den knospenden Bäumen, den ziehenden Wolken waren sie ein Teil des Frühlings. Er gedachte seiner eigenen Schultage; bei den ersten Anzeichen des Frühlings hatte ihn immer eine Rastlosigkeit überkommen, als erwachte sein junger Körper aus dem Winterschlaf. Hier in der Wildnis regten sich jetzt die Eichhörnchen und die Ziesel, die Eulen und die Bären zu neuem Leben. Schon zeigten die Bäume, vom ersten warmen Wind berührt, ihr frühes Grün.

„Hawa!" brüllte Moses aus voller Kraft seiner Lungen, strampelte aus Leibeskräften und ballte seine Fäustchen. Offenbar entzückte ihn etwas, vielleicht ein Lichtreflex oder ein Vogel.

Solchen Lärm schlug der Kleine, daß die Kinder sich bei Philemon verhedderten. Da gab es nur eine Lösung; doch als Boniface aufstand, um den kleinen Schreihals fortzuschaffen, legte sich Cleo ins Mittel und sagte: „Gib ihn mir."

„Aber du hast noch mindestens eine halbe Stunde vor dir!"

„Macht nichts, er wird ruhig sein." Sie nahm den Kleinen, schob ihn mit geübter Gebärde unter ihren Arm und trat wieder vor ihre Klasse. „So, und jetzt möchte das Baby hören, wie gut wir schon zählen können", sagte sie, ließ sich nieder und setzte Moses auf ihren Schoß. „Alle zusammen! Könnt ihr es schon bis dreißig?"

„Ja!" ertönte es im Chor.

„Gut, dann also los: eins . . ."

„Zwei! Drei! Vier!" Die schrillen Stimmchen überschrien einander. Das Baby saß offenen Mundes auf Cleos Schoß, Entzücken in seinen Zügen. Seine kleinen Hände begannen sich wieder aufgeregt zu bewegen, seine krummen Beine strampelten, bis es, außer sich vor Freude, am ganzen Leibe zappelte. Zärtlichkeit durchflutete Boniface, als er den Kleinen so selig sah, gesichert im Schutz kräftiger, schwarzer Hände. Er schloß die Augen und lauschte einen Moment dem dissonanten Chor der Kinderstimmen, plötzlich durchdrungen vom Bewußtsein der Gegenwart des Herrn. Dann hörte er in der Ferne einen Ruf. Eine Hand berührte seinen Arm, und eine Stimme sagte: „Sie sollten lieber kommen, sie sind da!"

Er sah sich um und erkannte Jake, der ganz aufgeregt war.

„Wer denn?"

„Der Wagenzug! Sie kommen!"

Im Corral waren Buffalos Männer dabei, mit viel Geschrei und Juhu ihre Pferde zu satteln. In großer Entfernung, jenseits der schimmernden Oberfläche des Sees, sah er eine lange Prozession winziger Wagen. Er lief zu seinem Pferd; und noch während er es sattelte, hörte er den freudigen Ruf „Onkel!", und der Mann, ein Riese auf dem kleinen, schweißtriefenden Mustang, war George McHair. Mit einem Satz war er abgesprungen, war mit ausgestreckten Armen auf ihn zugelaufen, hatte ihn in eine Bärenumarmung genommen, daß Boniface Hören und Sehen verging. „Onkel Bonny! Gott segne dich!" Und das erste, was Boniface wahrnahm, war der starke Geruch eines ungewaschenen Körpers. Und schon war er auf beide Wangen geküßt und so heftig auf die Schultern geschlagen, daß er beinahe vornüberfiel.

„Um Gottes willen!" rief er, aber der junge Grobian ließ sich nicht bezähmen, er schüttelte ihn und brüllte: „Onkel, welche Freude, dich wiederzusehen! Komm, begrüß auch die anderen! Wo ist dein Pferd!"

„Ich ... wir ..." Bevor er wußte, wie ihm geschah, hatte der junge Riese ihn in den Sattel gelüftet, war auf sein Pferd gesprungen und zum See davongestoben. Verdutzt ritt er hinter ihm drein.

Als sie sich der Spitze des Wagenzuges näherten, ertönte neuerlich der Schrei „Onkel!" Auf dem Kutschbock erkannte er den jungen Joseph Woodhouse, braungebrannt und unrasiert wie ein Hinterwäldler, neben ihm aber die kleine Himsha, zauberhaft und zart. Und als er dem jungen Mann die Hand bot und eine Begrüßung hervorbrachte, tönte es schon wieder „Onkel". Auf dem Kutschbock des nächsten Planwagens erkannte er Obadiah Best und Carrie Woodhouse, schlank und tief gebräunt, die ihm stürmisch zuwinkten. Er ritt auf sie zu und fragte: „Was in aller Welt treibt ihr hier?"

„Wir haben geheiratet!" schrie Obadiah, als riefe er es in alle Welt hinaus. „Knapp vor der Abfahrt war die Hochzeit, und da sind wir jetzt. Ist die Schule schon gebaut?"

„Nein, wir –" Sein Mund blieb offen, denn jetzt erkannte er auf dem nächsten Wagen zwei seiner Sklaven, Simon und dessen Weib Clarissa. Und hinter ihnen tauchten unter der hochgezogenen vorderen Plane die kleinen schwarzen Gesichter ihrer Brut hervor. Boniface fing einen unsicheren Blick im Gesicht des jungen Negers auf und streckte ihm hastig die Hand entgegen. „Simon!" rief er. „Clarissa! Was ist das nun? Wieso seid ihr nicht auf der Insel?"

„Wir haben sie verkaufen müssen", erklärte ihm der junge Neger. „Die weißen Landeigner rundum wollten uns nicht dulden. Darum wollen wir hier unser Glück suchen."

Jetzt sah er auf dem nächsten Wagen zwei weitere seiner ehemaligen Sklaven, Balthazar und Ruby. Es schien, als seien alle die folgenden Wagen mit seinen früheren Sklaven angefüllt. Als er ihnen aber dann entgegenritt, um sie zu begrüßen, stieß er auf junge weiße Paare aus Philadelphia, meist Leute, die er kannte. Über all dem Händeschütteln hatte er das Gefühl, das Ganze wäre ein Traum: Rudel von Kindern, schwarze und weiße, Dutzende von Ochsengespannen vor Planwagen, die hoch beladen waren mit Pflügen, Fässern, Schulbänken, Bettgestellen. Sogar eine Sitzbadewanne sah er, vollgestopft mit Reisetaschen. Er konnte nur schauen und schauen. Wer in aller Welt hatte diesen wild zusammengewürfelten Haufen trotz Kriegsgefahr Hunderte von Meilen durch den Hochwald geführt? Doch da hörte er eine helle Stimme rufen: „Wenn das nicht Boniface Baker ist!" So schrill hatte der Schrei geklungen, daß sein Pferd beinahe scheute, und auf dem Kutschbock des letzten Wagens erkannte er Bathsheba Moremen und Millicent Clutterbuck, die Schriftführerin der Frauenversammlung. Er nahm behutsam ihre Hände, erkundigte sich nach ihrer Gesundheit und hatte dabei das Gefühl, daß er nun bald schweißdurchnäßt aufwachen würde. Er ritt neben ihrem Wagen her, hörte sich ihren wortreichen Bericht aller ausgestandenen Leiden und Nöte an, all der Koliken, der Fieber, der Begegnung mit Indianern, des Verlustes zweier Wagen beim Überqueren der trügerischen Eisdecke eines Flusses, des Todes der armen alten Mammy, die sie im Hochwald begraben hatten – es sei eine wunderschöne Leichenfeier gewesen; und die ganze Zeit über, Gott sei Dank, keine Spur von Franzosen. Endlich kam er zu Wort und konnte fragen: „Aber was habt ihr hier vor, Freunde?"

Es war eine vernünftige Frage. Die beiden alten Jungfern standen hoch in den Fünfzigern; wie immer das ausging, es sah nicht danach aus, daß sie je nach Philadelphia zurückkehren würden. „Nun ja", verkündete Bathsheba Moremen heftig, „wir haben gesehen, wie all die jungen Leute loszogen, junge Frauen darunter, denen durchaus zuzutrauen ist, daß sie demnächst Kinder bekommen, und da haben wir uns gefragt: Was tun wir eigentlich in Philadelphia, wo niemand uns nötig hat? Warum nicht mitkommen und die Krankenpflege übernehmen?"

„Und es war gut so!" bestätigte Minnie Clutterbuck selbstbewußt. „Schon auf dem Weg hatten wir eine Menge Krankheiten unter den Kindern. Nie haben wir im Wagen weniger als zwei Patienten gehabt. Schau nur", sie zog den Vorhang auf. „Einmal Schafblattern, einen Keuchhusten und zwei verstauchte Knöchel."

Sein Blick traf auf die gelangweilten Augen aus vier kleinen Gesichtern, drei schwarzen und einem weißen.

„Und dann hatten wir auch die alte Mammy im Wagen, natürlich, auf den Tod krank, das arme Geschöpf, und – warte! Ich hab' doch da einen Brief für dich!" Millicent versenkte ihre Hand hinter sich in ein unverhältnismäßig großes Retikül; sie hob es in ihren Schoß; nach einigem raschelnden Suchen brachte sie einen Brief zutage, der an ihn gerichtet war. Er trug Beulahs Handschrift.

„Dank dir, Freundin", sagte er und schob den Brief in die Tasche. „Und jetzt – ich glaube, ich muß wohl nach vorn sehen, ob jemand dort nach mir verlangt."

„Werden wir nicht zuerst eine Andacht abhalten?" fragte Bathsheba Moremen, „jetzt, da wir heil an unserem Bestimmungsort angekommen sind, verdient Gott doch wohl ein Dankgebet!"

„Gewiß . . . selbstverständlich. Ich sehe euch nachher." Er gab seinem Pferd die Sporen und entwischte.

Die Ankunft des Wagenzuges vollzog sich in überraschender Ordnung; die Wagen reihten sich in erprobter Präzision nebeneinander. Hunderte von Leuten wirbelten durcheinander, dazwischen Ochsen, Maultiere, Pferde, Ziegen und Schwärme von Kindern. Indianer aus dem Dorf kamen auf ihren Mustangs angeritten, um die Neuankömmlinge zu besichtigen, besonders die Neger. Kinder eilten herbei, Squaws trugen ihre Babys in Rückenschlingen; wenn Indianer- und Negerkinder einander begegneten, starrten sie einander einen Moment lang ungläubig an, dann begannen sie zu schwatzen, und bald war ein schrilles Geschrei im Gange. Boniface wurde ringsum begrüßt, man belagerte ihn mit Informationen über Eden Island, über ehemalige Sklaven, die daheimgeblieben waren, und plötzlich merkte er, daß er genug hatte. Er verdrückte sich ans Ufer, ließ sein Kanu ins Wasser und ruderte aus den See hinaus, so schnell er konnte.

Und einige Zeit später setzte das Gezwitscher der Vögel plötzlich aus, als der Bug des Kanus sich durch das Schilf einen Weg bahnte. Boniface sprang hinaus, watete ans Ufer und ließ sich zu Füßen eines Baumes nieder. Gegen den Baum gelehnt, die Augen geschlossen, ließ er seine ganze nervöse Anspannung und Verwirrung aus sich entströmen. Nach einer Weile setzten zögernd die Vogelstimmen wieder ein. Er schlug die Augen auf und blickte über den See hinweg. Dort drüben standen die weißgedeckten Planwagen auf der Lichtung aneinandergeschoben. Einzelne Leute konnte er nicht erkennen, er sah nur die dunkle Masse. Und da fiel ihm ein: Cleo. Wo mochte Cleo sein? Wie hatte sie diese Invasion hingenommen? Er hatte sie nicht gesehen, seit Jake gekommen war, ihm die Ankunft der Wagen zu melden. Diese vielen Leute, Rinder, Pferde, Ziegen, die alte Sitzbadewanne, Bathsheba Moremen und Millie Clutterbuck ... Er schloß die Augen in einem Gefühl jäher Verzagtheit. Was hatte er Gott Böses zugefügt, daß er sich zur Strafe mit diesen Weibern abplagen mußte? War das ein Zeichen, das ihm gegeben wurde? Was wollte Gott, daß er tue? Sollte er Cleo und das Baby nehmen und bis an den Wabash weiterflüchten?

Jetzt erst fiel ihm der Brief ein. Er zog ihn aus der Tasche, öffnete ihn und las. Da erzählte ihm Beulahs Stimme, gesetzt und frei von Erregung, von Abby, berichtete über Obadiah Best und die junge Carrie Woodhouse, die beschlossen hatten zu heiraten und sich dann dem Wagenzug anzuschließen, dann über Jeremiah, der sich nun auch noch mit der Reederei abplagen mußte; weil Jeremiah es so schwer hatte, könne sie nicht, wie vorgesehen, nachkommen, sondern müsse auf unbestimmte Zeit in Philadelphia bleiben. Es sei ihr zwar bewußt, daß sie durch dieses Verhalten ihre Pflicht als Ehefrau verletze...

Er ließ den Brief sinken, und plötzlich war ihm klar: er mußte zurück. Dies hier war Wahnsinn, er gehörte zu seiner Frau und zu seiner Tochter.

Es war, als sei die Dunkelheit von seiner Seele gewichen. Kein Zweifel war möglich, das war es, was Gott von ihm verlangte. Er durfte nicht zulassen, daß diese arme Frau, kränkelnd und stocktaub, sich selbst mit ihrem Schuldgefühl herumplagte, weil sie ihrem Mann nicht in die Wildnis folgte.

Er schob den Brief in die Tasche und kehrte zu seinem Kanu zurück. Erst als er schon halb über den See war, wandten sich seine Gedanken wieder Cleo zu. Nun, wenn irgend jemand emotionell imstande war, diesen Schlag hinzunehmen, so war sie es. Das Kind klammerte er bewußt aus seinen Erwägungen aus.

Als er an das Ufer kam, verblüffte ihn die tiefe Ruhe. Er hatte diese Stelle als ein lärmendes Chaos verlassen, jetzt war sie menschenleer, in tiefe Stille getaucht. Er zog das Boot an Land, und nun sah er die Menschen schweigend auf dem Platz hinter den Wagen sitzen; sie hatten sich in Andacht versenkt.

Leise ging er näher und suchte unter den Gesichtern, spähte nach Cleo aus. Sie war nicht da. Bangigkeit ergriff ihn.

Der nüchterne Verstand sagte ihm, daß es keinen Grund gab, sich aufzuregen; zugleich aber sagte ihm sein Instinkt, daß etwas nicht in Ordnung war. Was konnte Cleo getan haben? Davonlaufen? Warum sollte sie? Und wohin sollte sie auch? Es schien ganz sinnlos, aber er war plötzlich völlig überzeugt, daß sie mit dem Kind in den Wald geflohen war. Sie mußte in äußerste Verwirrung geraten sein, als so viele Leute ihres eigenen Volkes hier ankamen. Sie war blindlings in die Wildnis hinausgelaufen und hatte das Kind mitgenommen.

Einige der Andächtigen sahen neugierig zu ihm herüber, denn es war nicht schicklich, während einer Andacht umherzulaufen. Aber er mußte doch herausfinden, wo Cleo war!

Im Haus? Immerhin möglich. Er lief zu dem Blockhaus zurück und blickte hinein, rief ihren Namen. Sie war nicht da. Schon war er im Begriff, ziellos in den Wald hineinzurennen, als er an einer Wäscheleine hinter dem Blockhaus eine Menge Windeln aufgehängt sah. Aber die hätte sie doch bestimmt mitgenommen? Sie konnte nicht einfach so in den Wald gelaufen sein! Und jetzt fiel ihm ein, wo sie sein mochte. Natürlich! Sie war zu den Leuten ihres Volkes gegangen! Sie war in einem der Wagen, sie schwatzte mit alten Freunden, sie zeigte das Baby herum.

Jäh befiel ihn das Gefühl, etwas verloren zu haben. Es war unbegreiflich. Vor einer halben Stunde noch, auf der Insel, war diese Gewißheit in ihm gewesen, daß Gott ihn zu Beulah und zu Abby zurückrief, und dieser Gedanke war ihm wie eine Befreiung erschienen. Jetzt aber überkam ihn der aberwitzige Impuls, Cleo und den kleinen Moses zu finden und mit ihnen in entgegengesetzte Richtung zu flüchten. Er war so verstört, daß er zu Beckys Grab hinüberging, am Waldesrand. Auf dem Grabhügel lag ein Strauß wildwachsender Blumen, den er am Vortag hier niedergelegt hatte. Als er so dastand und auf den kleinen Hügel hinabblickte, traten Tränen in seine Augen. „Gott, was soll ich denn tun?" betete er. „Was verlangst Du von mir?" Und dann hörte er aus der Nähe das gedämpfte Schreien eines Kleinkindes.

Er blickte um sich. Es war nichts mehr zu hören. Woher war das gekommen? Seine Augen suchten den Waldesrand ab, spähten nach einem Platz aus, wo sie sich verborgen haben konnte; doch da konnte niemand sein, die Brombeersträucher und das Dorngestrüpp bildeten zwischen den Bäumen ein undurchdringliches Dickicht. Aber da begriff er: der Sturmkeller! Die Tür war nur angelehnt.

Er wandte sich um und sah nach der fernen Menge, die noch in Andacht versunken war. Nun ging er auf den Keller zu und öffnete die Tür. Es war tiefdunkel hier und frostig; ein muffiger Geruch drang zu ihm herauf.

„Cleo?"

Da schrie das Baby wenige Schritte von ihm entfernt.

Er ging auf das Geräusch zu, tastete sich in die Dunkelheit hinein. Jetzt berührte er jemanden. „Cleo, bist du's?"

„Ja." Das Baby wurde still.

Er war so erleichtert, daß er ärgerlich fragte: „Warum hast du nicht geantwortet? Warum versteckst du dich hier? Was ist mit dir?"

„Nichts."

„Aber du versteckst dich doch nicht hier vor aller Welt, wenn nicht etwas los ist. Sind es die Leute, die dich beunruhigen?"

Nach einem kurzen Schweigen fragte die Stimme: „Sind alle diese Weißen Lehrer?"

„Gott bewahre, nein!" Lachend atmete er auf. „Nur die beiden jungen Frauen, Himsha und Carrie. Hat dich das so erschreckt? Keine Sorge! Niemand tritt an deinen Platz. Und sieh nur, wie viele Kinder da angekommen sind! Du wirst Hilfe nötig haben."

Keine Antwort.

„Komm. Komm mit mir, wir wollen an der Andacht teilnehmen."

„Ich mag nicht."

„Aber warum denn nicht? Es sind fast alle Leute, die du kennst!"

„Geh zu ihnen, ich möchte hierbleiben."

Obwohl ihre Stimme nicht erregt klang, spürte er doch ihre Verstörtheit. Warum? Wovor hatte sie Angst? Plötzlich kam ihm die Frage auf die Lippen: „Cleo, warum bist du mit mir hierhergekommen?"

Ein Schweigen folgte. Dann sagte sie völlig gleichmütig: „Ich mußte meine Rache haben."

„Rache wofür?"

„Für Harry."

„Aber es war doch Caleb, der ihn umbrachte . . ."

„Du hast Harry Joshua gegeben, als Joshua klein war; er war sein Spielzeug, mit dem er tun konnte, was er wollte."

„Das ist nicht wahr! Harry kam als Joshuas Freund zu uns!"

„Und nachdem der mit ihm gespielt und sich an seinem Körper erfreut hatte, schmiß er ihn weg. Damals hab' ich geschworen, daß ich ihn rächen werde. Ich hab' ihn geliebt, er war mein Bruder." Zum ersten Mal klang Bewegtheit aus ihrer Stimme.

Sein Herz suchte nach ihr. „Cleo, ich . . ."

„Dann hab' ich mir mit Joshua etwas angefangen, aber du hast ihn fortgeschafft. Da habe ich mich gegen dich gewandt."

Plötzlich war ihm bewußt, daß er in einer Welt des falschen Scheins gelebt hatte. Angst packte ihn. „Glaub mir, Harry –"

„Und Ruth?"

„Wer?"

„Erinnerst du dich nicht an die kleine Ruth?"

„Nein. War sie . . . war sie eine meiner Sklavinnen?"

„Sie war meine Schwester. Sie war nicht wie die andern, sie war wie keine sonst. Sie zeichnete schöne Bilder von Tieren und von Leuten. Immer brachte sie uns zum Lachen. Alle liebten sie. Dann wurde sie verkauft. Zusammen mit achtzehn anderen Kindern. Erinnerst du dich jetzt?"

„Ach . . . ja . . ." Vor Jahren war das gewesen, Caleb hatte es gewollt. Es wimmelte auf der Insel von Kindern, viel zuviele Mäuler waren zu stopfen ohne Gegenleistung, darum hatte er, wenn auch widerstrebend, eingewilligt, daß einige von den Kindern verkauft wurden. Ganz human, an benachbarte Quäker. „Aber ich habe ausdrücklich darauf bestanden, daß nur Waisen weggegeben würden. Ich habe Caleb verboten, irgendwelche Familien auseinanderzureißen!"

„Ruth schrie, als sie kamen, um sie zu holen. Sie hatte sich in eine Ecke verkrochen, und wir alle stellten uns vor sie, wollten sie schützen, aber da half kein Geschrei, man packte sie und schleppte sie fort. Nie wieder hab' ich solche Augen gesehen. Sie streckte ihre Ärmchen nach uns aus, als sie hinausgezerrt wurde. Ich wollte mich auf die Leute stürzen, aber ich konnte nichts tun als dasitzen und schauen und sie hassen."

„Wer war es denn?"

„Caleb und Scipio."

„Aber die Kinder wurden an Quäker verkauft, dort würden sie doch freundlich und menschlich behandelt werden . . ."

„Denk an deine eigenen Kinder. Stell dir Abby vor. Da kommen zwei Leute und schleppen sie weg, und sie schreit und streckt die Arme nach dir aus, aber du kannst nichts tun, und du weißt, daß du sie nie wiedersehen wirst."

Das Gefühl der Verdammnis erfüllte ihn. Das war nicht ein Schuldgefühl, das war das Bewußtsein von etwas Bösem, das er nicht ungeschehen machen konnte und das ihm nie vergeben würde. Seine Sklaven freizulassen, ihnen das Land zu übergeben, war nicht genug. Damit war nicht gutzumachen, was er und Großmutter an Grauenvollem getan hatten. Sie waren überzeugt gewesen, menschlich zu handeln, und in Wirklichkeit waren sie Monster an Grausamkeit gewesen.

Er begriff, daß er mit ihr um etwas schacherte, was sie ihm nicht geben konnte, aber er wußte keine Abhilfe. „Du mußt mir glauben, Cleo, ich habe es nicht gewußt! Ich habe es nicht begriffen! Ihr wart keine wirklichen Menschen für mich! Aber jetzt bist du es. Ich schwöre es dir, du bist für mich wirklich, und du bist mir so wert wie mein eigenes Ich. Du bist meinesgleichen für mich, bist meine Freundin, wir haben miteinander dieses Kind . . . verzeih mir, um Gottes willen, ich hab's doch nicht gewußt, ich schwöre es dir! Ich hab' doch nicht gewußt, daß du ein Mensch bist!"

„Für mich warst du ein Ungeheuer", sagte sie leidenschaftslos. „Ich wollte dich vernichten. Wenn diese Frau da nicht gekommen wäre, dann wäre es mir gelungen."

„Welche Frau?"

„Die dir die Pulver gab."

Er wollte sich aus diesem Strudel der Grausamkeit, der Gewalttätigkeit freimachen. Er sagte: „Moses ist jetzt still . . ."

„Das ist er immer, wenn er deine Stimme hört. Er liebt dich."

„Aber er liebt dich!" Das war Narrheit, aber er hatte das verzweifelte Bedürfnis, zärtlich zu sein zu ihr.

„Das stimmt", sagte sie. „Er liebt uns beide. Er liebt ein Ungeheuer und eine Sklavin."

Zum ersten Mal verspürte er, daß sie dramatisierte. Daran richtete er sein Selbstgefühl wieder auf. „Ich werde nie gutmachen können, was ich getan habe, weder an dir noch an den andern", sagte er, „aber ich will es versuchen, will vergessen, will von neuem beginnen . . ." Und Beulah? fragte er sich. Und Abby? Doch etwas zwang ihn fortzufahren: „Ich will dich nicht hergeben, ich will euch nicht verlieren, du und dieses Kind, ihr seid mir wichtiger . . . . wichtiger als alles andere in meinem Leben. Du mußt mir das glauben."

Sie schwieg eine Weile, dann sagte sie: „Ich glaube es."

Er wartete darauf, daß eine innere Stimme ihm die Richtigkeit seiner Entscheidung bestätigen würde, aber alles, was er fühlte, war nur diese blinde, unterschiedslose Zärtlichkeit, die nach ihr und nach diesem Kind trachtete, die Partei nahm für alle die Leute da draußen, die eine so weite und wagemutige Reise unternommen hatten, um wieder zu ihm zu finden, sich wieder mit ihm zusammenzutun, uneingedenk der Tatsache, daß er sich einmal für ihren Besitzer gehalten hatte. Er mußte es aussprechen: „Dies ist das erste Mal, daß wir wirklich miteinander gesprochen haben."

„Ja." Und einen Augenblick später fügte sie hinzu: „Weil es hier dunkel ist."

Er streckte seine Hand aus und berührte in der Dunkelheit ihren Arm; und plötzlich war sie da, war um sie – die unbestimmbare und unmißdeutbare Gegenwart Gottes.

Buffalo McHair hatte die Absicht gehabt, schnurgerade nach Pendle Hill zurückzukehren, aber der Weg brachte allerlei Umwege zu Indianerstämmen, mit denen er jetzt vertraut und bei denen er ein geachteter Mann war. Er ritt mit Apachen Mustangs zu, besoff sich bei einem Frühlingsbeginn-Fest mit Komantschen und wurde aus diesem Anlaß selber ein Komantsche; er jagte Büffel mit den Cheyennen und handelte Häute mit den Osagen. Schließlich kam er wieder zu Pierre Louchants Fähre. Dort hatte er eine ganze Brautausstattung und einen Louis Gefahrenzulage zahlen müssen, um sich selbst überzusetzen – obwohl der einzige wirklich gefährliche Mann, den er zwischen Llano Estacado und dem Missouri getroffen hatte, eben dieser Pierre Louchant war. Der Franzmann fragte ihn: „Nun, hat sie's geschafft?"

„Ja, sie hat es geschafft."

Die Prärie stand in voller Blüte. Die Luft war voll Vogelgesang, Gezwitscher und Geschrei; in der Nacht, bevor er den Hochwald hinter dem Wabash erreichte, hörte er den Ruf des Wolfs, der ihn in der Heimat begrüßte. Da war er voll sentimentaler Sehnsucht nach seinen Leuten, sogar nach dem ewig feierlichen Boniface Baker, Gott segne ihn; an diesem Tag ritt er länger als sonst und gelangte bei Einbruch der Nacht zum Anfang des Pfades durch den Hochwald. Es war nicht ratsam, sich nach Einbruch der Dunkelheit einer Indianersiedlung zu nähern, aber er sehnte sich so danach, jeden Menschen, dem er begegnete, in die Arme zu schließen und ihm von seiner langen und unwahrscheinlichen Reise zu erzählen, daß er das Risiko auf sich nahm. Merkwürdig war es, daß er mitten im Hochwald plötzlich gerodetes Land vorfand. Der Boden war zu einem viereckigen Feld aufgepflügt. Am anderen Ende der Lichtung gewahrte er im Halbdunkel eine Blockhütte. Offenbar hatte hier, seit Buffalo das letztemal durchgekommen, jemand gesiedelt. Er ritt weiter, der Pfad bog wieder in den Wald ein, aber schon nach ein paar hundert Schritten war da wieder ein Feld mit einer Hütte, was zum Teufel waren das für Leute? War es möglich, daß seine eigenen Leute sich hier niedergelassen hatten, jeder mit einer Squaw, um Stangenbohnen zu ziehen? Ähnlich sah es ihnen nicht. Neue Siedler aus dem Osten wohl. Aber wer hatte sie gerade hierher gewiesen, Hunderte von Meilen entfernt der nächsten Niederlassung?

Als er endlich an den See kam, war er an einer Menge neuer Farmen, alle mit brandneuen Blockhäusern, vorbeigekommen; das Seltsamste daran war, daß nirgendwo ein Licht gebrannt, daß er nirgends ein Lebenszeichen entdeckt hatte. Nachts, im Mondlicht, hatten diese Hütten inmitten ihrer sauberen, gepflegten Felder unheimlich gewirkt, als wären die Einwohner bei einem Streifzug massakriert worden.

Und dann, zuletzt, kam das Indianerdorf. Ein Rudel Hunde begrüßte ihn mit rasendem Gebell, daß sein Pferd beinah scheu wurde: doch auch hier war weit und breit kein Mensch zu sehen. Wohin waren die Leute verschwunden? Er machte seine Flinte schußfertig und geisterte am Seeufer entlang auf die Lichtung zu, auf der das Haus der Bakers stand. Plötzlich begann sein kleiner Mustang zu schnauben. Aus der Dunkelheit kam gedämpft, geheimnisvoll, die Antwort. Vorsichtig ritt er darauf zu und fand einen Corral voller Pferde, die wiehernd und stampfend zu ihm herübersahen. Und dahinter gewahrte er etwas, was sein fassungsloses Staunen erregte.

Wo vor sechs Monaten eine Blockhütte und der Eingang zu einem Sturmkeller gewesen waren, zeichneten sich jetzt im

Mondlicht die Umrisse eines ganzen Dorfes ab. Doch schien die Siedlung verlassen, kein Laut war zu hören, kein Licht brannte. Er befahl Fury, still zu sein, und ritt behutsam in eine Straße großer, solid gebauter Häuser ein, deren vorderstes offenbar ein Handelsposten war, denn es standen Reihen von Pflügen und Wagenrädern davor. Auf der Fassade aber las er in großen schwarzen Lettern angeschrieben, die auch im Mondlicht deutlich zu entziffern waren: Woodhouse und Söhne, Kaufhaus. Die Straße wandte sich hier im Bogen zum See zurück; er kam an einem Bau vorbei, der wie ein Schulhaus aussah, und dann wieder an einem Corral voll von Pferden, die schnaubend herübergrüßten. Das nächste Haus hatte eine Aufschrift: George McHair, Pferde – Handel und Zureiten. Wo aber waren die Leute? Wachsam, den Finger am Abzug, ritt er weiter.

Jetzt kam er zu dem größten der Gebäude, es lag auf der Uferböschung, am Eingang war ein Vorbau, das Haus hatte hohe, schmale Fenster und sah wie ein Versammlungshaus der Quäker aus. Es lag im Dunkeln. Ohne das Gewehr aus der Hand zu legen, glitt er aus dem Sattel; jetzt sah er rundum, im Dunkel unter den Bäumen angebunden, noch andere Pferde.

Auf den Fußspitzen stieg er die Stufen des Vorbaus hinan. Das Tor stand weit offen. Als er eintrat, konnte er vage Gestalten in den Bänken erkennen. Es mochten über hundert Leute sein, die hier versammelt waren. Am andern Ende der Halle auf einer gegenüberliegenden Bank sah er eine Reihe von Silhouetten. Niemand von den Anwesenden schien seinen Eintritt zu beachten. Leise trat er zur letzten Bank, doch krachten die Dielen unter seinen Füßen vernehmlich. Im Dunkeln setzte er sich neben einige der Schattengestalten, sein Gewehr zwischen den Knien.

Wer mochten diese Leute sein? Wo in aller Welt kamen sie her? Dann erinnerte er sich: die Expedition zur Schulgründung. Eine Anzahl von Freunden aus Pennsylvanien mochte sich ihr angeschlossen haben. Warum aber die Dunkelheit?

Er raunte der ihm nächstsitzenden Gestalt die Frage zu: „Warum keine Lichter?"

Gleichsam zur Antwort erhob sich die Gestalt und begann in die Halle zu sprechen; er erkannte, daß es eine Frau war. Sie erzählte etwas über ihre Kinder, die mit den Kindern jemandes

andern in eine Rauferei geraten waren, und wie betrübt sie
darüber gewesen war, bis sie entdeckte, daß es bei diesem
Kampf nicht darum ging, welcher Herkunft sie waren, sondern
wer sie selber seien. Sie habe die Raufbolde zwar getrennt, sei
aber doch von Freude erfüllt gewesen, denn sie habe das Gefühl
gehabt, als sehe sie den Tag heraufkommen, da das Licht
aufging von dem Versammlungshaus in Pendle Hill aus. Dies
klang alles ziemlich wirr, aber die Stimme, die er da hörte,
warm und kraftvoll, war eine der sinnlichsten Frauenstimmen,
die er seit langem gehört. In ihm regte sich ein Verlangen nach
dem Umgang mit Frauen seiner Art, nicht mit Komantschen-
squaws. Diese Stimme gab seinem Heimkommen eine ganz
neue Dimension. Schmunzelnd saß er im Dunkeln, voller
Gedanken, die ganz unquäkerisch waren. Die Andacht ging zu
Ende. Er griff nach der Hand der Frau, die gesprochen hatte,
schüttelte sie warm und sagte: „Eine prächtige Rede war das,
Freundin, eine richtige Predigt."

Sie sagte: „Dank dir", und dann wurden rundum die
Laternen angezündet. Lächelnd wandte er sich seiner Nach-
barin zu und erstarrte: die Frau war eine Negerin. Sie lächelte
ihm bezaubernd zu und sagte: „Drum!"

Er blickte um sich und fand zu seiner Verblüffung, daß in der
Andachtshalle Neger, Indianer und Weiße in bunter Mischung
beisammensaßen; es schien auch keine Trennung zwischen
Männern und Frauen zu geben. Auf der Bank gegenüber
erkannte er Obadiah Best, Boniface Baker, Cleo und Running
Bull, dessen enormer Bauch im Laternenlicht glitzerte und
gleißte. Bevor Buffalo sich von seinem Staunen erholen konnte,
ertönte ein lauter Aufschrei „Vater!", ein junger Mann kam auf
ihn zugelaufen. Es war George, und hinterdrein kamen der
junge Joe Woodhouse und Himsha. Einen Augenblick später
war Buffalo von Weißen, Schwarzen und Indianern umgeben,
die auf ihn einredeten, die hören wollten, welche Nachrichten
er aus der großen Welt mitbrachte. Man drängte ins Freie,
jemand hatte Feuer gemacht und den Bratspieß in Gang gesetzt,
doch auch während des Mahles im Mondlicht ging das Fragen
und Forschen weiter. Er berichtete, wo er gewesen und was er
gesehen, erzählte Geschichten, nahm gelegentlich einen Schluck
aus seiner Flasche und kam die ganze Zeit über aus dem Staunen

darüber nicht heraus, in welch harmloser Freiheit hier die Neger mit den Indianern und den Weißen durcheinandersprachen.

Wahrhaftig, da war es verwirklicht, das Heilige Experiment, eine Gemeinde, in der Menschen aller Rassen gleichberechtigt und voll Vertrauen zueinander lebten, wie einst die Tiere im friedvollen Reich des Paradieses: ein Anblick, dem Herzen jedes Quäkers eine Freude. Und er fragte sich, warum er sich so unbehaglich fühlte.

Endlich fand er sich im Haus seines Sohnes in einem Kreise von Freunden sitzen, zu denen George, Himsha und der junge Joe Woodhouse, jetzt ein Mitglied seiner Familie, gehörte. Himsha fragte nach Gulielma; als er berichtete, wie ihre Reise zu Ende gegangen war und wie er das alte Pferd hatte erschießen müssen, waren Tränen in Himshas und in seinen eigenen Augen. Und plötzlich, aus heiterem Himmel heraus, stellte der junge Joe die Frage: „Würdest du uns dorthin führen?"

Er hatte eben wieder einen Schluck nehmen wollen – jetzt blieb die Flasche halbenwegs in der Luft stecken. „Was soll denn das?"

„Tante Gulie hat vorgeschlagen, daß Himsha und ich zu den Huni ziehen und dort eine Quäkerschule errichten. Sie hat uns ein uraltes Gewehr geschenkt, das soll unser Ausweis sein, wenn wir uns entschließen hinzuziehen. Wir täten es gern, aber wir wissen nicht, wie man dahin gelangt. Würdest du uns hinführen?"

„Aber hör einmal – hab' ich nicht deinen Namen auf dem Handelshaus gesehen, als ich hier einritt?"

„Ach, da ist vorgesorgt", antwortete der Junge. „Obadiah Best übernimmt den Posten. Wir hatten von Anfang an nicht die Absicht hierzubleiben. Als Tante Gulie die Huni erwähnte, hatten wir das Gefühl, daß wir dort hinziehen möchten."

„Aber das ist sehr weit!" protestierte er. „Und die Huni sind völlig unzivilisiert! Die brauchen noch keine Schule."

„Alle Indianerkinder brauchen eine Schule!" erklärte Himsha mit Festigkeit. Sie war schön anzuschauen im Lampenlicht, man sah ihr an, daß sie mit dem Jungen glücklich war. Er nahm den Schluck aus der Flasche und sah in wirren Bildern einer fernen Vergangenheit ein brennendes Dorf, Tote und Verwundete, und in ihrer Mitte ein kleines Kind in tödlichem Schrecken erstarrt. Damals hatten Leute ihm gesagt, die Kleine würde nie darüber hinwegkommen; was sie da gesehen, sei zu viel, um es ertragen zu können. Und jetzt saß sie ihm da gegenüber und sprach davon, ans andere Ende des Landes zu ziehen, um dort eine Schule für Hunikinder zu gründen. Wieder hatte er dieses seltsame Gefühl des Unbehagens. Er hätte doch von ihrem Mut, ihrer Unabhängigkeit entzückt sein müssen. Doch auch um sie war ein Hauch des Unwirklichen, der ihn verwirrte, wie die ganze Siedlung da.

„Schau", sagte er und stopfte den Korken in die Flasche zurück, „es ist nicht nur eine sehr weite und abenteuerliche Reise. Ich meine, ihr könnt euch nicht unter diesen Indianern dort von der Welt isolieren und . . . und ihr selber bleiben." Er wußte, daß das ungeschickt ausgedrückt war, aber er wußte ja selbst noch nicht recht, was ihn so verwirrte.

Joe Woodhouse war keineswegs einverstanden. „Aber Vater, du hast doch mit eigenen Augen gesehen, daß Leute aller Rassen harmonisch zusammenleben können. Nimm nur Himsha hier und mich. Für mich ist sie nicht eine Indianerin, sowenig wie ich für sie ein weißer Mann bin, füreinander sind wir Himsha und Joe."

„Ja", erwiderte Buffalo, „aber sie ist eine Indianerin im Quäkerkleid. Es gibt jetzt auch schon einige Unami, die Hemden und Hosen tragen, offenbar hast du sie ihnen verkauft. Sag mir nur nicht, daß sie es nicht darauf abgesehen haben, so auszuschauen wie du. Sie wollen sich so gehaben wie du, sie wollen so denken wie du. Und zu guter Letzt werden sie sich dabei selber aufgeben. Und genau das wird dir und ihr bei den Huni passieren."

„Aber Vater!" rief Himsha ungläubig, „das meinst du doch nicht wirklich! Ich hab' mich doch nicht verändert! Joe weiß es. Ich habe ihm eben erklärt . . ." Plötzlich senkte sie beschämt den Kopf.

„Los, red weiter, sag's ihm!" drängte Joe.

„Nun ja", fuhr sie tapfer fort, „ich habe eben Joe klargemacht, daß ich nicht wirklich eine Quäkerin bin. Für mich ist in der Prärie immer noch der Große Geist –"

„Wer hat dir denn das beigebracht?" fragte George empört. „Onkel Ellis?"

Sie nickte.

„Dieser alte – !" George sah Joe an, seine Augen waren vor Erbitterung geweitet. „Also darum ist es ihm immer gegangen, sooft er zu ihr kam, wenn ich fort war!"

„Junge, sei kein Dummkopf."

„Aber diese tückische Art, wie der alte Geier –"

„George!" Er sprach mit solchem Gewicht, daß der Junge sofort verstummte. „Du hast mir eben noch erzählt, wie wundervoll ihr hier alle zusammenlebt und wie es hier jedermann erlaubt ist, zu denken, wie es ihm beliebt. Da haben wir nun eine junge Frau, die offen zugibt, daß sie nicht nur wie eine Indianerin aussieht, sondern auch den Glauben einer Indianerin hat, und schon machst du Krach. Mit andern Worten, du willst die Indianer und die Neger so wie deine Pferde: gezähmt und gesattelt."

Himsha kicherte. Ihre Fröhlichkeit nahm ihm den Wind aus den Segeln. „Na schön", brummte er und brachte wieder die Flasche an die Lippen, „ich bin eben ein alter Büffeljäger und mag die Leute so, wie Gott sie geschaffen hat: wild." Er nahm einen Schluck. Vielleicht war er nicht mehr ganz beisammen, denn seine Augen füllten sich plötzlich mit Tränen. Er hatte an Gulie denken müssen, wie sie damals auf dem Friedhof der Insel aus dieser selben Flasche getrunken hatte, und dann wieder am Lagerfeuer in der Prärie, als ihr der Branntwein wie eine Kugel in die Gedärme gefahren war. Mein Gott, wie sie ihm fehlte! Wo war sie nur? Wo, zum Teufel, war sie? Würde er sie je wiedersehen? „Was hast du da gesagt?" fragte er und merkte, daß alle ihn ansahen.

„Ich sagte, daß du mein Bett haben kannst", antwortete George. „Ich werde im Stall schlafen. Bei meinen gezähmten, behosten Pferden."

Dabei zwinkerte er Himsha zu, die ihn so herzlich ansah, daß er Tränen aufsteigen fühlte. „Mach dir nichts draus, Kind", sagte er, „zwischen deinem Glauben und dem der Quäker ist gar kein Unterschied. Nur daß für dich Gott eine Prärie voll Licht und Liebe ist und nicht ein Ozean."

Und George fand, daß dieser Gedanke ihm gefiel.

Erst am nächsten Morgen hatte er ein Gespräch mit Boniface Baker und Cleo, nachdem Himsha ihm die Siedlung gezeigt hatte – Georges Roßhandel, Obadiahs Schmiede, Joes Handelsposten und die Rebekah-Baker-Schule, in der Himsha, Carrie Best und Cleo Lehrerinnen waren.

Der Wandel, der sich mit dem schwarzen Mädchen vollzogen, seit er sie das letztemal gesehen, war erstaunlich. Er entsann sich ihrer als einer Versucherin, die nackt in seichten Bächen badete und seine Männer zum Heulen brachte wie brünstige Coyoten. Später hatte sie, keusch und bescheiden wirkend, Bonny Bakers Socken gestopft und ihm Gift in den Tee getan, um ihn um den Verstand zu bringen. Und jetzt saß sie da neben ihm auf einem Pflock, der am Seeufer in die Erde geschlagen war, kühl und schön, ein dickes Baby im Schoß. Sie wirkte weniger zugänglich als früher, doch aus der Art, wie Boniface Baker von ihr sprach, war zu schließen, daß zwischen ihnen ein herzliches Einvernehmen bestand. Eine Weile plauderten sie über Millie Clutterbuck, Running Bull und Obadiah Best; dann verstummten sie und lauschten nur den Weidendrosseln, und der Kleine in ihrem Schoß streckte seine Ärmchen nach der Insel aus, von wo das Singen herkam.

Er sagte: „Ich bringe euch den Fledermausflügel, den ihr Gulie gabt, und die Übersetzung."

„Und was steht darauf?" fragte Cleo.

„Ich hab' den Zettel in meiner Satteltasche, aber es ist etwas wie ,Wir legen dies vaterlose Kind auf eure Schwelle, weil euer Haus ein Versprechen der Liebe ist.'"

Nach einer Weile sagte Boniface: „Nun, dann wollen wir hoffen, daß diese Welt der Schönheit und Freundlichkeit nicht so zerstört wird wie damals jene andere."

„Welche andere?"

„Eden Island. Hat man dir nicht von Altar Rock erzählt? Die hatten nur eins im Sinn: den Felsen wegzusprengen, und einen Monat danach sind alle Indigopflanzungen auf der Insel erfroren. Bei der Explosion sind die warmen Quellen verschüttet worden. Hawkins von Septiva, der die Insel kaufte, hat viel Geld daran verloren. Aber der wirkliche Verlust läßt sich mit Geld nicht ermessen", fügte er traurig hinzu, „es war ein himmlischer Fleck Erde."

Buffalo warf einen Blick auf Cleo. Sie erwiderte ihn, doch ließ sie ihn nicht erraten, ob sie dasselbe dachte wie er: Himmlisch – außer für die Sklaven. Der Durchschnittsmensch da neben ihm hatte etwas Wundervolles vollbracht und war doch ein gewöhnlicher kleiner Mann im Ablauf der Dinge. Irgendwie schien das ein größeres Versprechen für die Menschheit, als wenn er ein Heiliger geworden wäre.

Sie saßen so eine Weile und lauschten den Weidendrosseln und dem Quietschen, mit dem das Baby darauf antwortete. Dann fragte Buffalo: „Und was wird aus euch allen, wenn die über euch kommen?"

„Wer?"

„Leute wie Pfarrer Paisley und Pierre Louchant. Unweigerlich müssen sie früher oder später hier auftauchen. Was dann?"

„Ein Weg wird sich auftun", sagte Boniface.

Das hatte Buffalo ein Leben lang gehört, und er wußte immer noch nicht bestimmt, ob diese Worte die größte Kraft der Quäker waren oder nur scheinheiliger Aufschub, Verweis auf das Irgendwann.

„Nicht auf unser Überleben kommt es an", fuhr Boniface fort, „wichtig ist, daß wir gezeigt haben, was möglich ist."

„Ja", erwiderte er, „das mag wohl so sein."

„Wir werden durchhalten", sagte das Mädchen mit seiner seltsamen klanglosen Stimme.

Er entsann sich Gulies, und wie sie durchgehalten hatte, aller vernünftigen Erwartung zuwider. Einen Augenblick lang hatte er das Gefühl, als sei sie bei ihnen, so wie sie da saßen, als höre auch sie den Weidendrosseln zu und blicke auf den See hinaus. Dann klang von der Siedlung eine Glocke herüber, und Boniface fragte: „Willst du mit uns zur Andacht kommen?"

Er ging mit, lehnte es aber ab, auf der Extrabank, die den andern gegenüberstand, Platz zu nehmen, wie man ihn eingeladen hatte. Er setzte sich wieder in die letzte Reihe, nicht neben die hübsche Negerfrau, neben der er am Vorabend gesessen hatte, sondern neben Himsha, die ihren Arm durch den seinen schob, als sie in das Schweigen eintraten.

Er wollte das Erlebnis der Gegenwart Gottes haben, doch war in ihm eine Sehnsucht nach der Prärie, nach den Wolken, den Vögeln, dem weißglühenden Grasmeer. Sosehr er von

Bewunderung für alles, was diese Leute hier getan, erfüllt war, war in ihm doch ein unwiderstehliches Verlangen zu fliehen.

Plötzlich wurde eine Stimme laut, eine Predigt durchbrach seine eigenen Gedanken. Es war die Stimme der Gewichtigen, derselbe Singsang, dieselbe demütige Selbstzufriedenheit.

„Als ich noch ein Knabe war an den Ufern des Delaware . . .“ Running Bull war es.

Er warf einen Blick auf den fetten, selbstgefälligen Indianer auf der Extrabank. Dann küßte er seine Tochter auf die Wange und flüsterte ihr zu: „Sag Jake, er soll mich am Wabash treffen“, und flüchtete hinaus ins Sonnenlicht. Die Dielen knarrten laut, sosehr er sich auch um einen geräuschlosen Abgang bemühte. Im Corral wieherte Fury, der wohl nach ihm ausgeschaut hatte. „Still, mein Lieber, still!“ Er tätschelte seine flache Stirn, führte den Mustang durch das Tor, das er behutsam hinter sich schloß, sattelte sein Pferd außer Hörweite des Andachtshauses und ritt dann die Dorfstraße entlang. *George McHair, Pferdehandel – Woodhouse und Söhne, Kaufhaus – Rebekah-Baker-Schule –* dann kamen frisch gepflügte Felder, die neuen Blockhäuser und zuletzt der Wald.

Es war hoher Mittag, als Buffalo den Höhenkamm erreichte, von wo aus man die Prärie übersah. „Ach!“ seufzte er, als er den Ausblick gewann. Einen Augenblick hielt er an, von der unendlichen Weite eingeschüchtert; dann ließ er die Zügel los und jagte den Hang hinunter in das mannshohe Riedgras, scheuchte einen Strich Vögel auf, als Fury in die Graswogen tauchte. Der Himmel war klar und hell, der Wind spann Wirbel in die schimmernde Ebene.

Ein roter Punkt, die Federn auf seinem Quäkerhut, war das letzte, was man von ihm sah, bevor er in der unendlichen Prärie von Licht und Liebe verschwand.